W0052297

148lz Fotojm

Jutta Mattausch
Ladakh und Zanskar

Om Mani Padme Hum
„Oh, du Juwel in der Lotusblüte"

Impressum

Jutta Mattausch
Ladakh und Zanskar

erschienen im
REISE KNOW-HOW Verlag Peter Rump GmbH
Osnabrücker Str. 79
33649 Bielefeld

© Peter Rump 1993, 1996, 2000, 2002, 2005
6., neu bearbeitete, aktualisierte Auflage Sept. 2008

Alle Rechte vorbehalten.

Gestaltung
  Umschlag: G. Pawlak, P. Rump (Layout);
    A. Pentzien (Realisierung)
  Inhalt: G. Pawlak (Layout);
    K. Röckenhaus (Realisierung)
  Fotos: die Autorin, T. Barkemeier (tb), S. 27,
    M. Barkemeier (mb), S. 104
  Titelfoto: die Autorin
  Karten: C. Raisin, der Verlag

Lektorat (Aktualisierung): André Pentzien

Druck und Bindung: Wilhelm & Adam, Heusenstamm

ISBN 978-3-8317-1712-5
Printed in Germany

Dieses Buch ist erhältlich in jeder Buchhandlung
Deutschlands, der Schweiz, Österreichs, Belgiens
und der Niederlande.
Bitte informieren Sie Ihren Buchhändler
über folgende Bezugsadressen:
Deutschland
  Prolit GmbH, Postfach 9,
  D–35461 Fernwald (Annerod)
  sowie alle Barsortimente
Schweiz
  AVA-buch 2000,
  Postfach, CH–8910 Affoltern
Österreich
  Mohr Morawa Buchvertrieb GmbH
  Sulzengasse 2, A–1230 Wien
Niederlande, Belgien
  Willems Adventure,
  www.willemsadventure.nl

Wer im Buchhandel trotzdem kein Glück hat,
bekommt unsere Bücher auch direkt über unseren
Büchershop im Internet:
www.reise-know-how.de

Jutta Mattausch

Ladakh
und
Zanskar

REISE KNOW-HOW im Internet

Aktuelle Reisetipps und Neuigkeiten
Ergänzungen nach Redaktionsschluss
Büchershop und Sonderangebote

www.reise-know-how.de
info@reise-know-how.de

Wir freuen uns über Anregung und Kritik.

Vorwort

„Wenn ein Tal nur über einen hohen Pass zu erreichen ist, kommen lediglich gute Freunde oder schlimme Feinde." Diese tibetische Weisheit traf viele Jahrhunderte lang für Ladakh und noch mehr für das entlegene Zanskartal zu. Weil dieses Land so schwer erreichbar war, hat sich hier eine einzigartige Kultur entwickelt, der die Bewohner bis heute treu geblieben sind. Jeder Lebensbereich dieser Menschen ist durchdrungen von tiefer buddhistischer Religiosität. In der Vorstellung der Ladakhis leben Götter und Dämonen auf den Gipfeln der Berge, in den Flüssen und in der Erde der Felder.

Einzigartig zeigt sich die Natur in Ladakh, diesem kleinen Land hinter dem Himalaya, das zwar politisch zu Indien gehört, aber ansonsten wenig mit seinem Mutterland gemeinsam hat. Die bizarren Berge erscheinen in der glasklaren Luft auch aus weiter Ferne zum Greifen nah. Der optische Kontrast zwischen schier endlosen Felsen und den einzelnen grünen Oasen, in denen sich Menschen angesiedelt haben, fasziniert immer wieder auf's Neue. Dann die prächtigen Klosteranlagen, die meist trutzig auf Felsenspitzen stehen und das Tal dominieren.

Nach einer Weile Aufenthalt in Ladakh beginnt man zu begreifen, warum die Menschen gerade hier einen Grad an Spiritualität erreicht haben, der kaum anderswo auf der Welt zu finden ist.

Für einen Besuch in Ladakh und Zanskar sollte man sich Zeit nehmen.

Wer Muße hat, wird irgendwann unseren so verinnerlichten Zeitbegriff aufgeben und sich dem Rhythmus der Ladakhis angleichen. So wird der Tourist etwas tiefer in die Tausendfältigkeit dieser Klöster, Dörfer und Menschen blicken können.

Oft wird Ladakh als Westtibet bezeichnet. Dieser Name stimmt insofern, als Ladakh Jahrhunderte lang engste kulturelle und spirituelle Verbindungen mit Zentraltibet pflegte und die Ladakhis zu einem Teil von den Tibetern abstammen. Politisch war Ladakh jedoch 1000 Jahre lang ein eigenes Königreich und eher darauf bedacht, nicht von Tibet einverleibt zu werden. Nach der Zerstörung fast aller Klöster und der Unterdrückung des geistlichen Lebens in Tibet durch die Chinesen ist Ladakh nun neben Bhutan das einzige Land, in dem tibetischer Buddhismus in seiner ganzen Vielfalt praktiziert wird.

1974 wurde Ladakh für Touristen geöffnet. Zunächst reisten sie über die Militärstraße von Srinagar, die aber während der langen Wintermonate verschneit und unpassierbar war.

Längst bedienen Flugzeuge die ladakhische Hauptstadt Leh ganzjährig, und damit ist das einst isolierte Himalayaland dem Rest der Welt ein ganzes Stück näher gerückt.

Doch eine große Auswahl an Unterkünften, Restaurants, Shops mit Touristenwaren und Souvenirläden findet man lediglich in Leh, in geringem Umfang verfügen Alchi und Likir über eine touristische Infrastruktur. In den anderen Ortschaften ist das Angebot an

Unterkünften minimal. Meist gibt es nur ein oder zwei Guest Houses nahe wichtiger Klöster oder aber überhaupt keine offizielle Übernachtungsmöglichkeit. Jedoch ist das Nächtigen in einem ladakhischen Haus durchaus üblich und gehört häufig zu den schönsten Erlebnissen der Reise. Die Ladakhis behandeln ihre westlichen Gäste im Normalfall mit ehrlicher Herzlichkeit und Gastfreundschaft.

Ladakh bietet etwas für jeden Geschmack. Für Trekker ist der Himalaya im wahrsten Sinn des Wortes „das Höchste" – es gibt Treks von wenigen Tagen bis zu mehreren Wochen. Kultur- und Buddhismus-Interessierte finden in Ladakh einen schier unerschöpflichen Reichtum an Kunst und ursprünglicher Spiritualität in den Jahrhunderte alten Klöstern vor. Die meisten Touristen kombinieren beides miteinander: Natur pur mit Ausflügen zu Klosteranlagen und den alten Königspalästen.

In Zanskar hingegen hat sich die touristische Infrastruktur nur in sehr geringem Maße entwickelt. Und diese begrenzt sich auf die wichtige Trekkingroute zwischen Manali, Zanskar und Ladakh sowie auf wenige Dörfer und Klöster um den Hauptort Padum. Wer mit dem Fahrzeug nach Zanskar fährt, benötigt genügend Abenteuerlust und Sitzfleisch, und wer Bequemlichkeit und Gaumenfreuden liebt, wird sicher enttäuscht. Da nur einige Klöster mit dem Jeep erreichbar sind, sollte man gut zu Fuß sein.

All diese „Unbequemlichkeiten" verblassen aber angesichts der Großartig-

keit Zanskars. Gerade wegen seiner Abgelegenheit ist Zanskar noch wesentlich ursprünglicher als Ladakh. Außerdem ist ein Besuch der einsam gelegenen Klöster alle Mühen wert.

Noch ein Wort zur aktuellen politischen Situation: Grundsätzlich sollte man sich von einer Reise nach Ladakh nicht durch die immer wieder aufflackernden Konflikte im Kräftespiel zwischen Indien und Pakistan abhalten lassen. Die Konfliktsituationen, von denen die Medien immer wieder berichten, finden hauptsächlich in Zentralkaschmir und Jammu statt, also mehrere Tagesreisen von Ladakh entfernt. Kaschmir darf nicht mit Ladakh verwechselt werden (obwohl Ladakh offiziell im Bundesstaat Jammu und Kaschmir liegt). In Ladakh ist die Lage normalerweise friedlich. Dennoch ist Ladakh gerade wegen seiner militärisch sensiblen Grenzlage in den letzten Jahrzehnten schon mehrmals in präkere Situationen geraten. Auch ist immer wieder mit verstärkten Truppenbewegungen zu rechnen, die in den entlegenen Gebirgsregionen nach Pakistan hin stattfinden. Im Zweifelsfalle ist es ratsam, vor Reisebeginn aktuelle Informationen (z.B. vom Auswärtigen Amt) über die Lage vor Ort einzuholen.

Wer mit offenen Augen und Interesse in die Welt der Ladakhis und Zanskaris reist, wird im Himalaya ein Kaleidoskop faszinierender Eindrücke vorfinden. In diesem Sinne „Julee": Herzlich willkommen!

Jutta Mattausch

Hinweise zur Benutzung

Das Handbuch beginnt mit dem praktischen Teil „Vor der Reise" für die Reisevorbereitungen zu Hause. Dann folgt das Kapitel „Indien im Überblick", das unterteilt ist in die Unterkapitel „Landeskunde" mit Informationen zu Indien allgemein und „Von Delhi nach Ladakh". In letzterem sind Delhi und die beiden Ausgangsorte für die Reise nach Ladakh, Manali und Srinagar beschrieben. Da viele Touristen mit ihrer Ladakhreise einen Abstecher nach Dharamsala, dem Sitz der tibetischen Exilregierung, verbinden, wurde auch diese Stadt aufgenommen.

Die reisepraktischen Informationen für den Aufenthalt in Ladakh und Zanskar findet man im Kapitel „Reisetipps Ladakh und Zanskar". Daran schließen sich die Kapitel „Ladakh" und „Zanskar" an, die jeweils untergliedert sind in einen Teil zur Landeskunde und einen Teil mit den Beschreibungen der Orte. Abgerundet wird das Handbuch mit den Spezialkapiteln „Gebiete mit Sondergenehmigung" und „Trekking", wobei Trekkingrouten unterschiedlicher Schwierigkeitsgrade beschrieben sind.

Ein Glossar wichtiger Begriffe und ein Register im Anhang des Buches erleichtern die Orientierung im Buch.

Im Text habe ich an einigen Stellen auf **Unterschiede zwischen Indien und Ladakh** hingewiesen. Um Missverständnisse auszuräumen, muss hier gesagt werden, dass Ladakh politisch selbstverständlich zu Indien gehört. Ladakhis wie Zanskaris empfinden sich in ihrer kulturellen Eigenart jedoch als eigenständiges Volk, das mit Indien nur wenig gemeinsam hat. Deshalb habe auch ich in den völkerkundlichen Beschreibungen diese Grenze gezogen.

Das gleiche gilt für das Kapitel Zanskar. Wenngleich Zanskar heute ein Bezirk von Ladakh ist und den gleichen kulturellen Hintergrund wie Ladakh hat, so erlebte es in seiner Vergangenheit doch eine etwas andere Geschichte und Entwicklung. Deshalb soll auch hier keine Verwirrung entstehen, wenn ich zwischen „Ladakh" und „Zanskar" differenziere.

Zur Schreibweise von Ladakhi-Begriffen: Zwar gibt es in Fachkreisen ein festgelegtes Transkriptionssystem für Wörter aus dem Ladakhi. Für Laien klingen diese Vokabeln oft eher wie Zungenbrecher. Demnach müsste das Neujahr *Losar* eigentlich *Lo-gsar* geschrieben werden; das Zimmer des Abtes, *Simchung,* hieße präzise *Zimschung,* und das Dorf *Tongde* schriebe sich *sTong-rde.* Auf diese linguistisch zwar akkurate, aber schwierigere Schreibweise habe ich im Text – obwohl sprachwissenschaftlich nicht ganz korrekt – verzichtet. Dennoch kommt die im Text gewählte Transkriptionsweise der offiziellen so nah wie möglich.

Inhalt

Zanskar

Exkurse

Gebiete mit Sondergenehmigungen

Trekking

Anhang

002lz Foto: jm

Vor der Reise

003lz Foto: jm

004lz Foto: jm

Nomadenkinder bei ihren Hausaufgaben

Kloster Rangdum in Zanskar

Kloster Phuktal, in eine Höhle gebaut

Informationsstellen

Fremdenverkehrsamt

●**Indisches Fremdenverkehrsamt,** Baseler Straße 48, 60329 Frankfurt/Main, info@india-tourism.com, www.india-tourism.com, Tel. 069/24 29 490, Fax 24 29 49 77.

Weitere Informationen

Hier gibt es weitere Informationen über Indien, Ladakh und Tibet:

●**Deutsch-Indische Gesellschaft,** Bundesgeschäftsstelle, Charlottenplatz 17, 70173 Stuttgart; Tel. 0711/29 70 78, Fax 0711/29 91 450, info@dig-ev.de, www.indianculture.de. Zweiggeschäftsstellen bestehen in fast allen größeren Städten Deutschlands.

●**Indisches Kulturinstitut e.V.,** Ben-Gurion-Ring 110a, 60437 Frankfurt/M., Tel. 069/50 33 87.

●**Tibet-Initiative Deutschland (TID),** Greifswalderstr. 4, 10405 Berlin, Tel. 030/42 08 15 21, Fax 42 08 15 22, www. tibet-initiative.de

●**Deutsche Buddhistische Union e.V.,** Amalienstraße 71, 80799 München, Telefon 0700/28 33 42 33, Fax 089/28 10 53, dbu@dharma.de, www.buddhismus-deutschland.de. Hier ist das empfehlenswerte Buddhismus-Magazin „Buddhismus aktuell" erhältlich.

●**www.ladakhtimes.com.** Interessante Nachrichten über aktuelle politische und kulturelle Themen Ladakhs.

●**www.tibet.com.** Offizielle Website der tibetischen Exilregierung in Indien; mit vielen Informationen und Kontakten.

Hin- und Rückflug

Anreise aus Europa

Für die Anreise von Europa nach Ladakh und Zanskar ist **Delhi** der nächstgelegene Flughafen in Indien mit internationalen Verbindungen. Direktflüge nach Delhi aus dem deutschsprachigen Raum beginnen in Frankfurt und München mit Lufthansa, in Wien mit Austrian Airlines und in Zürich mit Swiss Air. Zubringerflüge aus anderen Städten dorthin oft gegen geringen Aufpreis (bei frühzeitiger Buchung). Daneben gibt es zahlreiche Umsteigeverbindungen nach und von Delhi, die zwar deutlich billiger sein können, aber oft erheblich längere Flugzeiten haben.

Flugverbindungen

Die wichtigsten Fluggesellschaften mit Verbindungen von Mitteleuropa nach Delhi:

●**Air France,** www.airfrance.de. Von vielen Flughäfen in Deutschland, Österreich und der Schweiz via Paris.

●**Austrian Airlines,** www.aua.at. Von Wien nonstop. Anschlussflüge möglich von vielen Flughäfen in Deutschland, Österreich und der Schweiz.

●**British Airways,** www.britishairways.de. Von vielen Flughäfen in Deutschland, Österreich und der Schweiz via London.

●**Emirates,** www.emirates.de. Von Hamburg, Düsseldorf, Frankfurt, München, Zürich und Wien via Dubai.

●**Gulf Air,** www.gulfairco.com. Von Frankfurt via Bahrain.

●**KLM,** www.klm.de. Von Amsterdam nonstop. Anschlussflüge möglich von vielen Flughäfen in Deutschland, Österreich und der Schweiz.

●**Kuwait Airways,** www.kuwaitair.de. Von Frankfurt und Genf via Kuwait City.

●**Lufthansa,** www.lufthansa.de. Von Frankfurt und München nonstop. Anschlussflüge möglich von vielen Flughäfen in Deutschland, Österreich und der Schweiz.

●**Qatar Airways:** Ground Floor, Dr. Gopal Das Bhawan, 28 Barakhamba Road, Connaught Place, Tel. 25 65 61 41, www.qatarairways.com. Von vielen Flughäfen über Doha nach Delhi.

- **Royal Jordanian,** www.rja.com.jo. Von Frankfurt, München, Zürich und Wien via Amman.
- **Swiss Airlines,** www.swisslines.de; von Zürich direkt nach Delhi; viele Zubringer ab Deutschland, Österreich und Schweiz.
- **Turkish Airlines,** Administration Block, Ter; Shop #14; Gurgaon Road; Tel. 25 65 57 86, www.turkishairlines.com. Von vielen Flughäfen in Deutschland, Österreich und der Schweiz via Istanbul.

Flugpreise

Je nach Fluggesellschaft, Jahreszeit und Aufenthaltsdauer in Indien ist ein Hin- und Rückflug von Mitteleuropa nach Delhi **ab 550 € bzw. 885 SFr** zu haben (Endpreis einschl. aller Steuern, Gebühren und Entgelte).

Am niedrigsten sind die Flugpreise außerhalb der **Hauptsaison** im Sommerhalbjahr von nach Ostern bis September, am höchsten rund um Weihnachten und Neujahr von etwa Mitte Dezember bis Mitte Januar.

Preiswertere Flüge sind mit **Jugend- und Studententickets** möglich. Außerhalb der Hauptsaison gibt es einen Hin- und Rückflug von Frankfurt nach Delhi ab etwa 500 € bzw. von Zürich ab 705 SFr.

Ob für die gewünschte Reisezeit gerade Sonderangebote für Flüge nach Indien auf dem Markt sind, lässt sich im **Internet** auf der Website von Jet-Travel (www.jet-travel.de) unter „Flüge" entnehmen.

Besonders preiswert sind oft Tickets mit nur 30 oder 45 Tagen **Gültigkeitsdauer.** Andere Tickets sind günstig, weil die gebuchten **Reisetermine** nicht mehr geändert werden können. Solche Tickets sollte man früh kaufen,

da die billigsten Kontingente zuerst ausgebucht sind.

In Deutschland gibt es von Frankfurt aus die häufigsten Verbindungen nach Indien. Tickets für Flüge von und nach anderen deutschen Flughäfen sind oft teurer. Da kann es für Deutsche attraktiver sein, mit einem **Rail-and-Fly-Ticket** per Bahn nach Frankfurt zu reisen.

Außerdem gibt es **Fly & Drive-Angebote,** wobei ein Mietwagen im Ticketpreis inbegriffen ist.

Buchung

Folgende **zuverlässige Reisebüros** haben oft günstigere Preise als viele andere:

- **Jet-Travel,** Buchholzstr. 35, D-53127 Bonn, Tel. 0228/28 43 15, Fax 28 40 86, info@jet-travel.de, www.jet-travel.de. Auch für Jugend- und Studententickets. Sonderangebote auf der Website unter „Schnäppchenflüge". Bei Buchung von Flügen nach Delhi auch Anschlussflüge nach Leh.
- **Globetrotter Travel Service,** Löwenstrasse 61, CH-8023 Zürich, Tel. 01/22 86 666, zh-loewenstrasse@globetrotter.ch, www.globetrotter.ch. Weitere Filialen gibt es in Baden, Basel, Bern, Biel, Chur, Freiburg, Luzern, Olten, St. Gallen, Thun, Winterthur und Zug.

Die vergünstigten Spezialtarife und befristeten Sonderangebote kann man nur bei wenigen Fluggesellschaften in ihren Büros oder direkt auf ihren Websites buchen; diese sind jedoch immer

Buchtipps

- *Frank Littek:* **Fliegen ohne Angst,** Praxis-Reihe, REISE KNOW-HOW Verlag
- *Erich Witschi:* **Clever buchen, besser fliegen,** Praxis-Reihe, REISE KNOW-HOW Verlag

auch bei den oben genannten Reisebüros erhältlich.

Last-Minute-Flüge

Wer sich erst im letzten Augenblick für eine Reise nach Indien entscheidet, kann Ausschau nach Last-Minute-Flügen halten, die von einigen Airlines mit deutlicher Ermäßigung ab etwa 14 Tage vor Abflug angeboten werden. Diese Flüge lassen sich nur bei Spezialisten buchen:

● **L'Tur,** www.ltur.com; D: Tel. 01805/21 21 21; A: Tel. 0820/60 08 00, CH: Tel. 0848/80 80 88, sowie 140 Niederlassungen europaweit. Unter „Super Last Minute" gibt es Angebote für den Abflug innerhalb der nächsten 72 Stunden.
● **Lastminute.com,** www.de.lastminute.com, D: Tel. 01805/77 72 57.

Inlandsflüge in Indien

Wer Inlandsflüge innerhalb Indiens benötigt, sollte diese von **zu Hause aus buchen.** Die Tickets kosten in Europa wie in Indien das gleiche. **Flüge von Delhi nach Ladakh,** aber auch von anderen Flughäfen sind während der Sommersaison auf Wochen im Voraus ausgebucht. Die Chancen, in Indien kurzfristig ein Ticket für einen Flug nach Leh zu bekommen, sind äußerst gering. Allerdings ist es bereits öfter vorgekommen, dass die Buchungen von daheim nicht ordnungsgemäß im Computer in Indien vermerkt sind. Deshalb sollte man vorsichtshalber nach Ankunft in Indien in ein Büro der innerindischen Airline gehen (bzw. dort anrufen) und sich **den**

Flug mit einer Computernummer **bestätigen lassen.** Ausführliche Beschreibung der Flugsituation zwischen Delhi und Leh siehe in den Kapiteln „Wege nach Ladakh" sowie „Leh – Ankunft bzw. Weiterreise".

Ankunft am Flughafen von Delhi

Nach Passieren des Zolls und des Einreise-Checks findet man in der Ankunftshalle eine rund um die Uhr geöffnete **Bank zum Geldwechseln.** Der Wechselkurs ist ganz gut, aber nach dem Tausch unbedingt das Geld gleich und sorgfältig nachzählen. Die Wechselkurse der nach dem Zoll vertretenen Banken sind günstiger als die vor dem Zoll, d. h. in der Halle der Gepäckaufgabe.

In dieser Halle befindet sich auch der **Informationsschalter des Touristenbüros,** an dem Zimmer gebucht werden können. Manchmal wird man hören, dass das gewünschte Hotel voll sei – obwohl das nicht stimmt – und es wird versucht, eine andere Unterkunft zu vermitteln. Im Zweifelsfall lässt man sich die Telefonnummer geben und ruft in dem Hotel selbst an.

Flughafenbusse fahren in die Stadt zum zentralen **Connaught Place,** auf Wunsch wird man unterwegs an seinem Hotel abgesetzt. Die öffentlichen Busse dagegen brauchen wesentlich länger, sie quälen sich über Neu Delhi und die Bahnhöfe zum Internationalen Busbahnhof (ISBT) bis Alt Delhi hoch.

Taxen für Fahrten vom Flughafen in die Stadt sollte man an einem der **Pre-**

paid **counters** buchen, die sich noch innerhalb des Flughafengebäudes befinden. So erspart man das mühsame Verhandeln außerhalb. Doch auch hier die Preise an den verschiedenen Schaltern vergleichen! Die Preise variieren zwischen 250 und 400 Rupien. Am **Delhi Traffic Police Pre-Paid Taxi Booth** werden die niedrigsten Preise angeboten. Nach dem Bezahlen erhält man eine Quittung, die draußen beim Taxifahrer vorzulegen ist. Achtung: Selbst unter den Pre-Paid-Taxis sind manche Fahrer schwarze Schafe und wollen am Ende der Fahrt noch einmal Extrageld abkassieren. **Nicht darauf eingehen!**

Der Rückflug – was ist zu beachten?

Die Fahrt mit dem **Taxi** von der Innenstadt zum internationalen Flughafen dauert normalerweise ca. 45 Minuten. Während der Stoßzeiten, am Morgen etwa zwischen 8 und 11 Uhr und abends von 17 bis 20 Uhr, muss man ca. mit 1,5 Stunden Fahrzeit rechnen. Wer durch die ganze Altstadt chauffiert wird, braucht durch die verstopften Straßen noch länger. Die Taxifahrt zum Flughafen sollte nicht mehr als 250 Rupies kosten.

Startet das Flugzeug nachts, ist es ratsam, das Taxi schon am Nachmittag zu buchen, da man spätabends oft nur noch vor den größeren Hotels Taxen bekommt. Wer die lange Fahrt mit einer offenen Motor-Riksha wagt, ist am Schluss ziemlich durchgeschüttelt. Empfehlenswert sind die **Flughafen-busse.** Sie starten am Connaught Place gegenüber dem Untergrund-Bazar zum Flughafen. Sie pendeln von 5 Uhr an bis nach Mitternacht. 100 Rp. pro Person, 10 Rp. pro Gepäckstück.

Bevor man sich am Check-in-Schalter anstellt, kann das übrig gebliebene indische **Geld rückgetauscht** werden. Wer Geld rücktauschen will, muss eine **Bankbestätigung** für mindestens diesen Betrag vorweisen, die beweist, dass man das Geld vorher offiziell eingetauscht hat. Ohne diese Bestätigung nimmt die Bank die Rupien nicht an.

Das Gepäck wird durchleuchtet und mit einer Schnur versiegelt. An den Röntgenmaschinen stehen in der Regel die **Namen der Zielflughäfen,** für die das Gepäck gerade abgefertigt wird. In der entsprechenden Reihe muss man sich anstellen. Wer vergessen hat, sein Gepäck versiegeln zu lassen, wird am Check-in-Schalter zurückgeschickt.

Einreisebestimmungen

(Stand: August 2008)

Visum

Touristen benötigen ein Visum für die Einreise in Indien. Die Visumsbestimmungen und auch die Preise für das Visum ändern sich jedoch bisweilen. Dringend notwendig ist deshalb, bevor man seinen Antrag abschickt, noch einmal bei der Botschaft anzuru-

Kleines „Flug-Know-how"

Check-in

Bei den meisten internationalen Flügen muss man **zwei bis drei Stunden vor Abflug** am Schalter der Airline eincheken.

Reist man allein, kann es angenehm sein, einen **Fensterplatz** reservieren zu lassen, damit man für die Sitznachbarn nicht immer aufstehen muss.

Wer unter **Flugangst** leidet, sollte sich möglichst vorn im Flugzeug einen Platz reservieren lassen, denn dort merkt man weniger von den Vibrationen der Maschine.

Das Ticket

Die **Gültigkeitsdauer des Tickets** kann 30 oder 45 Tage, 3, 6 und 12 Monate betragen. Nach Ablauf der Frist (siehe Gültigkeitsdauer in der Mitte des Tickets über der Flugstreckenangabe) ist keine Verlängerung möglich, das Ticket verfällt dann. Sonst kann der Flugtermin innerhalb der Geltungsdauer beliebig oft verschoben werden, wofür aber fast immer Gebühren erhoben werden. Über die Höhe der Umbuchungsgebühren erkundige man sich vor dem Ticketkauf. Hat man Pech und der Rückflug von Ladakh nach Delhi fällt aus, sodass man in Ladakh „hängen bleibt" und dadurch der Anschlussflug nach Europa verpasst, sollte sich der finanzielle Schaden in Grenzen halten. Achtung: In der Hochsaison sind die Maschinen oft ausgebucht!

Bei **Billigtickets**, die einen fixen Termin beinhalten, gibt es keine Änderungsmöglichkeit. Wenn man den Flug verpasst, hat man einfach Pech gehabt.

Geht ein **Ticket verloren**, das schon rückbestätigt wurde, hat man gute Chancen, einen Ersatz dafür zu erhalten. Einige Airlines kassieren dafür aber noch einmal 50 bis 100 € und bei manchen läuft gar nichts mehr. Gut ist es, Fotokopien des Tickets zu machen und bei einer Vertrauensperson zu hinterlegen. Dies hilft enorm bei einer Neuausstellung des Tickets.

Das Gepäck

In der Economy-Class darf man in der Regel **Gepäck bis zu 20 kg pro Person** einchecken und zusätzlich ein Handgepäck von 7 kg in die Kabine mitnehmen. In der Business Class sind es meist 30 kg pro Person und zwei Handgepäckstücke, die insgesamt nicht mehr als 12 kg wiegen dürfen.

Aus Sicherheitsgründen dürfen **Taschenmesser, Nagelfeilen, Nagelscheren,** sonstige Scheren und Ähnliches nicht mehr im Handgepäck untergebracht werden. Diese sollte man unbedingt im aufzugebenden Gepäck verstauen, sonst werden diese Gegenstände bei der Sicherheitskontrolle weggeworfen. Darüber hinaus gilt, dass Feuerwerke, leicht entzündliche Gase (in Sprühdosen, Campinggas), entflammbare Stoffe (in Benzinfeuerzeugen, Feuerzeugfüllung) etc. nichts im Passagiergepäck zu suchen haben.

Seit November 2006 dürfen Fluggäste **Flüssigkeiten** oder Gegenstände in ähnlicher Konsistenz (z. B. Getränke, Gels, Sprays, Shampoos, Cremes, Zahnpasta, Suppen) nur noch in der Höchstmenge von jeweils 0,1 Liter als Handgepäck mit ins Flugzeug nehmen. Die Flüssigkeiten müssen in einem durchsichtigen, wiederverschließbaren Plastikbeutel transportiert werden, der maximal einen Liter Fassungsvermögen hat.

Rückbestätigung

Bei vielen Airlines ist die **Bestätigung des Rückfluges** nicht mehr notwendig. Trotzdem wird empfohlen, dennoch nachzufragen, ob sich die Flugzeiten geändert haben.

Wenn die Airline allerdings eine Rückbestätigung *(reconfirmation)* **bis 72 oder 48 Stunden vor dem Rückflug** verlangt, sollte man auf jeden Fall die Airline anrufen, sonst kann es passieren, dass die Buchung im Computer der Airline gestrichen wird. Das Ticket verfällt aber nicht dadurch, aber ggf. ist in der Hochsaison nicht sofort ein Platz auf einem anderen Flieger frei.

fen und sich die aktuellen Bestimmungen zusammen mit den Visumsgebühren durchgeben zu lassen. Derzeit gibt es ein 6-Monats-Visum für 50 € (dazu kommen Bearbeitungsgebühr und evtl. Postversand). Das Visum beinhaltet die Möglichkeit zur mehrmaligen Einreise nach Indien. Wer genug Stempel von Indien-Visa im Pass hat, kann ein Visum für 5 Jahre beantragen.

Das 6-Monats-Visum kann in Indien nicht verlängert werden. Das heißt, dass Langzeitreisende nach 6 Monaten Indien verlassen müssen, um sich in Nepal oder Pakistan ein neues Visum ausstellen zu lassen. Zeitweise stellt die indische Botschaft in Nepal als **Folgevisum** nur ein 7-tägiges Durchgangsvisum aus (dabei entscheiden die Beamten offenbar individuell). In Pakistan bekommt man in der Regel ein neues 6-Monats-Visum ausgestellt. Zur **Visumserteilung** sind bei der Botschaft folgende Unterlagen vorzulegen: Ein Reisepass, der ab Ankunftsdatum in Indien noch mindestens 6 Monate gültig sein muss; zwei Passfotos; ein ausgefüllter Visumsantrag sowie eine Kopie der Buchungsbestätigung des Reisebüros bzw. der Fluggesellschaft. Das Ganze wird zusammen mit der Visumsgebühr und einem frankierten Rückumschlag per Einschreiben an die zuständige Botschaft bzw. Konsulat geschickt oder persönlich abgegeben. Die Bearbeitung kann, je nach zuständiger Stelle, zwei Wochen dauern. Deshalb das Visum **rechtzeitig** anfordern. In dringenden Fällen und gegen Aufpreis wird das Visum innerhalb einer Stunde ausgestellt.

Für Schweizer gilt auch ein Jahresvisum, allerdings müssen sich die Reisenden nach sechs Monaten Aufenthalt bei den indischen Behörden vor Ort melden.

In den asiatischen Vertretungen werden oft erheblich niedrigere Gebühren erhoben als in Europa.

Achtung: Da sich die Einreisebedingungen kurzfristig ändern können, wird empfohlen, sich kurz vor Abreise beim **Auswärtigen Amt** (www.auswaertiges-amt.de bzw. www.bmaa.gv.at oder www.dfae. admin.ch) oder der jeweiligen Botschaft über den aktuellen Stand zu informieren!

Botschaften und Konsulate

Visastellen in Deutschland

● für Berlin, Brandenburg, Mecklenburg-Vorpommern: **Indische Botschaft,** Tiergartenstr. 17, 10785 Berlin, Tel. 030/25 79 50, www.indianembassy.de

● für Hessen, Nordrhein-Westfalen, Rheinland-Pfalz, Saarland: **Indisches Generalkonsulat,** Friedrich-Ebert-Anlage 26, 60325 Frankfurt/M., Tel. 069/15 30 05-0, www.cgifrankfurt.de

Achtung: 2007 hat das Konsulat Frankfurt seine Visaabteilung ausgegliedert. Visa sind jetzt direkt erhältlich von *Indo German Consultancy Service* in Frankfurt. Die Visa sind per Postweg oder direkt am Schalter zu bekommen. Adresse: Indo German Consultancy Services Ltd., Friedrich-Ebert-Anlage 3, 60327 Frankfurt am Main; Tel. 069/74 08 76 46, Fax 069/74 08 76 47, info@igcsvisa.de, www.igcsvisa.de

● für Bayern, Baden Württemberg: **Indisches Generalkonsulat,** Widenmayer Str. 15, 80538 München, Tel. 089/21 02 39 40/41/42 Fax 089/21 02 39 80

Visastellen in Österreich

- **Indische Botschaft,** Kärntner Ring 2, 1010 Wien, Tel. 01/50 58 666, für Visumsangelegenheiten jedoch Opernring 1, Stiege E, 4. Stock, Top 427-435, Tel. 01/58 50 793, www.indianembassy.at

Visastellen in der Schweiz

- **Indische Botschaft,** 45 Kirchenfeldstr. 28, 3008 Bern, Tel. 031/35 11 110
- **Indisches Generalkonsulat,** 9 Rue du Valais, 1202 Genf, Tel. 022/73 84 548

Für die Adressen der diplomatischen Vertretungen in Indien siehe Kapitel „Delhi".

Einfuhrbestimmungen

Für Indien gelten die üblichen **Zollbestimmungen:** Erlaubt ist die Einfuhr von 200 Zigaretten oder 50 Zigarren, 1 Liter alkoholische Getränke, 1 tragbares Musikinstrument sowie 1 Fernglas.

Bei einer **hochwertigen Profi-Foto-ausrüstung** muss man am Zoll eine schriftliche Erklärung abgeben, dass diese nicht im Land verkauft, sondern wieder ausgeführt werden.

Die Ein- und Ausfuhr von **Rupien** ist verboten. Beträge über 10.000 **US-Dollar** müssen bei der Einreise angegeben werden. Verboten ist die Einfuhr von **Goldmünzen,** da der Goldpreis in Indien etwa 100 % über dem Weltmarktniveau liegt.

Bei der Rückreise gibt es auch auf europäischer Seite **Freigrenzen, Verbote und Einschränkungen,** die man beachten sollte. Folgende **Freimengen** darf man zollfrei einführen:

- **Tabakwaren** (über 17-Jährige in EU-Länder und in die Schweiz): 200 Zigaretten oder 100 Zigarillos oder 50 Zigarren oder 250 g Tabak.
- **Alkohol** (über 17-Jährige in EU-Länder): 1 l über 22 % Vol. oder 2 l bis 22 % Vol. und zusätzlich 2 Liter nicht-schäumende Weine; (in die Schweiz): 2 Liter (bis 15 % Vol.) und 1 Liter (über 15 % Vol.).
- **Andere Waren für den persönlichen Gebrauch** (über 15-Jährige): in Deutschland 500 g Kaffee, nach Österreich zusätzlich 100 g Tee, (ohne Altersbeschränkung): 50 g Parfüm und 0,25 Liter Eau de Toilette sowie Waren bis zu 175 €. In die Schweiz Waren bis zu einem Gesamtwert von 300 SFr. pro Person.

Wird der Warenwert von 175 € bzw. 300 SFr. überschritten, sind **Einfuhrabgaben** auf den **Gesamtwert** der Ware zu zahlen. Die Berechnung erfolgt entweder pauschalisiert oder nach dem Zolltarif jeder einzelnen Ware zuzüglich sonstiger Steuern.

Einfuhrbeschränkungen bestehen z.B. für Tiere, Pflanzen, Arzneimittel, Betäubungsmittel, Feuerwerkskörper, Lebensmittel, Raubkopien, verfassungswidrige Schriften, Pornografie, Waffen und Munition; in Österreich auch für Rohgold und in der Schweiz auch für CB-Funkgeräte. **Infos** dazu bei:

- **Deutschland:** www.zoll.de oder beim Zoll-Infocenter Tel. 069/46 99 76-00.
- **Österreich:** www.bmf.gv.at oder beim Zollamt Villach Tel. 04242/3 32 33.
- **Schweiz:** www.zoll.admin.ch oder bei der Zollkreisdirektion in Basel Tel. 061/28 7 111.

Vor der Reise

Ausrüstung

Die Auswahl der Ausrüstung hängt in erster Linie vom Urlaubsprogramm und der Reisezeit ab. Wer nur in Leh bleiben will und Tagestouren unternimmt, braucht außer einer festen Jacke und einem Paar solider Wanderstiefel nichts Besonderes. Anders sieht es aus, wenn man einen extremen Trek in raue, bzw. besonders hoch gelegene Gebiete plant. Dafür ist natürlich vernünftige Outdoor-Kleidung unerlässlich.

Kleidung

Das Hochgebirgsklima in Ladakh bringt starke Temperaturschwankungen mit sich. Während das Thermometer im Sommer tagsüber leicht auf 30 Grad klettert, kann es nachts bis auf 10 Grad abfallen. Bei der Kleidung hält man sich daher am besten ans „Zwiebelprinzip". Das heißt, vom T-Shirt über Fleece-Pullover bis zur Windjacke sollte alles mitgenommen werden. Da es in Ladakh kein Angebot an funktionaler Kleidung gibt, muss alles Nötige von Zuhause mitgebracht werden.

Für den Aufenthalt in Leh und für Tagesausflüge genügt eine leichte Baumwollhose für tagsüber, eine festere Hose sollte für die kühlen Abende dabei sein. Frauen sind auch mit einem knielangen Rock gut angezogen. Völlig unpassend (auch für Männer!) wären weit ausgeschnittene T-Shirts. In Anpassung an die bisweilen besonders im Juli auftretenden sommerlichen Regengüsse ist eine Regenjacke bzw. regendichte Funktionsjacke empfehlenswert. Wer im Frühjahr oder Herbst noch in Ladakh ist, braucht selbst in Leh einen warmen Anorak.

Toilettenartikel

Alltäglich benötigte Toilettenartikel wie Haarshampoo, Seife und Zahnpasta sind in Indien und Ladakh preiswert zu kaufen. Empfehlenswert sind ayurvedische Präparate, die nur in Indien, aber nicht in Ladakh zu finden sind. Wer auf seine speziellen Produkte nicht verzichten will, sollte sie in den Koffer packen.

An **Hautcremes** ist eine sehr fetthaltige Creme anzuraten, da die Haut durch die trockene Luft schnell spröde wird. Optimal sind Linola Fettcreme (in Apotheken erhältlich)und Melkfett. Natürlich ersetzen sie nicht die **Sonnenschutzcreme,** die unbedingt ins Reisegepäck gehört. Eine gute Sonnencreme ist in Indien schwer zu finden, und wenn, dann vermutlich nicht mit dem gewünschten Lichtschutzfaktor. Also genug davon mitnehmen! Je nach Reiseziel sollten die Sonnencremes mit zwei Lichtschutzfaktoren vorhanden sein. In Leh genügt ein Faktor um 10, bei Trekkingtouren sollte er etwa 20 haben. Für das Gesicht ist in Extremhöhen sogar ein Sunblocker anzuraten.

Buchtipp
● *Rainer Höh:* **Wildnis-Backpacking,** Praxis-Reihe, REISE KNOW-HOW Verlag

Frauen sollten sich im Bedarfsfall genug **Tampons** von daheim mitnehmen.

Nicht vergessen: Eine Reiseapotheke mit wichtigen Arzneimitteln und Präparaten (siehe „Gesundheit").

Weitere nützliche Dinge

- Eine gute **Sonnenbrille** gehört generell ins Gepäck, und zwar kein billiges Kaufhausmodell, bei dem die dunklen Gläser nur die Pupillen erweitern und so noch größeren Schaden anrichten können. Viel besser ist eine Brille vom Optiker, die schädliche UV-Strahlen abhält.
- **Wasserflasche,** besonders für Trekking.
- Ein guter **Rucksack** macht sich in Ladakh bezahlt. Bei längeren Treks sind ein gut gepolsterter Hüftgurt, ein leichtes Traggestell und anständige Verarbeitung unverzichtbar. Billige Modelle würden solche Beanspruchungen kaum überstehen.
- Für die Busreise von Manali nach Leh sollte der Rucksack in einen großen **Plastiksack** gepackt werden, denn auf dem Busdach werden die Gepäckstücke nicht gerade schonend behandelt und schnell schmutzig. Außerdem gibt es während der Fahrt oft Regengüsse, die das Gepäck durchnässen. In dem Plastiksack kann man auch während eines Treks das überflüssige Gepäck verstauen und im Guest House aufbewahren.
- Unverzichtbar ist eine gute **Taschenlampe,** denn in Leh und vor allem in den Dörfern fällt abends bisweilen das Licht aus, falls es überhaupt Strom gibt. Straßen und Zimmer sind dann stockdunkel.
- Für Tagesausflüge reicht ein kleiner **Tagesrucksack** für die nötigsten Dinge wie Fotoapparat, Wasserflasche, Sonnenbrille usw.
- Empfehlenswert ist ein **Vorhängeschloss.** Für die hoteleigenen Schlösser gibt es immer einen Zweitschlüssel, den irgendwer zum Inspizieren des Zimmers benutzen könnte. Das eigene Schloss ist deshalb immer das sicherste. Außerdem empfehlen sich kleine Vorhängeschlösser zum Absperren der Gepäckstücke.

- Auch wer nicht Trekken geht, sollte die Mitnahme eines Schlafsackes erwägen. Zwar bieten einfache Guest Houses Decken an, die aber den Lenor-Geruchstest nicht bestehen würden. Im eigenen Geruch schläft man doch bedeutend besser. Das gleiche gilt für die **Bettlaken,** die ebenfalls nicht strahlend weiß aussehen. Ein eigenes Bettlaken macht jede Unterkunft etwas gemütlicher. Wer nur in Hotels der besseren Kategorie eingebucht hat, benötigt nicht unbedingt einen Schlafsack.
- Ein **Brust-** oder **Bauchbeutel** und ein Geldgürtel sind für die Aufbewahrung der Wertsachen sinnvoll (s. Kapitel „Rund ums Geld").
- Außerdem sind nützlich: ein kleiner Tauchsieder, Nähzeug, Taschenmesser, Schnur (auch als Wäscheleine verwendbar), Sicherheitsnadeln.

Karten

- Sehr gut ist vom Nelles Verlag die Übersichtskarte **Northern India** (1:1.500.000), die eine Spezialkarte von Ladakh und Zanskar enthält. Darin sind ebenfalls Detailkarten von Delhi und von Srinagar in kleinerem Maßstab zu finden.
- Einen guten Gesamtüberblick über den Nordwesten Indiens bietet die Karte aus dem *world mapping project* von REISE KNOW-HOW (1:1.300.000).
- Eine gute Adresse, wo man Karten und Spezialliteratur im Versand erhalten kann, ist: Aree Greul, Am Goldsteinpark 28, 60579 Frankfurt/M., Tel./Fax 069/66 61 917, www.mountain-bookshop.de
- Die gute Artou-Wanderkarte Ladakh und Zanskar ist im Maßstab 1:350.000 im Olizane-Verlag, Genf, erschienen. Sie ist im Buchhandel erhältlich.
- Herausragend sind die Karten „Ladakh/Zanskar" im Maßstab 1:150 000 von Editions Olizane. Es gibt Blätter für die Regionen Norden, Süden und Zentrum. www.abram.ch/mapping.
- Spezielle Trekking-Karten sind im Kapitel „Trekking" erwähnt.
- In Ladakh ist die Auswahl an Karten nicht groß. Man sollte sich deshalb schon zu Hause mit ausreichend Material eindecken.

●Empfehlenswert ist die Trekkingkarte Map of Ladakh von *Sonam Tsetan* und *Henk Thoma* (Hrsg.). Sie beinhaltet hervorragend ausgearbeitete Trekkingrouten sowie nützliche Hinweise über Besonderheiten des geplanten Treks. Erhältlich in Leh.

●Wichtige Hintergrundinformationen zum Kartenlesen bietet: *Wolfram Schwieder,* „Richtig Kartenlesen" aus der Praxis-Reihe von REISE KNOW-HOW.

Fotografieren

Ladakh hat eine Fülle von fotogenen Motiven zu bieten. Es gibt einzigartige Naturszenarien, faszinierende Gesichter, farbenfrohe Klöster, herrliche Tempelmalereien und vieles mehr zum Ablichten.

Allgemeine Ausrüstung

Unverzichtbar ist eine gut gepolsterte **Fototasche,** da die Erschütterungen auf den schlechten Straßen jeder Kamera schwer zusetzen. Die Tasche sollte außerdem staubdicht sein, denn bei Sandwehen dringt der feine Staub in jede Ritze ein.

Wer vorhat, Wandmalereien in den Tempeln zu fotografieren, sollte nicht an einem guten **Blitzgerät** sparen. Es ist ärgerlich, wenn die Innenaufnahmen entweder schwarz oder unterbelichtet geraten.

Bei der Benutzung einer **Digitalkamera** ist es sinnvoll, eine Speicherkarte mit möglichst großer Speicherkapazität zu verwenden oder eine zusätzliche Karte mitzunehmen, da man erfahrungsgemäß mehr Fotos macht, als vor der Reise geplant. Zubehör für Digitalkameras ist in Leh nicht erhältlich. Man sollte Schnell-Ladegeräte mit guten Batterien mitnehmen, da auch in Leh oft kein Strom vorhanden ist.

Filme

Wer nicht digital fotografiert, sollte ausreichend Filme von zu Hause mitnehmen. In Leh sind Filme zwar erhältlich, aber nur in begrenzter Auswahl.

Die **Röntgengeräte** auf dem Flughafen von Leh gelten als „filmsafe".

Für **Außenaufnahmen** genügt in der Regel ein Film mit ASA 64 oder die Standardversion ASA 100. Besonders schöne Fotos erreicht man in den Morgen- und Abendstunden, wenn die Farben weicher und intensiver sind.

Fotografieren von Menschen

Eine gewisse **Zurückhaltung beim Fotografieren** von Menschen versteht sich von selbst. Es gilt die berühmte Frage: Wie würden Sie reagieren, wenn Sie in Ihrer Badewanne von einer Gruppe Japaner überrascht und abgelichtet würden? ... Eben! Taktgefühl und Sensibilität gehören zu jedem Aufenthalt in einem fremden Land, und das gilt auch beim Fotografieren. Leider betrachten viele Touristen die Zeremonien in Klöstern als exotische Folklore-Vorführungen und blitzen

Buchtipps

●*Helmut Hermann:* **Reisefotografie,** Praxis-Reihe, REISE KNOW-HOW Verlag

●*Volker Heinrich:* **Reisefotografie digital,** Praxis-Reihe, REISE KNOW-HOW Verlag

den Mönchen während ihrer Meditation gnadenlos ins Gesicht.

Es schadet nicht, um **Erlaubnis zum Fotografieren** zu fragen, und in den meisten Fällen wird die Antwort positiv ausfallen. Die meisten Leute, vor allem Kinder, lassen sich sogar ausgesprochen gerne fotografieren. Oft wollen sie ihre Adresse aufschreiben, damit man ihnen das Foto später schicken kann. Wenn man die Leute nett findet, sollte man ruhig auf diese Bitte eingehen. Sie haben selbst kaum Bilder von sich und freuen sich ehrlich darüber.

Das erste Porträt wird manchmal recht kurios, weil die Leute in preußisch-militärischer Haltung erwartungsvoll ins Objektiv starren. Um doch zu einem guten Bild zu kommen, gibt es einen netten Trick: Man macht das Foto, und schießt eine Sekunde später, wenn das „Fotomodell" wieder entspannt ist, gleich ein zweites Bild. Wem das Tragen nicht zu umständlich ist, gewinnt mit einer Polaroid-Sofortkamera schnell Freunde.

In den Klöstern ist das Blitzen **während der Zeremonien** höchst taktlos und störend. Wenn solche Fotos unbedingt sein müssen, dann mit einem hochempfindlichen Film aus der Ferne und ohne Blitzgerät. Auf dem Tempelhof lassen sich die Mönche meist gerne fotografieren und geben Tipps für den passenden Hintergrund.

Verboten ist in Indien generell das Fotografieren von militärischen Anlagen wie Flughäfen, Staudämmen, Brücken, Armee-Baracken, Militärkolonnen und Funkstellen. Selbst wenn nur ein Vogel auf dem Dach eines Sol-

datenlagers das eigentliche Fotomotiv ist, kann es einem passieren, dass der ganze Chip beschlagnahmt wird.

Rund ums Geld

Die indische **Währungseinheit** ist die indische Rupie, die in 100 Paisa unterteilt wird. Bei Preisangaben ist das Wort Rupie meist als Rp. abgekürzt.

Die **Münzen** gibt es in Stückelungen von 5, 10, 25, 50 Paisa und 1, 2 und 5 Rupien, wobei die kleinsten Münzeinheiten nicht mehr im Umlauf sind.

Geldscheine gibt es in 1, 2, 5, 10, 20, 50, 100 und 500 Rupien-Banknoten.

Geld wechseln

Im August 2008 galten folgende **Wechselkurse:**

1 Euro (€)	65 Rp.
100 Rp.	1,55 €
1 Schweizer Franken (SFr)	40 Rp.
100 Rp.	2,50 SFr
1 US-Dollar (USD)	42 Rp.
100 Rp.	2,30 USD

Kein **Wechselgeld** zu haben ist in Indien eine beliebte Ausrede, um das eigene Kleingeld zu behalten. Manchmal gibt es auch Bonbons als Wechselgeld. Man sollte deshalb stets genug Kleingeld dabei haben. In den Dörfern ist es tatsächlich ein Problem, Wechselgeld auf nur 100 Rp. zu bekommen. Wenn man länger auf dem Lande unterwegs ist, sollte man einen ganzen Packen Kleingeld mitnehmen.

Vor der Reise

Oft hat man es mit zerfledderten und angerissenen **alten Geldscheinen** zu tun. Diese bis zur Unkenntlichkeit abgenutzten Lappen werden mit Vorliebe als Wechselgeld herausgegeben. Andererseits will sie aber niemand annehmen. Man sollte sich ebenfalls weigern, sie zu akzeptieren. Hat man versehentlich doch einen untergeschoben bekommen, ist er bei der Bank eintauschbar.

Manchmal sind selbst unter den Geldscheinen, die man auf der Bank bekommt, ein paar dieser untauglichen Lappen. Beim **Geldwechsel** deshalb auch den Zustand der Scheine checken! Gewechselt werden kann in **Banken** in allen größeren Städten Indiens. In Ladakh wird nur in Leh und Kargil gewechselt. In Zanskar gibt es keine Bank, die ausländische Schecks oder Bargeld entgegen nimmt. Die Geschäftszeiten sind üblicherweise Mo–Fr 10–14 Uhr und Sa 10–12 Uhr. Geldwechsel ist auch an den Rezeptionen einiger größerer Hotels möglich, allerdings ist der Kurs hier etwas schlechter.

Einen Teil seiner Reisekasse sollte man als **Bargeld** mitnehmen und darauf achten, dass ein paar kleine Noten dabei sind. Vor allem in Zanskar ist Bargeld als Notgroschen wichtig. Wer aus einem EU-Land kommt, braucht nur Euro mitzunehmen; der Euro wird auch in Ladakh überall genauso akzeptiert wie US-Dollar.

Sowohl in Indien als auch in Ladakh gibt es **private Geldtauscher.** Meist sind es Ladenbesitzer, die Dollar und Euro (je größer die Note, desto besser

der Kurs) gegen Rupien eintauschen. Bei den privaten Geldtauschern gibt es in etwa denselben Kurs wie auf der Bank, bei manchen etwas höher oder niedriger. Vorher also checken und darauf achten, ob Kommission verlangt wird! Vorteil beim privaten Geldtausch ist, dass man sich die Bürokratie und Warterei auf der Bank erspart und nicht an Öffnungszeiten gebunden ist. Seit einigen Jahren gibt es allerdings auch in Leh Geldautomaten, die das Warten und lästige Formalitäten überflüssig machen. Achtung: Vom Geldautomaten die Quittung ausdrucken lassen und aufheben.

Kreditkarten

Die günstigste Art der Geldbeschaffung ist die Barabhebung mit der **Maestro-(EC-)Karte** vom Geldautomaten (mit PIN-Nummer). Je nach Hausbank wird dafür pro Abhebung eine Gebühr von ca. 3–4 € bzw. 5–6 SFr. berechnet.

Geldautomaten mit dem Maestro-Zeichen findet man vor allem in Delhi. Über die Internet-Adresse: www.maestrokarte.de kann man mit dem Link „Geldautomatensuche" Standorte weltweit in Erfahrung bringen.

Von Barabhebungen per **Kreditkarte** ist abzuraten, weil dabei bis zu 5,5 % an Gebühr einbehalten werden. Aber für das **bargeldlose Zahlen** berechnet der Kreditkartenaussteller nur eine Gebühr für den Auslandseinsatz in Höhe von ca. 1–2 %. Diese Art des Zahlungsverkehrs ist allerdings nur in größeren Städten wie beispielsweise in Delhi, bisher jedoch in Leh nur sehr eingeschränkt möglich. Die J&K-Bank akzeptiert Maestro-(EC-)Karten, die State Bank of India Visa- sowie Maestro-Karten, das System ist aber noch sehr neu und nicht vollkommen zuverlässig. Bei Visa- und Maestro-(EC-)Karten ist unbedingt darauf zu achten, dass sie den Status „Globally accepted" haben. Kaum ein Hotel in Leh akzeptiert Kreditkarten, allerdings kann in einigen Antiquitätenläden mit Karte bezahlt werden.

Bei **Verlust oder Diebstahl** der Geldkarte oder Reiseschecks sollte man diese umgehend sperren lassen. Für deutsche Maestro-(EC-) und Kreditkarten gibt es die einheitliche **Sperrnummer 0049 116116** und im Ausland zusätzlich 0049 3040504050. In Österreich und der Schweiz gelten hingegen:

●**Maestro-(EC-)Karte,** A: Tel. 0043/1-20 48 800; CH: Tel. 0041/1-27 12 230; UBS: 0041/ 84 88-88 601; Credit Suisse: 0041/80 08-0 04 88.

●**MasterCard und VISA,** A: Tel. 0043/1-71 70 14 500 (Euro/ MasterCard) bzw. Tel. 0043/1-71 11 17 70 (VISA); CH: Tel. 0041/ 44-20 08 383 für alle Banken außer Credit Suisse, Corner Bank Lugano und UBS.
●**American Express,** A: Tel. 0049/69-97 97 100; CH: Tel. 0041/1-65 96 666.
●**American Express Reiseschecks,** A: Tel. 0043/1-54 50 120; CH: Tel. 0041/17 45 40 20.
●**Diners Club,** A: Tel. 0043/1-50 13 50; CH: Tel. 0041/1-83 54 545.
●**Travelex/Thomas Cook Reiseschecks,** mehrsprachiger Computer für alle Länder Tel. 0044/17 33 31 89 49.

Reiseschecks

Für Reiseschecks erhält man in Ladakh auf der Bank einen minimal höheren Kurs als für Bargeld (ca. 1 Rp./ Euro). Ein weiterer Vorteil der Reiseschecks ist, dass verloren gegangene oder gestohlene Schecks gegen Vorlage der Kaufbescheinigung ersetzt werden. Auf dieser Kaufbestätigung stehen Name und Adresse des Käufers, der Gesamtbetrag des getauschten Geldes sowie die Schecknummern. Diese Quittung muss von den Schecks getrennt aufbewahrt werden.

Für Reisende aus den Ländern mit Euro-Währung liegen auch **Euro-Reiseschecks** nahe. Es wäre ein Verlust, die Euro in Dollar-Schecks zu wechseln, um diese dann in Indien einzutauschen. Euro-Reiseschecks werden überall in Indien akzeptiert.

Zu empfehlen sind Schecks namhafter Banken wie American Express (AMEX) oder Thomas Cook. Bei der Stückelung der Schecks sollten einige mit kleiner Summe dabei sein. Damit kann man gegen Ende der Reise noch so viel Geld wechseln, wie man

Vor der Reise

benötigt, ohne einen großen Scheck einlösen zu müssen, wovon ein Großteil wieder zurückgetauscht werden müsste. Nachteil der Schecks: Sie können nur auf der Bank eingetauscht werden.

Geldnot

Bei der **Kreditkarte** darf man pro Woche nur einen eingeschränkten Betrag bar abheben (sehr unterschiedlich je nach Karte). Bei der untersten Kategorie von Kreditkarten sind es 1000 US-Dollar pro Woche. Damit kommt man im echten Notfall nicht weit.

Wer dringend eine größere Summe ins Ausland überweisen muss, kann sich weltweit über **Western Union** Geld schicken lassen. Man muss dazu die Person, die das Geld schicken soll, vorab benachrichtigen. Diese muss dann bei einer Western-Union-Vertretung (in Deutschland u. a. bei der Postbank) ein entsprechendes Formular ausfüllen und dem Reisenden den Code der Transaktion telefonisch oder anderweitig übermitteln. Man muss dann mit diesem Code und dem Reisepass nur noch zu einer Vertretung von Western Union in Indien gehen. Nach Ausfüllen eines Formulares wird das Geld binnen Minuten ausgezahlt.

Die nächstgelegene Repräsentanz kann man unter **www.westernunion. com** in Erfahrung bringen.

Preisbeispiele

Tasse Tee	10 Rp.
Flasche Mineralwasser	35 Rp.
Pepsi Cola	20 Rp.
Toilettenpapier	40 Rp.
Flasche Bier	80 Rp.
Flasche Apfelsaft	50 Rp.
Nudelsuppe	40 Rp.
Chowmein (Nudelgericht)	50 Rp.
1 kg Ladakh-Äpfel	40 Rp.
Briefporto nach Europa	11 Rp.

Reisekasse

Indien ist gerade dabei, sein einstiges Image als klassisches „Billigreiseland" abzulegen. Natürlich sind Waren und Dienstleistungen erheblich billiger zu bekommen als hierzulande. Wer etwa ausschließlich mit öffentlichen Bussen fährt und in einfachen Unterkünften übernachtet, kommt mit einigen hundert Euro im Monat gut aus. Wer allerdings mehr Komfort sucht, stellt bald fest, dass dieser auch in Indien seinen Preis hat. Gerade in Großstädten sind etwa Hotels und gute Restaurants in den letzten Jahren **drastisch teurer** geworden. Taxifahrten schlagen ebenfalls erheblich ins Reisebudget.

Insgesamt ist das Leben in Ladakh um etwa 20 % teurer als in Indien, da praktisch sämtliche Waren und Lebensmittel per Lastwagen und Flugzeug hoch geschafft werden müssen.

Eine **Übernachtung** im einfachen Guest House kostet zwischen 5 und 10 €, für ca. 20 € bekommt man ein ordentliches Zimmer mit heißer Dusche. Die besseren Hotels bieten guten Komfort und kosten in Leh pro Zimmer rund 80 €, inklusive Essen, es gibt neuerdings in Leh sogar ein Top-Hotel für 200 € pro Nacht. Beim **Essen** kann man mit 3–6 € für eine Mahlzeit in einem der Restaurants in Leh rechnen.

Während eines Treks gibt man kaum Geld aus. Es gibt unterwegs höchstens kleine Lebensmittelläden oder Teeshops. Die Ausgaben beschränken sich somit auf die **Mietpreise für Ponies** und eventuell einen Koch. Zwei Pferde kosten zusammen etwa 20 € pro Tag. Wer unterwegs bei einer Familie bleibt, wird für rund 5 € verköstigt, Schlafplatz inklusive.

Von Leh aus kann man die meisten Klöster mit **öffentlichen Bussen** erreichen. Wer nicht viel Zeit hat und mehrere Klöster an einem Tag besichtigen will, sollte ein **Taxi** nehmen. So ein Tagesausflug schlägt mit 20–30 € zu Buche. Vielleicht finden sich Mitreisende zum Teilen des Preises.

Insgesamt sollte die Reisekasse nicht zu knapp kalkuliert werden. Meistens kommt doch eine unvorhergesehene Ausgabe dazu, und sei es ein nettes Mitbringsel aus einem der vielen Souvenirläden von Leh.

Aufbewahren der Wertsachen

In Ladakh und Zanskar sind Diebstähle nahezu unbekannt. Trotzdem sollte man seine **Wertsachen** stets im Auge behalten, denn Gelegenheit macht bekanntlich Diebe. In Städten wie Delhi und Manali muss man aber gut auf seine Sachen achtgeben.

Zur Aufbewahrung von Wertsachen empfiehlt sich ein **Brust-** oder **Bauch-**

beutel. In diese Beutel passen Reisepass, Flugtickets, Reiseschecks und Bargeld. Da der Brustbeutel oft unangenehm am Hals hängt, bevorzuge ich persönlich den Bauchgurt, denn er ist lang genug, um die Sachen nebeneinander zu packen und trägt dadurch kaum auf. Auf der Hose getragen, mit einem T-Shirt oder Pullover darüber, ist er von außen nicht sichtbar. Vorsicht ist bei Bauchgurts aus Baumwolle geboten, wenn man stark schwitzt. Die Wertsachen werden dann feucht, man sollte sie zum Schutz zusätzlich in eine Plastiktüte einwickeln.

Außerdem könnte man einen **Geldgürtel** mit innen verlaufendem Reißverschluss mitnehmen. Sein wertvoller Inhalt, die zusammengefalteten Geldscheine, sind ihm nicht anzusehen.

Für den Fall, dass Brust- oder Bauchbeutel doch verloren gehen, sollte man zur Sicherheit im Gepäck etwas **Geld als Reserve** aufbewahren. Von den wichtigsten Papieren, wie den Seiten im Reisepass mit den Personaldaten, dem Visum und dem Einreisestempel sowie von den Scheckquittungen, mehrere **Fotokopien** mitnehmen. Sie werden im Gepäck aufbewahrt und erleichtern im Notfall vieles.

Gesundheit

Aktuelle **Reise-Gesundheits-Informationen** siehe Anhang.

Impfungen

Für die Einreise nach Indien besteht keine Impfpflicht, einige Impfungen sind aber empfehlenswert, und zwar gegen Hepatitis-A und Typhus. Außerdem muss überprüft werden, ob noch ausreichender Impfschutz gegen Tetanus, Polio und Diphterie besteht.

Hygiene

Im Allgemeinen ist es mit den **hygienischen Verhältnissen** in Ladakh nicht bestens bestellt. Das Risiko, krank zu werden, ist höher als in westlichen Ländern. Das heißt aber nicht, dass man in Ladakh, nur weil es in Asien liegt, krank werden *muss*. Ob man krank wird oder nicht, ist sicher auch eine Frage der inneren Einstellung. Wer ständig glaubt, dass ihm das, was er gerade tut oder isst, schaden könnte, wird wohl eher krank. Wichtig ist deshalb eine vernünftige Vorsicht ohne übertriebene Angst.

Buchtipps

●*Dr. Bruce-M. Dürrfeld, Prof. Dr. Eckard:* **Selbstdiagnose und Behandlung unterwegs,** Praxis-Reihe, REISE KNOW-HOW Verlag

●*Jutta Mattausch:* **Ayurveda erleben – Indien / Sri Lanka,** Praxis-Reihe, REISE KNOW-HOW Verlag

Um seinen zivilisationsverwöhnten Körper nicht in Schockzustände zu versetzen, sind folgende **Hygieneregeln** zu beachten:

● **Kein rohes Gemüse** und **ungeschältes Obst** essen, sonst schlägt Montezumas Rache gerne zu. Wer den leckeren getrockneten Aprikosen an den Marktständen in Leh nicht widerstehen kann, sollte sie vor dem Verzehr zumindest gut abreiben. Vorsicht gilt auch bei unverpackten, offen herumliegenden **Nahrungsmitteln,** die evtl. schon von Fliegen heimgesucht und von Dutzenden Händen begutachtet wurden.
● Nicht abgekochte **Milch** meiden, da darin Typhus-Erreger sein können.
● Die meisten Infektionskrankheiten werden durch **schmutzige Hände** übertragen. Deshalb oft die Hände waschen, besonders vor dem Essen und nach dem Umgang mit Geld.
● Was **Toiletten** betrifft, so sind die nur mit einem Loch im Erdboden ausgestatteten asiatischen Hock-Klos eindeutig hygienischer als westliche Sitztoiletten. Manche bessere Guest Houses haben als „Luxus-Einrichtung" eine westliche Toilette, die oft schmutzig ist.
● In den Restaurants ist die **Sauberkeit des Geschirrs** ein aussagekräftiger Hinweis auf den allgemeinen Hygiene-Standard des Lokals. Wenn die Gewürzschalen auf dem Tisch verkrustet sind und am Teeglas noch Fingerabdrücke kleben, sollte man anderswo für sein leibliches Wohl sorgen.
● In Leh ist die **Wasserqualität** vor allem während der trockenen Sommermonate ein Risikofaktor. Man unterlasse es deshalb unbedingt, aus der Leitung zu trinken, die Gefahr einer Hepatitis oder Wurmerkrankung ist sehr hoch. Zähneputzen mit Leitungswasser ist weniger gefährlich, da man in der Regel nichts davon schluckt. Wer sicher gehen will, nimmt entkeimtes Wasser.

Das Wasser in hoch gelegenen Gebirgsbächen ist in der Regel klar und sauber. Wer daraus trinken will, sollte dennoch die Umgebung inspizieren. Ist ein Dorf in der Nähe? Weidet irgendwo eine Tierherde? In diesem Fall könnte es doch verunreinigt sein. Dann lieber das Wasser vor dem Trinken entkeimen oder (besser) filtern. Es gibt **Wasserentkeimungstabletten** und Wasserfilter in Europa zu kaufen, mit denen das Wasser trinkbar gemacht wird (Beipackzettel lesen!).

Krankheiten und Beschwerden

Malaria

Malaria existiert nicht in Ladakh und Zanskar, da die den Malariaerreger übertragende Anophelesfliege nur bis zu einer Höhe von 1800 Metern überleben kann. Wer sich länger im indischen Tiefland aufhält, informiere sich beim Arzt, Tropeninstitut oder Gesundheitsamt.

Hepatitis

Hepatitis ist eine Virusinfektion, die die Leber schädigt. Je nach Erreger wird die Krankheit in Hepatitis A und Hepatitis B unterschieden. Hepatitis A ist vergleichsweise harmlos, dagegen kann eine Hepatitis B ein halbes Jahr oder länger dauern und bei falscher oder zu später medizinischer Behandlung zum Tode führen.

Die Warnsignale sind Appetitlosigkeit, dunkler Urin, weißer Stuhl, Fieber und Brechreiz. Ggf. kommen dazu Schmerzen auf der rechten Körperseite, die von der Leber ausgehen. Wenn die Krankheit voll ausgebrochen ist, verfärben sich die Augen gelb.

Eine medikamentöse Hilfe in westlicher Medizin gibt es nicht, bestenfalls empfiehlt sich die Einnahme von Vitamin-B-Präparaten, die die Leber entlasten. Während der Behandlung und darüber hinaus ist absolute Abstinenz von Alkohol und Fett angesagt. Die Hepatitis muss vollständig ausheilen, sonst droht die Gefahr einer Leberzirrhose!

Hepatitis-A wird oral-fäkal übertragen, d.h. über verschmutzte, nicht abgekochte Nahrung oder Wasser und kommt in Ladakh relativ häufig vor; es gibt als Prophylaxe eine Schutzimpfung.

Hepatitis-B dagegen wird nur durch Körperflüssigkeiten verbreitet, z.B. durch unsterile Spritzen, bei Transfusionen oder beim ungeschützten Geschlechtsverkehr.

Tetanus

Ebenso wichtig ist der Schutz gegen Tetanus, auch Wundstarrkrampf genannt, eine Krankheit, die durch Verletzungen der Haut ausgelöst wird. Bakterien können sich in die Wunde einnisten und nach 3 bis 30 Tagen schwere Muskelkrämpfe sowie Atemstörungen hervorrufen, außerdem kann es zu Schluckbeschwerden kommen.

Da Sie womöglich bereits eine vorbeugende Tetanusimpfung hatten, könnte eine Auffrisch-Impfung reichen, die dann weitere 10 Jahre vorhält. Ist der Schutz verfallen, braucht man eine komplette Neuimpfung. Sehen Sie diesbezüglich in Ihren Impfpapieren nach und fragen Sie Ihren Hausarzt.

Typhus

Typhus tritt zwar selten auf, dennoch ist Vorsicht geboten. Gegen die ebenfalls durch schmutziges Essen und besonders durch nicht abgekochte Milch übertragbare Krankheit gibt es eine Tabletten-Schluckimpfung mit dem Präparat Typhoral L. Die Einnahme der Tabletten sollte mindestens eine Woche vor Abflug erfolgen. Da nicht alle Impfungen zur gleichen Zeit gegeben werden dürfen, setzen Sie sich möglichst 6 Wochen vor Abreise mit Ihrem Arzt in Verbindung.

Höhenkrankheit

Die extreme Höhenlage kann zu einer körperlichen Belastung (Leh: 3500 m) werden. Selbst wer mit dem Bus „langsam" hochkommt, wird sich während der ersten Tage schlapp fühlen. Ein Schock für den Körper ist der Flug von Delhi nach Leh hinauf, da sich in einer Höhe von 3500 Metern der Sauerstoffdruck im Gewebe um ca. ein Drittel reduziert.

Der Körper passt sich nur langsam an diese neue Situation an, deshalb muss man auf jeden Fall den Aufenthalt in dieser luftigen Höhe ruhig und langsam angehen lassen! Vom medizinischen Standpunkt aus dauert der Prozess der Höhenanpassung 2 bis 3 Wochen. Leichte Kopfschmerzen und Müdigkeit in den ersten Tagen ist kein Grund zur Sorge; dieser Zustand ist normal und sollte nach einigen Tagen vorüber sein. Aspirin-Tabletten können jetzt helfen.

Um seinen Körper langsam an die Höhe in Ladakh zu gewöhnen, wäre die Anreise überland optimal. Zur perfekten Akklimatisierung könnte man unterwegs einige Tage in Manali (1926 m) oder in Keylong (3185 m) verbringen.

Kritisch wird es allerdings, wenn ehrgeizige Sportsfreunde in Rekordtempo Gipfel erstürmen wollen. Wer zu schnell in große Höhen trekkt, muss mit einer akuten Höhenkrankheit rechnen, und damit ist wahrlich nicht zu spaßen. Es kommt dann zu einer Unterversorgung des Blutes mit Sauerstoff, was sich bemerkbar macht durch: starke Kopfschmerzen, Erschöpfung, Schlaflosigkeit trotz totaler Müdigkeit, Halluzinationen, Appetitlosigkeit, Herzklopfen und Schwindel. Schlimmstenfalls bilden sich Lungen- oder Hirnödeme, die zum Tode führen. Ein Opfer der akuten Höhenkrankheit erkennt man an seinen blauen Lippen und dem aschgrauen Gesicht.

Treten solche verdächtigen Symptome während eines Treks auf, unter keinen Umständen weiter aufsteigen! Der Kranke muss sofort seinen Rückmarsch in tiefere Gefilde antreten und in warme Decken eingepackt werden. Die Gabe des Medikamentes Diamox als Tabletten oder als Spritze regt den Atem an und verbessert dadurch die Sauerstoffzufuhr. Allerdings ist Diamox ein Notfallmedikament, das nur bei bereits eingetretener Höhenkrankheit gegeben werden soll. An der Notwendigkeit des Abstiegs ändert das Medikament also nichts. Nach dem Abstieg fühlt sich der Höhenkranke in der Regel nach ein, zwei Tagen wieder besser. Für akut Erkrankte steht im Militärkrankenhaus von Leh ein Sauerstoffzelt. Als allgemeine Prophylaxe, aber auch als Akutmittel bei Höhenkrankheit, ist das homöopathische Präparat Coca hilfreich.

Um die Gefahr einer Höhenkrankheit vorweg zu minimieren, sollten täglich nicht mehr als 500 m aufgestiegen werden. Sind einmal mehr Höhenmeter überwunden worden, ist am nächsten Tag ein Ruhetag ratsam.

Flüssigkeitsmangel

Äußerst wichtig ist im Gebirge die Zufuhr von genügend Flüssigkeit. Es gilt die Grundregel: Täglich so viel Flüssigkeit in ccm trinken, wie die Höhe beträgt; in Leh auf 3500 m Höhe wären das 3,5 Liter. Da man beim Trekken durchs Schwitzen mehr verdunstet und in größere Höhen aufsteigt, muss man mehr trinken. Die Wasserflasche muss deshalb immer gefüllt sein.

Ein guter Gradmesser ist die Urinausscheidung, die täglich etwa 1,5 l betragen sollte. Je weniger und dunkler der Urin wird, desto mehr muss getrunken werden – nur auf sein Durstgefühl kann und sollte man sich da nicht verlassen.

Zu einer ernsten Entwässerung des Körpers kann es als Begleiterscheinung von starken Durchfällen kommen. Wer Durchfall hat, muss besonders viel trinken, möglichst unter Zugabe einer Zucker-Salz-Lösung *(Oral Rehydration Salt)*. Die Portionspäckchen bekommt man unter verschiedenen Markennamen in Europa und in jeder besseren indischen Apotheke. Sie werden in entkeimtem Wasser aufgelöst und getrunken. Diese Präparate sind auch hilfreich, um dem Körper bei starker Schweißentwicklung während des Treks Mineralstoffe zuzuführen.

Vitaminmangel

Bei anstrengenden Trekking-Touren, und falls die Verpflegung unterwegs allzu einseitig ist, sollte durch Vitamintabletten ergänzt werden. Multivitamin-Tabletten sind zwar auch in Indien erhältlich, die besseren Präparate bekommt man aber in europäischen Drogerien.

Sonnenbrand

Die Sonne in Ladakh strapaziert die Haut extrem. Es ist deshalb notwendig, Sonnencreme mit hohem Lichtschutzfaktor aufzutragen. Für Arme und Beine reicht ein Sonnenschutzfaktor über 10, fürs Gesicht sollte er wesentlich höher sein. Um das Gesicht, vor allem in Hochlagen während des Treks, vor Krebsröte und Abschälen zu bewahren, empfiehlt sich für diese sensible Partie ein Sunblocker, der die UV-Strahlung gänzlich herausfiltert.

Verstauchungen / Prellungen

Der schönste Trek kann zur Humpeltour werden mit einem schmerzhaft verstauchten oder verrenkten Bein. Deshalb sind knöchelhohe Wanderstiefel unerlässlich. Ist das Unglück doch passiert, lindert Kälteanwendung in jeder Form den Schmerz im verstauchten oder geprellten Knöchel. Am ehesten bietet sich ein Bach an, in den man den verletzten Fuß hineinhält. Danach das Gelenk durch elastische Binden stützten und mit Traumeel (Firma Heel) oder Mobilat Gel einreiben.

Durchfall

Ein Durchfall kann auch den umsichtig Reisenden erwischen. Je nach Erreger, fällt der Durchfall mehr oder weniger stark aus. Hat Montezuma nur dezent zugeschlagen, genügt es, den Magen-Darm-Trakt zu schonen. Das Essen sollte aus blankem Reis, trockenem Brot und Tee ohne Zucker und Milch bestehen. Wenn Besserung eintritt, die Darmflora mit viel Yoghurt aufbauen.

Halten die Durchfälle länger an oder tritt im Stuhl Blut auf, muss ein Arzt aufgesucht werden. Durch eine Stuhluntersuchung kann der Erreger festgestellt werden. Indische Krankenhäuser haben für Durchfallerkrankungen gute Labors, auch in Leh sind Stuhluntersuchungen möglich.

Kohletabletten im Reisegepäck erweisen sich in Ladakh als ziemlich nutzlos. Sie können zwar an der Adria ihren Dienst tun, sind für die Erreger im Himalaya aber zu schwach. In der Regel wird man sie wenige Minuten nach der Einnahme, fast in ihrer ursprünglichen Form, beim Stuhlgang wiederfinden. Eventuell Imodium mitnehmen. Dieses Präparat wirkt zwar wie eine medizinische Keule, weil es den Darm in völligen Stillstand versetzt. Wem eine längere Fahrt bevorsteht, wird aber froh sein, wenn für einige Stunden einmal „gar nichts mehr geht". Der Hausarzt sollte für das Medizinset zusätzlich sanftere Medikamente verschreiben. Generell bei Durchfällen viel Flüssigkeit, versetzt mit Zucker-Salz-Lösungen, einnehmen.

Hervorragend bewährt sich das homöopathische Präparat „Okoubaka", (in europäischen Apotheken erhältlich). Am besten, Sie beginnen eine Woche vor Abreise mit Okoubake zur körperlichen Umstimmung. Zur Dosierung den Apotheker fragen.

Parasiten

Hotels in Leh sind normalerweise frei von Wanzen, in den Dörfern dagegen können die Tiere mancherorts zur Plage werden. Bei der Wahl eines fragwürdigen Zimmers empfiehlt es sich, die Betten zu durchsuchen und das Holz unter den Matratzen zu inspizieren! Musste man sein Gemach doch mit beißendem oder stechendem Kleinvieh teilen, verschafft eine kühlende Insektensalbe Linderung. Wenn sich die Quälgeister einmal häuslich eingenistet haben, hilft nur eine gründliche Reinigung sämtlicher Bettwäsche und Kleidung im warmen Wasser.

Medizinische Versorgung

Ladakh leidet an medizinischer Unterversorgung. Die meisten der in westlicher Medizin **ausgebildeten Ärzte** praktizieren in Leh, der Rest des Landes wird vorwiegend von **Naturheilärzten (Amchi)** betreut. Wer unterwegs krank wird, dürfte in den schlecht ausgestatteten **Medical Aid** Stations in den Dörfern wenig Glück haben, das richtige Medikament zu finden. Im Ernstfall sollte man sich deshalb selbst helfen können, soweit das für Laien möglich ist.

Bestes **Krankenhaus** in Ladakh ist das neue Karuna Charitable Hospital in Choglamsar. Es ist ein privates Krankenhaus mit relativ guter Austattung und kompetenten, in westlicher Medizin ausgebildeten Ärzten. Für den Notfall gibt es das staatliche Sonam Norboo etwa zwei Kilometer unterhalb des Zentrums von Leh gegenüber der Radio Station, und das Militärkrankenhaus (siehe Leh/Ärzte). In Leh praktizieren einige niedergelassene einheimische Ärzte in tibetischer und westlicher Medizin.

Reiseapotheke

In die **Reiseapotheke** gehören folgende Bestandteile:
● Heftpflaster in verschiedenen Größen, Mullbinden, Verbandszeug, Salbe gegen Zerrungen und Prellungen, Jodtinktur und eine Desinfektionssalbe.

● Breitband-Antibiotika sind gegen eine Reihe von Infektionen wirksam. Sie sollten aber nur im Notfall ohne Rücksprache mit einem Arzt eingenommen werden. Der Beipackzettel ist genauestens zu studieren, auch hinsichtlich der Länge der Einnahmedauer (die unbedingt einzuhalten ist).
● Wichtig sind Wasserentkeimungsmittel (gibt es zu Hause in der Apotheke) und für den Trek Vitaminpillen und Mineralsalzlösungen. Diese Mineralsalze gibt es unter verschiedenen Markennamen auch in indischen Apotheken, die internationale Bezeichnung für das Mittel ist ORS (Oral Rehydration Salt).
● Wer empfindliche Augen hat, sollte Augentropfen nicht vergessen. Durch die trockene Luft und die intensive Sonne entwickeln sich schnell Augenentzündungen.
● Bei leichtem Fieber hilft Aspirin. Wenn die Körpertemperatur weiter ansteigt, sollte man zu effektiveren Mitteln wie Benuron greifen. Ein Fieberthermometer ist sinnvoll.
● Das homöopathische Präparat Okoubaka ist bei Nahrungsumstellung auch als Prophylaxe gegen Magen-Darm-Probleme besonders hilfreich.
● Wer zu Hause ein Medikament vergessen hat, bekommt entsprechende indische Präparate billig in einer der Apotheken in Leh. Ein eigenes, gut gepacktes Medikamenten-Kästchen ist dennoch ratsam. Wer regelmäßig bestimmte Medikamente braucht, muss natürlich einen entsprechenden Vorrat mitnehmen.

Mit dem Handy unterwegs

Handys haben nicht nur in Indien, sondern auch in Ladakh großflächig Einzug gehalten. Allerdings gibt es Einschränkungen mit dem Gebrauch des eigenen (europäischen) Mobiltelefons vor Ort. Für den Bundesstaat Jammu und Kaschmir (zu dem ja auch Ladakh gehört) existiert eine **spezielle Rege-**

lung: Danach kann eine SIM-Card in Ladakh nur auf den Namen eines einheimischen registrierten Ladakhi, also nur durch **persönliche Beziehungen,** gekauft werden. Daher ist es wohl wenig sinnvoll, das eigene Handy mitzubringen, zumal es auch nicht möglich ist, ohne diese spezielle Card auf dem Handy von Europa aus in Ladakh angerufen zu werden.

Allgemein für Indien (außer Ladakh) gilt: Am Flughafen sind **Prepaid-Karten** erhältlich.

Nicht zu vergessen sind auch die **passiven Kosten,** wenn man von zu Hause angerufen wird. Ein im Heimatland befindlicher Anrufer zahlt nur die Gebühr ins inländische Mobilnetz, und die Rufweiterleitung nach Indien findet man später auf der eigenen Mobilrechnung wieder.

Wesentlich preiswerter als zu telefonieren ist es, sich von vornherein auf das **Versenden von SMS** zu beschränken. Der **Empfang von SMS** ist in der Regel kostenfrei.

Für den Handygebrauch außerhalb von Jammu und Kaschmir gilt: Am preiswertesten ist es, wenn man bei seinem Provider nachfragt, welcher der Roamingpartner des Providers ist und diesen per manueller Netzauswahl bei den Telefonaten voreinstellt.

Diebstahl und Verlust

Sollte das Mobiltelefon **verloren gehen oder gestohlen werden,** sollte man bei einem Laufzeitvertrag, aber auch bei bestimmten Prepaid-Abonnements die Nutzung der SIM umgehend beim Provider sperren lassen (Notfall-Rufnummer: **0049/116116**). Dazu muss man folgende Angaben machen können, die man sich **vorab notiert** haben sollte: Rufnummer, SIM-Kartennummer (auf SIM vermerkt), Kundennummer und IMEI-Nummer (elektronische Zulassungsnummer), die nach Eingabe des Tastencodes Stern-Raute-null-sechs-Raute auf dem Display erscheint – diese muss man auch bei der Polizei bei der Diebstahl- oder Verlustmeldung angeben.

Versicherungen

Krankenversicherung

Die Kosten für eine medizinische Behandlung in Indien werden von den gesetzlichen Krankenversicherungen in Europa nicht übernommen, daher ist der Abschluss einer privaten **Auslandskrankenversicherung unverzichtbar.**

Zur Erstattung der Kosten benötigt man ausführliche **Quittungen** (mit Datum, Namen, Bericht über Art und Umfang der Behandlung, Kosten der Behandlung und Medikamente).

Reiserücktrittsversicherung

Eine solche Versicherung lohnt sich vor allem, wenn man ein **„preiswertes" Flugticket** mit einer geringen Gültigkeitsdauer oder mit festen Reise-

Vor der Reise

terminen gebucht hat, die nicht mehr geändert werden können. Denn sonst kann der Flugtermin für eine geringe Gebühr innerhalb der Gültigkeitsdauer beliebig oft verschoben werden.

In jedem Fall muss man eine solche Versicherung je nach Versicherer **binnen 8–14 Tagen nach Reisebuchung** abschließen.

Reisegepäckversicherung

Der Abschluss einer Reisegepäckversicherung **lohnt sich seltener,** da die Policen zu viele Einschränkungen enthalten: Bei Flugreisen wird verlorenes Gepäck oft nur nach Kilopreis und auch sonst wird nur der **Zeitwert** nach Vorlage der Rechnung ersetzt. Wurde eine Wertsache nicht im Safe aufbewahrt, gibt es bei Diebstahl auch keinen Ersatz.

Anbieterauswahl

Der Abschluss einer **Jahresversicherung** ist in der Regel kostengünstiger als mehrere Einzelversicherungen. Günstiger ist auch die **Versicherung als Familie,** statt als Einzelpersonen. Hierbei die Definition von „Familie" genau prüfen – gilt dies auch bei unverheirateten Paaren?

Hat man bereits eine Unfallversicherung abgeschlossen, sollte man prüfen, ob diese im Falle plötzlicher Arbeitsunfähigkeit aufgrund eines Unfalls im Urlaub zahlt.

Eine Privathaftpflichtversicherung hat man in der Regel schon. Diese ist jedoch oftmals in **„Reiseversicherungspaketen"** enthalten, wodurch man unnötig doppelt – aber nicht besser – versichert ist. Hat man eine Unfallversicherung, sollte man prüfen, ob diese im Falle plötzlicher Arbeitsunfähigkeit aufgrund eines Unfalls im Urlaub zahlt.

Auch durch manche **Kreditkarten** oder **Automobilclubmitgliedschaft** ist man für bestimmte Fälle schon versichert. Das sollte man noch mal klären, bevor man sich doppelt versichert.

Die **Stiftung Warentest** in Deutschland und **Konsument.at** in Österreich testen regelmäßig verschiedene Versicherungsarten. Über ihre Websites kann man Testberichte einsehen: www.test.de; www.konsument.at.

Weitere Informationen erhält man auch in Deutschland bei der **Verbraucherzentrale** (www.verbraucherzentrale.com) und in Österreich bei der **Arbeiterkammer** (www.arbeiterkammer.at).

Tipp: Für alle abgeschlossenen Versicherungen die Notfallnummern notieren und mit der Policenummer gut aufheben! Bei Eintreten eines Notfalles sollte die Versicherungsgesellschaft unverzüglich telefonisch verständigt werden.

Zeitverschiebung

Die **Indian Standard Time** ist der mitteleuropäischen Zeit (MEZ) im Sommer (Ende März bis Ende September) um 3 Std. 30 Min. voraus, im Winter um 4 Std. 30 Min. Das heißt: Um 12 Uhr in Deutschland ist es 15.30 Uhr bzw. 16.30 Uhr in Indien.

Indien im Überblick

007lz Foto: jm

008lz Foto: jm

Geerntet wird in Ladakh vorwiegend traditionell

Westliche Produkte in indischen Dörfern

Süße Leckereien mit viel Zucker

Landeskunde Geografie

Indien ist der siebtgrößte Staat der Welt; das Land liegt zwischen dem 8. und 37. Grad nördlicher Breite sowie zwischen dem 68. und 97. Grad östlicher Länge. Damit erstreckt sich Indien von seinem nördlichsten Bundesstaat Kaschmir bis hinunter nach Tamil Nadu über 3200 km. Die größte West-Ost-Ausdehnung beträgt 3000 km. Die nord-östliche Region, zu der die Bundesstaaten Sikkim, Assam, Arunachal Pradesh, das Nagaland und einige kleinere Staaten gehören, ist durch die angrenzenden Länder Nepal und Bangladesh an einer Engstelle vom Rest des Subkontinents praktisch abgeschnürt.

Man sagt, Indien sei kein Land, sondern ein Kontinent, schon allein aufgrund der landschaftlichen Vielfalt von Bergen, ausgedehnte Wüsten, endlosem Flachland und wunderschönen Sandstränden.

Der Norden ist geprägt vom höchsten und mächtigsten Gebirge der Erde, dem **Himalaya,** dessen Gebirgsketten sich von nordwestlicher in südöstlicher Richtung von Pakistan über Nordindien, Nepal bis nach China ziehen. Damit bildet der Himalaya die Grenze zwischen dem indischen Subkontinent und der gewaltigen zentralasiatischen Masse.

Auf seiner Südseite geht der Himalaya mit den abschließenden Siwalik-Hügeln in das **nordindische Tiefland** über, das in weiten Teilen vom mächtigsten Fluss Indiens, dem **Ganges,** geprägt wurde. Dieses Tiefland ist im

krassen Gegensatz zum Norden ziemlich eben, und fällt von Delhi bis zur bengalischen Küste im Osten nur 200 m ab.

Der größte Teil des Subkontinents besteht geologisch aus einer riesigen Scholle, der **Dekkan-Scholle.**

Fährt man quer durch Indien, scheint das Land ziemlich flach; wenn man es aber großflächig betrachtet, sind minimale Erhebungen und Senken zu erkennen, die wie leichte Wellen über die Oberfläche dieser Scholle streichen. Insgesamt steht diese Dekkan-Scholle leicht schräg und neigt sich minimal von Westen nach Osten. An der Westküste, wo die Scholle steil über das Meer hinausragt, findet man spektakuläre Klippenlandschaften. Auf der Ostseite dagegen fällt die Scholle in weiten Teilen sanft zum Golf von Bengalen hin ab.

Alle großen **Flüsse** der Halbinsel fließen wegen der Schrägstellung der Scholle dem Golf von Bengalen zu. Während die Ströme im Norden vom Schmelzwasser des Himalaya gespeist werden und deshalb besonders im Sommer Wasser führen, verkümmern die Flüsse auf dem Subkontinent während der Trockenzeit zu Rinnsalen oder trocknen ganz aus.

Beeindruckende Berge

Klima

Analog zur geografischen Aufteilung Indiens lässt sich das Land klimatisch in verschiedene Bereiche untergliedern. Auf dem gesamten Subkontinent südlich des Himalaya gibt es keinen Wechsel der Jahreszeiten wie in unseren Breiten, sondern das subtropische Klima wird ausschließlich von der **Regenzeit** (Monsun) bzw. der **Trockenzeit** bestimmt. D. h., man unterscheidet nur zwischen der „heißen", der „kühlen" und der „nassen" Jahreszeit.

Die Hitze baut sich im Februar und März auf. Im April oder Mai wird es schon sehr heiß, sodass die Temperatur z.B. in Rajasthan auf 45 Grad klettert. Während dieser Monate ist das Land öde und liegt unter einer dicken Staubschicht. Wenn der **Süd-West-Monsun** Anfang Juni endlich im südlichen Teil Indiens einsetzt und langsam über den Subkontinent hochzieht, atmen Natur und Menschen auf. Anfang Juli haben die Regengüsse dann das ganze Land überzogen.

Während dieser etwa bis Oktober dauernden Monsunzeit schüttet es Wasser wie aus Kübeln vom Himmel. Das heißt aber nicht, dass es den ganzen Tag über regnet. Für die La-

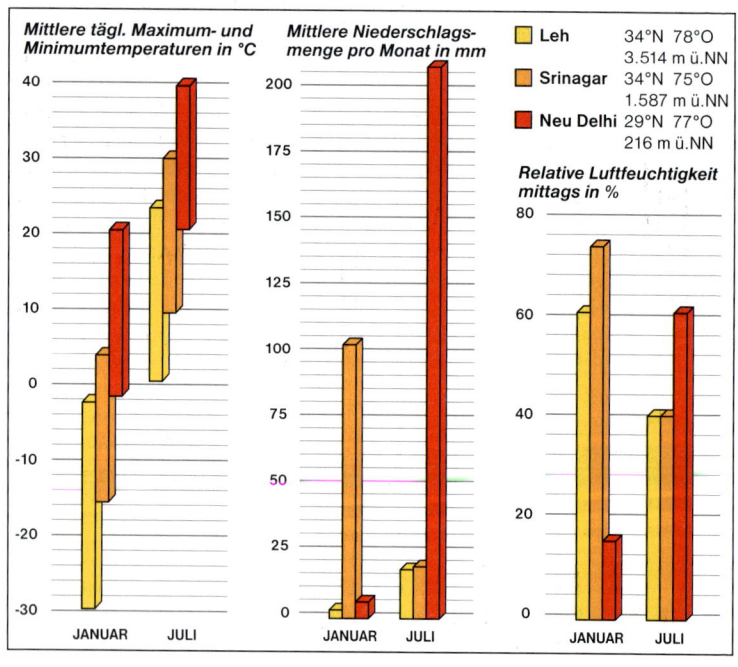

dakhreise, die sehr wahrscheinlich im Sommer stattfindet, bedeutet das, dass man in Delhi schon mal nass werden kann.

Wenn Anfang Oktober die ersten Gipfel im Himalaya einschneien, wird auch im Flachland das Klima etwas kühler, und der Regen hört auf. Die Temperaturen sind dann angenehm, das ganze Land zeigt sich in sattem Grün – dies ist die beste Jahreszeit für eine Reise durch Indien.

Bevölkerung

Indien hat um die Jahrtausendwende die Milliarden-Grenze überschritten; damit ist Indien nach China der zweitbevölkerungsreichste Staat der Erde.

Genaue Einwohnerzahlen lassen sich nicht erheben; fest steht jedoch, dass der **Bevölkerungsanstieg** in den letzten Jahrzehnten drastisch verlaufen ist, und Indien eine der höchsten Geburtenraten der Welt aufweist. Jedes Jahrzehnt muss das Land einen Zuwachs von rund 100 Millionen Menschen verkraften.

Indien ist ein **Vielvölkerstaat.** Wegen der ethnischen Vielfalt heißt es oft, Indien sei weniger ein Land, als eher ein Kontinent. Ca. 70 % der Bevölkerung sind Indoarier, 25 % sind Draviden, die vorwiegend in Südindien leben. So ist es leicht, die großen hellhäutigeren Nordinder von den kleineren Bengalis im Osten oder die Kaschmiris mit ihrem zentralasiatischen Aussehen von den dunkelhäutigen Tamilen im Süden zu unterscheiden.

Als Folge der zunehmenden Landflucht hat Indien heute 34 Städte mit mehr als einer Million Einwohner. Trotzdem leben etwa 75 % der Bevölkerung auf dem Land. Wie in allen Entwicklungsländern, üben auch in Indien die Städte auf die Landbewohner eine magische Anziehungskraft aus. Man kommt in der Hoffnung auf ein besseres Leben und einen Job – und so wuchern die Armenviertel an den Stadträndern immer weiter.

Mit Hilfe großangelegter Kampagnen hat die indische Regierung immer wieder versucht, die Bevölkerungsexplosion in den Griff zu bekommen. 1975/76 hat die damalige Staatschefin Indira Gandhi eine recht unsensible Methode gewählt, indem sie zigtausende Frauen nach einer Geburt im Krankenhaus zwangsweise sterilisieren ließ. Es kam dann noch schlimmer: Mit Hilfe von Polizei und Militär zogen Ärzte durch das Land und machten mit einem kurzen „medizinischen Eingriff" Frauen unfruchtbar. Ein Aufschrei ging durch Indien. Dass Indira Gandhi bei den nächsten Wahlen 1977 einen dramatischen Einbruch erlitt, hatte teilweise in diesen unpopulären Maßnahmen ihre Ursache.

1961:	439 Mio.
1971:	547 Mio.
1981:	687 Mio.
1991:	865 Mio.
1995:	900 Mio.
1999:	970 Mio.
2001:	rd. 1 Mrd.
2004:	1,05 Mrd.
2008:	1,10 Mrd.

Indien im Überblick

Überbevölkerung auf absehbare Zeit kaum lösbar sein. Außerdem schafft ein reicher Kindersegen, zumindest bei der Landbevölkerung, bis heute hohes soziales Prestige.

Natürlich sollten unter der Kinderschar möglichst viele Söhne sein als künftige Ernährer ihrer Eltern. Mehrere Töchter zu haben, würde die Familie wegen des zu bezahlenden Brautpreises bei deren Hochzeit in den finanziellen Ruin treiben. Um Töchter zu „verhindern", lassen viele schwangere Frauen mit Ultraschall das Geschlecht ihres ungeborenen Kindes bestimmen. Abtreibungen von weiblichen Föten ist in Indien, obwohl gesetzlich verboten, weithin praktiziert; Es gibt im ganzen Land sehr viele Ärzte, die einen solchen Eingriff vornehmen.

Heute geht die indische Regierung das Thema **Geburtenkontrolle** geschickter an mit Aufklärungskampagnen auf den Dörfern und der Verteilung kostenloser Verhütungsmittel (angeblich ist allerdings nur 1 % der indischen Männer bereit, Kondome zu benutzen). In Fernseh-Spots und auf der Straßenreklame wird die glückliche Zwei-Kind-Familie propagiert.

Nur: Solange es keine allgemeine soziale Absicherung gibt und Kinder daher als Alters- und Krankenversicherung fungieren, dürfte das Problem der

Reicher Kindersegen bringt soziales Prestige

Die Regierung propagiert Kleinfamilien

In Indien besteht die allgemeine Schulpflicht für Kinder von 6 bis 14 Jahren. Der Besuch öffentlicher Schulen ist während dieser Zeit kostenlos. Die Alphabetisierungsrate liegt im Landesschnitt bei 67 %.

Religion

In Indien entstanden zwei der größten Religionen der Welt: der Hinduismus und der Buddhismus. Heute sind 80 % der Bevölkerung, also etwa 800 Millionen Menschen, Hinduisten. Etwa 13 % der indischen Bevölkerung sind Moslems, 2,3 % sind Christen, 1,9 % Sikhs (ca. 15 Millionen). Die Buddhisten machen nur knapp ein Prozent der Gesamtbevölkerung aus – ein Teil von ihnen Ladakhis und Zanskaris, die mehrheitlich Buddhisten sind.

Hinduismus

Geschichte

Der Hinduismus ist eine der ältesten Hochreligionen, seine Wurzeln gehen weiter als 1000 Jahre vor unsere Zeitrechnung zurück. Die um 2000 v.Chr. aus Zentralasien nach Indien eingedrungenen Arier vermischten ihre vedische Philosophie mit den dravidischen Kulturen der alteingesessenen Bewohner Indiens. Sie verehrten Gottheiten, die denen der alten Griechen ähnlich waren und verherrlichten Naturgewalten: So gab es einen Gott des Feuers, die Göttin der Morgenröte, die Schar der Winde usw. Verehrt wurden diese Götter durch Opfergaben, für deren Zubereitung die ritualkundige Priesterkaste, die Brahmanen, verantwortlich war. Solche uralten, bis ins Detail festgelegten priesterlichen Zeremonien leben im Hinduismus bis heute fort.

Während dieser Zeit des alten Hinduismus entstanden die ältesten Texte Indiens: das **Veda,** also das „Heilige Wissen". Die Brahmanen haben diese Texte über die Jahrtausende hinweg an ihre Schüler weitergegeben, und viel später wurden sie schriftlich niedergelegt. Mit der Entwicklung des Hinduismus kamen weitere religiöse oder philosophische Schriften dazu, wie das dem Gott Krishna gewidmete Bhagavad Gita („Das Göttliche Lied"), das Mahabharata, das Ramayana (die Geschichte des Gottes Rama) und die Upanishads.

Einige dieser Epen sind bis heute allgemeines Volksgut, Mütter erzählen sie ihren Kindern wie bei uns die Märchen. Manchmal werden im indischen Fernsehen die Geschichten als Serien ausgestrahlt – während dieser Zeit sind die Straßen leergefegt, und im Restaurant wird man vergeblich auf sein Essen warten, weil irgendwo in der Küche der Fernseher läuft.

Philosophie

Die Grundlehre des Hinduismus beruht auf der Vorstellung von **Reinkarnation,** also der **Wiedergeburt** der unsterblichen Seele in einem neuen Körper. Da jedes Lebewesen an weltliche Bedürfnisse gefesselt ist, muss sich die Seele von allem „Staub und Schmutz des Lebens" befreien, um

Indien im Überblick

Das selbstlose Verrichten guter Taten, um sein Karma zu verbessern (Karma Yoga).

Die Askese. In Indien begegnet man oft Asketen, die als Wander-Yogis allen weltlichen Besitz aufgegeben haben. Ihr Ziel ist die Kontrolle ihrer Begierden und die ausschließliche Konzentration auf ihre spirituelle Entwicklung.

Diverse Meditationsschulen (Dhyan).

Die vollkommene Hingabe an Gott.

Im Idealfall wäre dies der eine Gott. Die Volksreligion hat aber Tausende von Gottheiten geschaffen, die alle mit einer perfekten Eigenschaft ausgestattet sind. Aus philosophischer Sicht, sind sie alle Aspekte des einen Gottes. Die **Gottheiten** fungieren auch als praktische Hilfen für den Alltag. Die Göttin **Lakshmi** etwa ist für materielles Glück zuständig, deshalb ist auch „Lakshmi" eine umgangssprachliche Bezeichnung für Geld. Der dicke **Ganesh** (oft auch **Ganesha** genannt) mit seinem Elefantenkopf ist ein Glücksbringer, dem man um Erfolg für ein Vorhaben bittet. **Saraswati** ist die Göttin des Lernens sowie Schutzpatronin der Weisheit und Literatur usw.

Die wichtigsten Gottheiten des **hinduistischen Pantheons** sind jedoch Brahma, Wishnu und Shiva, die in ihrer „Dreifaltigkeit" häufig gemeinsam dargestellt werden. Dabei gilt Brahma als Schöpfer des Universums, Wishnu als Erhalter und Beschützer und Shiva als Zerstörer und Erneuerer.

Brahma, der Schöpfungsgott setzte das Universum in Bewegung. Ursprünglich war er der wichtigste aller Hindugottheiten, doch ist heute seine

sich mit ihrem Schöpfer wieder vereinigen zu können. Nach endlosen Wiedergeburten erst kann die Seele dann **Moksha,** die Erlösung aus dem Kreislauf der Geburten, erlangen.

Jedes Leben wird dabei vom **Karma** bestimmt, also der Summe der vorangegangenen guten und schlechten Taten. Genau genommen, ist Karma die Lehre von Ursache und Wirkung: Ein gutes Schicksal ist ein Zeichen für verdienstvolle Taten in vorangegangenen Leben. Wer ein schlechtes Schicksal hat, dürfte im Vorleben viel Unheilsames getan haben.

Die Hindus kennen eine Reihe von Methoden, um sich Moksha, der Erlösung, zu nähern:

Ganesh, der Gott mit dem Elefantenkopf

Indien im Überblick

Beliebtheit zugunsten der beiden anderen, Wishnu und Shiva gesunken. Die Inder empfanden es wohl verwerflich, dass Brahma seine eigene Tochter Saraswati geheiratet und sich dadurch des Inzests schuldig gemacht hatte.

Wishnu ist in Indien eine Art „Universal-Gottheit". Wann immer die Menschheit Hilfe braucht, kommt Wishnu in Gestalt eines Menschen auf die Erde, um mit seiner göttlichen Macht alles wieder ins Lot zu bringen. Das Gefährt von Wishnu ist der Göttervogel Garuda.

Shiva ist der Gefährlichste dieses „Dreiergespanns". Er tritt in verschiedenen Manifestationen auf. In seiner Form als Dämonen-Zerstörer trägt er einen Kopfschmuck aus Totenschädeln, und um seinen Körper winden sich Schlangen. Der weit verbreitete Shiva-Kult hat einen starken asketischen, aber auch einen sexuellen Aspekt. Das **Lingga,** ein religiöses Phallussymbol (meist aus Stein) ist das Sinnbild für Shiva, Männlichkeit und Potenz. Besonders in seiner mystisch-sexuellen Beziehung zu seiner Partnerin Parvati wird der lustbetonte Aspekt deutlich.

Um für Laien die Verwirrung zu komplettieren, kommen zu all den Gottheiten noch ihre diversen Manifestationen in zornigen, friedvollen und meditativen Aspekten. Wishnu etwa kann als Krishna, der große Kämpfer und Liebhaber, als Rama, der ehrenhafte Prinz, als Narayan und in anderen Varianten verehrt werden.

Bei all der Komplexität der hinduistischen Philosophie mag man sich fragen: Was eigentlich ist nun Hinduismus? Viele Inder würden lapidar antworten: A way of life, eine Lebenshaltung. Tatsächlich bedeutet **Hindu** nichts anderes als „Inder". Das Wort prägten einst die Perser, für die Indien am Fluss Sindhu begann, das sie aber nur wie „Hindu" aussprechen konnten. So wurde Hindu die Bezeichnung für die Menschen des Indus-Landes, also Indiens.

Dieses hinduistische „way of life" war ursprünglich von großer **religiöser Toleranz** geprägt, und die Hindus kannten nicht den missionarischen Eifer anderer Religionen. Vielmehr betrachteten sie alle Religionen als verschiedene Wege zum gleichen Ziel. Dass der indische Subkontinent heute unter massiven Spannungen, besonders zwischen Hindus und Moslems, leidet, liegt hauptsächlich an profilsüchtigen Politikern, die zugunsten ihres eigenen Vorteils soziale Gräben noch verbreitern.

Ein wichtiges Element im „Hindu way of life" sind schließlich die **farbenfrohen Feste,** die den Menschen Glück, Schutz vor bösen Mächten und Wohlergehen bringen sollen.

Kasten

Ein zentraler Bestandteil des Hinduismus ist bis heute das **Kastensystem.** Die Anfänge für diese Klassenunterteilung machten die Brahmanen (Priesterklasse), um ihre überlegene Stellung deutlich hervorzuheben. Im Lauf der Zeit wollte sich jeder von den jeweils rangniederen sozialen Gruppen abheben, und so entstanden nach

ten bessere Positionen in der Gesellschaft zu ermöglichen. An höheren Schulen, Universitäten und für bestimmte Posten sind eigens Plätze für Angehörige aus niederen Kasten reserviert. Auch in der gebildeten Mittelstandsschicht **löst sich das Kastendenken allmählich auf,** und bisweilen werden Ehen zwischen Angehörigen unterschiedlicher Kasten geschlossen. Auch äußerlich ist die Kastenzugehörigkeit nicht zu erkennen, außer bei den Brahmanen, die eine Brahmanenschnur um die Schulter tragen. Doch werden noch immer vorwiegend „niedrige" Arbeiten von unteren Kasten verrichtet, während ein gebildeter Mensch mit hoher Wahrscheinlichkeit aus einer der oberen Kasten stammt.

Die oberste Kaste bilden die **Brahmanen,** die Priester und Gelehrten der hinduistischen Philosophie. Nach ihnen kommen die **Kshatriya,** die Krieger und Soldaten. Es folgen die **Vaishya,** die Kaufleute und Bauern, und schließlich die **Shudras,** die Arbeiter.

Unterhalb dieser Hauptkasten befinden sich die **Kastenlosen,** die Unberührbaren, die ursprünglich zu einem niedrigen Dasein ohne jegliche Rechte verdammt waren. Sie verrichteten die „unreinen" Arbeiten wie Reinigung von Straßen und Toiletten, Leichenverbrennungen usw. Auch durften die Unberührbaren nicht den gleichen Tempel betreten wie Kastenangehörige. Mahatma Gandhi bemühte sich (vergebens) um eine gesellschaftliche Akzeptanz der „Unberührbaren", indem er sie **Harijanas,** Kinder Gottes, nannte.

und nach vier große Kasten, die nochmal in schätzungsweise 2000 Unterkasten aufgegliedert sind.

Dem Kastensystem liegt der Gedanke zugrunde, dass jeder Mensch aufgrund seines Karma in ein **gutes bzw. schlechtes Leben hineingeboren** wurde. Aus dieser eingeborenen Kaste kann der Mensch sein Leben nicht wechseln, auch nicht durch Heirat, einen guten Job oder Geld. Nur durch das Ansammeln von positivem bzw. negativem Karma kann die Wiedergeburt für das nächste Leben beeinflusst werden.

Von staatlicher Seite bemüht man sich heute, Angehörigen unterer Kas-

Lakshmi

Buchtipp

● *Rainer Krack:* **Hinduismus erleben,** Praxis-Reihe, REISE KNOW-HOW Verlag

Islam

Als 1947 die Zeit der Kolonialherrschaft zu Ende ging, zerfiel der indische Subkontinent in das islamisch dominierte Pakistan und die Indische Union, die sich als säkulärer Staat begreift. Mit einem Bevölkerungs-Anteil von 13 % stellen die Moslems in Indien etwa 130 Millionen Menschen, womit Indien eine der größten islamischen Nationen der Welt ist.

Der Islam anerkennt keinen Gott außer **Allah,** der nach dem jüngsten Gericht die guten oder bösen Taten mit Himmel oder Hölle vergilt. Mit dieser streng monotheistischen Auffassung ist dem Islam die Vielzahl hinduistischer Gottheiten fremd, auch verbietet der Islam die Abbildung Gottes.

Gründer des Islam war der Prophet **Mohammed.** Als Mohammed im Jahr 632 n.Chr. starb, bekannte sich bereits damals ganz Arabien zum Islam. Der islamische Glaube war mehr als eine Religion: Er rief seine Gläubigen auf, den Islam in der ganzen Welt zu verbreiten – notfalls mit dem Schwert. Im 12. Jh. fiel ganz Nordindien in die Hände der moslemischen Eroberer, und indische Händler verbreiteten ihn von hier bis nach Südostasien.

In seiner frühen Phase teilte sich der Islam in zwei fundamentale Linien auf, die bis heute existieren: Die **Sunniten** und die strenger gläubigen **Schiiten.**

In Ladakh bekennt sich der moslemische Bevölkerungsteil zum toleranteren Zweig der Sunniten, wodurch ein (relativ) harmonisches Miteinander mit der buddhistischen Mehrheit möglich wurde. Die Aussagen des Propheten Mohammed sind im einzig gültigen Buch, dem **Koran,** niedergeschrieben. Aufgeteilt in 14 Kapitel, enthält das Buch in Versen (Suren) Glaubensaussagen und Verhaltensregeln, die das Alltagsleben der Gläubigen bis ins Detail regeln. Im Koran sind auch die wichtigsten, für alle Moslems verbindlichen **fünf Gebote,** die sogenannten „Fünf Säulen des Islam" festgelegt:

Die Moschee Jama Masjid in Leh

1. Es gibt keinen Gott außer Allah, Mohammed ist sein Prophet.
2. Eine Pilgerreise zur heiligen Stadt Mekka (Saudi-Arabien), dem Geburtsort von Mohammed.
3. Das Fasten von Sonnenaufgang bis Sonnenuntergang während des Fastenmonats Ramadan.
4. Das Geben von Almosen.
5. Das fünfmalige tägliche Gebet gegen Mekka.

Der **heilige Tag** der Moslems ist der Freitag, an dem sich viele Gläubige in den Moscheen, den Bethäusern, einfinden. Gemeinsam liest man aus dem Koran und betet zu Allah.

Buchtipp

- *Kirstin Kabasci:* **Islam erleben,** Praxis-Reihe, REISE KNOW-HOW Verlag

Sikhs

Die Sikhs machen etwa 15 Millionen der indischen Bevölkerung aus. Sie leben vorwiegend im Bundesstaat Punjab, sind aber in ganz Indien zu finden. Sikhs sind oft sehr gute Geschäftsleute, sie gelten als fleißig und ehrgeizig. Äußerlich ist ein Sikh traditionell an fünf Merkmalen, den fünf *kakkars,* zu erkennen:

- dem ungeschnittenen Haar, das sich unter einem kunstvoll gebundenen Turban versteckt,
- einem Kamm aus Holz oder Elfenbein,
- kurzen Hosen,
- einem Armreif aus Stahl,
- einem Schwert.

Jedoch stecken die Shorts heute unter langen Hosen, das Schwert wird nur zu Festlichkeiten angelegt, und der Kamm ist oft aus Plastik. Schließlich ist auch die alte Kriegerkaste der Sikhs moderner geworden.

Die **Religon der Sikhs** (*Sikh* = Schüler) entstand im 15. Jh. n.Chr. durch ihren Begründer *Guru Nanak.* Zu einer Zeit, als der Hinduismus in der starren Kastentradition zu ersticken drohte, gründete er die monotheistische Religion der Sikhs. Ihr Dogma lautet, dass es nur einen ewigen, allgegenwärtigen Gott gibt, der über all den hinduistischen Gottheiten steht und Klassenunterschiede ablehnt. Die Sikhs stellen sich somit nicht gegen den Hinduismus, vielmehr streben sie nach der vollkommenen Form des Einen Gottes.

Nach dem Tod des Religionsstifters *Nanak* entwickelte sich der Sikh-Glaube vom religiösen zu einem politischen Faktor. Nach Auseinandersetzungen mit den islamischen Herrschern im Lande formierten sich die Sikhs allmählich zu einer militanten Bewegung. Diese Umwandlung von einer religiösen zur **kriegerischen Macht** vollzog sich schließlich mit dem letzten Guru *Gobind Singh.* Er erfand die oben erwähnte, so markante äußere Erscheinung der Sikhs und führte, unabhängig von Kaste oder sonstiger Herkunft, die Bruderschaft durch eine Schwerttaufe ein; diese beinhaltet die Bereitschaft der Sikhs, sich notfalls auch mit Waffengewalt zu verteidigen. Als letzte verteidigende Macht gegen die Engländer erwiesen sich die Sikhs als mutige Kämpfer. Das wichtigste Heiligtum der Sikhs ist der Goldene Tempel in Amritsar.

Heute gehören die Sikhs zur besseren und gebildeten Schicht in der indischen Gesellschaft, die Frauen sind bemerkenswert emanzipiert. Die Sikhs verlangen mehr Selbstbestimmung für ihren Bundesstaat Punjab, eine Minderheit fordert sogar den unabhängigen Staat Khalistan. Eine Realisierung dieser Vision ist allerdings nicht in Sicht; nach Jahren der Unruhe verläuft der Alltag im Punjab längst wieder friedlich.

Geschichte

Der älteste Teil indischer Geschichte liegt unter einem Schleier von Legenden und Fabeln. Diese überaus faszinierend und fantastisch, als historische Fakten jedoch nicht verwendbar. So ist über die alte Industalkultur und die folgende Einwanderung der Indoarier nur wenig bekannt. Halbwegs festen Boden finden die Historiker erst ab dem 4. Jh. v.Chr. mit der Dynastie der Mauryas.

2400–1700 v.Chr: Während der Bronzezeit entwickelt sich die früheste bekannte indische Hochkultur, die sog. Industalkultur. Archäologen fanden Siedlungen von großstädtischen Ausmaßen mit schachbrettartigen Straßen und einer zentralistischen Verwaltung. Der Grund für den Untergang der Industalkultur ist noch unklar, vermutlich ist sie den einwandernden Indoeuropäern zum Opfer gefallen.

1500 v.Chr: Indoeuropäer wandern auf dem indischen Subkontinent ein. Ihr Ursprung ist bis heute ungewiss, jedoch gehen Vermutungen davon aus, dass diese Einwanderer über den Iran und Afghanistan kamen, um sich schließlich vom Ganges aus über fast den ganzen Subkontinent zu verbreiten. Die Indoeuropäer bringen die ältesten heiligen Schriften, die Veda mit, auf deren Grundlage der spätere Hinduismus entstehen wird.

4. Jh. v.Chr.: Das erste Großreich auf indischem Boden, das bis auf den Süden fast den gesamten Subkontinent umfasst, schafft die **Dynastie der Mauryas.** Die Maurya-Herrscher bauen ihre Hauptstadt im alten Pataliputra, dem heutigen Patna im Bundesstaat Bihar. Als großer Religionskaiser geht der dritte Herrscher der Dynastie, *Ashoka,* in die Geschichte ein, der als eifriger Anhänger des Buddhismus diese Philosophie im ganzen Reich verbreitet. Daneben ist *Ashoka* aber auch ein energischer Feldherr, der keine Schlachten scheut, um sein Reich immer weiter zu vergrößert. Nach seinem Tod im Jahr 232 v.Chr. verliert die Dynastie der Mauryas rasch an Kraft; das Reich zerfällt und splittert auf, Grenzprovinzen im Nordwesten und Westen erlangen ihre Selbstständigkeit wieder.

200 v.Chr.: In den folgenden Jahrhunderten muss der indische Subkontinent, besonders der Westen, drei große Eroberungswellen ertragen. In rascher Folge fallen Griechen, die Sakas und die Kushanas ein. Der Nordwesten fällt dabei an den zentralasiatischen Nomadenstamm der Kushana, der unter ihrem buddhistischen Herrscher *Kanishka* seine Blütezeit erreicht. Während dieser Zeit wird in Zanskar die erste buddhistische Stupa, die Kanishka-Stupa, gebaut.

320 n.Chr.: Als Goldenes Zeitalter des mittelalterlichen Indien gilt die Regierung unter der **Gupta-Dynastie,** die das Gebiet nördlich des Dekkan beherrscht. Berühmt werden die guptischen Herrscher als Förderer von Kunst und Literatur, deren Impulse noch Jahrhunderte nach der Gupta-Periode wirksam sind. Herausragender Herrscher ist *Harsha,* doch nach seinem Tod zerfällt der Subkontinent im 5. Jh. in einzelne Regionen. Mit diesen „Lokaldynastien" existieren in Indien nun in den folgenden Jahrhunderten mehrere unabhängige Zentren, die ihre eigene Politik, Kunst und Kultur betreiben, durch die Indien bis heute in einer solchen Vielfalt erscheint.

11. Jh.: Die moslemische Vorherrschaft bahnt sich im 11. Jh. an. Türkische Fürsten fallen zu Raubzügen ein und steigen innerhalb von 13 Jahren zur beherrschenden Macht in Nordindien auf: Im Jahr 1202 macht sich *Qutb-u'd-din Aibak* zum Sultan von Delhi und ist so der erste einer fünf Dynastien umfassenden Kette von Herrschern, die von Delhi

Indien im Überblick

aus bis ins Jahr 1526 regieren. Im Lauf der Zeit beherrschen die **Sultane von Delhi** aus den größten Teil Indiens.

Seine größte Ausdehnung erlebt das Delhier Sultanat unter *Ala-u'd-din Khalji* (1296–1316). In zwei Kriegszügen unterwirft er *Gujurat* und die wohlhabenden Königreiche des Dekkan, daneben schlägt er mehrfach Mongoleneinfälle zurück. Die Nachfolger dieses mächtigen Sultans reiben sich in Kleinkriegen mit rebellischen Provinzen auf.

So schrumpft das Reichsgebiet immer weiter, und den kurzlebigen Herrschern gelingt es nicht mehr, den grausamen moslemischen **Mongolen** *Timur-Leng (Tamerlan)* abzuhalten. In einem gnadenlosen Feldzug zieht er mordend ein Jahr lang durch Indien und lässt Hindus zu Hunderttausenden niedermetzeln. Schließlich zieht sich Tamerlan nach Samarkand zurück und überlässt das Sultanat einem seiner Generäle, bis die Macht an die afghanische Lodi-Dynastie übergeht.

1451: Der bedeutendste Herrscher der **Lodi-Dynastie** (1451–1526) ist *Sikandar Shah,* der im Jahr 1505 Agra gründet und es zugleich zu seiner Hauptstadt macht. *Sikandar Shah* kann seine Stellung gegen die abtrünnigen Provinzen behaupten, während sein Nachfolger *Ibrahim Lodi* weniger erfolgreich ist. Ein aufmüpfiger Gouverneur aus dem Punjab ruft schließlich einen gewissen *Babur,* einen Abkömmling von Tamerlan, aus Kabul zur Hilfe. Dieser Babur reißt das Sultanat von Delhi an sich und legt damit den Grundstein zum Mogulreich in Indien. Das Mogulreich wird sich in den nächsten Jahrzehnten in Indien festigen. *Babur* erobert zunächst den Punjab, dann besiegt er *Ibrahims* Truppen und nimmt schließlich die Hauptstadt Delhi ein. Bei seinem Tod erstreckt sich das Reich bis an die Grenzen zu Bihar. Ihren stärksten Herrscher haben die Moguln mit *Akbar* (1556–1605), der als hervorragender wie toleranter Feldherr und Verwalter in die Geschichte eingeht. Unter seiner Gewalt genießen die Provinzen weitgehende Autonomie.

1628: Unter dem Regiment von Baburs Enkel, *Shah Jahan,* erreicht die Bautätigkeit in Indien ihren Höhepunkt. Er gründet in Neu Delhi die Jama Masjid Moschee und lässt den berühmten Pfauenthron im Roten Fort anfertigen. Im Alter entgleitet ihm jedoch die Herrschaft: Einer seiner Söhne entmachtet ihn und lässt ihn im Roten Fort einkerkern. Dieser Sohn, *Aurangzeb,* ist ein fanatischer Moslem, der das Reich mit eiserner Hand zusammenhält und alle „Ungläubigen" verfolgt. Nach dem Tod *Aurangzebs* 1707 löst sich die Zentralgewalt auf, die Regionalreiche erstarken, und der folgende Mogul sinkt zur Marionette der britischen Kolonialherren ab. Da England zu der Zeit bereits Bengalen in seiner Hand hat, gibt der Untergang der märchenhaft reichen und großen Moguln eine willkommene Gelegenheit, die englische Macht auf dem Subkontinent auszubauen.

17. Jh.: Ab dem 17. Jh. konsolidiert **England** zunehmend seinen Einfluss in Indien und bleibt 250 Jahre lang die bestimmende Macht. Genau betrachtet, ist die von der britischen Krone gegründete **Ostindische Handelskompanie** der treibende Faktor, um von Indien die für England so begehrten Rohstoffe wie Baumwolle und den Farbstoff Indigo zu erbeuten. Indien wird zum Rohstofflieferanten und zugleich zum Absatzmarkt für die britische Industrie.

1757: Nach der Schlacht von Plassey festigt die Handelskompanie ihre Macht in Bengalen und entwickelt sich von einer Handels- zu einer Militär- und Territorialmacht. Damit ist der Grundstein für das British Empire gelegt.

1765: Das englische Handelskapital reißt den gesamten Binnenhandel in Bengalen an sich, die einheimischen Händler gehen in den Ruin und die Ostindische Handelskompanie erkämpft sich das Recht zur Verwaltung des Landes. Der sich widersetzende Landesfürst wird mit Waffengewalt geschlagen. Allmählich erweitert sich die Gewalt der Handelskompanie von Bengalen auf den gesamten Subkontinent. Ende des 18. Jh. geht eine Armee von über 46.000 Soldaten gegen das „aufmüpfige" Volk vor. Die Landsteuern der Bauern werden zur wichtigsten Einnahmequelle der Kompanie. Die zunehmende Steuerlast treibt die Bauern zu Revolten, die von den mächtigen britischen Truppen niedergeschlagen werden.

1857: Der erste harte Schlag für die Engländer ist eine blutige Meuterei indischer Soldaten innerhalb der mittlerweile auf 300.000 Mann angewachsenen britischen Armee. Bekannt wird der Aufstand unter dem Begriff **Indian Mutiny.** Einem Gerücht zufolge wird der Aufstand ausgelöst, weil neue Gewehrkugeln mit Kuh- oder Schweinefett eingeölt wurden – ein untolerierbarer Zustand sowohl für die moslemischen Soldaten, die Schweinefett als unrein betrachten, als auch für Hindus, denen Kuhfett heilig ist. Die Engländer reagieren auf diesen ersten großen indischen Freiheitskampf mit noch härterer Hand.

1915: *Mahatma Gandhi* kehrt von Südafrika zurück, wo er als Anwalt tätig war. Seine Aktivität gegen die Briten entflammt, als im Jahr 1919 die britische Armee in Amritsar das Feuer gegen eine unbewaffnete Menschenmenge eröffnet. *Gandhi,* der später als Mahatma, die „Große Seele", in die Geschichte eingeht, ruft sein Volk zum passiven Widerstand auf. Mit asketischer Lebensführung und absoluter Gewaltlosigkeit bringt dieser „halbnackte Fakir" *(Churchill)* die Engländer zur Verzweiflung. Die störrischen Moslems und ihr Nicht-Kooperation mit den Engländern sind diesmal stärker als britische Waffen.

1947: Die indische Bevölkerung ist sich zwar in ihrer Ablehnung der Briten einig – den Hass zwischen Moslems und Hindus jedoch kann selbst *Mahatma Gandhi* nicht beilegen. Nach bürgerkriegsähnlichen Unruhen sieht sich der letzte britische Vizekönig *Lord Mountbatton* gezwungen, am 15. August das hinduistische Indien und das moslemische Pakistan in zwei unabhängige Staaten zu teilen. Im gleichen Jahr zieht sich England aus Indien zurück.

1948: Am 30. Januar wird *Mahatma Gandhi* von einem Hindu-Fanatiker ermordet. Im gleichen Jahr bricht ein Krieg zwischen Indien und dem frisch geschaffenen Pakistan aus, dem zwei weitere Kriege in den Jahren 1965 und 1971 folgen. Jedes Mal geht es um Kaschmir und Bangladesch.

1950: Am 26. Januar tritt die erste Verfassung in Kraft.

1951: Seit den ersten Wahlen regiert in Indien die Kongresspartei. Als erster Premierminister übernimmt *Jawaharal Nehru* (1889–1964) die Verantwortung für das unabhängige Indien. Eines seiner größten Probleme ist die **Kaschmir-Frage.** dass das vorwiegend moslemische Kaschmir nach der Unabhängigkeit in Indien eingegliedert wurde, gefiel weder der kaschmirischen Moslembevölkerung noch Pakistan. Kaschmir ist bis heute einer der Hauptgründe für die Konflikte zwischen Indien und Pakistan.

Ein anderes Problem sind die Grenzkriege gegen China, nachdem Peking seit 1962 – und bis heute – unrechtmäßig einen Teil von Ladakh, das Aksai-Chin-Gebiet, eingenommen hat. Dazu kommen typische Herausforderungen für jedes Dritte-Welt-Land wie Überbevölkerung, Armut und regionaler Nationalismus. Trotz alldem versucht *Nehru* stets, Indiens Unabhängigkeit gegenüber den anderen Großstaaten zu wahren.

1966: Nach ihrem überwältigenden Wahlsieg übernimmt *Indira Gandhi* (keine Verwandte von *Mahatma Gandhi),* die Tochter *Nehrus,* das Amt ihres verstorbenen Vaters. Das wachsende Problem der Überbevölkerung – bis 1966 ist die Bevölkerung auf 620 Mio. gestiegen – will *Indira Gandhi* 1976 mit Zwangssterilisierungen in den Griff bekommen. Die Menschen sind empört, und *Gandhi* reagiert mit der Verhängung des Ausnahmezustandes. Die verheerende Niederlage ihrer Kongresspartei soll der Premierministerin einen Denkzettel geben. Nachdem aber nur unfähige Kandidaten zur Alternative stehen, wird *Indira Gandhi* bei den nächsten Wahlen 1980 wieder Ministerpräsidentin.

1984: Am 31.10.1984 wird Indira Gandhi von einem ihrer Sikh-Leibwächter ermordet. Damit wird auch sie, wie schon Mahatma Gandhi, ein Opfer politischer Feindseligkeiten.

Einen Monat später sterben bei der **Giftgaskatastrophe von Bhopal** mehr als 13.000 Menschen. Verursacher ist die Niederlassung des US-Chemie-Multis „Union Carbide".

Indira Gandhis Sohn *Rajiv Gandhi* wird Ministerpräsident. Der Personenkult der Inder mit der Nehru-Familie, setzt sich mit dem populären *Rajiv* fort. Als Hauptthemen seiner Politik forciert er Auslandsinvestitionen und den Aufbau einer modernen Industrie. Doch ist *Rajiv* unfähig, die alten Probleme im Punjab, Kaschmir und die Unruhen im benachbarten Sri Lanka zu lösen.

Indien im Überblick

1991: Am 21.3.1991 wird *Rajiv Gandhi* von der LTTE ermordet, einer tamilischen Guerillagruppe von Sri Lanka, die einen unabhängigen Tamil-Staat fordert. Drei Monate später gewinnt bei Neuwahlen wieder die Kongresspartei mit dem neuen Premierminister *Narasimha Rao*. Deutschland kürzt die Hilfe für Indien um 25 %, da die neue Regierung weiter ein zügiges Aufrüstungsprogramm verfolgt.

1992: Anfang September kommen bei der folgenreichsten Überschwemmung seit 70 Jahren in Pakistan und Kaschmir über 2500 Menschen ums Leben.

6.12.: Zehntausende fanatischer Hindus zerstören die Moschee in Ayodhya. Sie planen an deren Stelle die Errichtung eines Hindutempels. In den folgenden Wochen kommen bei Unruhen im ganzen Land Hunderte Menschen ums Leben. Extremistische Hindu- und Moslemorganisationen werden verboten, der bisherige Fraktionsführer der fundamentalistischen Hindupartei BJP, *Lal Krishna Advani*, wird verhaftet.

15.12.: Die von der BJP regierten Bundesstaaten Madhya Pradesh, Himachal Pradesh und Rajasthan werden der Zentralregierung unterstellt.

1993: Bis zum Februar hat der hinduistisch-moslemische Glaubenskrieg 1800 Todesopfer gefordert.

1994: Mehrere Hundert Tote durch die besiegt geglaubte **Pest**, am stärksten betroffen sind Gujarat und Maharashtra.

1995: Bombay wird wieder nach der Hindugöttin *Mumba Devi* in Mumbai umbenannt.

9.5.: Bei Gefechten zwischen indischen Truppen und militanten Moslems wird der Schrein des kaschmirischen Schutzheiligen *Sheikh Nur Uddin* zerstört.

3./4.6.: In Uttar Pradesh wird als erste Kastenlose Frau *Mayawati* (Bakujan Samaj Party/BSP) zur Regierungschefin, doch schon im Oktober wieder abgewählt.

1996: Im Mai verliert die Kongresspartei unter *N. Rao* ihre Mehrheit im Parlament, und eine Koalition (United Front) bildet unter *Devi Gowda* eine Minderheitsregierung.

1997: Kongress-Präsident *Kesri* entzieht der Koalition seine Unterstützung, und *Go-*

146iz Foto: jm

- **Chapati:** Dünnes, knuspriges Fladenbrot.
- **Dal Bhat:** Ein herzhaftes Gericht aus Linsenbrei *(Dal)* und Reis.
- **Gulab Jamun:** Süße Teigbälle, eingelegt in Zuckersirup.
- **Idil:** Südindischer gedämpfter Reiskuchen, serviert mit Chutney.
- **Masala Dosa:** Südindisches knuspriges Teiggericht mit Gemüsefüllung und Chutney (gepökeltes Gemüse oder Früchte).
- **Mattar Paneer:** Gemüsegericht mit Erbsen *(Mattar)* und Käsestückchen *(Paneer)*.
- **Nan:** Großes, dreieckiges Fladenbrot, manchmal gefüllt mit Käse *(Cheese Nan)* oder Zwiebeln *(Onion Nan)*.
- **Palak Paneer:** Gemüsegericht aus würzigem Spinat *(Palak)* und Käsestücken *(Paneer)*.
- **Paratha:** In Öl gebackener Vollkornfladen, oft mit einer Füllung aus Kartoffeln *(Alut Paratha)*.
- **Puri:** In Fett herausgebackener Teigfladen, der dabei aufgeht wie ein Ballon.

- **Raita:** Yoghurt *(Curd)*, gewürzt mit Tomaten- oder Gurkenstücken. Eine Beilage.
- **Roti:** Im Ofen gebackenes Fladenbrot.
- **Sahi Paneer Korma:** Kalorienbombe aus Käsestücken in cremiger Soße mit Rosinen und Cashew-Nüssen.
- **Somosa:** Dreieckig geformte und frittierte Teigtasche, gefüllt mit schmackhaft gewürztem Gemüse. Ein Snack.
- **Tandoori Chicken:** Im Tonofen zubereitetes Huhn, das vorher mit einer würzigen Joghurt-Soße bestrichen wurde.

Tibetische Gerichte

- **Kothey:** Knusprig gebackene Teigtaschen mit Gemüse- oder Fleischfüllung.
- **Momo:** Gedämpfte Teigtaschen, die mit Gemüse oder Fleisch gefüllt werden. Ähnlich wie Ravioli.
- **Thukpa:** Nudelsuppe mit Gemüse und eventuell Fleisch.

151lz Foto: jm

Von Delhi nach Ladakh

Wege nach Ladakh

Es gibt zwei Möglichkeiten, nach Ladakh zu gelangen: Mit dem **Flugzeug** ab Delhi, Chandigarh, Jammu oder Srinagar oder überland per **Jeep** oder **Bus** ab Manali oder Srinagar.

Flug

Zumindest eine der beiden Strecken nach bzw. von Ladakh legen die meisten Touristen per Flugzeug zurück. Derzeit wird der Flughafen Leh von drei Airlines angeflogen:

Jet Airways: zweimal täglich;
Indian Airlines: viermal wöchentlich ab Delhi sowie je einmal wöchentlich ab Chandigarh , ab Srinagar und ab Jammu;
Air Deccan: täglich.

Die Kapazität der Flugzeuge reicht zur Hauptreisezeit oft nicht aus, was immer zu Engpässen und Wartelisten führt. Deshalb sollte man unbedingt das Ticket nach Ladakh bereits zu Hause kaufen. Wer eine Kreditkarte besitzt, kann sein Ticket nach Leh auch bequem von zu Hause aus am Bildschirm buchen (E-Ticket). Näheres dazu siehe Kapitel „Leh".

Vorsichtshalber sollte man **nach Ankunft** in Indien das **Ticket** noch einmal **rückbestätigen lassen.**

Der Flug nach Ladakh geht in Delhi vom lokalen Flughafen, Domestic Airport Terminal A, etwa 15 Busminuten vom Internationalen Flughafen entfernt, ab. Der Busservice (Inter-Terminal Transfer Bus) ist kostenlos! Es fahren auch Taxis. Ausführliche Beschreibung der Flugsituation siehe Leh, Abschnitt „Weiterreise").

Für die Reiseplanung unbedingt beachten: Der Rückflug Leh – Delhi sollte unbedingt mit einem Puffertag in Delhi für den Heimflug eingeplant werden – an manchen Tagen fällt nämlich der Flug Leh – Delhi wegen schlechten Wetters über dem Himalaya aus.

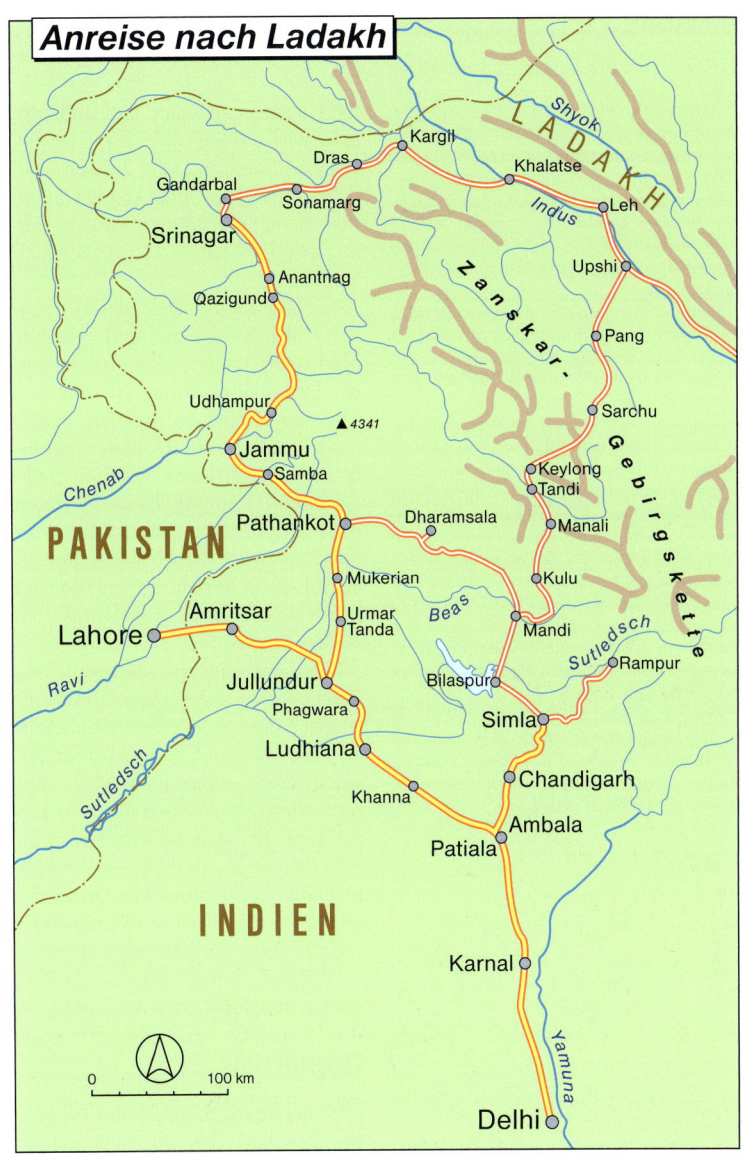

Anreise nach Ladakh

Überland

Es führen zwei Straßen nach Ladakh: Ab Srinagar und ab Manali. Die erste Strecke nach Ladakh war, seitdem das Land 1974 für den Tourismus geöffnet wurde, die Militärstraße von Srinagar nach Leh. Da Kaschmir aber seit Jahren in einen Bürgerkrieg verwickelt ist, fahren relativ wenig Urlauber nach Srinagar. Die meisten kommen aus diesem Grund über Manali nach Ladakh hoch. Auf beiden Routen benötigt man mindestens zwei Fahrtage.

Beide Straßen sind offiziell vom 15. Juni bis 15. September geöffnet. Die öffentlichen Busse bedienen diese Strecke nur während dieser Zeit. Jeeps, Privatbusse, und LKW sind aber unterwegs, sobald die Straßen schneefrei sind. Bei der Srinagarstraße ist dies zwischen Ende Mai und Oktober. Die Manalistraße öffnet relativ spät, gegen Ende Juni, und schließt in der Regel ebenfalls im Oktober. Unverhoffte Schneefälle auf den Pässen, die zu Saisonbeginn oder -ende oft die Strecke blockieren, sind einzukalkulieren. Außerdem machen Erdrutsche aufgrund heftiger Regenfälle die Manali – Leh-Straße besonders im Juli bisweilen unpassierbar. Vor Fahrtantritt in Manali oder bereits in Delhi im Fremdenverkehrsamt den aktuellen Zustand der Straße nachfragen!

Wer genug Zeit hat, wird sicher über Land nach Ladakh fahren. Nicht nur wegen der reizvollen Strecke quer über den Himalaya, sondern um den Körper allmählich an die dünne Höhenluft zu gewöhnen.

Delhi

In Vorfreude auf den schneebedeckten Himalaya, glasklare Luft und endlose Stille erwartet den Touristen bei seiner Ankunft in Delhi zunächst ein Schock. Die Metropole erstickt im immer dichter werdenden Verkehr und im alten Stadtteil zusätzlich im Schmutz.

Als Hauptstadt ist Delhi das Zentrum von Politik, Verwaltung und Industrie. Nach vorsichtigen Schätzungen liegt die Einwohnerzahl bei 11 Millionen Menschen. Und es werden immer mehr: Täglich treffen Hunderte Dorfbewohnern aus ganz Indien in Delhi ein in der Hoffnung, hier den Traum vom guten Einkommen zu verwirklichen. Sehr viele jedoch landen jedoch in Hütten an der Straße, und so sind hunderttausende Slumbewohner ein Teil des Stadtbildes.

Insgesamt zeigt die Metropole alle Zeichen einer asiatischen Großstadt, es gibt – besonders in der Sommerhitze – keinen Grund, sich als Tourist länger in Delhi aufzuhalten. Wer nicht schon direkt einen Anschlussflug nach Leh gebucht hat, muss aber 2 bis 3 Tage einrechnen, um die Weiterreise überland zu organisieren. Dabei richtet man es möglichst so ein, dass man sonntags oder am Wochenbeginn hier eintrifft. Ab Freitag nach Büroschluss wird es schwierig, etwas zu regeln.

Orientierung

Trotz der monumentalen Ausdehnung von 1500 km² kann man sich in Delhi

Indien im Überblick

Die Gedenkstätte für Mahatma Ghandi ist ein Pilgerort in Delhi

recht gut zurechtfinden. Die touristisch interessante Gegend liegt auf der Westseite des Yamuna-Flusses. Die Stadt ist hier in zwei große Teile untergliedert: Alt Delhi und Neu Delhi. Die beiden Straßen Desh Bandhu Gupta und Asaf Ali, nördlich des Bahnhofes von Neu Delhi, markieren die Grenze zwischen dem hektischen, vibrierenden Alt Delhi und dem weitläufigen Neu Delhi.

Neu Delhi ist ein von den Briten durchgeplanter Stadtteil mit Alleen, vielen Parkanlagen und Springbrunnen. Das Geschäfts- und Wohnviertel liegt um den Connaught Place, die Regierungsgebäude um den Raj Path und südlich davon. Herzstück von Neu Delhi ist der riesige Connaught Place, von wo die Straßen sternförmig ausgehen. Um den Platz findet man Reisebüros, die Büros der Fluggesellschaften, Banken, Informationsbüros der einzelnen Bundesstaaten, eine Reihe Guest Houses und einige größere Hotels. Der nach Süden abzweigende Janpath ist eine der wichtigsten Straßen, wo auch das staatliche Touristenbüro zu finden ist.

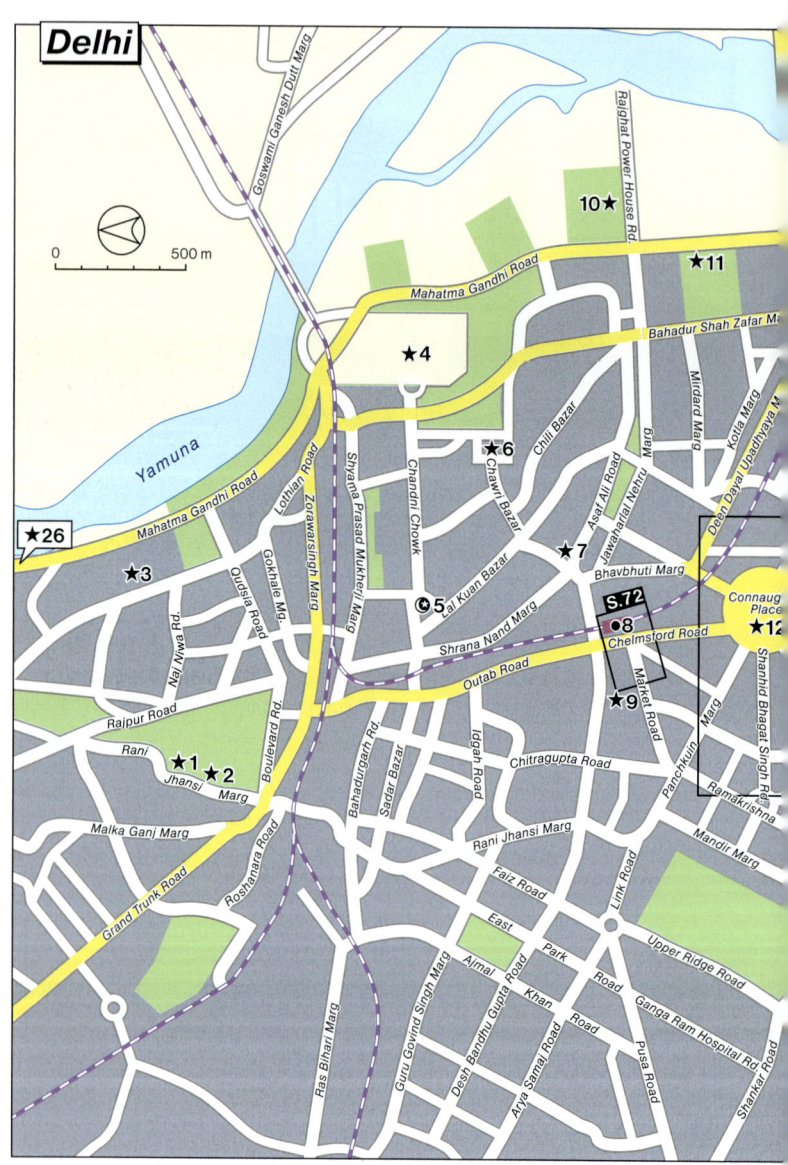

Indien im Überblick

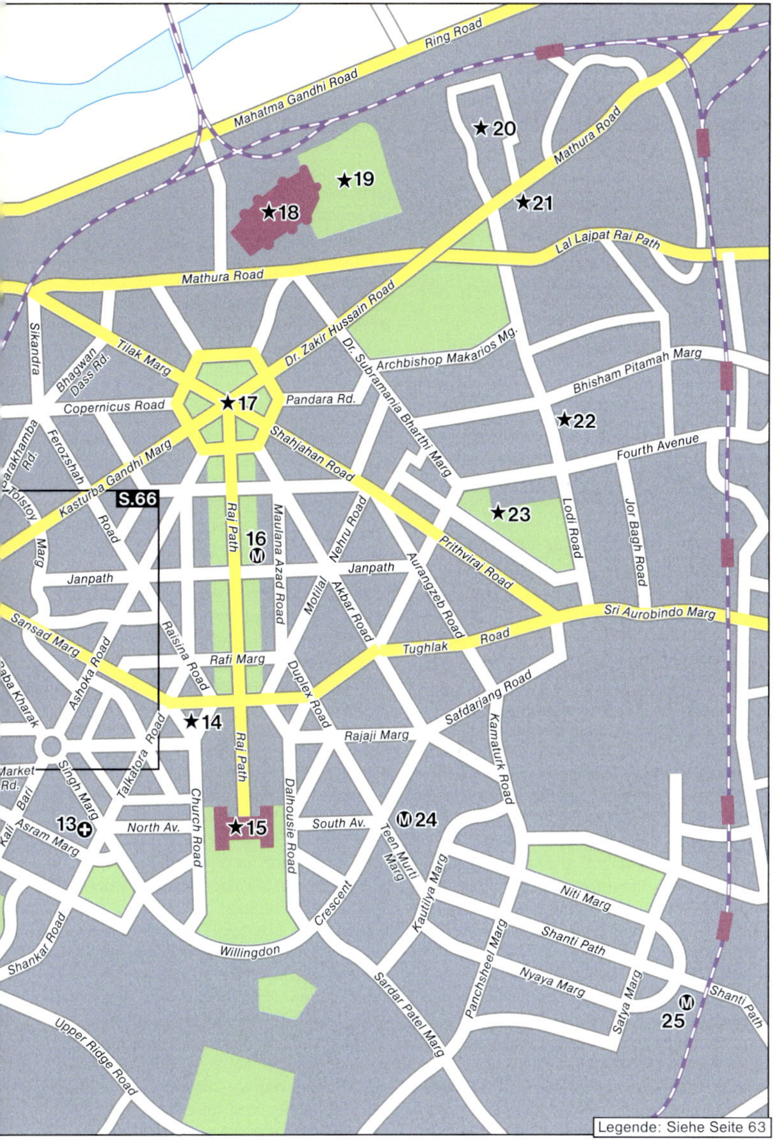

Ring Road

Mahatma Gandhi Road

★20

Mathura Road

★19

★18

★21

Lal Lajpat Rai Path

Mathura Road

Sikandra

Bhagwan Dass Rd.

Tilak Marg

Dr. Zakir Hussain Road

Dr. Subramania Bharthi Marg

Archbishop Makarios Mg.

Bhisham Pitamah Marg

Parakhamba Rd.

Ferozshah

Tolstoy Marg

Copernicus Road

★17

Pandara Rd.

★22

Kasturba Gandhi Marg

S.66

Shahjahan Road

Fourth Avenue

Jor Bagh Road

Janpath

Raj Path

16 Ⓜ

Maulana Azad Road

Nehru Road

Janpath

Prithviraj Road

★23

Lodi Road

Sansad Marg

Raisina Road

Motilal

Akbar Road

Aurangzeb Road

Sri Aurobindo Marg

Baba Kharak

Ashoka Road

Rafi Marg

Duplex Road

Tughlak   Road

Safdarjang Road

Kamaturk Road

★14

Raj Path

Rajaji Marg

Kal Bari

Talkatora Road

Singh Marg

Church Road

Dalhousie Road

South Av.

Ⓜ 24

Teen Murti Marg

Market Rd.

13 ✚

Asram Marg

North Av.

★15

Niti Marg

Shankar Road

Crescent

Willingdon

Sardar Patel Marg

Panchsheel Marg

Kautilya Marg

Shanti Path

Nyaya Marg

Satya Marg

Shanti Path

Ⓜ 25

Upper Ridge Road

Alt Delhi bildet dazu einen krassen Kontrast. Die engen Straßen platzen vor Menschen, Fahrzeugen und kleinen Geschäften schier aus den Nähten. Hier liegen das berühmte Rote Fort, die größte Moschee Indiens, Jama Masjid, Tempel, Bazars und schließlich im Norden der Interstate Bus Terminal (ISBT). Umsäumt ist Alt Delhi von Resten einer Stadtmauer mit mehreren Toren, durch die sich der dichte Verkehr quetscht.

Im Süden der Stadt, angrenzend an das Regierungsviertel von Neu Delhi, liegen die besseren Wohngegenden wie die Lodi Colony und Defence Colony. Der Flughafen befindet sich im Südwesten der Stadt, und auf halber Strecke zwischen Connaught Place und Flughafen liegt das Diplomatenviertel Chanakyapuri, wo die meisten Botschaften angesiedelt sind.

Information

● Das indische **Touristenbüro,** Janpath 88, Tel. 23 32 00 05, ist geöffnet Mo–Fr von 9–18, Sa von 9–14 Uhr. Die Angestellten sind sehr hilfsbereit mit Auskünften jeder Art, beispielsweise über Verkehrsverbindungen und Unterkünfte. Es gibt viele Broschüren über Reiseziele in ganz Indien, auch über Ladakh, Srinagar und Manali. Das Material liegt jedoch nicht aus, und man sollte genau wissen, was man will und danach fragen. Im Touristenbüro sind auch gute Karten von Delhi und Indien erhältlich.
● Jede Woche erscheint das Infoheftchen **„Delhi Diary"** (10 Rp.) mit Veranstaltungskalender und zahlreichen nützlichen Adressen und Telefonnummern. Das Hochglanz-Monatsmagazin **„First City"** (30 Rp.) bietet interessante Artikel zum Kunst- und Kulturgeschehen in Delhi, Restaurantkritiken und Film- und Musikrezensionen.

Transport innerhalb der Stadt

● Die Entfernungen in Delhi sind groß, und **öffentliche Busse,** die nach einem chaotischen System funktionieren, in der Regel hoffnungslos überfüllt. Die Alternative besteht darin, ein Taxi oder eine Motor-Riksha zu nehmen. Fahrrad-Rikshas sind in Neu Delhi nicht erlaubt und kommen für längere Strecken auch kaum in Betracht. Im langsam fließenden Verkehr von Alt Delhi könnte man sich aber dazu entschließen.
● Die **Motor-Rikshas** (von den Einheimischen verwirrenderweise „Autos" genannt) sind dreirädrige Minitaxis, die sich wendig durch die Straßen schlängeln. Bei einem Verkehrsstau schluckt der Fahrgast jedoch eine Wolke von Abgasen. Trotzdem ist insgesamt die Luft in Delhi besser geworden, seit Taxen, Rikshas und öffentliche Busse mit Erdgas fahren müssen.

Die Motor-Riksha ist etwa ein Drittel billiger als ein Taxi, aber der Preis muss unbedingt vor der Fahrt ausgehandelt werden. Natürlich wird der Fahrer den Preis zunächst viel zu hoch ansetzen und sich vermutlich weigern, den Taxameter anzustellen. Wer mit der Hälfte „gegenbietet", liegt gar nicht schlecht, und man wird sich schließlich irgendwo in der Mitte einigen. Am Flughafen, *Palika Bazaar* (Connaught Place), Delhi und New Daily Railway Station, dem Inter State Bus Terminal und anderen Orten gibt es „Pre-Paid Taxi"-Kioske der Delhi Traffic Police. Dort kann man eine Rikscha zum festen Preis buchen, was billiger ist als der selbst ausgehandelte Preis. Man zahlt sofort und bekommt einen Coupon, den man am Ende der Fahrt dem Rikschafahrer aushändigt.
● Auch beim **Taxi** sollte der Fahrpreis vorher ausgehandelt werden. Der Preis hängt von der Straße bzw. dem zu erwartenden Verkehrsstau ab. Nachts ist es etwas teurer. Je länger die Strecke, desto besser lässt sich handeln, und der Kilometerpreis sinkt. Wer zu seinem Hotel will, sollte eine Visitenkarte davon dabei haben. Oft behaupten Fahrer, das Hotel zu kennen, müssen sich dann aber mit Hilfe der Visitenkarte durchfragen.

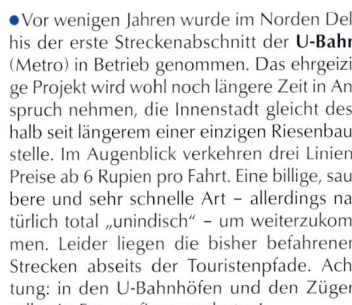

●Vor wenigen Jahren wurde im Norden Delhis der erste Streckenabschnitt der **U-Bahn** (Metro) in Betrieb genommen. Das ehrgeizige Projekt wird wohl noch längere Zeit in Anspruch nehmen, die Innenstadt gleicht deshalb seit längerem einer einzigen Riesenbaustelle. Im Augenblick verkehren drei Linien, Preise ab 6 Rupien pro Fahrt. Eine billige, saubere und sehr schnelle Art – allerdings total „unindisch" – um weiterzukommen. Leider liegen die bisher befahrenen Strecken abseits der Touristenpfade. Achtung: in den U-Bahnhöfen und den Zügen selbst ist Fotografieren verboten!

Geschichte

Man nennt Delhi oft „das indische Rom". Dieser Beiname drückt am besten die bewegte Vergangenheit der Stadt aus, denn in der Gegend um Delhi haben die Herrscher über drei Jahrtausende ihre Hauptstädte der wichtigsten indischen Reiche gegründet. Diese Bevorzugung begründet sich in der optimalen geografischen Lage zwischen den Stromebenen von Ganges und Indus, den beiden dichtestbesiedelten Gegenden; daneben ist Delhi das Einfallstor Indiens, wo sich die Flussebene verengt und im Südwesten die Wüste mit ihren Ausläufern, den Aravalisketten, am dichtesten an den Himalaya herankommt. Da Wüste und Berge für Truppen schwer passierbar waren, beherrschte Delhi somit die wichtigste Einfallspforte zum indischen Subkontinent.

Das heutige Alt Delhi wurde als letzte Gründung eines islamischen Herrschers unter dem Namen *Shahjahanabad* im 17. Jh. gebaut. In dieser Zeit entstand das Rote Fort, in dem die Großmoguln prächtige Gärten und Pavillons errichteten, um die Stadt wurde eine 9 km lange Mauer aus rotem Sandstein errichtet; einige Tore wie das Delhi Gate und Ajmer Gate und einzelne Mauerabschnitte sind noch erhalten. Die Chandni Chowk, heute eine der Hauptgeschäftsstraßen, war früher eine Paradeallee, auf der die Kaiser zum Gebet in die Freitagsmoschee ritten.

Zuletzt gegründet wurde schließlich Neu Delhi. Die Engländer errichteten das neue Regierungsviertel in Delhi, um im Jahr 1931

★	1	Ashoka's Pillar
★	2	Mutiny Memorial
★	3	Ladakh Boudh Vihar
★	4	Rotes Fort
☾	5	Fatehpuri-Moschee
★	6	Jama Masjid
★	7	Ajmeri Gate
●	8	Bahnhof Neu Delhi
★	9	Paharganj (Main Bazar)
★	10	Raj Ghat
★	11	Ferozshah Kotla
★	12	Connaught Place
✚	13	Hospital Ram Manohar Lohia
★	14	Sansad Bhavan
★	15	Rashtrapati Bhavan
Ⓜ	16	Nationalmuseum
★	17	India Gate
★	18	Purana Qila
★	19	Zoologischer Garten
★	20	Humayun's Tomb
★	21	Hazrat Nizamuddin Aulia
★	22	Tibelhaus
★	23	Lodi Tomb
Ⓜ	24	Nehru Memorial Museum
Ⓜ	25	Rail Transport Museum
★	26	Majnu Katilla

von ihrer ehemaligen Hauptstadt Calcutta dorthin umzuziehen.

Sehenswertes

Zwei Tage in Delhi sind Zeit genug, um die wichigsten Sehenswürdigkeiten zu besichtigen. Am besten, man nimmt sich je einen Tag für Alt und Neu Delhi vor, denn die Entfernungen sind zu groß und der Verkehr ist zu zähfließend, um mehrmals zwischen beiden Stadtteilen zu pendeln. Wer etwas mehr Zeit hat, kann noch einen Tagesausflug nach Agra einplanen. Einkäufe wird man sowieso erst auf dem Rückweg von Ladakh vor dem Heimflug erledigen. Auf bequeme Art

Indien im Überblick

können die wichtigsten Plätze mit einer organisierten Stadtrundfahrt der staatlichen India Tourism Development Corporation *(ITDC)* besichtigt werden.

Tour 1 (New Delhi): 8–13 Uhr, **Tour 2** (Old Delhi): 14–17.15 Uhr. Beide Touren zusammen kosten 300 Rp., einzeln 200 Rp. Abfahrt der Busse am Hotel Janpath. Wichtig: Die Eintrittsgelder zu den einzelnen Monumenten sind extra zu bezahlen, d. h. bei der New Delhi Tour werden zusätzlich 600 Rp. fällig, bei der Old Delhi Tour 100 Rp. für das Red Fort. Buchungen einen Tag im Voraus im ITDC-Büro, L-Block, Connaught Place, Tel. 23 41 23 36. Das Büro hat täglich von 6 bis 20.30 Uhr geöffnet. Man kann dort auch einen Bustrip nach Agra (850 Rp. plus 750 Rp. Eintritt für das Taj Mahal) und zu anderen Orten buchen.

147/2 Foto: jm

Rotes Fort

Der rote Sandstein, aus dem Shah Jahan im Jahr 1638 das massive Fort erbauen ließ, hat ihm seinen Namen gegeben. Das beeindruckende Bauwerk mit einem Umfang von 2 km versinnbildlicht den Höhepunkt der Mogulmacht in Indien. Kommt man von den hektischen Straßen Delhis hierher, mutet der Innenhof mit seinen Pavillons und Gärten wie eine Oase an. Außerdem genießt man von hier eine schöne Aussicht auf den Yamuna-Fluss, und vielleicht fällt der Blick auf einen dressierten Tanzbären, Musikanten oder Zauberer unterhalb des Forts. Das Rote Fort ist geöffnet von Sonnenaufgang bis -untergang.

Den Hauptzugang zum Roten Fort bildet das **Lahore-Tor,** dessen Front zu der jetzt in Pakistan gelegenen Stadt Lahore zeigt. Wie im Orient üblich, sind die Arkaden als gewölbter Bazar angelegt, in dem die Hofdamen einst ihre Einkäufe erledigten. Jetzt hat der vornehme Markt Souvenirläden und Erfrischungsständen Platz gemacht.

In der luxuriösen dreiseitig offenen Säulenhalle **Diwan-i-Am** gab der Herr-

Das Rote Fort:
Architektur aus der Mogul-Zeit

scher täglich öffentliche Audienzen. Blickfang darin war ein prachtvoller Pfauen-Thron, der aber 1739 in den Iran geschafft worden ist. Der Thron war aus solidem Gold, geschmückt mit Figuren von Pfauen, deren schillernde Räder mit Edelsteinen besetzt waren. Zwischen ihnen stand die Figur eines aus einem großen Smaragd gearbeiteten Papageien.

Hinter dem Diwan-i-Am begann die Privatsphäre des Großmoguls. Das Tor zu diesem Teil war mit einem roten Vorhang verhängt, hinter den nur besonders Privilegierte durften. In diesen Privaträumen lagen die Bäder, ausgedehnte Gartenanlagen und der Harem, der von bewaffneten Frauen verwaltet und bewacht wurde.

Der ebenfalls in der Privatsphäre gelegene **Diwan-i-Khas** diente den eigentlichen Regierungsgeschäften des Großmoguls. Dieses Gebäude gilt als einer der schönsten Pavillons der Mogulzeit. Er ist auf allen Seiten offen, die Pfeiler sind mit Mosaiken und Goldornamenten geschmückt, und die Decke ist in Blau und Gold verziert.

Heute ist von dem früheren Reichtum der mogulischen Kunst im Roten Fort nicht mehr viel zu sehen. Doch strahlt die weitläufige Anlage eine besonders beeindruckende Atmosphäre aus. Ein düsteres Kapitel der Geschichte des Forts haben die britischen Kolonialisten geschrieben, die die Räume als Kasernen missbrauchten.

Jama Masjid

Die alte Moschee ist das größte moslemische Gotteshaus in Indien und sogar eines der größten der Welt. Erbaut wurde das architektonische Meisterwerk von Kaiser *Shah Jahan* im Jahr 1644. Die aus rotem Sandstein und Marmor gebaute 40 m hohe Moschee verfügt über drei große Eingänge, vier Ecktürme und zwei Minarette. Eine breite Treppenflucht führt den Besucher hinauf zum Eingang, von wo man für wenige Rupien auf eines der Minarette hochsteigen kann. In der Moschee sollen 25.000 Menschen Platz haben.

Raj Ghat

Etwas südlich liegt am Ufer des Yamuna die Gedenkstätte für *Mahatma Gandhi*. Ein schlichter schwarzer Marmorblock steht nun da, wo der „Vater der Nation" nach seiner Ermordung verbrannt worden ist. Jeden Freitag, dem Tag seines Todes, findet hier eine kleine Gedenkfeier statt. Die Anlage, ein ruhiger, angenehmer Park mit Bäumen, ist Pilgerort für viele Gläubige, die an der Gedenkstätte von *Mahatma Gandhi* Blumen niederlegen.

Ferozshah Kotla

Der alte Palast Ferozshah Kotla wurde von *Ferozshah Tughlak* im Jahr 1354 errichtet. Seine Ruinen sind heute zwischen Neu- und Alt Delhi zu finden. In dem Fort steht eine 13 m hohe Säule, in die der Herrscher seine Verordnungen hat eingravieren lassen. Zwischen den Ruinen, deren Steine teils für spätere Stadtgründungen verwendet wurden, sind außerdem Teile einer alten Moschee sowie ein Brunnen zu finden.

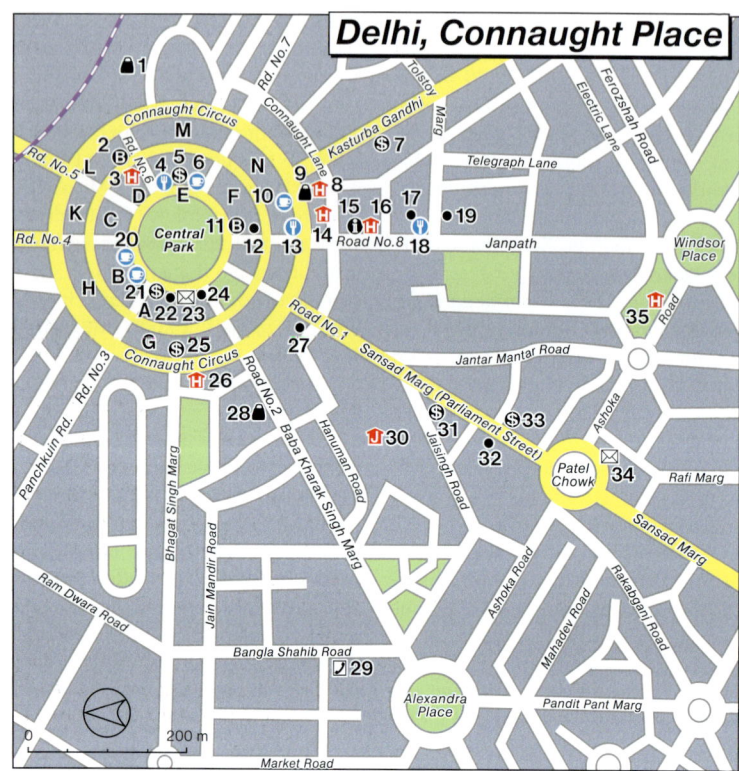

Connaught Place

Wer sich bisher durch die beschriebenen Sehenswürdigkeiten von Norden zum Connaught Place „gearbeitet" hat, ist nun in Neu Delhi angekommen.

Der ausgedehnte, lebhafte Platz mit seinen endlosen Geschäften und Büros ist auf den ersten Blick ziemlich verwirrend. Eine Orientierungshilfe sind die Blocks, nach denen alle Adressen angegeben sind. Block A bis F befinden sich im inneren Zirkel. Noble Boutiquen sind hier wie auf einer Perlenkette aneinandergereiht, und auf den Gehsteigen werden Berge von Büchern und Magazinen, teilweise in englischer Sprache, zum Kauf angeboten. Die Buchstaben G bis N bedeuten, dass das entsprechende Gebäude im äußeren Zirkel liegt.

Das Zentrum des Platzes bildet ein Park mit Grünflächen, unter dem der Untergrund-Bazar liegt.

Indien im Überblick

🔒	**1**	Piccadilly Book Stall
Ⓑ	**2**	ITDC (Stadtrundfahrten)
🏠	**3**	Hotel Palace Heights
🎧	**4**	Kovil Restaurant
🏧	**5**	Grindlays Bank
☕	**6**	United Coffee House
🏧	**7**	Banque National de Paris
🏠	**8**	Sunny Guest House
🔒	**9**	Amrit Books
☕	**10**	Barista (Espresso Bar)
Ⓑ	**11**	Vayudoot-Büro (Flughafenbus)
●	**12**	Indian Airlines
🎧	**13**	Nirula's, Whimpy, Pizza King
🏠	**14**	Ringo Guest House
ℹ	**15**	Government of India Tourist Office
🏠	**16**	Janpath Guest House
●	**17**	Lufthansa
🎧	**18**	Sona Rupa
●	**19**	Central Cottage Industries Emporium
☕	**20**	Café 100 (ehem. Mithai Café)
🏧	**21**	American Express Bank,
☕		Wenger's
●	**22**	Thai International Airlines
✉	**23**	Post
●	**24**	British Airways
🏧	**25**	State Bank of India
🏠	**26**	Hotel Alka
●	**27**	Kwality Restaurant
🔒	**28**	State Emporia
☑	**29**	Internationales Telegrafenamt
🏠	**30**	YMCA Tourist Hostel
🏧	**31**	State Bank of India
●	**32**	Polizeistation
🏧	**33**	Central Bank of India
✉	**34**	Hauptpost
🏠	**35**	Hotel Ashok Yatri Niwas

India Gate

Die Kasturba-Gandhi-Straße stößt am Ende auf das India Gate. Dieser steinerne, 42 m hohe Triumphbogen ist den 90.000 Soldaten der Indischen Armee gewidmet, die im 1. Weltkrieg ihr Leben verloren haben. Die Namen aller Gefallenen sind in den Stein eingraviert.

Rashtrapati Bhavan

Vom India Gate nach Westen den Raj Path entlang, steht auf dem Raisini-Hügel die offizielle Residenz des indischen Präsidenten. Die palastähnliche Anlage mit ihren 330 Zimmern liegt in einem eleganten Mogulgarten, den Besucher jedoch nicht betreten dürfen. Rashtrapati Bhavan wurde 1929 fertig gestellt und war vor der Unabhängigkeit die Residenz des indischen Vizekönigs.

Parlament

Nordöstlich von Rashtrapati Bhavan befindet sich das indische Parlament, bekannt unter dem Namen Sansad Bhavan. Das kreisrunde Gebäude mit seinen Säulengängen ist im typischen Architekturstil des neuen Delhi erbaut. Eine Allee, die Sansad Marg, verbindet das Parlament mit dem Connaught Place.

Lodi-Gräber

In dem gepflegten Lodi-Park liegen mehrere Gräber von Herrschern aus der Syyid- und Lodi-Dynastie. Das Grab des *Mahammed Shah* (1450) gilt als Vorläufer des im Mogulstil erbauten Grabes von *Humayun*.

Andere Gräber sind die seines Vorgängers *Mubarak Shah* (1433), *Ibrahim Lodi* (1526) und *Sikander Lodi* (1517). Die Bara-Gumbad-Moschee ist ein gutes Beispiel für die Stuckarbeiten aus dieser Zeit.

Humayun-Grab

Mitte des 16. Jh. von *Haji Begum,* der Ehefrau des zweiten Mogulherrschers gebaut, ist das Grab ein Beispiel der frühen Mogul-Architektur: Ein Gebäude, das durch seinen hohen, gewölbten Eingang an Leichtigkeit gewinnt und in einem Dom endet. Im Lauf der Zeit hat sich dieser Prototyp bis zu seinem architektonischen Höhepunkt im Taj Mahal weiterentwickelt.

Purana Qila

Südöstlich des India Gate, gleich angrenzend am Zoo, liegt auf einem Hügel das alte Fort, Purana Qila. Vermutlich wurde es von dem afghanischen Herrscher *Sizer Shah* gebaut.

Betritt man das Fort von der südlichen Seite, stößt man auf den kleinen achteckigen roten Sandsteinturm, den Sher Manzil. Er wurde vom Mogulkaiser *Hamayun* als Bücherei genutzt.

Ein Stückchen weiter geradeaus steht die Qila-i-Kuhna-Moschee. Hinter dem Sher Manzil werden archäologische Fundstücke ausgegraben, von denen die wertvollsten Stücke im nahe gelegenen Museum zu besichtigen sind.

Nationalmuseum

Das Nationalmuseum am Janpath zeigt eine interessante Kollektion an indischen Bronze- und Tonplastiken sowie Holzfiguren aus der Zeit der Maurya-Dynastie (3.–2. Jh. v.Chr.). Daneben sind Sammlungen aus der südindischen Vijayanagar-Zeit, Miniaturgemälde und Kostüme der verschiedenen Bevölkerungsgruppen ausgestellt. Der Besuch des Museums lohnt sich. Geöffnet: Di–So von 10–17 Uhr, Mo geschlossen. Touristenticket: 150 Rp.

Tibethaus

Wer sich schon mal auf buddhistisch-tibetische Atmosphäre einstimmen möchte, könnte dem Tibethaus einen Besuch abstatten. In dem kleinen, aber sehenswerten Museum ist eine Kollektion von Thankas und Ritualobjekten ausgestellt, die Tibeter auf ihrer Flucht nach Indien mitgebracht haben. Manchmal geben buddhistische Lehrer dort Vorlesungen; die aktuellen Termine sind den auliegenden Veranstaltungsprogrammen zu entnehmen. Das Tibethaus befindet sich in der Institutional Area 1, Lodi Road. Öffnungszeiten: Mo–Fr 10–13 Uhr und 14–17.30 Uhr.

Railway Museum

Liebhaber alter Lokomotiven werden bei einem Besuch im Eisenbahnmuseum (in Chanakyapuri am Shanti Path) ihre helle Freude haben. Indiens exotische Sammlung an Lokomotiven ist berühmt, und einige der schönsten und am besten erhaltenen Dampflok-Exemplare sind hier ausgestellt. Ebenso der Kopf eines tollkühnen Elefanten, der 1894 einen Postzug attackierte – und den ungleichen Kampf verlor. Öffnungszeiten: Di–So 9.30–13 Uhr und 13.30–17 Uhr.

Ladakhi Settlement

Ganz im Norden von Delhi, an der Mahatma Gandhi Road beim Interstate Busterminal (ISBT), liegt die kleine ladakhische Siedlung Boudh Vihar. In den Wintermonaten leben hier etwa 1000 Ladakhis, um der Kälte zu Hause zu entfliehen. Rast machen die Ladakhis in Boudh Vihar auch auf ihren Pilgerreisen nach Bodh Gaya, Varanasi usw.

Die 1963 gebaute Siedlung ist ein recht lebhafter Platz mit ein paar Guest Houses und Restaurants.

Majnu Katilla, die tibetische Siedlung

Etwa 2 km weiter nördlich liegt direkt am Yamuna-Fluss die tibetische Siedlung Majnu Katilla. Fast jeder Motor-Riksha-Fahrer kennt den Platz, weil es dort Chang (tibetisches Bier) gibt, den Inder abends dort konsumieren. Achtung: Das Wasser in Delhi ist nicht sauber, deshalb wird sich ein westlicher Tourist beim Genuss dieses Bieres schnell Bauchschmerzen oder Schlimmeres holen. Besser man wartet mit dem Chang-Genuss auf Ladakh.

Die Siedlung ist unterteilt in ein altes und ein neues Camp. Die Atmosphäre in Majnu Katilla hat dörflichen Charakter, allerdings hört man immer wieder von Diebstählen. Es gibt mehrere Restaurants und Guest Houses, und wer den ca. 20-minütigen Weg in die Stadt nicht scheut, findet hier angenehme, günstige Unterkünfte der einfachen und mittleren Kategorie, abseits vom Lärm des hektischen Delhi. Die Guest Houses liegen alle im New Camp am Hauptweg. In einem der dortigen Reisebüros lässt sich auch Organisatorisches erledigen, und es können Bustickets nach Dharamsala gebucht werden.

Qutab-Minar-Komplex

15 km südlich von Delhi stehen die Gebäude des Qutab-Minar-Komplexes aus der Zeit der moslemischen Herrschaft in Indien. Sie sind gute Beispiele der frühen afghanischen Archi-

016z Foto: jm

den sehr eindrucksvoll und noch gut erhalten. Besucher dürfen nur bis zum 1. Stockwerk hinaufsteigen. Geöffnet ist der Turm von Sonnenaufgang bis Sonnenuntergang.

Die Quwwat-ul-Islam-Moschee vor dem Qutab Minar ist die erste in Indien gebaute Moschee; mit ihrem Bau wurde im Jahr 1193 begonnen. Im Hof steht, schon wesentlich länger als die Moschee, eine imposante 7 m hohe Eisensäule. Vermutlich ließ sie im 5. Jh. ein hinduistischer König als Tempel für den Gott Wishnu errichten. Weshalb das reine Eisen über 2000 Jahre lang bis heute rostfrei blieb, ist Wissenschaftlern ein Rätsel.

● **Anreise:** Mit dem Bus 505 vom Air France Büro Connaught Circus/Janpath. Der Besuch des Komplexes ist bei der Stadtrundfahrt inbegriffen.

tektur. Der Qutab Minar selbst ist ein 73 m hoher Siegesturm, der gleich nach der Niederlage des letzten Hindu-Königreiches in Delhi, im Jahr 1193, gebaut wurde. Sein Umfang verjüngt sich von 15 m auf dem Boden auf nur 2,5 m an der Spitze. Der Turm hat fünf Stockwerke, die durch vorspringende Balkone unterteilt sind. Die ersten drei Stockwerke wurden aus rotem Sandstein, der 4. und 5. Stock aus Sandstein und Marmor gebaut. Der Turm ist trotz kleiner Schä-

Hinduistischer Wanderasket

Ausflug zum Taj Mahal

Einen Tagesausflug könnte man nach **Agra** zum berühmten Taj Mahal unternehmen. Das Taj Mahal ist wohl eines der meistfotografierten Bauwerke der Welt – diese perfekte Harmonie einmal mit eigenen Augen zu sehen, ist wirklich ein Erlebnis.

Das berühmte Grab ließ der Mogulherrscher *Shah Jahan* für seine Gattin *Mumtaz Mahal* erbauen. Ob es aber der verbreiteten poetischen Bezeichnung „Denkmal der Liebe" gerecht wird, ist fraglich angesichts der Tatsache, dass *Mumtaz* bei der Geburt ihres 14. Kindes im Alter von 38 Jahren im Jahr 1631 starb. Jedenfalls benötigte man bis zur Fertigstellung ihres marmornen Mausoleums 22 Jahre! Beson-

tungen, Schweiß, Atmung haben ebenso schlimme Auswirkungen wie die Gießerei-Industrie in Agra. Um Gelder für den Erhalt der Anlage zu bekommen, bezahlen ausländische Touristen 750 Rupies Eintritt – es lohnt sich trotzdem!

In Agra gibt es noch einige andere Sehenswürdigkeiten wie das Fort und das Mausoleum des *Itimadud-Daula.* Achtung: Die Riksha-Fahrer sind durchweg Abschlepper für Souvenir- und Teppichläden, und der billige Fahrpreis für eine Stadtrundfahrt beinhaltet mehrere Stopps in solchen Geschäften. Überhaupt ist Agra wohl eine der schlimmsten Abschlepperstädte in Indien, außerdem sollte man sich, besonders am Bahnhof, vor Taschendieben in Acht nehmen.

Achtung: Freitags ist das Taj Mahal geschlossen.

ders zum Sonnenuntergang (wenn die Menschenmassen weg sind) erscheint das weiße Gebäude inmitten gepflegter Anlagen und Wiesen in wunderschönen Lichtreflexen.

Durch Umweltverschmutzung und sauren Regen ist das Taj Mahal von der Zerstörung bedroht, der strahlend weiße Marmor ist stumpf geworden, gelb sind die Minarette, und auf den Mauern liegt schwarze Schmiere. Dazu kommen monatlich rund 100.000 Touristen. Schlurfende Füße, Ausdüns-

●**Anreise:** Agra liegt 203 km südlich von Delhi. Der schnellste Zug ist der Shatabdi Express, etwas langsamer ist der Taj Express. Man kann auch eine organisierte Busreise in einem Reisebüro buchen. Wer in Agra übernachten will, findet eine Reihe von Unterkünften in der Neustadt.

Unterkunft

Die Auswahl an Unterkünften ist sehr groß, und die Preise liegen weit über dem Landesdurchschnitt.

Eine Reihe von einfachen Guest Houses findet man in Alt Delhi in Paharganj sowie am Connaught Place (Janpath) um das Tourist Office. Mehrere Mittelklassehotels liegen ebenfalls um den Connaught Place.

Touristenziel Nummer eins: das Taj Mahal

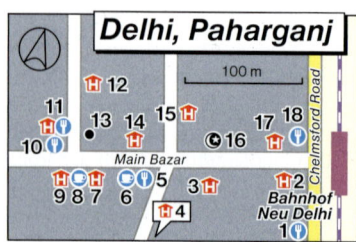

Delhi, Paharganj

100 m

Main Bazar

Bahnhof
Neu Delhi

Chelmsford Road

1	Sri Lanka Buddhist Pilgrim Restaurant	10	Malhotra
2	Vishal Palace	11	Metropolis Tourist Home und Rest.
3	Hotel Kiran	12	Hotel Camran
4	Hotel Legend	13	Kino Imperial
5	Sonu Chat House	14	Hotel Vivek
6	Diamond Café	15	S.R. Palace
7	Hotel Sapna	16	Moschee
8	Khosla Café	17	Namaskar
9	Hotel Satyam	18	Janta South Indian Rest.

Untere Kategorie, Paharganj

Gegenüber dem Bahnhof Neu Delhi beginnt die Hauptstraße, an der auf etwa einem Kilometer Länge viele billige Unterkünfte liegen. Neben schmutzigen Spelunken dort, gibt es auch einige halbwegs akzeptable Unterkünfte:

● Das **Hotel Kiran**, 4473 Main Bazaar, Tel. 23 58 02 54, hat eine freundliche Atmosphäre und saubere Zimmer (225–275 Rp.).

● Ebenfalls in Ordnung ist das **Hotel Vivek**, 1534-50 Main Bazaar, Tel. 23 58 29 04, die Zimmer sind allerdings etwas klein. Mit Bad 300/350 Rp., Doppelzimmer mit Klimaanlage kosten 675 Rp. Das Vivek hat ein einladendes Restaurant auf dem Dach.

● Das **Hotel Sapna**, 5134/1 Main Bazaar, Tel. 2 35 86 87, hat kleine, aber saubere Zimmer (80–150 Rp.).

● **Hotel Vishal**, 1575/80 Main Bazaar, Tel. 23 56 21 23, bietet geräumige Zimmer mit Fenstern und sauberem Bad mit heißer Dusche zu 150/250 Rp., mit Klimaanlage 500 Rp.

● **Hotel Camran** (Lodge), 1116 Main Bazaar, Tel. 30 97 44 74, ist ein bisschen düster, dafür aber im schönsten Haus in der Straße gelegen. Das Hotel wurde im Herbst 2004 komplett renoviert, die neuen Preise lagen bei Drucklegung noch nicht vor.

● Zimmer mit Bad im freundlichen **Hotel Decent**, 4711 Main Bazaar, Tel. 23 58 86 62, kosten 250 Rp. Der Eingang liegt in einer kleinen Seitenstraße.

● Etwas abseits des Trubels liegt das **Hotel S.R. Palace**, 598 Gali Kaitwali (hinter Sai Baba Mandir), Bazar Sangtrashan, Tel. 23 58 56 63. Es hat saubere, schöne Zimmer (250/450 Rp.) und einen netten kleinen Dachgarten, der zum Ausruhen einlädt.

● Das **Hotel Namaskar,** 917 Chandiwalan, Tel. 23 58 34 56, namaskarhotel@yahoo.com, liegt in einer kleinen Seitenstraße, wird von zwei freundlichen Brüdern geführt und hat die wahrscheinlich saubersten Zimmer und Bäder weit und breit. Zimmer kosten 200 bis 450 Rp.

● Nicht ganz so gut wie das Metropolis gegenüber, aber sauber sind die Zimmer im **Hotel Satyam,** Tel. 23 58 52 00. Einzelzimmer 275–325 Rp., Doppelzimmer 450–550 Rp., alle mit Fernseher.

● Wer sich an dem strikten Alkohol- und Rauchverbot nicht stört, findet im neu erbauten **Sri Lanka Buddhist Pilgrim's Rest,** 7 Chelmsford Road, schräg gegenüber New Delhi Railway Station, Tel. 23 74 43 63 eine saubere Unterkunft in beschaulicher Atmosphäre unter buddhistischen Pilgern. Zimmer mit Bad (außerhalb der Pilgersaison im Winter) kosten 400 Rp.

Untere Kategorie, Janpath

Am Janpath zu übernachten ist zwar teuer, hat aber den Vorteil, dass man direkt im Zentrum ist und längere Anfahrtswege zu den Büros spart.

● Gleich neben dem Tourist Office steht das **Janpath Guesthouse,** Tel. 23 32 19 35, die Zimmer sind jedoch winzig und dunkel. Zwischen 485 und 1240 Rp. Mit Klimaanlage.

● Beliebt ist das **Ringo Guest House,** um die Ecke der staatlichen Touristeninformation, 17 Scindia House, Tel. 23 31 06 05, Ringo_Guest_House@yahoo.co.in. Die Leute sind nett, und die Anlage ist sauber, wenn auch etwas heruntergekommen. Ein winziges Einzelzimmer mit Gemeinschaftsbad kostet 125 Rp., Doppelzimmer mit Bad 350/400 Rp., und ein Bett im Schlafsaal ist für 90 Rp. zu haben.

●Einen ähnlichen Standard bietet das nur wenige Meter weiter gelegene **Sunny Guest House,** 152 Scindia House, Tel. 23 31 29 09, sunnyguesthouse123@hotmail.com, mit Einzelzimmern für 125–200 Rp. und Doppelzimmern von 160–400 Rp.

Mittlere Kategorie

●Nur 10 Gehminuten vom Janpath liegt das staatlich geführte **Ashok Yatri Niwas.** In dem 556-Zimmer-Komplex ist meistens etwas frei, die Zimmer sind sauber und spartanisch eingerichtet. In den oberen Etagen gibt es eine Reihe besserer Zimmer. Preise von 500 bis 700 Rp.

●Das **Hotel Palace Heights,** Tel. 23 41 54 19, im D-Block am Connaught Place liegt im 3. Stock eines Bürogebäudes mit einer guten Aussicht auf den Connaught Place. Manche Touristen finden das Hotel etwas vernachlässigt, was durch seine gute Lage wettgemacht wird (300–850 Rp.). Das Hotel ist meistens voll.

●Eine der besseren Adressen in Paharganj ist das alteingesessene **Metropolis Tourist Home,** 1634 Main Bazaar, Tel. 23 56 17 82, metropolishotel@yahoo.com. Man findet dort saubere Zimmer, freundliche Atmosphäre und ein gutes Restaurant mit Dachgarten. Doppelzimmer kosten 800 bis 1200 Rp.

●**Hotel Alka,** P Block, Connaught Circus, Tel. 23 34 43 28, hotelalka@vsnl.com, www.hotelalka.com, 2500/4000 Rp. + 12,5 % Tax. Alle Zimmer haben Klimaanlage.

●Im populären Budgetgebiet von New Delhi, in Karol Bagh, liegt das **Hotel Swati Deluxe,** 17–A/32, Gurudwara Road, W.E.A., Karol Bagh, gepflegte Ausstattung und sauber, zentrumsnah für 2500/ 3000 Rp., Tel. 25 73 16 15, www.hotelswati.com.

●Ebenfalls in Karol Bagh befindet sich das **Hotel Florence,** 2719, Bank Street, Karol Bagh, Tel. 41 54 56 74, www.hotelflorence.in, gehobener Standard und zentral gelegen; 3000/4000 Rp.,

●In der Nähe des Connaught Place ist das **YMCA Tourist Hostel,** Jai Singh Road, Tel. 23 36 19 15, eine passable Unterkunft. Es gibt Aufenthaltsräume, einen Garten, ein Restaurant. Die Zimmer haben heiße Duschen und Klimaanlage. Preise zwischen 1000 und 2500 Rp. sind für das Gebotene reichlich hoch.

●Ein gutes Preis-Leistungs-Verhältnis bietet das **Hotel Ajanta,** 36 Arakashan Rd., Tel. 27 52 09 25. Es ist in einem Neubau untergebracht, allerdings in der Zwischenzeit schon etwas abgewohnt. Doppelzimmer kosten ab 650 Rp. Das Restaurant gilt als das beste in der Gegend.

●**Hotel Legend,** 8525, Hotel Lane, Arakashan Road, Pahar Ganj, Tel. 23 51 20 10, legendint@eth.com, www.hotellegendinternational.com. Dieses im Jahr 2006 eröffnete Hotel ist sauber und empfehlenswert. DZ mit Bad, AC und Kühlschrank 1000–1600 Rp.

●Im Diplomatenviertel Chanakyapuri liegt das **International Youth Hostel,** 5 Nyaya Marg, Tel. 26 11 62 85, yhostel@del2.vsnl.net.in, www.yhaindia.org. Nur Mitglieder des indischen Jugendherbergsverbands können hier übernachten, man kann aber vor Ort die Mitgliedschaft beantragen (50 Rp. für ein Kalenderjahr, Passfoto und Ausweis mitbringen). Die Preisspanne reicht von 60 Rp. für ein Bett im Mehrbettzimmer bis zu 700 Rp. für ein Doppelzimmer mit Klimaanlage.

Essen

Zu den meisten Mittelklasse-Hotels gehören auch Restaurants. Gute Küche, besonders Buffets, bieten internationale Hotels, z.B. Hyatt, Sheraton, Ashok, Taj Palace.

Paharganj

●In Paharganj ist das **Metropolis Restaurant** seit Jahren der Renner. Es gibt chinesische und westliche Küche, dazu Musikuntermalung (vergl. Karte „Paharganj").

●Gegenüber vom Hotel Vivek gelegen, ist das **Diamond Café** ein Globetrotter-Treff. Man serviert Snacks sowie indische, westliche und chinesische Gerichte (vergl. Karte „Paharganj").

●Das **Sonu Chat House** serviert die üblichen Traveller-Standards wie Porridge, Omelettes, Chowmein, leckere Lassis, gute Masala Dosas und Thalis.

● Ein seit Jahren bei Travellern beliebter Treffpunkt ist das **Khosla Café**. Das Essen ist in Ordnung, aber nicht herausragend, und man kann an Tischen draußen sitzen und dem bunten Treiben im Main Bazaar zuschauen.

● **Malhotra Restaurant**, Chuna Mandi, Paharganj, hinter dem Metropolis nahe des Imperial Cinema. Das kleine, saubere Restaurant ist ein guter Ort, um in Ruhe zu frühstücken. Die Speisekarte orientiert sich an der westlichen Klientel (aber hier essen auch Inder). U.a. gibt es Suppen, Porridge, Pfannkuchen, Spaghetti, Steaks, Pizza, Fish and Chips und Sandwiches.

● Direkt gegenüber von New Delhi Railway Station liegen ein paar billige und typisch indische, schlichte Dhabas mit gutem Essen. Wer südindische Küche mag, ist im **Janta South Indian Restaurant** richtig. Die Masala Dosas, Idlis mit Sambar und südindischen Thalis schmecken fantastisch.

Innenstadt

● Um den Connaught Place findet man an jeder Ecke ein gutes Restaurant. Das beliebteste ist **Nirula's**. Dort gibt es sowohl westliche als auch indische Küche wie Pizza, Tandoori Chicken und gute Salate, außerdem hervorragende Eiscreme, Milchshakes und exzellentes Frühstück. Das große Restaurant von Nirula's liegt im äußeren Connaught-Zirkel im L-Block, z.B. gibt es ein „All Day Buffet" um 210 Rp. Eine Snackbar gibt es im inneren Zirkel am Janpath.

● Rund um den Connaught Place finden sich Niederlassungen aller großen Fast-Food-Ketten wie **McDonalds**, **Whimpy's** und **Pizza Hut**. Die Speisekarte ist allerdings abgewandelt: Hamburger aus Rindfleisch sucht man hier vergeblich, dafür gibt es bei McDonalds z.B. leckere Veggie-Burger.

● **Café 100**, B-Block, Connaught Place: Das ehemalige Mithai Café trägt wieder seinen alten Namen, hat sich aber von einer Snackbar zu einer schicken „Bar'n'Lounge" gemausert. Auf der Speisekarte stehen Suppen und kleine Gerichte wie vegetarische Frühlingsrollen (ab 50 Rp.), Salate, nordindische Klassiker wie vegetarische Jalfrezi und Dal Makhani

sowie mediterrane und südostasiatische Gerichte wie Garnelen in Thai-Curry.

● Ein Traum für alle, die Süßes lieben, und eine Institution in Delhi ist **Wenger's**, A Block, Connaught Circus: Eclairs, Schokoladenmousse, leckerste Kuchen und Stückchen aller Art, außerdem Baguette, Croissants und ungewöhnliche Brotsorten.

● Günstige Snacks und legendäre Milkshakes in verschiedenen Geschmacksrichtungen serviert das alteingesessene **Keventer's** in schlichtem Ambiente um die Ecke von Wenger's. Wer auf amerikanisches Eis steht, findet ein paar Meter weiter eine Filiale der US-Kette **Baskin Robbins.**

● Der neueste Schrei in Delhi und anderen indischen Großstädten sind Espressobars. Eine der beliebtesten Ketten ist **Barista**, mit zahlreichen Niderlassungen in Delhi, darunter im N-Block, Connaught Place. Der trendige Coffeeshop hat Espresso, Cappuccino, Eiskaffee, Sorbets und Sandwiches im Angebot. Die Preise sind für indische Verhältnisse gepfeffert (Cappuccino 40 Rp.), aber der Laden ist immer voll. Leider wird der Kaffeegenuss von lauten, nervigen Musikvideos untermalt.

● Gute indische vegetarische Küche bieten das **Sona Rupa** am Janpath und das **Kovil** am Connaught Place an.

● Indisches Essen gibt es im pieksauberen **Kwality** in der Parliament Street nahe dem Connaught Circus und im **Mughlai**, M-17 Connaught Circus.

● In der Niederlassung von **Whimpy** bekommt man die indische Variante eines Hamburgers: Lammburger. Sie bestehen aus 100 % Lammfleisch. Um die Ecke davon befindet sich ein Pizza King.

● Um den Connaught Place wird an **Straßenständen** indisches Essen verkauft. Das Essen ist gut, billig und sauber.

● Ein guter Tipp ist auch das **United Coffee House** im E-Block des Connaught Place. Mit seinen Sofas und süßlicher Hintergrundmusik wähnt man sich eigentlich zu Zeiten britischer Kolonie.

● Wer elegantes Ambiente mag, sollte einmal im Garden Shop des **Hotel Imperial** speisen. Obwohl nur wenige Gehminuten vom Connaught Place entfernt, findet man hier eine Oase der Ruhe.

● „Value for money" bietet die Kantine des Andra Pradesh Bhavan, **1 Ashoka Road,** ca. 15 Gehminuten vom Connaught Place: scharfe südindische Thalis, die immer wieder nachgefüllt werden, und das für 50 Rp! Die Menschenmassen, die sich hier täglich in die pieksauberen Räume zwängen, sprechen für die gleich bleibend hohe Qualität des köstlichen Essens. Die Küche ist mittags zwischen 12 und 14.45 Uhr geöffnet.

Wichtige Adressen

● **Ärztliche Hilfe:** *All India Institute of Medical Sciences,* Ansari Nagar, Sri Aurobindo Marg, Tel. 26 58 85 00.
● *Dr. Ram Manohar Lohia Hospital,* Baba Kharak Singh Marg, Tel. 23 36 55 25.
● **Polizei:** Tel. 100
● **Ambulanz:** Tel. 102
● **Hauptpost:** Es gibt ein Postamt am 9A Connaught Place, aber das Hauptpostamt liegt in der Market Street (offiziell in Bhai Vir Singh Marg umbenannt), in einiger Entfernung zum Connaught Place. Wer sich Briefe nachschicken lässt, sollte unbedingt darauf achten, dass „New Delhi" angegeben wird, da die Briefe sonst im Postamt von Alt Delhi landen. Abgeholt wird die Post im Delivery Post Office in der Market Street nahe dem GPO. Wer ein Paket aufgeben will, muss es vorher vorschriftsgemäß in ein weißes Leintuch verpacken und einnähen lassen. In Paharganj gibt es dafür mehrere Packing Services.
● **Sondergenehmigungen** *(special permits)* für Sperrgebiete in Indien: Ministry of Home Affairs, Lok Nayak Bhawan nahe Khan Market.
● **Max Mueller Bhavan** heißt die indische Version des *Goethe-Instituts* mit Leseraum, deutschen Zeitungen und Vortragssaal. 3 Kasturba Gandhi Marg, Tel. 23 32 95 06, Öffnungszeiten der Bibliothek: Mo–Fr 11–18 Uhr.

Internet

In Delhi gibt es an jeder Ecke **Internetcafés,** mit den wohl billigsten Preisen in ganz Asien. Man zahlt ca. 20–30 Rupien pro Stunde, aber viele Internetcafés verlangen nur noch 10 Rupien. Die Preise für Ausdrucke variieren aber beträchtlich, deshalb immer erst nachfragen.

Banken

Allgemeine Öffnungszeiten sind Mo–Fr 10–14 Uhr, Sa 10–12 Uhr. Außerdem gibt es in der Innenstadt und vielen Stadtteilen **Geldautomaten,** an denen man gegen eine nicht allzu hohe Gebühr mit seiner Bankkarte Geld abheben kann. U.a. im A- und E-Block am Connaught Place (ICICI Bank).
● 24 Stunden geöffnet haben die Wechselschalter in der **Central Bank of India** im Hotel Ashok, Chanakyapuri, und der **State Bank of India** am Flughafen.
● **Thomas Cook** hat eine Niederlassung im Hotel Imperial, Janpath und einen rund um die Uhr geöffneten Schalter in der New Delhi Railway Station.
● Wer ein Konto bei der **Citibank** hat, kann mit EC- und Kreditkarte in der Zentrale am Connaught Circus und den Citibank-Filialen am Automaten Geld abheben und den Kontostand abfragen.
● Schnell und gut arbeitet die **American Express Bank,** A-Block, Connaught Place; wenn Schecks gestohlen wurden, bekommt man dort Rückerstattung, Tel. 23 32 76 02.
● **ANZ Grindlays,** 1 OE, Connaught Place.
● **Deutsche Bank,** Tolstoy House, 15–17 Tolstoy Marg.

Diplomatische Vertretungen

● **Deutschland:** 6/50G, Shanti Path, Chanakyapuri, New Delhi 110021, Tel.: 011/44 19 91 99; im **Notfall** Tel. 98 100-0 49 50, www.germanembassy-india.org
● **Schweiz:** Nyaya Marg, Chanakyapuri, Tel. 26 87 83 72, www.eda.admin.ch/newdelhi
● **Österreich:** EP-13, Chandragupta Marg, Chanakyapuri, Tel. 26 88 90 49
● Unter folgender Website können **Diplomatische Vertretungen anderer Länder,** die größtenteils ihren Sitz in Delhi haben, eingesehen werden: http://exim.indiamart.com/reference-directories/international-embassies-in-india.html

Internationale Fluggesellschaften

● **Aeroflot:** N1 15/17 Tolstoy House, Tolstoy Marg, Tel. 23 31 28 43, www.aeroflot.com
● **Air France:** 7 Scindia House, Janpath, Tel. 23 73 80 04, www.airfrance.com
● **Air India:** Jeevan Bharti LIC Bldg., Connaught Circus, neben Citibank, Tel. 23 73 12 25, www.airindia.com
● **Austrian Airlines:** Himalaya House, Portion C, 23 Kasturba Ghandi Marg, Tel. 23 35 01 25, www.aua.com
● **British Airways:** 11th floor, Dr. Gopal Das Bhawan, 28 Barakhamba Road Tel. 25 65 29 08, www.ba.com
● **Emirates:** DLF Centre, Parliament Street, Tel. 553 44 44, www.emirates.com
● **KLM Northwest:** Prakash Deep, 7 Tolstoy Marg, Tel. 23 35 77 47, www.klm.com
● **Kuwait Airways:** 309 Ansal Bhawan, 16 Kasturba Gandhi Marg, Tel. 23 35 43 73, www.kuwaitair.com
● **Lufthansa:** 56, Janpath, Tel. 23 72 42 00, www.lufthansa.com
● **Pakistan International Airlines:** Kailash Building 26 K G Marg, Tel. 23 73 77 91, www.piac.com.pk
● **Qatar Airways:** Ground Floor, Dr. Gopal Das Bhawan, 28 Barakhamba Road, Connaught Place, Tel. 25 65 61 41, www.qatarairways.com
● **Royal Jordanian Airlines:** G-56, Connaught Circus, Tel. 23 31 98 90, www.rja.com.jo
● **Singapore Airlines:** Ashoka Estate Bldg, 9th fl. Barakhamba Rd, Tel. 23 35 62 83, www.singaporeair.com
● **SriLankan Airlines:** G-55 Connaught Circus, Tel. 23 73 14 73, www.srilankan.aero
● **Swiss Air:** 5th floor, World Trade Tower, Barakhamba Lane, Tel. 23 41 50 00, www.swiss.com
● **Thai International Airways:** Park Royal Hotel, America Plaza, Nehru Place, Chankyapuri, Tel. 51 49 77 77, www.thaiair.com
● **Turkish Airlines:** Administration Block, Ter, Shop #14, Gurgaon Road, Tel. 25 65 57 86, www.turkishairlines.com

Nationale Fluggesellschaften

● **Indian Airlines:** http://indian-airlines.nic.in oder: PTI Bldg., Sansad Marg, Tel. 23 71 91 68 (Mo–Sa 10–17 Uhr); Malhotra Bldg., Janpath, Tel. 23 31 05 17 (So–Fr 10–17 Uhr). Für dringende Buchungsprobleme: Rund um die Uhr geöffnet ist das Hauptbüro von Indian Airlines Safdarjung Airport, Tel. 24 62 05 66.
● **Jagson Airlines:** www.jagsonairline.com oder 12 E Vandana Bldg., 11 Tolstoy Marg, Tel. 23 72 15 93.
● **Jet Airways:** www.jetairways.com oder Jetair House, 13 Community Centra, Yusuf Sarai, Tel. 25 16 41 41. Oder: N-40 Outer Circle, Connaught Place.
● **Air Deccan,** www.airdeccan.net (hat kein Büro in Delhi). Infos: 35, Cunningham Road, (gegenüber der Canara Bank), Bangalore 560052, Tel. 080-41 14 81 90-99/41 58 50 00, Fax 080-41 14 88 49.

Reisebüros

● **Tripsout Travels,** 72/7 Tolstoy Lane, in einer Seitenstraße hinter dem staatlichen Fremdenverkehrsbüro, Tel. 23 73 14 52. Verkauft günstige Tickets und ist seriös. Bei Travellern eines der beliebtesten Reisebüros.
● **Orient Express Comp. Ltd.,** 70 Janpath, in derselben Straße wie Tripsout Travels, Tel. 23 32 21 42, www.orientexpressltd.com.
● **Trade Wings,** 60 Janpath, Tel. 23 32 18 22.
● **BTI Sita Travels,** F12, Connaught Place, Tel. 23 31 11 22.
● **STIC Travels,** 36 Janpah, Tel. 23 32 02 39. Hier gibt es mit einem Studentenausweis Ermäßigung auf Flugtickets.

Einkaufen

● Gegenüber der Citibank/Jeevan Bharati Building am Connaught Place lockt den **Palika Bazar,** der größte Touristenmarkt in Delhi. In einer Vielzahl von Läden findet man interessante Souvenirs aus allen Gegenden Indiens. Hier muss besonders hartnäckig gehandelt werden. In einer Seitengasse davon gibt es an den Straßenständen eine gute Auswahl an leichter, billiger Kleidung made in India.

Indien im Überblick

Hochverehrt ist die indische Kuh

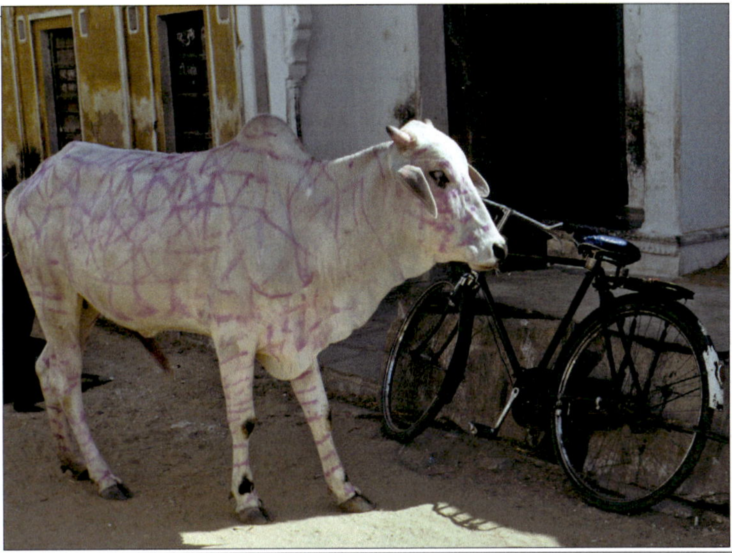

● Schräg gegenüber davon am Janpath findet man Kunstgewerbeartikel aus ganz Indien in großer Auswahl im **Central Cottage Industries Emporium.** Die Preise sind hier ausnahmsweise Fixpreise, und die Waren werden zuverlässig ins Heimatland nachgeschickt. In der Baba Kharak Singh Marg beim Connaught Place sind zudem die meisten indischen Bundesstaaten mit ihren eigenen Emporium-Läden vertreten, ebenfalls mit festen Preisen.

● Im komplett renovierten **Khadi Gramodyog Bhavan,** 24 Regal Building, Connaught Place (Mo–Sa 10–18 Uhr) kann man Punjabis, Kurtas und Bettwäsche aus handgewebter Baumwolle/Leinen kaufen, außerdem

handbemalte Karten und andere Souvenirs. Im ersten Stock gibt es ayurvedische Schönheitsprodukte und ein Café mit Snacks aus Bio-Anbau!

● Ayurvedische Produkte gibt es in Hülle und Fülle bei **KVJ.** Brij Lal-Vidya Ratan Chatta, 1571 Main Bazaar, Pahar Ganj. Sehr empfehlenswert gegen den Juckreiz, den die in Ladakh manchmal vorkommenden Stiche von Bettwanzen auslösen: ein Fläschchen Neem-Öl (gibt es in Ladakh nicht zu kaufen).

● Am Connaught Place liegen neben eleganten Boutiquen und Souvenirläden auch einige gute **Buchläden** wie Bookworm, New Book Depot und Amrit Books.

● **People Tree,** 8 Regal Building (Mo–Sa 10.30–19 Uhr) ist ein von Künstlern und Umweltschützern gegründeter Laden, der u.a. Literatur zu Frauen- und Umweltthemen, sozialen Bewegungen und Kunst, T-Shirts und andere Kleidung aus mit Naturfarben gefärbter Baumwolle und organisch angebauten Kaffee im Sortiment hat.

Ein Leben für die Spiritualität
führt diese hinduistische Nonne

●In Süd-Delhi, nahe des Safdarjung Airport, liegt **Dilli Haat,** ein schön gestalteter Open-Air-Markt mit Kunsthandwerk, wunderbaren Stoffen und Essen aus allen Regionen Indiens. Auch wenn auf den Schildern steht „fixed price", lassen die Verkäufer manchmal mit sich handeln.

●**Full Circle,** 5B Khan Market, New Delhi wird als der schönste Buchladen in ganz Delhi gepriesen und ist zugleich ein Café.

●Wer **Bücher** über Ladakh, Buddhismus, Hinduismus u.Ä. sucht, sollte unbedingt im

Picadilly Book Stall, 64 Shankar Market am Connaught Place, vorbeischauen. Der Laden ist klein und gestopft voll, teilweise von Raritäten, die es anderswo nicht mehr gibt.

●Südlich von Delhi liegt der moderne und aufstrebende Ort **Gurgaon,** wo sich einige **Shopping Malls** (z.B. „Metropolitan", „City Center", „Sahara") nach westlichem Vorbild befinden. Wer einmal abseits vom Gewühl in Delhi in aller Ruhe – auch westliche Waren, vor allem Kleidung, Brillen und Uhren – shoppen will, ist hier richtig. Man sollte darauf achten, dass der Taxifahrer nicht nur den Ort, sondern auch die Malls kennt, denn ein Suchen wäre sehr mühsam.

Weiterreise

●**Per Flugzeug:** Die meisten Flüge aus Europa kommen nachts in Delhi an. Am Internationalen Flughafen gibt es innerhalb der Ankunftshalle mehrere rund um die Uhr geöffnete Schalter zum Geldwechseln. Unbedingt gleich Geld nachzählen. Wer nachts ankommt und am nächsten Morgen nach Leh weiterfliegt, kann die kurze Strecke zum nationalen Flughafen per Taxi oder mit einem kostenlosen Bus zurücklegen und die paar Stunden Wartezeit dort verbringen – in der Ankunftshalle nach Abholen des Gepäcks einfach dem Schild „Inter-Terminal Departure Lounge" folgen. Wichtig: Neben dem Flugticket nach Leh muss man dort auch den Boarding Pass vom Hinflug nach Delhi vorzeigen, also unbedingt aufheben!

●In vielen Bahnhöfen und Busbahnhöfen sind extra Schalter für Frauen eingerichtet. Sie brauchen deshalb nicht in der langen Schlange zu stehen und werden bevorzugt behandelt. Sehr nützlich für Zugbuchungen ist außerdem das **International Tourist Bureau** in der New Delhi Railway Station (Mo–Sa 8–17, So 8–14 Uhr). Dort kann man bequem Fahrscheine mit Reservierung kaufen und dafür (gegen Vorlage des Reisepasses!) die Touristenquote in Anspruch nehmen. Ist der Zug ausgebucht, ist es nützlich, sich nach der „Emergency Quota" zu erkundigen. Wer nicht in US-Dollar oder englischen Pfund, sondern in Rupien zahlen möchte, muss eine Umtauschquittung der Bank vorlegen.

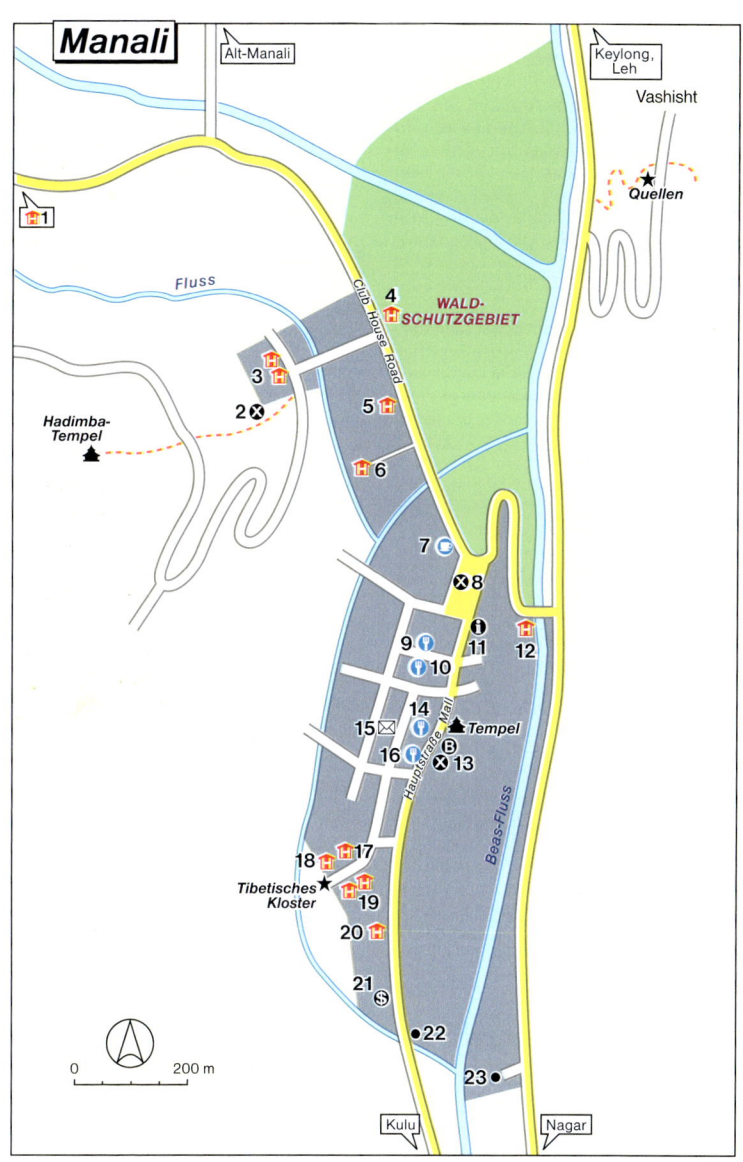

Manali

Alt-Manali

Keylong, Leh

Vashisht

Quellen

Fluss

WALD-SCHUTZGEBIET

Club House Road

Hadimba-Tempel

Tempel

Hauptstraße Mall

Beas-Fluss

Tibetisches Kloster

0   200 m

Kulu

Nagar

Indien im Überblick

Nach Manali

● **Mit dem Bus:** Nach Manali gibt es von Delhi aus täglich mehrere Busverbindungen. Die Busse starten beim Northern Bus Terminal ISBT (Interstate Bus Terminal), dort müssen auch die Tickets gekauft werden. Ein Platz im Normalbus kostet 350–450, die Fahrt im Deluxe-Bus 560 Rupien. Außerdem gibt es den Super-Deluxe-Nachtbus, für den man 750 Rp bezahlen muss. Die Busse fahren meistens am Nachmittag los, und so erreicht man Manali nach der etwa 16-stündigen Fahrt am nächsten Morgen.

Luxusbusse bietet das **Himachal Touristenbüro** (Janpath 36) an, die ebenso zwischen 400 und 500 Rp. kosten wie die öffentlichen Busse, aber den Vorteil haben, dass man die Fahrt in bequemen Sitzen besser übersteht. Außerdem muss man für den Ticketkauf nicht durch die ganze Stadt zum ISBT fahren, sondern kann sie direkt am Janpath (nahe Connaught Place) kaufen. Die Tickets sollten zwei Tage vor der Abfahrt gekauft werden.

Außerdem fahren Privatbusse. Man erkundige sich in den Reisebüros in Delhi.

● **Mit dem Zug:** Wem die Busfahrt zu lange dauert, könnte das erste Stück mit dem Zug bis Chandigarh fahren. Ab Chandigarh verkehren regelmäßig Busse nach Manali, die Fahrt dauert sechs Stunden.

Es gibt drei Züge nach Chandigarh. Der beste ist der **Shatabdi-Express.** Dieser Schnellzug rast in dreieinhalb Stunden von Delhi nach Chandigarh. Er kostet 435 Rupien in der zweiten und 865 Rupien (inkl. Mittagessen) in der Executive Class. Die Tickets kauft man in der New Delhi Railway Station.

Der Nachtzug Howrath-Kalkar-Mail-Train erreicht Chandigarh morgens um 3.25 Uhr. Er startet an der Old Delhi Railway Station.

Nach Srinagar

● Da Srinagar keine Zuganbindung hat, gibt es die Möglichkeit, zunächst mit dem Zug oder Bus nach Jammu zu fahren und dann mit dem Bus weiter nach Srinagar.

Per **Zug von Delhi nach Jammu** gibt es täglich mehrere Verbindungen, die Fahrt dauert zwischen 10 und 15 Stunden. Die Züge starten an der New Delhi Railway Station.

Von Jammu nach Srinagar fahren **Busse,** die Fahrt dauert 10 Stunden. Da sich die Fahrpläne oft ändern, muss der aktuelle Stand nachgefragt werden.

● Mehrere **Fluglinien** wie Air Sahara, Jet Airways, Kingfisher und Indian Airlines bedienen täglich mehrmals die Verbindung zwischen Delhi und Srinagar.

Manali

Manali ist einer der beliebtesten Orte, wohin die indische Oberschicht und Paare in den Flitterwochen während der heißen Zeit in die Ferien geht. Die kleine Stadt liegt auf einer Höhe von 1926 m ü. d. M. im Bundesstaat Himachal Pradesh am Nordende des Kulu-Tales.

Manali ist eine Kleinstadt mit rund 30.000 Einwohnern – einerseits sympathisch, aber auch ‚typisch indisch‘, geprägt von lärmigen und stark befahrenen Straßen. Ein paar Tage Aufenthalt lohnen hier, die man vor der Fahrt über die Himalaya-Ketten nach Ladakh einplanen kann. Die hübsche Landschaft bietet sich an für Tagesausflüge. Manali ist ein echter Touristenort – es gibt in der Stadt Hunderte Hotels, Guest Houses und Internetcafés; auch hat sich hier und besonders im Nachbardorf Vashisht seit Jahrzehnten eine westliche Aussteiger-Szene niedergelassen. In Alt-Manali entwickelte sich ein „alternativer" Traveller-Treffpunkt; die Souvenirläden haben einen leichten Hippie-Einschlag. Unterkünfte sind dort etwas günstiger als in Manali.

Über die Entstehung von Manali hat die indische Mythologie eine hübsche Legende parat: Als der hinduistische

🏠	1	Log Hut Area (Resorts)
✖	2	Taxistand
🏠	3	Touristen-Bungalows,
🏠		Sagar Resort, Hotel Paradise,
🏠		Manalsu Hotel
🏠	4	Hotel Mayflower
🏠	5	Johnson's Lodge
🏠	6	Hotel Woodrock
🔵	7	Amigo's
✖	8	Taxistand
🎵	9	Neel Kamal Restaurant
🎵	10	Mayur Restaurant
ℹ	11	Touristen-Information
🏠	12	Hotel Beas
Ⓑ	13	Bushaltestelle und
✖		Taxistand
🎵	14	Mount View Restaurant
✉	15	Post
🎵	16	Aashiana Restaurant
🏠	17	Aroma Hotel
🏠	18	Hotel Chandan
🏠	19	Hotel Jamuna,
🏠		Snow Drop
🏠	20	Hotel Samrat
Ⓢ	21	State Bank of India
●	22	Polizei
●	23	Mountaineering Institute

Gesetzgeber Manu nach der großen Sintflut erstmals von seinem himmlischen Boot die Erde betreten hat, soll er auf diesem Platz hier gelandet sein. Manali heißt deshalb *Manu-alaya,* die Heimat von Manu. Ein Tempel in der Stadtmitte erinnert an ihn. Die heutige Ortschaft ist das Resultat der britischen Besiedlung Mitte des 19. Jahrhunderts und trug damals den Namen Duff Dunbar nach einem britischen Forstbeamten, der sich um die Gründung Manalis verdient gemacht hatte.

Orientierung und Information

Manali ist relativ weit verzweigt und weitläufig. Eine Orientierung ist die breite Hauptstraße „Mall", wo der Busstand und die meisten Restaurants liegen.

● Das **Touristenbüro** liegt ebenfalls an der Mall gleich beim Taxistand. Es ist Montag bis Freitag von 10 bis 17 Uhr geöffnet. Man bekommt dort Informationen und Karten von Manali, Auskünfte über Busverbindungen sowie ein sehr nützliches Verzeichnis mit Adressen von Hotels, Guest Houses und Reisebüros in ganz Himachal Pradesh (20 Rp.). Trekking-Karten von Himachal Pradesh und Ladakh sind aber nicht so gut wie die von zu Hause. Gleich neben dem Touristenbüro können Tickets für die öffentlichen wie privaten Busse nach Ladakh gebucht werden.

Sehenswertes

Die Stadt ist ein hervorragender Ort, um Menschen der verschiedensten Ethnien zu studieren. Man sollte sich genügend Zeit nehmen, um in aller Ruhe in den Straßen herumzuschlendern. Da kommt die Landbevölkerung aus den Dörfern zum Einkaufen, wobei die Männer aus dem Kulutal an ihren Mützen mit der farbigen Stickerei an der Schärpe auffallen. Rajasthanis wollen Safran und Moschus an die Touristen verkaufen. Tibeter leben in einer Siedlung auf dem Weg nach Vashisht, die in Manali ihren Lebensunterhalt mit dem Verkauf von Kleidern und Allerlei auf dem Markt rund um den tibetischen Tempel bestreiten. Und dann ist noch die feine indische Upper Class, die auf ihrer Hochzeitsreise fein herausgeputzt die Straßen entlangpromeniert.

Hadimba-Devi-Tempel

Den im Jahr 1553 erbauten Tempel erreicht man nach einem angeneh-

men Spaziergang durch dichten Wald. Er liegt ca. 1,5 km westlich vom Dorfkern (vergl. Karte). Gewidmet ist der mit Pagodendach und bemerkenswerten Holzschnitzereien ausgestattete Tempel der Göttin Hadimba. Dass *Raja Bahadur Singh* dem Holzschnitzer nach vollendeter Arbeit die Hände abhacken ließ, damit er nicht nochmals

ein solch vollkommenes Werk schaffe, ist hoffentlich eine Legende.

Vashisht

Vashisht ist ein malerisches Dorf 3 km außerhalb von Manali in Richtung Nordosten. Seit vielen Jahren hat sich Vashisht immer mehr zu einem Treffpunkt der **Hippie-Szene** entwickelt. Wer länger in Vashisht bleiben möchte, kann sich billig bei einer einheimischen Familie einquartieren. Es gibt einige sehr einfache Guest Houses: etwa das gepflegte **Surabhi Guest House,** Tel. 01902/25 27 96 mit Zimmern zwischen 300 und 600 Rp., jeweils mit Bad und (ab 400 Rp.) Fernseher. Auf dem Dach bietet das gemütliche „World Peace Café" einen guten Ausblick.

Kleiner Junge im Kindergarten

Eigentlich ist Vashisht bekannt wegen seiner heißen **Sulfatquellen.** Eine dieser Quellen sprudelt direkt am Dorfplatz aus der Erde, wo sich auch der Taxistand befindet. Der Eintritt zum Bad ist frei, aber die Anlage ist schmutzig.

Nach Vashisht kommt man entweder mit der Motorriksha (30 Rp.) oder zu Fuß. Für den Spaziergang empfiehlt sich eine Abkürzung: Der Weg führt von der Hauptstraße aus Richtung Ambassador-Hotel rechts hinauf (ist ausgeschildert); die erste Abzweigung links verläuft weiter bis Vashisht.

Naggar

Über die alte gewundene Manali-Kulu-Strecke an der Ostseite des Beasflusses entlang, erreicht man Naggar. Der Bus braucht 1,5 Stunden, ein Taxi 1 Stunde. Naggar war rund 1400 Jahre lang die Hauptstadt der Kulu-Herrscher, erst im 17. Jh. wurde Sultanpur, das heutige Kulu, die neue Hauptstadt der Rajas.

Es ist ein Erlebnis, in diesem historischen **Raja-Schloss** zu übernachten, das jetzt Hotel **Nagar Castle** genannt wird. Doppelzimmer mit Bad ab 900 Rp., Tel. 01902/24 83 16. Von dem Schloss genießt man einen herrlichen Ausblick über das ganze Kulutal.

In der näheren Umgebung des Schlosses stehen einige interessante Tempel: Der **Shiva-Tempel** aus grauem Sandstein von Gauri Shankar liegt am Fuße des kleinen Bazars unterhalb des Schlosses und stammt aus dem 11. oder 12. Jh. Fast gegenüber dem Schlosseingang befindet sich der dem

Gott Wishnu gewidmete **Chatar-Bhuj-Tempel.**

Etwas den Berg hinauf, stehen zwei weitere kleine Tempel.

Naggar war die Wahlheimat des berühmten russischen Malers *Nicolas Roerich* (1874–1947). Ein Großteil seiner Werke ist im New Yorker Roerich-Museum ausgestellt. Die **Roerich Galerie** oberhalb des Schlosses zeigt einige Arbeiten des Künstlers, die Szenen aus dem Himalaya darstellen.

● **Anfahrt:** Von Manali nach Naggar fahren Busse ab 6.30 Uhr alle 30 Minuten. Das Taxi Manali – Naggar kostet retour zwischen 450 und 650 Rp.

Unterkunft

Obwohl Manali schon so viele Unterkünfte hat, geht der Bauboom unvermindert weiter. An allen Ecken werden neue Hotels hochgezogen. Grundsätzlich gilt: Im Stadtkern sind die Unterkünfte teurer, lauter und schlechter. Nur ein paar Gehminuten von der Hauptstraße entfernt gibt es eine Reihe schöner und preiswerter Guest Houses, die in hübscher Umgebung liegen und meist einen Garten haben. Man findet sie, wenn man vom Taxistand aus rechts geht und an der Abzweigung, links vom Waldreservat, hinaufläuft. Wer spätabends ankommt, sollte die erste Nacht ein Zimmer in der Stadt nehmen und am nächsten Tag eine bessere Unterkunft suchen.

● Je nach Saison schwanken die **Zimmerpreise** erheblich: Während in der Hauptreisezeit Mai und Juni die Preise besonders hoch sind, fallen sie in der Nebensaison Juli und August bis auf die Hälfte, und sogar dann kann man noch mit dem Vermieter handeln. Die meisten Unterkünfte haben nur Doppelzimmer, Einzelgäste bezahlen nur minimal weniger.

Untere Kategorie

● Ein paar hübsche und ruhig gelegene Guest Houses befinden sich direkt am tibetischen

Tempel, dort kann man auch tibetische Atmosphäre erleben.

- Das kleine **Hotel Jamuna** ist gemütlich und hat einen kleinen Balkon, Tel. 01902/25 25 06. DZ mit Gemeinschaftsbad 500–600 Rp., 150 Rp. in der Nebensaison.
- Gleich nebenan liegt das **Snow Drop.** Es ist ganz schlicht und sauber. Zimmer mit Gemeinschaftsbad kosten 300–400 Rp., 150 Rp. in der Nebensaison.

Einige schön gelegene und günstige Guest Houses findet man im Stadtteil **Old Manali:**

- **Veer Guest House,** Tel. 01902/25 27 10, veerguesthouse@rediffmail.com. Zimmer kosten 150 Rp. mit Gemeinschaftsbad, 300 Rp. mit Bad.
- **Tourist Nest Guest House,** Tel. 01902/25 23 83, kdthakur@yahoo.com. Zimmer mit Bad und heißer Dusche 200/250 Rp.
- **Dragon Guest House,** Tel. 01902/25 22 90, info@dragontoursmanali.com, www.dragontoursmanali.com, Zimmer mit Bad, Balkon, TV und heißer Dusche 350–850 Rp.

Mittlere Kategorie

- Ebenfalls außerhalb der Stadt liegen die **Tourist Bungalows,** Tel. 01902/25 23 32, die jetzt offiziell in **Rohtang Manaslu** umbenannt wurden. Das stilvolle Hotel liegt auf einem Hügel inmitten eines herrlichen Gartens und bietet schon von außen einen tollen Anblick. Die Preise liegen bei 500–800 Rp.
- Etwas billiger, 250–650 Rp., aber auch angenehm ist das **Hotel Beas,** Tel. 01902/25 33 68. Die beiden Hotels werden vom Himachal Tourist Office geführt und können im Ort bei der Touristen-Information gebucht werden.
- Sauber und modern ist das **Hotel Woodrock.** Man hat viel mit Holz gebaut, was dem Hotel eine gemütliche Atmosphäre verleiht. Ein Zimmer kostet ab 700 Rp.
- In Ordnung ist das **Hotel Paradise,** Hadimba Road, neben den Tourist Bungalows, Tel. 01902/25 22 65. Zimmer kosten zwischen 600 und 750 Rp.
- Südlich des Stadtkerns liegt das **Hotel Samrat,** Tel. 01902/25 23 56, mit Preisen zwischen 550 Rp. für die normalen und 700 Rp. für Deluxe-Zimmer. Nach Zimmern in den

oberen Stockwerken fragen, denn von dort hat man eine gute Aussicht auf den tibetischen Tempel nebenan.

- Nicht weit vom tibetischen Tempel liegen nebeneinander die **Hotels Aroma** und **Chandan,** Tel. 01902/25 24 32. Zimmer zwischen 550 und 770 Rp.

Obere Kategorie

Entlang der Club House Road und in der noblen Log Huts Area finden sich zahlreiche, teilweise geschmackvoll gestaltete Hotels und Resorts in wunderschöner Umgebung. Achtung: auf die Zimmerpreise wird ein Zuschlag von 10 Prozent „Luxury Tax" erhoben.

- **Hotel Mayflower,** Club House Road, 2 km bergauf vom Busbahnhof, Tel. 01902/25 21 04, ist eine Augenweide und eines der beliebtesten Hotels in Manali. DZ 1000–1600 Rp. und eine Suite mit 3 Betten 1800 Rp.
- **Johnson's Lodge,** in der Nähe des Circuit House, Tel. 01902/25 30 23, bietet eine gute Verbindung aus Komfort und „einheimischer Schönheit". Zimmer zwischen 2000 und 4000 Rp. Mit einem ansprechenden Café/Restaurant im Garten.
- **Snow Valley Resorts,** Log Hut Area, Tel. 01902/25 30 27, info@snowvalleyresorts.com, www.snowvalleyresorts.com, ist eine der größeren Hotelanlagen Manalis; es gibt schön eingerichtete und geräumige Zimmer mit allen Annehmlichkeiten zwischen 1600 und 3800 Rp. Besonders angenehm ist die Dachterrasse mit Blick in die Apfelplantagen und grünen Berghänge.
- **Sagar Resort,** Hadimba Road, neben den Tourist Bungalows, Tel. 01902/25 25 52, www.sagarresort.com, hat eine gediegene Atmosphäre, eine wunderschöne Lobby und Zimmer zwischen 2400 und 4000 Rp.

Essen

Manali hat eine Auswahl vieler Restaurants, zu denen man sich am besten von seiner Nase führen lässt. Die Küche in Manali ist relativ international. Besonders viele gute Restaurants liegen an der Mall.

- Eines der besten vegetarischen Restaurants ist das **Aashiana** mit indischer, chinesischer und italienischer Küche. Hier werden passable Spaghetti und Pizza serviert.

●Ein Traveller-Treff ist das **Mount View** gegenüber dem Busstand. Es ist abends stets voll, die Atmosphäre ist gut, und man findet immer Leute zum Informationsaustausch. Es gibt tibetisches und chinesisches Essen.

●In einer kleinen Seitenstraße links der New Bank of India liegen das sehr beliebte **Mayur** und das **Neel Kamal.** Sie sind beide sauber und haben umfangreiche Speisekarten mit gutem indischem und chinesischem Essen.

●Abgesehen von den Restaurants gibt es für den kleinen Hunger an der Hauptstraße viele **Food-Shops,** wo man Masala Dosa, Chapatis und Parathas bekommt.

●**Café Amigos and German Bakery,** am Anfang der Mall, ist ein beliebter Traveller-Treffpunkt und bietet die übliche German-Bakery-Palette an Gebäck sowie verschiedene Frühstücksangebote, Müsli, etc.

●**Vaishali Restaurant,** gegenüber des Taxistands, 1. Stock. Das Personal ist ein bisschen verschlafen, aber man kann hier gute Masala Dosas, Parathas etc. zum Frühstück bekommen. Rein vegetarisches Essen.

●Exzellentes tibetisches Essen, aber auch chinesische und japanische Gerichte serviert **Chopsticks,** The Mall. Das Restaurant ist sehr beliebt und entsprechend schnell voll, also besser früh kommen oder reservieren unter Tel. 25 26 39.

●**Moc,** Gurudwara Road, liegt ein bisschen versteckt abseits der Mall in der Nähe der Post. Gute tibetische Küche.

●**Moondance** und **Shiva Café,** Old Manali, sind zwei beliebte und idyllisch gelegene Gartencafés, in denen man gut einen Nachmittag verbummeln kann.

●**Sher-e-Punjab,** an der Hauptstraße gelegen, hat zwar eine etwas sterile Atmosphäre, aber das indische wie italienische Essen ist empfehlenswert.

●Ausgezeichnete Kuchen gibt es in dem von Tibetern geführten **Phuntsok Coffee House.** Es liegt etwas außerhalb an der Kreuzung zwischen der Naggar Hauptstraße und der Straße nach Vashisht.

●**Mona Lisa,** gegenüber dem Busbahnhof gelegen, ist populär für seine indische und europäische Küche. Günstige Preise.

●Gutes Punjabi-Essen wird, wie der Name schon sagt, im **Great Punjab Restaurant,** Gompa Road, serviert.

Wichtige Adressen

●**Post:** Geöffnet Mo-Sa von 9-17 Uhr, für Telegramme bis 19 Uhr. Sonn- und feiertags ist zwischen 9-10 und 14-15 Uhr der Schalter für Telegramme geöffnet.

●**Bank:** Die State Bank of India ist Mo-Fr von 10-14 und 14.45-16 Uhr geöffnet. Man kann dort Reiseschecks wechseln, und es gibt einen Geldautomaten.

●**Ärzte:** Das Civil Hospital befindet sich nahe beim Picadilly Hotel an der Hauptstraße. Das Mission Hospital ist gleich gegenüber vom Touristenbüro. Zur Privatklinik Dr. Rawat in der Model Town Straße geht es gegenüber der Busstation die Straße hinein. Für simple Magenverstimmungen, Erkältungen etc. genügt ein Besuch in der Praxis von Dr. Khanna, The Mall.

Einkaufen

●Manali ist ein guter Platz, um hübsche **Kulu-Schals** für kalte Abende in Ladakh zu erstehen. Diese breiten Schals aus Schafwolle sind warm und in farbigen Mustern gewebt. Es gibt sie in verschiedenen Varianten, die Preise liegen zwischen 500 und 1000 Rupien.

●Beliebt sind die typischen **Kappen** mit den bunten Schärpen, die auch die Männer im Kulutal tragen.

●Zum tibetischen Kloster gehört eine **Teppich-Knüpferei;** man kann die in tibetischen Design geknüpften Teppiche dort gleich „ab Werk" kaufen, ebenso wie andere tibetische Produkte.

Von Delhi nach Ladakh

Treks um Manali

Wer länger Zeit hat, könnte sich ab Manali, als Vorbereitung für Ladakh, schon einmal warmlaufen.

Das anmutige Kulutal mit seinen Flüssen, ausgedehnten Wäldern und den Ausblicken auf schneebedeckte Berge ist eine optimale Umgebung zum Akklimatisieren. Es gibt viele Reiseagenturen in Manali, die alle etwa die gleichen Routen anbieten. Die Preise dafür schwanken, es lohnt sich deshalb, die Büros abzuklappern und genau auflisten zu lassen, welche Leistungen im Preis inbegriffen sind.

Achtung: Immer wieder hört man von Paragliding-Unfällen bei Tandem-Flügen aufgrund mangelnder Sicherheitsstandards. Man sollte sich unbedingt bei anderen Reisenden schlau machen, welche Anbieter seriös sind!

Manali – Beaskund

Eine beliebte Route ist der 4-Tages-Trek hinauf zur Quelle des Beas-Flusses.

1. Tag: Man startet im alten Manali und läuft den Beas-Fluss entlang Richtung Norden. Unterwegs kommt man durch malerische Kuludörfer wie Goshal, Shanag und Burwa. Von Burwa aus wird das Solang-Tal erreicht, wo nach dem Tagesmarsch von 13 km campiert wird.

2. Tag: Von Solang nach Dhunde. Die 8 km lange Wanderung entlang dem Beas rechter Hand ist ein leichter, kontinuierlicher Aufstieg. Wer Glück hat, kann hier einen braunen oder

schwarzen Bergbären entdecken. In Dhunde Zelt aufschlagen.

3. Tag: Aufstieg über Bakhartach nach Beaskund (3540 m). Beaskund, wo die Quelle des Beasflusses vermutet wird, ist ein wunderschöner Platz, wo während des Sommers die Wiesen in bunter Blumenpracht stehen. Die Wanderung führt 12 km hinauf, und die Spitze ist bis Juni schneebedeckt. Nach einem Aufenthalt in Beaskund den Rückweg nach Dhunde nehmen und dort übernachten.

4. Tag: Von Dhunde nach Solang und Manali führt ein angenehmer Spaziergang 21 km bergab. Von Solang kann man ein Taxi oder den Bus zurück nach Manali nehmen.

Rundtrek

Der 3-Tages-Trek führt von Manali über Vashisht zum Bhrigu-See und Golaba und zurück nach Manali. Unterwegs kann man mit viel Glück einen der wenigen in der Gegend lebenden Schneeleoparden entdecken. Die Tiere sind sehr scheu; sie fliehen, sobald sie Menschen wahrnehmen.

1. Tag: Man startet am Morgen in Vashisht und läuft von hier aus zum großen Wasserfall. Nach dem 2,5-stündigen Aufstieg geht es weiter auf die Bergwiese nach Pandu Ropa. Der sechsstündige Aufstieg wird mit einer herrlichen Aussicht belohnt. Campen in Pandu Ropa.

2. Tag: Von Pandu Ropa zum Bhrigu See (5 Stunden). Der Legende nach soll dort ein Gott namens Bhrigu Rishi meditiert haben. Kurz vor dem Bhrigu-See unterhalb der Schneegrenze findet man viele Bhoj-Patra-Bäume, die in

Himachal Pradesh zu Papier verarbeitet werden. Wer noch Lust und Kondition hat, kann vom See zum Bhrigu-Gipfel (4701 m) aufsteigen. Auf dem Rückweg unterwegs in Richtung Golaba zelten.

3. Tag: Von Golaba über Kothi nach Manali. Kothi ist ein interessantes Kulu-Bergdorf, das umgeben ist von tiefen Schluchten. Rückweg nach Manali.

Von Manali nach Leh

Die meisten Touristen sind auf dieser Strecke inzwischen mit dem **Jeep** unterwegs – aus ökologischer Sicht gewiss keine optimale Entwicklung. Die Vorteile des eigenen Wagens sind jedoch offensichtlich – man kann das eigene Tempo bestimmen und nach Belieben anhalten. Mit dem Jeep könnte Manali in einem Tag ohne Zwischenübernachtung erreicht werden, was allerdings eine arge Strapaze ist und ein Teil der fantastischen Fahrt bei Dunkelheit zurückgelegt wird. In einem geräumigen **Gemeinschaftstaxi** („shared taxi") kann der Fahrpreis unter den Passagieren aufgeteilt werden.

Wer sich für den Bus entscheidet, hat zwei Möglichkeiten; den **öffentlichen Bus** des Himachal Tourist Office (fährt alle zwei Tage) oder einen der in Reisebüros buchbaren **privaten Busse**. Die Fahrtauglichkeit dieser Privatbusse lässt allerdings häufig zu wünschen übrig, man begutachte sie vor der Fahrt (besonders die Reifen!). Alle Busse starten um 6 Uhr morgens, die

Manali-Rundtrek

Rotang La 3978
Patalsu 4472
Marhi 3320
Solang 2480
Beas R.
Rahla 2590
Golaba
4701
Kothi
Bhrigu See
Palchan
Burwa
Kulang
Chhika 3000
Shanag
Goshal
Vashisht
Manali 1896
Aleo
0   3 km

▲ Höhenzug mit Gipfel   --- Weg
═══ Jeeppiste   )(Pass
═══ Trekking-Route   )⚬(Brücke

Fahrt wird in zwei Tagesetappen bewältigt. Der Bus vom Himachal Tourism macht seine Übernachtungsstation in **Keylong.** Das Zeltlager dort ist gut, ebenso das Essen. Nachteil ist, dass die Strecke ungleich aufgeteilt ist, denn die Fahrt am nächsten Tag von Keylong nach Leh dauert rund 16 Stunden (Aufbruch: 4 Uhr; Ankunft in Leh gegen 20 Uhr, oft später). Die privaten Busse fahren zum Übernachten meist nach Sarchu weiter (im Büro nachfragen). Die Busse sind in der Saison ausgebucht, man muss sich also rechtzeitig um ein Ticket kümmern. Das Ticket kostet 900 Rp. für die Fahrt; rund 1200 Rp. kostet eine Fahrkarte inklusive Zeltunterkunft und Verpflegung. Das ist eine empfehlenswerte Variante, denn falls der Bus mit Verspätung abends im Zeltcamp ankommt, sind die Schlafplätze womöglich schon belegt.

Die Anstrengungen und das Geschüttel während der zweitägigen Fahrt über die zweithöchste Gebirgsstraße der Welt werden durch unglaublich schöne Ausblicke in dieser faszinierenden Landschaft entschädigt. Für schwache Nerven ist die Fahrt eine echte Herausforderung, denn steile Schluchten, an deren Rand sich der Bus oft entlangschlängelt, ängstigen oft auch hartgesottene Naturen.

Die Straße ist recht gut ausgebaut und hat bis auf einige Passstrecken überall Teerauflage. Allerdings werden Teile durch heftige Regengüsse oft weggeschwemmt. Im Gegensatz zur Strecke Srinagar – Leh ist sie allerdings relativ wenig von LKW- oder Militär-

konvois befahren, man kommt deshalb in der Regel zügig voran.

Die 485 km lange Fahrt quer über die Ketten des Himalaya ist ein unvergessliches Erlebnis. Wo sich früher Karawanen in wochenlangen Märschen zwischen Indien und Zentralasien bewegten, bewältigen Privatfahrzeuge, Taxen und Busse die Strecke jetzt mühelos. Diese ehemalige Karawanenroute ist zwar seit 1974 für Fahrzeuge befahrbar, aber erst seit 1988 für Touristen geöffnet.

Unterwegs muss man an vier Kontrollposten (Koksar, Pang, Sarchu und Upshi) seine persönlichen Daten in Bücher eintragen.

Praktische Hinweise

- Den **Rucksack** gut in einen Plastiksack einpacken, denn das Gepäck wird auf dem Dach verstaut, und im ersten Teil der Fahrt vor dem Rothang-Pass kann es regnen.
- Da es bei Ankunft in dem Übernachtungsquartier meist schon dunkel ist, sollte man eine **Taschenlampe** dabei haben. Den **Schlafsack** nimmt man am besten in den Bus mit, dann kann man den Rucksack über Nacht auf dem Busdach lassen.
- Genügend **Proviant** einpacken! Unterwegs gibt es zwar Teehäuser und kleine Restaurants, an denen der Bus öfter anhält. Früchte, Wasser und Knabbereien sollte man aber in Manali kaufen.
- Viele Leute bekommen auf den Passhöhen Kopfschmerzen und **Kreislaufbeschwerden.** Es empfiehlt sich deshalb, Aspirin und Kreislauftabletten im Bus dabei zu haben.
- **Warme Kleidung** in den Bus mitnehmen, da es auf den Pässen kalt ist!

Routenbeschreibung

Von Manali aus ist nach 50 km der erste Pass, der **Rothang-La** (3978 m) er-

0192 Foto: im

Teepause

reicht. Klimatisch fungiert der Pass als Wetterscheide, das heißt, der vom indischen Subkontinent heraufziehende Südwest-Monsun hat sich dort abgeregnet, hinter dem Pass werden die Niederschläge deutlich weniger. Die grünen Hügel vom Kulutal machen schon hinter dem Pass einem spärlichen Graswuchs Platz. Angebaut werden im **Lahaul-Tal** nur noch wenige Kulturen wie Gerste und Kartoffeln.

Hinter dem Rothang-Pass führt ein sanfter Abstieg zu dem ersten Lahauli-Dorf hinter Koksar (21 km nach dem Pass). Die Straße tritt nun in ein engeres Tal ein und verläuft parallel zum Chandra-Fluss. Eine Anzahl von kleinen, isoliert gelegenen Gehöften säumen die Straße.

Nächster größerer Ort ist **Tandi,** wo das Tal langsam breiter wird. Hier vereinigen sich die beiden Flüsse Chandra und Bhaga zum Chenab.

60 km hinter dem Pass, stets entlang des Bhaga-Flusses, wird mit **Keylong** der Hauptort von Spiti und Lahaul erreicht. Ein Aufenthalt in dem verschlafenen Städtchen ist schön. Wer nicht in einem Stück nach Ladakh durchfahren will, kann hier pausieren und das erste Kloster in diesem bereits buddhistischen Distrikt, die **Khardong-Gompa,** besichtigen. Das Kloster liegt eine Gehstunde von Keylong entfernt auf dem gegenüberliegenden Bergrücken.

Keylong selbst liegt 10 Gehminuten unterhalb der Hauptstraße. Im Ticketbüro an der Hauptstraße werden die Karten für die Weiterfahrt im Bus Manali-Leh verkauft. Allerdings ist der Bus meistens voll und nimmt in Keylong keine neuen Passagiere mit. Deshalb kauft man schon in Manali sowohl ein Ticket Manali – Keylong als auch eines Manali – Leh für den Tag der geplanten Weiterfahrt von Keylong. (Allerdings muss dann beide Male der volle Fahrpreis bezahlt werden.) Wer kein Busticket hat, kann im Truck mitfahren (Abfahrt: früher Morgen).

● **Übernachtung in Keylong:**

Das **Tourist Bungalow** (Tel. 22 23 93) vermietet Doppelzimmer für 550 Rp. und kostet im Schlafsaal 100 Rp. Während der Hochsaison zwischen Juni und September werden Zwei-Personen-Zelte aufgestellt (250 Rp. pro Zelt).

Eine gute Wahl ist das **Lamayuru Hotel** (Tel. 22 22 02). Heißes Wasser und passables Restaurant; Zimmer für 250 Rp.

Dekyid (Tel. 22 22 17) nahe der Polizeistation ist gut geführt mit gutem Restaurant; das Zimmer kostet 800 Rp.

Angenehm, aber für 450 Rp. zu teuer sind die Zimmer im **Hotel Snowland** (Tel. 22 22 19).

Sauber und freundlich ist das **Tashi Deleg** (Tel. 22 24 50). Zimmer für 600–800 Rp.

Zimmer im **Hotel Gispa** und **Gang Steng** kosten zwischen 150 und 250 Rp.

Dubchen Keylong (Tel. 22 26 87) für 250–400 Rp.

Hinter Keylong windet sich die Straße entlang dem Bhagafluss bis **Darsha**, wo eine Essenspause eingelegt wird. Das kleine Dorf mit ein paar Häusern und Zelt-Restaurants ist Ausgangspunkt für die Treks nach Ladakh. Am Nachmittag ist der **Baralacha-Pass**

(4845 m) erreicht. Die Aussicht ist grandios. Nicht nur, dass sich auf der Passhöhe Karawanenwege von Zanskar, Ladakh, Spiti und Lahaul treffen – hier oben liegt auch das Quellgebiet von drei Flüssen, dem Chandra, dem Bhaga und auf seinem nordwestlichen Abhang dem Yunan-Fluss.

Nach dem Pass wird jetzt die große Himalaya-Kette überquert. Gegen 19 Uhr erreicht man **Sarchu** (4130 m), neben dem Tsarap-Fluss gelegen. Sarchu ist offizieller Übernachtungsstopp für Busse aus beiden Richtungen; auch die meisten Taxen übernachten hier. Mehrere Zeltcamps in verschiedenen Kategorien sind während der Saison, solange die Straßen geöffnet sind, aufgebaut. Manche 6-Personen-Zelte sind günstig, rund 100 Rupien pro Schlafplatz. Exklusive Zwei-Personen-Zelte kosten 900 bis 1100 Rupien. Die Betreiber der Zeltcamps wechseln nahezu jede Saison. In Zeltrestaurants bekommt man warmes Abendessen.

Viele Leute klagen in dieser ungewohnten Höhe über Kopfschmerzen und Schlaflosigkeit. Die Brücke am Tsarap-Fluss, nur ein paar Meter unterhalb der Zelte, markiert die offizielle Grenze zur Provinz Ladakh. Wer also schon mal einen Fuß darübersetzen möchte ...

Am nächsten Tag stehen wieder ca. 12 Stunden Fahrt bevor. Die Landschaft erscheint noch großartiger als am vorigen Tag. Hier im Hoch-Himalaya zeigt sich die Natur in ihrer ganzen Erhabenheit. Wie eine Teigmasse sind die Gesteine miteinander verbacken in unendlichen Variationen von Formen und Farben. Dörfer gibt es hier nicht mehr, denn bei einem Niederschlag von 200 mm pro Jahr ist das Leben nur entlang der Bäche möglich.

Um so mehr Mitgefühl erregen die Straßenarbeiter, die man immer wieder entlang der Straße trifft. Während der drei Monate im Jahr, in denen die Straße geöffnet ist, sind diese Leute damit beschäft, die durch Erdrutsche entstandenen Schäden immer wieder zu reparieren. Die Leute kommen zumeist aus dem armen Bundesstaat Bihar, um sich hier für ein paar Rupien zwischen qualmenden Asphaltwolken abzuschuften.

Der erste Streckenteil an diesem Tag ist ein holpriger Zickzack-Weg, bis der Tsarap-Fluss Richtung Zanskar abdreht und außer Sichtweite gerät. Hinter dem **Lachalung-Pass** (5030 m) erstreckt sich jetzt die atemberaubend schöne **Moore-Ebene.** 35 km lang fährt man auf dieser schnurgeraden flachen Strecke und fühlt sich irgendwie auf einer Autobahn in Arizona. Geologen vermuten, dass die Ebene ein ausgetrockneter See ist. Unterstützt wird diese Hypothese durch die Tatsache, dass früher ein Verbindungskanal zwischen der Moore-Ebene und dem salzigen Tso-Kar-See bestand.

Der vierte, letzte und höchste Pass der Route ist der **Taglang-La.** Mit 5260 m ist er der dritthöchste befahrbare Pass der Welt. Die höchste Straße der Welt führt übrigens über den nördlich von Leh gelegenen, 5606 m hohen Khardung-Pass, der ehemals als Karawanenweg (Khotan-Route) nach China diente. Der Taglang-Pass ist eine ziemlich windige und kalte Gegend. Der Bus hält oben ein paar Minuten zum obligatorischen Foto und einem Tee zum Aufwärmen in der kleinen Hütte. Gleich hinter dem Taglang-Pass fällt der erste Blick auf die Karakorum-Kette. Der Fluss, an dem sich die Straße entlangwindet, fließt später im ladakhischen Dorf Upshi mit dem Indus zusammen.

Die ersten Dörfer sind schon typisch ladakhisch geprägt: Lehmhäuser mit Gebetsflaggen, entlang des Weges stehen schneeweiße Chörten.

Vom Kontrollposten in **Upshi** ist es nicht mehr weit nach Leh. In Upshi mündet die Straße jetzt ins Gebiet des Indusbeckens, also ins Obere Ladakh, ein. Die 53 km von Upshi nach Leh fährt der Bus eine gerade Straße entlang mit den ersten Ausblicken auf die Klöster Stakna, Thikse und Shey.

●**Taxi nach Leh:** In Manali können Taxen nach Leh gebucht werden. Fährt das Auto Nonstop durch, kostet die Fahrt 10.000 Rp., allerdings ist von dieser rund 18 Stunden dauernden Extremfahrt abzuraten. Fährt man in zwei oder (besser) drei Tagen, kostet das 13.000 Rupien.

Trek Manali – Leh

Die Trekkingroute nach Leh beginnt in Darsha an der Straße Manali – Leh. Dieser Trek wird im Hauptkapitel „Trekking" (in umgekehrter Richtung) beschrieben.

Indien im Überblick

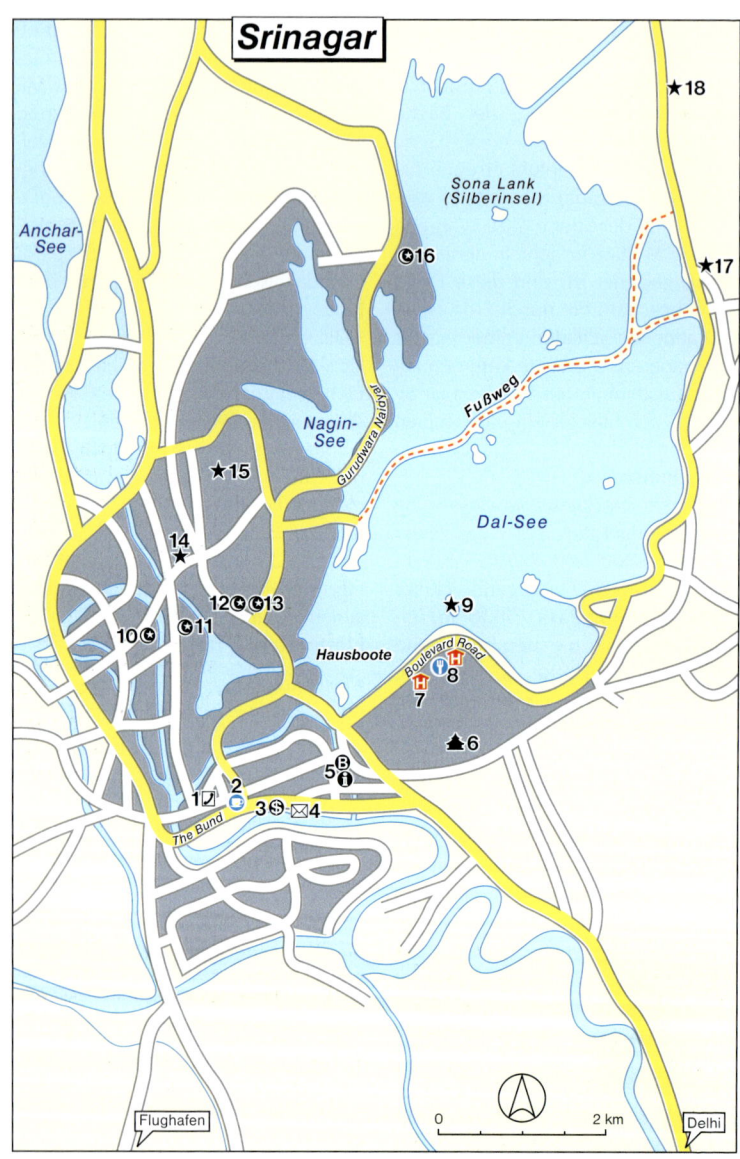

☑ 1 Telefon- und Telegrafenamt
🔵 2 Indian Coffee House,
     Hollywood Café
🟢 3 State Bank of India
✉ 4 Hauptpost
🅱 5 Busbahnhof,
❶   Touristen-Information
♣ 6 Takht-i-Sulaiman-Hügel mit
     Shankaracharya-Tempel
🏨 7 Heaven Canal Hotel
🍴 8 Lhasa Restaurant,
🏨   Tibetan Guest House
★ 9 Nehru-Garten
☪ 10 Pather-Moschee
☪ 11 Shah-Hamadan-Moschee
☪ 12 Dastgir-Moschee
☪ 13 Rozabal-Moschee
★ 14 Jami Majid
★ 15 Hari-Parbat-Fort
☪ 16 Hazratbal-Moschee
★ 17 Nishat-Bagh-Garten
★ 18 Shalimar-Garten

Srinagar

Das „glückliche Tal" erlebt schon lange finstere Zeiten. Seit 1989 herrscht in Kaschmir, besonders in Srinagar, ein **Bürgerkrieg** zwischen moslemischen Separatisten, die den Anschluss Kaschmirs an Pakistan erzwingen wollen, und der indischen Armee. Im endlosen Gerangel zwischen Indien und Pakistan kommt es bisweilen zu kritischen Situationen, in denen die beiden Atommächte scheinbar an der Schwelle eines Krieges stehen und die Weltöffentlichkeit in Atem halten. Dazwischen gibt es Zeiten einer Annäherung, sogar von Versöhnung und friedlicher Beilegung des Konflikts ist manchmal die Rede. Diese jedoch zeigte sich bisher langfristig nicht. Deshalb ist immer wieder mit Kämpfen zu rechnen, die im gesamten Kaschmir-Gebiet ausgetragen werden. Nach all den Kriegsjahren sind in Srinagar zahllose Häuser zerbombt, die Stadt zeigt ein Bild der Zerstörung. Entlang der Hauptstraßen verschanzen sich indische Soldaten hinter Sandsäcken, aber gleich dahinter, im Labyrinth der unüberschaubaren Gassen, halten Rebellen die Stellung. Zu manchen Zeiten herrscht auch in Srinagar relative Ruhe, der Alltag verläuft dann normal, außer nachts, wenn immer wieder Gewehrsalven hörbar sind. In Zeiten verstärkter Anspannung ist von Sonnenuntergang bis -aufgang eine Ausgangssperre verhängt.

Trotz des Bürgerkriegs kann man sich als Tourist halbwegs sicher fühlen. Nachts bleibt man aber besser am Hausboot. **Wir raten trotzdem von einer Reise nach Srinagar** zum Zeitpunkt des Erscheinens dieser Auflage **ab.** Aktuelle Informationen über die Situation in Kaschmir sollten beim Auswärtigen Amt erfragt werden. Wer über Land nach Ladakh will, sollte besser auf die Manali-Route ausweichen.

Touristische Situation

Man kann auf den Hausbooten am Dalsee und am daneben gelegenen Naginsee übernachten, wo es sich in landschaftlich reizvoller Umgebung und abseits der Unruhen angenehm wohnen lässt. Weil das Geschäft flau ist, kosten die Boote nur einen Bruchteil des regulären Preises. Der Nachteil: Der ganze Trupp von kaschmirischen Geschäftsleuten umwirbt geschlossen die paar Touristen, um wenigstens kleine Geschäfte zu machen. Hausbootbesitzer lassen ihre „Beute" nicht vom Boot, mit dem Vorwand, dass keine Shikara (kleines Boot) kommen kann, um die Touristen an Land zu paddeln. Dafür ist das Hausboot voll mit der gesammelten Verwandtschaft, die ihre Souvenirs feilbieten. Das kostet Nerven!

Wegen der starken Verschmutzung des Dal-Sees ist ein Hausboot auf dem angrenzenden Nagin Lake die bessere Wahl.

Orientierung

Srinagar wirkt mit seinen Seen etwas verwirrend, zumal der Dal-See eigentlich aus drei Seen besteht: Dem großen Dal-See, dem oft überschwemmten Jhelum-Fluss und dem nördlich gelegenen kleinen Nagin-See. Oft ist schwer zu sagen, wo der See beginnt und wo das Land endet, denn der Übergang ist im wahrsten Sinne des Wortes fließend. Einige Hausboote liegen eigentlich an Land, während manche Häuser schon mehr im See stehen.

Der Jhelum-Fluss zieht eine Schleife um den Stadtkern und macht das Zentrum durch seinen Zufluss zum Dal-See zu einer Insel. Im Süden dieser „Insel" findet man die Post und ein Stück nordöstlich davon in einem Komplex das derzeit stillgelegte Touristenbüro, Indian Airlines und den Busbahnhof. Auf der „Insel" gibt es Restaurants, Hotels und Läden. Der alte Ortskern liegt im Norden und Nord-

Indien im Überblick

Das Kaschmir-Problem

Der Bundesstaat Kaschmir ist für die Regierung in Delhi schon seit Beginn der indischen Unabhängigkeit ein ständiger Reibungspunkt. Nach dem Ende der britischen Kolonialherrschaft sollten sich die einzelnen Landesherrscher für den Anschluss ihrer Staaten entweder an die Indische Union oder ans islamische Pakistan entscheiden. Dabei waren sowohl die geografische Lage als auch die Religion des jeweiligen Staates zu berücksichtigen. Außer bei Kaschmir vollzog sich diese Separation praktisch reibungslos.

Das Problem des an Pakistan grenzenden Himalaya-Staates Jammu-Kaschmir bestand im Folgenden: Obwohl die Mehrheit der Bevölkerung Moslems waren, wurde Jammu-Kaschmir von einem Hindu-Maharaja regiert. Nachdem sich der Maharaja nicht für einen Anschluss an eines der beiden Länder entscheiden konnte, fielen pakistanische Moslems in Srinagar ein. Unter diesem Druck proklamierte der Maharaja den Anschluss seines Staates an Indien – was Pakistan sehr missfiel.

Den indischen Truppen gelang es, den Vormarsch aufzuhalten und die islamischen Krieger in schwere Kämpfe zu verwickeln: Der erste Krieg zwischen Pakistan und Indien war ausgebrochen. 1948 legten die Vereinten Nationen eine Demarkationslinie fest. Der Bergstaat Kaschmir wurde damit in einen indisch und einen pakistanisch besetzten Teil gespalten. Dennoch sollten zwischen den beiden Ländern zwei weitere Kriege in den Jahren 1965 und 1971 folgen.

Schon seit Jahren ist Srinagar wieder ein Unruheherd. Militante Moslems sickern von Pakistan über die indische Grenze nach Kaschmir ein, um in einem Guerillakrieg den Anschluss Kaschmirs an Pakistan zu erzwingen. Im Frühjahr 1999 ist die Spannung erneut aufgebrochen, als pakistanische Guerillas, unterstützt von afghanischen Söldnern, über die indische Grenze nach Kaschmir eingedrungen sind. Indien reagierte prompt mit Gegenangriffen. Wochenlang herrschte weltweit Anspannung, ob dieser Konflikt zwischen den beiden Atommächten eskalieren würde. Schließlich verkündete Indien, dass es die Eindringlinge vertrieben habe, während Pakistan den Abzug seiner Kämpfer bekannt gab.

Am 13. Dezember 2001 verübten mutmaßliche moslemische Extremisten einen Anschlag auf das indische Parlament in Neu Delhi, bei dem 14 Menschen ums Leben kamen.

Zigtausend Zivilisten und Soldaten haben in den Auseinandersetzungen bereits ihr Leben verloren.

westen davon, während sich der moderne Teil Srinagars südlich des Jhelum-Flusses entlangzieht.

Sehenswertes

Jami Majid

Die Jami Majid ist die bedeutendste Moschee der Stadt. Die hölzernen,

Ausgangssperre:
Die Läden bleiben geschlossen

aus jeweils einem bis zu 12 m langen Stamm gefertigten Säulen und die pagodenartigen, an buddhistische Tempel erinnernden Minarette geben einen schönen Gesamteindruck. Die Moschee hat eine bewegte Vergangenheit: Sie wurde im Jahr 1385 erstmals von *Sultan Sikander* gebaut und einige Jahre später erweitert – bis sie 1479 zum ersten Mal abbrannte. Nach ihrem Wiederaufbau brannte sie zum zweiten Mal ab und vor 400 Jahren schließlich ein drittes Mal. Unverdrossene Architekten haben die Moschee

Typisches Transportmittel in Srinagar

in ihrer heutigen Form noch einmal aufgebaut.

Hari Parbat Fort

Das auf der Westseite des Dal-Sees gelegene Fort auf dem Sharika-Hügel ist gut von Srinagar aus zu sehen. Es wurde im 18. Jh. von dem afghanischen Gouverneur *Atta Mohammed Khan* erbaut, die Umfassungsmauer hingegen stammt schon aus dem 16. Jh. Besucher dürfen das Fort nicht betreten. Der schöne Spaziergang und die vielen um das Fort kreisenden Raubvögel aus der Nähe zu beobachten lohnen den Ausflug trotzdem.

Morgengebet in der Moschee

Altstadt

Das Zentrum erstreckt sich vom Dal Gate am südlichen Ende des Dal-Sees nach Norden und Osten. Sehenswert ist die teilweise aus Holz erbaute Moschee Shah Hamadan am östlichen Flussufer zwischen den Brücken Fateh Kadal und Zaina Kadal. Das obere Stockwerk dieser Moschee ist ganz aus Holz und wird von einem dreistufigen Dach abgeschlossen. Darüber ragt ein ca. 40 m hoher pyramidenförmiger Turm.

Nishat Bagh

Diese weitläufigsten Gärten der Mogul-Herrscher in Srinagar wurden im 17. Jh. in Terrassen angelegt, zwischen denen ein Bach fließt.

Shalimar Bagh

Ähnlich angeordnet sind die Shalimar-Gärten, die durch einen Kanal mit dem Dal-See verbunden sind. Man kann sich mit der Shikara zu den Gärten paddeln lassen. Während der Mogulzeit waren die obersten vier Terrassen für den Herrscher mit seinen Damen reserviert. Heute lassen sich die Kaschmiris hier sonntags mit ihren Picknickkörben nieder. Amüsant sind die Szenen beim Profi-Freilicht-Fotografen auf der Wiese, wo man sich für das Lichtbild in die bereitgestellte traditionelle Kleidung der alten Moguln wirft.

Hazratbal-Moschee

Die glänzende neu gebaute Moschee ist für Moslems ein beliebtes Pilgerziel, da hier ein Haar des Prophe-

ten Mohammed aufbewahrt wird. „Ungläubige" Touristen haben von hier eine herrliche Aussicht auf den Dal-See mit schneebedeckten Bergen im Hintergrund. Zu den Füßen der Moschee lag einst der älteste Mogulgarten, den *Akbar* bald nach seiner Eroberung Kaschmirs (1568) anlegen ließ.

Anreise

● **Bus:** Die Fahrt von Delhi nach Srinagar dauert zwei Tage mit einer Übernachtung in Jammu. Die Busse haben fast alle Video – an den Karatefilmen und Liebesschnulzen haben jedoch wohl nur die Einheimischen ihre Freude. Ab Jammu fahren viele Busse in unterschiedlichen Klassen.

● **Flugzeug:** Mehrmals täglich bedienen verschiedene innerindische Fluggesellschaften die Verbindung Delhi – Srinagar; der Flughafen von Srinagar liegt 15 km außerhalb der Stadt.

Unterkunft

So lange sich die Situation nicht verändert, ist es unnötig, Hotels und Guest Houses aufzuzählen. Sollte bis zur nächsten Auflage dieses Buches Ruhe in Srinagar einkehren, wird das natürlich ausführlich nachgeholt! Für den Fall der Fälle folgt dennoch eine grobe Orientierung:

● Der Dal-See und Nagin-See sind voll von **Hausbooten,** und die Touristen haben derzeit freie Auswahl.

● Einige Hotels stehen entlang dem Boulevard neben dem See, wie das **Hotel Heaven Canal,** das **Hotel Boulevard** und das **Hotel Mazda.** Parallel zum Boulevard in der Gagribal-Straße ist das **Tibetan Guest House** angesiedelt.

● Nahe der Zero-Brücke liegt das **Zero Inn.**

● Das größte und eines der luxuriösesten Hotels ist das **Hotel Centaur Lake View** bei Chasma Shahi.

Essen

Da die meisten Touristen auf den Hausbooten ihr Essen einnehmen, war das Angebot an Restaurants in Srinagar von jeher nicht sehr groß.

● Am Boulevard gleich nach dem Dal Gate gibt es das vegetarische **Shamyana.**

● Eines der besten Restaurants war bisher das neben dem Boulevard gelegene **Lhasa Restaurant** mit einem schönen Garten und gutem chinesisch-tibetischen Essen.

● Ein beliebter Treff war einst das **Indian Coffee House** im Zentrum.

● Auf der anderen Straßenseite bietet das **Hollywood-Café** eine umfangreiche Auswahl an Essen.

Hausboot auf dem Nagin-See

Von Delhi nach Ladakh

Von Srinagar nach Ladakh

Die 434 km lange Straße von Srinagar über Kargil nach Leh kann während der Sommermonate zwischen Juni und Oktober befahren werden. Sie wurde im Jahr 1962 hauptsächlich unter strategischen Gesichtspunkten gebaut und führt entlang dem alten Karawanenpfad über mehrere bis zu 4000 m hohe Pässe, durch enge Schluchten und trockene Steinebenen. Früher brauchte man für die Strecke 14 Tage, heute kann sie in zwei Tagen per Bus, Taxi oder LKW bewältigt werden. Da viele Militärfahrzeuge unterwegs sind und die Straße streckenweise nur für den Einbahnverkehr geöffnet wird, sind oft längere Wartezeiten einzuplanen.

Atemberaubende Serpentinen auf einer der spektakulärsten Bergstraßen im Himalaya machen diese Fahrt zu einem einzigartigen Erlebnis. Wer allerdings schwache Nerven hat, sollte nicht zu intensiv die steilen Abgründe hinabsehen, zumal dort unten bisweilen abgestürzte Trucks liegen. Wer die starke Sonneneinstrahlung nicht mag, setzt sich auf die linke Seite im Bus – allerdings hat man dort nicht die grandiose Aussicht.

Wenn ein Aufenthalt in Zanskar geplant ist, könnte man ab Kargil zuerst dorthin fahren und danach nach Leh weiterreisen. Der Bus fährt durch Dras und Kargil, wo das Klima das ganze Jahr über sehr kalt ist. Also warme Kleidung mit in den Bus nehmen.

Routenbeschreibung

Von Srinagar führt die Straße über teils noch alte Holzbrücken den Flusslauf entlang durch das lange enge Sind-Tal. Der Weg ist gesäumt von Apfel- und Birnbäumen und grünen Wiesen. Man passiert eine von hohen Felswänden gesäumte Schlucht, durch die das eiskalte Gletscherwasser des Sind fließt, bevor mit **Sonamarg** die letzte größere Ortschaft des Tals erreicht ist.

In Sonamarg (2743 m) legen die Busse und Militärkonvois in einem der Restaurants eine Pause ein, bevor es den **Zoji-Pass** hochgeht. Obwohl dieser Pass über die Zentralkette des Himalaya nur 3507 m hoch ist, bildet er die Schlüsselstelle auf dem Weg nach Ladakh. Er ist 7–8 Monate im Jahr von Schneemassen bedeckt, und während dieser Zeit können keine Fahrzeuge passieren. In der Vergangenheit sind über den Zoji-Pass oft feindliche Truppen nach Ladakh eingefallen; zuletzt waren das im 19. Jh. die Dogra-Armeen, die der Unabhängigkeit Ladakhs ein jähes Ende bereiteten.

Wenn der Militärposten in Sarbal kurz hinter Sonamarg die Passstraße für den Zivilverkehr freigibt, kann der steile, kurvige Anstieg auf der engen Schotterstraße beginnen. Aufregend wird es manchmal, wenn ein Stück der Straße durch Erdrutsche nach einem Regenguss weggespült wurde, oder plötzliche Schneefälle die Straße zu einer Rutschbahn machen.

Nach der Passhöhe beginnt auf der anderen Seite mit dem **Dras-Tal** die Provinz Ladakh. Der Fluss Dras wird

Indien im Überblick

ab hier zum ständigen Begleiter auf der Strecke, bis er kurz vor Kargil mit dem Suru zusammenfließt. Im Frühsommer verwandeln sich die schneebedeckten Berghänge in üppige Wiesen, auf denen Enziane und Edelweiß blühen und die Nomaden ihre riesigen Ziegen- und Schafherden grasen lassen.

Der kälteste Ort Indiens ist in **Dras** (3180 m), dem Zentrum des westlichen Ladakh, erreicht. Niedrige Bergketten können die Feuchtluft aus Kaschmir nicht abhalten, und bereits

Ende November kommt es deshalb oft zu starken Schneefällen. In Dras wurden Temperaturen bis -40° C gemessen. Bewohnt wird das Tal von Darden, die ursprünglich Buddhisten aus Kaschmir waren und nach ihrer Ansiedlung hier im 17. Jh. zum Islam übertraten. Im Sommer finden ihre Herden in der Gegend ausgezeichnetes Weideland.

Die erste Tagesetappe endet in **Kargil,** bevor die Fahrt am nächsten Morgen nach Leh weitergeht. Die interessanten Punkte dieses zweiten Abschnitts sind im Kapitel „Orte in Ladakh" beschrieben.

Die Fahrt von Srinagar über Leh nach Manali wird auch im Kapitel „Verkehrsmittel, Fahrrad" beschrieben.

Oftmals stockt der Vekehr auf den Pässen

Dharamsala

Viele Touristen besuchen vor oder nach ihrer Ladakhreise die tibetische Exilgemeinde Dharamsala. Obwohl Dharamsala nicht direkt zum Thema des Buches gehört, soll die folgende Beschreibung auf diesem Abstecher eine Hilfe geben.

Als das politische und religiöse Oberhaupt Tibets, der 14. Dalai Lama, und mit ihm Tausende seiner Landsleute 1959 vor den chinesischen Repressalien flohen, fanden die Tibeter in Indien Exil. Die Regierung in Delhi bot den Flüchtlingen an, in Dharamsala ihr vorübergehendes Domizil aufzuschlagen. Hier baute der Dalai Lama, *Tenzin Gyatso,* seine Exilregierung auf, und mit ihm leben heute etwa 10.000 Tibeter in Dharamsala.

Seit der **Dalai Lama** im Jahr 1989 den Friedensnobelpreis erhielt, ist er fast ständig unterwegs, um sich für die Sache Tibets und weltweiten Frieden einzusetzen. Aufgrund seiner ständig wachsenden internationalen Popularität ist auch die Anziehungskraft von Dharamsala noch mehr gestiegen. Neugierige und Erholung Suchende, aber auch ernsthaft praktizierende Buddhisten finden sich ein; wer sich für tibetische Kultur interessiert, hat hier den idealen Platz zum Studieren. Landschaftlich ist das von Wäldern umgebene Bergstädtchen im Kangra-Tal wunderschön am Fuße des Dhauladhar-Gebirges gelegen und bestens für Wanderungen geeignet.

Dharamsala ist in zwei voneinander unabhängige Stadtteile gegliedert: dem auf 1250 m gelegenen Lower Dharamsala, und dem auf 1800 m gelegenen, von den Tibetern besiedelten Upper Dharamsala, als Mc Leod Ganj bekannt. Wer mit dem Bus in Lower Dharamsala ankommt, muss erst noch steile 10 km nach Mc Leod Ganj mit dem Bus oder Taxi hochfahren.

Mc Leod Ganj ist ein heiterer Ort. Bunte Gebetsfahnen wehen auf den Hausdächern, in der Mitte des Dorfes steht eine große Stupa, und obwohl es ein rechter Touristenort ist, empfindet man die Atmosphäre als entspannt und locker. Die Tibeter mit ihrem freundlichen Wesen geben dem Dorf seinen besonderen Charakter. Mc Leod Ganj kann fesseln, und die meisten Touristen bleiben hier länger, als sie eigentlich geplant hatten. Hier spricht die Autorin, die einmal den „Programmpunkt Dharamsala" von geplanten 7 Tagen auf 7 Monate verlängert hat, aus eigener Erfahrung.

Touristisch war Mc Leod Ganj in den 1970er Jahren ein „freak-place". Unter Tibetern zu sein, galt als „in", die endlosen Reisgerichte polierte man mit Bananenkuchen und Müsli auf, Gurus

ⓘ	1	Kirche St. John in the Wilderness
★	2	Namgyal-Kloster
●	3	Astrologie-Institut
🏠	4	Clouds End Villa
🏠	5	Basera Lodge
🏠	6	Rising Moon Hotel & Restaurant
🏠	7	Dhauladhar Hotel
✖	8	Taxistand
Ⓑ	9	Busbahnhof
✉	10	Postamt
●	11	Gangchen Kyishong (Bibliothek)
●	12	Montaineering Institute

Dharamsala

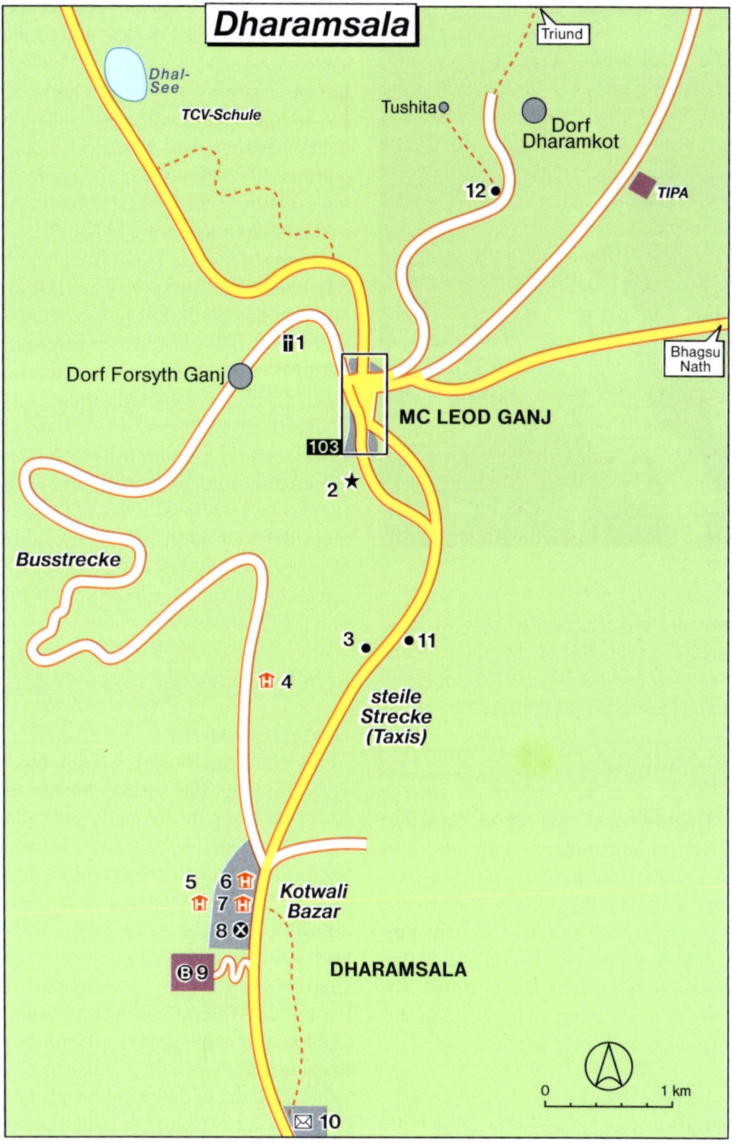

Triund

Dhal-See

TCV-Schule

Tushita

Dorf
Dharamkot

12

TIPA

ℹ 1

Bhagsu
Nath

Dorf Forsyth Ganj

MC LEOD GANJ

103

2 ★

Busstrecke

3   11

🏥 4

*steile
Strecke
(Taxis)*

5   6

7   *Kotwali
Bazar*

8

Ⓑ 9   **DHARAMSALA**

0   1 km

✉ 10

mit Visitenkarte boten Yoga-Sessions an. Im Wald hinter Mc Leod Ganj nach Forsyth Ganj hoch gab es sonntags einen Flohmarkt und Parties.

Orientierung

Ist kinderleicht. **Mc Leod Ganj** hat zwei „Hauptstraßen", die beiderseits der Gebetsmühlen mit der Stupa in der Mitte entlangführen. An diesen beiden Straßen sind die meisten Restaurants, Guest Houses und Souvenirläden angesiedelt. Ein Großteil der Wohnhäuser zieht sich oberhalb des Ortes den Hügel hinauf.

Tibeter sind sehr religiöse Menschen

Nach **Lower Dharamsala** führen zwei Straßen, eine lange, und eine steile kürzere, die nur von Taxis befahrbar ist. Zwischen Mc Leod Ganj und der letztgenannten Kurzstrecke liegen auf halbem Weg die Büros der Exilregierung, die Bibliothek und das Astrologie-Zentrum. Der ganze Komplex ist als **Gangchen Kyishong** bekannt.

Oberhalb von Mc Leod Ganj liegen das tibetische Kinderdorf, der **Dhal-See** und das berühmte Tanz- und Kulturzentrum **TIPA** (Tibetan Institute of Performing Arts). Eine andere Straße führt 3 km zu dem indischen Dorf Bhagsu Nath weiter.

Eine erste Orientierung vermittelt das englischsprachige Magazin „**Contact".** Das Heft liegt gratis in Restaurants und Buchläden aus und gibt jede Menge Informationen über soziale, politische und spirituelle Aktivitäten in und um Dharamsala.

Sehenswertes

Namgyal-Kloster

Das Namgyal-Kloster ist mit etwa 400 Mönchen das größte Kloster in Mc Leod Ganj. In der Mitte steht ein Tempel, in dem der Dalai Lama bisweilen buddhistische Belehrungen gibt und wo die Mönche ihre Zeremonien abhalten. Der Innenraum dieses Tempels ist für tibetische Verhältnisse recht spartanisch gehalten. Mittelpunkt ist der erhöhte Thron für den Dalai Lama. Dahinter ist eine goldene Figur des Buddha platziert, und auf der linken Seite stehen Padmasambhava, der Gründer der Gelbmützen-Sekte, und

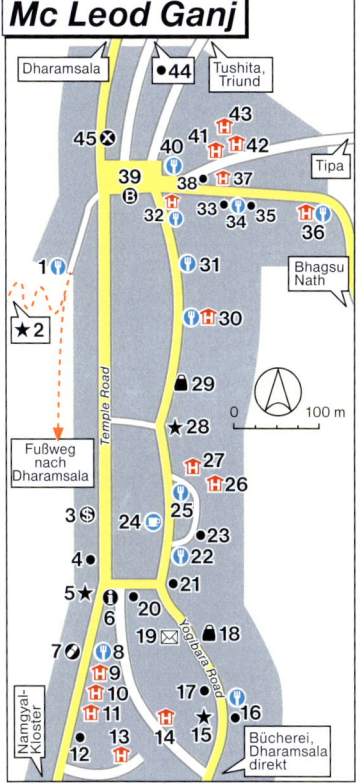

Mc Leod Ganj

- **12** Ways Tours & Travels
- **13** Chonor House
- **14** Hotel Bhagsu
- ★ **15** Nonnenkloster
- **16** Chocolate Log,
- Lungta (Japan. Restaurant)
- **17** Übergangslager
  für tibet. Flüchtlinge
- **18** Vegetable Market
- ✉ **18** Post
- **20** Dr. Pasang Gyalmo Khangkar
- **21** Teppichknüpferei
- **22** Ashoka Restaurant
- **23** Dr. Yeshe Dhonden
- **24** Yak Café
- **25** Gakyi und Chuki's Restaurants
- **26** Ashoka Guest House
- **27** Drepung Loseling
  Guest House
- ★ **28** Ausstellungsraum
  tibet. Kunsthandwerk
- **29** Buchladen
- **30** Shangrila Restaurant
- & Guest House und
- Snow Lion Restaurant
- & Guest House
- **31** Malabar Restaurant
- **32** Tibet Hotel und
- Restaurant
- **33** Tibetan Welfare Office und
  Green Shop
- **34** Nicks Italian Kitchen
- **35** Zweigstelle des Astro-Institutes
- **36** Green Hotel
- & Restaurant
- **37** Hotel India House
- **38** Potala Tours
- **39** Bustickets nach Delhi
- **40** Lhasa Restaurant
- **41** Seven Hills Lodge
- **42** Kalsang Guest House
- **43** Paljor Gakyel Guest House
- **44** Dhal-See, TCV-Schule
- **45** Taxi Stand

- **1** Om Restaurant
- ★ **2** Kloster Tse Chok Ling
- **3** State Bank und Forex
- **4** Schule
- ★ **5** Ausstellungsräume des tibet.
  Handwerkszentrums
- **6** Bookworm und Tourist Information
- **7** Apotheke
- **8** Khanna Nirvana Restaurant
- **9** Surya Resorts Hotel
- **10** Hotel Natraj
- **11** Hotel Him Queen

16oHz Foto: mb

der 1000-armige Avalokiteshvara, der Bodhisattva des Mitleids, als dessen Verkörperung in menschlicher Gestalt der Dalai Lama gilt. Am Eingang linker Hand befindet sich das **Tibet Museum.** Es hat täglich außer montags von 10 bis 18 Uhr geöffnet (im Winter von 9 bis 17 Uhr).

Hinter dem Kloster lebt der **Dalai Lama** in einem Bungalow, wo er auch seine öffentlichen Audienzen abhält. Wegen seiner vielen Termine, die ihn um die ganze Erde führen, ist er weniger denn je zu Hause. Bisweilen gibt er, besonders für die aus Tibet neu angekommenen Flüchtlinge, vor oder nach seinen Reisen offizielle Empfänge und Segnungen. Im Tibetan Welfare Office in Mc Leod Ganj erfährt man den Termin für die nächste Audienz. Wer sich dafür anmelden will, muss seinen Reisepass mitbringen! Zur Audienz ist ordentliche Kleidung angemessen.

Andere Klöster

Neben dem Namgyal-Kloster gibt es in Mc Leod Ganj mehrere Klöster verschiedener Schulen. Das einzige tantrische Kloster der alten Nyingmapa-Schule ist das Zilnon Kagyeling, das unter dem Namen **Ngakpa Gompa** bekannte Kloster außerhalb des Ortskerns. Die Mönche dieses Klosters sind an ihren langen, zu einem Dutt hoch gesteckten Haaren zu erkennen.

Einige Klöster für Nonnen sind in und um Dharamsala entstanden: Das

Zilnon Kagyeli Kloster in McLeod Ganj

Ganden Choling, Jogibara Road unterhalb des Postamts. **Tilokpur Ani Gompa,** ein kleines Kloster auf der Straße nach Pathankot, beherbergt vorwiegend Nonnen aus Ladakh und Zanskar. **Jamyang Choling** ist im Dorf Garo angesiedelt, 8 Kilometer außerhalb Dharamsala. Das Kloster, in dem heute rund 50 Nonnen leben, wurde von einer Nonne aus Hawaii gegründet. Nahe dem Norbulingka Institut in Sidhibari, wurde das Nonnenkloster **Dolmaling** erbaut.

Tibetische Medizin

Die tibetische Naturheilkunde hat sich neuerdings auch im Westen einen guten Namen gemacht. Besonders bei chronische Leiden, Hepatitis und Verdauungsprobleme erzielt mit Hilfe tibetischer Medizin gute Erfolge. Viele Menschen aus dem Westen kommen nach Dharamsala, nur um sich von tibetischen Ärzten behandeln zu lassen. Als besonders fähig gilt unter anderen die Ärztin *Pasang Gyalmo Khangkar.*

Mehrere tibetische Ärztinnen und ein Ärzte praktizieren im **Men-Tsee-Khang** in der Tipa Road (www.men tsee-khang.org). Die Klinik, in der auch tibetische Medizinprodukte und Tees hergestellt werden, hat montags bis freitags sowie jeden zweiten Samstag von 9 bis 13 und 14 bis 17 Uhr geöffnet. Für einen Arzttermin möglichst schon vor 9 Uhr da sein und eine Nummer ziehen! Tel. 18 92 22 26 18, tmai@vsnl.com.

Zum Arzttermin geht man am besten morgens, wenn der Puls noch ruhig ist, und nimmt in einem Fläschchen eine Urinprobe mit, denn mit der Urinanalyse und einer Pulsmessung stellt der Arzt seine Diagnose. Für eine längere Therapie kann man die Kräuterpillen mit nach Hause nehmen; soll sie verlängert werden, schickt der Arzt Nachschub. Wegen der geltenden Arzneimittelgesetze ist in deutschen Apotheken keine tibetische Medizin erhältlich. Einzelne Medikamente können über **Holland** bezogen werden.

Bücherei in Gangchen Kyishong

25 Gehminuten sind es zur Bücherei hinunter, immer mit einem wunderbaren Ausblick auf die Kangra-Tiefebene. Wer ein Stück unterhalb des Namgyal-Klosters den Pfad nimmt, umgeht die Straße und ist zudem schneller.

Die Bücherei bietet ein ausgezeichnetes Sortiment von etwa 6000 englischsprachigen Büchern über Buddhismus, Kultur und Geschichte von Tibet. Außerdem sind viele Magazine ausgelegt, und es gibt eine gute Bücherauswahl über Ladakh. Der Manuskript-Raum neben der Bücherei ist auch für Unkundige der tibetischen Sprache interessant: Er birgt 1000 Jahre alte Bücher mit den vollständigen Lehren Buddhas.

Ein Stockwerk darüber ist ein kleines Museum untergebracht, in dem Objekte aus Tibet ausgestellt sind. Besonders interessant ist der aus Holz geschnitzte Miniaturtempel.

Zwischen März und November halten Lehrer im Komplex der Bücherei (Tel. 22 24 67) täglich **Kurse in buddhistischer Philosophie,** die Morgenklassen finden von 9–10 Uhr und 11–12 Uhr statt. Die Vorlesungen werden ins Englische übersetzt.

Die **Tibetisch-Kurse** für Anfänger und Fortgeschrittene beginnen jeweils im März, Juni und September und dauern drei Monate. Unterricht ist täglich eine Stunde.

In den Wintermonaten, wenn kaum Touristen in Mc Leod Ganj sind, finden keine Seminare statt. Broschüren über die jeweiligen Kurse bekommt man an der Rezeption der Bücherei.

Tibetan Medical and Astrological Institute

200 m unterhalb von Gangchen Kyishong liegt das Astrologie-Institut, wo man sich ein **Horoskop** nach tibetischem System erstellen lassen kann. Wer will nicht gerne wissen, als welches Tier oder wo als Mensch er im nächsten Leben wiedergeboren wird! Die Horoskope werden ausführlich erstellt, sie umfassen mehrere Seiten und dauern wegen der großen Nachfrage etwa sieben Monate. Sie werden ins Heimatland nachgesandt. Für die Horoskope brauchen die Astrologen neben dem Geburtsdatum und -ort die auf die Minute genaue Geburtszeit. Also zu Hause noch einmal bei Mama nachfragen bzw. die Geburtsurkunde herauskramen!

Öffnungszeiten: Oktober bis März Mo–Fr 9–12 Uhr und 13–17 Uhr, April bis September Mo–Fr 9–13 Uhr und 14–17.30 Uhr.

Das Institut beherbergt ein **Museum,** in dem tibetische Medizin und Astrologie dargestellt werden. Geöffnet von 9–13 Uhr und 14–17 Uhr.

Indien im Überblick

Teppichfabrik

Schräg gegenüber der Praxis von *Dr. Pasang Gyalmo Khangkar* gibt es eine Teppichknüpferei, die in den 1960er Jahren eingerichtet wurde, um tibetischen Flüchtlingen ein Einkommen zu sichern. Das in Tibet fast ausgestorbene Handwerk haben die Tibeter im Exil neu belebt und die traditionellen Muster durch teils moderne, westliche Designs bereichert.

St. John in the Wilderness

Dass Dharamsala einst „hill station" der Briten war, hat seine Spuren in der Kirche St. John in the Wilderness hinterlassen. Die Kirche mit den hübschen bunten Glasfenstern liegt nur einen Katzensprung von Mc Leod Ganj entfernt. Betreut wird sie heute von einem indischen Pfarrer. Auf dem verwilderten Friedhof ist *Lord Elgin,* Vizekönig von Indien, nach seinem Tod im Jahr 1863 begraben worden.

0248 Foto: jm

Meditationskurse

Das **Tushita-Meditationszentrum,** 2 km außerhalb von Mc Leod Ganj im Wald gelegen, ist ein Zentrum für westliche Studenten des Buddhismus. Mehrere Mönche und Nonnen leben hier, und wer sich tiefer für Buddhismus interessiert, findet dort Ansprechpartner. Tibetische und ausländische Lehrer halten (in unregelmäßigen Abständen) mehrtägige Vorträge, und zwar zwischen März und Juni sowie August und November. Es stehen Unterkünfte mit Mehrbettzimmern und kleine Meditationshütten zur Verfügung. Zur längerfristigen Planung kann

In der Teppichknüpferei

man sich bereits vor der Reise ein Programm nach Hause schicken lassen. Nähere Auskünfte per E-Mail: tushita_info@sancharnet.in oder im Tushita-Büro, Tel. 22 18 66, Montag bis Samstag von 9.30 bis 11.30 und 12.30 bis 16 Uhr. Die Bibliothek hat von 13 bis 16.30 Uhr geöffnet. Über die Webseite www.tushita. info kann man sich auch online für Kurse anmelden.

Das in Dharamkot gelegene **Vipassana-Zentrum** in der Tradition von *S.N. Goenka* führt zwischen April und November regelmäßig 10-tägige Meditationskurse durch. Beginn ist jeweils am 1. oder 15. des Monats. Information und Anmeldung täglich außer Sonntag 16 bis 17 Uhr direkt vor Ort bzw. unter Tel. 22 13 09, dhiskhara@yahoo.com, www.dhamma.org.

Anreise

Von Delhi

● Von Delhi nach Dharamsala fahren täglich mehrere *Busse*. Am besten nimmt man einen Nachtbus, denn auf der 14-Stunden-Fahrt verpasst man landschaftlich nichts Aufregendes. Nachtbusse von Delhi nach Mc Leod Ganj organisieren in Delhi, Majnu Katilla, das Reisebüro Potala Tours and Travels (Tel. 23 81 39 35) und Ways Tours and Travels (Tel. 23 81 32 54). Meist nehmen Tibeter diesen Direktservice in Anspruch (450–550 Rp.).

● Wer den **Zug** bevorzugt, fährt von Delhi nach Pathankot (12 Stunden) und von dort 4 Stunden mit einem der häufig verkehrenden Busse oder einem Taxi nach Dharamsala weiter. Das Zugticket ist in Delhi an der New Delhi Railway Station Tourist Information erhältlich. In der Regel keine Vorausbuchung nötig. Allerdings muss der Rückweg Jammu – Delhi rechtzeitig gebucht werden.

Der Nachtzug Jammu Mail: Old Delhi – Pathankot, Tagzug Malwa Express: New Delhi – Chakki Bank (direkt neben Pathangkot gelegen). Da sich die Zeiten und Fahrpreise häufig ändern, empfiehlt sich ein Blick auf die Webseite von Indian Railways, wo die aktuellsten Informationen stehen: www.indianrail.gov.in.

● In der tibetischen Siedlung Majnu Katilla in Delhi bekommt man manchmal eine günstige Mitfahrgelegenheit mit dem **Taxi** nach Mc Leod Ganj.

● **Per Flugzeug:** Der nächste Flughafen ist Gaggal, 15 km südlich von Dharamsala. Indien Airlines fliegt ab Delhi derzeit dreimal wöchentlich.

Von Ladakh

● Ab Ladakh kann man nach **Jammu** fliegen. Ab Jammu weiter mit dem Bus nach Dharamsala. Die Fahrt dauert rund sieben Stunden und kostet 150 Rp.

Mit dem **Zug** erreicht man von Jammu den Ort Pathankot in 2 Stunden, dann weiter per Bus (vier Stunden, 120 Rp.) oder Taxi (2 Stunden 1000 Rp.) nach Dharamsala. Züge fahren mehrmals täglich, und ein Ticket zu bekommen ist kein Problem.

Am schnellsten geht freilich direkt ab Jammu das **Taxi.**

Direkt ab Jammu braucht der Wagen für die kurvenreiche Strecke nur 4,5 Stunden (2800 Rp.).

Von Manali

● Von Manali ist Dharamsala per Bus erreichbar. Die Government Busse brauchen rund 11 Stunden für die 250 Kilometer, die kleineren Privatbusse, über Reisebüros in Manali zu buchen, etwa zwei Stunden weniger. 300–350 Rp. Achtung: Man sollte sich vorher erkundigen, wann der Bus in Lower Dharamsala bzw. in Mc Leod Ganj ankommt. Sonst kann es passieren, dass man nachts um halb vier plötzlich in Mc Leod Ganj aus dem Bus geworfen wird und dann im Halbschlaf nach einem Zimmer suchen muss.

Wer es eilig hat, steigt in Lower Dharamsala aus und erspart sich die halbstündige Busfahrt den Berg hoch durch ein Taxi (110 Rp.).

Unterkunft

In Mc Leod Ganj gibt es jede Menge Guest Houses und Hotels. Während der Hauptsaison von März bis Anfang Juni und September bis November sind die Unterkünfte oft voll. Wer spätabends mit dem Bus in Lower Dharamsala ankommt, sollte dort ein Zimmer suchen und am nächsten Morgen nach Mc Leod Ganj hochfahren.

Lower Dharamsala

● Das Mittelklasse-Hotel **Dhauladhar** gleich oberhalb des Busbahnhofes an der Hauptstraße. Die Preise liegen zwischen 1000 und 1800 Rupien. Es gibt ein Restaurant und einen hübschen Garten – angenehm zum Sitzen, Tel. 22 49 26.

● **Clouds End Villa,** Tel: 22 49 04, Naoroji Rd, ist im britischen Kolonialstil erbaut und liegt in einer ruhigen Gegend. Empfehlenswert. Zimmer für 1000 bis 2500 Rupien.
● **Basera Lodge,** Tel. 22 22 34, Kotwali Bazaar, ist eine der besten Traveller-Unterkünfte vor Ort mit sauberen Zimmern, Bad und heißem Wasser (300 Rp.).
● Im **Potala Restaurant** wird gutes tibetisches und chinesisches Essen angeboten.

Mc Leod Ganj

Am besten, man stellt nach Ankunft das Gepäck in einem Restaurant ab und sieht sich erst einmal verschiedene Unterkünfte an. Die Entfernungen sind nicht groß, und um ein schönes Zimmer zu finden, ist der Rundgang die Mühe wert. Allgemein sind die Guest Houses entlang der beiden Hauptstraßen nicht empfehlenswert, da es dort laut ist, die Zimmer klein und ohne Aussicht sind. Schon ein paar Meter weiter gibt es Besseres. Achtung: Die teureren Hotels erheben 10 Prozent Luxury Tax.

Untere Kategorie (um 250 Rupien)

● Welcher erfahrene Traveller verbindet nicht Mc Leod Ganj mit dem alteingesessenen und sehr beliebten **Green Hotel,** Bhagsu Road? Die billigeren Zimmer sind klein und spartanisch, aber sauber. Mit etwas Glück bekommt man eines nach hinten mit Aussicht auf das Tal. Die neueren Quartiere haben Badezimmer und gehören eigentlich in die mittlere Kategorie. Preise zwischen 150 und 500 Rp. Dem Guest House angeschlossen ist ein beliebtes Restaurant (Tel. 22 11 21).
● Großen Wert auf Sauberkeit wird im **Drepung Loseling,** Tel. 22 10 87, gelegt.

Das Hotel wird von Mönchen verwaltet und hat eine angenehme Atmosphäre. Viele Zimmer gewähren nur Aussicht auf die gegenüberliegende Häuserwand, die besten Räume sind im Obergeschoss auf der Dachterrasse zu finden. Von der Terrasse hat man eine herrliche Aussicht auf das Gebirge – ein guter Platz für den 5 o'clock tea zum Sonnenuntergang. Viele Langzeit-Touristen, die in Dharamsala freiwillige Arbeit, zum Beispiel als Englischlehrer, leisten, wohnen hier. 200/250 Rp. für ein Zimmer.

●Beliebt ist auch das **Ashoka Guest House** (Tel. 22 17 63) mit Zimmern in unterschiedlichen Kategorien, zwischen 90 und 330 Rp. Die Anlage wird gepflegt, und die Leute sind freundlich.

●Das **Om Hotel,** Nowrojee Road, Tel. 22 13 13, omhotel@hotmail.com, mit angegliedertem Restaurant liegt zentral, aber ruhig und hat eine super Dachterrasse mit einem wunderbaren Ausblick. Doppelzimmer mit Gemeinschaftsbad zwischen 160 und 190 Rp., mit eigenem Bad 250 Rp.

●Wenige Meter weiter, wenn man die Treppen hinaufläuft, trifft man auf das **Kalsang Guest House** (Tel. 22 17 09). Es hat ansprechende Zimmer, jedoch sollten lärmempfindliche Leute die Räume zur Terrasse hin, auf der es tagsüber laut zugeht, meiden.

●Sauber und ruhig gelegen ist die **Seven Hills Lodge,** Tel. 22 15 80. Mit seinen wenigen Zimmern ist das Guest House gemütlich.

●Ein paar Stufen weiter hoch kommt man zum **Paljor Gakyel,** Tel. 22 31 43. Ebenfalls eine empfehlenswerte Unterkunft. Zimmer zwischen 100 und 250 Rp.

Unterkunft im Kloster

Wer die ruhige Atmosphäre in einem Kloster genießen möchte, hat in Mc Leod Ganj mehrere Möglichkeiten. Einige Klöster verfügen über Zimmer.

●Besonders schön gelegen ist das **Tse Chok Ling.** Mitten in einem Rhododendronwald befindet sich die Klosteranlage ein Stück außerhalb des Ortes, und wer den 10-minütigen Abstieg nicht scheut, findet dort ein wundervolles Plätzchen.

●Zimmer findet man im ebenfalls außerhalb gelegenen Kloster **Zilnon Kagyeling** auf dem Weg nach Bhagsu Nath. Wunderbare Aussicht vom Balkon.

●Familiär geht es im kleinen **Tashi-Choeling-Kloster** zu.

●Das **Namgyal-Kloster** bietet ein ordentliches Guest House an.

●Das Nonnenkloster **Ganden Choling** nahe Norbulingka beherbergt Gäste, Tel. 22 10 62. Außerhalb Dharamsala vermietet **Dolmaling** Zimmer.

Mittlere Kategorie (bis 1000 Rupien)

●Eines der alteingesessenen Hotels im Ort ist das von der Exilregierung geführte **Hotel Tibet,** Tel. 22 14 26 oder 22 15 87. htd shala@sancharnet.in. Die Räume sind sauber, und die Zimmer kosten zwischen 600 und 1000 Rupien. Gemütlich ist die Hotelbar. Angeschlossen ist eines der besten und teuersten Restaurants von Dharamsala.

●Ein sehr schöner Platz, am Ortsausgang Richtung Namgyal Kloster, ist das **Pema Thang Guest House,** Tel. 22 18 71, tagyal@rediffmail.com. Die Aussicht ist grandios, die Einrichtung gut. Zwischen 700 und 900 Rp.

Obere Kategorie

●Bestes Hotel am Platz ist das **Chonor,** Tel. 22 10 06, chonorhs@vsnl.com, nahe dem Namgyal Kloster. Elf Zimmer sind in tibetischem Stil eingerichtet, je nach Ausstattung und Aussicht liegen die Preise zwischen 2000 und 2500 Rp.

●Britisches Flair strahlt das alte Steinhaus des **Bhagsu-Hotels,** Tel. 22 10 91, aus. Der wunderschöne Blumengarten ist herrlich zum Draußensitzen. Zimmer kosten zwischen 800 und 1600 Rp. Eine Unterkunft mit Atmosphäre!

●Was man von den drei nebeneinander liegenden Großhotels **Surya Hotel** (Tel. 22 14 18), **Hotel Natraj** (Tel. 22 15 75) und **Hotel Him Queen** (Tel. 22 11 84) nicht eben behaupten kann. Die Zimmerpreise liegen zwischen 1700 und 2600 Rupien. In diesen Hotels quartieren sich vor allem betuchte indische Touristen.

●Das tibetische Kulturinstitut **Norbulingka,** ca. 30 Fahrminuten von Dharamsala entfernt gelegen, hat ein freundliches Guest House mit 8 Doppelzimmern und 2 Suiten. Die Zimmerpreise liegen zwischen 800 und 1500 Rp. Tel. 24 64 05, normail@norbulingka.org, www.norbulingka.org.

● Wer etwas Besonderes sucht, könnte sich für die alten britischen Kolonialhäuser erwärmen, die alle 1 bis 2 km außerhalb des Ortes liegen. In der Nähe des Meditationszentrums Tushita befinden sich im Wald das **Lysum House** und das **Holiday House.**

● Mitten im Wald, 1 km oberhalb von Mc Leod Ganj auf dem Weg zur TCV-Schule stehen die **Glenmoore Cottages** des ehemaligen britischen Steuereintreibers Glenmoor. Die Villa war seinerzeit Treffpunkt der High Society zum Smalltalk bei Tee. Die gemütlichen Häuser sind durchweg mit Kamin und Aufenthaltsraum ausgestattet und kosten deshalb ihren Preis: Bis 3500 Rp. pro Zimmer und Tag. Alle Zimmer haben Bad mit heißer Dusche. Zum Buchen: Tel. 22 10 10.

● Das zentral neben dem Hotel Tibet gelegene **Hotel India House** (Tel. 22 14 57) bietet Zimmer zwischen 800 und 1500 Rp.

Essen

Kulinarisches ist in Mc Leod Ganj eine wichtige Angelegenheit! Die Speisekarten sind vielfältig und machen die Auswahl zwischen indischem, chinesischem, tibetischem, italienischem und mexikanischem Essen schwer.

● Innerhalb des Namgyal Klosterkomplexes serviert das **Namgyal Café** Pizzas und exzellentes vegetarisches Essen. Im Restaurant darf nicht geraucht werden. Geöffnet täglich zwischen 10 und 22 Uhr.

● Ebenfalls ein Nichtraucher-Restaurant ist das **Khana Nirvana** in der Temple Road. Die vegetarischen und mexikanischen Gerichte sind empfehlenswert.

● Tibetische Gerichte vom Feinsten werden im **Lhasa Restaurant,** oberhalb vom Busstand, serviert. Es wird von denselben Leuten betrieben wie das „Tibetan Kitchen" in Leh, die ihre Gäste dort seit Jahren mit exzellenten Nudelvarianten begeistern.

● Das japanische Restaurant **Lungta,** Jogibara Road, offeriert leckere vegetarische Gerichte. Sonntags ist Ruhetag.

● **Snow Lion.** Das Restaurant des gleichnamigen Guest House (neben dem „Shangri-La-Hotel") ist stets gut besucht. Neben tibetischer und chinesischer Küche sowie Pizza werden auch leckere Kuchen angeboten.

● Exzellente indische Küche bietet das **Hotel India House.**

● Sehr beliebt ist **Nicks Italian Kitchen** an der Straße nach Bhagsu Nath. Die Speisekarte bietet vorwiegend Italienisches.

● Voll ist abends das rein vegetarische **Gakyi-Restaurant.** Der große Andrang liegt hauptsächlich an einer Spezialkreation der Chefköchin: Sweet and Sour Pishe, das sind frittierte Teigtaschen mit Gemüse. Die Portion ist nicht groß, schmeckt aber hervorragend. Im Gakyi gibt es außerdem gutes Müsli.

● Gleich nebenan serviert das von einer Israelin geführte **Chuki's** die üblichen Traveller-Standards und dazu israelische Spezialitäten wie leckere Falafel mit Tahini, Pita und Salat.

● Winzig, aber mit seinen bunten Wandmalereien sehr einladend ist das **Yak Café,** schräg gegenüber dem Ashoka Restaurant. Gute tibetische Gerichte.

● Traditioneller In-Treff ist das **Om-Restaurant,** besonders zum Frühstück. Am Nachmittag finden sich die Traveller auf der Terrasse ein.

● Feine indische Küche serviert das **Ashoka-Restaurant.** Besonders empfehlenswert sind Tandoori Chicken, Chicken Mughlai und Malai Kofta.

● Gut besucht ist auch ein anderes indisches Restaurant, das **Malabar.** Besonders empfehlenswert: Dhal Maharani und Navratan Korma. Das Lokal selbst ist dunkel und nicht eben gemütlich, hervorragendes Essen gleicht diesen Makel aber locker aus.

● Tiefer in den Geldbeutel greift man nach einem Essen im **Hotel Natraj,** aber es lohnt sich angesichts der besonders guten Qualität. Ein indisches Gericht mit Hähnchen, verschiedenen Curries und Bier kostet komplett für 2 Personen ca. 400 Rupien. Dem Restaurant ist eine elegante Bar angeschlossen.

● Auch wenn das Essen fein ist, muss man im **Shangrila** oft lange darauf warten. Bis der Tee kommt, kann das schon 10 Minuten dauern, weil wahrscheinlich die Gläser ausgegangen sind. Knurrende Mägen werden mit tibetischer, chinesischer und europäischer Küche dann aber verwöhnt.

● Wer eine Schwäche für Süßes hat, dem kann die **Chocolate Log** zum Laster werden. Hinter der Theke gibt es verschiedenste Kuchen und Energiekugeln zur Auswahl, die man auf der Terrasse genüsslich verspeist.

Wichtige Adressen

Die aktuellste Informationsquelle, was gerade wo los ist in Mc Leod Ganj, ist das kostenlose Monatsmagazin **„Contact".** Hier findet man auch jede Menge Infos, wo gerade ehrenamtliche Mitarbeiter gesucht werden, z.B. um tibetischen Flüchtlingen Englischunterricht zu geben.

Post

● **Öffnungszeiten:** Mo–Sa 9–13.30 Uhr und 14–17 Uhr. Am **Poste-Restante-Schalter** werden die Briefe aufgehoben.

● **Adresse:** Post Office poste restante Mc Leod Ganj/Upper Dharamsala Distt. Kangra H.P., India

● Der Postservice ist nicht gerade zuverlässig, und viele **Briefe** kommen nie zu Hause an. Wichtige Post gibt man am besten jemandem nach Europa mit.

● Zuverlässiger scheint der **Paketdienst.** Wer in Dharamsala viele Souvenirs oder einen Teppich eingekauft hat, kann alles in einem Paket heimschicken. **Seefracht** dauert etwa 3 Monate. Wesentlich schneller und entsprechend teurer ist Luftfracht. Um das Paket abzuschicken, muss man einen Zollantrag ausfüllen (customs form); Formulare dafür bekommt man im Office of Tibetan Handicrafts. Mehrere Packdienste im Ort machen das Paket reisefertig.

● Es gibt einige **Telefonläden** im Ort. Die Verbindung nach Europa ist in der Regel gut.

● Es existieren mehrere **Internet-Cafés,** die Preise sind überall ähnlich.

Ärzte

● Abgesehen von den oben genannten tibetischen Ärzten gibt es das **Delek-Krankenhaus,** oberhalb von Gangchen Kyishong. Es wird von westlichen, vorwiegend amerikanischen Ärzten geführt und ist passabel ausgestattet. Man kann dort Stuhluntersuchungen vornehmen lassen. Öffnungszeiten: Montag bis Samstag 9–13 Uhr (outpatient service) und 14–16.40 Uhr (special clinic). Für Notfälle gibt es einen 24-Stunden-Service. Telefon 22 20 54.

Bank

● Bei der **State Bank of India** kann man weder Bares noch Traveller-Schecks einlösen. Dafür geht beides schnell und zuverlässig in der **Forex**-Zweigstelle gleich nebenan (9.30–19.30 Uhr). In Mc Leod Ganj gibt es außerdem mehrere **Western-Union**-Filialen.

Reisebüros

● Eines der besten Reisebüros ist **Ways Tour and Travels,** Temple Road, Tel. 22 19 10, waystour@vsnl.net. Hier können Flugtickets nach Ladakh auch über E-Mail gebucht werden. Das Büro hat eine Niederlassung in Delhi in Majnukatilla: Tel. 23 81 32 54.

● Ebenfalls zuverlässig und gut: Das der tibetischen Exilregierung gehörende **Potala Tours and Travels,** schräg gegenüber dem Hotel Tibet, Tel. 22 13 78. In Delhi (Majnukatilla): Tel. 23 81 39 35.

● In Lower Dharamsala bietet **Mickey Tours and Travels** guten Service.

Bustickets

● Bustickets (Deluxe-Busse) nach Delhi, Manali und in andere Orte verkauft **Himachal Tourism** (HPTDC) in der Jogibara Road, Tel. 22 14 28. Aber auch am Ticketschalter des **Government Bus Stand** mitten im Ort kann man Fahrkarten für Deluxe-Busse kaufen (und natürlich auch für die „local busses", wen das Geholper nicht abschreckt).

Einkaufen

In den Souvenirläden hat man eine große Auswahl an tibetischem Handwerk, Schmuck und Ritualobjekten. Beliebt bei Touristen sind die typisch tibetischen, aus Korallen, Türkisen und Silberstücken zusammengestellten Ketten und Armbänder. Ein originelles Mitbringsel sind auch ein Paar kniehohe Stoffschuhe mit bunten Mustern oder mit Türkisen besetzte Lederbeutel. Einige alte Stücke, die in den Geschäften verkauft werden, haben Flüchtlinge aus Tibet mitgebracht.

● Wer sich für Teppiche interessiert, sollte dem **Handicraft Emporium** eine Visite abstatten. Dort werden außerdem tibetische Jacken in herrlich bunten Mustern sowie Blusen aus Baumwolle und lange ärmellose Kleider, die Chupas, verkauft.

● Ähnlich ist der Ausstellungsraum des **Tibetan Handicraft Centre** sortiert.

● **Mementos** ist auf Statuen von Buddhas und hinduistischer Gottheiten sowie auf Thankas spezialisiert, besondere Exemplare sind aus ganz Indien zusammengetragen.

● Eher eine Sehenswürdigkeit ist der verstaubte, antiquierte **Nowrojee-Laden** beim

Taxistand. Man beachte die alten Reklame-Schilder an den Wänden! Das Ehepaar Nowrojee führte das Geschäft schon zu britischer Zeit und hat – nach eigener Aussage – damals alles „vom Elefanten bis zur Stecknadel" verkauft. Heute gibt es dort die Tageszeitungen und Süßigkeiten.

● Die Buchläden in Mc Leod Ganj sind mit einer guten Auswahl an Büchern in englischer Sprache sortiert. Wer etwas zum Schmökern sucht, findet Romane und Bücher über Tibet im **Bookworm.**

● Eine Auswahl an Literatur über Buddhismus, tibetische Medizin und über die Geschichte des Landes bietet der **Charitable Bookshop.**

● Im Buchladen für **Dharma-Literatur** neben dem Handicraft-Emporium werden buddhistische Texte in tibetischer Sprache angeboten.

● Um die Plastikmüllflut in Mc Leod Ganj einzudämmen, bietet der **Green Shop** in der Bagsu Nath Road abgekochtes Trinkwasser zum Nachfüllen für 5 Rp. pro Liter an. Außerdem gibt es hier Produkte aus handgeschöpftem Papier und Naturkosmetik zu kaufen.

Gläubige pilgern um den Tempel des Dalai Lama

Ausflüge

Die bergige Umgebung mit ihrer üppigen Vegetation und der schönen Aussicht auf das Dhauladhar-Massiv macht Lust auf Ausflüge.

Bhagsu Nath

Etwa 3 km entfernt von Mc Leod Ganj liegt das kleine indische Dorf Bhagsu Nath, wo ein dem Gott Shiva gewidmeter Tempel steht und das deshalb für Inder ein beliebtes Ausflugsziel ist. Gleich hinter Bhagsu Nath gelangt man zum Bhagsu-Fluss. Wer dem Pfad folgt, kommt zum Wasserfall, in dessen Becken man baden kann. Neben dem Wasserfall werden Erfrischungsgetränke angeboten.

Sonntags ist am Fluss die Hölle los, wenn praktisch ganz Mc Leod Ganj hier Großwaschtag hat und Familien, Mönche und Nonnen ihre Teppiche, Kleidung und schließlich sich selbst einer gründlichen Reinigung unterziehen. Bei einem solchen gesellschaftlichen Ereignis darf ein Picknick natürlich nicht fehlen. Ein farbenfroher Anblick!

TCV-Kinderdorf

Tibetische Kinder gehen im TCV-Kinderdorf rund 4 km oberhalb von Dharamsala zur Schule und leben hier im Internat. Zur Schule gehört ein Handwerkszentrum, in dem tibetisches Kunsthandwerk wie Teppiche, Holzarbeiten, Thankas usw. hergestellt werden. Die Werkstätten sind zu besichtigen.

Dhal-See

Wenige Gehminuten oberhalb des Tibetischen Kinderdorfes (TCV-School) befindet sich der für Inder heilige Dhal-See. In der trüben braunen Brühe schwimmen riesige Karpfen. Hinduisten, denen der Weg zum originalen, der Gottheit Shiva geweihten See im Gebirge zu weit ist, nehmen hier im August ihr rituelles Bad.

Norbulingka

Nach dem Sommerpalast des Dalai Lama in Lhasa ist der neugebaute Kulturkomplex Norbulingka benannt. Norbulingka liegt 30 Fahrminuten entfernt von Mc Leod Ganj. Sehenswert ist die Anlage vor allem wegen seiner aufwendigen künstlerischen Gestaltung, deren Grundriss die Figur des Boddhisattvas Avalokiteshvara symbolisiert. In einer Art Hochschule erhalten die Studenten hier eine klassische Ausbildung in tibetischer Kunst, Philosophie und Kultur. Außerdem wird tra-

ditionelles Handwerk gelehrt. Ein Meisterwerk gelang den Künstlern mit dem Tempel, in dessen Obergeschoss Privaträume für den Dalai Lama eingerichtet wurden. In dem einladenden Guesthouse kosten die Zimmer 800–1500 Rupien. Weitere Informationen unter: www.norbulingka.org.

Nahe Norbulingka im **Gyuto Monastery,** Sidhbari, lebt der vor einigen Jahren aus Tibet entflohene *Karmapa.* Wenn er nicht gerade unterwegs oder in Klausur ist, gibt er regelmäßig Audienzen. Aktuelle Termine erfragen unter Tel. 23 61 54. (Die Taxifahrer beim Bus Stand in Mc Leod Ganj kennen die Termine meistens auch.)

Triund

Ein Tagesausflug ist die Wanderung zum 2827 m ü. d. M. gelegenen Triund im Dhauladhar-Gebirge. Oben angekommen, ist eine Wiese der ideale Picknickplatz.

Man kann im Forest Rest House übernachten, während des Sommers sind die Zimmer aber meist ausgebucht. Wer über Nacht bleiben will, nimmt besser ein Zelt mit. 5 km hinter Triund erreicht man in Ilaqa die Schneegrenze. Der Pfad nach Triund beginnt in dem oberhalb von Mc Leod Ganj gelegenen Dorf Dharamkot.

Lower Dharamsala

Indisches Flair mit einem bunten Markt und feinen Curry-Restaurants hat der alt eingesessene Ort Lower Dharamsala; die Vegetation ist hier üppig subtropisch. Obst und Gemüse sind besser und billiger als in Mc Leod

Ganj, außerdem findet man auf dem Kotwali Bazaar indische Stoffe und Schals. Der schönste und kürzeste Fußweg von Mc Leod Ganj aus führt vom Om-Restaurant durch den Wald hinunter.

Trekking ab Dharamsala

Es gibt verschiedene herrliche Treks ins **Dhauladhar-Gebirge,** die relativ unbekannt sind; unterwegs trifft man praktisch auf keine anderen Trekker. Da es über die Gegend kein ordentliches Kartenmaterial gibt, sollte man sich selbstständig nicht allzu weit über Triund hinaus begeben.

Die beste **Saison** für lange Trekkingtouren ist Juli, wenn es zwar in Dharamsala regnet, hinter der nächsten Bergkette aber schon die Sonne scheint. Kurztreks sind das ganze Jahr über möglich.

●Ausrüstungen für verleiht das **Mountaineering Institute,** das ein Stück unterhalb des Tushita-Meditationszentrums liegt. Übrigens lebte der Dalai Lama während der ersten Jahre in Dharamsala in diesem im britischen Kolonialstil erbauten Haus, bevor er seinen jetzigen Bungalow bezog.

Reisetipps Ladakh und Zanskar

152lz Foto: jm

128lz Foto: jm

Eine Nomadin sammelt Yakdung

Klöster: oft an spektakulären Plätzen erbaut

Alter Kupferschmied in Chiling

Verhaltenshinweise

Das indische Sprichwort „Fremde sind den Göttern gleich" hat in Ladakh wirklich Gültigkeit. Das geht soweit, dass man als Gast in einer ladakhischen Familie bisweilen sogar das Privileg genießt, im Haustempel übernachten zu dürfen. Leider benehmen sich Touristen bisweilen nicht sehr „göttlich" und überschreiten – oft aus Unwissenheit – die ungeschriebenen Gesetze. Dass die Ladakhis dennoch so freundlich den Touristen gegenüber sind und deren Ausrutscher großmütig übersehen, spricht für ihre große Toleranz. Doch nicht alles ist verzeihbar. Wer etwa mit Wanderstiefeln einen Tempel betritt, zieht garantiert den heiligen Zorn der Einheimischen auf sich. Folgende Einige Verhaltensregeln müssen im Umgang mit Ladakhis deshalb eingehalten werden.

Begrüßung

Händeschütteln ist in Ladakh nicht üblich. Nur eine Minderheit von Leuten, die viel mit Westlern zu tun hat, erwidert diesen Gruß. Wie auch immer man grüßen mag: Lächeln nicht vergessen! Ein freundliches und offenes Gesicht schafft die schnellsten Kontakte. Traditionell gibt es mehrere Möglichkeiten des Grüßens:

- Man legt die Hände vor der Brust zusammen und verbeugt sich dabei

leicht. Bei höhergestellten Leuten und Mönchen sollte man sich tiefer bücken.
- Den Daumen, Zeige- und Mittelfinger der rechten Hand zusammenlegen und sich damit kurz auf die Stirn tippen. Ältere Leute bevorzugen diese Art der Begrüßung.
- Wenn alte Ladakhis mit einem Lachen zur Begrüßung die Zunge herausstrecken, ist das keineswegs ein Affront, sondern die traditionellste und freundlichste Art des Grüßens. Jüngere Leute finden diese Variante etwas plump.

Berührungen

Als respektlos gilt es, einen Menschen an den Kopf zu fassen. Nach ladakhischer Sicht ist der Kopf die heiligste Stelle des Körpers. Das Berühren eines Kopfes, auch den eines Kindes, gilt als Beleidigung. Kopf-Berührungen zwischen Personen, die ein inniges Verhältnis zueinander haben, sind hingegen erlaubt.

Touristinnen werden feststellen, dass ladakhische Frauen weniger Berührungsängste gegenüber Fremden haben als wir. Es ist ganz natürlich, dass eine Ladakhi einer anderen Frau z.B. beim Erzählen die Hand hält oder ihre Hand auf deren Knie legt.

Männliche Reisende sollten sich aber davor hüten, fremde oder nur flüchtig bekannte Ladakhifrauen zu berühren. Es könnte als „Anmache" verstanden werden. Viele Ladakhifrauen sind leger genug, männliche Touristen ohne Hintergedanken zu berühren. In jedem Fall ist es ratsam, sehr zurückhaltend an das Thema „Berührung" heranzu-

Buchtipp
- *Harald A. Friedl:* **Respektvoll reisen,** Praxis-Reihe, REISE KNOW-HOW Verlag

gehen und sich in der jeweiligen Situation auf sein Feingefühl verlassen.

Als absolut ungebührlich gilt es, als Paar in der Öffentlichkeit Händchen zu halten oder sich zu umarmen. Für Ladakhis gehört der Austausch von Zärtlichkeiten zum intimen Privatbereich und keinesfalls auf die Straße.

Hände

Die linke Hand gilt als unsauber, da sie anstelle des Toilettenpapiers benutzt wird. Beim Essen, dem Überreichen von Geschenken und bei der Berührung von anderen Menschen und religiösen Gegenständen darf deshalb nur die rechte Hand gebraucht werden.

Bekommt man selbst etwas überreicht, etwa ein Geschenk, Essen oder einen wertvollen Gegenstand, muss dieses mit beiden Händen entgegengenommen werden.

Niemals mit dem Finger auf eine Person oder einen religiösen Gegenstand deuten! Man nimmt dazu stets die ganze Hand. Als passend gilt auch, kurz mit dem Kinn in die Richtung der betreffenden Person zu nicken.

Füße

Die Füße sind der unterste Teil des Körpers und gelten damit – als Gegenstück zum Kopf – als unsauber. Als grobe Beleidigung gilt es daher, beim Sitzen einer anderen Person seine Füße entgegenzustrecken. Ebenso wenig dürfen beim Sitzen die Füße einem Tempel oder einer Buddha-Figur entgegen gehalten werden.

Die übliche Sitzhaltung der Ladakhis im Schneidersitz bedeutet für die meisten von uns vermutlich eine grobe Misshandlung unserer relativ steifen Beinmuskulatur. Mit der Zeit gewöhnt man sich jedoch an diese Position bzw. sie kann auch mit dem Sitzen auf den Fersen variiert werden.

Bei Ladakhis zu Hause

Wer bei einer Familie eingeladen ist, wird sehr wahrscheinlich mit großer Aufmerksamkeit behandelt. Dieses Gastrecht beinhaltet aber nicht das Recht, ungefragt in den Zimmern herumzugucken. Auch die Ladakhis lie-

Gäste sind stets willkommen

Reisetipps

129© Foto: jm

ben ihre Privatsphäre! Manche Haustempel bergen zornvolle Schutzgottheiten und dürfen deshalb von Frauen nicht betreten werden.

Dem Gast wird normalerweise der beste Platz, also der dem Ofen nächstgelegene Sitz, angeboten. Wenn eine hochgestellte Person im Haus ist, sollte man aus eigener Initiative dieser den „Ofenplatz" überlassen.

Als unhöflich gilt es, Angebotenes allzu schnell anzunehmen. Es wird erwartet, das Dargereichte zunächst formal abzulehnen und sich dann erst dazu „überreden" zu lassen. Wer selbst einem Ladakhi etwas anbietet, sollte dieses Ritual ebenfalls einhalten und mehrmals insistieren. Insgesamt jedoch geht es bei Ladakhis recht leger zu, übertriebene Scheu ist überflüssig.

Sehr viele Ladakhis haben oft eine Art **Minderwertigkeitsgefühl** gegenüber Menschen aus dem Westen. Die eigene Kultur wird oft als rückständig erachtet gegenüber dem „modernen Ausland". Soweit es die sprachliche Verständigung zulässt, sollte man dieses Thema ruhig ansprechen und auch die Probleme und Schwierigkeiten unseres Lebensalltags realistisch schildern. Ladakhis freuen sich auch zu hören, was wir Touristen in Ladakh schätzen.

Tiere

Das Töten von Tieren lehnen Buddhisten kategorisch ab (in Ladakh sind deshalb Metzger von jeher Moslems). Selbst wenn man „nur" eine Ameise oder eine Fliege vor den Augen eines Ladakhi zerdrückt, wird dieser vermutlich mit Unverständnis oder sogar Entsetzen darauf reagieren.

Trinkgeld

Was das Geben von Trinkgeld angeht, gibt es in Ladakh **keine festen Regeln.** Man gibt Trinkgeld dann, wenn der Service gut und der Kunde zufrieden ist. Daher sind die folgenden Empfehlung nur Richtlinien, die nach unten bzw. oben variabel ist. Trinkgeld kann im Restaurant eine aufgerundete Summe sein, die man der Bedienung direkt aushändigt. So kann ein Taxifahrer bei Zufriedenheit des Kunden pro Tag ca. 100 Rp. erhalten (der oft nicht Eigentümer des Wagens ist). Auf organisierten Trekkingtouren darf man gerne großzügiger sein. Die Crew bekommt ihr Trinkgeld einzeln, also besser nicht an eine Person übergeben, die verteilen soll. So erhält der Guide pro Tag rund 100–150 Rp.; für Koch, Helfer und Pferdeleute sind je 60–80 Rp. angemessen.

Verhaltensregeln in Klöstern

So mancher Tourist betrachtet die Klöster offenbar als ein Museum und die religiösen Zeremonien als eine Folkloreveranstaltung. Es ist oft peinlich, wie grundsätzliche Anstandsregeln ignoriert und dadurch die religiösen Gefühle der Ladakhis verletzt werden. Generell gilt in Klöstern:

● Ein Kloster darf nur in angemessener **Bekleidung** betreten werden. Kurze Hosen (das

02 7f e Foto: jm

gilt auch für Männer), ärmellose und ausgeschnittene T-Shirts und Miniröcke sind tabu. Kopfbedeckungen sind abzunehmen. Vor dem Betreten der Klosterräume müssen am Eingang unbedingt (!) die Schuhe ausgezogen werden. Da der Boden meistens kalt und besonders am Altar oft von Butterfett verklebt ist, empfiehlt es sich, immer ein Paar dicke Socken zum Darüberziehen parat zu haben.

● In fast allen Klöstern Ladakhs wird ein **Eintrittsgeld** von 20–30 Rupien verlangt. Das Geld wird für die Instandhaltung der Klöster verwendet und ist daher eine sinnvolle Spende, für die Touristen Verständnis aufbringen sollten.

● Alle **religiösen Objekte** sind rein und dürfen nicht berührt werden! Selbst der Atem, der bei allzu naher Inspektion über einen Gegenstand geblasen wird, verunreinigt diesen.

Heilige Chörten säumen den Weg

● Die **Sitzkissen** im Gebetsraum, auf der die Mönche ihre religiöse Praxis ausüben, sind ebenfalls rein. Ein Fremder darf sich nicht darauf setzen. Wer an einer Zeremonie teilnimmt, lässt sich vorher eine Sitzgelegenheit zuweisen. Auch die kleinen Tische vor den Sitzreihen sind keinesfalls dazu da, um darauf zu sitzen, sondern sie dienen als Ablage von Teetassen, Ritualgeräten und Gebetsblättern.

● Man darf sich **nie zwischen ein Heiligtum und einen Gläubigen** stellen, der davor meditiert (auch nicht zum Fotografieren). Das hieße, zwischen diesen Menschen und Buddha zu treten!

● Der Zutritt zum **Raum der zornvollen** Schutzgottheiten *(Gonkhang)* wird **Frauen** oft verwehrt. Der Gedanke dabei ist, dass Blut im Tempel ein Tabu ist und Frauen deshalb während ihrer Periode als unrein gelten – sie würden die reinen Gefilde der machtvollen Götter beschmutzen. Nachdem die Mönche Frauen natürlich nicht nach ihrem Monatszyklus fragen, wurde das generelle Zutrittsverbot eingeführt.

Diese Vorschrift ist also nicht frauenverachtend gemeint, wie so manche Touristin beklagt und darauf verärgert reagiert. Deshalb lässt man sie oft aus Toleranz – unter dem Missmut der Mönche – in die Gonkhangs eintreten. Auf jeden Fall vorher fragen und die jeweilige Antwort respektieren!

● Trinken von **Alkohol** und **Rauchen** ist auch im Klosterhof verboten.

● Während der Klosterzeremonien darf nicht fotografiert oder gar geblitzt werden. Oft wohnen Touristen einer Zeremonie bei und fotografieren den in Meditation versunkenen Mönchen direkt ins Gesicht. Dass die Mönche ein solch respektloses Verhalten gelassen hinnehmen, ist nur mit ihrer Toleranz und ihrer „alle Mitmenschen liebenden" Haltung erklärbar. Vor dem Tempel posieren die Mönche dagegen gerne für ein Foto.

● Dass man im Kloster **nicht laut spricht,** sollte von selbst verstehen.

● **Abbildungen einer Gottheit und religiöse Bücher** sind mit Respekt zu behandeln. Man darf nichts darauf legen und sich auf keinen Fall darauf setzen. Da die Mönche befürchten, nichtgläubige Touristen könnten mit diesen Bildern achtlos umgehen, dürfen besonders verehrte Gottheiten erst gar nicht fotografiert werden.

● Alle religiösen Bauwerke sind Stätten der Verehrung, das gilt auch für die **Chörten** und **Mani-Mauern** in der freien Natur. Es ist verboten, auf sie zu klettern oder sich darauf zu setzen.

● Wichtig: Generell werden religiöse Bauten im **Uhrzeigersinn** umgangen, das heißt, das Bauwerk liegt immer rechter Hand. Das Gleiche gilt auch für den Rundgang in Räumen. Der Uhrzeigersinn bestimmt den Lauf der Welt, und das Universum dreht sich nach buddhistischer Ansicht wie die Uhr. Die Ladakhis glauben, dass jeder, der dagegen anläuft, in einer erbärmlichen Lebenssituation wiedergeboren wird. Gegen den Uhrzeigersinn gehen nur die Anhänger der Bön-Religion.

● **Manisteine** sind keine Souvenirs. Eine dieser Opfergaben mitzunehmen käme Kirchendiebstahl gleich. Die Ausfuhr von Manisteinen ist überdies verboten.

Betteln

Besonders an Orten, wo häufig Reisegruppen auftauchen, hat sich bei ladakhischen Kindern die Unsitte des Bettelns breitgemacht. Die Kleinen kommen herbeigesaust und verlangen „one pen" oder „one bonbon". Allerdings scheinen die Kinder dieses Anbetteln als amüsantes Spiel zu betrachten. Wenn sie keinen Kuli oder Keks bekommen, laufen sie kichernd davon. Meist sind sie schon zufrieden, wenn ihr Wunsch nach „one photo" erfüllt wird.

In Zanskar wird momentan mit besonderer Begeisterung gebettelt, und so manches Kind meint anscheinend, dass jeder Fremde den Rucksack voller Mitbringsel hat. Selbst die Erwachsenen ermutigen ihre Kinder häufig zum Anbetteln. Das erste Wort, das man in Zanskar lernt, könnte deshalb „kaka" lauten – das heißt Bonbon.

Übernachtet man bei einer Familie, ist es eine nette Geste, aus Leh etwas Gemüse oder Obst mitzubringen bzw. eine Packung Kekse herumzureichen. Süßigkeiten auf der Straße unter den Kindern zu verteilen, sollte aber besser unterlassen werden.

Ladakhis sind zwar im Durchschnitt nicht reich, aber sie haben genug zum Leben. Betteln ist für sie also nicht von lebenswichtiger Bedeutung, wie in manch anderem Land Asiens. Wer den Leuten Geld gibt, trägt nur zur weiteren Vertiefung des Klischees „reicher Westen – armes Ladakh" bei und vertieft letztlich das Minderwertigkeitsgefühl der Ladakhis gegenüber den westlichen Touristen.

Wer etwas Gutes tun will, kann einer Familie brauchbare Kleidung, etwa warme Socken oder eine Mütze überlassen.

Klima und Reisezeit

Ladakh liegt in einer Hochgebirgswüste. Wie in allen Wüsten herrschen auch hier extreme Temperaturschwankungen, die noch verstärkt werden durch die Höhenlage. Die **Temperaturen** variieren erheblich sowohl zwischen Tag und Nacht als auch zwischen Sommer und Winter. Dazu kommt eine außergewöhnliche Trockenheit, da die Monsumwolken nicht über die hohen Bergketten gelangen können, sondern bereits vor der Hauptkette abregnen.

Der **Sommer** in Ladakh ist relativ kurz und heiß mit intensiver Sonneneinstrahlung, wobei zwischen Ende Juni und Ende August das Thermometer tagsüber bis 35 Grad klettern kann; die Steine im Gebirge flimmern in der Hitze, und die Luft ist staubtrocken. Seit einigen Jahren macht sich der globale Wetterumschwung auch in Ladakh bemerkbar. Schwere, oft tagelang andauernde Regenfälle machen sich, besonders im Juli, bemerkbar.

Im **Winter,** zwischen Dezember und Februar, können die Temperaturen nachts bis auf arktische -35 Grad sin-

Reisetipps

Winter in Ladakh

Das traditionelle Leben der Ladakhis ist völlig dem Rhythmus der Jahreszeiten angepasst. Während die Menschen den Sommer auf den Feldern verbringen und nachts sogar draußen auf dem Hausdach schlafen, ziehen sie sich in der Winterzeit in die vier Wände zurück. Aber der harte Winter mit Temperaturen bis minus 30 Grad kann die robusten Ladakhis nicht schrecken. Im Gegenteil: Jetzt ist die Zeit, sich von der Sommerarbeit auszuruhen und zwischenmenschliche Kontakte zu pflegen. Schulkinder haben im Dezember und Januar „kältefrei".

Zentraler Platz im Haus ist jetzt die Wohnküche, wo sich die ganze Großfamilie samt dem Vieh am warmen Ofen zusammendrängt. Man spendet sich gegenseitige Körperwärme, denn das wertvolle Brennmaterial – Schaf- und Kuhdung sowie etwas Feuerholz – ist rar und muss schließlich über den ganzen Winter reichen.

Die Männer vertreiben sich die Zeit mit dem Ausbessern ihrer Filzschlappen und weben neue Kleider, während die Frauen Wolle spinnen und Essen kochen. Dabei trinken die Ladakhis Unmengen von Buttertee und Chang – immerhin ungefähr die Hälfte der Gerstenernte vom Herbst wird zu diesem lokalen Bier verflüssigt.

Nach den Monaten der „schnellen Küche" während der Ernte, schwelgen die Ladakhis in der ersten Winterzeit in kulinarischem Luxus. Da wird aufgetischt mit Reis, Fleisch, Gemüse und getrockneten Aprikosen. Wenn sich die Vorratssäcke leeren, ist wieder Schmalhans Küchenmeister. Nun zeigt sich, in welch verblüffenden Variationen Gerstenmehl verarbeitet werden kann: Der Teig wandert in Form von gerupften Fladen, Täschchen und Ballen ins heiße Wasser, etwas getrocknetes Gemüse und Kräuter dazu – fertig ist das Essen, das jetzt unterschiedlich heißen mag, aber geschmacklich sich nur in Nuancen unterscheidet.

Vor allem bringen die Hochzeiten, Feste zur Kindergeburt und die Tempeltänze einige Abwechslung in die frostige Jahreszeit.

Die Ladakhis lieben ausgiebige Feste. Kein Wunder also, dass eine anständige einwöchige Hochzeitsfeier in den arbeitsfreien Winter verlegt wird. Auch zu den farbenfrohen Maskenfesten in den Klöstern, bei denen die Mönche in Tänzen symbolisch den Sieg des Buddhismus gegen die Dämonen demonstrieren, nehmen die Ladakhis gerne lange Wege in Kauf.

Die meiste Zeit verbringen sie jedoch in der Küche. Es ist kaum nachvollziehbar für uns westliche Menschen, drei Monate praktisch Tag und Nacht in einem Raum mit Großeltern, Eltern und Kindern zu verbringen. Die uns so wichtigen Werte wie Freiraum und Individualität gibt es im Leben der Ladakhis überhaupt nicht. Viel entscheidender ist, Toleranz und Großmut gegenüber den anderen zu zeigen. Wahrlich buddhistische Werte, die die Ladakhis während des Winters in ihrer Küche ausgiebig praktizieren.

Wenn im März die Sonnenstrahlen wärmer werden und die Dunghaufen sich auf den Dächern lichten, bereiten sich die Menschen auf das Frühjahr vor. Dann werden die Ackergeräte hervorgeholt, um die Felder zu pflügen und Gerstensamen zu säen.

0249g Foto: jm

Im Industal, also dem Hauptsiedlungsraum, ist das Klima für die Verhältnisse relativ mild, während es in der Changtang-Hochebene nahe der tibetischen Grenze wesentlich rauer ist und es dort selbst im August nachts schneien kann.

In fast allen Büchern über Ladakh wird die Vorstellung suggeriert, es gäbe nur diesen extremen Gegensatz zwischen dem heißen Sommer und eiskaltem Winter gebe. Das ist keineswegs der Fall! Auch Ladakh kennt Frühling und Herbst als **Übergangs-Jahreszeiten.** Schon zwischen April und Juni wird die Sonne Tag für Tag spürbar kräftiger, Natur und Menschen tauen allmählich auf und werden erfüllt von neuem Leben.

Der **Herbst** bis Mitte September ist meiner Meinung nach die schönste Jahreszeit für einen Besuch in Ladakh. Die Bauern verbringen den Tag auf den Feldern bei der Ernte, Bäume und Sträucher leuchten in sattem Gelb und Rot, und die Luft ist noch klarer als im Sommer. Bei etwa 20 Grad ist es tagsüber angenehm warm, abends braucht man aber einen Anorak. Im Oktober können raue Sandstürme über das Land fegen und für einen tagelangen Kälteeinbruch sorgen. Meist kehrt das Klima aber wieder auf Normal zurück.

Ein weiterer Vorteil der **Nebensaison:** Die meisten Touristen kommen während der Monate Juli und August nach Ladakh. Dann sind die Hotels in Leh ausgebucht und die Klöster werden von vielen Reisegruppen besichtigt. Schon Anfang September sind die meisten Touristen weg.

ken. In Dras wurden sogar einmal -45 Grad gemessen.

Was die **Tag-Nacht-Unterschiede** anbelangt, wird es auch im Sommer nach Sonnenuntergang so kühl, dass man einen dünnen Pullover benötigt. Dagegen lässt es sich im Winter, wenn die Sonne herauskommt, beispielsweise in Leh bei ungefähr Null Grad tagsüber gut aushalten. Mit dicker Kleidung und einem warmen Schlafsack ausgerüstet, hat der Winter in Ladakh durchaus seine Reize. Es gibt Touristen, die am liebsten während dieser Jahreszeit ihren Urlaub hier verbringen.

Raues Klima bedarf warmer Kleidung

Mein Tipp: Wenn möglich, die Hauptsaison meiden und während der Nebensaison kommen. Im September kann man noch gut Treks unternehmen, zumal die Flüsse dann kein Hochwasser mehr führen und leichter zu überqueren sind. Auch zum Laufen ist es angenehmer, da es nicht mehr so stechend heiß ist. In den Klöstern kehrt wieder Ruhe ein, die Mönche sind entspannter und öffnen bereitwilliger ihre Räume.

Die Hotelbesitzer verstehen den plötzlichen Andrang während des Hochsommers und das rapide Abflauen im September auch nicht, und die meisten größeren Hotels schließen bereits Mitte Oktober. Guest Houses haben normalerweise länger geöffnet, da die Familie im selben Haus lebt.

Wer vorhat, im **Winter** nach Ladakh zu reisen, sollte bedenken, dass es vor allem nachts extrem kalt wird. Entsprechende Kleidung und ein Schlafsack sind ein Muss. Während der sonnigen Tage, wenn sich die Luft bis wenige Grade unterhalb der Gefrierpunktes aufwärmt, ist es aber gut auszuhalten. Diese Reisezeit bietet Gelegenheit, Tempelfeste mitzuerleben. Es haben nur wenige Hotels geöffnet. Wegen der Heizkosten steigen die Zimmerpreise um das Zwei- bis Dreifache.

Unterkunft

Das größte Angebot an Unterkünften unterschiedlicher Kategorien gibt es in Leh. Doch haben einige Orte, die entweder durch besonders sehenswerte Klöster haben oder landschaftlich besonders schön liegen, mindestens eine Unterkunft gehobenen Standards. Mit dem Resultat, dass auch Reiseveranstalter, deren Ausgangspunkt für Tagestrips vorher Leh war, ihre Gäste jetzt gern außerhalb einquartieren. Allerdings steht diese Dezentralisierung von Leh noch in den Anfängen. Generell kann davon ausgegangen werden, dass in Dörfern und Klöstern das Angebot und der Standard der Unterkünfte gering ist und man überwiegend Zimmer einfachen Niveaus vorfindet.

Guest Houses

Tourismus in Ladakh hängt weitgehend mit der Anwesenheit eines Klosters zusammen. In ein Dorf ohne Kloster kommen kaum Besucher, dort wird man wahrscheinlich vergeblich nach einer Unterkunft suchen. In den Orten mit größeren Klöstern sind in den letzten Jahren aber eine Reihe von Guest Houses gebaut worden. Abgesehen von der einen oder anderen gehobenen Unterkunft sind die meisten Herbergen auf den Dörfern von einfachem Standard. Ausgestattet sind diese Zimmer nur mit dem Nötigsten. Wer seinen eigenen Geruch dem des Vormieters vorzieht, sollte einen Schlafsack mitbringen. Oft sind die

Türen nicht abschließbar; es empfiehlt sich deshalb, ein kleines Vorhängeschloss dabeizuhaben. Zu diesen Guest Houses gehört fast immer ein Restaurant, wo man Getränke und ein einfaches Essen (oft chinesische Küche) bekommt. Die Preise liegen etwa um 150–500 Rupien für ein Doppelzimmer und 80 Rupien für einen Platz im Schlafsaal, falls vorhanden. Die Guest Houses haben in der Regel zwischen Mai und Oktober geöffnet.

Privathäuser

Wo es keine Guest Houses gibt, bleibt die Alternative, in einem Ladakhi-Haus privat unterzukommen. Bei Fremden zu übernachten ist üblich und in Ladakh uralte Tradition. In diesem dünnbesiedelten Land war es seit jeher normal, dass Durchreisende abends in ein Dorf kommen mit der Bitte um Unterkunft. Natürlich werden stets ein Schlafplatz, Essen und Chang gewährt. Eine solche Gastfreundschaft zeigt, wie sehr die Menschen einander vertrauten und unterstützten.

Manche Touristen haben zunächst Hemmungen, bei fremden Leuten um Unterkunft anzufragen, aber diese Scheu ist unnötig. Ich habe nie gehört, dass jemand grundlos abgewiesen wurde. Wenn eine Familie aus irgendeinem Grund keine Möglichkeit hat, einen Gast aufzunehmen, wird man einfach zum Nachbarn gebracht. Oft weiß der Besitzer des Dorfladens eine gute Adresse.

Einem ladakhischen Haus sollte man sich übrigens mit Vorsicht nähern: Es gibt häufig übereifrige Hofhunde, die schon beim Wahrnehmen des Geruchs eines Fremden aus ihrer Schlafmulde hervorschnellen und zu kläffen anfangen. Meistens sind sie aber angekettet. Unser westlicher Brauch, an die Türe zu klopfen, gilt in Ladakh als unhöflich. Wenn man laut *Amalaa* (Mutter) ruft, kommt in der Regel jemand heraus. Im Sommer während der Ernte sind die Leute tagsüber auf den Feldern. Also dorthin gehen und einen vertrauenserweckenden Menschen fragen: *Nga karu nyit lok* (wo kann ich schlafen)?

Eine Übernachtung bei Ladakhis gehört oft zu den eindrucksvollsten Erlebnissen der Reise. Hier kann man den Alltag erleben, wie Essen und Buttertee zubereitet werden, wie die Menschen miteinander umgehen und wie sie ihre Abende verbringen. Manchen Familien ist es peinlich, ihren Gästen den beißenden Rauch vom Küchenherd zuzumuten, und sie wollen das Essen im vorbereiteten Gästezimmer servieren. Dann sollte man einfach (nachdrücklich) klarstellen, dass man gerne mit der Familie in der Küche bleiben möchte.

In der Regel wird für die Gäste im besten Zimmer, dem Altarraum oder einem Gästezimmer, eine Matratze zurechtgemacht. Was gut gemeint ist, kann in der Nacht zum Juck-Alptraum werden, wenn die Matratze nämlich von einer Schar Bettwanzen besiedelt ist. Ich bevorzuge es, meine eigene Isomatte im Zimmer oder auf dem Hausdach auszurollen (zwischen Stapeln duftenden Grases mit Blick auf einen von Sternen übersäten Himmel schläft man einfach herrlich).

Für Ladakhis ist der Besuch eines Fremden eine willkommene Abwechslung, zu der man auch aktiv etwas beitragen kann. Ein paar Familienfotos und Bilder von der Heimat rufen stets allgemeine Begeisterung und – wenn auch mit Händen und Füßen – lebhafte Diskussionen hervor. Mögliche Gastgeschenke könnten Kekse und Stifte sein.

Manche Familien betrachten den Fremden im Sinn des Wortes als ihren Gast und erwartet keine Bezahlung. Im Normalfall jedoch, vor allem in Orten, in denen öfter Touristen absteigen, stellt deren Unterbringung einen **Nebenverdienst** dar. So trägt der Gast dazu bei, dass die Vorzüge des Tourismus sich über Leh hinaus zu einem Erwerbszweig auch in den Ortschaften entwickeln. In einigen Orten gibt es diese „home stays", also Familien, die Gäste in ihrem Haus beherbergen und verköstigen. Wir haben selten gehört, dass die Gäste am nächsten Morgen durch eine überhöhte Rechnung überrascht wurden. Hier sollte man auf das eigene Gefühl hören. Lehnen die Gastgeber kategorisch jede Bezahlung ab? Wird möglicherweise eine Bezahlung erwartet? In diesem Fall sind je nachdem, wie gut und umfangreich die Verpflegung war, zwischen 120 und 150 Rupien pro Person angebracht. Oder es handelt sich um einen „home stay"; dort kostet die Nacht 150–300 Rupien pro Person. Im Zweifelsfall legt man den Betrag noch am Abend fest.

Zeltplätze

In vielen Ortschaften entlang frequentierter Trekkingrouten sind Zeltplätze eingerichtet. Eine von der Dorfgemeinschaft autorisierte Person kommt auf den Zeltplatz und verlangt – egal ob mit oder ohne Pferde – eine Standgebühr zwischen 40 und 70 Rupien. Immer wieder beanstanden Trekker, dass einige **Zeltplätze** trotz Gebühr **nicht ordentlich gepflegt** werden und Müll nicht beseitigt wird. Für dieses Problem verantwortlich sind gewiss beide Seiten. Trekker, die ihren Müll hinterlassen, aber auch die für den Zeltplatz verantwortlichen Einheimischen, denen es an ökologischem Bewusstsein und Sinn für Sauberkeit mangelt. Besonders für organisierte Reisende gibt es, vorwiegend in Changtang und Nubra, hochklassige **Zelt-Deluxe-Camps.** Sie sind bestens ausgestattet und kosten entsprechend ihren Preis (bis 2500 Rp).

Klöster

Einige Klöster haben Zimmer für männliche Gäste reserviert. Wer dort übernachtet, kann auch am nächsten Tag an den Morgengebeten teilnehmen, die meist um 6 oder 7 Uhr beginnen. Viele Leute schätzen die friedliche Atmosphäre der Klöster und behaupten, dass sie dort besonders gut schlafen! Ein Bett kostet etwa 50–80 Rupien.

Hotels

Die meisten Unterkünfte gehobener Klasse und Hotels gibt es in Leh. Zwar stehen auch hier keine Fünf-Sterne-Hotels, die besten bieten aber guten Standard: gepflegte Zimmer mit heißer Dusche, Aufenthaltsräume und hübsche Blumengärten. Eine Übernachtung mit Vollpension kostet zwischen 2500 und 5000 Rupien für das Doppelzimmer.

Ausführliche Hinweise siehe im Anhang zu Leh.

Transportmittel

Busse

Privatbusse wickeln den Transport im gesamten Bereich von Zentralladakh, also den Umkreis von Leh zwischen den Orten Karu (bei Hemis) und Sas-

pol (nahe Alchi) ab. Es ist kein Problem, morgens von Leh aus einen Bus zu irgendeinem Ort innerhalb dieses Gebietes zu bekommen. Problematisch kann am Abend die Rückfahrt werden, da die Busfahrer meist aus den von ihnen angesteuerten Ortschaften stammen. Das heißt, morgens fahren die Busse nach Leh und kehren abends ins Dorf zurück. Touristen müssen dann womöglich eine Übernachtung in dem Dorf, das sie besuchen möchten, einplanen.

Die wenigen **staatlichen Busse** fahren nur einige Ortschaften an, die von den Privaten nicht bedient werden. Außerdem verkehren sie auf den Langstrecken zwischen Kargil und Leh. Die Fahrt kostet wenig, allerdings sind die Busse oft gestopft voll.

Reisetipps

Die **Abfahrtszeiten der Busse** ändern sich ständig, deshalb wäre es unsinnig, an dieser Stelle Fahrpläne anzuführen. Derzeit investiert so mancher Ladakhi in einen neuen Bus, sodass die Ortschaften generell häufiger als früher bedient werden. Wir geben, falls überhaupt, unter den jeweiligen Orten nur allgemeine Hinweise auf die öffentliche Anbindung.

Konkrete Informationen über Abfahrtszeiten sind erhältlich im Büro der Ladakh Private Bus Operators, Tel. 25 20 85.

LKW

Trucks sind oft Retter in dieser Wartenot, jedenfalls entlang der Hauptstrecke entlang des Industals. Am späten Nachmittag ist die Wahrscheinlichkeit, einen LKW zu erwischen, hoch, da die Fahrer am Abend Leh erreichen wollen.

Die von Srinagar kommenden, vollbeladenen Lastwagen sind längst zum halbkommerziellen Transportmittel geworden, wobei die verlangten **Preise** reine Glückssache sind. Viele Fahrer wollen sogar den doppelten Bus-Fahrpreis mit der Begründung, dass der Truck bequemer sei als ein überfüllter Bus. So viel sollte man aber nicht bezahlen.

Zur Orientierung: Ein bequemer Sitz in der Fahrerkabine kann ruhig etwas mehr kosten als der entsprechende Buspreis dieser Strecke. Der Platz auf der Ladefläche kostet weniger. Bei längeren Fahrten den Preis unbedingt vorher festlegen.

Eine **LKW-Fahrt** ist ein fantastisches Erlebnis ganz besonderer Art. Wenn die Fahrt voraussichtlich noch bei Tageslicht zu Ende gehen wird, kann man ruhig auf der **Ladefläche** sitzen. Nach Sonnenuntergang wird es dort ziemlich kühl! Bei dem einzigartigen 360-Grad-Panoramablick von hier oben taucht man schier in die Bergwelt ein.

Die Ladefläche erweist sich stets als ein guter Kommunikationsort mit einheimischen Fahrgästen. Das Herumreichen von Zigaretten und Bonbons macht Verständigung auch ohne Worte einfach. Wichtig: Kopfbedeckung, Sonnencreme und einen Pullover mit aufs Dach nehmen. Wertsachen wie Geld und Ausweis sollte man bei sich behalten.

Bei Langstrecken nach Kargil oder Manali ist ein Platz in der **Fahrerkabine** wesentlich angenehmer. Wenn nicht zu viele Leute mitfahren, bekommt man von der „Crew" oft Tee und Essen angeboten, doch darauf sollte man sich nicht verlassen. Die

Fahrer halten irgendwo unterwegs an, um ihr Essen zu kochen. Sie sind nicht begeistert, wenn sie in einem Dorf stoppen müssen, nur weil ihre Passagiere noch ein paar Kekse kaufen wollen. Man sollte also genug Proviant dabei haben. Offiziell ist die Beförderung von Fahrgästen in den LKW übrigens verboten, praktisch stört sich aber keine Polizeikontrolle daran.

Taxi

Taxis kann man in Leh, Padum und Kargil mieten. Ausführlich siehe dort. In anderen Ortschaften, selbst in Alchi, ist normalerweise kein Taxi zu bekommen.

Fahrrad

Es folgt eine Beschreibung von Thomas Beyer, der Ladakh mit dem Fahrrad erkundete.

Vorüberlegungen

Die Tour von Srinagar durch Ladakh nach Manali ist sicher noch keine Modetour, auch wenn man als Radtourist immer wieder Gleichgesinnten und einigen organisierten Radgruppen begegnet. Voraussetzung ist sportliche Begeisterung für die Bewältigung langer Steigungen auf z. T. schlechten, nicht asphaltierten Wegabschnitten, wobei auch die Benutzung von Bus, Truck oder Jeep mit eingeplant werden kann. Besonders zwischen Srinagar und Leh muss man sich auf starken LKW- und Militärverkehr einstellen. Im Durchschnitt kann eine tägliche **Etappenlänge** von 50 km einkalkuliert werden, die Gesamtstrecke beträgt etwa 950 km.

Die Mitnahme des eigenen **Fahrrads** ist unbedingt zu empfehlen, da bergtaugliche Fahrräder in Indien nicht erhältlich sind. Man nimmt am besten ein Mountainbike oder Trekkingbike mit einer Mindestreifenbreite von 37, da sonst die unasphaltierten Strecken im Abschnitt Leh – Manali und der Zoji-Pass zum Problem werden. Außerdem muss man bisweilen auf die nicht asphaltierten Straßenränder ausweichen, da besonders die Busfahrer gegenüber Radfahrern sehr rücksichtslos sind.

Die **Mitnahme des Fahrrads** im Flugzeug ist kein Problem und kostet nichts extra, solange das aufgegebene Fluggepäck die 20-kg-Grenze nicht erheblich überschreitet. Die Fahrräder müssen für den Flug vorbereitet werden, d. h. Pedale abschrauben, Reifenluftdruck verringern, Lenker in Längsrichtung verstellen. Vom Internationa-

len Flughafen in Delhi können die ca. 7 km zum Nationalen Flughafen problemlos mit dem Fahrrad zurückgelegt werden. Der Fahrrad-Transport von Delhi nach Srinagar und von Manali nach Delhi mit Bus oder Flugzeug bereitet keine Probleme.

Ersatzteile und **Spezialwerkzeuge** wie Schlauch, Luftpumpe, Speichen, Kettennieter, Zahnkranzabzieher, Brems- und Schaltzüge, Schmiermittel und Gewebeband müssen von Zuhause mitgenommen werden. Die Fahrradläden in Srinagar, Kargil und Leh können nur mit recht lädiertem Standardwerkzeug aushelfen.

Im ersten Streckenabschnitt bis Leh dürfte es keine **Unterkunftsprobleme** geben. An den unten beschriebenen Etappenorten sind zumindest einfache Guest Houses zu finden. Für den zweiten Streckenabschnitt zwischen Leh und Manali empfiehlt es sich, eine Campingausrüstung mitzunehmen, da die Guest Houses und Restaurants weit auseinander liegen.

Die **Reisezeit** ist am günstigsten von Mitte August bis Mitte September.

Bekleidung: Die übliche Radbekleidung mit zusätzlichem Regen- und Kälteschutz für die Passetappen. Gut geeignet für die Fahrt ist die Nelles **Karte** von Nordindien. Ein grober Fehler hat sich dort aber eingeschlichen: Zwischen einem Stück südlich von Debring bis kurz nördlich der Chumik Giasa (Chumikgiarsa) stimmt der **Straßenverlauf** nicht. Er verläuft nicht, wie beschrieben, entlang der Bäche, sondern ein ganzes Stück weiter östlich in wasserlosem Gebiet.

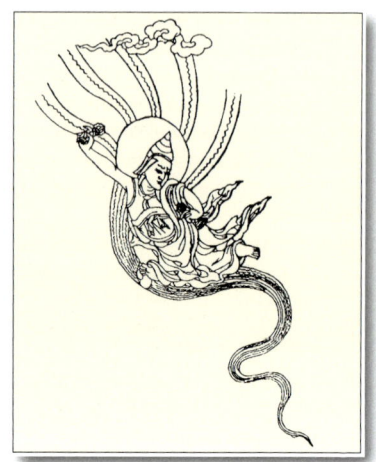

Srinagar – Kangan (55 km)

Östlich um den Dhal-See über Shalimar auf wenig befahrener Straße, Besuch der Mogulgärten, weiter auf der Hauptstraße Srinagar-Leh bis zur Brücke über den Sind. Hier kann man entweder der Hauptstraße auf die andere Flussseite folgen, oder man benutzt den kurz vor der Brücke nach rechts abzweigenden Fußweg, der steil den Hang zu einem kleinen Dorf hochführt. Von dort entlang einem Bewässerungskanal hoch über dem Sind-Tal nach Osten, man wechselt erst nach ca. 15 km auf die andere Flussseite. Unterkunft in Kangan bietet das sehr einfache Sind-Hill-Hotel an der Hauptstraße.

Kangan – Sonamarg (45 km)

Entlang dem Sind-Fluss mit nur geringen Steigungen. Etwa 10 km vor Sonamarg steigt die Straße stärker an, das

Tal verengt sich schluchtartig, und schließlich erreicht man das in einem Hochtal gelegene Sonamarg. Unterkunft ist in den oberhalb des Dorfes gelegenen Tourist-Bungalows möglich. An der Straße befinden sich mehrere Restaurants.

Sonamarg – Dras (63 km)

Hinter Sonamarg steigt die Straße kontinuierlich an. Bei km 14 beginnen die Kehren des Zoji-Passes. Die Straßenverhältnisse sind hier unverhältnismäßig schlecht, und besonders nach Regenfällen kann der Pass wegen der Erdrutsche auch gefährlich werden. Die Straße ist zwar geteert, aber insgesamt in keinem guten Zustand. In Dras liegen mehrere einfache Hotels an der Straße.

Dras – Kargil (57 km)

Recht gute Straße meist abwärts mit kleinen Gegenanstiegen. Wegen der Nähe zur pakistanischen Grenze verkehrt hier besonders viel Militär. Das Flusstal verjüngt sich zuletzt schluchtartig, und ab 5 km vor Kargil steigt die Straße nochmals an. In Kargil gibt es mehrere Hotels verschiedenen Standards.

Kargil – Mulbekh (39 km)

Hinter Kargil heißt es aufpassen, denn hier kann die Abzweigung über die Brücke nach links Richtung Leh leicht übersehen werden. Zunächst steigt die Straße 6 km lang stark an und führt durch ödes Militärgelände. Danach wechseln Abfahrten und leichte Anstiege ständig ab bis km 30.

Rechts der Straße liegt das erste ladakhische Kloster, Shergol, wie ein Adlerhorst in den Felsen.

Mulbekh – Lamayuru (67 km)

Hinter Mulbekh steigt die sehr gute Asphaltstraße durch grandiose Hochgebirgslandschaft mit mäßiger Steigung bis zum Namika-Pass (3780 m), jenseits eine Abfahrt von ca. 500 Höhenmetern, dann beginnt der Anstieg zum Fatu-Pass (4001 m). Unterwegs gibt es keinerlei Verpflegungsmöglichkeit. Lange Abfahrt nach Lamayuru, das man vom Fatu-Pass schon sehen kann.

Lamayuru – Kloster Alchi (64 km)

Hinter Lamayuru 16 km lange Abfahrt hinunter ins Industal durch atemberaubende „Mondlandschaft". Die Straße ist teilweise in schlechtem Zustand. Im weiteren Verlauf führt die Straße mit kurzen Anstiegen und Abfahrten am Indus entlang. Nach Alchi führt eine leicht ansteigende Stichstraße (ca. 4 km ab Abzweig von der Hauptstraße).

Kloster Alchi – Phiyang (61 km)

Die Strecke enthält zwei längere Anstiege: Hinter Alchi steigt die Straße auf ein Hochplateau bis Basgo. Nach Nimmu steigt sie noch einmal. Ab ca. km 40 beginnt die Abfahrt auf einer langen geraden Strecke in Richtung Leh. Das Kloster Phiyang befindet sich 6 km abseits der Straße. Es gibt keine Übernachtungsmöglichkeit, die Mönche erlauben aber, im Klosterhof das Zelt aufzustellen.

Reisetipps

Phiyang – Leh (22 km)

Fahrt abwärts durch unschöne Militärlager. Auf der Strecke ist viel Verkehr. Zuletzt steigt die Straße nach Leh an.

Leh – Kloster Hemis (41 km)

Gute Straße durch die Hochwüste bis zum Kloster Thikse. Kurz darauf kann man in der Nähe des Klosters Stakna über eine Brücke auf die andere Flussseite wechseln. Die Straße führt oberhalb des Indus entlang, die letzten 4 km gehen steil bergauf bis zu dem in einem Seitental versteckt liegenden Kloster.

Kloster Hemis – Nordrampe des Taglang-Passes (57 km)

Fahrt nach Upshi entlang dem Indus leicht auf- und abwärts. Ab Upshi Anstieg auf guter Straße in einem Indus-Seitental zunächst bis Rumtse (4325 m). Achtung: In Rumtse gibt es die letzte Verpflegungsmöglichkeit für die nächsten 100 km! Wo die ersten Kehren des Taglang-Passes beginnen, findet man geradeaus eine gute Campingmöglichkeit zwischen zwei kleinen Bächen (ca. 4500 m). Hier besteht auch für die nächsten 90 km die letzte Möglichkeit, die Wasservorräte zu ergänzen.

Taglang-Pass – Pang (90 km)

Der Anstieg zum Taglang-Pass ist zunächst geteert, 16 km vor und 10 km hinter der Passhöhe ist die Straße in schlechtem Zustand mit Schotter- bzw. Sandabschnitten. Hinter dem Pass beginnt eine große Hochebene ohne starke Steigungen, die aber bei Gegenwind sehr anstrengend ist. Die 7 km lange Abfahrt nach Pang verläuft ziemlich steil.

Pang – Brandynala (56 km)

Der Anstieg zum Lachalung-Pass ist mäßig steil und größtenteils asphaltiert. Dahinter Abfahrt 300 Höhenmeter und dann 4 km Anstieg zum Namika-Pass. Von dort 20 km Abfahrt auf guter Straße bis zu den Gata Loops, die Straße ist durchgehend asphaltiert.

Brandynala – Nordrampe des Baralacha-Passes (36 km)

Die Straße führt am Fluss entlang. Wo die ersten Kehren beginnen, gibt es eine Campingmöglichkeit an einem künstlich aufgestauten See.

Baralacha-Pass – Darcha (67 km)

Der Anstieg zum Baralacha-Pass ist nicht besonders steil. Nach ca. 18 km ist die Passhöhe erreicht. Jenseits gibt es eine lange Abfahrt bis Darcha. Hier einfache Übernachtungsmöglichkeit an der Hauptstraße.

Darcha – Keylong (30 km)

Weitere Abfahrt mit längerem Gegenanstieg bis Keylong. Die Straße ist geteert, wenig Verkehr.

Keylong – Koksar (46 km)

Eine der schlechtesten Streckenabschnitte mit zahlreichen Schlammpassagen und Bachdurchfahrten. Zunächst Abfahrt bis Tandi, dann wieder aufwärts und oberhalb des Chandra-Flusses bis Koksar. Übernachtung in Einfachstunterkünften.

1. Tag: Kargil – Panikhar/Touristbungalow
2. Tag: Panikhar – Yüldo/Touristbungalow
3. Tag: Yüldo – Südrampe des Penzi-Passes/Camping
4. Tag: Südrampe – Padum.

Ab Padum verluden sie die Räder auf Pferde und trekkten zurück nach Lamayuru. Jedes Pferd sollte nur mit einem Fahrrad beladen werden, da die Räder sonst schnell beschädigt werden.

Wer im Lande unterwegs ist, sollte stets seinen Reisepass dabei haben. Unterwegs gibt es immer wieder Kontrollen. Kopien vom Pass werden manchmal nicht anerkannt, und wer Pech hat, wird zurück geschickt!

Reisetipps

Koksar – Manali (73 km)

Anstieg der asphaltierten Straße mit vielen Kehren bis zum Rothang-Pass. Ab Rothang-Pass ist die Straße recht gut, aber viel Verkehr.

Clement Carle und *Silvia Ruger* fuhren mit den Rädern von **Kargil nach Padum** und gaben folgenden Tipp: Die Strecke von Kargil nach Padum kann gut in 4 Tagen bewältigt werden. Neben der landschaftlichen Einzigartigkeit ist sie – besonders für Radler wichtig – ausgesprochen verkehrsarm.

Heutzutage wird vornehmlich auf dem Gasherd gekocht

Essen und Trinken

Basis einer Ladakhi-Mahlzeit ist die **Gerste.** Es gibt keine denkbare Variante, Getreide zu verzehren, die in Ladakh unbekannt wäre: gekocht, gebacken, geröstetes Mehl als „Rohkost". Dazu gibt es etwas Gemüse oder Fleisch. Dieser Anteil ist für europäischen Geschmack aber sehr klein, da Gemüse oder Fleisch nur dazu dienen, dem Getreide einen Beigeschmack zu geben.

Mit **Gewürzen** hält sich die ladakhische Küche ziemlich sparsam – ein paar gestampfte Chilis, Salz und etwas Masala (eine indische Gewürzmischung) ist schon alles, was an Schärfe zugegeben wird. Trotz ihrer begrenzten Möglichkeiten haben es die ladakhischen Köchinnen geschafft, ihren traditionellen Speisezettel recht variabel zu gestalten.

Ein „modernes" Gericht ist eine Mahlzeit mit **Reis**. Bis vor einer Generation war Reis ein Luxusessen, doch seit die Regierung Grundnahrungsmittel subventioniert abgibt, gehört Reis zum Standardessen der Ladakhis. Doch kann man häufig beobachten, dass – während die jungen Leute ein Reisgericht essen – die Alten sich nebenher ihre Gerstensuppe auf dem Feuer kochen.

Obwohl das traditionelle Essen einfach ist, besitzt es doch einen hohen Nährwert. Medizinische Untersuchungen haben gezeigt, dass Ladakhis, die ihre althergebrachte Küche bevorzugen, keine Zeichen von Mangelerscheinungen aufweisen.

Die ladakhische Speisekarte

Die häufigsten und beliebtesten Gerichte haben geröstete Gerste zur Grundlage, die **Tsampa** heißt. Zur Herstellung von Tsampa wird die gereinigte Gerste in einer großen Metallpfanne unter Beimischung von Sand, der das Anbrennen verhindert, leicht angeröstet. Danach siebt man die Gerste, um den Sand wieder zu entfernen. Die gerösteten Körner werden in kleinen Wassermühlen gemahlen. Aus dem Mehl werden folgende Gerichte bereitet:

●**Thukpa:** Ist die schlichteste Suppenvariante. Dazu schüttet man das Gerstenmehl in kochendes Wasser und gibt ein paar Gewürze dazu. Sie schmeckt gut und wärmt. Im Winter essen die Ladakhis Thukpa am Morgen, um ihre verfrorenen Glieder in Gang zu bringen. Das „fast-food" der ladakhischen Küche ist in wenigen Minuten zubereitet. In den Restaurants bekommt man unter der Bezeichnung Thukpa eine Nudelsuppe mit Gemüse oder Fleisch.

●**Baba** ist eine Mischung aus Gersten- und Weizenmehl sowie gemahlenen Erbsen. Diese Mischung wird etwa 30 Minuten mit Wasser verkocht und gibt eine halbfeste Pampe. Man isst Baba, indem man daraus kleine Schüsselchen formt und sie mit gewürzter Buttermilch auffüllt. Die Ladakhis schwören auf Baba bei Magenproblemen.

●**Skiu,** eine Art Suppe. Weizenmehl wird mit Wasser zu Teig geknetet und zu runden, etwa drei Zentimeter großen Schüsselchen geformt. Die Teigtaschen zusammen mit ein paar Rettichscheiben und Kohlblättern in der Suppe kochen lassen.

●**Chudagi** ist eine Variante von Skiu. Den Teig formt man zu Rechtecken und drückt ihn in der Mitte zusammen, was dann aussieht wie der Spitzname dieses Gerichts: *pumpä namchok* – Eselsohren.

●**Tsampa** pur steht in jeder ladakhischen Küche, in kleine Holzschalen gefüllt, stets auf dem Tisch. Das schmackhafte Mehl wird mit Buttertee oder Chang verrührt und eventuell etwas Zucker dazugegeben. Eine kleine Mahlzeit für Zwischendurch.

Zum Frühstück gibt es meist **Brot.** Die Ladakhis kennen drei verschiede-

Buttertee

Unangefochtenes Lieblingsgetränk der Ladakhis (außer Chang) und zugleich kulinarischer Schrecken für so manchen Touristen ist Buttertee. Auf einer Reise in die ländlichen Gebiete Ladakhs kommt niemand um dieses auf den ersten Schluck wahrhaft merkwürdig schmeckende Gebräu herum. Um diesem ungewohnten Geschmackserlebnis einen vertrauten Namen zu geben, muss oft der Vergleich mit Suppe oder Würzbrühe herhalten. Ich persönlich finde, Buttertee schmeckt schlichtweg nach den Ingredienzen, aus denen er hergestellt ist: Tee mit Butter und Salz.

Die Grundlage bildet frisch gekochter Schwarztee. Traditionell stammen die Teeblätter aus China – seitdem die indisch-chinesische Grenze geschlossen und chinesischer Tee in Leh teuer ist, müssen die Ladakhis auf indischen Tee zurückgreifen.

Der Tee wird in einen langen schmalen Holzzylinder, den Gurgur, gefüllt. Hinzu kommt ein ordentliches Stück Butter, ein Löffel Salz und manchmal etwas Milch. Vor allem in Klöstern wird gerne Soda zugegeben, ein weißes Pulver, das in Nubra zu finden ist und das den Tee rötlich einfärbt. Nun wird das Ganze etwa eine Minute lang im Gurgur durchgestampft, bis die Flüssigkeit leicht cremig ist. Der Buttertee wird in eine Messingkanne umgefüllt und ist jetzt fertig zum Ausschenken.

Oft wird behauptet, Ladakhi-Gaumen hätten eine Schwäche für ranzige Butter – nur weil der Tee oft danach schmeckt. Das stimmt natürlich nicht: Der ranzige Geschmack kommt daher, dass die Butter im Sommer schneller verdirbt; auch Ladakhis bevorzugen den Geschmack von frischer Butter!

Buttertee wird aus hübschen, oft mit Türkisen verzierten Holzschalen oder aus chinesischen Schalen getrunken. Wenn die Familie zusammensitzt, ist ein Familienmitglied – meist eines der Mädchen – damit beauftragt, allen ständig bis zum Rand nachzugießen, sobald man einen Schluck genommen hat. Die Tasse wird deshalb nie leer, und man muss schon sehr entschlossen die Hand darauflegen, wenn man nichts mehr trinken möchte.

Gerade im Winter ist der Buttertee ein unverzichtbarer Bestandteil des Speisezettels, denn die Butter versorgt den Körper mit genügend Fett und hält ihn bei den frostigen Temperaturen warm.

Ladakhis konsumieren diesen Tee in erstaunlichen Mengen – 40 Tassen pro Tag sind keine Seltenheit. Allerdings kann ein Zuviel nachteilig für die Gesundheit sein: Ein Übermaß an Salz führt nicht selten zu Bluthochdruck.

Reisetipps

ne Arten von Brot. Die beliebteste Variante sind die indischen Chapatis, dünne Weizenteigfladen, die auf einer flachen Schale über dem Feuer gebacken werden. Daneben gibt es das kleinere und dickere Kambir und schließlich den in Aschenglut gebackenen Thalschag, den ladakhischen „Zweipfünder".

Milchprodukte werden selbst hergestellt. Sehr schmackhaft ist **Curd,** ein Joghurt, den man überall in Indien finden kann. Curd kann durch eine einfache, aber zeitaufwendige Methode zu **Butter** verarbeitet werden: Der Curd wird in einen Holzbottich geschüttet, in dem ein mit einem Lederband an der Wand verankerter Quirl steckt. Während das Lederband hin- und hergezogen wird, dreht sich der Quirl blitzschnell, nach einer Stunde steht die Butter.

Butter ist eine wichtiger Bestandteil des so beliebten Buttertees. Die am

Schluss im Holzfass übrig bleibende Buttermilch *(dharra)* wird mit Kräutern und Chili gewürzt und dann mit Brot oder Baba gegessen.

Getränke

Nationalgetränke sind Buttertee (siehe Exkurs) und **Chang,** eine Art Bier. Ladakhis sind ziemlich trinkfreudig, deshalb gibt es Chang in jedem Haushalt, und er darf als wichtiger Bestandteil auf keinem Fest fehlen. Ein traditionelles Ladakhi-Haus verfügt sogar über ein spezielles Changzimmer, in dem das beliebte Gerstengebräu hergestellt wird.

Geschmacklich hat Chang mit unserem Bier nur wenig gemeinsam. Frisch bereitet, schmeckt das leicht fermentierte Gerstenwasser spritzig und leicht süßlich. Je länger es aufgehoben wird, um so mehr steigt der Alkoholgehalt, und dann spürt man nach einigen Gläsern schon einen Schwips. Wer genug hat, legt die rechte Hand mit Nachdruck und Entschlossenheit auf das Glas.

Probieren sollte man Chang auf jeden Fall, er ist in der Regel gut bekömmlich. In Leh muss man aber aufpassen, da das Wasser, mit dem Chang hergestellt wird, dort nicht sehr gut ist. In den Dörfern sollte es jedoch keine Darmprobleme geben. Vorsicht: Alkohol verträgt sich mit der ungewohnten Höhe nur schlecht. Lieber nicht zu tief ins Glas schauen!

Richtiges **Bier** ist in Leh erhältlich. Da eine Alkohollizenz in Indien teuer ist, wird Bier jedoch nur in wenigen Restaurants und Bars ausgeschenkt, außerdem gibt es guten indischen Rum und Whisky.

Mineralwasser bekommt man in allen größeren Ortschaften und oft auch in den Krämerläden kleiner Dörfer (darauf achten, dass der Deckel original verschlossen ist). Zu einem ökologischen Problem sind allerdings die Plastikflaschen geworden, in die das Mineralwasser abgefüllt ist. Wer einen Beitrag zur Umwelt leisten und helfen will, Plastikmüll zu vermeiden, kann in Leh bei „Dzomsa" Wasser kaufen. Dort wird abgekochtes Quellwasser, garantiert unbedenklich, zum Preis von 7 Rupien pro Liter verkauft. (Näheres über Dzomsa siehe Leh). Unterwegs wird man häufig die Trinkflasche mit **Bachwasser** auffüllen. Dieses ist in der Regel sauber und schmackhaft, sollte aber vorsichtshalber desinfiziert werden.

Gesundheit

In westlicher Medizin ausgebildete **Ärzte** sind in ladakhischen Dörfern eine Seltenheit, denn diese Doktoren praktizieren lieber in den Krankenhäusern von Choglamsar und Leh, und manche betreiben nebenbei noch ihre eigene Praxis. Wenn etwas Ernstes passiert, ist es deshalb ratsam, möglichst schnell nach Leh zu fahren.

Die acht Medizinbuddhas

Bei harmlosen Krankheiten kann man sich getrost den eigentlichen **Medizinmännern** Ladakhs, den *Amchis,* anvertrauen. Es gibt mindestens einen in jedem Dorf. Die Amchis praktizieren **traditionelle tibetische Heilkunst** und genießen in der Regel großes Vertrauen der Leute. Gegen Durchfall und Magenbeschwerden haben sie wirksame Kräuterpillen. Von etwas obskuren

Tibetische Medizin

Das Grundelement der tibetischen Heilkunst, nach der auch traditionelle Ärzte (Amchis) in Ladakh praktizieren, ist die Jahrtausende alte indische **Ayurveda-Lehre,** das „Wissen vom gesunden und langen Leben". Ihre Pfeiler ruhen auf den drei Bioenergien oder „Säften": Wind *(Lung)*, Galle *(Tripa)* und Schleim *(Päken)*. Befinden sich diese Bioenergien im harmonischen Gleichgewicht, ist der Mensch gesund. Sobald aber diese Kräfte ihr Gleichgewicht verlieren, kann sich eine Krankheit im Körper oder Geist eines Menschen manifestieren.

Wie kann es geschehen, dass die Bioenergien aus dem Gleichgewicht geraten? Die Ursachen sind vielfältig: ständige Überlastung, falsche oder ungesunde Ernährung, seelischer Druck, fehlende Entspannung. Nach dieser Auffassung ist also Krankheit eine Auswirkung des Ungleichgewichts der Energien. Auch der spirituelle Aspekt spielt in der tibetischen Medizin eine Schlüsselrolle, entsprechend der Kernaussagen der buddhistischen Philosophie:

1. Die irdische Existenz besteht aus Leiden.
2. Die Ursache des Leidens ist das Wünschen.
3. Das Leiden hört auf, wenn man allem Wünschen entsagt.
4. Das Entsagen aller Wünsche ist realisierbar durch tiefe Erkenntnis sowie einen ethischen Lebensstil.

Die Ursache allen Leides sind demnach nicht enden wollende Wunschgedanken; diese werden ausgelöst durch die drei von Buddha definierten **Geistesgifte:** der Gier, dem Hass und der Unwissenheit. Indem diese „Gifte" in menschlichen Geist eindringen, werden ergo auch die körperlichen Bioenergien aus ihrer Balance gebracht. Die Energie „Wind" wird vermehrt durch Begierde, „Galle" steigt durch Aggression, „Schleim" steigt durch Ignoranz.

Auch im Westen ist bekannt, dass negative Gefühle oder Gedanken uns nicht gut tun, also Leid verursachen. So kennt der Volksmund etwa die „Wut im Bauch", „es schlägt auf den Magen" oder „es geht an die Nieren". Dass das Nervensystem den Stoffwechsel, also die „Säfte" beeinflusst, ist also auch bei uns geläufig.

Entsprechend dieser genannten Ursachen besteht das Heilprinzip der tibetischen Medizin nicht wie in der westlichen Medizin vorrangig in der Behandlung des erkrankten Organs. Vielmehr wird angestrebt, das ursprüngliche **Gleichgewicht der Bioenergien** wieder herzustellen.

Zur **Diagnose** greifen die Amchis auf das Standardwerk „rGyud bzi" zurück, das mit seinem vollen Titel „Geheim-Unterweisungs-Traktat über die achtgliedrige Unsterblichkeits-Essenz" heißt. In dem 156 Kapitel umfassenden und vermutlich aus dem 8. Jh. stammenden Buch sind die Medizin-Terminologie, die Gesetze und das System der tibetischen Heilkunde enthalten. An den klösterlichen Medizinschulen im alten Tibet dauerte das Studium 13 Jahre!

Nachdem die Qualität von Mitgefühl als eine grundlegende Voraussetzung für einen guten Arzt genannt wird, wurden ehemals meist Mönche als Arzt ausgebildet.

Die Diagnose erfolgt durch Beschauen von Zunge und Urin sowie das Befühlen des Pulses. Die **Puls-Untersuchung** gilt als die wichtigste diagnostische Methode, da sie über die Funktionen der Organe Auskunft gibt. Es heißt, ein Arzt hat erst nach 20 Jahre Praxis, das perfekte Feingefühl für das Lesen der Pulsqualität entwickelt.

Für die **Therapie** kennt die tibetische Medizin Arzneien aus Kräutern und Mineralien, Empfehlungen für die geeignete Ernährung, Massagen mit Ölen, mineralische Bäder, Akupunktur und Schröpfen. Ein Augenmerk wird auch auf die spirituelle Praxis gelegt: So empfiehlt der Arzt regelmäßige Meditationspraktiken. Indem die leidbringenden Gefühle unter Kontrolle gebracht werden, kann der Mensch emotional stabil werden und die Körpersäfte sich harmonisieren.

Hoch entwickelt sind in der tibetischen bzw. ladakhischen Medizin die Kenntnisse um die Heilwirkung von Kräutern. Diese werden dem Patienten zumeist in Form von Kräuterpillen verabreicht. Die wirksamsten Pflanzen wachsen hoch oben in den Bergen und in einsam gelegenen Tälern. Die Amchis suchen und mischen ihre Kräuter selbst: Blüten und Früchte werden im Sommer gesammelt, die Blätter im Spätsommer, Wurzeln, Stängel und Zweige im Herbst. Die Vermischung der einzelnen Ingredienzen zu einem Medikament ist eine hoe Wissenschaft. Einige Pillen enthalten 75 Bestandteile, in besonders wertvolle Medikamente werden feinst geriebene Edelsteine und Gold eingemengt. Insgesamt sind über 200 verschiedene Rezepturen bekannt.

Was die Diagnose angeht, kann **ein fähiger Amchi** durchaus mit westlichen Medizinern mithalten. So brachte ein Arzt aus dem Himalaya bei seinem Besuch in einem westlichen Krankenhaus die Klinikärzte zum Staunen: Er konnte – nur durch Puls- und Urindiagnose – bei mehreren Patienten (er hatte sie vorher nie gesehen und konnte nicht mit ihnen sprechen) exakt eine Herzkrankheit, Arthritis und eine transplantierte Niere feststellen.

Besonders gute Erfolge können die Amchis in der Behandlung von Magen- und Darmstörungen, Gelenkerkrankungen und Hepatitis vorweisen.

In Ladakh wird das Wissen der Amchis häufig vom **Vater zum Sohn** weitergegeben. Daneben gibt es (verstärkt seit einigen Jahren) Schulen, in denen diese traditionelle Medizin auf hohem Niveau gelehrt wird und somit auch für die Zukunft bestehen kann.

Reisetipps

031l2 Foto: jm

Amchi bei der Untersuchung

Behandlungsmethoden, die bei Entzündungen und inneren Schmerzen angewendet werden – wie das Auflegen glühender Pasten und Aderlass – rate ich ab.

Westliche **Medikamente** made in India werden in den **Medical Aid Stations** ausgegeben. Jedes größere Dorf verfügt über eine solche Station. Sie werden von Krankenschwestern geführt, die zumeist mit einem bescheidenen Sortiment an Medikamenten auskommen müssen. Leichte Medizin ist dort willkommen, etwa Tropfen gegen entzündete Augen (haben die Frauen oft vom Ofenqualm), Jod und sterile Bandagen. Jedoch Vorsicht: Medikamente zu verschenken birgt

auch Gefahren. Nicht ausgebildete Personen, die unsachgemäß damit umgehen, können beim Patienten oft mehr Schaden als Nutzen anrichten. Zudem verlieren die Menschen das Vertrauen in ihre eigene, durchaus hilfreiche Medizin. Medikamente deshalb nur an kompetent wirkende Leute vergeben!

Wer ernsthaft krank ist, wird mit einem Militärflugzeug von Leh in gute Krankenhäuser in Delhi oder Chandigarh ausgeflogen. Auch die Linienflugzeuge stellen Plätze für **Notfälle** zur Verfügung.

Schwierigkeiten kann es geben, wenn während des Treks etwas passiert. Im Extremfall kann es zwei oder drei Tage dauern, bis ein **Hubschrauber** der Armee zur Unfallstelle kommt. Man darf also kein funktionierendes Rettungssystem wie in den Schweizer Alpen erwarten. Der Unfall muss der Polizei oder dem Touristenbüro in Leh gemeldet werden, die wiederum das Militär benachrichtigen. Ein Hubschrauber-Einsatz muss von Delhi formal genehmigt werden; bis dahin kann wertvolle Zeit verstreichen, bis der Verletzte vom Unfallort ausgeflogen wird.

Handy-Empfang ist im Prinzip auch in den Bergen möglich, sodass im Notfall schnell Hilfe angefordert werden kann. Weitläufige Gebiete liegen aber im Funkloch, von wo Hilfe zu holen entsprechend länger dauert.

Konkrete Hinweise zu den in Ladakh praktizierenden Ärzten entnehme man den Hinweisen im Anhang zur Ortsbeschreibung Leh.

Sperrgebiete

Aus militärischen Sicherheitsgründen ist ein Teil Ladakhs für Ausländer gesperrt. Die Sperrgebiete liegen in Richtung der streng bewachten **Grenzen zu Pakistan und China** (bzw. Tibet) hin und sind durch die sogenannte „inner line" abgegrenzt.

Die **„inner line"** verläuft zwei Kilometer nördlich parallel der Militärstraße **Srinagar – Leh** bis nach Karu hinunter. Im Sperrgebiet liegen damit die Gebiete Nubra nördlich von Leh und das Industal westlich von Khalse, außerdem das von Nomaden besiedelte Hochland von Changtang in Richtung zur tibetischen Grenze.

Seit 1994 dürfen Touristen einige Gebiete innerhalb der „inner line" bereisen, und zwar gilt das für Nubra, Changthang, den Pangong-See und den Tsomoriri-See. Die Genehmigung für diese Gebiete ist in Leh ohne Probleme beim District Magistrat's Office, oberhalb des Poloplatzes, zu bekommen. Am besten beantragt man die Genehmigung *(innerline permit)* über eines der örtlichen Reisebüros. Das kostet ein paar Euro pro Person, erspart aber eine Menge Aufwand und Zeit. (Genaueres siehe Kapitel „Gebiete mit Sondergenehmigung/ Überblick".)

Auch die **Absperrung entlang der Straße Leh – Manali** gilt formal noch immer; sie verläuft eine Meile östlich der Straße, also etwa 40 Kilometer westlich der tibetischen Grenze. Dieses vor allem die **Region Spiti** umfassende Gebiet ist aber seit 1992 mit einer problemlos erhältlichen Genehmigung durch das Innenministerium für Ausländer zugänglich.

Selbst wenn man diese Regelung des erforderlichen innerline-permits übertrieben findet, muss sie auf jeden Fall eingehalten werden. Die Polizei kontrolliert regelmäßig und schickt Touristen ohne Genehmigung zurück. Schlimmstenfalls muss man eine saftige Strafe bezahlen und mit der Ausweisung aus Ladakh rechnen.

Reisetipps

Sicherheit

Ladakh ist ein sicheres Reiseland, und aller Wahrscheinlichkeit nach wird die Reise ohne Angst und Schrecken verlaufen. Insgesamt ist Ladakh garantiert ungefährlicher als das Heimatland des Touristen. Trotzdem ein paar Sicherheitstipps:

Frauen können in Ladakh unbesorgt reisen und werden von Ladakhis wahrscheinlich auch nicht „angemacht". Einen Bogen sollten sie jedoch um indische Polizisten und das Militär machen. Es sind Fälle bekannt, dass Touristinnen beim Mitfahren in Militär-Trucks und nachts von Polizisten in Leh genötigt wurden. Alleinreisende Frauen sollten sich auch die Besatzung genau ansehen, bevor sie bei Unbekannten in einen privaten LKW einsteigen.

Selten kommen in Leh **Taschendiebstähle** vor. Geld und andere Wertsachen sollten also sicher am Körper verstaut werden (Geldgürtel, Brustbeutel, eingenähte Innentaschen etc.).

Persönliche Dinge und **Wertgegenstände** nicht offen im Hotelzimmer herumliegen lassen, denn: Gelegenheit macht bekanntlich Diebe! Langfinger gehen gern an Kosmetika, Kugelschreiber etc.

Elektrizität

Elektrizität ist und bleibt ein **Problem in Ladakh.** Nach wie vor ist die Stromversorgung sowohl in Leh wie auf den Dörfern unzureichend. Strom gibt es meist nur abends für einige Stunden; tagsüber und nachts wird ohnehin meist abgeschaltet. Oft genug fällt, selbst in Leh, der Strom auch abends aus. Man sollte deshalb abends immer eine Taschenlampe bei sich tragen.

Die Elektrizität für Leh und die am Indus liegenden Dörfer kommt **während der Sommermonate** vom Indus-Wasserkraftwerk nahe der Ortschaft Stakna. Leitungsbrüche und durch

131l.e Foto: jm

Klostertüren werden mit gewaltigen Schlössern gesichert

Schwemmsand immer wieder verstopfte Zuleitungskanäle sowie Korruption in der Verwaltung verhindern einen wirklichen Fortschritt dieses wichtigen Projekts.

Während der Wintermonate, wenn der Indus zugefroren ist, bleibt das Wasserkraftwerk geschlossen; Leh wird dann, wie auch im Sommer bei Ausfall des Kraftwerks, durch Dieselgeneratoren mit Strom versorgt. Geplant war, dass das Kraftwerk Stakna auch die größeren Ortschaften um Leh regelmäßig mitversorgt, was wegen der weiten Entfernungen aber nicht recht funktioniert. Eine neue Hoffnung liegt in dem Wasserkraftwerk, das zurzeit am Indus nahe bei Alchi gebaut wird. Planmäßige Fertigstellung ist im Jahr 2010, das Kraftwerk soll dann die gesamte Region im unteren Ladakh versorgen.

Die meisten **Dörfer Ladakhs** werden durch örtliche Dieselgeneratoren mit Strom versorgt, und zwar in der Regel für drei Stunden am Abend etwa zwischen 19.30 Uhr und 22.30 Uhr. Geht ein Generator kaputt, und das passiert oft genug, kann es Wochen dauern, bis der Schaden behoben ist.

Die Stromversorgung zählt zu einem der wichtigsten Entwicklungsziele in Ladakh, solange aber korrupte indische Beamte und Ingenieure sich an solchen Projekten nur bereichern wollen, wird regelmäßiger Strom noch lange ein Wunschtraum bleiben.

Die **Netzspannung** beträgt 220 V, Elektrogeräte neueren Modells können demnach benutzt werden; für ältere Modelle wird ein Adapter benötigt.

Maße und Gewichte

Längenmaße

1 inch		= 2,5400 cm
1 foot	= 12 inches	= 0,3048 m
1 yard	= 3 feet	= 0,9144 m
1 mile	= 1760 yards	= 1,6093 km

Flächenmaße

1 sq inch		= 6,4516 cm²
1 sq yard	= 9 sq feet	= 0,8361 m²
1 acre	= 4840 sq yards	= 4046,86 m²
1 sq mile	= 640 acres	= 259 ha

Raummaße

1 cubic inch		= 16,387 cm³
1 cubic yard	= 27 cubic feet	= 0,7646 m³

Gewichtsmaße

1 ounce	= 437,5 grains	= 28,350 g
1 pound	= 16 ounces	= 0,4536 kg

In Indien sind auch Angaben in Gramm und Kilogramm üblich.

Temperatur

Die Temperatur wird in Fahrenheit (F) angegeben. Die Umrechnungsformeln lauten:
C = 5/9 (F -32)
F = 9/5 (C +32)

F°	°C
0	-17,8
10	-12,2
20	-6,7
32	0
40	4,5
50	10
60	15,5
70	21,1
80	26,6
90	32,2

Reisetipps

Ladakh

032lz Foto: jm

132lz Foto: jm

Nomadenmädchen in Chantang

Getreidedreschen auf traditionelle Weise

Viele Bauernhäuser liegen sehr einsam

Landeskunde Die Namen Ladakhs

Begriffsbestimmung

Mit „Ladakh" werden im allgemeinen Sprachgebrauch unterschiedliche Sachverhalte gekennzeichnet.

Zum einen ist Ladakh die größte **Provinz** im Bundesstaat Jammu & Kaschmir, also ein politisch-administrativer Begriff. Zanskar gehört verwaltungsmäßig zur Provinz Ladakh.

Zum zweiten bezeichnet Ladakh eine **geografische Region,** die von der Ladakh-Kette im Nordosten und der Zanskar-Kette im Südwesten begrenzt wird. In diesem Sinn gehört also Zanskar (als Region) nicht zu Ladakh. Wenn nicht ausdrücklich anderes gemeint ist, bedeutet Ladakh im weiteren immer die Region Ladakh.

Historische Namen

Ladakh hat im Laufe seiner Geschichte verschiedene Namen erhalten. Der heute gebräuchlichste, **Ladakh,** heißt so viel wie „Hohe-Pässe-Land". Ein anderer Name stammt aus dem alten Tibet: Während die tibetischen Herrscher ihr eigenes Imperium stets selbstbewusst als Großtibet bezeichneten, nannten sie die ebenfalls buddhistischen, aber politisch unabhängigen Gebiete westlich davon **Ngari,** also Kleintibet.

Ein alter Name ist auch **Maryul.** Es gibt zwei mögliche Bedeutungen für dieses Wort. Die eine ist „Rotland", womöglich wegen der roten Roben der Mönche. Andere übersetzen es

mit „Unterland", weil es geografisch etwas niedriger als die umliegenden Regionen liegt. Übrigens ist „Maryul" ein gutes Beispiel für die bisweilige Verwirrung in der ladakhischen Sprache, wonach ein Wort verschiedene Bedeutungen haben kann. Jedenfalls haben in diesem Fall beide Bedeutungen ihren Sinn.

Der gelegentlich gebrauchte Name **Mangyul** kann mit „Distrikt vieler Leute" übersetzt werden.

Geografie

Ladakh ist eines der höchst gelegenen bewohnten Gebiete der Erde, die besiedelten Täler liegen auf einer durchschnittlichen **Höhe** von 3500 m.

Hauptstadt und Kommunikationszentrum ist Leh (15.000 Einw.), das in einem weitläufigen Seitental des Indus liegt.

Die **Landschaft** von Ladakh ist geprägt von hohen Bergketten, zerklüfteten Tälern und ein paar wenigen Flüssen geprägt. Unzugängliche Hochplateaus machen den größten Teil der Region unbewohnbar. Als nördlichster Landesteil von Indien befindet sich Ladakh zwischen 33 und 35 Grad nördlicher Breite und 76 und 79 Grad öst-

Eine grandiose Landschaft: der Himalaya

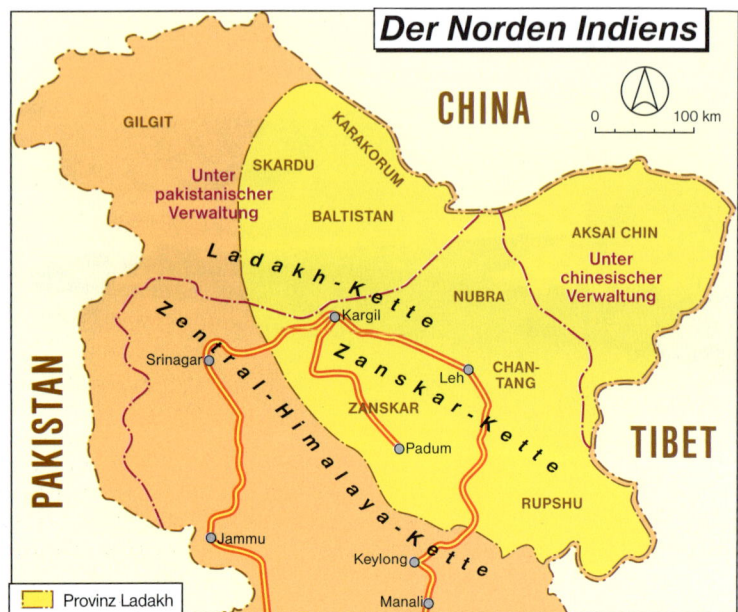

Der Norden Indiens

GILGIT

Unter pakistanischer Verwaltung

SKARDU

KARAKORUM

CHINA

0   100 km

BALTISTAN

L a d a k h - K e t t e

AKSAI CHIN

Unter chinesischer Verwaltung

NUBRA

Z e n t r a l - H i m a l a y a - K e t t e

Z a n s k a r - K e t t e

Kargil

Srinagar

Leh

CHAN-TANG

PAKISTAN

ZANSKAR

Padum

RUPSHU

TIBET

Jammu

Keylong

Manali

☐ Provinz Ladakh

licher Länge. Damit liegt das Land etwa auf der Höhe von Marokko oder Nordägypten.

Ladakh hat eine **Fläche** von 96.000 km², das entspricht etwa der Größe von Bayern und Hessen zusammen. Zieht man davon die zwar zu Ladakh gehörenden, aber von China unrechtmäßig besetzten 38.000 km² des Aksai-Chin-Gebietes ab, bleibt nur die Größe von Bayern übrig.

Aufgrund seiner geografischen Lage ist Ladakh ein strategisch sehr wichtiger Stützpunkt. Im Nordosten grenzt es an China (bzw. Tibet), im Nordwesten an Pakistan, im Westen an Kaschmir und im Süden an die indischen Provinzen Himachal Pradesh und den Punjab. Wegen der drohenden militärischen Gefahr von Pakistan und China hat Indien in dieser „Pufferzone Ladakh" rund 30.000 Soldaten stationiert.

Lässt man auf einem Gipfel den Blick über die Landschaft schweifen, mögen die bizarr geformten **Bergketten** zunächst unstrukturiert erscheinen. Ein Blick auf die Landkarte verrät jedoch etwas anderes: Die Hauptketten des Himalaya und seine Täler sind fast parallel ausgerichtet, dabei lassen sich vier große Hauptketten erkennen: Vom Süden nach Norden sind dies

● der tiefe Himalaya (ca. 1000–1500 m hoch)

- der untere Himalaya
- der Zentralhimalaya mit der Zanskar-Kette
- der Transhimalaya mit der Ladakh-Kette und Karakorum.

Mitten in diesem Transhimalaya, also am nordwestlichen Rand des Himalayamassivs, liegt Ladakh. Eingerahmt wird Ladakh im Nordosten von der Ladakh-Kette und im Südwesten durch das im Zentralhimalaya gelegene Zanskar-Massiv. Das Ladakh-Massiv ist nach Westen in Richtung Pakistan stark zerklüftet und völlig unzugänglich.

Nach Osten zu China (bzw. Tibet) hin sind die Berggipfel nicht mehr so scharf ausgeprägt und gehen in die weitflächige **Hochebene von Chantang** über. Der größte Teil dieser Hochebene liegt auf tibetischem Gebiet, der kleinere Teil in Ladakh. Auf diesen rauen Hochflächen ziehen seit Jahrtausenden die Nomaden mit ihren Viehherden umher. Nur wenige Wege führen über die schwer passierbaren Pässe hinüber nach China. Damit bildet der Karakorum natürliche Grenzen zwischen Indien und Pakistan bzw. China.

Klimatisch fungieren die dem Himalaya-Hauptkamm vorgelagerten Ketten des tiefen, unteren und zentralen Himalaya als **Wetterscheide.** Die vom indischen Subkontinent hochwehenden Wolken regnen sich an diesen Südhängen des Himalaya zum großen Teil ab, weshalb z.B. in Kaschmir und Himachal Pradesh subtropische Regenwälder stehen. Nur wenig Feuchtigkeit kann den Hauptkamm überwin-

den und ins Innere des Hochlandes gelangen. Daher ist Ladakh durch minimale Niederschläge und ausgesprochene Trockenheit geprägt. In den letzten Jahren findet auch in Ladakh ein **Klimawechsel** statt. Aufgrund veränderter Luftdruck-Verhältnisse gelangen doch häufig Wolken über den Hauptkamm, um über Ladakh abzuregnen.

Flusssysteme

Fast alle Flüsse in Ladakh strömen dem Indus entgegen. Der 3200 km lange **Indus** ist somit die Hauptwasserader, und das Industal das zivilisatorische Zentrum des Landes. Entlang diesem Fluss siedelten die ersten Ackerbauern, und heute ist dieses Gebiet am dichtesten bewohnt.

Der Indus entspringt in Tibet nahe dem heiligen Berg Kailash am Manasarowarsee. Lange haben Forscher den Indus-Nebenfluss Gartok für den Indus gehalten, bis Sven Hedin im 19. Jahrhundert schließlich die richtige Quelle ein paar Tagesmärsche nördlich des Kailash fand. Wenn die Wasser des Indus in Leh ankommen, haben sie bereits 800 km hinter sich. Die Wassermenge ist angesichts dieser Länge noch sehr bescheiden. Im Lauf seiner Ladakh-Durchquerung nimmt der Fluss jedoch Nebenflüsse auf, die mehr Wasser führen als er selbst. Dieses Phänomen ist eindrucksvoll beim Ort Nimmu sichtbar, wo der größere schlammbraune Zanskar mit dem türkisgrünen Indus zusammenfließt. Erst in Baltistan (Pakistan) schwillt der In-

Ladakh

Der Himalaya

„Hundert göttliche Zeitalter würden nicht reichen, um alle Wunder des Himalaya zu beschreiben", lautet ein Sprichwort aus dem Sanskrit. Ich schließe mich dieser Aussage an und beschränke mich daher hier auf die Geografie und die Entstehung dieses höchsten und mächtigsten Gebirges der Erde. Himalaya bedeutet „Heimat des Schnees". Hier erstrecken sich die höchsten Gipfel der Welt von West nach Ost über 2400 km beinahe quer durch Asien. In seiner Breite misst das Gebirge zwischen 150 und 300 km. Das Gebirgsmassiv bedeckt Teile von sechs Ländern: Indien, Bhutan, Nepal, Pakistan, China (einschließlich Tibet) und Afghanistan. Die höchsten Gipfel, alle über 8500 m hoch, sind der Mount Everest, K2, Kangchendzönga und Lhotse. Irgendwo in der unendlichen Einsamkeit dieser gigantischen Berge zu stehen ist ein übermächtiges, ehrfurchtsvolles Gefühl.

Der Himalaya ist mit einem geologischen Alter von 20 Millionen Jahren ein ausgesprochen junges Gebirge. Wo sich heute die mächtigsten Gebirgsmassen der Erde auftürmen, erstreckte sich ursprünglich ein aisgedehnter, tiefer Ozean. Um die **Entstehung des Himalaya** begreifen zu können, muss man deshalb 150 Mio. Jahren zurückgehen: Damals sah die Erdoberfläche völlig anders aus als heute: Südamerika, Afrika, Australien und Indien waren auf der Südhalbkugel als Riesenkontinent Gondwana fest miteinander verbacken. Dann zerbrach Gondwana, und die einzelnen Schollen wanderten nach Norden mit einer Geschwindigkeit von ca. 15 cm/Jahr. Man muss sich diese Schollen, die die späteren Erdteile darstellten, wie dünne Platten vorstellen, die auf einer glühenden, zähflüssigen Masse treiben. Nach ca. 40 Mio. Jahren der Nordwanderung, also vor 60 Mio. Jahren, prallte Indien schließlich auf Nordasien.

Was geschieht, wenn zwei Massen mit Wucht gegeneinander stoßen? Eine Platte taucht in die zähflüssige Masse hinab und drückt die andere Platte nach oben. In diesem Prozess verschmelzen die Massen durch Druck und Hitze miteinander und formen so ein Gebirge.

Nun vollzog sich die Auffaltung des Himalaya aber nicht in einem Schritt. Vielmehr kam es zu mehreren, teils ruckartigen Schüben, in denen sich die Platten mehr und mehr überlagerten. So entstanden die vier fast parallelen Hauptketten des Himalaya. Die härteste Kollision fand vor etwa 2 Mio. Jahren statt, bei der das gesamte Gebirge um weitere 3000 m in die Höhe gedrückt wurde. Naturgewalten wie Wind, Wasser, Erdrutsche, Lawinen und Eis formten die spitzen Berge und tiefen Schluchten zu einem wild zerfurchten Gesamtbild.

Der Himalaya wächst bis heute, und die Felsmassen werden durch den weiterhin vorhandenen Druck immer noch höher geschoben. Die Wachstums-Geschwindigkeit ist schwer zu benennen, da man erst vor 100 Jahren mit den Messungen begann. Schätzungen sprechen von 7–10 cm pro Jahr. Dem wirkt aber die Abtragung (Erosion) entgegen, so dürfte der „Nettozuwachs" nur wenige Zentimeter pro Jahrhundert (!) betragen.

Die europäischen Alpen sind übrigens zur gleichen Zeit wie der Himalaya entstanden. Als der Super-Kontinent Gondwana zerbrach, driftete die Afrikascholle auf Europa zu und drückte bei der Kollision das Alpenmassiv hoch.

Wer mit offenen und geschulten Augen durch den Himalaya wandert, kann **Spuren des früheren Ur-Ozeans** entdecken. Im Kalkstein eingelagert sind Ammoniten, versteinerte Meerestiere, die vor Millionen Jahren ausstarben, heute in Höhen bis 5500 m. Kalkstein ist ein Gestein, das durch Ablagerungen von Muscheln und toten Meerestieren auf dem Ozeanboden gebildet wurde. Als die Kontinente zusammenprallten und an den Rändern nach oben gedrückt wurden, wurde dieser Teil des Meeresbodens mit den oberen Felsen emporgetragen.

Die Plattenkollision im Himalaya löst immer wieder große **Erdbeben** und Überschwemmungen aus – oft mit katastrophalen Folgen: 1841 stürzte eine so gewaltige Felsmasse in den Indus, dass sich das Wasser zu einem 60 km langen See aufstaute. Als der Damm barst, ertrank eine ganze Armee indischer Soldaten, die 150 km weiter entfernt campierte. 1934 kamen bei einem Erdbeben in Nepal 1000 Menschen ums Leben.

Der Himalaya ist in jeder Beziehung ein Superlativ: Hier gibt es die höchsten Berge und Pässe, die tiefsten Schluchten, die am höchsten lebenden Tiere. Das Gebirgsmassiv ist so gewaltig und unzugänglich, dass nur wenige Straßen darüber führen. Gerade aufgrund der Abgeschiedenheit und Weite sind die Menschen hier ihren Göttern ein Stück nähergerückt.

Der Berg aller Berge ist der **Mount Kailash,** der heiligste Sitz der Götter und Heimat des Gottes Shiva. Eine Pilgerreise zum Kailash zählt für Buddhisten wie für Hindus zu den Höhepunkten ihres Lebens. Fromme Buddhisten legen die Strecke in Niederwerfungen zurück, das heißt, sie beginnen dort wieder, wo ihre ausgestreckten Arme den Erdboden berührt haben. Die Reise dauert so oft Jahre.

Am Kailash entspringen auch die Quellen der vier größten und heiligsten Flüsse Asiens. Die bedeutungsreichen alten tibetischen Namen dieser Flüsse sind heute nahezu vergessen: Der Indus, den Tibeter *Sengge Kabab,* „aus dem Löwenrachen quellend", nennen; der Sutley ist der *Langtschen Kabab,* „der aus dem Maul des Elefanten strömt"; der Brahmaputra kommt aus dem Maul des Pferdes und der Ganges-Nebenfluss Gogra entspringt nach der Legende einem Pfauenschnabel.

dus zu einem mächtigen Strom an und mündet in Südpakistan ins Arabische Meer.

Da der Indus ganz Pakistan durchfließt, ist er die wichtigste Wasserader dieses Landes und damit ein Konfliktpunkt zwischen Pakistan und Indien: Weil der Oberlauf des Indus auf indischem Gebiet durch Kaschmir führt, befürchtet Pakistan, Indien könnte für seine eigenen Bewässerungssysteme irgendwann zu viel Wasser abzweigen.

Alle Flüsse, die in Ladakh dem Indus zuströmen, werden vom Schmelzwasser der Gletscher gespeist. So manches Rinnsal schwillt im Sommer zu einem reißenden Strom an; zu dieser Jahreszeit führt mancher Fluss das 10-fache seiner normalen Wassermenge, was Trekker oft vor schwierige Hindernisse stellt.

Als bedeutendster Nebenfluss des Indus hat der **Shyok** das breite Tal zwischen Karakorum und der Ladakhkette geprägt. Bevor er in Baltistan in den Indus einmündet, fließen die beiden Flüsse aber erst 700 km westwärts fast parallel nebeneinander her.

Der **Zanskar** (ladakhisch: *Chilingchu*) entwässert das zwischen Zanskarkette und Großem Himalaya gelegene Zanskartal. Unterwegs nimmt er drei Quellflüsse auf und ist deshalb besonders wasserreich, wenn er nach 340 km bei Nimmu in den Indus fließt.

Siedlungsraum

Ladakh ist von alters her ein Land mit extremem Niederschlagsmangel. Auf der Schattenseite des indischen Süd-

west-Monsuns gelegen, bekommt diese Region nur gelegentliche sommerli-
che Regenschauer ab. Das **Wasser**
kann in der ausgetrockneten Erde aber
nicht einsickern, sondern wird an der
Oberfläche abgeschwemmt und löst
bisweilen kleine Erdrutsche aus.
Wichtigster Wasserträger ist deshalb
der Schnee auf den Gletschern, der im
Sommer schmilzt und mit seinem
Schmelzwasser die Bäche speist. An-
siedlungen sind deshalb ausschließlich
entlang dieser Wasseradern zu finden,
denn nur hier können Felder bewässert werden. Siedlungen mit Ackerbau
gibt es in Ladakh bis in Höhen von
rund 4500 m.

Begrenzt wird die Größe eines Dorfes durch die zur Verfügung stehenden **Anbauflächen,** denn die Täler
sind meist schmal, und die Äcker müssen terrassenförmig an die Hänge gebaut werden. Über ein kompliziertes
Bewässerungssystem wird das Wasser
vom Bach zu den einzelnen Feldern
geleitet.

Lediglich 0,4 % der Gesamtfläche
Ladakhs wird landwirtschaftlich kulti-
viert. Die indische Regierung bemüht
sich aber seit Jahrzehnten, die Bewäs-
serungsflächen und damit den potenti-
ellen Siedlungsraum auszudehnen.
Größtes Projekt ist der seit vielen Jahren im Bau befindliche **Bewässerungskanal** zwischen den Ortschaften
Igu (nahe Hemis) und Leh. Über den
40 km langen Kanal soll irgendwann
das Induswasser abgezweigt und so
die sandige wüstenhafte Fläche links
des Indus in eine grüne Oase verwandelt werden.

Der Boden ist hier zwar nicht ideal,
wäre aber ausreichend für Ackerbau
mit mittelprächtigen Ernten.

Wie lange das Projekt noch dauern
wird, wagt niemand vorauszusagen.
Nach optimistischen Hoffnungen sollen damit aber irgendwann die bisherigen Anbauflächen Ladakhs um 50 %
(!) erweitert und in der Region mehrere Dörfer angelegt werden. Ob junge
Ladakhis, die heute als Beamte oder
gutbezahlte Angestellte der Armee arbeiten, dann wieder zur Scholle zurückkehren, sei dahingestellt.

Pflanzen und Tiere

Pflanzen

Ladakh liegt in einer **alpinen Hoch-
gebirgszone,** die durch extreme
Trockenheit, kalte Winter, steinige
Böden und scharfe Winde gekennzeichnet ist. Aufgrund dieser harten
Bedingungen ist das Land von einer
nahezu vegetationslosen **Trocken-
steppe** überzogen. Nur wenige anspruchslose Gräser und Pionierpflan-
zen wie Primeln, Edelweiß und Mauer-
pfeffer wachsen in Höhen bis 5000 m.

Ganz anders sieht es aus entlang der
Bäche und auf den Hochebenen, wo
sich das Schmelzwasser sammelt. Hier
konnten sich auf tiefgründigen Böden
Wiesen mit saftigem Gras und einer
außerordentlichen **Blumenvielfalt**
entwickeln. Einige der Blumenarten
auf diesen alpinen Wiesen sind Butter-
blumen, Anemonen, Astern, Geranien,
Disteln und die Königin der Himalaya-

blumen, der prächtige Blaumohn. Weite Gebiete sind mit Knöterichteppichen bedeckt.

Alpine Sträucher findet man auch an Bächen und in den u-förmigen Tälern. Die wichtigsten Sträucher sind Rosen und verschiedene Arten von Rhododendron.

Mit Ausnahme von wenigen Weiden- und Pappelbeständen entlang von Flussläufen sowie von einigen Neuaufforstungen in der Nähe von Siedlungen gibt es in ganz Ladakh **keine Wälder.** Nur einzeln stehende alte Wacholderbäume lassen auf eine

früher wahrscheinlich dichtere Bewaldung schliessen.

Tiere

Trotz dieser extremen Bedingungen leben viele Wildtiere im Hochgebirge von Ladakh. Dominierend sind **Hörnerträger,** die auch in den europäischen Alpen zu finden sind, allerdings sind die Tiere im Himalaya von grösserem Körperwuchs als die entsprechende Spezies in Europa.

Wer auf einem Trek unterwegs ist, hat gute Chancen, eine Herde Gemsen, Antilopen, Wildziegen oder Blauschafe zu entdecken. Die Tiere sind jedoch sehr scheu und flüchten, sobald sie Menschengeruch wittern.

Wildrosen-Büsche wachsen
im Sommer allerorten

Leider haben die Einheimischen schlaue Methoden entwickelt, um sich an die Tiere heranzupirschen und sie abzuschießen. Obwohl in Ladakh als auch in Zanskar **striktes Abschießverbot** besteht, gibt es noch immer einheimische Trophäenjäger. Denn die Tiere werden weniger nur wegen ihres Fleisches gejagt, als wegen ihrer Hörner, die man über der Haustür aufhängt, um böse Geister zu vertreiben.

Der König der Wildschafe ist das mächtige Nyan *(Ovis ammon)*, das ausgewachsen die Schulterhöhe eines Esels erreicht. Das Nyan hat mächtige, dicke Hörner und ein graubraunes Fell mit einem Streifen langer dunkelbrauner Haare auf dem Rückgrat. Es kommt heute in Ost-Zanskar und in Nordost-Ladakh nahe der tibetischen Grenze vor.

Wesentlich kleiner als das Nyan ist das **Shapo-Schaf** (Ovis vignei). Als einziges aller Wildschafe hat das sandgraue Shapo kein dickes Unterfell, weshalb es nicht die Schneegrenze überschreitet. Wenn die Herden im Winter nahe an die Dörfer herankommen, werden sie für Einheimische zur leichten Beute.

Heute ist das Shapo deshalb vom Aussterben bedroht. Mit etwas Glück trifft man auf eine Herde in den Bergen entlang dem Indus zwischen den Dörfern Spituk und Khalse.

Das noch am weitesten verbreitete Schaf ist das **Na** (Ovis nahura), das Blauschaf. Es gibt davon einige tausend Tiere. Das Blauschaf ist eine Mischung zwischen Schaf und Ziege, deshalb ist der Name „Blauschaf" et-

Das Yak

Eines der berühmtesten Tiere des Himalaya ist das Yak. Dieses zottelige Vieh mit seinem gedrungenen, stämmigen Körper, langen dicken Hörnern, dem buschigen silberweißen Schweif und dem fast bis zum Boden hängenden weichen Feil war schon immer das besondere Lieblingstier der Hochgebirgsbewohner. Kein Wunder: Mit bzw. aus einem Yak lässt sich allerlei machen, und ein Yak ist sowohl lebend als auch nach seinem Ableben vielseitig verwendbar.

Die Yakkuh, Dimo genannt, liefert **Milch und Butter,** die etwa den doppelten Fettgehalt der Kuhbutter aufweist und so gesund sein soll, dass sie als Medizin bei Bluthochdruck und Schwächeanfällen verabreicht wird. Der **Mist des Yaks** wird gerne als Brennmaterial verwendet, da er einen höheren Brennwert hat als der Dung anderer Tiere.

Außerdem ist so ein tibetischer Grunzochse ein äußerst **praktisches Lasttier:** Er trägt bis 100 Kilo, und seine Hufe greifen selbst auf steilen, rutschigen Pfaden noch sicher. Im Gegensatz zu allen anderen Tieren, denen schnell die Puste ausgeht, können Yaks sich ihre Luft einteilen. Wird es gar anstrengend, zockelt das Yak gemütlich dahin und braucht so kaum Sauerstoff. Richtig wohl fühlt es sich erst ab 4000 Metern Höhe.

Nach seinem Ableben im Alter von ca. 12 Jahren gibt das Yak einen wohlschmeckenden Festschmaus ab. Seine Hörner werden zu handlichen Behältern verarbeitet, und die Knochen wandern in die Leimsiedereien. Die Nomaden weben das zottige Fell zu warmen dicken Zelten und zu Kleidern. Last but not least landet der buschige Schwanz schließlich auf dem Fahnenmast vor einem Kloster oder wird in der Küche als praktischer Staubwedel benutzt.

Einen entscheidenden **Nachteil** hat das Yak allerdings: Es ist ein höchst **störrisches und dickköpfiges Lebewesen,** das bisweilen ziemlich böse werden kann.

So berichtet die Überlieferung, wie der turkistanische Feldherr *Mirza Haidar* bei seiner ersten Begegnung mit einem Yak in Panik geriet. Haidar schrieb: „Das Yak ist ein wildes und gemeingefährliches Biest. Wie auch immer es angreift, ob es mit den Hörnern sein Opfer aufspießt oder es überrennt, endet das tödlich. Wenn es keine Gelegenheit hat, eines dieser Dinge zu tun, wirft es sein Opfer hoch in die Luft, und es ist tot, bevor es wieder auf den Boden fällt."

Sicher hat der mutige Feldherr hier etwas übertrieben, aber berechenbar ist das Yak wirklich nicht. Für die **Feldarbeiten** hat man es deshalb mit der indischen Hauskuh gekreuzt, aus deren Mischung das **Dzo** (weiblich Dzomo) entstanden ist. Die braven Dzos trifft man heutzutage bei der Feldarbeit an.

Als Paradetier muss das Yak noch für **Zuchtkreuzungen** herhalten. Aus der Yak-Dzomo-Kreuzung ist das etwas schwächliche Garu (weibl. Garmo) entstanden, das zwar für die Landwirtschaft ungeeignet ist, aber besonders zartes Fleisch haben soll. Aus dem Yak und dem Garmo kam wiederum das Lok hervor usw. Was auch immer an Kreuzungen entstehen mag – das Yak ist doch der auserkorene Liebling.

Wildlebende Yaks dürfte es heute nur noch ganz vereinzelt in den entlegensten rauen Hochsteppen Tibets geben. Die Chance, unterwegs einem wilden „Grunzochsen" zu begegnen, geht also gegen Null. Trekker können nahe der Changtang-Region Yakherden antreffen, die mit einem Tierhirten zum Grasen unterwegs sind. Hier empfiehlt es sich, Abstand zu halten.

Ladakh

03/6/z Foto: jm

Ein Yak

was irreführend. Vielmehr begründet sich der Name durch den bläulichen Schimmer auf seinem graubraunen Fell. Blauschafe leben auf Höhen zwischen 4000 und 5000 m im felsigen Gelände.

Die **Ibex-Antilope** ist überall in entlegenen Gebirgsstöcken und steilen Klippen hoch über dem Indus und dem Zanskar-Fluss zu Hause. Alte Felsenzeichnungen weisen darauf hin, dass diese Tiere schon in animistischer Zeit eine mythologische Bedeutung für die Menschen hatten. Das Ibex hat mächtige gebogene, von den Jägern sehr geschätzte Hörner. Begehrter noch als die Hörner ist die besonders weiche, dichte Wolle ihres Unterfelles. Schals und Decken aus Ibex-Wolle werden noch teurer gehandelt als Textilien aus der berühmten Paschminawolle.

Es gibt zwei weitere Hörnerträger, deren Lebensraum sich auf die ladakhischen Hochflächen erstreckt. Es sind die **Tibet-Antilope** und die **Gazelle.** Beide haben etwa die Größe von Rehen und leben in Herden von ca. 20 Tieren. Tagsüber scharren sie Mulden in den Steppenboden und verbergen sich darin zum Schutz vor dem scharfen Wind und vor Feinden.

Ein besonders edles Großtier ist der Wildesel, **Kiang,** der in großen Herden in der Chantang-Hochebene lebt. Besonders schön ist die Färbung seines Fells: Der haselnussbraune Rücken wird von einem schwarzen Längsstrich entlang der Wirbelsäule geteilt, der Unterbauch ist cremefarben und die kurze Mähne pechschwarz. Einen Wildesel zähmen zu wollen, wäre ein aussichtsloses Bemühen, denn er ist noch störrischer als ein Hausesel.

Der Schneeleopard

Unter den Raubtieren ist in Ladakh der **Schwarze Bär** zuhause. Er zeigt ein ähnliches Verhalten wie unser europäischer Braunbär. Recht zahlreich sind auch **Wölfe.** Sie leben oft nahe bei Siedlungen, z.B. auch in den Bergen hinter der Ortschaft Stok. Wölfe werden von Einheimischen gefürchtet, denn sie kommen manchmal nachts in Dörfer und Nomadencamps, um Schafe, Ziegen und Fohlen zu reißen.

Der heimliche Herrscher des Himalaya aber ist der **Schneeleopard.** Etwa 2 m ist diese edle Wildkatze groß, davon ist allein der buschige Schwanz einen Meter lang. Wegen seines grauweißen Felles mit den großen schwarzen Flecken ist der Schneeleopard lange gejagt worden. In Ladakh ist er heute deshalb akut vom Aussterben bedroht, nur in Zanskar kann man manchmal seine Fußspuren entdecken. Der Schneeleopard hält sich vorwiegend am Rande der Schneegrenze auf.

Geschichte

Die Geschichte von Ladakh lässt sich in drei wichtige Abschnitte untergliedern:
- Die Einwanderung der indoarischen Völker Mon, Darden und Baltis nach Ladakh

- Die Zeit des unabhängigen Königreiches Ladakh (fast 1000 Jahre)
- Die Zugehörigkeit zu Indien seit dem 19. Jahrhundert.

Die Epoche der Mon und Darden

Die gesamte Himalayaregion war in grauer Vorzeit von Nomadenstämmen der tibetisch-mongolischen Rasse besiedelt, die mit ihren Herden durchs Land zogen. Als erste Einwanderer kamen die Jäger und Hirten der **Mon-Volksgruppe** aus Nordindien nach Ladakh herauf. Die Mon waren quasi die Missionare des damals buddhistisch geprägten Indien. Inschriften im Unteren Ladakh lassen auf eine **erste Missionierungsphase** von Indien her schon im 3. oder 2. vorchristlichen Jahrhundert unter dem großen Mauryakaiser *Ashoka* schließen. Von dieser Zeit an nahm der buddhistische Einfluss von Kaschmir herauf immer weiter zu.

Kurz nach der Einwanderung der Mon kamen die **Indoarischen Darden** aus der mohammedanischen Region Hunza in den Westhimalaya. Diese schamanischen Jäger und Hirten ließen sich vor allem in der Region des Unteren Ladakh nieder. Sie bauten später eine immense Machtposition aus, errichteten Burgen und erhoben Zölle auf den Karawanenrouten zwischen Indien und Yarkand. Im Laufe der Zeit vermischten sich die Darden mit den tibetischen Nomadenstämmen zur heutigen Volksgruppe der Ladakhis.

Ladakh

Die Darden-Fürsten waren so stark, dass sie sich lange gegen die ladakhischen Könige behaupten konnten. Sie hinterließen eine Reihe von **Stein- und Felsgravierungen** mit Jagd- und Steinbockmotiven, die man heute bei Kargil, Shergol, Dras und Khalse sehen kann. Mon und Darden kultivierten Ladakh entlang dem Industal und entwickelten die Technik des noch heute gebräuchlichen komplizierten Bewässerungssystems.

Nach den ersten Begegnungen mit dem frühen Mahayana-Buddhismus kamen vom 8. Jh. an große Yogis von den berühmten kaschmirischen Lehrstätten nach Ladakh und Tibet, um im Himalaya den Buddhismus zu verbreiten. Der berühmteste war der große Tantriker *Padmasambhava,* der „Lotusgeborene" aus Udyana. *Padmasambhava* meditierte einige Jahre in Höhlen von Zanskar und Ladakh, bevor er nach Tibet zum Heiligen Berg Kailash weiterzog. An diesen Höhlen in Saspol, Shergol und Trakthok entstanden nun kleine **Klöster,** die die ersten Mönchsgemeinschaften aufnahmen.

Das unabhängige Ladakh

Ladakh unter der tibetischen Yarklun-Dynastie (930–1470)

Die Zeit der Könige begann Anfang des 10. Jh. und sollte rund 1000 Jahre dauern. Auf ihren ersten König **Nyimagon** allerdings sind die Ladakhis nicht besonders stolz. Dieser *Nyimagon* war nämlich ein Enkel des ungeliebten tibetischen Königs *Langdarma.* Mit

Langdarma hatte es folgendes auf sich: Tibet war in dieser Zeit schon stark vom Buddhismus geprägt, was einigen Anhängern der alten Bön-Religion überhaupt nicht gefiel. Es gelang den Bön-Anhängern schließlich, ihren Günstling *Langdarma* als Regent einzusetzen, der daraufhin mit einer systematischen Zerstörung der Klöster begann. Ein buddhistischer Mönch setzte mit der Ermordung *Langdarmas* dieser Zerstörungswut schließlich ein Ende.

Die Nachfahren dieser Yarklun-Dynastie aus der Linie des Langdarma wurden vertrieben und wanderten nach Westtibet (Ngari) aus. Hier eroberte der erwähnte Langdarma-Enkel *Nyimagon* das gesamte Ngarireich und teilte das Erbe um 970 auf seine drei Söhne auf: *Lhachen Palgyi Gon,* der älteste Sohn, erhielt mit Ladakh das beste Stück des Landes. Der mittlere Sohn *Taschi Gon* wurde König von Guge, und der jüngste, *Detsug Gon,* musste sich mit der kleinsten Provinz, die Zanskar, Lahaui und Spiti umfasste, zufrieden geben.

Die Nachfahren von *Detsug Gon* waren eifrige Förderer des Buddhismus: Sie schickten Mönche zum Studium nach Kaschmir und holten Künstler und Handwerker zum Bau von Klöstern herauf. Der berühmteste dieser Mönche war **Rinchen Zangpo** (958–1055), der nach seiner Rückkehr aus Kaschmir in ganz Ladakh, Zanskar und Spiti 108 Tempel errichten ließ. Die Ladakhis sprechen noch heute von *Rinchen Zangpo* als dem „Vater des Buddhismus".

Mit dem Besuch des indischen Weisen *Atisha* im Jahre 1042 n.Chr. wurde der Buddhismus in Westtibet weiter stabilisiert. Im ganzen Westhimalaya breitete sich nun eine **Welle von Klostergründungen** aus, die meist aus großzügigen Stiftungen von Adeligen und Fürsten hervorgingen. Die Höhlenklausen der alten Rotmützenschule des Padmasambhava wurden durch *Atishas* Kadampa-Sekte ersetzt, und die Klöster entwickelten sich zu blühenden Kulturzentren.

Im Laufe des 13. Jh. gerieten Nordindien und Kaschmir jedoch zunehmend unter **islamischen Einfluss:** Die Klosteruniversitäten in Magadha und Kaschmir wurden geschlossen, und das religiöse Zentrum verlagerte sich allmählich nach Zentraltibet. So verlor Ladakh seine wichtige Rolle als Mittler zwischen Indien und Tibet. König *LLachen Ngodrub* (1300–1325) war schließlich der erste, der Novizen nicht mehr nach Kaschmir, sondern an die Klosteruniversitäten Ganden, Sera und Drepung nach Tibet schickte. Die ladakhischen Mönche wurden übrigens bis zur Schließung der indisch-chinesischen Grenze 1962, in Tibet ausgebildet.

Ein entscheidender Kulturwandel vollzog sich im 15. Jh. durch den Reformator *Tsongkhapa,* der die Schule der **Gelbmützen** *(Gelukpas)* einführte. *Tsongkhapa* hatte nämlich festgestellt, dass die Moral der Rotmützen im Lauf der Zeit bedenklich gesunken war. So rief er die Gelukpas, die „tugendhaften" Gelbmützen, ins Leben. Es entstanden die Gelukpaklöster Thikse

und Rangdum, und die alten Rotmützengompas wie Likir, Spituk, Phuktal und Karsha wurden in Gelukpaorden umgewandelt.

Die Namgyal-Dynastie (1470–1834)

Doch zurück zur Politik: Familienstreitigkeiten führten dazu, dass das bislang stabile ladakhische Königsterritorium zwischen zwei Brüdern in die Linien von Basgo und Shey aufgeteilt wurde. Außerdem versuchten die **Mongolen** – allerdings erfolglos –, sich Ladakh einzuverleiben. Für kurze Zeit verfiel das Land in Chaos.

Im Jahr 1470, nach dem Sieg der Basgo-Linie, vereinte König *Lhachen Bhagan* (1470–1500) das Königreich Ladakh wieder endgültig. Stolz nannte er seine neue Dynastie **Namgyal-Dynastie,** was „perfekter Sieger" heißt. Die Namgyals haben schließlich fast 400 Jahre, bis zum Ende des ladakhischen Königsreiches 1834, regiert. Als Demonstration seines Triumphes verlegte König *Bhagan* seine Hauptstadt nach Leh.

Einer der beiden Bhagan-Söhne, **Tashi Namgyal** (1500–1530), hatte wohl den unverfrorenen Geist seines Vaters geerbt: Um seinen Bruder als Rivalen auszuschalten, ließ er ihm die Augen ausstechen. Unter dem neuen Herrscher wuchs Ladakh zu seiner bisher größten Ausdehnung, und zum Zeichen seiner Macht ließ *Tashi Namgyal* die Königsburg in Leh ausbauen. Jedoch wurde das mächtige Königreich der Namgyals im Lauf der nächsten Jahrzehnte durch Feindesangriffe stark geschwächt, und die turk-mongoli-

Ladakh

schen Truppen des Khan von Kashgar und des Khan von Baltistan setzten den Ladakhis mächtig zu.

König **Jamyang Namgyal** (1560–1590) sah in einem Gegenangriff auf die Baltis seine einzige Chance und befragte deshalb das Staatsorakel nach dem günstigsten Zeitpunkt. Die Antwort war betrüblich: Der Hofastrologe warnte nachdrücklich davor, die Feinde noch vor Neujahr anzugreifen. Zwei Monate wollte *Jamyang* aber nicht warten. Kurzerhand verlegte er das Datum des Neujahres um zwei Monate vor und griff an. So kam es, dass in Ladakh bis heute das Neujahrsfest früher gefeiert wird.

Die schlaue Attacke nahm nach einigen Hindernissen ein glückliches Ende: Zunächst wurde *Jamyang* gefangen genommen, und seine Truppen mussten sich ergeben. Wie es der Zufall wollte, verliebte er sich aber in die Tochter des gegnerischen Befehlshabers. Der frisch gebackene Schwiegervater ließ ihn frei und zog seine Truppen von Ladakh ab, wodurch König *Jamyang* seine Macht halten konnte.

Aus dieser Ehe mit der baltischen Prinzessin ging der berühmteste aller ladakhischen Könige, „Löwenkönig" **Sengge Namgyal** (1590–1620), hervor. Durch Beutezüge und geschickte Diplomatie erweiterte er das ladakhische Reich und brachte das Land nach den Wirrnissen des 16. Jh. wieder ins Gleichgewicht. *Sengge Namgyal* baute den Palast in Leh zu seiner endgültigen Größe aus und ließ mit Hemis eines der bedeutendsten Klöster Ladakhs errichten. Sein Sohn, *Deldan*

Namgyal, vergrößerte das westtibetische Reich durch die Eroberung der Gebiete Purig und Baltistan.

In Tibet erstarkten zu jener Zeit die Gelbmützen unter dem 5. Dalai Lama *Ngawang Lobsang Gyatso,* der sowohl religiöses als auch weltliches Oberhaupt im Lande war. Mit Hilfe der buddhistischen Mongolen starteten die Gelbmützen eine große Expansionswelle, die bis nach Ladakh wirkte. Dies gefiel *Sengge Namgyal* überhaupt nicht. Um zu den mächtigen Gelbmützen ein Gegengewicht zu setzen, förderte er die Rotmützen. Doch ohne Erfolg: Die „tugendhaften" Gelbmützen wurden so übermächtig, dass die Rotmützen nach Bhutan fliehen mussten.

Der 5. Dalai Lama betrieb nicht nur eine spirituelle, sondern auch eine militärische Expansionspolitik. Mit 2500 Soldaten marschierte die tibetische Armee im Jahr 1680 schließlich gegen Leh. In seiner verzweifelten Lage wandte sich der König *Delegs Namgyal* an das islamische Kaschmir, das den indischen Großmogul verstand. Der Großmogul versprach Hilfe, unter der Voraussetzung, dass *Delegs Namgyal* zum Islam übertreten musste. Die tibeto-mongolische Armee wurde daraufhin in der **Schlacht von Basgo** besiegt und an ihrem Weitermarsch nach Westtibet gehindert.

Zwischen zwei Großmächten eingeklemmt, ging das ladakhische Königreich nun langsam seinem Untergang entgegen. Seit diesem Angriff durch die Tibeter gelang es dem Land nicht mehr, sich zu erholen. Für die militäri-

Maharajas bis vor einigen Jahrzehnten diesen Tribut an Tibet.

Unfähige Könige und Streitigkeiten um die Herrschaft sollten ein Jahrhundert lang, zwischen 1680 und 1780, das Land lähmen. Der vorletzte ladakhische König *Tsetan Namgyal* starb im Alter von 24 Jahren, woraufhin sein Bruder *Tsepal Namgyal* das Regiment übernahm.

Dieser letzte König war jedoch mehr am süßen Nichtstun, seinen drei Frauen und der Überwachung der Bauarbeiten am neuen Palast von Stok als an der Politik interessiert. So wurde Ladakh leichte Beute für die Dogra-Angreifer, die jetzt von Nordindien heraufzogen und das Ende der fast 1000-jährigen ladakhischen Selbstherrschaft besiegelten.

Ladakh unter indischer Herrschaft (ab 1834)

Im Jahr 1834 marschierten 10.000 **Dogra-Krieger** unter Führung des indischen Kommandanten *Zorawar Singh* von Kishtwar in den Himalaya. Die Niederwerfung der schlecht vorbereiteten und nur mit alten Feuerwaffen ausgerüsteten ladakhischen Truppen war für sie ein Kinderspiel. *Zorawar Singh* ließ sich im Königspalast von Leh nieder, und der entmachtete König musste sich in seinen Zweitwohnsitz von Stok zurückziehen. Die Dogras hinterließen ein Schlachtfeld, von dem sich Ladakh bis heute nicht erholt hat: Die Soldaten plünderten fast alle Klöster und raubten aus den Privathäusern wertvollen Schmuck.

sche Unterstützung kassierte Kaschmir fortan regelmäßige Tributzahlungen und errichtete als Machtsymbol in Leh eine Moschee. Tibet gelang es zwar nicht, Ladakh formal einzuverleiben, als Ausdruck seiner **Unterwerfung** musste Ladakh aber dem Dalai Lama kostbare Geschenke wie Gold und Stoffe überbringen. Nach dem Anschluss Ladakhs an Indien zahlten die

Der Vertrag, der das Ende der ladakhischen Selbstbestimmung besiegelte

Mit Hilfe zwangsverpflichteter ladakhischer Soldaten führte der siegessichere *Zorawar Singh* seinen Feldzug weiter nach Baltistan und Tibet. Er erreichte sein Ziel aber nicht: Der Feldherr wurde im Kampf tödlich verwundet, und der große Feldzug war damit zu Ende.

Die an den himalayischen Wirren desinteressierten **Engländer** waren hauptsächlich um den Schutz ihrer indischen Kolonie besorgt. Deshalb beauftragten sie im Jahr 1842 General *Cunningham,* mit den Dogras und den Tibetern die indisch-tibetische Grenze festzulegen. Nach den Bestimmungen des im gleichen Jahr abgeschlossenen Vertrages wurde Ladakh den Maharajas von Jammu-Kaschmir zugesprochen, die ladakhische Adelsversammlung aufgelöst, und der König war nun endgültig ausgeschaltet.

Auf der Konferenz von Simla (1913/14) wurde die nördliche Grenzlinie Indiens gegenüber Tibet entlang der Hauptkette des Himalaya, die sogenannte **McMahon-Linie,** festgelegt.

Die Zeit des unabhängigen Indien (seit 1947)

Im Jahr 1947 wurde der indische Subkontinent von der britischen Kolonialherrschaft befreit und das Land in die beiden Staaten Indien und Pakistan aufgeteilt.

Ladakh wurde 1947 in die kriegerischen **Auseinandersetzungen zwischen Indien und Pakistan** verwickelt, da beide Länder Ladakh für sich beanspruchten. Man leitete das Problem an die Vereinten Nationen weiter. Es folgten Verhandlungen, die schließlich zu einem Waffenstillstandsabkommen führten. Danach bekam Pakistan die überwiegend moslemischen Teile von Baltistan, Gilgit und Hunza im Nordwesten zugesprochen, Indien erhielt die Bezirke des heutigen Ladakh. Entlang der 1948 festgelegten Demarkationslinie ist bis in die Gegenwart keine Ruhe eingekehrt. Derzeit stehen indische und pakistanische Truppen sich noch am strategisch wichtigen Siachen-Gletscher gegenüber. Zu Kampfhandlungen kommt es allerdings äußerst selten, vielmehr will man auf beiden Seiten lediglich Präsenz demonstrieren.

Damit ist Ladakh in eine denkbar ungünstige Postition als **Pufferzone** zwischen Indien und seinen beiden starken Nachbarn Pakistan und China geraten. Gleich nach seiner Unabhängigkeit beeilte sich Indien, Soldaten in dem strategisch wichtigen Ladakh entlang der Grenzen zu stationieren, einen Armeeflughafen zu errichten und die Militärstraße von Srinagar nach Leh auszubauen.

Da **China** die völkerrechtliche Vertretung Tibets beansprucht, erkennt es die McMahon-Linie nicht an. Kritisch wurde die Situation, als China Ende der 1950er Jahre eine Straße durch das menschenleere, aber formal zu Indien gehörende Aksai-Chin-Gebiet baute. Mit dieser Straße stellte China einen Verbindungsweg zwischen der Provinz Sinkiang und dem von ihm unrechtmäßig besetzten Tibet her. Am 13. Oktober 1962 griff Indien an mit dem Ziel, die Chinesen über die Mc-

Mahon-Linie zurückzuwerfen, aber der chinesische Gegenschlag war stärker. Die Kämpfe, die sich hauptsächlich in Assam und Ladakh abspielten, kosteten mehr als 2000 indischen Soldaten das Leben. Zwar zogen sich die Chinesen danach wieder hinter die Linie zurück, eine vertragliche Dauerlösung steht aber bis heute aus.

Seitdem ist die ladakhisch-tibetische Grenze geschlossen und wird von beiden Seiten streng bewacht. Das 30.000 km² große Aksai-Chin-Gebiet hat China bis heute nicht an Indien zurückgegeben.

Gegenwärtig ist die Beziehung zwischen Indien und China relativ entspannt. Vielmehr fürchtet Indien ein Überschwappen der militanten Moslembewegung von Pakistan, weshalb der Großteil der Armee sich nun auf die Sicherung dieser Grenze konzentriert. Im Industal und entlang der in unwegsamen Eisregionen liegenden Grenzlinien sind schätzungsweise 30.000 Soldaten stationiert, das entspricht einem Fünftel der Gesamtbevölkerung von Ladakh.

Politik und Verwaltung

Die Provinz Ladakh setzt sich aus den beiden Distrikten Leh und Kargil zusammen. Zum Distrikt Kargil gehören die Bezirke Dras, Suru, Purig und Zanskar, der Distrikt Leh besteht aus dem relativ dicht besiedelten Gebiet entlang dem Indus um die Stadt Leh sowie aus Nubra, Chantang und Rupshu. Politisch und verwaltungsmäßig ist die Provinz Ladakh dem **Staat Jammu und Kaschmir** unterstellt – eine Situation, die schon immer zu **Spannungen** zwischen dem mehrheitlich buddhistischen Ladakh und dem überwiegend moslemischen Jammu und Kaschmir geführt hat. Verwaltet wird der Distrikt Leh von einem Vertreter der Kaschmir-Regierung, dem **Development Commissioner.**

Während seiner dreijährigen Amtszeit residiert er in Leh. Die Verwaltung des Distrikts Kargil obliegt ebenfalls einem Development Commissioner mit Sitz in Kargil. Die Ladakhis fühlen sich von der Moslem-Regierung in Srinagar und den in Ladakh eingesetzten Beamten in ihren Bedürfnissen übergangen. Dazu trug bei, dass Ladakh in der 77 Mitglieder zählenden J&K-Bundesversammlung nur einen Abgeordneten stellen darf.

Dass die indische Regierung seit der Unabhängigkeit ein Programm realisierte, um Ladakh im Erziehungswesen, im Straßenbau und in der wirtschaftlichen Entwicklung auf die Füße zu helfen, änderte an den internen Spannungen nichts.

Die politisch starke **Ladakhi Buddhist Association** (LBA) verlangte in Delhi die Herauslösung Ladakhs aus J&K und forderte einen eigenen Bundesstaat – was sowohl in Delhi als auch in Srinagar abgelehnt wurde. Im Sommer 1989 lief das Fass über, als die J&K-Polizei in Leh während einer Demonstration das Feuer eröffnete und dabei drei Ladakhis ums Leben kamen. Es folgten täglich Demonstrationen in Leh und in den größeren la-

dakhischen Dörfern und wochenlange Ausgangssperren. Nun herrschte in Ladakh der Ausnahmezustand, der aber nach wenigen Monaten wieder aufgehoben wurde.

Daraufhin rief die LBA die Buddhisten zum **gewaltlosen Boykott** gegen die moslemische Minderheit in Ladakh auf: Im Sommer 1995 endlich willigten Delhi und Kaschmir ein: Die ladakhische Bevölkerung wählt ein nationales Parlament, das sich um ihre Belange kümmert: Das Ladakh Autonomic Hill Development Council *LAHDC.* Im Be-

sonderen bemüht sich das Hill Council um die Entwicklung von Kultur, Bildung und Medizin sowie eine sinnvolle Verteilung der öffentlichen Gelder. Der Erfolg dieser partiellen Eigenverwaltung ist im Lande schon spürbar. Wo vorher Lehrer oder Ärzte an ihrem Arbeitsplatz häufig einfach nicht erschienen sind (ohne Konsequenzen zu befürchten), bringt das wache Auge von Hill Council heute eine gewisse Disziplin in öffentliche Einrichtungen – zum Vorteil der Bevölkerung. Die **Spannungen zwischen Buddhisten und Moslems** sind in Ladakh ein Dauer-Brennpunkt. Oft genügt eine alltägliche Streiterei als scheinbarer Grund für Raufereien zwischen Angehörigen der beiden Religionen.

Herbst 1989: Demonstration in Leh

Die Menschen

Statistik

Ladakh hat etwa 160.000 **Einwohner,** was eine sehr dünne durchschnittliche Besiedlung von 1,35 Einwohner pro Quadratkilometer bedeutet (zum Vergleich: Deutschland 218 Einwohner/ km²). Jedoch ist diese Zahl trügerisch, denn der größte Teil der Landfläche, genau 99,6 Prozent, ist unbewohnbar. In ganz Ladakh stehen damit lediglich ca. 220 km² Land unter Ackerbau, und in diesen kleinen Oasen sind die Dörfer angesiedelt.

So gesehen, ist der **Bevölkerungs- druck** doch ziemlich groß.

Innerhalb der letzten hundert Jahre hat sich, bei fast gleichbleibenden Anbauflächen, die Bevölkerung Ladakhs verdoppelt. Nicht zuletzt deshalb sind viele junge Ladakhis heute von der Landwirtschaft auf andere Erwerbszweige umgestiegen.

Die Volksgruppen

Ladakhis

Die ladakhische Volksgruppe als solche gibt es nicht. Vielmehr sind die Ladakhis aus einer **Mischung zweier Ethnien** hervorgegangen, den indoarischen Darden aus Gilgit (dem heutigen Pakistan) und den Tibetern. So ist die Bevölkerung ein Spiegel der Vergangenheit Ladakhs, in der immer wieder verschiedene Fremdvölker um die Herrschaft gekämpft und damit die Vielfalt der Ethnien begründet haben: Je weiter man von West- nach Ost-

ladakh fährt, desto mehr verändern sich die Gesichtszüge vom indoarischen zum mongolischen Typ hin. Deshalb gibt es Ladakhis mit gekrausten Haaren und starkem Bartwuchs ebenso wie Ladakhis von mongolischem Aussehen mit schmalen Augen, glatten Haaren und prägnanten Wangenknochen.

Die Ladakhis begreifen sich in einer engen **Verbundenheit mit der Natur.** Der Mensch als harmonischer Bestandteil des Werden und Vergehens, von Leben und Sterben und ein tiefes Verständnis der universalen Gesetze hat eine **tiefe Spiritualität** hervorgebracht, die das gesamte soziale Leben, Kultur und die Kunst widerspiegeln. Auf der Basis dieser Spiritualität konnten sich solche für Ladakhis typische

Ladakh

04-11z Foto: jm

Tugenden wie Geduld, Toleranz und Mitgefühl entwickeln.

Ladakhis sind offene, humorvolle und **fröhliche Menschen.** Sie erledigen ihren Alltag mit einer Leichtigkeit, die uns Fremde oft zum Staunen bringt. Während der Erntezeit hört man Bauern auf den Feldern pfeifen und singen, und jede Gelegenheit ist willkommen, um in geselliger Runde zu plaudern und Tee oder Chang zu trinken. Kein Wunder also, wenn Hochzeiten oft eine Woche lang andauern.

Als geborenen Familienmenschen, steht den Ladakhis das Wohl der **Familie** über allem, gewiss auch deshalb, weil man aufeinander angewiesen ist in einem Alltag, in dem jeder seinen Teil zur Arbeit beitragen muss.

In einem so schwierigen Land wie Ladakh können nur Menschen mit Fantasie und Anpassungsfähigkeit bestehen. So ist es den Ladakhis gelungen, in diesem unwirtlichen Lebensraum Oasen zu errichten, in denen Traditionen und eine alte Kultur lebendig erhalten wurden. Neues übernahm man nur, wenn das Alte dadurch nicht an Bedeutung verlor. Aber was sollte auch viel Neues dazukommen, wenn schon das nächste Dorf einige Stundenmärsche entfernt liegt und es selten Gründe gab, dorthin zu laufen.

Nomaden

Die ersten Bewohner auf ladakhischem Boden waren tibetische Nomaden, die **Changpa** („Männer des Nordens"). Sie leben heute auf den weiten Hochflächen Chantangs nahe der tibetischen Grenze und in der südöstlichen Provinz Rupshu.

In einer Höhe von über 4000 m betreiben diese Nomaden noch die traditionelle Form der Weidewirtschaft. Es ist ein hartes Dasein bei einem kurzen Sommer und langen Wintermonaten, in denen das Thermometer auf minus 40 Grad fallen kann. Aber selbst dann leben diese naturverbundenen Menschen in ihren schwarzen Yakhaarzelten, und der getrocknete Tierdung, den sie in den Ofen werfen, ist ihre einzige Wärmequelle (wobei in jüngster Zeit in manchem Zelt auch Solarenergie genutzt wird).

Die Nomaden, immer auf der Suche nach Futter und Wasser, kümmern sich nicht um politische Grenzverläufe. Je nach Wasser- und Futterangebot wechseln sie etwa alle zwei Monate mit ihren Ziegen, Yaks und Schafen den Lagerplatz und ziehen ein paar Tagesmärsche weiter. Die Nomaden handeln vorwiegend mit ihrer wertvollen Paschminawolle, die sie in Leh oder direkt nach Delhi verkaufen.

Mit der ersten tibetischen Flüchtlingswelle im Jahr 1959 sind auch **Nomaden** aus Tibet mit ihren Herden auf die Chantang-Ebene ins indische Exil geflohen. Deshalb müssen heute die ladakhischen Nomaden ihre kostbaren Weidegründe mit 2400 Nomaden aus Tibet teilen – eine Situation, die immer wieder zu heftigen Streitigkeiten führte. Die Regierung sprach das letzte Machtwort und teilte den Tibetern klar abgegrenzte Areale zu. Zu klein und zu trocken fanden die Tibeter die ihnen zugesprochenen Gebiete, aber sie mussten sich damit abfinden, dass sie die ausgedehnten Hochflächen Tibets gegen diese „Reservate" in Ladakh eingetauscht hatten. Inzwischen ist jeder mit dieser Regelung halbwegs glücklich, und Tibeter und Ladakhis lassen in aller Freundschaft ihre Tiere nebeneinander grasen. Traditionelles Nomadenleben könnte bald aussterben, denn viele Nomadenkinder möchten nicht mehr das harte Leben ihrer Eltern führen. Sie haben eine Schulbildung und träumen von einem einfacheren Leben in Leh, von ihrem eigenen Taxi oder einem Beruf als Lehrer.

Darden

Die Darden lebten von der Jagd und verehrten den Steinbock als Symbol der Fruchtbarkeit und des Reichtums. Ursprünglich siedelten sie in der Gegend von Khalse, jedoch führten Stammesfehden offenbar dazu, dass sie dieses Gebiet verließen und sich neue Weidegründe suchten. Im Laufe der Zeit vermischten sich die Darden mit den tibetischen Nomaden zur Volksgruppe der Ladakhis. Da ein Teil der Darden im 17. Jh. zum Islam übergetreten ist, gerieten viele ihrer Sitten und Gebräuche in Vergessenheit. Jedoch wird ihre Sprache, Shrina, im Dras-Tal zwischen Kargil und dem Zoji-Pass, wo die Darden heute großteils siedeln, noch gesprochen.

Ein anderer Teil der Darden siedelte sich im unteren Industal nahe der pakistanischen Grenze an. Diese auch **Drokpa** („Bewohner der Weiden") genannten Darden sind ehemalige Nomaden, die sich bis heute zum Buddhismus bekennen. Die Drokpas sind Indoarier, und tatsächlich haben – trotz Vermischung mit Ladakhis – viele Leute blonde oder braune Haare und blaue Augen. Seit 1994 dürfen Touristen zwei dieser arischen Dörfer besuchen, und zwar Da und Beema. Die Ortschaften liegen in einem Seitental von Khalse und unterliegen der Verwaltung des Distrikts Leh. Arische Ortschaften, die unter Verwaltung des islamisch dominierten Distrikts Kargil stehen, sind gesperrt.

Ladakh

Maskentanz im Kloster Thaktok

039Kz Foto: jm

Auffällig ist die Kopfbedeckung der Frauen: Sie flechten ihr Haar zu unzähligen langen, dünnen Zöpfchen, darüber tragen sie eine mit Silberschmuck, Blumen, Münzen und Federn verzierte Kappe.

Mon

Die Mon sind, wie die Darden, indoarischer Abstammung aus dem Gebiet Kulu (Nordindien). Sie kamen noch vor den Darden nach Ladakh und waren quasi die ersten „Missionare" in Sachen indischer Buddhismus – als die einzigen Bewohner Ladakhs, die Nomaden, noch Anhänger der alten Bön-Religion waren. Die Mon haben sich nie mit den Ladakhis vermischt. In jedem Dorf leben zwar 2–3 Monfamilien, aber isoliert von der restlichen Gemeinschaft, und eine Mon-Ladakhi-Heirat wäre undenkbar. Traditionell verdingen sich die Mon als Handwerker – für die ladakhische Gesellschaft sind sie daher unverzichtbar!

Baltis

Die dritte Bevölkerungsgruppe indoarischer Abstammung sind, neben den Mon und Darden, die Baltis. Sie sprechen jedoch einen tibetischen Dialekt, der dem Osttibetischen der Provinz Kham ähnelt. Die Provinz Baltistan liegt inmitten hoher Bergketten nordöstlich von Kargil und gehört seit 1949 zu Pakistan. Die Baltis waren ursprünglich Buddhisten, konvertierten im 16. Jh. jedoch zum Islam. Man trifft in Leh manchmal baltische Nomaden an, die über die „grüne Grenze" kamen, um Handel zu treiben.

Soziale Schichten

Das indische Kastensystem konnte sich im Himalaya nie etablieren. Aber wie ein buddhistisches Sprichwort besagt, gleichen sich nicht alle Finger einer Hand. Auch in Ladakh haben sich Stufen in der sozialen Beurteilung entwickelt:

Die **oberste Schicht** stellen die Nachfahren der Königsfamilie, der Adel und die Minister.

Die **breite Mittelschicht** nehmen die Bauern, die Beamten und die Händler ein. Zur Mittelklasse werden auch die Mönche, die Medizinmänner (*Amchis*) und die Astrologen gezählt.

Die **unterste Schicht** sind die Mon, Bedas und die Garbas. Die Mon sind traditionell die Dorfmusikanten, sie wurden nach den Festivitäten in Naturalien entlohnt. Nebenher bewirtschafteten sie kleine Felder und verdingten sich als Handwerker. Heute spielen die Mon keine Instrumente mehr, diese Aufgabe haben die Bedas übernommen. Bedas lebten bis vor Kurzem ausschließlich als Bettelmusikanten, heutzutage spielen sie gegen Bezahlung bei Festivitäten. Garbas sind seit alters her und bis heute Schmiede. Angehörige der untersten Schicht gelten in Ladakh als unrein. So würde ein der Mittelschicht Zugehöriger nicht aus der Tasse eines Beda oder Mon trinken.

Besucht ein Angehöriger der untersten Klasse ein fremdes Haus, sitzt er von den anderen getrennt am Ende der Reihe und bekommt anstatt eines Tisches nur ein Brett zum Abstellen seines Tellers.

Familienformen

In Ladakh gibt es verschiedene Familienformen – die praktisch veranlagten Ladakhis wählen stets die für den Erhalt des Familienbesitzes vorteilhafteste Form. Moderne Ladakhis heiraten heute zwar fast ausschließlich in Einehe; um das Ehe- und Familiensystem Ladakhs begreifen zu können, muss man aber auf die traditionellen Eheformen zurückgehen:

Polyandrie (Vielmännerei)

Die meisten ladakhischen Ehen wurden über Jahrhunderte hinweg so geschlossen, dass eine Frau mit dem ältesten Sohn der Familie gleichzeitig dessen jüngere Brüder heiratete und ins Haus ihrer Schwiegereltern zog. Die Ehefrau hatte somit mehrere Männer, wobei der älteste Gatte als Familienoberhaupt die größten Rechte genoss – sowohl auf seine Frau als auch mit einem letzten Machtwort bei wichtigen Entscheidungen.

Wie die Brüder mit dem Problem „Eifersucht" umgingen, ist leider nie ans Licht der Öffentlichkeit gekommen. Angeblich ist den Ladakhis aber Eifersucht unbekannt, denn das Überwinden von Habgier ist für Buddhisten eine der erstrebenswerten Tugenden. Dennoch war der Alltag so geregelt, dass meist nur einer der Brüder die Seite der Ehefrau im Haus teilte. Die anderen waren entweder auf Handelsreise oder während der Sommermonate mit den Tieren auf den Hochweiden unterwegs. Weilte der Haupt-Ehemann im Hause, hatte er das Vorrecht, seine Schuhe vor der Tür seiner Frau abzustellen.

So skurril uns dieses System erscheinen mag, hatte es einen sinnvollen Hintergrund. In einem Land, das nur über äußerst begrenzte Anbauflächen verfügt, hielt sich damit die Bevölkerungszahl relativ konstant. Der Familienbesitz wurde zusammengehalten, sodass die Felder nicht von einer Generation zur nächsten aufgeteilt werden mussten. Hätten die Eltern nämlich ihre Felder allen Söhnen gleichmäßig vererben müssen, wären bald nur winzige, zum Leben zu kleine Felder übrig geblieben.

Ehepaar in Chiling

040lz Foto: jm

Ladakh

Mit der Polyandrie-Ehe wurde also über lange Zeit ein intaktes Familien- und Sozialsystem aufrecht erhalten.

Mit dem Anti-Polyandriegesetz ließ die britisch-indische Regierung im Jahr 1941 die Vielehe verbieten. Zwar leben heute noch einige ältere Ladakhifrauen mit mehreren Männern zusammen, aber die Polyandrie stirbt in Ladakh derzeit aus, man schätzt den Prozentsatz solcher Ehen auf rund 8 %. In Zanskar dagegen wird bis heute etwa jede vierte Ehe nach dem Polyandrie-System geschlossen. Eine junge Frau mit zwei oder drei Männern anzutreffen, ist dort nicht ungewöhnlich.

Polygamie

Um ihren Besitz zusammenzuhalten, entwickelten sich zwei weitere, ebenfalls vorwiegend in Zanskar noch praktizierte Ehevarianten. Das ist zum ersten die Polygamie (Mehrfrauenehe) und zum zweiten die sogenannte Magpa-Ehe.

Die Polygamie entwickelt sich normalerweise aus einer Einehe. Wenn die Ehefrau keine Kinder zur Welt bringen kann oder im Haus sehr viel Arbeit ansteht, darf der Ehemann eine zweite Ehefrau ins Haus holen. Meist ist das die jüngere Schwester der ersten Ehefrau. Als „Nebenfrau" hat sie in der Familie aber einen niedrigen Status.

Magpa-Ehe

Eine weitere Eheform ist die Magpa-Ehe. Haben die Eltern nur Töchter und damit keinen männlichen Nachfolger für das Anwesen, wird ein Ehemann ins Haus „eingeheiratet". Dieser Mann wird mit der ältesten Tochter verheiratet; so ist für den Fortbestand des Anwesens gesorgt. Formal bleibt der Besitz des Hauses und der Felder aber im Besitz der Ehefrau. In Einzelfällen wird sogar ein für alle Töchter gemeinsamer Ehemann ins Haus geholt. In diesem Frauen-Haushalt hat der Magpa allerdings nicht viel zu sagen.

Einehe

Heutzutage wird normalerweise in Einehe geheiratet. In den Dörfern wählen oft noch die Eltern den künftigen Ehepartner aus, wobei Besitz und Tüchtigkeit wichtigere Kriterien sind als Zuneigung. Moderne junge Leute, vor allem in Leh, suchen sich ihren Partner aber mit einer Liebesheirat meist selbst aus.

Die Loslösung aus diesem engen Familienverband ist möglich geworden durch veränderte wirtschaftliche Möglichkeiten, da die jungen Leute nicht mehr ausschließlich auf ihren Lebensunterhalt aus der Landwirtschaft angewiesen sind. In Ladakh arbeitet fast aus jeder Familie ein Sohn beim Militär, dieser kann mit 2000 Rupien Monatsgehalt und vielen Extravergünstigungen eine eigene Familie gut ernähren. Ein anderer Sohn wird möglicherweise in der Verwaltung als Lehrer oder Sekretär arbeiten.

Abschließend noch ein nachdenklich stimmendes Beispiel dafür, dass auch eine Liebesheirat dem Interesse der Großfamilie zum Opfer fallen kann. Geschehen vor einigen Jahren in einem ladakhischen Dorf: Der jüngere Sohn einer Familie war seit zwei Jahren glücklich verheiratet und arbeitete als Lehrer im Nachbardorf. Nach 15 Jahren Ehe verließ plötzlich sein älterer Bruder die Ehefrau, die nun mit der Landwirtschaft und ihren beiden Kindern alleine dastand. „Eine Schande wäre es, die Frau nach so langen Diensten in diesem Haus nun abzuschieben", sagten die Leute im Dorf und die eigene Mutter. Auf allgemeinen Druck musste nun dieser jüngere Sohn die Rolle seines älteren Bruders einnehmen. Er sah sich gezwungen, sich von der geliebten Frau scheiden zu lassen und seine bis dato Schwägerin zu ehelichen. Als neues Familienoberhaupt muss jetzt er sich um Haus und Hof kümmern.

04Hz Foto: jm

Ladakh

Die ladakhische Frau

Zu den **selbstbewusstesten Frauen** ganz Asiens gehören mit Sicherheit die Frauen in Ladakh und Tibet. Es ist selbstverständlich, dass eine ladakhische Frau berufstätig sein kann: in der Verwaltung, beim Militär, als Lehrerin oder als Ladenbesitzerin. Für eine ladakhische Frau ist es natürlich, sich ungezwungen allein in der Öffentlichkeit zu bewegen. Es gibt ausgelassene Tanz- und Trinkfeste nur für Frauen, bei denen Männer höchstens über den Gartenzaun blinzeln dürfen. Ladakhi-Frauen können und dürfen charmant und aufgeschlossen sein – selbst zu einem Mann, der nicht ihr eigener ist. Generell sind die Ladakhis, Männer wie Frauen, nicht eben prüde, und bei

einem Seitensprung drückt man (meistens) beide Augen zu.

Männer und Frauen haben das gleiche Recht, sich scheiden zu lassen. Als Scheidungsgrund zählt, wenn die Frau von ihrem Mann nicht genügend Aufmerksamkeit und Schutz erhält oder wenn ihr Mann sich ständig und trotz aller Ermahnungen mit anderen Frauen vergnügt.

Eine Ausnahme von dieser emanzipierten Haltung **ist die Politik:** Frauen sind bis heute, von ganz wenigen studierten Frauen abgesehen, in der Politik Ladakhs praktisch nicht vertre-

Ladakhische Frauen haben ein Wörtchen mitzureden

ten; formal dürften sie natürlich mitreden, doch anscheinend gelten solche Ämter einfach als Männersache. Einige selbstbewusste Frauen leisten derzeit Aufklärungsarbeit, um ihre Geschlechtsgenossinnen zu mehr politischem Engagement zu bewegen.

Warum gerade im tibetisch-buddhistischen Kulturkreis die Frauen ein so hohes Ansehen genießen, dürfte verschiedene Gründe haben. Der wichtigste ist wohl ein Grundsatz, der auch von Männern akzeptiert wird: gleiche Arbeit, gleiche Rechte.

Die **Arbeit der Frau** und des Mannes wird als gleichwertig betrachtet, und die robusten Ladakhi-Frauen können auch kräftig zupacken. Auf dem Feld wird gemeinsam gesät und geerntet, doch die schwersten Arbeiten wie Pflügen, Tiereschlachten und Weben wird von den Männern erledigt.

Obwohl **Kochen** zwar allgemein Aufgabe der Frau ist, helfen ihre Männer schon mal beim Gemüseschneiden, Gewürzestampfen und den Teig zu formen.

Ein anderer Grund für die hohe Wertschätzung liegt wahrscheinlich in der buddhistischen Philosophie: Als eine der wichtigsten Gottheiten gilt **Tara.** Wer sie herbeiruft, erbittet von ihr Schutz und Wohlergehen. Wie könnte ein guter Buddhist eine weibliche Gottheit verehren und gleichzeitig auf die eigene Frau herabblicken ...

Die dritte Ursache ist wohl im traditionellen **Ehesystem** zu finden. Egal, ob eine Frau mehrere Ehemänner hatte (die sie ja gegeneinander ausspielen könnte) oder sie ihren Magpa-Ehe-

mann ins Haus holte – immer hatte die Frau eine herausragende Position.

Namen

In Ladakh gibt es keine **Vor- und Familiennamen,** sondern jeder Mensch hat zwei Rufnamen, die ein höher gestellter Mönch zu dessen Geburt festgelegt hat. Die meisten ladakhischen Namen können sowohl von Mädchen als auch von Jungen angenommen werden wie Tashi, Rigzin, Sonam, Padma. Andere Namen sind geschlechtsspezifisch: ein Junge kann Namgyal oder Wangchuk heißen, Mädchennamen sind Dolkar, Dolma oder Angmo. Die Leute werden mit einem dieser beiden Namen, je nachdem welchen die Eltern bevorzugen, gerufen, oder aber mit beiden Namen, wie Tashi Namgyal oder Padma Dorje etc.

Eine weitere wichtige Beschreibung für eine Person ist dessen **Hausname:** Jedes Haus im Dorf hat einen speziellen Namen, den alle Mitglieder dieses Hauses tragen. Der Hausname bezeichnen oft die Umgebung des Ortes. In der Nähe eines Flusses könnte der Hausname z.B. Tokpopa („Mensch am Fluss") heißen. Da im Dorf oft mehrere Leute dieselben beiden Rufnamen haben, ist der Hausname ganz wichtig für die genaue Benennung.

Verwandtschaft und Paspun

In Ladakh sind, wie wohl in jeder traditionellen Gesellschaft, verwandtschaftliche Beziehungen ausgesprochen wichtig. Man hilft einander, wo immer es möglich ist, bei jeglicher Schwierigkeit und allem Missgeschick. Nahe Verwandte, etwa Cousins und Cousinen, werden als Bruder und Schwester benannt, die Großtante wird mit „Oma" angesprochen.

Für die alltäglichen Aufgaben haben die praktisch denkenden Ladakhis ein zweites Sozialgefüge entwickelt, eine Art Nachbarschafts-Clan – der **Paspun.** Entsprechend heißt ein altes Sprichwort: „Lieber einen schlechten, aber anwesenden Nachbarn als einen guten nicht-anwesenden Verwandten."

Die Mitglieder eines Paspun unterstützen einander. Man leiht sich gegenseitig die Tiere für die Ernte aus und hilft einander beim Hausbau, bei der Ausrichtung von Festen und bei Sterbefällen. Nach der Geburt eines Kindes oder beim Tod eines Familienangehörigen dürfen nur Verwandte und Mitglieder des Paspun das Haus betreten.

Einem Paspun gehören zwischen 6 und 10 Familien an, wobei die Mitgliedschaft in einem Paspun von einer Generation zur nächsten weitervererbt wird.

Der Bürgermeister (Goba)

Der **Goba** ist der Bürgermeister eines Dorfes. Er schlichtet Streitigkeiten zwischen Dorfmitgliedern, regelt das Wassersystem und Scheidungen und entscheidet mit beim Bau einer neuen Schule. Mit einem Wort: Der Goba teilt die Sorgen und Freuden einer Dorfgemeinschaft. Neben dem Goba fungieren zwei oder mehr Männer des

Dorfes als **Abgeordnete,** die den **Dorfrat** bilden. Gewählt werden Goba wie Abgeordnete von allen männlichen Dorfbewohnern, wobei weniger Reichtum und Bildung, sondern die Weisheit der Männer das wichtigste Kriterium für ihre Wahl ist. Ein funktionierendes Beispiel von echter „Basis-Demokratie"!

Wenn ein **Streit** vorliegt, begeben sich Kläger und Angeklagter einmütig zum Goba, der das letzte Wort spricht. Bei härteren Fällen findet die Verhandlung im Dorftempel statt, denn im Angesicht der Gottheiten wird ein gläubiger Ladakhi keine Lüge über seine Lippen bringen.

Meist gehen solche Prozesse glimpflich aus: Der Schuldige hängt dann seinem Kontrahenten eine weiße Glücksschleife um und überreicht ihm Geschenke und Geld. Der Verlierer muss ein Schaf schlachten, das das „hohe Gericht" in fröhlicher Runde mit den Streithähnen verspeist. Eine wahrhaft gute Art, einen „Fall" abzuschließen. Falls sich das Dorfgremium nicht einigt, wird als nächsthöhere Instanz das Oberhaupt des Dorfklosters eingeschaltet.

Die schlimmste **Bestrafung,** die einem Ladakhi passieren könnte, wäre sein Ausschluss aus der Dorfgemeinschaft. Dann wäre die Nachbarschaftshilfe beendet, und kein Mönch würde mehr Gebete im Haus dieser Familie verrichten. Da das Überleben im Dorf nur durch gegenseitige Hilfe möglich ist, würde dieser Ausschluss einen Menschen an den Rand des Ruins treiben.

Ladakh

Kleidung

Das Nationalgewand der Ladakhis ist ein knielanger Mantel, der **Goncha**. Er ist extra weit geschnitten ist, so passen im Winter noch einige Schichten von Kleidungsstücken darunter. In der Taille hält den Goncha ein breites, farbiges Band zusammen, an Hüfte und Schultern wird er mit Bronzeknöpfen zugeknöpft. Die Sommergonchas der Männer bestehen aus Leinen, die Wintergonchas aus dicker gewebter Schafwolle.

Die Frauen in Leh bevorzugen modische Gonchas aus Samt, während Frauen auf den Dörfern ebenfalls welche aus Wolle tragen. Ein Schaffell, das über einer Schnur am Rücken – mit der Fellseite nach innen – herabhängt, hält das Rückenteil der Frauen angenehm warm. Zu festlichen Anlässen wird das Schaffell durch einen farbenprächtigen Leinenumhang ersetzt.

Unter ihrem Goncha tragen die Ladakhis schlauerweise **Hosen,** die ein paar Nummern zu weit sind und beim Entkleiden wie eine Ziehharmonika auseinanderfallen: Der Trick dabei ist, dass durch die Überweite zwischen Kleidung und Haut ein wärmendes Luftpolster entsteht.

Während ein Goncha in seiner einfachen Form etwas farblos wirkt, geben die samtenen und oft aus chinesischer Seide gewebten Gonchas eine edle Erscheinung ab. Noch mehr, wenn die Frauen darüber ihre dicken Halsketten aus Türkisen und Korallen und steinbesetzte große Ohrgehänge tragen.

Gonchas sind bis heute nicht „out", die meisten Frauen tragen sie nach wie vor. In Leh, wo man sich gerne modern gibt, bevorzugen die Ladakhi-Frauen aber zunehmend das figurbetonte und feine Gewand der Tibeterinnen, die **Chupa**. Es ist ein ärmelloses bodenlanges Kleid, unter dem man eine langärmelige Bluse getragen wird. Viele Frauen tragen die Kleidung der Nordinderinnen: ein knielandes Kleid und eine Hose darunter. Männer sind vor allem während des Sommers zu westlichen Hosen und Hemden übergegangen, im Winter aber ist der Goncha unangefochten warm und meistgetragen.

Die traditionellen gewebten **Schuhe** sind kniehoch und oft mit bunten Mustern bestickt. Mit ihren dicken Ledersohlen sind sie ideal für kaltes Wetter – im Gegensatz zu den Turnschuhen, die heutzutage bevorzugt werden.

Zu festlichen Anlässen tragen Frauen wie Männer einen **Hut:** ein Samtzylinder mit vielen Längsnähten, eingewebten Mustern und zwei über der Stirn aufgebogenen Ecken. Nur zu ganz besonderen Angelegenheiten setzt eine Ladakhi-Frau ihren **Perak** auf.

Der Perak

Eine ganz besondere Kopfbedeckung der ladakhischen Frauen ist der Perak. Dieser Kopfschmuck besteht aus einem langen Stück Leder, das bis über den Rücken hinabreicht und unten spitz zuläuft. Das Leder ist mit einem roten Tuch überzogen, auf dem dicht nebeneinander Türkise aufgefädelt sind. An der Stirn endet der Perak ebenfalls spitz zulaufend mit einem riesigen Stein.

Wer das eigenartige Perak-Design einst entwickelte, weiß niemand so genau. Aber die Ladakhis behaupten, dass ihn vor langer Zeit eine Prinzessin „aus einem fernen Land" mitbrachte, die mit einem ladakhischen König verheiratet wurde. Daraufhin begannen die Ladakhifrauen sofort, dieses Prachtexemplar zu kopieren.

Mit den beiden seitlich abstehenden Ohrenklappen aus Lammfell sieht der Perak von vorne etwas aus wie eine Kobra in Angriffsstellung. Ursprünglich gehörten die Fellohren nicht dazu. Jedoch hatte die besagte Prinzessin einmal so schlimme Ohrenschmerzen, dass sie die Klappen annähte. Natürlich vermuteten die feinen Damen in Leh einen neuen Modetrend und nähten sich auch welche an. Zum Schlafen nehmen die Frauen das schwere türkisbesetzte Mittelteil ab, die beiden „Schafohren" bleiben aber dran, da sie am Haar festgebunden sind. Entfernt werden sie nur zum Haarewaschen.

Die Größe des Perak und die Anzahl der aufgenähten Türkise sind Indizien für den Reichtum einer Familie. Auf dem Land tragen die Frauen meist Peraks mit nur wenigen Türkisen, die Peraks der reichen Lehfrauen sind dagegen oft mehr als 5 Kilo schwer! Vor allem in Zanskar sieht man noch Frauen, die sogar bei der Feldarbeit ihren Perak auf dem Kopf tragen. Normalerweise werden die Peraks heutzutage nur noch zu Feierlichkeiten aus der Truhe geholt.

Peraks sind Erbstücke, die Mütter ihrer ältesten Tochter zur Hochzeit schenken und so von einer Generation zur nächsten weitergegeben werden. Die Mutter begnügt sich dann mit einem bescheidenen Exemplar, für das sie nebenbei Türkise gesammelt hat.

Ein Perak ist nicht nur Statussymbol, sondern auch die Sparkasse einer Frau. Wenn sie Witwe wird und mittellos dastehen sollte, kann sie ihn verkaufen und davon ihren Lebensunterhalt finanzieren. Peraks kann man übrigens in Antiquitätenläden in Leh erstehen – sie kosten bis zu 4000 €!

Junge Ladakhi-Frau mit Perak

Ladakh

Sprache

Die ladakhische Sprache gehört zum tibetisch-burmanischen Sprachstamm, der wiederum der großen Gruppe der **sino-tibetischen Sprachen** untergeordnet ist. Vereinfacht gesagt ist Ladakhi ein **tibetischer Dialekt;** der Unterschied zwischen Tibetisch und Ladakhi ist etwa vergleichbar mit Deutsch und Schweizerdeutsch. Beide Sprachen haben zwar die gleiche Schrift, werden aber unterschiedlich ausgesprochen: Tibeter „verschlucken" manche Buchstaben eines Wortes nach einem bestimmten System, während Ladakhis alle geschriebenen Buchstaben sprechen. Der akustische Unterschied ist oft beträchtlich. Genaugenommen ist aber Ladakhi die richtige Hochsprache, denn als in Tibet im 7. Jh. die Schrift entwickelt wurde, hat man auch dort alle Buchstaben ausgesprochen, im Laufe der Zeit wurden die Wörter jedoch „verkürzt". Nicht so im Ladakhi! Bei einer Unterhaltung verstehen sich ein Ladakhi und ein Tibeter nur schlecht.

Aufgrund der geografischen Isolation hat sich die ladakhische Sprache vom Tibetischen immer weiter entfernt, und es entstanden viele eigene Wörter. Auch innerhalb Ladakhs gibt es unterschiedliche **Dialekte,** die zanskarische Sprache weist sogar grammatikalische Unterschiede zum Ladakhi auf.

Der kleine **Sprachführer im Anhang** des Buches beschränkt sich auf das um Leh gesprochene **Hochladakhi.** Wer sich die lohnende Mühe macht, ein paar Brocken Ladakhi zu erlernen, sollte sich auf dieses Hochladakhi konzentrieren. Einfache Wörter und Sätze werden auch in Zanskar verstanden! Während nämlich die Ladakhis in Leh oft Probleme haben, Zanskari zu verstehen, verstehen die Zanskaris den klaren Leh-Dialekt ziemlich leicht.

Die **Alltagssprache** ist heute gespickt mit Wörtern aus dem Urdu und dem Englischen. Das ist schade, da Ladakhi eine sehr malerische Sprache ist, die durch diese Vermischung einiges von ihrer Schönheit verliert.

Die **Schrift** umfasst 30 Buchstaben und hat – wie oft fälschlich gemeint wird – mit chinesischen Schriftzeichen absolut nichts gemeinsam.

Sie wurde im 7. Jh. während der Herrschaft des Königs *Songtsen Gampo* in Tibet und anschließend auch in Ladakh eingeführt. Ein tibetischer Gelehrter entwickelte sie auf der Basis einer nördlichen Form des indischen Gupta-Alphabets.

Das Tibetische ist im Wesentlichen eine monosyllabische Sprache. Als eine Besonderheit werden sowohl Silben als auch Wörter beim Schreiben nur durch Punkte voneinander getrennt. Wer also mehrere nebeneinanderstehende Silben nicht kennt, weiß nicht, wo ein Wort endet und das andere beginnt.

An den Schulen Ladakhs wird in **Urdu,** der Sprache Kaschmirs, unterrichtet, während Ladakhi als Sprache lediglich Lehrfach ist. Derzeit bemüht man sich, Lehrer aus Kaschmir durch einheimische zu ersetzen und das Ladakhi als erste Sprache einzuführen.

Englisch wird in allen Schulen unterrichtet.

Wer ein paar Wörter Ladakhi spricht, hat mehr von seiner Reise! In den Dörfern kann (jedenfalls unter der älteren Generation) fast niemand **Englisch,** außerdem brechen die Ladakhis in Begeisterung aus, wenn jemand einige Wörter ihrer Sprache beherrscht. Ein Tipp: Ein Abend im Hause mit einer ladakhischen Familie ersetzt eine Woche Büffeln hinter Büchern – die Leute spielen gerne Lehrer.

Das erste Wort, das man in Ladakh hört, ist **„Julee".** Wenn es besonders

herzlich gemeint ist, ruft man „Julee, Julee" – ein Universalwort, das „Hallo", „Auf Wiedersehen" und „Danke" heißen kann.

Buddhismus

Über 90 % der in Zentralladakh lebenden Menschen und der Zanskaris sind Buddhisten. Die buddhistische Philosophie wurde vor über 2000 Jahren aus dem damals buddhistischen Indien in den Himalaya gebracht, wo sie tiefe Wurzeln geschlagen hat. Die Lebensweise der Menschen ist von buddhistischen Prinzipien geprägt, und die Kunst drückt sich im Bau von eindrucksvollen Klöstern aus.

Ladakhische Kinder werden in Urdu unterrichtet

In Ladakh und Zanskar wird man also auf Schritt und Tritt mit der Lehre des Buddha konfrontiert; in den folgenden Kapiteln soll sie ausführlich dargelegt werden.

Der historische Buddha

Die Geschichte beginnt wie ein Märchen: Es war einmal ein verwöhnter Königssohn...

Geburt des Gautama Buddha im Lumbini-Hain

Sein Name war *Gautama Siddharta,* und er wurde als Sohn eines Herrschers über ein kleines Königreich im Vorhimalaya im Jahre 563 v. Chr. geboren. Bei seiner Geburt war jedoch etwas Merkwürdiges geschehen: *Maya Devi,* seine Mutter, träumte von einem weißen Elefanten, der in ihre rechte Körperhälfte eindrang. Außerdem sah die Bevölkerung bei der Geburt ein eigenartiges, geheimnisvolles Licht, und einige Höflinge bekundeten, himmlische Musik gehört zu haben.

Der König wurde misstrauisch und ließ Astrologen herbeirufen, um diese geheimnisvollen Dinge zu deuten. Diese Astrologen weissagten, dass dieses Kind etwas Besonderes sei. Entweder würde es ein Weltbeherrscher werden oder ein erleuchteter Geist, der vollkommene Weisheit erlangen wird. Der Vater tat alles, um sein Kind vor beiden Möglichkeiten zu bewahren.

Gautama Siddharta wuchs in großem Luxus auf. Er lebte in einem wunderschönen Palast, wo man sich bei Tanz, Musik und Wein den vielfältigen weltlichen Genüssen hingab. *Siddharta* erlebte alles, was das Leben an Schönheiten bieten konnte. Als er ein junger Mann war, überkam den Prinzen eine innere Unruhe, er wurde unzufrieden und bekundete Neugierde auf die Welt außerhalb des Palastes. So bat er seinen Vater um die Erlaubnis zum Ausgang. Der König sorgte dafür, dass der junge Prinz nichts Verdrießliches zu sehen bekäme. Deshalb befahl er den Stadtbewohnern, sich glücklich zu zeigen, und die Elenden ließ er von den Straßen entfernen.

Als Siddharta aber durch die Straßen fuhr, erblickte er einen ausgemergelten blinden Alten, einen Kranken, einen am Wegrand liegenden Toten und einen Wandermönch in gelber Robe. Schockiert erkannte Siddharta, dass die Welt voller Leiden war. Er fragte seinen Kutscher, wer dieser Mann in der gelben Robe sei. Der Kutscher antwortete, dieser es sei ein Mensch, der dem oberflächlichen weltlichen Leben entsagt habe und danach strebe, der absoluten Wirklichkeit näher zu kommen.

Siddharta begann zu grübeln. Bald erkannte er eine Tatsache, die später die **erste der vier edlen Wahrheiten Buddhas** werden sollte: Leben ist vergänglich, tragisch und leidvoll. Selbst Glück, Vergnügen und Frohsinn beinhalten das Leiden, denn diese schönen Gefühle sind zeitlich begrenzt und schlagen in Traurigkeit um, sobald der Mensch auf sie verzichten muss. Der Kern des Glücks ist ergo Leiden, da es irgendwann zu Ende gehen muss. Selbst der gesündeste Mensch geht jeden Tag ein Stück seinem Tod entgegen; irgendwann wird auch er alt, krank und schließlich sterben.

Leben ist also Leiden, schloss der Prinz seine Überlegungen. Da fiel ihm der Asket auf der Straße wieder ein. Am Abend, an dem *Gautama Siddharta* im Alter von 29 Jahren beschloss, Mönch zu werden, veranstaltete man bei Hofe gerade wieder ein Fest. Er weckte seinen treuen Diener Chandaka, sattelte sein Lieblingspferd und ritt davon, ohne sich von den Eltern, seiner Frau und seinem neugeborenen Sohn zu verabschieden. Weit von der Heimatstadt entfernt, rasierte Gautama sein Haar, legte seinen Schmuck und die königlichen Ornamente ab und sandte sie durch Chandaka seinem Vater zurück.

Es folgten harte Jahre strenger Yoga- und Askeseübungen, während derer Siddharta bettelnd durchs Land zog und in einsamen Höhlen unter Anleitung seiner Gurus praktizierte. Unter einem Pappelfeigenbaum beim heutigen Bodh Gaya in Bihar erlangte er schließlich die Erleuchtung *(Bodhi)* und wurde zu einem Erwachten (*Buddha*).

Wäre *Siddharta* nicht über die erste seiner Wahrheiten, wonach Leben gleich Leiden ist, hinausgekommen, dürfte der Buddhismus eine negative Religion genannt werden. Doch unter dem Bodhi-Baum erkannte der Buddha drei weitere Wahrheiten, die den Weg von der Entstehung und der Aufhebung des Leidens zeigen. Im Wildpark von Sarnath bei Benares verkündete er sie erstmals.

Die **zweite Wahrheit** lautet: Das besagte Leiden entsteht durch drei Grundübel:
1. Gier nach Besitz, Macht und Glück.
2. Hass auf alles, was unangenehm erscheint.
3. Verblendung und Unwissenheit über das Wesen der Vergänglichkeit.

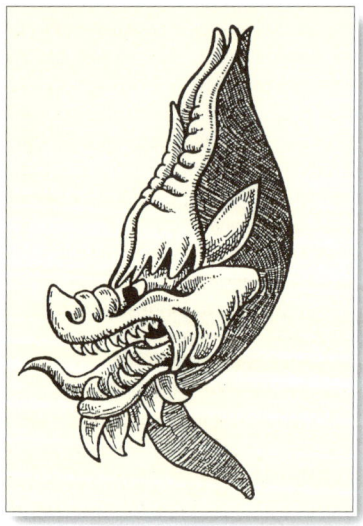

Logisch lautet die **dritte Wahrheit:** Sobald diese Grundübel aufgehoben werden, endet auch das Leiden.

Mit der **vierten Wahrheit** zeigte der Buddha Wege zur Befreiung, den edlen achtfachen Pfad. Dieser Pfad ist ein von Selbstdisziplin geprägtes System aus rechtem Handeln, das niemanden verletzt, und Meditation. Damit sollen das illusorische „Ich" überwunden und der leidvolle Kreislauf der ewigen Wiedergeburten gestoppt werden. Letztes Ziel ist ein reiner, körperloser Zustand, das Nirvana.

Nach seiner Erleuchtung wanderte **Buddha Shakyamuni,** wie er nun genannt wurde, in Nordindien und Nepal umher, um seine Lehren zu verbreiten. Im Laufe der Zeit sammelte sich eine große Gruppe Schüler um ihn, die wie Buddha ein Leben in Enthaltsamkeit und Askese führten. Neben den vier edlen Wahrheiten lehrte Buddha in den folgenden Jahren zwei weitere wichtige Lehrzyklen: Über die Natur der Leerheit allen Seins und über die perfekte Buddhanatur, die in jedem Lebewesen steckt. Im Jahr 483 v.Chr. starb Buddha Shakyamuni in Kushinagara und vollzog damit – so die Schriften – das Parinirvana, das „große Verlöschen".

Verbreitung des Buddhismus in Ladakh und Zanskar

Im 3. Jh. v.Chr., 200 Jahre nach dem Tod des Buddha Shakyamuni, regierte in Indien der große „Religionskaiser" der Mauryadynastie, **Kaiser Ashoka.** In seiner Begeisterung über die buddhistische Philosophie sandte *Ashoka* Lehrer in alle Himmelsrichtungen aus, um die Lehre Buddhas zu verbreiten. So gelangten bald Sri Lanka und weite Teile Südostasiens unter buddhistischen Einfluss.

Von den berühmten buddhistischen Universitäten Kaschmirs reisten große Gelehrte auch in den Himalaya.

Bald teilte sich der Buddhismus in zwei Schulen auf, den **Hinayana** („Kleines Fahrzeug") und **Mahayana** („Großes Fahrzeug"). Der grundlegende Unterschied besteht in folgendem: Der Hinayana ist die ursprüngliche Form des Buddhismus, in der ein Praktizierender die Erlangung des Nirvana zu seinem eigenen Wohl sucht. Der Mahayana-Buddhist stellt das liebende Mitgefühl mit allen Lebewesen ins Zentrum seiner Meditationspraxis. Das Ideal des verkörperten Mitgefühls sind demnach **Bodhisattvas,** also Wesen, die bewusst nicht ins Nirvana eingehen, um anderen auf ihrem Weg dorthin zu helfen.

In Tibet, Ladakh und Zanskar sowie in den Nachbarländern Sibirien, Westchina, der Mongolei, Nepal und Bhutan hat sich diese Form des Mahayana-Buddhismus durchgesetzt.

Daneben gibt es einen Sonderzweig, den **Vajrayana** oder **tantrischen Buddhismus.** Die Tantriker praktizieren besonders kraftvolle Yogamethoden, die subtile Energien im Körper mobilisieren und schnell zur Buddhaschaft führen sollen.

Seinen großen **Durchbruch in Ladakh** erlebte der Buddhismus im 8. Jh., als der mächtigste Tantriker seiner Zeit, *Padmasambhava,* nach Ladakh und Zanskar reiste. Mit allen magischen Praktiken befähigt, besiegte er, den Legenden zufolge, zornige Bön-Geister, die damals das Land heimsuchten.

Da die Ladakhis Althergebrachtes nicht gern aufgeben, gerieten diese Dämonen nicht einfach in Vergessenheit. Vielmehr wurden sie zu Anhängern der buddhistischen Lehre und schließlich zu ihren machtvollen Beschützern umfunktioniert. Damit war die erste Integration der alten Bön-Religion in den Buddhismus vollzogen. *Padmasambhava* besuchte einige Meditationshöhlen wie Trakthok (im Ort Sakri), Sani (Zanskar) und Shergol (nahe Kargil), um dann nach Tibet weiterzuziehen.

Die **zweite große buddhistische Verbreitungswelle** nahm ebenfalls ihren Weg von Kaschmir über Ladakh nach Zentraltibet. In Guge, an der alten Karawanenstraße zwischen Leh und Lhasa, entstand das damals wichtigste Zentrum des Buddhismus. Der große Gelehrte *Rinchen Zangpo* (958–1055) rief hier eine Übersetzerschule ins Leben, außerdem ließ der fleißige Baumeister in ganz Ladakh, Guge und Zanskar 108 (!) Tempel und Chörten errichten.

Nachdem die buddhistischen Universitäten in Kaschmir infolge der islamischen Eroberung um das Jahr 1200 geschlossen wurden, entwickelte sich der **Buddhismus in Tibet und Ladakh** eigenständig weiter. Tibet wurde das neue Zentrum der buddhistischen Philosophie, Gelehrte aus Ladakh und

Ladakh

Zanskar erhielten an tibetischen Klosteruniversitäten ihre Ausbildung. Die engen Kontakte zu Tibet prägten in den folgenden Jahrhunderten das geistige Leben von Ladakh und Zanskar. Sie brachen jedoch abrupt ab, als China vor ca. 50 Jahren die Grenze von Tibet nach Indien schloss.

Die großen Schulen im tibetischen Buddhismus

Im tibetischen Buddhismus sind vier Schulrichtungen entstanden, und alle Mönche bzw. Klöster gehören einem dieser Orden an. Ein Laie wird äußerlich keinen Unterschied zwischen ihnen entdecken (außer den auffälligen roten Roben der Nyingmapas). Was jedoch die Interpretation der buddhistischen Texte, die Einhaltung des Zölibats, Ordensregeln, magische Praktiken, die Betonung von Yoga etc. angeht, bestehen gewisse Unterschiede.

Nyingmapa-Schule

Die Nyingmapas („die alte Schule") gehen als die älteste Schule des Buddhismus direkt auf ihren Gründer **Padmasambhava** zurück. Die okkulten und magischen Praktiken ihres tantrischen Meisters haben diese Mönche bis heute erhalten. Den anderen Schulrichtungen sind die „Alten" deshalb etwas suspekt, zumal sie früher in Einsiedeleien und Höhlenklöstern recht isoliert gelebt haben. Einige Nyingmapas perfektionierten die tantrische Kunst und haben als Wettermacher, Wunderheiler und Dämonenbanner sogar im Dienste der Königshöfe gestanden. Wegen der Bedrohung durch Bön-Magier soll Padmasambhava tantrische Schriften in Höhlen und an Geheimplätzen versteckt haben. Padmasambhava prophezeite, nur jene Menschen sollten die Texte entdecken, die dafür geistig reif seien. Diese spirituellen Schätze haben die Nyingmapas schließlich aufgespürt, und sie dienten ihnen fortan als heilige Texte.

In Ladakh und Zanskar soll es heute einige wenige Meister dieses höchsten Tantra geben – ihre wahren Fähigkeiten erkennt aber niemand, da diese Yogis nicht über ihre Praktiken sprechen geschweige denn diese zeigen.

Einziges Nyingmapa-Kloster Ladakhs ist Trakthok beim Dorf Sakti, wo *Padmasambhava* einige Zeit meditierte. Die heutigen Mönche im Kloster Trakthok beschwören aufrichtig und in aller Bescheidenheit, von dererlei Dingen nichts zu wissen und sich direkt an der Lehre Buddhas zu orientieren.

Sakyapa-Schule

Unter den Sakyapas entstand in Tibet erstmals ein Priesterstaat, in dem die Oberlamas geistliche wie auch politische Macht ausübten. Die Schule wurde 1073 gegründet und nach ihrem Hauptkloster Sakya benannt, das als Kultur- und Kunstzentrum einen ausgezeichneten Ruf genoss.

Der Großlama der Sakyapa, **Sakya Pandita,** und sein Neffe *Pagpa* waren besondere Günstlinge der Mongolen, die im 13. Jh. über China und Tibet regierten. Deshalb setzte der Mongolenführer *Kublai Khan* die Sakya-Lamas als weltliche Herrscher über Tibet ein. Ihren fast königlichen Status mussten die Obermönche jedoch nach dem Zusammenbruch der Mongolenherrschaft 100 Jahre später an die Kargyüpas abtreten.

Die Sakya-Mönche praktizieren die „Schriften vom Weg und seinen Früchten", eine Anleitung zur Erlangung der Buddhanatur innerhalb eines Lebens. Magie und Orakel werden als hohe Wissenschaft betrieben, deshalb gehören die Mönche im einzigen Sakyapa-Kloster Ladakhs, Matho, zu den fähigsten Orakeln der Landes.

Kargyüpa-Schule

Kargyüpa ist der Sammelname für mehrere halbreformierte Rotmützenschulen, die alle auf die beiden großen indischen Mystiker **Tilopa** und **Naropa** (1016–1100) zurückgehen. *Naropa* erhielt von *Tilopa* höchste tantrische Belehrungen, die er später als Abt an der berühmten Klosteruniversität in Nalanda lehrte. Sein wichtigster Schüler war *Marpa* (1012–1097), der als verheirateter Bauer ein gutbürgerliches Leben führte, stets aber die hohen Yogas praktizierte. Bis heute leben die Kargyüpa-Mönche nicht im Zölibat, denn sie erachten spirituelle Motivation wichtiger als Enthaltsamkeit.

Jener **Marpa** brachte von seiner Indienreise Lehrsysteme nach Tibet, darunter die „Sechs Yogas des Naropa", die u.a. das Wissen über die durch Yoga erzeugbare innere Körperwärme beinhalten. Mit Hilfe dieser Praxis überleben Yogis nackt die eiskalten Winter in ihren Höhlen! Weitere wichtige Praktiken sind die Schaffung eines Trancezustandes, in dem der Geist im Raum zwischen Tod und Wiedergeburt schwebt.

Marpas bedeutendster Schüler war **Milarepa** (1052–1135). Bis heute ist er in Tibet und Ladakh der „Lieblingsheilige", und jedes Kind lernt in der Schule seine rührende und erstaunliche Lebensgeschichte: *Milarepa* verliert als kleiner Junge seinen Vater, und er muss deshalb mit seiner Mutter bei grausamen Verwandten leben. Da er Tante und Onkel hasst, will Milarepa die beiden bestrafen. Als junger Mann lernt er bei seinem Guru die Schwarze Magie. Schließlich lässt er von einer weit entfernten Höhle aus das Haus des Onkels einstürzen; alle Verwandten, die sich darin aufhalten, sterben.

Später bereut *Milarepa* diese Boshaftigkeit. Er beschließt fortan, seine Fähigkeiten zum Wohl der Menschheit in heilsame Energien umzuwandeln.

Milarepa in Meditationshaltung

Ladakh

Sein Meister wird jetzt *Marpa,* aber dieser bereitet Milarepa harte Lehrjahre: Mehrmals lässt *Marpa* ihn einen Turm bauen und danach Stein für Stein wieder abtragen. Nach endloser Sisyphusarbeit erhält Milarepa endlich seine Belehrungen.

Danach zieht er sich in eine einsame Höhle zurück und ernährt sich ausschließlich von Brennesseln. Durch Wärmeyoga überlebt er die strengen Winter nur in einem dünnen Hemd, daher sein Name *Mila-res-pa,* „der mit einem Baumwolltuch Bekleidete".

In seiner Höhle schreibt er die berühmten Gedichte und die „100.000 Gesänge", die bis heute ein fester Bestandteil tibetischer und ladakhischer Literatur sind. Der Mystiker *Milarepa* gilt als klassisches Vorbild dafür, wie ein Mensch sich in einer Lebensspanne vom „schlechten Menschen zum Erleuchteten" entwickeln kann.

Gelukpa-Schule

Als letzte der großen religiösen Schulen Tibets sind im 14. Jh. in Tibet die Gelukpas („die Tugendhaften") entstanden, auch als **Gelbmützen** bekannt. Die Gelukpas stammen von der alten **Kadampa-Schule** ab, die ihren geistigen Vater in **Atisha** hatte. *Atisha,* der indische Yogi, wurde im 9. Jh. geboren. Als sittenstrengem Asketen waren ihm die mystisch-okkulten Praktiken der anderen Schulen ein Greuel, deshalb gründeten er und seine Nachfolger mehrere Kadampa-Klöster in Ladakh und Tibet.

Ein großer Freund der Kadampas war 500 Jahre später **Tsongkhapa**

(1357–1419). Der Gelehrte aus Nordost-Tibet lehnte ebenfalls die Schwarzmagie ab und beschwerte sich über den geistigen und sittlichen Verfall in den Klöstern. So beschloss *Tsongkhapa* ein Reformprogramm: Er baute das erste Gelukpa-Kloster in Tibet (Ganden), wo die „tugendhaften" Mönche wieder zur reinen Lehre Buddhas, einer strengen Einhaltung des Zölibats und einem exakt festgelegten Tagesablauf zurückkehren sollten. Anschließend ließ *Tsongkhapa* zwei andere Klöster errichten, Drepung und Sera. Diese drei Klöster expandierten in kurzer Zeit zu den größten Klöstern Tibets. In Drepung und Sera lebten bis zu je 7700 Mönche.

Die Gelukpa-Schule verfügte bald über solche Macht, dass sie bis zum Jahr 1951 die Staatsschule von Tibet war. Ihr entstammte das geistliche und weltliche Oberhaupt des Landes, der jeweilige **Dalai Lama.** Den Titel Dalai Lama prägte übrigens der Mongolenfürst *Altan Khan* im 16. Jh. Er bedeutet „Ozean der Weisheit". Alle Dalai Lamas gelten als Verkörperung des Bodhisattva des Mitleids, Avalokiteshvara. Die jetzige Inkarnation, der 14. Dalai Lama, *Tenzin Gyatso,* floh 1959 vor den chinesischen Repressionen nach Indien, wo er heute mit Tausenden Exil-Tibetern im nordindischen Ort Dharamsala lebt.

Die Gelbmützen sind in Ladakh und Zanskar die am weitesten verbreitete Schule. Nachdem sie das alte Kadampa-Kloster Spituk übernommen hatten, bauten sie ihre Position immer weiter aus. Heute unterstehen den

Gelukpas neben Spituk die Großklöster Thikse, Likir, Rizong, Sankar in Ladakh sowie Rangdum, Tongde, Karsha, Mune und Phuktal in Zanskar.

Mönche

In Ladakh gehören die Mönche in ihren roten Roben zum alltäglichen Bild eines jeden Dorfes. Viele Jahrhunderte lang war es Sitte, dass ein Sohn der Familie das Leben in einem Kloster führte. Erst in jüngerer Zeit weicht diese Tradition auf.

In der Regel wird der Junge im Alter zwischen 6 und 8 Jahren ins Kloster gebracht. Nach zweijähriger Ausbildung wird er zum **Novizen** *(Getsül)* und erhält die niedrigen Mönchsweihen.

Während ihrer Novizenzeit müssen die Mönche 10 Grundgebote und 36 Gelübde einhalten.

Beobachtet man die jungen Mönche im Kloster, entsteht jedoch der Eindruck, dass sie recht glücklich sind. Obwohl die Kleinen schon schwere Arbeiten, etwa in der Küche, erledigen, dürfen sie ihr „Kind-Sein" ausleben.

Ernst wird es, wenn die Novizen, frühestens ab ihrem 20. Lebensjahr, zu **vollordinierten Mönchen** *(Gelong)* werden und sie die kompletten 253 Mönchsgelübde ablegen. Die Fähigsten werden zum Studium an die buddhistische Hochschule nach Choklamsar oder in eine der tibetischen Mönchsschulen nach Südindien geschickt. Dem Großteil der Mönche bleibt aber eine höhere Ausbildung verschlossen. Sie können kaum schreiben und haben wenig Ahnung von buddhistischer Philosophie. Im Kloster arbeiten sie als Koch, Handwerker, Ordnungshüter, Tempelreiniger etc.

Ein Lama entspricht etwa einem Lehrer oder Meister *(Guru)* und setzt viele Jahre intensiven Studiums mit erfolgreich abgeschlossener Prüfung voraus. An der Spitze der Mönche und Novizen steht in der Klosterhierarchie der **Abt.**

Die Mönche genießen in der Bevölkerung hohes Ansehen. Schließlich bilden sie jene Gemeinschaft, die Buddhas Lehre mit bester Motivation praktizieren soll. Die Gemeinschaft, **Sang-**

Buddha-Figur

Ladakh

0451z Foto: jm

Landeskunde

Tantra –
der harte Weg
zur Vollkommenheit

Im florierenden Geschäft mit der Spiritualität sind in Europa Seminare über Tantra der große Renner. Mit schlagkräftigen Titeln wie „Erleben Sie durch Tantra die vollkommene sexuelle Erfüllung mit Ihrem Partner" wird in Seminaren und Büchern fernöstliche Mystik suggeriert. Dabei hat Tantra im streng buddhistischen Sinn mit diesen westlichen Kassenschlagern beileibe nichts gemeinsam.

Tantra ist ein Zweig buddhistischer Praxis, der nur wenigen Eingeweihten zugänglich ist. Sicher sollen bedeutende Tantriker über erstaunliche körperliche und geistige Kräfte verfügen, die für einen Laien an Wunder grenzen. Ungezählte Geschichten erzählen von Yogis, die fliegen, sich von Steinen ernähren und um deren Körper beim Meditieren ein Regenbogen schwebt. Diese „Künste" sind jedoch nur Nebenerscheinungen, denn im Grunde ist ein Tantriker nichts anderes als ein Student der Philosophie auf dem Weg der geistigen Erkenntnis mit nur einem Ziel: der Erleuchtung.

Das Sanskritwort Tantra bedeutet „Webwerkzeug" – es ist ein Faden, der die irdische mit der jenseitigen Sphäre verbindet. Mit Tantra stellt man also diese subtile Verbindung her.

Wer den spirituellen Weg buddhistisch-tantrischer Praxis beschreiten will, um durch Yoga und Meditation geistige Erlösung zu finden, muss hohe Voraussetzungen erfüllen: Er muss sich zu den „Drei Juwelen" – den Grundpfeilern des Buddhismus – Buddha (dem Lehrer), Dharma (der Lehre) und Sangha (der Gemeinschaft der Gläubigen) bekennen.

Außerdem muss er schwören, diese Praktiken in selbstloser Absicht und zum Wohle der Menschen durchzuführen. Basis für die Tantrapraxis ist die Einsicht in das Prinzip der Leerheit, d. h., dass keine Erscheinung durch sich selbst existiert, sondern alle Phänomene voneinander abhängig sind, vergänglich und veränderbar.

Diese Vorbereitungen sind ein hartes Stück Arbeit, und es vergehen meist Jahre, bis der Guru (Lehrer) seinem Schüler die Erlaubnis für den Tantraweg gibt. Notwendig sind diese Vorübungen aber, da im Tantra mit starken Energien gearbeitet wird, die ohne solide geistige Basis zur geistiger Verwirrung führen können. Biografien von westlichen Schülern, die sich unvorbereitet und ohne kompetente Führung eines Lehrers in die „Faszination Tantra" gestürzt haben, zeigen dies.

Der Grund könnte darin liegen, dass solche Schüler die zornvollen Gottheiten und sexuelle Symbolik gründlich missverstanden haben. Wer eine zornvolle Gottheit visualisiert, darf auf dem Weg von missverstandenem Tantra keine negativen Emotionen an seiner Außenwelt abreagieren. Außerdem stellt die sexuelle Vereinigung, die im Westen so oft falsch interpretiert wird, keinen Sexualakt dar, sondern symbolisiert die Untrennbarkeit der Gegensätze. Die Meditation darüber wird seltenst mit einem menschlichen Partner, sondern vielmehr auf geistiger Ebene praktiziert.

Beim Tantra geht es also darum, die in jedem Menschen rumorenden „Geistesgifte" Hass und Begierde zu positiven Kräften umzuformen. Der Weg zur Erleuchtung ist deshalb schwierig, und er erfordert eine absolut reine Motivation, beträchtliches Wissen und große Ausdauer.

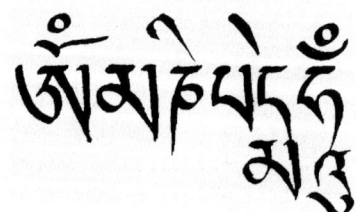

ha zählt schließlich neben Buddha und seiner Lehre zu den „drei buddhistischen Juwelen".

Westliche Menschen kritisieren oft, dass der Lebensweg eines Mönchs zu früh von den Eltern festgelegt wird. Tatsächlich ist es ein Problem, wenn der junge Mann später ins weltliche Leben zurückkehren will. Die ladakhische Gesellschaft zeigt wenig Verständnis dafür, wenn ein Mönch seine Robe ablegt; außerdem hat er wahrscheinlich keinen Brotberuf erlernt, um Geld zu verdienen. Dennoch wagt heute mancher Mönch diesen Schritt in ein weltliches Leben.

Ritualgegenstände

Die Buddhisten haben sich eine Reihe von Hilfsmittel erschaffen, um ihre Gebete noch wirksamer ihren Gottheiten zuzutragen.

Gläubige besitzen einen **Gebetskranz,** den sie meist um das Handgelenk geschlungen mit sich tragen. Ein Gebetskranz besteht aus 108 Perlen (108 ist eine heilige buddhistische Zahl) aus Holz, Steinen oder Samen. Mit ihm zählen die Ladakhis Mantras, spirituelle Keimsilben, die vorwiegend alte Leute oft endlos vor sich hinmurmeln. Wird der Gebetskranz von einem hohen Lama gesegnet, verfügt er über eine besondere Wirkungskraft.

Allerorts in Ladakh findet man **Gebetsmühlen.** Dies sind mit langen Papierstreifen gefüllte Zylinder, auf denen heilige Verse stehen. Durch Drehen dieser Gebetsmühlen, vervielfacht sich die heilsame Wirkung der Verse.

Solche Gebetsmühlen können so klein sein, dass sie zu Hause auf dem Esstisch stehen. Größere Gebetsmühlen sind häufig um Klöster aufgestellt, und mancherorts findet man riesige Exemplare wie die meterhohe Gebetsmühle im Kloster Hemis. Eine originelle Variante ist an Bächen zu finden, wo eine Gebetsmühle durch ein Wasserrad angetrieben wird.

Ebenfalls mit heiligen Versen beschrieben und mit einem Windpferd (Lungta) bedruckt sind die **Gebetsfahnen.** Auf Hausdächern und Tempeln aufgehängt, verbreitet das Windpferd die Gebete „in Windeseile" und trägt sie schließlich zu den Göttern.

Volksglaube

Vor der Zeit des Buddhismus praktizierten die Menschen in Ladakh die sogenannte **Bön-Religion.** Als Jäger und Sammler glaubten sie an eine beseelte Natur, in der Bäume, Steine, Berge und Seen von Geistern bewohnt wurden. Nach dieser alten animistischen Vorstellung ist der ganze Kosmos ein geordnetes System von Kräften, die nach einem vorgegebenen Plan wirken und sich gegenseitig beeinflussen. Diese Kräfte werden von den Geistern und Dämonen ausgelöst und bleiben wirksam, bis sich ihnen eine stärkere Macht entgegenstellt. Diese Macht besaß der **Schamane.** Als medial veranlagter Mensch hatte er die Fähigkeit, in Trance mit Hilfe starker Narkotika wie Wacholderdämpfen die Geistwesen zu beherrschen und somit auf die Naturgesetze einzuwirken.

Ladakh

Als der Buddhismus in Ladakh Fuß fasste, wurden solche alten Vorstellungen ohne großen Aufhebens in die neue Religion integriert. Nachdem die buddhistische Philosophie a priori tolerant ist, stellte diese Vermischung kein größeres Problem dar. Schließlich erstreben sowohl die Bön-Religion als auch der Buddhismus das gleiche Ziel, Nirwana, den Zustand des völligen Glücks.

Bis heute ist der Alltag der Ladakhis vom **Volksglauben** geprägt. Der ist aber so eng mit dem Buddhismus verknüpft, dass keine scharfe Trennung gezogen werden kann, buddhistische und alte schamanische Elemente sind vielmehr miteinander vermischt. Wichtig ist daher eine Differenzierung zwischen dem offiziellen Buddhismus, wie er in den Schriften steht und an den buddhistischen Hochschulen gelehrt wird, und dem **„Volksbuddhismus"**. Nur die wenigen gebildeten Mönche können die klassischen Texte verstehen und all die verschiedenen Gottheiten auf den Altären und Fresken unterscheiden. Sie wissen auch, dass all die Gottheiten nur verschiedene Teilaspekte des großen Einen, der Leerheit allen Seins, sind.

Der „Mann des Volkes" hat von der hohen Philosophie wenig Kenntnis. Er bemüht sich, ein guter Buddhist zu sein und die Grundsätze des Buddha zu befolgen. Daneben gilt seine Sorge, die bösen Geister von Haus und Feld zu vertreiben und die guten für sich zu gewinnen. Also benötigt er den Feldgeist, den man um gute Ernte bittet ebenso wie den Hausgeist und die

Wesen für den Berg hinter dem Haus. So verschmolz der schamanische Urglauben mit dem Buddhismus zu einer organischen Einheit, die jene besondere Spiritualität der Ladakhis ausmacht.

Es gibt keinen Abschnitt im Leben der Ladakhis, der nicht von Geistwesen beschützt wird, und bekanntlich versetzt der Glaube ja Berge. Der Aberglaube, sagte Goethe, ist die Poesie des Lebens. So betrachtet, ist Ladakh eine der poetischsten Gegenden der Erde.

In Ladakh und Zanskar trifft man unterwegs solche Relikte der Volksreligion auf Schritt und Tritt.

●An markanten Stellen stehen die **Lhadhos.** Wie der Name (*lha* = Gott, *dho* = Stein) schon ausdrückt, sollen sich an diesen Plätzen gute Geister und Schutzgötter niederlassen.

Der Lhadho ist eine dreistufige Steinsetzung, die nach oben hin spitz zuläuft – nicht zu verwechseln mit den ähnlich aussehenden Chörten. Er entspricht, besonders in Verbindung mit einem Pfahl daneben, dem Weltbaum der Schamanen mit seinen drei Bereichen Himmel – Luftraum – Erde. Wenn sie als Heimstätte der guten Geister dienen, werden die Lhadhos weiß angestrichen. Als Sitz zornvoller Schutzgottheiten sind sie rot. Um Dämonen fernzuhalten, steckt man auf die Spitze der Lhadhos Gebetsfahnen und Wollschnüre, die oft noch mit Tierhörnern und Schädeln von Steinböcken geschmückt sind.

Nahezu in jedem Dorf steht ein Lhadho für den jeweiligen Dorfgott (yül-lha). Um diesen wohlgesonnen

zu stimmen, zünden Mönche zu bestimmten Gelegenheiten an dem geweihten Platz Weihrauch an und bringen Wasserschalen mit Safran und ausgesuchten Kräutern dar. Nur ein zufriedener Gott wird dem Dorf Glück und Wohlstand bringen!

● Auffallend sind die oft Hunderte Meter langen **Gebetsmauern, Manimauern,** die den Weg zu einem Dorf oder Kloster weisen. Reisende und Pilger haben Steintäfelchen mit eingeritzten Gebetsformeln (Mantras) darauf abgelegt. Auf den gemeißelten Steinen bringen sie ihre Wünsche dar, etwa die Hoffnung auf eine sichere Reise

Lhadho: Wohnplatz der Geister

oder die Bitte, dass der Schafherde unterwegs nichts geschehen möge.

Die häufigste Eingravierung aber ist das berühmte Mantra „Om Mani Padme Hum", was übersetzt etwa heißt "Oh du Juwel in der Lotusblüte". Viele Ladakhis meißeln ihre Steine selbst. Doch es gibt Künstler, die es in der Herstellung dieser Täfelchen zur wahren Meisterschaft gebracht haben. Bei genauem Hinsehen kann man an diesen Manimauern wahre Kunstwerke entdecken. Die Gebetsmauer zum Kloster Hemis ist besonders schön.

● **Lhadses** sind unregelmäßige Steinhaufen und – wie die Lhadhos – mit Gebetsfahnen und einem Büschel Zweige geschmückt. In einem Lhadse wohnt der lokale Schutzgeist einer Fa-

04726 Foto: jm

Kunstvoll gravierte Steintafel auf einer Gebetsmauer

milie, eines Dorfes oder Klosters. Die Ladakhis besuchen ihren Lhadse zu Neujahr, wo sie Rauchopfer entzünden und frische Wacholderzweige zur Dämonenabwehr einstecken.

●Natürlich müssen auch die Wohnhäuser vor bösen Geistern geschützt werden. Eine Reihe roter Punkte an den Außenwänden und große rote Dreiecke an den Hausecken sollen den **Geist Tsan** abschrecken. Tsan taucht in menschlicher Gestalt auf: Während er vorne wie ein Mensch aussieht, kann man durch seinen durchsichtigen Rücken alle Organe und Eingeweide sehen.

Viele Ladakhis schwören Stein und Bein, dass um ihr Haus der Tsan schleicht und nachts merkwürdige Zischlaute ausstößt. Tsan stattet besonders gerne Kindern und kranken Menschen unheilvolle Besuche ab, deshalb werden Häuser, in denen Kranke und Babys leben, besonders sorgfältig mit den roten Ornamenten angestrichen.

●Mit **Geisterfallen** über dem Eingang eines Gebäudes sollen die Dämonen wie in einem Spinnennetz gefangen werden. Diese Geisterfallen bestehen aus einem Holzkreuz, um das bunte Wollfäden wie ein Rhombus gewickelt sind. Um die Wirkung zu verstärken, wird oft ein ausgestopfter Schaf- oder Widderkopf danebengehängt.

●Fast alle Ladakhis tragen **Amulette** um den Hals. In den mit festem Stoff umwickelten Anhängern stecken kleine Papierstreifen, auf denen Segenswünsche für alle Gelegenheiten wie Gesundheit, Wohlstand etc. geschrieben sind. Für jede Gefahr gibt es Zauber- und Bannformeln, sodass Kinder oft zehn und mehr Beutelchen mit bunten Anhängern an ihrer Kleidung oder an die Mütze gesteckt tragen. Wenn die Papierschnipsel ein hoher Mönch gesegnet hat, glaubt man an eine besonders starke Wirkung.

Die dünnen roten Halsbändchen (Sungdü) sind ebenfalls gesegnet und werden bei Klosterzeremonien oder nach der Audienz von einem Lama ans Volk verteilt.

●Ladakhis glauben, dass die spirituellen Kräfte von Heiligen auch in deren Körperteilen wie Haaren, Nägeln, Asche, Urin usw. stecken. Diese teils obskuren Objekte werden mit besonderer Sorgfalt aufbewahrt. Am liebsten werden sie von den Gläubigen in verzierten silbernen **Amulettschatullen** (Gahu) getragen. So ist auch unterwegs der „Reisealtar" gleich dabei.

Orakel

Wie lösen Ladakhis ein schwieriges Problem? Wo menschliche Erkenntnis nicht weiterhilft, müssen die Götter befragt werden. Für solche Gelegenheiten werden Menschen zu Rate gezogen, von deren Körper Gottheiten Besitz ergreifen, die Orakel. Im Tibetischen heißt ein Orakel Lhapa (Gottmensch) bzw. Lhamo bei Frauen.

Orakel spielen im Leben der Ladakhis eine wichtige Rolle, sogar die Regierung hat ehemals vor großen Entscheidungen stets die Staatsorakel um Rat befragt. Der zur Gottheit gewordene Schamane erteilt Ratschläge, prophezeit und heilt.

Ein Orakel kann ein Mönch sein oder ein Normalbürger, je nachdem in wessen Körper eine Gottheit beschließt, sich zu manifestieren. Hat die Gottheit in einer Person seinen Ausdruck gefunden, wird diese „Zusammenarbeit" auch künftig bestehen bleiben.

Der **Auftritt eines Orakels** ist ziemlich spektakulär. Die Person zieht sich zunächst zur Meditation zurück, bis

Wer wohl zu Besuch kommt ...?

Ladakh

die Gottheit in ihn eingedrungen ist. Der Mensch fällt nun in Trance, sein Körper beginnt wild zu zucken und die Augenlider flattern – nun ist er bereit, die Ratsuchenden zu empfangen. Aufgeregt warten die Leute bereits. Wer an der Reihe ist, kniet sich neben dem Orakel hin und trägt sein Anliegen vor. Ist es sinnvoll, eine Reise anzutreten, das Haus zu renovieren ... ?

Etwas Merkwürdiges geschieht oft, wenn ein Kranker um Hilfe bittet. Das Orakel lässt sich die genaue Stelle des Schmerzes zeigen und saugt mit dem Mund oder einem Röhrchen heftig an diesem Punkt. Das ausgesaugte Blut spuckt er in eine kleine Schüssel. Die Prozedur geht solange, bis das „Übel aus dem Körper gezogen ist". Mag es auch wie Hokuspokus aussehen – selbst im westlichen Sinn aufgeklärte Ladakhis berichten, dass sie durch diese Methode von schweren Krankheiten geheilt wurden.

Nun sind nicht alle Götter gleich wirkungsvoll. Das **soziale Prestige eines Orakels** hängt deshalb ab von den Qualitäten „seiner" Gottheit und der Hellsichtigkeit, die er dadurch erlangt. Hoch angesehen sind die Staatsorakel von Matho und Hemis. In Ladakh hat fast jedes Dorf ein Orakel, und interessanterweise sind etwa zwei Drittel Frauen.

Das bekannteste weibliche Orakel lebt in dem Dorf **Sabu.** Wer sie besuchen möchte, frage nach der „Lhamo".

Ein Auftritt kostet das Orakel große Kraft. Um ihre Energien aufzufrischen und den Kontakt mit ihrer Gottheit zu halten, unternehmen die Orakel Pilgerreisen zu den buddhistischen Heiligtümern in Indien und ziehen sich oft monatelang zur Meditation zurück.

Ist Inbesitznahme einer Gottheit nun real oder schlichte **Halluzination?** Wenn jemand behauptet, eine Gottheit sei erstmals zu ihm gekommen, sucht er eines der bekannten Orakel auf, der mit ihm von „Gottheit zu Gottheit" reden wird. Wenn die Kommunikation klappt, wird sich der frisch gebackene Mittelsmann von seinem Meister in die neue Aufgabe einweisen lassen.

Wiedergeburt

Nach buddhistischer Auffassung werden alle Lebewesen, solange sie nicht Vollkommenheit erlangt haben, nach ihrem Tod in einem neuen Körper wiedergeboren. Daher auch der Begriff **Inkarnation** = Verkörperung, Fleischwerdung.

Die Art und Weise der Wiedergeburt hängt ab vom **Karma,** also von der Summe der Schuld und Verdienste, die dieses Lebewesen in seinen vergangenen Existenzen angehäuft hat. Gute Taten werden zu einem guten, schlechte Taten zu einem schlechten Schicksal führen. Nun kann sich ein Mensch im Normalfall nicht an seine vergangenen Existenzen erinnern, da ihm dazu das erforderliche Geistestraining fehlt. Spirituell hoch entwickelte Personen können dies aufgrund der Klarheit ihres Geistes und höherer Bewusstseinsstufen; sie wissen sogar, welche Form sie in ihrem zukünftigen Leben annehmen werden.

Bei der **Suche nach der Wiederge-burt** eines hohen Lama oder Kloster-abtes werden Mönche befragt, denen manchmal der Sterbende selbst die dafür nötigen Angaben liefert. Der Vorgänger des jetzigen **Dalai Lama** hatte vor seinem Ableben nicht nur die Gegend, sondern auch die blaue Farbe des Hausdaches erwähnt, in dem seine Wiedergeburt später zu fin-den sei. Der kleine Junge, der in die-sem Haus lebte, wählte aus einem Berg von Gegenständen genau die Objekte aus, die seinem Vorgänger gehört hatten. Und obwohl er die als Händler verkleideten Männer nie vor-her gesehen hatte, erkannte er sie aus seinem vorherigen Leben als Mönche seines Klosters wieder. Nach weiteren eingehenden Tests wurde der Junge schließlich als Wiedergeburt des Ver-storbenen und somit als neuer Dalai Lama anerkannt.

Der Dalai Lama gilt als die lebende Verkörperung der Gottheit Avalokite-shvara; die zweithöchste Inkarnation von Tibet, der **Panchen Lama,** wird als menschliche Verkörperung des Gottes Amithaba, des Buddhas des ewigen Lichtes, angesehen.

Die Philosophie des Lebensrades

Nach Buddhas Worten hat jeder Mensch die Fähigkeit, in diesem oder einem der nächsten Leben erleuchtet zu werden. Die Lehre des Buddhismus ist ausschließlich auf dieses höchste Ziel ausgerichtet und sie gibt den Menschen Richtlinien, wie sie dorthin

gelangen können. So betrachtet, ist der Buddhismus keine Religion im her-kömmlichen Sinn, vielmehr eine Weis-heitslehre, mit deren Hilfe sich der Mensch seiner Erleuchtung nähern kann. Der Weg zu diesem Ziel ist je-doch hart. Deshalb ist der Mensch über viele Lebensspannen im **Samsa-ra,** dem Kreislauf seiner Wiedergebur-ten, gefangen, wobei der unsterbliche Geist von einem in den nächsten Kör-per übergeht.

Dieser endlose Zyklus des Leidens von der Geburt bis zum Tod eines Menschen ist plastisch im **Lebensrad** dargestellt. Diese Lebensräder sind in den Klöstern an der Eingangswand zum Versammlungsraum aufgemalt. Das Rad wird von Yama, dem Gott des Todes, in den Klauen gehalten. In der Mitte sind die drei Tiere Schlange, Hahn und Schwein zu sehen als Sym-bole der drei „geistigen Gifte": Die Schlange versinnbildlicht den Hass, der Hahn die Gier und das Schwein die Dummheit. Dass sie sich gegensei-tig am Schwanz festhalten, verdeut-licht, dass alle drei Übel zusammen-hängen. Solange der menschliche Geist durch diese Gifte getrübt ist, bleibt er im Leidensrad gefangen.

Die **Verkettung der Leiden** ist in den 12 Szenen des äußersten Kreises dar-gestellt. Der Kreis beginnt oben in der Mitte:
1. Ein alter blinder Mensch. Er symboli-siert Nichtwissen und die Unfähigkeit, die gesamte äußere Erscheinungswelt und das „Ich" als Illusion zu sehen.
2. Ein Töpfer. Jeder Mensch formt durch seine Taten sein eigenes Schick-

sal; er hat also die Möglichkeit, sein Karma selbst zu gestalten.

3. Ein Affe. Blindlings greift er nach allem, was er erwischen kann, und er ist unfähig, seinen Geist zu kontrollieren. Deshalb ist der Geist ständig abgelenkt und außerstande, höheres Bewusstsein zu entwickeln.

4. Drei Männer in einem Boot. Das Boot ist das Transportmittel, um die Männer über den Strom zu bringen. Entsprechend ist der menschliche Körper ein Fahrzeug, um den Geist durch das Leben zu transportieren.

5. Haus mit Tür und 5 Fenstern. Die Fenster sind die 5 Sinne, das Tor ist das Denkvermögen.

6. Liebespaar. Berührung und Kontakt mit den Sinnesobjekten.

7. Mann mit einem Pfeil im Auge. Gefühle können so stark sein, dass wir geblendet sind. Blind vor Begierde und Haß, können wir die Wahrheit nicht erkennen.

8. Ein Mann trinkt Wein. Gier ist jener unstillbarer Durst, der niemals Zufriedenheit findet.

9. Ein Mann sammelt Früchte. Er ist abhängig von seinen Glücksgefühlen, und klammert sich an ihnen fest.

10. Eine schwangere Frau. Schaffung von neuem Karma.

11. Die Gebärende. Ein junges Leben kommt auf die Welt, schon bald wird das Baby aber wieder ein alter Mann sein.

12. Alter Mann. Damit schließt sich der Kreislauf. Der Alte läuft mit seinem Packen Sünden zum See, also in Richtung Tod, und erwartet seine nächste Wiedergeburt.

Die sechs großen Bilder zeigen die **Daseinsbereiche,** in die ein Lebewesen – entsprechend seines angesammelten Karmas – hineingeboren werden kann. Glücklich darf sich schätzen, wer in einer der oberen Welten der Götter, Halbgötter und menschlichen Wesen auf das Leben kommt. In die unteren Welten werden all die großen und kleinen Sünder wiedergeboren: Da ist der Bereich der Tiere, der geplagten Hungergeister und Höllenbewohner, die ein erbärmliches Dasein führen.

Alle Lebewesen, Menschen wie Tiere, bewegen sich in einer dieser sechs Welten, und ein Mensch kann in seinem nächsten Leben durchaus als Tier wiedergeboren werden. Jedoch streben die Buddhisten ihre Wiedergeburt im Bereich der Menschen an, denn es heißt, nur ein Mensch hat das geistige Potential zur Erleuchtung.

Buddha wusste aber, dass gerade dieser Geist es ist, der uns ständig zum Narren hält und all die leidvollen Gefühle hervorbringt: „Der Geist gerät leicht aus den Fugen und ist schwer kontrollierbar. Wenn der Geist Kapriolen schlägt, ist er wie ein wilder Elefant und ein Gedanke jagt den anderen, schnell wie ein Blitz. Solch ein zerstreuter Geist wird die Ursache allen Übels". Um diesen wilden Elefanten im Porzellanladen, sprich im Geist, zu zähmen, zeigte der Buddha seinen Schülern Wege des rechten Denkens und Handelns auf.

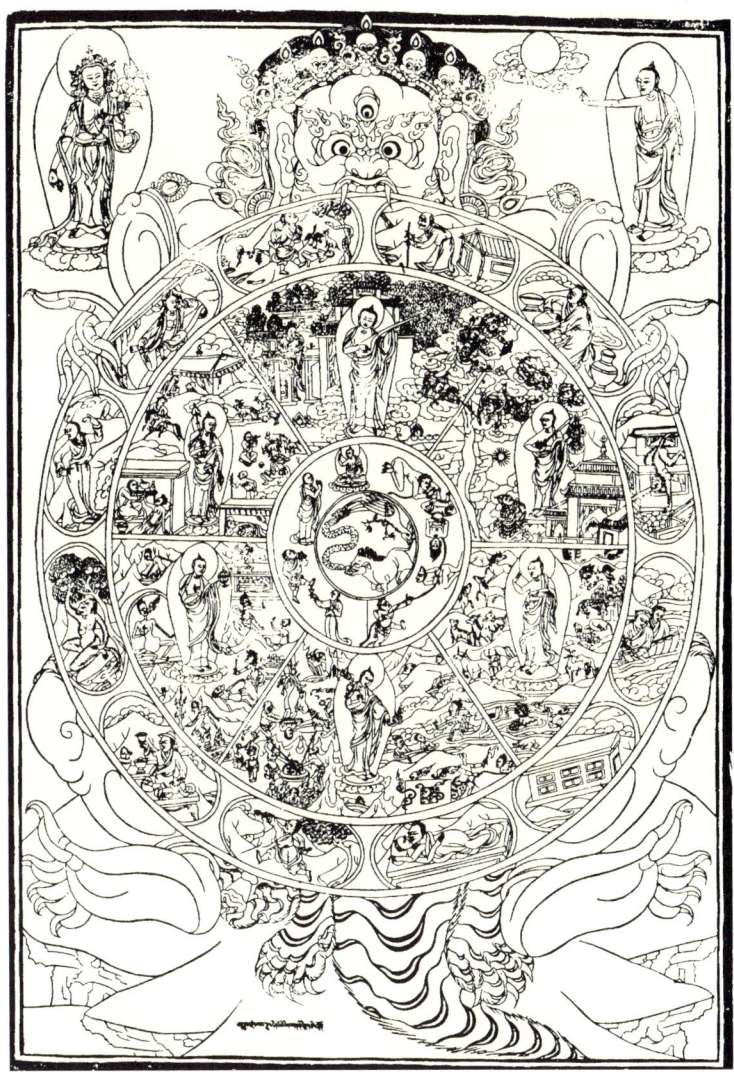

Das Lebensrad der Existenzen

Buddhistische Götterwelt

Ladakhs Klöster sind gleichzeitig faszinierend und verwirrend: Abbildungen und Statuen ungezählter Gottheiten, die einander auf den ersten Blick ähneln mögen, bei genauerem Hinsehen aber doch verschieden sind. Die **Variationen der Gottheiten** scheinen nur begrenzt durch die Grenzen der menschlichen Fantasie. Jede Gottheit wird als Aspekt des Buddha betrachtet und symbolisiert eine bestimmte perfekte Eigenschaft. Das Aussehen, die Körper- und Handhaltung, die Sitzposition und die zugehörigen Attribute aller Figuren haben ihre eigene Bedeutung.

Im Buddhismus existiert kein allmächtiger Gott wie etwa im Christentum oder Islam. Die buddhistischen Gottheiten dienen dienen vielmehr als **Meditationshilfe,** in der ein Praktizierender die perfekte Eigenschaft der visualisierten Gottheit zu übernehmen versucht. Letztliches Ziel ist immer die Erlösung, welche Manifestation des Buddha, also welche Gottheit auch immer als Meditations-Anleitung dient. **Tantrische Gottheiten** nehmen übernatürliche Formen an, sie haben z.B. mehrere Köpfe, Arme, Beine und können sich friedlich oder zornig manifestieren. Der Höhepunkt solcher Vervielfältigungen ist der 11-köpfige und 1000-armige Avalokiteshvara und die 1000-köpfige, -armige und -füßige Form der Weißen Tara mit den 1000 Augen des Mitleids.

Es gibt zwei **Grundtypen von Gottheiten:**
- **Friedvolle Gottheiten:** Umgeben von Blumen sitzen sie in ruhiger Haltung mit friedlichem Gesichtsausdruck. Auf der Stirn ist oft das dritte Auge der Weisheit aufgemalt. Sie tragen fürstliche Kleider und sind mit reichem Schmuck behangen, der sogenannten Bodhisattva-Ausstattung.
- **Zornvolle Gottheiten** sitzen inmitten lodernder Feuerflammen, das Gesicht mit hervorquellenden Augen und aufgerissenem Mund ist oft grässlich verzerrt. Die Haare stehen wirr zu Berge. Oft haben diese zornigen Götter einen Hängebauch und unästhetischen Körper. Ein Lendenschutz aus Tigerfell oder Elefantenhaut bedeckt den sonst nackten Körper; um den Bauch hängt ein Gürtel aus Totenköpfen.

Neben diesen Gottheiten sind auf den Gemälden und als Statuen auch historische Gestalten (Heilige), Buddhas und Bodhisattvas zu finden.

Buddhas

Urbuddha

In allen buddhistischen Ländern wird der **Adi Buddha** als der symbolische Vater aller anderen Buddha-Erscheinungen und als Verkörperung des Absoluten, als der Erschaffer des Universums verehrt. Alle Erscheinungen auf dieser Welt sind ein Abbild von ihm. Entsprechend der Art seiner Darstellung hat er verschiedene Namen:
- **Samantabhadra** ist von blauer Körperfarbe, womit er die vollkommene Erkenntnis ausdrückt. Er trägt weder Ornamente noch Kleidung und wird oft in Umarmung mit seiner mystischen Partnerin dargestellt.
- **Vajradhara** hält den Vajra (Donnerkeil) in seiner rechten Hand, mit dem er Unzerstörbarkeit symbolisiert. In der linken Hand hat er eine Glocke. Vajra und Glocke sind die traditionellen Symbole für Methode und Weisheit, ihre Vereinigung demonstriert das Ende aller Gegensätze und Dualitäten. Vajradharas Körper ist ebenfalls blau, auf dem Kopf trägt er eine Krone.

Buddha-Familien

Die fünf Buddha-Familien stehen für **fünf Grundmuster der Energie.** Das Mandala dieser Familien erscheint ikonografisch als das Mandala der fünf Tathagatas, der Siegreichen. Alle Erfahrung, heißt es, ist von einer dieser fünf Energien geprägt. Sie manifestiert sich dualistisch als Verwirrung oder nichtdualistisch als Erleuchtung. Die zentrale Familie, die Buddha-Familie, repräsentiert die Unwissenheit, die in **Weisheit des allumfassenden Raums** verwandelt werden kann. Im Osten ist die Vajra-Familie; sie steht für **Aggressivität** und kann in spiegelgleiche Weisheit verwandelt werden. Im Süden vertritt die Ratna-Familie den **Hochmut;** sie ist verwandelbar in die Weisheit des Gleichmuts. Die Padma-Familie im Westen steht für **Leidenschaft,** die in die Weisheit unterscheidenden Gewahrseins verwandelt werden kann. Im Norden schießlich verkörpert die Karma-Familie den **Neid;** verwandelbar ist diese in die Weisheit, die alle Ziele erreichen kann.

Manushi Buddhas

Die Manushi Buddhas sind menschliche Buddhas, die sich aus Mitgefühl mit den Lebewesen hier auf der Erde manifestiert haben. Die letzte Verkörperung eines Manushi Buddha ist der historische Buddha **Shakyamuni.** Der Erleuchtete wird auf dem Thron einer doppelten Lotusblume sitzend dargestellt, sein Körper ist gelb, die Haare blaugelockt. In seiner linken Hand hält er die Bettelschale, das Symbol eines Lebens in Armut.

Vor Buddha Shakyamuni waren sechs Buddhas auf der Erde, die jeweils ein Weltzeitalter repräsentierten.

Der nächste Manushi Buddha soll Buddha **Maitreya** sein, der derzeit noch im Tushitahimmel weilt. In den

Ladakh

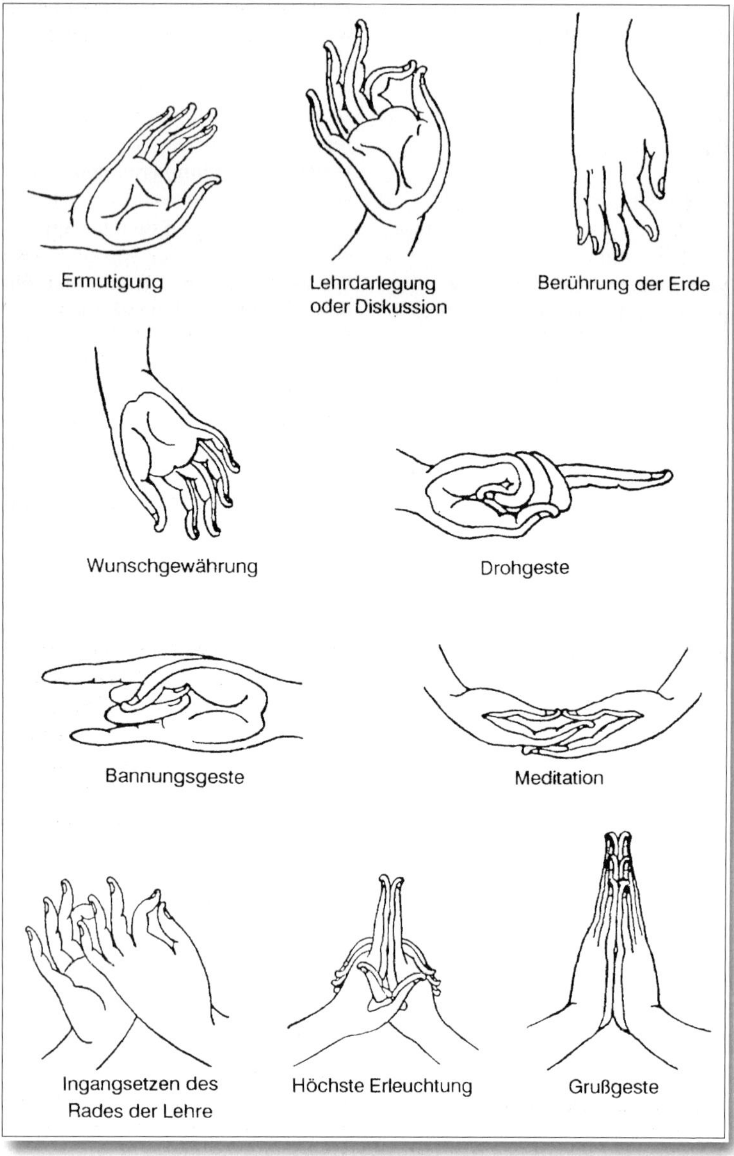

Ermutigung

Lehrdarlegung
oder Diskussion

Berührung der Erde

Wunschgewährung

Drohgeste

Bannungsgeste

Meditation

Ingangsetzen des
Rades der Lehre

Höchste Erleuchtung

Grußgeste

Darstellungen steht Maitreya oder sitzt in typisch abendländischer Haltung mit herabhängenden Beinen auf einem Stuhl – eine Position, die von manchen mit der Verbreitung des Buddhismus im Westen in Zusammenhang gebracht wird.

Manushi Buddhas werden alle ähnlich dargestellt: in Meditationshaltung und bekleidet mit einer Mönchsrobe. Nur durch ihre verschiedenen Handhaltungen sind sie zu unterscheiden.

Heilende Buddhas

Im 8. Jh. taucht die Gruppe der Medizinbuddhas auf, die mit ihren heilenden Kräften Kranke beschützen und Hilfe leisten. Die heilenden Buddhas weisen alle typischen Merkmale eines Buddha auf, z.B. die langgezogenen Ohrläppchen, das Symbol für Weisheit. Wichtigstes Attribut ist die Almosenschale und ein Zweig der Frucht Myrobalan, die als Allheilmittel gilt.

Buddhas der Reinigung

Die 35 Buddhas der Reinigung sind oft an Tempelwänden dargestellt. In allen Himmelsrichtungen scharen sie sich um den in der Mitte sitzenden Buddha Shakyamuni und versinnbildlichen damit die Allgegenwart der buddhistischen Lehre. Gläubige wenden sich an die 35 Buddhas, um sich von ihren Sünden zu reinigen.

Yidams

Ein praktizierender Buddhist stellt sich auf seinem spirituellen Weg von Meditation und Versenkung unter den Schutz seiner persönlichen Gottheit, dem Yidam. Dieser gibt dem Praktizierenden Kraft und Hilfe, unter der Voraussetzung, dass er die Wahl seines Yidams geheim hält. Yidams sind Buddhas und treten fast immer in Umarmung mit ihrer mystischen Partnerin auf.

Bodhisattvas

Bodhisattvas sind Wesen, die trotz ihrer Erleuchtung aus Mitleid mit den Lebewesen auf dieser Welt bleiben, um ihnen den Weg aus dem Kreislauf des endlosen Leidens zu zeigen. Von den acht Bodhisattvas sind Avalokiteshvara, Manjushri, Tara und Vajrapani am weitesten verbreitet.

Avalokiteshvara verkörpert das unendliche Mitleid, die Güte und die Barmherzigkeit. Er ist der Schutzpatron Tibets, und in seiner vierarmigen Form als Chenresig nimmt er die menschliche Form als Dalai Lama an.

Avalokiteshvara erscheint in 14 unterschiedlichen Darstellungen, oft mit seiner Gefährtin. Er kann ein bis elf Köpfe und zwei bis 1000 Arme haben;

Handhaltung in buddhistischen Darstellungen

Ladakh

Manjushri ist der Bodhisattva der Weisheit. In den Klöstern hört man morgens die Mönche das Manjushri-Mantra: Om A Ra Pa Tsa Na DiDiDi Di ... murmeln. Mit dieser Anrufungsformel wird der Geist geweckt. Das Zungenbrecher-Mantra ist übrigens eine gute Übung für jeden, der sich an der ladakhischen Sprache versucht. Manjushri erscheint mit dem Schwert der Erkenntnis, mit dem er den Schleier der Unwissenheit durchtrennt. Auf einer Lotusblüte in seiner linken Hand liegt das Buch Prajna Paramita, das Buch der absoluten Wahrheit.

Vajrapani, die machtvolle Manifestation des Adi Buddhas Vajradhara, verkörpert die Stärke aller Buddhas. Die Ladakhis verehren ihn als Regen- und Gewittergott und Beschützer gegen Schlangenbisse.

Meistens tritt er auf in seiner tantrischen Form, von einem Flammenmeer umgeben und mit furchterregendem Gesicht. Den Donnerkeil, Symbol der unzerstörbaren, Dämonen bekämpfenden Kraft, hält er hoch erhoben in seiner rechten Hand. Um die Hüften trägt Vajrapani ein Tigerfell.

Weibliche Gottheiten

Mit der Einführung des Tantra-Yoga haben auch weibliche Wesen Einzug in den Götterhimmel gehalten. Als mystische Gefährtinnen der Götter personifizieren sie den weiblichen Aspekt im Polaritätensystem Mann-Frau, deshalb sind die Götter oft in körperlicher Vereinigung mit ihren himmlischen Partnerinnen dargestellt.

am schönsten und häufigsten dargestellt ist er mit den elf Köpfen und 1000 Armen. Seine vielen Arme und Hände braucht der Bodhisattva, um helfend „hinzulangen", wo Lebewesen im Elend stecken. Die wichtigsten Attribute der Gottheit sind ein aufgeblühter Lotus, der Rosenkranz mit 108 Perlen und ein Gefäß mit Lebenswasser.

6-armiger Avalokiteshvara

Landeskunde

Tara

Die beliebteste weibliche Gottheit ist **Tara** (tibetisch: *Dolma*), sie verkörpert den Aspekt der Befreierin und Retterin aller Notleidenden und gilt als Personifizierung der allumfassenden mütterlichen Liebe. Daher nimmt Tara einen Ehrenplatz in fast jedem Kloster ein. Mit dem Mantra „Om Tare Tuttare Ture Soha" rufen Buddhisten die Retterin herbei, die sie aus der Not befreien und Unglück abwenden soll. Tara wird bereits seit dem 7. Jh. verehrt, und im Lauf der Zeit haben sich 21 verschiedene Manifestationen von ihr entwickelt.

Die **Weiße Tara** (tibetisch: *Dolkar*) gilt als Gefährtin von Avalokiteshvara, dem Bodhisattva des Mitgefühls. Sie symbolisiert perfekte Reinheit und besitzt übersinnliches Wissen, daher auch ihre weiße Körperfarbe. Dargestellt ist die Weiße Tara mit sieben Augen – sie hat außer ihren beiden normalen Augen das Stirnauge der Weisheit und noch je ein Auge an Händen und Fußsohlen.

Beliebt ist die Weiße Tara mit 1000 Köpfen und 1000 Armen mit je einem Auge in den Handflächen als Symbol der alles sehenden Augen des Mitleids. Ihre Attribute sind ein Rad, Sonnenschirm, Pfeil etc; sie heißt in dieser Form **Ushnisha Sitatapatra.**

Die **Grüne Tara** (tibetisch: *Doldschang*) unterscheidet sich nur durch ihre Beinhaltung: Der rechte Fuß hängt herab und ruht auf einer Lotusblüte.

Als Aspekt der Liebe wird die **Rote Tara** (tibetisch: *Rigdjema*) verehrt. Nach buddhistischer Vorstellung kann sie Wesen verzaubern und widerspenstige Gegner befrieden und auf ihre Seite ziehen. Eine Meditation über Rigdjema soll Energie und Kraft bringen. Dargestellt wird die rote Gottheit mit vier Armen im Dakinitanz. Sie hat einen grimmigen Gesichtsausdruck und flammenartig hochstehende Haare.

Sarasvati

Sarasvati, die Göttin der Musik und Poesie, ist zugleich die Gefährtin von Manjushri, dem Bodhisattva der Weisheit. In der hinduistischen Mythologie gilt sie als Patronin von Wissenschaft und Kunst. Dargestellt ist Sarasvati als schöne Frau mit weißem Körper, in den Händen hält sie ein Buch und eine indische Laute.

Sitatapatra

Parnasavari

Parnasavari (tibetisch: Loma Gyön-ma), die mit Laub Bekleidete, ist die Schützerin vor Epidemien und Patronin der Heilkräuterkunde. Im alten Indien wurde sie bereits von Jägern und Sammlern verehrt. Parnasavari trägt einen Rock aus Laub und hält Heilkräuter, einen Granatapfel und Ähren in der Hand.

Sehr beliebt sind außerdem in Ladakh die Göttinnen **Sitatapatra,** die Beschützerin mit dem weißen Schirm, sowie **Prajna Paramita,** die Schutzpatronin der Weisheit.

Dakinis

Dakinis (tibetisch: *Khandro*) sind Luft- oder Himmelswandlerinnen. Sie dienen den Praktizierenden als Ermutigung und Inspiration für ihre spirituelle Praxis. Der Legende nach schweben sie auf den Wolken und erscheinen dem Meditierenden, um ihm den Pfad zur Erleuchtung zu weisen. Bereits in schamanischen Kulten sind diese „Himmelswandlerinnen" aufgetaucht und stehen somit mit der alten Bön-Religion in enger Verbindung.

Dakinis werden friedfertig oder zornvoll dargestellt; manchmal sind sie jung und nackt und tanzen ekstatisch – als Symbol der „nackten Wahrheit". Manchmal haben sie mit Blut gefüllte Schädelschalen in den Händen oder tragen eine Kette aus menschlichen Schädeln um den Hals.

Dharmapalas, die Beschützer der Lehre

Die Dharmapalas sind machtvolle Schutzgottheiten der Lehre Buddhas. Es gibt eine Vielzahl von Beschützern des Buddhismus: zum einen die erleuchteten Schutzgötter, also Buddhas, die zornvolle Formen annehmen wie Mahakala oder seine Gefährtin, Palden Lhamo. Daneben gibt es nicht erleuchtete Schützer. Sie sind meist Geister und Dämonen aus vorbuddhistischer Zeit, die von buddhistischen Yogis, besonders Padmasambhava, bezwungen wurden. Ihr Aufgabe ist nun, die Praktizierenden zu schützen und zu unterstützen.

Dharmapalas **sehen ziemlich furchterregend aus** mit ihren verzerrten Gesichtern, den hervorquellenden roten Augen, riesigen Hauzähnen und wirrem Haar. Um ihren Körper lodert ein Flammenmeer. Die typische Dharmapala-Ausstattung besteht aus einem Tigerfell um den sonst nackten Körper, einer Girlande aus Totenköpfen, Schlangen- und Knochenschmuck.

Die Dharmapalas stehen im Gonkhang, dem speziellen Schutzgottheiten-Tempel in jedem Kloster, in dem sie, oft überlebensgroß, die Lehre mit Klauen und Zähnen verteidigen.

Mahakala

Mahakala, der Große Schwarze, ist einer der am häufigsten dargestellten Dharmapalas. Er ist die zornvolle Form des Hindugottes Shiva und erscheint

in 75 Manifestationen. Er ist meistens schwarz oder blau dargestellt und hat bis zu 8 Köpfe und 16 Arme. Mahakala sieht wahrhaft dämonisch aus, wenn er einen Leichnam oder Dämon unter seinen Füßen zermalmt.

Yama

Yama ist der **Gott des Todes.** Die alte indoarische Gottheit fungiert als Totenrichter und Höllenkönig im buddhistischen Götterhimmel. Oft hat Yama einen Stierkopf, zu dem er folgendermaßen kam: Einst gab es einen heiligen Mann, der in seiner Höhle in tiefer Meditation weilte. Kurz vor seiner Erleuchtung nach 49 Jahren, 11 Monaten und 29 Tagen Meditation drangen zwei Diebe in seine Höhle, die ihren kurz zuvor gestohlenen Stier hier zerlegen wollten. Als sie den Yogi sahen, beschlossen sie, ihn zu töten, um den Zeugen ihres Verbrechens beiseite zu räumen. Der Yogi bettelte um sein Leben, da er kurz vor der Erleuchtung stehe und mit seinem Tod 50 Jahre Meditation umsonst gewesen seien. Die Räuber zögerten jedoch nicht und schlugen ihm den Kopf ab.

Daraufhin verwandelte sich der Yogi in die furchterregende Form von Yama, dem König der Hölle. Den abgetrennten Stierkopf setzte er sich auf seine kopflosen Schultern, tötete die Räuber und trank ihr Blut aus den Schalen ihrer Schädel. Sein Durst nach Blut wurde unersättlich, so wütete er in ganz Tibet und tötete unzählige Menschen. In ihrer Not riefen die Tibeter den Gott der Weisheit, Manjushri, sie zu beschützen. Manjushri verwan-

Ladakh

Mahakala

Yamantaka

delte sich in die grausame Form von **Yamantaka** und besiegte nach einem fürchterlichen Kampf schließlich Yama.

In seiner schrecklichsten Form tritt Manjushri als *Vajrabhairava* auf, der in vielen Klöstern als Schutzgott verehrt wird.

Hayagriva (Tandim)

Der **pferdeköpfige Schutzgott** wird hauptsächlich von Pferdezüchtern verehrt, weil er die Dämonen verjagt, indem er wie ein Pferd wiehert. Entsprechend hat Hayagriva über sein Gesicht ein oder mehrere Pferdeköpfe gestülpt.

Palden Lhamo

Sie ist die einzige weibliche Schützerin der Lehren Buddhas und zugleich die mächtigste und Furcht erregendste Gestalt im Pantheon aller tibetischen Gottheiten. Palden Lhamo erscheint bereits seit dem 11. Jh. Sie ist die **persönliche Schutzgottheit der Dalai Lamas**, in der Gelukpa-Schule genießt sie daher eine besondere Stellung. In der Ikonographie reitet sie mit gefesselten Beinen auf einem Esel über einem Blutsee; die Satteldecke besteht aus Menschenhaut.

Lokapalas

Lokapalas sind die Beschützer der Himmelsrichtungen und Könige der vier Welten. In der buddhistischen Mythologie ist der Berg Meru das Zentrum des Universums, um den sich die vier Welten gruppieren. Die Gruppe der vier Beschützer ist im Vorhof jedes Klosters an an der Wand aufgemalt.

Heilige

In der Ikonografie dargestellt werden schließlich Heilige, Yogis und Gründer von Klöstern und Schulausrichtungen. Unter diesen Persönlichkeiten befinden sich z.B. **Atisha,** der geistige Ahnherr der Gelbmützen-Schule; der große Reformator **Tsongkhapa;** die 16 **Arhats,** die wichtigsten Schüler Buddhas; **Padmasambhava,** der den Buddhismus in Tibet verbreitete; und schließlich die 84 **Mahasiddhas –** indische Yogis, die nach der Legende aufgrund ihrer spirituellen Vollkommenheit Wunder vollbringen konnten.

Feste und Zeremonien

Tibetischer Kalender

Die Briten haben offiziell zwar den westlichen Kalender eingeführt, trotzdem benutzen die Ladakhis noch den alten tibetischen Kalender. Nach dieser Zeitrechnung finden alle religiösen Zeremonien statt, ermitteln die Astrologen günstige Zeitpunkte für Hochzeiten, Reisen, Geschäftsabschlüsse und für wichtige Arzttermine. Fragt man einen Ladakhi nach seinem Alter, wird er vermutlich zögern und dann ab seinem Geburtsjahr, z.B. dem Tiger-Drachen-Jahr, umständlich bis heute weiterzählen.

Die tibetische Zeitrechnung beruht auf dem Kalachakra-System, dem höchsten tantrischen System, das der Gelehrte *Atisha* im Jahre 1026 nach Tibet gebracht hat. Deshalb beginnt die Zeitrechnung im Jahre 1026. Sie basiert auf den 12 buddhistisch-chinesischen Tierkreiszeichen, wobei jedes Tier mit einem der fünf Elemente verbunden ist. Somit ergibt sich ein 60-Jahres-Zyklus. Der 2. Zyklus fing demnach 60 Jahre später, also 1086, an. Das Jahr 2000 etwa ist das 14. Jahr des 17. Zyklus und damit ein Eisen-Drache-Jahr.

Das Jahr ist in 12 Monate unterteilt, die keine speziellen Namen haben, sondern als 1. Monat, 2. Monat usw. durchnummeriert werden. Der 1. Monat entspricht allerdings nicht unserem Januar, denn **Neujahr** ist, entsprechend dem Mondzyklus, zu Vollmond im Februar. Demzufolge dauert der 1. Monat ungefähr bis Mitte März.

Das Jahr der Ladakhis hat 360 **Tage** und jeder Monat 30 Tage. Die sich daraus ergebenden Unterschiede zum astronomischen Sonnenjahr werden alle drei Jahre durch einen Schaltmonat ausgeglichen.

Häufig werden Kinder nach dem Tag benannt, an dem sie geboren wurden. In Ladakh heißen daher viele Männer und Frauen *Nyima* (Sonne, Sonntag), *Dawa* (Mond, Montag), *Mingma* (Dienstag), *Lhakpa* (Mittwoch), *Phurpa* (Donnerstag), *Pasang* (Freitag) oder *Pempa* (Samstag).

Neujahrsfest

Das wichtigste Fest der Ladakhis ist das Neujahr, **Lhosar.** Während im Westen das Neujahr nur einen Tag lang gefeiert wird, dauern in Ladakh die Festi-

vitäten zwei Wochen! Damit nicht genug: Die Ladakhis feiern Lhosar sogar zweimal: einmal nämlich zum offiziellen tibetischen Neujahr Ende Februar, und schon einmal zwei Monate vorher um den 20. Dezember. Das Doppelfest entstammt nicht einer endlosen Feierlaune der Ladakhis – obwohl auch das glaubhaft wäre – sondern hat einen geschichtlichen Hintergrund: Als im 16. Jh. der König *Jamyang Namgyal* gegen die benachbarte Provinz Purig Krieg im Schilde führte, riet ihm sein Wahrsager, bis zum Neujahr mit dem Angriff zu warten. Dem ungeduldigen König war das zu lange, und er beschloss kurzerhand, das Neujahrsfest um zwei Monate vorzuverlegen. Der schlaue Trick nützte jedoch nichts, die ladakhische Armee musste eine Niederlage einstecken – dafür ist den Ladakhis bis heute das zweite Neujahrsfest geblieben.

Die großen Feierlichkeiten finden jedoch im Februar, zum tibetischen Neujahr, statt. Lhosar beginnt bereits am 25. Tag des 12. Monats. An diesem Tag, **Galdan Ngamchod,** wird der Geburt und des Todes des tibetischen Gelbmützen-Gründers *Tsongkhapa* gedacht. Zu seinen Ehren stellen die Ladakhis als Opfer an die Götter viele Butterlämpchen auf die Dächer, vor die Fenster und Hausaltäre.

Ein sehr originelles Fest, die „Neuner-Suppen-Party", **Gutuk,** findet am Abend des 29. Tages des 12. Monats statt, wenn die Ladakhis ein originelles Süppchen aus den Ingredienzen Papier, Kohle, Chilli, Wolle, Wacholder usw. kochen. Die Zutaten werden in

Ladakh

Teigbällchen gesteckt und das Ganze als Suppe gekocht. Nachdem die Suppe ausgeteilt wurde, kann jeder seinen Charakter an dem Gegenstand erkennen, der in seiner Suppe gelandet ist. Findet er einen Ring, ist das ein Omen für baldige Heirat, ein Wacholderzweig deutet auf einen guten Charakter, die Kohle auf einen schlechten hin. Salzstücke sind eindeutige Zeichen für Dummheit.

Vollmond und damit der **letzte Tag des Jahres** fällt immer auf den 30. Tag des 12. Monats. Zu dieser Gelegenheit reinigen die Ladakhis negative Übel des vergangenen Jahres, indem sie ihren ganzen Körper mit einem Stück Teig abtupfen. Der Teig hat somit die „negative Energie" aufgenommen und wird anschließend in einem großen Feuer außerhalb der Stadt verbrannt.

Um die Feldgötter freundlich zu stimmen, zündet man an ihren Wohnplätzen, den Lhadhos, Weihrauch an und legt frische Wacholderzweige darauf. Am Abend finden Lichterprozessionen in allen Dörfern Ladakhs statt.

Zu **Neujahr,** dem glücklichsten Tag des Jahres, zieht man sich neue Kleider und Schuhe an und feiert im Familienkreis bei Chang, Gebäck und Tee miteinander. Die nächsten Tage sind mit gegenseitigen Besuchen bei Freunden und Verwandten ausgefüllt.

Tempelfeste

Äußerst beliebt bei Ladakhis sind die Tempelfeste. Diese Feste sind ausgesprochen farbenfrohe Spektakel, die sich über mehrere Tage hinziehen. Klosterhöfe verwandeln sich in mittelalterliche Bühnen, und die Zuschauertribünen sind mit Menschen überfüllt, die in ihre besten Gewänder gekleidet sind. Die **Vorführungen** der Mönche in bunten Brokattrachten und oft zornvollen Masken gleichen Theaterstücken mit Tanzeinlagen.

Das Thema ist in allen Klöstern immer das gleiche: Die Mönche verkörpern den Magier Padmasambhava in seinen verschiedenen Erscheinungsformen und demonstrieren damit den triumphalen Sieg des Buddhismus über den alten, animistischen Bönglauben. Die Vorführungen sind voller Symbole, bei der jede Bewegung ihre eigene tiefe Bedeutung hat.

Die meisten Ladakhis kennen den Spielablauf im Detail.

Das Tempelfest beginnt mit einem Gebet, in dem die Schutzgottheiten aufgefordert werden, den Feierlichkeiten wohlwollend beizustehen. Anschließend bringt man den Göttern symbolisch Opferkuchen (**Torma**), Tiere und Chang dar und erbittet ihren Schutz. Nach mehreren Proben folgt schließlich der Höhepunkt des Festes mit der Aufführung der Tänze.

Das berühmteste, aber auch sehr touristische **Fest** findet **in Hemis** statt. Es ist *Padmasambhava* gewidmet, der in Westtibet im 8. Jh. den Buddhismus eingeführt hat und mit Hilfe seiner magischen Kräfte die Dämonen bezwang. In ihren Tänzen stellen die Mönche die wundersame Verwandlung dieser zornigen Dämonen zu Beschützern der Lehre dar.

Daten der Tempelfeste

Stok:	9.–10. Tag des 1. tib. Monats (Ende Febr.)
Matho:	14.–15. Tag des 1. tib. Monats (Anfang März)
Hemis:	9.–11. Tag des 5. tib. Monats (Ende Juni–Mitte Juli)
Phiyang:	2.–3. Tag des 6. tib. Monats (Mitte Juli–Anfang August)
Trakthok:	9.–10. Tag des 6. tib. Monats (Ende Juli–Mitte August)
Thikse:	17.–19. Tag des 8. tib. Monats (Oktober–Mitte November)
Chemre:	28.–29. Tag des 9. tib. Monats (November)
Spituk:	17.–19. Tag des 11. tib. Monats (Januar)
Likir:	27.–29. Tag des 12. tib. Monats (Mitte Februar–Anf. März)
Leh:	28.–29. Tag des 12. tib. Monats (Mitte Februar–Anf. März)

Die **Orakelfeste** (Shubla) in Mulbekh und Shey finden im Herbst statt:

Mulbekh:	15. Tag des 7. tib. Monats (Sept.)
Shey:	10. Tag des 7. tib. Monats (Sept.)

In den verschiedenen Klöstern werden Tänze zu Ehren des speziellen Kloster-Schutzgottes vorgeführt. Sehenswert sind auch die Feste in Trakthok (Sakti) und Phiyang.

Die großen Gelukpa-Klöster Spituk, Thikse, Karsha, Phuktal und Tongde widmen ihr Maskenfest (Gustor) einer bestimmten tantrischen Gottheit, wobei diese Gottheiten von den verkleideten Mönchen dargestellt werden. In manchen Klöstern, wie in Matho, Thikse und Stok, treten zu dem Fest zornige und furchterregende Orakel vor der Menge auf.

Die Feste in den Klöstern fanden traditionell **im Winter** während der arbeitsfreien Zeit der Bevölkerung statt. Eine Ausnahme bildete von je her das Kloster Hemis, wo stets im Juni gefeiert wird. Seit einigen Jahren werden auch in Thikse, Trakthok und Phiyang Maskenfeste im Sommer abgehalten, was zwar Touristen die Teilnahme ermöglicht, den Ladakhis aber nicht so passt, da sie während dieser Zeit viel auf ihren Feldern zu tun haben. (Aktuelle Termine unter „Leh – Festivals".)

Jedes Jahr vom 1. bis 15. September findet außerdem in Leh und Umgebung das **Ladakh Festival** mit Tänzen, Wettbewerben im Bogenschießen und Polospielen statt.

Familienfeste

Auch das Privatleben der Ladakhis ist mit einer Vielzahl von Zeremonien und Ritualen ausgefüllt. Da das Leben von drei großen Ereignissen bestimmt ist – nämlich Geburt, Hochzeit und Tod – finden zu diesen Anlässen die aufwendigsten Zeremonien statt.

Eine wichtige Rolle im Leben der Ladakhis spielt der **Astrologe** (Onpo), denn von seiner Weissagung hängt Wohl und Wehe ab. Der Astrologe prophezeit nach der Geburt eines Kindes dessen Zukunft, er legt das Datum

für die Hochzeit fest und errechnet nach dem Tod eines Menschen den günstigsten Zeitpunkt seiner Verbrennung. Keine große Reise wird angetreten, und kein Bauer wird auf seinem Feld aussäen oder pflügen, bevor der weise Mann nicht den dafür günstigen Zeitpunkt festgelegt hat. Die Anleitung für seine Weissagungen entnimmt der Onpo dem Buch der Astrologie.

Geburt

Ladakhis sind Kindernarren, und der erste Nachwuchs – am liebsten ein

Sohn – wird gebührend gefeiert. **Nach der Niederkunft** bleiben Mutter und Kind einen Monat lang im Haus und werden in der Zeit von nahen Verwandten und Frauen des Paspun mit Tee und Yakbutter verwöhnt. Dieser Tradition liegt die uralte Vorstellung zugrunde, die nach ihrer Niederkunft „unreine" Mutter könnte mit ihrer Anwesenheit auf dem Acker die Wasser- und Feldgötter erzürnen. Auch der frischgebackene Vater darf daher in der ersten Woche nach der Geburt nicht das Feld betreten.

Überhaupt wird alles getan, um die Götter dem Baby gegenüber wohlwollend zu stimmen, wird doch das neugeborene Kind von 100.000 Geistern bedroht. Jedes Baby, auch ein Knabe,

Mönch hält seine Morgenpuja ab

wird deshalb Dokma, **Hirtenmädchen,** genannt. Welcher Geist will sich schon mit einem hässlichen, dummen Hirtenmädchen abgeben! Ein schwarzer Rußflecken auf der Stirn soll das Kind unansehnlich machen und es vor bösen Blicken schützen. Zur Sicherheit wird das Baby auf den Schoß des Dorfschmiedes gesetzt, denn ihm nähert sich nicht mal ein böser Geist.

Eine Woche nach der Niederkunft kommt die Verwandtschaft zusammen, um das Tsas-Ton, das **Geburtsfest** zu feiern. Sie bringen dazu der Mutter Butter, Getreide, Stoffe und Essen mit.

Das **Namensfest** wird 2–3 Monate nach der Geburt gefeiert. Dazu wird das „Hirtenmädchen" zu einem Lama gebracht, der dem Kind seinen Namen gibt. Der Name soll dem Charakter des Kindes entsprechen und lautet etwa Angtschuk (kraftvoll), Tsewang (machtvolles Leben), Tsering (langes Leben) oder Tashi (Glück).

Oft wird am zweiten **Geburtstag** der Kopf des Kindes bis auf einen kleinen Haarbüschel kahlgeschoren,das Zöpfchen mit Butter eingefettet und mit einem bunten Band geschmückt.

Hochzeit

Traditionell suchten Eltern den geeigneten Ehepartner aus, und auf den Dörfern ist nach wie vor diese arrangierte Eheform üblich. Doch halten heute, vor allem in Leh und größeren Ortschaften die jungen Leute selbst nach einem geeigneten Partner Ausschau. Liebesheiraten finden oft gegen den Willen der Eltern statt. In den Dörfern ist nach wie vor die von den Eltern **arrangierte Ehe** üblich.

Oft wird der **Tag der Hochzeit** schon Jahre voraus von einem Astrologen festgelegt. Die Eltern geben dazu dem Astrologen die Geburtsdaten ihres Kindes, mit denen er den Zeitpunkt der Hochzeit und möglicherweise selbst den Partner bestimmt.

Wenn der festgelegte Tag näherrückt, müssen beide Familien einen Ablauf von Ritualen und Höflichkeitsfloskeln beachten. Zunächst schickt der Vater des Jungen einen Vertrauten ins Haus der Brauteltern, wo man bei mehreren Gläsern Chang deren Einverständnis einholt. Bei einem zweiten Treffen wird der Termin für die Hochzeit festgelegt und ausgehandelt, welche Geschenke die Eltern des Mädchens erhalten sollen. Diese Geschenke heißen übersetzt „Milchgeld", sie sind also eine Würdigung an die Brautmutter, die ihr Mädchen mit Milch und Liebe aufgezogen hat. Das Milchgeld kann in Form von Fleisch, Tee, Chang, Aprikosen und Butter beglichen werden.

Bevor die beiden Brautleute endlich zusammen kommen, folgen am **Vortag der Hochzeit** weitere langwierige Zeremonien.

Schon im Morgengrauen brechen ein paar Burschen aus der Familie des Bräutigams auf, um die Braut ins Haus ihres zukünftigen Mannes zu holen. Auf dem Weg muss der Führer aber Aufgaben lösen, ähnlich einer „Schnitzeljagd", bevor er das Milchgeld an die Brautmutter übergeben darf. Nach einer Mahlzeit im Wohnzimmer tan-

Ladakh

zen die Burschen vor dem Haus um ein Arrangement aus Brot, Fleisch und Chang, wobei sie von den zahlreichen Zaungästen kräftig angefeuert werden.

Als erstes Zeichen ihrer Zusammengehörigkeit verzehren beide Familien an diesem Abend gemeinsam ein Brot. Auch wird der rechtliche Teil erledigt, wobei alle Geschenke notiert werden, die im Fall einer späteren Scheidung die jeweiligen Ehepartner zurückerhalten.

Nun tritt die Braut in einem besonderen Kleid auf, das von einer Generation zur nächsten vererbt wird. Sie nimmt auf einem Teppich Platz, auf dem mit Gerstenkörnern das rechtsdrehende Hakenkreuz, das Symbol des Buddhismus gestreut ist. Wichtig ist die Anwesenheit eines Mönches, der dem Haus einen neuen Segen verleiht, da die Tochter – wenn auch ohne Absicht – den alten Segen womöglich mitnimmt. Protokollgemäß bricht die Braut nun in bittere Tränen aus und versichert schluchzend, ihre Eltern hätten alles nur Mögliche für sie getan. Sie geht zum Haustempel, um sich von dem Familiengott zu verabschieden, da sie fortan dem Clan ihres Mannes angehört und somit dessen Schutzgott untersteht.

Bevor die Braut von ihren Begleitern nun in das Haus ihres zukünftigen Mannes geführt wird, tritt nochmals ein Mönch in Aktion. Der Braut könnten sich unterwegs nämlich unerwünschte Dämonen angeschlossen haben. Damit sie nicht versehentlich ins Haus eingeschleppt werden, nimmt der Mönch einen mit Changresten gefüllten Topf, zerbricht ihn und wirft ihn weit weg.

Im Haus sitzt der Bräutigam bereits erwartungsvoll auf einem Teppich, und für die Braut liegt ein zweiter Teppich bereit. Heiratet ein Mädchen mehrere Brüder, sitzen diese gemeinsam auf einem Teppich. Ein kleines Spiel soll die Berührungsängste zwischen Braut und Bräutigam nun lösen. Der Anführer des Abholtrupps überreicht den beiden volle Teller und fragt: „Wer ist schneller – Braut oder Bräutigam", woraufhin beide versuchen, sich gegenseitig das Essen vom Teller zu holen.

Zu den offiziellen Feierlichkeiten treffen bald die Verwandten ein. Im aufgestellten Festzelt vor dem Haus wird anschließend ein großes **Hochzeitsfest** gefeiert, und tagelang wird zum Spiel der Musikanten getanzt und gegessen. Die Hochzeitsgäste überreichen dem Brautpaar Kataks und Geschenke. Bei modernen Hochzeiten werden die Bedamusiker nach diesen Zeremonien meist von einer Musikanlage abgelöst, aus der die letzten Songs der indischen und ladakhischen Hitlisten dröhnen. Die älteren Ladakhis suchen dann bald das Weite, während die Jugend auf Discotanz umsteigt ...

Bestattung

In Ladakh werden **Tote** entsprechend der üblichen buddhistischen Tradition **verbrannt.** Vor der Verbrennungszeremonie bereitet ein Mönch den Verstorbenen für das Ritual vor: Er schneidet dem Toten auf Scheitelhöhe ein Haarbüschel ab, damit das unsterbliche Reine Bewusstsein ungehindert den Körper verlassen kann. Anschließend steckt er dem Leichnam ein Stück Paste in den Mund; an der Paste, so glaubt man, bleiben alle seine Sünden haften und werden nicht in die nächste Wiedergeburt mitgenommen.

Nun bringen Mitglieder des Paspun die Leiche in Embryostellung und wickeln sie in ein Leintuch. Diese Körperhaltung erleichtert die anschließende Verbrennung.

Mit Riten und Gebeten im Haustempel begleiten Mönche und ein Astrologe die Seele des Verstorbenen durch die oft schrecklichen Visionen im Zwischenzustand (Bardo), bis sie nach spätestens 49 Tagen in die nächste Wiedergeburt eintritt. Die Zeremonien können mehr als 10 Tage dauern, währenddessen der Tote allein in einem Nebenraum liegt.

Ist die vom Astrologen festgesetzte Zeit geommen, kann der Körper schließlich verbrannt werden. Die Prozession zur Verbrennungsstätte führen Mönche in prächtigen roten Brokatroben und mit Mantrasilben verzierten Kronen auf dem Haupt an. Unter Trommel- und Glockenmusik wird der Tote von den Mitgliedern des Paspun zum Verbrennungsplatz außerhalb des Dorfes getragen, wo jede besser gestellte Familie eine eigene Verbrennungsstelle besitzt.

Die Asche eines normal Sterblichen streuen die Angehörigen in einen nahen Fluss oder bringen sie auf eine Bergspitze. Nicht verbrannte Knochen werden gerieben, mit Ton zu einem Teig geknetet und zu kleinen Medaillons geformt, die später im Hausaltar aufbewahrt werden.

Gesetzliche Feiertage

Es gibt eine Reihe ladakhischer Feiertage. Da der Festkalender auf dem Mondzyklus basiert, ändern sich die Daten ständig. Fremdenverkehrsbüros halten Listen mit den jeweils aktuellen Terminen bereit. Einige Feste gelten für ganz Indien und werden zu Ehren hinduistischer Gottheiten gefeiert – in Ladakh bekommt man kaum etwas davon mit, außer dass Büros und Banken geschlossen sind.

Januar
- **Neujahr** (2. Januar)
- **Tag der Republik** (26. Januar)

Februar/März
- **Holi:** Fröhliches, buntes Straßenfest, bei dem man sich gegenseitig mit Farbe bespritzt. Touristen sind besonders beliebte Opfer. Alte Sachen anziehen und Humor beweisen!

März/April
- **Mahavir Jayanti:** Wichtigstes Fest der Jains. Besonders sehenswert sind die Prozessionen in Gujarat.
- **Karfreitag**

Mai/Juni
- **Buddha Parnima:** Geburtstag von Gautama Buddha

August/September
- **Unabhängigkeitstag** (15. August)
- **Janma Ashtami:** Geburtstag des Gottes Krishna

Ladakh

September/Oktober

- **Dusshera:** Wichtigstes Fest Indiens, bei dem mit der Aufführung des Ramayana-Epos der Sieg des Guten über das Böse gefeiert wird.
- **Geburtstag von Mahatma Gandhi** (2. Oktober)
- **Divali:** Lichterfest zu Ehren der Göttin Laxmi

November/Dezember

- **Govardhana Puja:** Fest zu Ehren der heiligen Kühe
- **Weihnachten** (25. Dezember)

Kunst und Handwerk

Aufgrund der großen Bedeutung des Buddhismus im Leben der Ladakhis ist es nicht verwunderlich, dass die Kunst hauptsächlich in den Klöstern zum Ausdruck kommt. Tempel fungieren als Ateliers, die Künstler sind meistens Mönche.

Die Kunst Ladakhs ist eng mit kaschmirischen und tibetischen Elementen verbunden. Der **Einfluss Kaschmirs** brachte in Ladakh ab dem 11. Jh. eine erste kulturelle Blüte hervor. Man holte damals aus Kaschmir die besten Künstler in den Himalaya; diese fertigten unter anderem die großartigen Fresken im Kloster von Alchi an. Unter Anleitung des berühmten Gelehrten *Rinchen Zangpo* entstanden in dieser Zeit in Ladakh, Zanskar und Guge genau 108 Tempel und Chörten.

Im 13. Jh. brach diese Verbindung durch die Moslem-Invasion in Kaschmir jedoch ab, und Ladakh wandte sich Tibet als neues kulturelles und reli-giöses Zentrum zu. Besonders die Malerei Ladakhs erlebte im 16. Jahrhundert unter **tibetischem Einfluss** einen neuen Höhepunkt.

Auch heute noch leben in Ladakh sehr begabte Künstler. Mit etwas Glück kann man in einem Tempel die Herstellung eines kunstvollen Sandmandala beobachten oder beim Malen eines Thanka zusehen. Leider muss dazu gesagt werden, dass neuere Bemalungen von Tempelwänden oft stümperhaft ausgeführt werden, wobei Ausnahmen natürlich die Regel bestätigen.

Der **Bedarf an religiösen Objekten** ist auch bei der Bevölkerung groß, denn beim Tod einer Person lassen die Hinterbliebenen oft ein Objekt herstellen, das dem Verstorbenen auf seinem Weg zur nächsten Wiedergeburt hilft. Ein Astrologe berechnet, ob dies ein Thanka, eine Statue oder ein Chörten sein soll. Auch der Tourismus spielt eine Rolle bei der Erhaltung des Handwerks, und mancher Künstler – nur Laien und keine Mönche – produziert seine Thankas und Gebetsmühlen ausschließlich für Souvenirläden.

Ein Mönch stellt ein kunstvolles Sandmandala her

Die religiöse Kunst trägt nicht, wie im Westen, die persönliche Note des Künstlers, vielmehr sind die Motive in den kanonischen Büchern in allen Details vorgeschrieben. **Ziel der Kunst** soll nämlich eine möglichst optimale spirituelle Kraftübertragung vom dargestellten Objekt zum Betrachter sein.

Künstler bleiben deshalb in der Regel anonym, die Inschriften beziehen sich nur auf den Namen des Geldgebers oder der dargestellten Gottheit. Die Herstellung eines religiösen Objekts ist immer mit einem buddhistischen Ritual verbunden und muss mit einer Haltung der Selbstlosigkeit durchgeführt werden. Nur dann hat der Künstler im spirituellen Sinne eine gute Tat vollbracht, sprich positives Karma angesammelt.

Malerei

Die klassische Periode der Malerei hat in Ladakh im 11. Jh. unter dem Einfluss Kaschmirs stattgefunden. Die Themen waren vorwiegend religiöser Natur: Legenden aus dem Leben des Buddha und anderer Heiliger sowie Darstellungen von Gottheiten boten einen unendlichen Fundus an Motiven.

Mandalas

Eine spezielle Form religiöser Gemälde sind die Mandalas, **mystische Bilder** aus zahllosen ineinander verschachtelten Quadraten und Kreisen. Das Mandala dient vor allem als Meditationshilfe: Durch die Konzentration darauf soll sich der Meditierende in die dargestellte Gottheit hineinverset-

150bz Foto: jm

zen, um sich letztlich mit ihr zu vereinen.

Es gibt einfache bis sehr komplizierte Mandalas. In diesen Bildern sind der Kosmos, der Weltberg Meru, figürliche Abbildungen himmlischer Wesen und mystische Silben und Formeln dargestellt. Besonders schöne Mandalas sind in den Klöstern von Alchi und Manggyu zu bewundern.

Die **Motive** entwickelten sich durch Visionen von Mystikern im 6. Jh. Damit sie ihre optimale Kraftübertragung auf den Meditierenden entfalten können, werden diese definierten Muster – sie sind in Büchern akribisch beschrieben – bis heute von den Künstlern befolgt.

Interessant ist eine Beobachtung des Schweizer Psychoanalytikers *C.G. Jung,* wonach bei manchen Menschen in Träumen und Gedanken solche klassischen Mandalamuster auftreten. Die moderne Psychologie beschreibt diese Visionen als Zeichen geistiger Reifung.

Bei **Sandmandalas** reiben die Mönche das Motiv aus feingemahlenem Pulver, das oft aus geriebenen Edelsteinen besteht, auf die Bildfläche. Mit der Herstellung eines Sandmandala sind mehrere Mönche etwa eine Woche lang beschäftigt. Ein Schock für den Zuschauer, aber ganz im Sinne der buddhistischen Erkenntnis von Vergänglichkeit, ist es, wenn das Sandmandala wenige Tage nach seiner Fertigstellung wieder zerstört wird.

Thankas

Ganz besondere Gemälde, die in Ladakh auf ihren künstlerischen Höhe-punkt gebracht wurden, sind Thankas. Der Thanka ist ein **aufrollbares Bild** mit einem religiösen Motiv. Thankas stellen meist buddhistische Gottheiten dar, die von Halbgöttern umgeben sein können; oft ist das Hauptmotiv auch ein Mandala. Die durchschnittlichen Thankas sind etwa 30 x 60 cm groß, sie können aber auch enorme Formate erreichen wie der mehrere Meter lange Thanka in Hemis, der nur alle 12 Jahre einmal während der Festspiele aufgerollt wird.

Ursprünglich haben Pilger solche Rollbilder, als Schutz vor Geistern oder als Gastgeschenk auf Reisen mitgenommen. Heute hängen Thankas allerorts in Klöstern und Haustempeln. Eigens für den kommerziellen Verkauf herstellte Thankas werden in den meisten Souvenirläden in Leh angeboten; Achtung: Die Ausfuhr antiker Thankas ist verboten.

Thankas werden aus feinem **Baumwoll- oder Seidenstoff** hergestellt. Der Stoff wird in einen Holzrahmen gespannt und auf beiden Seiten mit einer Mischung aus Wasser, Knochenleim und Kalk durchtränkt. Nach dem Trocknen poliert der Künstler die Malfläche mit einem Stein oder einer Muschel. Erst jetzt wird das Bild aufgemalt. Früher wurden ausschließlich Naturfarben aus pulverisierten Mineralien, Kalk, Ruß, Goldstaub sowie Pflanzenextrakten verwendet, heute benutzt man aus Kostengründen meist chemische Farben; diese wirken vergleichsweise knallig und grell. Abschließend wird das fertige Bild mit Brokatstoff eingesäumt.

Metallarbeiten

Die Metallgießerei wurde in Ladakh aus Nepal eingeführt, wo dieses Handwerk auf das 4. Jh. zurückgeht. Aus verschiedenen **Legierungen** goß man Darstellungen buddhistischer Gottheiten für die Ausstattung der Tempel. Standard war und ist bis heute eine aus acht Metallen gemischte Legierung. (Viele antike Bronzefiguren in Ladakhs Tempeln stammen jedoch aus Tibet.)

Eine spezielle der Meisterleistung der Metallkünstler aus Nepal sind die überdimensionalen **vergoldeten Buddhafiguren** in den Tempeln von Shey und Basgo aus dem 17. Jh.

Zur selben Zeit ließen sich einige nepalesische Handwerker in dem kleinen Ort Chiling, direkt am Zanskarfluss gelegen, nieder. In Chiling begannen die Nepali mit der Herstellung von Krügen für Tee und Chang.

Diese aus Kupfer getriebenen, oft mit Silber verzierten Krüge sind bis heute in jedem ladakhischen Haushalt zu finden, und bis in jüngste Zeit wurden sie von Handwerkern aus Chiling, den künstlerischen Erben jener nepalesischen Künstler, produziert. Seit einigen Jahren fehlt in Chiling der künstlerische Nachwuchs; so bleibt zu hoffen, dass der eine oder andere Jugendliche noch das Handwerk des Vaters erlernt.

Die Herstellung der Gefäße erfolgt nach traditionellem Verfahren: Das Feuer wird mit einem Blasebalg aus Ziegenleder in Gang gehalten, während der Handwerker das Kupferblech in der Glut erhitzt und es mit dem Hammer in die gewünschte Form treibt. Neben Kannen werden auf diese Art auch Gebetsmühlen, Teeschalen und Löffel hergestellt.

Teppichknüpferei

Sogenannte **Nepal-Teppiche,** die in Europa und besonders in Deutschland gute Exportumsätze erzielen, werden fast ausschließlich von **tibetischen Flüchtlingen** hergestellt. Tausende Tibeter, die in Indien im Exil leben, haben mit der Teppichknüpferei ein Einkommen gefunden.

Die tibetische Exilregierung gründete mit Unterstützung ausländischer Hilfsprojekte und der indischen Regierung mehrere **Handwerkszentren** in den Flüchtlingslagern Choklamsar (bei Leh) sowie in Dharamsala und Bir (Himachal Pradesh). Die traditionelle Teppichknüpferei, die in Tibet schon fast vergessen war, wurde hier neu entdeckt. Teppiche aus diesen Handwerkszentren sind übrigens eine beliebte Schmuggelware über die Grüne Grenze nach Lhasa.

Ein traditioneller tibetischer Teppich ist 90 mal 160 cm groß, 1–1,5 cm dick und weist etwa 6–15 Knoten pro cm² auf. Die Wolle ist besonders widerstandsfähig, hat einen feinen Glanz und kommt von Schafen aus der Region.

Eingefärbt werden die Fasern neuerdings meist mit Chemiefarben, doch lassen sich auch Teppiche in Naturfarben finden (die viel schöner sind). So hat man etwa Gelb aus Rhabarber und

Braun aus Pflanzenwurzeln gewonnen; für die Farbe Violett wurde Indigo 30 Tage lang in einen Topf mit Urin eingelegt. Die Motive der Teppiche stammen aus China, Turkmenistan, Indien und Tibet. Neuerdings entwirft man im Auftrag westlicher Firmen Designs, die sich gut in ein modernes europäisches Wohnzimmer einfügen.

Architektur

Das ladakhische Bauernhaus

Auf den Besucher machen die traditionellen ladakhischen Häuser keinen besonders einladenden Eindruck. Vielmehr gleichen die massiven Gemäuer mit den winzigen Fenstern trutzigen Festungen gegen Feinde, Wind und Kälte. Farbtupfer sind die im Wind flatternden Gebetsfahnen auf dem Hausdach, grün oder rot gestrichene Fensterrahmen und die Farbkleckse zur Abschreckung der Geister an den Hauswänden. Bei genauer Betrachtung sind die Häuser jedoch exakt den Bedürfnissen der hier lebenden Menschen angepasst.

Das typische Ladakhihaus, in dem Menschen und Tiere gemeinsam unter einem Dach leben, hat **drei Stockwerke:** Im Erdgeschoss sind die Tierställe und Ackergeräte untergebracht. In den ersten Stock zu den eigentlichen Wohnräumen gelangt man über eine stockfinstere Steintreppe, wo sich der Tourist an den niedrigen Holzbalken hoffentlich nicht den Kopf anstößt! In manchen Häusern ist die 1. Etage auch über eine Außentreppe erreichbar.

Oben gelangt man sofort in das Herzstück jedes Hauses, die **Küche.** Die rußgeschwärzte Küche ist mit Abstand der größte Raum und multifunktional angelegt: Hier wird nicht nur ge-

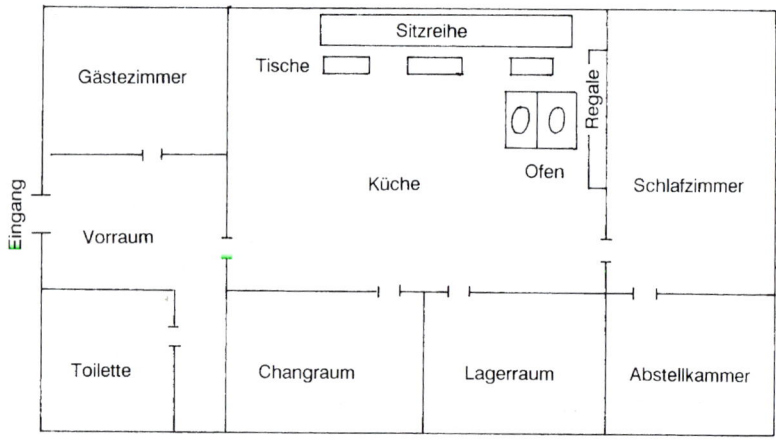

Ladakh

051lz Foto: jm

kocht und gegessen, hier hält sich die Familie auch tagsüber auf, z.B. zum Aprikosen-Entkernen und Wolle Spinnen; die Kinder erledigen auf dem Lehmfußboden ihre Schularbeiten. Im Winter schläft die ganze Familie auf der Erde um den Ofen.

Dieser riesige **Ofen** bildet den wichtigsten Bestandteil einer Küche. Es ist ein Lehmofen mit einem oder zwei Löchern, auf denen die Töpfe stehen und der durch eine seitliche Öffnung

mit Tierdung und Zweigen beheizt wird. Heutzutage wird der Lehmofen nur noch zu Festivitäten genutzt. Im Alltag kocht praktisch jede ladakhische Familie auf einem kleinen Gasherd.

Hinter dem Lehmofen stehen in den Regalen auf Hochglanz polierte Blechteller und kunstvolle Messingkrüge für Chang und Tee. In wohlhabenden Haushalten sind diese Krüge noch mit Silber und Gold verziert und kosten in einem Geschäft in Leh mehrere Monatseinkommen eines ladakhischen Beamten.

An der Längsseite des Ofens liegen auf dem Boden kleine bunte **Teppiche** mit niedrigen Tischen davor. Die Sitzordnung auf dem Teppich spiegelt die

Grundriss eines Bauernhauses

Ein ladakhisches Bauernhaus wirkt wie eine Festung

Hierarchie innerhalb der Familie wieder: Den zum Ofen nächsten Platz nimmt das Familienoberhaupt ein, in der Regel der Großvater (meme), die Großmutter (api) oder der Vater. Dem Alter nach staffeln sich die Plätze nach hinten weiter. Der Platz der Hausfrau ist am Ofen.

Die Küche hat winzige **Fenster,** sodass es im Sommer angenehm kühl ist, weil die Hitze nicht hereinkommt. Im Winter dagegen, wenn der Lehmofen eingeheizt wird, ist die Küche der wärmste Platz. Die Fensterchen sind übrigens absichtlich so niedrig angebracht, damit man vom Fußboden aus im Sitzen hinausschauen kann.

Während die Kinder, Tanten, Neffen, und wer sonst noch in einer ladakhischen Großfamilie im Hause lebt, in der Küche nächtigen, ist das **Schlafzimmer** dem ältesten Sohn und dessen Frau vorbehalten. Allerdings wird dieses Gemach (von besonders „privaten Nächten" abgesehen) kaum genutzt. Im Winter bevorzugen auch sie die Wärme des Küchenofens, und im Sommer schläft die gesamte Familie unter freiem Himmel auf dem Dach.

Die der Sonne abgewandten Zimmer auf der Nordseite sind hauptsächlich zur **Lagerung von Lebensmitteln** vorgesehen. Bemerkenswerterweise gibt es einen eigenen Raum für die Aufbewahrung von Chang. Das verdeutlicht den hohen Stellenwert, den die Ladakhis ihrem Bier beimessen, und lässt ahnen, in welchen Mengen es in den Tonkrügen gelagert wird.

Gleich rechts vom Eingang befindet sich die **Toilette.** Sie besteht aus einem rechteckigen Loch, durch das die Exkremente eine Etage tiefer hinabfallen. Mit einer Schaufel schüttet man etwas von dem bereitgelegten Sand hinterher. Diese Exkremente-Erde-Mixtur ist ein wertvoller Dünger, deshalb sollte die Toilette keinesfalls als Mülleimer für unverrottbaren Abfall benutzt werden.

Das flache **Hausdach** bildet quasi eine 2. Etage; hier hält man sich vorwiegend im Sommer auf, auch kleinere Zimmer und der Haustempel sind auf dem Dach untergebracht. Entlang der Dachkanten türmen sich oft mannshoch Grasbüschel für die Tiere und ordentlich gestapelte Fladen aus Kuh- und Schafsdung zum Heizen.

Seit einigen Jahren – seitdem Glas in Ladakh mühelos erhältlich ist – werden neue Häuser mit einem großflächig verglasten Eckraum versehen. Dieses nach Süden gelegene Zimmer wärmt sich gerade im Winter über die Mittagsstunden angenehm auf.

Der wichtigste Raum des Hauses ist der **Haustempel,** in dem der Familiengott über Gesundheit und Wohlstand der Familie wacht.

Komplett ist ein buddhistisches Haus allerdings nur mit den obligatorischen **Tarchok** auf dem Dach. Tarchok bestehen aus einem Büschel Zweige, die an alle vier Dachecken gesteckt werden. An diesen Zweigen flattern Gebetsfahnen in den fünf buddhistischen Farben mit aufgedruckten Windpferden (Lungta), die als schnelle Himmelsgeschöpfe die Lehre in alle Winde verbreiten.

Gebaut werden ladakhische Häuser aus Steinen oder ungebrannten Lehmziegeln, den Rohbau verschmiert man anschließend mit Lehm und streicht ihn mit weißer Farbe an. Am teuersten beim Hausbau ist das Holz für die massiven Stützpfeiler, für die einheimische Weide- und Pappelstämmen verwendet werden. Holz für Türen und Fenster werden aus Srinagar oder Kargil importiert. Lang anhaltende starke Regenfälle, wie sie in jüngerer Zeit häufiger vorkommen, richten bei diesen traditionellen Lehmhäusern große Schäden an, besonders die Hausdächer halten dem Wasser oft nicht stand. Man geht heute immer mehr dazu über, für neue Häuser **Zement** zu verarbeiten, besonders die Böden und die Dächer. Solche Häuser sind zwar deutlich haltbarer, geben aber lange kein so gutes Raumklima wie Naturmaterialien.

Als Energiequelle werden **Solaranlagen** immer populärer. Aufgrund seiner intensiven Sonneneinstrahlung und fehlender natürlicher Brennstoffe, bietet sich Solarenergie für Ladakh geradezu an.

Chörten

Chörten sind die **ältesten religiösen Bauwerke** im Land und zugleich **Kultobjekte.** Sie sind allerorts rings um die Klöster, entlang an Wegen und an Kreuzungen zu finden.

Nach der Legende wurden die sterblichen Überreste des Buddha in alle buddhistischen Länder verteilt und dort in Tausenden Chörten aufbe-

wahrt. Daher symbolisiert ein Chörten den erleuchteten Geist des Buddha.

In Chörten wird heute die Asche und Relikte großer Lamas aufbewahrt. Oft sind sie aber leer und sollen den Gläubigen einfach an die buddhistische Lehre erinnern. Sowohl als richtige Gebäude aus Erde und Stein wie auch als Reliquienbehälter aus Gold, Silber oder Kupfer sind die Chörten heilig.

Ihre **architektonische Form** spiegelt die buddhistische Philosophie wider: Der kuppel- oder glockenförmige Unterbau symbolisiert die Erde, der spitz zulaufende Mittelbau steht für den Bereich jenseits von Tod und Wiedergeburt. Der krönende Baldachin oder Schirm schließlich demonstriert königliche Weisheit.

Klöster

Ihren perfekten Ausdruck findet die Architektur in den zahlreichen Klöstern des Landes. Wohlhabende Adelige und Könige haben weder Geld noch Mühe gescheut und zur Errichtung eines neuen Tempels die besten Baumeister ins Land geholt – schließlich sollte für die Götter das Beste gerade gut genug sein. Mit einem Klosterbau sammelten die Auftraggeber nicht nur religiöse Verdienste, sondern schufen zugleich ein politisches Prestigeobjekt.

Die Klöster sind alle nach einem ähnlichen Grundaufbau angelegt. Der Besucher kommt vom Haupteingang zunächst in den **Klosterhof,** der als Festspielplatz für die Maskentänze dient und deshalb von einer umlaufenden Galerie für die Zuschauer umrahmt ist.

Vom Klosterhof gelangt man in den **Dukhang,** den **Versammlungsraum.** Hier kommen die Mönche zum Gebet zusammen. Seinem Zweck entsprechend, ist der Dukhang mit mehreren Reihen von Sitzkissen und niedrigen Tischen ausgestattet, die zum Ablegen von Ritualgeräten, Schriftblättern und Teeschalen dienen (und kein Sitzplatz zum Ausruhen für müde Besucher sind. Nur in wenigen Klöstern Ladakhs werden heute noch jeden Tag spirituelle Zusammenkünfte (Puja) abgehalten, meist treffen die Mönche viermal im Monat an den buddhistisch wichtigen Tagen zusammen.

An der Wand gegenüber vom Eingang steht ein raumbreiter „Altar", auf dem Statuen, Chörten und Reliquienkästchen aufgereiht sind. Der erhöhte Thron ist für die imaginäre Anwesenheit des Dalai Lama und/oder den Klosterabt vorgesehen.

Ein **Tsankhang** stellt eine Besonderheit in den Gelukpa-Klöstern dar. Der kleine Raum schließt sich direkt hinter dem Altartisch an und dient der Aufbewahrung von Figuren.

Die **Abtsresidenz (Simchung)** ist im Obergeschoss an zentraler Stelle eingerichtet, wo der Abt einen guten Blick auf das Geschehen im Klosterhof hat. Da Äbte jedoch selten im Kloster anwesend sind, ähneln die meisten Simchungs kleinen Museum, in denen oft wertvolle Bronzen und andere Kostbarkeiten ausgestellt sind.

Ein außerordentlich wichtiger Raum ist der **Gonkhang,** der **Tempel der Schutzgottheiten.** Darin wohnen jene zornvollen Schutzgottheiten, die das Kloster vor Dämonen, Epidemien und anderem Unglück bewahren sollen. Den finsteren, rußgeschwärzten Gonkhang betreten die Gläubigen mit größtem Respekt, was angesichts der verhüllten furchteinflößenden Standbilder wirklich verständlich ist.

Der Gonkhang ist in den Klosterkomplex integriert, oft liegt er aber ein Stück abseits oberhalb des Hauptgebäudes. Er ist gut erkennbar durch seine rot angestrichenen Außenwände.

Unterhalb der Hauptgebäude befinden sich die **Mönchsklausen,** die sich meist ausgesprochen malerisch an den Hang schmiegen.

Musik und Tanz

Musik und Tanz ist weder von religiösen Tempelzeremonien noch von weltlichen Festen wegzudenken. Unverzichtbar auf einer **Hochzeit** oder einem Geburtsfest sind deshalb die **Musikanten;** sie kommen aus der sozial niedrigsten Bevölkerungsgruppe der Bedas (Sanskrit für Musiker).

Die Musiker spielen zwei in Ladakh typische **Instrumente.** Die Daman, eine als Schüssel geformte Trommel, klingt genau so, wie ihr Name beschreibt. Das zweite Instrument ist Surna, eine Art Oboe aus Holz; sie ist 60 cm lang und mit Silber verziert. Ihr Ton ist sehr weich und der Klang erstaunlich variierbar.

Zu den Liedern **tanzen** die Frauen und Männer meistens getrennt. Dazu

stellen sich die Tänzer im Kreis oder in einer Reihe auf und bewegen sich zunächst in einer langsamen, ausgewogenen Schrittfolge, die zum Ende des Liedes schneller wird. Frauentänze sind komplizierter. Mit einem langen Schal, der an beiden Enden gehalten wird, untermalen sie ihre rhythmischen Handbewegungen. Es gibt anmutige Tänze, die sich um die Ernte, ums Flirten und die Natur drehen.

Die **Pujas in den Klöstern** finden stets mit musikalischer Begleitung statt. Dabei werden in Pujas für friedliche Gottheiten, wie Bodhisattvas und Taras die Instrumente sanft gespielt und vertikal gehalten: Becken, Trommeln, weiße, oft mit Ornamenten und Türkisen verzierte Schnecken und die einen Meter langen, aus Metall oder Holz gearbeiteten Schalmeien.

In Gebeten für die zornvollen Gottheiten, wie Heruka oder Yamantaka, werden die Instrumente wesentlich lauter und in horizontaler Haltung gespielt. Die Trommel wird hier mit einem gebogenen Stab geschlagen.

Oft sieht man Mönche aus langen, wie ein Teleskop ausziehbaren **Hörnern** die Puja auf dem Kloster- dach ankündigen. Tantriker verwenden dafür ein kurzes, mit Messing verziertes Horn aus Menschenknochen.

Ladakhi-Frauen bei Tanz und Gesang

Wirtschaft und Tourismus

Landwirtschaft

Ackerbau

Die Landwirtschaft bildete seit alters her in Ladakh die existenzielle Grundlage für die Menschen. Die Bedingungen für den Anbau sind extrem hart: Es fällt kaum Regen, sodass die Felder ausschließlich mit dem Schmelzwasser von den Gletschern bewässert werden. Die Anbauflächen sind daher auf kleine Gebiete beschränkt und praktisch nicht expandierbar. Die findigen Ladakhis haben aus jedem fruchtbaren Flecken Erde eine kleine Oase geschaffen und ihre Ackerflächen bepflanzt, soweit die Bewässerungskanäle reichen.

Außerdem ist aufgrund der kurzen Vegetationsperiode im größten Teil des Landes nur eine Ernte im Jahr möglich.

Angebaut wird hauptsächlich die anspruchslose Gerste und außerdem etwas Weizen, wobei selbst die sandigen Böden noch einen passablen Ertrag bis zu 3,5 t/ha erbringen. Der Anbau ist bis in Höhen von 4200 m möglich.

In den klimatisch etwas milderen Gegenden der Indusebene, wie in Alchi und Saspol (dem sogenannten Sham-Gebiet), werden nach der Getreideernte noch Erbsen angebaut, die vor Frosteinbruch gerade ausgereift sind. In dieser Gegend wachsen auch die wohlschmeckenden Aprikosen, Äpfel und Walnüsse. Die süßen klei-

nen Äpfel ernten die Bauern Mitte September und verkaufen sie dann entlang der Dorfstraßen.

Jede Familie hat vor dem Haus einen kleinen **Gemüsegarten,** in dem Zwiebeln, Radieschen, Blumenkohl, Karotten, Chilli und Kohl angebaut werden. Übrigens wurden die **Kartoffeln** im 19. Jh. von einem deutschen Missionar in Ladakh eingeführt. Als begeisterter Kartoffelfan ließ er sich von zu Hause ein paar Exemplare, eingeschweißt in eine Blechdose, nach Leh schicken. Heute werden Kartoffeln im ganzen Land angebaut und sind vom Speisezettel der Ladakhis nicht wegzudenken.

Eine der Köstlichkeiten auf dem Speiseplan sind die **Aprikosen,** von denen es etwa 10 verschiedene Sorten gibt. Im Spätsommer isst man die süßen Früchte direkt vom Baum, oder sie werden als Wintervorrat in der Sonne getrocknet und in Säcke abgefüllt.

Die Kerne werden gesammelt und dann gestampft, gepresst und schließlich zu Öl für Tempellampen und Haaröl weiterverarbeitet.

Frische Aprikosen heißen in Ladakhi *Tschuli,* die getrockneten *Phating.* In beiden Varianten kann man sie in Leh auf dem Markt kaufen. Bevor in den 1960er Jahren die Grenze nach Tibet geschlossen wurde, verkauften die Ladakhis einen großen Teil ihrer Aprikosen nach Lhasa. Heute tauschen sie die Bauern nur noch bei Nomaden in der Changtang-Hochebene gegen Wolle ein.

Wo der Boden zu steinig und uneben für den Ackerbau ist, werden

Weiden und **Pappeln** gepflanzt. Die Bäume sind, nach ladakhisch-praktischer Gepflogenheit, komplett verwertbar: Die Blätter sind Viehfutter, abgebrochene Zweige werden zum Heizen verwendet, und die Stämme dienen schließlich dem Hausbau.

Damit das komplizierte Bewässerungssystem intakt bleibt, hat jedes Dorf einen **Chirpon.** Als „Wasserchef" bringt er die verschütteten Stellen in Ordnung und passt auf, dass das kostbare Nass gerecht zu allen Feldern geleitet wird. Vom Hauptkanal aus wird das Wasser zu einem Feld abgezweigt, indem der Chirpon den Erdklumpen am Eingang des Seitenkanals entfernt. Ist das Feld ausreichend bewässert, verschließt er mit dem Klumpen diesen Seitenkanal und öffnet den nächsten. Der Chirpon soll unbestechlich sein, und jeder passt auf, dass die Bewässerung der Felder gerecht vonstatten geht.

Feldarbeit

„Nahrung ohne Salz schmeckt ebenso wenig wie Arbeit ohne Spiel", heißt ein Sprichwort, das zwei der liebsten Dinge der Ladakhis beschreibt: den Genuss von Buttertee und das Singen während der Arbeit. Beobachtet man die Menschen auf dem Feld, erscheint die schwere Arbeit tatsächlich wie ein Kinderspiel. Lieder und Pfeifen schallen von jedem Feld über das ganze Tal hinweg; dass jeder abwechselnd eine Strophe singt, fördert gewiss auch die harmonische Zusammenarbeit.

Nach der langen Winterpause beginnt im Mai die Aktivität auf dem Feld. Mit einem einfachen Holzpflug pflügt der Bauer den Acker um und düngt ihn mit menschlichen Exkrementen, Tierdung und häufig auch mit Kunstdünger. Während der Mann das schwere Pflügen übernimmt, ist das Säen Frauensache.

Zwischen August und September (je nach Höhenlage) beginnt mit der **Ernte** die Hauptarbeit auf dem Feld. In dieser Zeit ist die Familie vom Morgengrauen bis Sonnenuntergang auf den Feldern. Wer einem Lohnberuf nachgeht, nimmt in dieser Zeit Urlaub. Die Zeit drängt, denn die Speicher sollen voll sein, bevor es richtig kalt wird. Die Ladakhis ernten nach dem traditionellen Verfahren, indem sie mit einer kleinen Sichel das Getreide abschneiden und so aufeinander legen, dass die Ähren vor den gefräßigen Vögeln geschützt sind. Dabei singen sie das Erntelied:

„Die Erde ist glatt wie Joghurt
der Boden ist sehr eben,
die blau scheinende Sichel
bewegt sich geschmeidig und flink."

Nach dem Schneiden müssen die Dzos und Esel zum **Dreschen** antreten. In einer Reihe werden 5–8 Tiere eng nebeneinander zusammengebunden und an einem Stecken angepflockt. Unter lautem Rufen und Pfeifen treibt sie der Bauer an, damit sie im Kreis laufen und das Getreide unter ihren Hufen aus den Ähren heraustreten. Ein Helfer wirft immer wieder Gerste in den Kreis, sodass die Tiere am Schluss knietief zwischen den Halmen waten.

Die langwierigste Arbeit ist schließlich die Trennung der Spreu vom Getreide. Dazu schmeißt der Bauer mit einer Heugabel die Halme hoch in die Luft, damit sie der Wind ein Stück weiterträgt; die Getreidekörner bleiben am Boden liegen. Am Schluss werden aus dem Getreide Steine und Schmutzteile herausgesiebt.

Ladakhischer Feldbau ist also Handarbeit von Anfang bis zum Ende – und zugleich ein soziales Ereignis, da ohne Mithilfe der ganzen Familie und tatkräftige Unterstützung der Nachbarn die Ernte unmöglich wäre. Zum Dreschen leiht man sich ein paar Tiere vom Nachbarn aus, und nach Abschluss der Arbeit werden die eigenen Tiere zum Nachbarn weitergereicht.

Für das sensible Ökosystem Ladakhs hat sich diese Methode seit vielen Generationen als sehr effektiv erwiesen. Durch Zugabe von natürlichem Dünger, wie menschliche Exkremente und Tierdung, bleibt die Fruchtbarkeit des Bodens gleichmäßig erhalten, ohne dass ein Brachejahr eingeschaltet werden muss.

Soweit zur bäuerlichen Tradition. Allerdings wirkt sich der allgemeine Wandlungsprozess in Ladakh besonders auf die Dorfstruktur und damit die landwirtschaftliche Situation aus.

Erntezeit: Der Wind trennt die Spreu von der Gerste

Auf der Suche nach bezahlter Arbeit wandern viele Leute, besonders die junge Generation mit guter Schulbildung, aus den Dörfern ab. Folge ist, dass die im Ort zurück bleibenden Menschen, zumeist Ältere und Frauen, die Feldarbeit nicht mehr alleine bewältigen können und häufig Lohnarbeiter aus Indien und Nepal als Erntehelfer anheuern. Auch das Dreschen geht in so manchem Dorf heutzutage nicht mehr manuell vonstatten. Derzeitiger Trend ist die **Dreschmaschine.** Mehrere Familien investieren gemeinsam und verleihen das Gerät gegen Gebühr an die Nachbarschaft weiter.

Allerdings sind moderne Anbau- und Erntemethoden, wie sie die indische Regierung propagiert, für Ladakh eher von Nachteil. Zwar steigert die Zugabe von Kunstdünger die Erträge in den ersten Jahren, danach fallen sie aber rapide ab. Die meisten Bauern, beson-

ders in den größeren Dörfern, geben ihrem Boden Kunstdünger hinzu, mit dem Effekt, dass z.B. Weizen weiter hochschießt und der oft scharfe Wind die dünnen Halme umknickt. Außerdem brauchen die gedüngten Pflanzen mehr Wasser, das in Ladakh Mangelware ist. Als weiterer negativer Nebeneffekt wird der Dünger in die sauberen Bäche gespült, aus denen Menschen und Tiere trinken – ein gesundheitlicher Schaden ist auf längere Zeit absehbar. Kluge Bauern haben die Nachteile längst erkannt und verwenden keinen Kunstdünger mehr.

Besonders in der Umgebung von Leh werden manchmal Traktoren eingesetzt, die unter ihren schweren Rädern die Ackerkrume zusammendrücken, wodurch der Boden weniger Wasser aufnehmen kann. Von diesen Feldern erklingt freilich kein Gesang, sondern nur das laute Dröhnen des Motors.

Landreform

Die Jammu-Kaschmir-Regierung erließ in den 1950er Jahren eine Bodenreform, wonach Grundbesitz im Land gerechter aufgeteilt werden sollte. Danach durfte eine Familie im Schnitt rund 3 ha Grund behalten. Was darüber hinausging, wurde unter besitzlosen Bauern verteilt. In Ladakh, wo entlang der traditionellen Karawanenrouten seit jeher mehr Wohlstand herrschte, mussten eine ganze Reihe Bauern in den sauren Apfel beißen. Dagegen lagen die meisten Bauern in Zanskar schon vorher unter der Mindest-Besitzgrenze, und die Reform betraf dort in jedem Dorf nur etwa einen Reichen oder Adeligen.

Die Klöster jedoch blieben von der Bodenreform verschont. Zu verdanken haben sie

das vor allem dem damaligen Leiter der Buddhisten-Vereinigung in Leh, *Bakula Rinpoche,* der seine guten Beziehungen zum Gouverneur von Kaschmir nutzte und ein gutes Wort für die Klöster einlegte.

Schließlich protestierten auch noch die Bauern gegen die Idee, den Klöstern ihr Land wegzunehmen. In einem Brief schrieb das Volk: „Die Pächter der klösterlichen Äcker müssen nur ein Viertel ihrer Ernte an die Gompa abliefern. Diesen Betrag nutzt das Kloster zu Zwecken der Erziehung, für religiöse und wohltätige Zwecke. Deshalb sollte das Land im Besitz der Klöster bleiben".

Die Klöster durften daraufhin ihre Äcker behalten. Dass Bauern aber freiwillig auf eine Land-Schenkung verzichten, war dem Gouverneur aus Kaschmir noch nie passiert!

Landbesitz

Die meisten Ladakhis besitzen **eigenes Land** zur Bewirtschaftung. Im Durchschnitt liegt der Grundbesitz einer Großfamilie bei ca. 3 ha, was nicht viel ist.

Nur die **Klöster sind Großgrundbesitzer.** Obwohl in Ladakh Ackerland so kostbar ist, dass es nicht verkauft wird, vermehren die Gompas ihren Besitz immer weiter. Wenn z.B. ein Ehepaar kinderlos bleibt, überschreibt es seine Äcker oft dem Dorfkloster.

Die Gompas verpachten das Land an Bauern, die als Pachtzins 20–25 % des Ertrags an das Kloster abliefern müssen. Während der Ernte kommt der klösterliche Landverwalter auf die Felder, um den Zins abzuholen.

Ein hartes Leben führen jene **landlosen Bauern,** die von Privatbauern Acker pachten und einen Wucherzins von bis zu 50 % abliefern.

Zeremonien um den Getreideanbau

Wie alles im Leben der Ladakhis ist auch der Anbau des Getreides von der Aussaat bis zur Ernte mit religiösen Zeremonien verbunden. Da Getreide als Grundnahrungsmittel von lebenswichtige Bedeutung ist (bzw. war), müssen natürlich die Erd-, Wasser- und Luftgötter freundlich gestimmt werden, damit die Ähren gut gedeihen und vor Zerstörung geschützt sind.

Den günstigsten **Tag für Aussaat und Ernte** bestimmen der Astrologe und der höchste Lama des Dorfklosters. Am Vortag der Ernte finden im Kloster Rituale statt, und am selben Abend kommen die Bauern zusammen und feiern den bevorstehenden Erntebeginn.

Um Krankheiten und Ungeziefer vom Getreide fernzuhalten, schwören Ladakhis auf **spirituelle Abwehrkräfte;** tatsächlich werden bis heute kaum chemische Pestizide eingesetzt. Nach der Aussaat wird deshalb die Sarak-Doldol-Zeremonie abgehalten, in der Mönche vor die Gottheit des Hausaltars einen kleinen Tonklumpen legen und stundenlang heilige Verse aus den heiligen Büchern rezitieren. Der Ton wird anschließend zerbröselt und auf die Felder gestreut – dieser gesegnete und mit göttlicher Macht angehauchte Puder gilt als unschlagbares Pestizid.

Zur Erntezeit wird in den Häusern um die Holzsäulen in der Küche ein Bündel Ähren gehängt als Gabe für die Feldgötter.

Nach der Ernte laden die Bauern wiederum Mönche in ihr Haus ein, damit diese mit Gebeten für die Ernte danken und um ein weiteres gutes Jahr bitten. Die Mönche übernachten während dieser Zeit in den Häusern ihrer Auftraggeber, deshalb liegen die Klöster dann sehr verlassen da.

Zu Neujahr kümmern sich Ladakhis ausgiebig um ihre **Feldgötter.** An den Feldern werden Weihrauchstäbchen angezündet und Opfergaben dargebracht. Die Wohnorte der Feldgeister (*Lhadses,* kleine Steintürmchen), werden mit frischen, Dämonen abwehrenden Wacholderzweigen, geschmückt.

Viehwirtschaft

Das zweite Standbein der Landwirtschaft ist die Viehwirtschaft.

05-4z Fotos: jm

Ladakh

Auf den Hochweiden grasen im Sommer Ziegen, Schafe und ein paar wenige Yaks. Die Tiere liefern Wolle, Milch, Käse und Fleisch vorwiegend für den Eigenbedarf.

Ausschließlich von der Viehwirtschaft leben die **Nomaden,** wobei hier die kleingewachsenen Paschmina-Ziegen eine wichtige Rolle spielen. Die weiche Unterwolle dieser Ziegen verkaufen die Nomaden hauptsächlich an indische Aufkäufer oder nach Leh. Anschließend wird diese wertvolle Wolle zu den berühmten teuren und weltweit gefragten **Paschmina-Pro-**

dukten verarbeitet wird. Ein Rechenexempel: Für einen hauchdünnen, federleichten Paschmina-Schal werden 4 Kilo Rohwolle benötigt, dazu müssen die Nomaden 60 Ziegen scheren. Pro Kilo wird Paschmina (*pashm* = Unterwolle) für 600 Rupien verkauft. Die fertigen Schals kosten im Laden zwischen 5000 und 30.000 Rupien! Ein Schal von exquisiter Qualität ist so fein, dass man ihn durch einen Fingerring ziehen kann. Herkömmliche Paschmina-Schals sind in Leh käuflich, die bessere Qualität bekommt man in Kaschmir oder in Delhi.

Zum **ökologischen Problem** wurde die Viehwirtschaft, weil zu viele Tiere auf die Hochweiden gebracht werden, die das wenige Grün kahlfressen. Un-

Jeden Morgen melkt die Nomadin ihre Ziegen

terstützt durch Wind, kräftigen Regen und Erdrutsche, kann sich der empfindliche Boden nicht mehr erholen, und so fallen immer mehr Grünflächen unwiderruflich der **Erosion** zum Opfer.

Bezahlte Arbeit

Ladakh ist derzeit im Begriff, einen komplizierten Spagat zwischen **bäuerlicher Tradition** und **moderner Lebensweise** zu bewältigen: Nach wie vor ernährt sich die Landbevölkerung teilweise von der Ernte ihrer Felder. Zugleich wird der Besitz von Geld immer wichtiger, sodass die Menschen auf außerhäusliche Einkommensquellen angewiesen sind. Daher verlassen Ladakhis für bezahlte Arbeit Familie und Dorf; jede Familie bemüht sich, mindestens einen Verdiener zu haben. Besonders begehrt sind Beamtenposten als Lehrer und in der Verwaltung, denn auch in Indien bietet ein Regierungsjob Sicherheit, eine gute Bezahlung und Rentenanspruch.

Besonders die junge Generation zieht es weg aus den Dörfern. Viele junge Leute haben eine bessere Schulbildung, gar in Indien studiert und suchen nun in Ladakh entsprechende Jobs. Der Andrang auf qualifizierte Stellen ist mittlerweile groß, und viele gebildete Jugendliche stehen arbeitslos da.

Armee

Die indische Armee ist der **größte Arbeitgeber** in Ladakh. Als Soldaten im Industal und entlang der Grenzen, beim Straßenbau und in der Verwaltung arbeiten mehrere zehntausend Menschen. Zwar sind ein Großteil von ihnen Inder, aber auch aus fast jeder ladakhischen Familie ist mindestens ein Mitglied bei der Armee beschäftigt.

Frauen haben in den Militärcamps im Industal zumeist Verwaltungsposten inne, während die robusten, bergerfahrenen Männer einen guten Ruf als Soldaten genießen. Ladakhische Spezialtrupps werden auf den grenznahen Gletschern stationiert, wo die kälteempfindlichen indischen Soldaten längst erfroren wären.

Zum Militärdienst lockt das Geld: Ein Soldat verdient im Schnitt 4000 Rupien bei freier Verpflegung und anderen Privilegien wie guter medizinischer Versorgung und billigen Lebensmitteln. Nicht umsonst kursiert in Ladakh der Satz: Früher wurde der jüngste Sohn der Familie Mönch, heute wird er Soldat.

Tourismus

Seit vielen Jahren liegt die Zahl ausländischer Besucher relativ konstant bei rund 15.000 pro Jahr. Ein attraktives Reiseziel ist Ladakh seit einiger Zeit auch für wohlhabende Inder, allerdings zumeist nur als Kurztrip von wenigen Tagen.

Der Tourismus zählt in Ladakh als bedeutender Wirtschaftsfaktor. Das Tourismusgeschäft findet überwiegend in Leh statt. In die Hauptstadt strömen Ladakhis aus den Dörfern, um für die kurze Saison ein Guest-House zu pachten, als Koch, Taxifah-

Ladakh

OS?8z Foto: im

rer, Reiseleiter, oder Pferdeführer zu arbeiten.

In anderen wichtigen Tourismus-Bereichen allerdings engagieren sich Ladakhis kaum. So befinden sich die meisten Souvenirgeschäfte und Restaurants in der Hand von Tibetern und Kaschmiris, was das ohnehin gespannte Verhältnis zwischen den Ladakhis und diesen „Saisonarbeitern" weiter verschlechtert. Ein Großteil des Hotelpersonals sind Nepalis, die während der Saison nach Leh kommen.

Die Lebens- und Grundstückspreise sind erheblich gestiegen, worüber sich besonders die am Tourismusgeschäft unbeteiligte Bevölkerung beschwert. Während die Männer zur Touristensaison, die stets in die Erntezeit fällt, auf Treks unterwegs sind, müssen die Frauen oft allein die Feldarbeit bewältigen. Und manch ladakhischer Junge schwänzt die Schule, um sich lieber ein paar Rupien als Pony-Führer zu verdienen.

Der Einfluss des Tourismus ist relativ gering und somit von Land und Leuten

Die Maskentänze in Hemis sind für Einheimische und Touristen ein beliebtes Spektakel

gut zu verkraften. **Ökologische Folgen** sind besonders in Leh spürbar, wenn im Sommer Tausende Touristen ihre Kleider in den Bächen außerhalb der Stadt waschen lassen und dadurch das Wasser erheblich verschmutzt wird. Auch der Wasserverbrauch in den Hotels ist erheblich in einem Land, wo Wasser knapp ist. Zu einem Umweltproblem sind die Plastikflaschen für Mineralwasser geworden.

Ökologische Situation

Ein großes Problem ist der Mangel an Niederschlägen. Aufgrund der immer geringer werdenden Schneefälle sinkt der Wasserspiegel von Flüssen und Seen immer mehr, und die Vegetation auf den Hochweiden nimmt ständig ab. Überweidung durch Tierherden beschleunigt diesen Prozess der Bodenerosion. Scharfe Winde verhindern einen Neubewuchs. So kommt das Gestein immer mehr an die Oberfläche – d.h. die Weiden schrumpfen, und die Berge wachsen.

Seit einigen Jahren ist zwar eine **Zunahme an Regenfällen** im Sommer zu beobachten, allerdings leisten diese der Landwirtschaft keine Hilfe. Im Gegenteil: Plötzliche Regengüsse fallen selten zur richtigen Zeit und richten auf dem Acker eher Schaden an. Zugleich fällt im Winter seit einigen Jahren zu wenig Schnee, offenbar ebenfalls als Folge des globalen Klimawandels. Weil aber nur Schmelzwasser für eine punktgenaue Bewässerung der Felder brauchbar ist, klagen die Bauern über schlechte Ernten.

Auf unkultivierter Fläche richtet heftiger Regen ebenfalls Schaden an. Das Wasser kann nicht in den eingetrockneten Boden einsickern, sondern fließt oberflächlich weg und schwemmt den Boden ab.

Eine mühsame Angelegenheit ist das Sammeln von Brennmaterial

Ladakh

Der **Mangel an Bäumen,** sprich Brennholz, war einstmals ein ernsthaftes Energieproblem. Heute wird Holz nur noch selten bei Festivitäten und im Winter zum Heizen im großen Lehmofen verfeuert. Wichtigster Energielieferant zum Kochen ist heute **Gas;** mit den großen Gaszylindern ist praktisch jeder ladakhische Haushalt ausgestattet.

Der Einzug von Fortschritt und Technik fügt diesen Problemen noch weitere hinzu. Das offensichtlichste ist die **Luftverschmutzung** durch die neuer-

Das Ökologiezentrum
setzt auf Sonnenenergie

dings rasant anwachsende Zahl von Privatautos sowie die Kolonnen von Lastwagen, die Ladakh von Srinagar bzw. Manali mit Lebensmitteln versorgen und die Straße zwischen Srinagar und Leh zu den Stoßzeiten in eine schwarze, übel stinkende Abgaswolke hüllen.

Zu einem Bumerang wurde für die Bauern der Einsatz von **chemischem Dünger,** der die Bäche kontaminiert und langfristig das Trinkwasser belastet. Sollten sich die Ladakhis weiterhin zunehmend an westlichen Werten orientieren und mit ihren begrenzten Mitteln nicht in moderater, dem sensiblen Ökosystem angepasster Weise umgehen, droht (besonders in Leh) eines Tages der Kollaps.

Orte in Ladakh Besuchsempfehlungen

Die meisten Touristen kommen entweder per Flugzeug oder überland von Manali oder Srinagar zunächst in **Leh** an. Leh ist somit in der Regel Ausgangspunkt für weitere Exkursionen.

Das individuelle Tourenprogramm ist natürlich von der Aufenthaltsdauer abhängig. Wer z.B. nur 10 Tage in Ladakh bleibt, könnte mit dem Taxi jeden Tag drei Klöster abklappern. Hat man viel Zeit, wird man eher entspannt unterwegs sein und sich weniger vornehmen. Zudem ist es fraglich, ob zuviel Kulturprogramm bleibende Eindrücke ermöglicht.

In den ersten Tagen wird man sich gewiss zunächst in der Umgebung von Leh umsehen (Aktivitäten wegen der Höhen-Akklimatisierung unbedingt langsam angehen lassen). Als angenehme Ausflüge bieten sich zunächst Besuche der imposanten Klosteranlage von **Spituk,** der kleinen **Sankar Gompa** und im Nachbarort **Sabu** an. Wer sich für die Situation der tibetischen Flüchtlinge interessiert, sollte in **Choklamsar** (9 km von Leh) vorbeischauen. Einen Besuch wert ist das mit bemerkenswerten Objekten bestückte Museum im alten Königspalast von **Stok,** 14 km von Leh entfernt.

Unbedingt ins Programm (nicht nur für Kulturfreunde) gehört das 64 km westlich von Leh gelegene **Kloster Alchi.** Die fast 1000 Jahre alten Fresken sind von der UNESCO als Weltkulturerbe anerkannt und gehören zum Feinsten, was Ladakh künstlerisch zu bieten hat. Für die Tour kann man leicht drei Tage einplanen, denn Alchi ist außerdem ein optimaler Ausgangspunkt für Wanderungen zu den beiden Klöstern **Manggyu** und **Rizong.** Das Rizong-Kloster kann aber auch im Rahmen des Likir-Khalse-Treks besichtigt werden.

Um das von Alchi 60 km westlich gelegene Kloster **Lamayuru** anzusehen, lohnt sich der lange Anfahrtsweg dorthin – schon wegen des landschaftlich großartigen Landschaft des „Moonvalley". Ein ebenfalls empfehlenswerter Tagesausflug per Taxi führt zu den Klöstern **Phiyang** und **Likir.**

Ab Leh in südöstlicher Richtung gibt es ebenfalls interessante Klosteranlagen: In **Thikse** findet morgens meist eine Puja statt, und **Hemis** ist angeblich das größte Kloster des Landes; unterwegs evtl. einen Stopp beim alten Palast von **Shey** einbauen. Eine Möglichkeit wäre, frühmorgens per Taxi nach Thikse zur Morgenpuja zu fahren und danach die Tour nach Hemis fortzusetzen.

Als Alternative bietet sich ein interessanter Zwei- bis Drei-Tages-Rundtrip zu einigen südöstlich von Leh gelegenen Klöstern an: Man fährt mit dem Morgenbus zu dem Höhlenkloster **Trakthok,** läuft durch ein herrliches Tal zum Kloster **Chemre** und dann weiter zur Hauptstraße bis **Karu** hinunter. Mit etwas Glück erwischt man den Nachmittagsbus zum Kloster **Hemis,** das auf der anderen Indusseite liegt. Am nächsten Tag läuft man von Hemis über **Stakna** nach **Thikse** oder **Shey** und nimmt von dort einen Bus zurück nach Leh.

Interessant ist eine Tour nach **Nubra,** eines der Gebiete mit Sondergenehmigung. Der – wörtlich übersetzt – „Blumengarten" ist tatsächlich (für ladakhische Verhältnisse) sehr fruchtbar und liegt, eine knappe Tagesreise von Leh entfernt, über dem Kardong-Pass. Für Nubra können rund 4 Tage eingeplant werden. Eine atemberaubende Landschaft erwartet den Besucher in Changtang am See **Tsomoriri,** der ebenfalls mit Sondergenehmigung seit 1994 für Touristen zugänglich ist.

Leh

Leh ist die Hauptstadt und zugleich das Touristenzentrum von Ladakh. Hatte Leh bis vor kurzem die ruhige Atmosphäre eines größeren Dorfes, vollzieht sich hier seit einigen Jahren eine drastische Wandlung. Besonders im Sommer, wenn der 15.000 Einwohner zählende Ort durch Besucher, am Touristengeschäft beteiligte Einheimische und Saison-Bauarbeiter aus Indien und Nepal immens anschwillt, erscheint der Stadtkern dem Kollaps nahe. Größtes Problem in Leh ist die **dramatische Zunahme von Fahrzeugen,** zumal der Besitz eines Privatautos bei Ladakhis zum Statussymbol aufstieg. So winden sich neben Taxen, Lastwagen, Armeetrucks und Motorrädern diese oft alten und heftig rußenden, aus Delhi importierten Autos durch viel zu enge Straßen. Deren Abgase belasten die ohnehin staubige dünne Luft noch zusätzlich.

Ladakh

Jedes Jahr werden neue Souvenir-shops, Internetcafés, Guest Houses und Reisebüros eröffnet, sodass Leh bei manchem Traveller inzwischen „Klein-Kathmandu" heißt. Auch die Stadtverwaltung will moderne Zeiten herbeirufen. Im Stadtkern werden viele der alten Gebäude abgerissen, um mehrstöckigen Häuserzeilen zu weichen. An den Stadträndern werden immer mehr Betonsiedlungen gebaut, da Ladakhis zunehmend in Leh Arbeit finden, bzw. jede Familie – soweit finanziell machbar – neben ihrem Haus im Dorf ein Zweithaus in Leh besitzen möchte. Diese neuen Siedlungen sind kahl, heiß und schattenlos, und ständig gibt es Probleme mit zu knappen bzw. verschmutztem Trinkwasser.

Trotz alledem: Der alte Ortsteil von Leh hat noch immer seinen ganz eige-nen Charme, und schnell spürt der Be-sucher, dass Leh im Grunde auch jetzt noch ein größeres Dorf ist. Die Leute sind freundlich, die Kinder rufen ei-nem „Julee" zu, und auch von Erwach-senen bekommt man oft ein Lächeln geschenkt.

Außerdem ist klar: Leh ist nicht das wirkliche Ladakh. Wer sein Besichti-gungsprogramm auf die Speisekarten in den Restaurants und die Auslagen in den Antiquitätenshops beschränkt, sollte nicht glauben, Ladakh gesehen zu haben. Das „richtige Leben" findet nämlich in den Dörfern statt. Dort hört man die Menschen auf den Feldern singen, und dort spielt sich der Alltag ab.

Obwohl oder gerade weil Leh in-zwischen so touristisch erschlossen ist, kann man sich an diesem Ort beson-

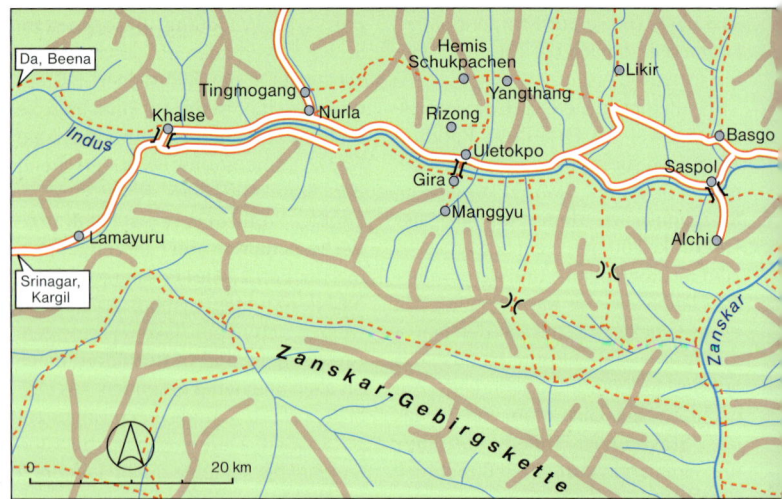

ders wohlfühlen. Das Leben hier ist einfach „easygoing". Nach einem Trek erscheint Leh als Oase, die alle Wünsche erfüllt, wonach man sich heimlich gesehnt hat. Das weiche Bett, eine heiße Dusche und ein Friedensangebot an den Gaumen, der sich hier mit leckersten Genüssen verwöhnen lässt.

Die beste Reisezeit für Leh ist, wie übrigens für Ladakh insgesamt, vor Juli und wieder ab Ende August. Ein Großteil der Touristen ist dann weg, man findet leicht ein Zimmer nach seinem Geschmack, die Restaurants sind nicht mehr voll, und die Luft auf den Straßen ist sauberer.

Anreise mit dem Flugzeug

Am sinnvollsten ist es, das Rückflugticket Delhi – Leh – Delhi bereits **vorher in Europa** zu kaufen.

Derzeit wird Leh von drei Airlines bedient: Von Jet Airways, Air Deccan und von Indian Airlines.

● **Jet Airways** bietet sehr guten Service, Zuverlässigkeit, verfügt über neue Flugzeuge – und ist entsprechend teuer. Der Flugpreis von Delhi nach Leh kostet in der Normalklasse ca. 180 €, der Rückflug entsprechend das Doppelte. Es gibt auch günstigere Tarife (bei Frühbuchung und zu bestimmten Konditionen) bzw. höhere Preisklassen. Jet Airways bietet täglich zwei Flüge frühmorgens nach Leh an. Ganz einfach und bequem von zu Hause aus kann man sein Jet-Airways-Ticket mit Kreditkarte per Internet buchen (Web E-Ticket): www.jetairways.com. Man bekommt dann eine Bestätigung per E-Mail, die man zusammen mit dem Reisepass in Delhi am Flughafen vorzeigen muss.

● **Air Deccan** ist eine private Fluggesellschaft, die schon seit vielen Jahren in Indien besteht und seit 2007 täglich auch Leh anfliegt. Die Ticketpreise sind günstig (je nach Verfügbarkeit und Zeitpunkt des Fluges 50–120 € pro Strecke Delhi – Leh bzw. Leh – Delhi), doch gibt es dafür weniger Service und einige ein-

Ladakh

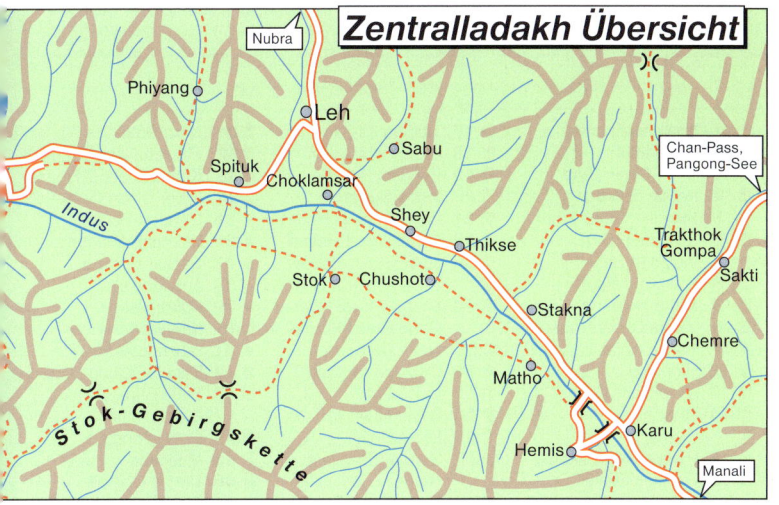

Zentralladakh Übersicht

schränkende Konditionen: Die Tickets sind nicht rückerstattbar, auch der einmal gebuchte Flugtermin kann nicht geändert werden. Außerdem sind lediglich 15 Kilo Fluggepäck erlaubt (Kabinengepäck zählt nicht mit). Tickets für Air Deccan sind, wie bei Jet-Airways, online buch- und bezahlbar; www.air deccan.com.

Indian Airlines bedient Leh ab Delhi viermal wöchentlich; diese staatliche Airline ist nicht sonderlich servicefreundlich und zuverlässig, dafür kann man mit Indian Airlines auch via Chandigarh, Srinagar und Jammu nach Leh fliegen.

In Leh angekommen, sollte man (auch mit ok-Status) möglichst gleich nach Ankunft zum Büro der Airline gehen, um das Ticket nochmals rückbestätigen zu lassen. Es kommt manchmal (selten) vor, dass sich ein ok-Ticket vor Ort als nicht existent im Computer erweist.

Wer in Leh mit dem Flugzeug landet, wird wegen des **geringen Sauerstoffgehalts** hier oben erst einmal nach Luft schnappen. Wenn die Umgebung schaukelt und der Flughafen wackelt, macht sich also kein Erdbeben bemerkbar, sondern eine kleine Kreislaufschwäche. Keine Panik, das geht in der Regel schnell wieder vorbei. Es gibt auch Leute, die aus dem Flugzeug steigen und sich sofort wie ein Fisch im Wasser fühlen. Die meisten

Neuankömmlinge sind aber zunächst einmal schlapp, schließlich muss sich der Körper innerhalb einer Stunde von heißen Flachland-Temperaturen auf Hochgebirgsklima umstellen. Außerdem bekommen die Lungen plötzlich ein Drittel weniger Sauerstoff.

Wichtig ist deshalb ein langsames Eingewöhnen an diesen extremen Klimawechsel. Während der ersten beiden Tage einem jeder kleine Spaziergang wie eine heldenhafte Everest-Besteigung vorkommen. Deshalb sollte man alles langsam angehen lassen und sich nicht überfordern. Nur so viel unternehmen, wie der Körper verträgt! Zum ersten Trek frühestens eine Woche nach Ankunft starten.

Vom Flughafen fahren keine öffentlichen Busse in das 4 km entfernte Stadtzentrum. Man ist auf die **Taxis** angewiesen, die vor dem Flughafen auf Kundschaft warten. Die Fahrt kostet in die Stadt 120 Rupien und nach Chanspa 180 Rupien.

Wer den ersten Schritt aus dem Flughafengebäude tut, wird von wartenden **Abschleppern** empfangen, die einem Empfehlungskarten ihres Guest Houses unter die Nase halten. Mit einem Abschlepper zu gehen, hat den Vorteil, dass man sich nicht mit der Zimmersuche herumzuquälen braucht. Während der Saison sind nämlich viele Unterkünfte bis unters Dach ausgebucht. Deshalb sollte man

🏨 1 Shambala Hotel	❓ 17 Tibetan Kitchen	🏨 31 Naro Hotel
🏨 2 Kaal Hotel	🏨 18 Yaktail Hotel	🏨 32 Milarepa Delux G. H.
🏨 3 G. H. Snow Land	❓ 19 Penguin Bar	🏨 33 Katpapa Guest House
🏨 4 Poplar Ecoresort	🏨 20 Indus Guest House	🏨 34 Silver Cloud G. H.
🏨 5 Mandala Guest House	🏨 21 Dehlex Guest House	● 35 Lamdon-Schule
🏨 6 Lungsnon G. H.	🏨 22 Ti-Sei Guest House	● 36 Womens Alliance
● 7 Indian Airlines	🏨 23 Julay Guest House,	▲ 37 Sankar Gompa
🏨 8 Lha Rimo Hotel	🏨 Saiman Guest House	🏨 38 Antelope G. H.
🏨 9 K-Sar Hotel	🏨 24 Singay Guest House,	● 39 Polizeistation
🏨 10 Yartaa Guest House	🏨 Dorjo Guost Houso	🏨 40 Kanglachen Hotel
🏨 11 Rafica Hotel	🏨 25 G. H. Lachumir	● 41 Herrnhuter Mission
🏨 12 High Life	★ 26 Ökologiezentrum	▲ 42 Buchhandlung Otdan
🏨 13 Auspicious G.H.	🏨 27 Lotos Hotel	💲 43 State Bank of India,
🏨 14 Yasmin,	🏨 28 Saser Hotel	Geldautomat
🏨 Sia-La	🏨 29 Lotus Hotel	💲 44 Geldwechsel
🏨 15 Padma Guest House	🏨 30 Ser-Thi Travellers	◐ 45 Moschee
● 16 Dzomsa-Filiale	Home	▲ 46 Tsemo Gompa

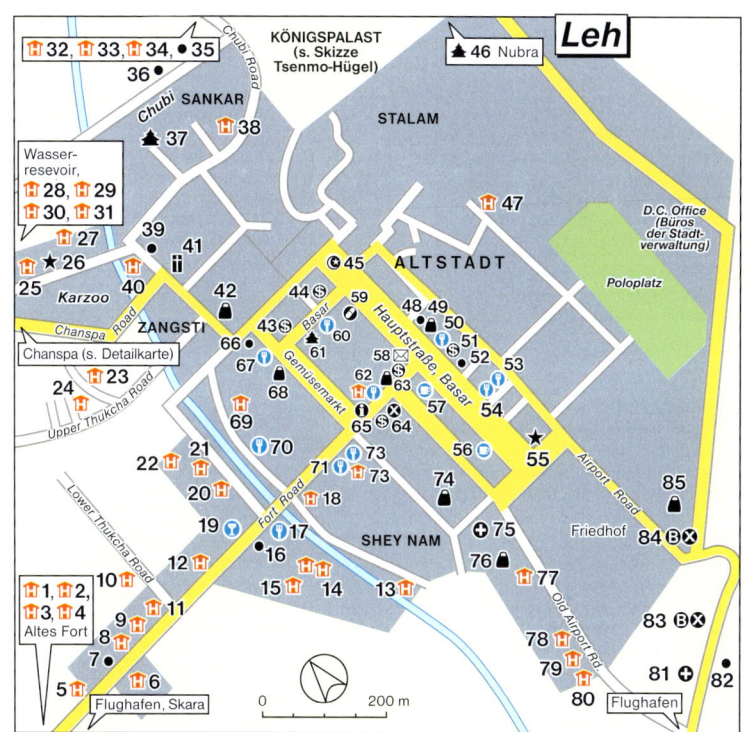

Leh

KÖNIGSPALAST (s. Skizze Tsenmo-Hügel)

SANKAR

STALAM

ALTSTADT

Wasser-resevoir,

Karzoo

ZANGSTI

Chanspa (s. Detailkarte)

Basar

Hauptstraße Basar

Gemüsemarkt

D.C. Office (Büros der Stadt-verwaltung)

Poloplatz

Ladakh

SHEY NAM

Friedhof

Airport Road

Old Airport Rd.

Altes Fort

Flughafen, Skara

Fort Road

Upper Thukcha Road

Lower Thukcha Road

Chanspa Road

Chubi Road

0   200 m

Flughafen

🏨 47	Old Ladakh Guest House	▲ 61	Neuer Tempel	🏨 73	Dreamland Hotel
● 48	Jet Airways	🏨 62	Ibex Hotel,	▲ 74	Bücherei
▲ 49	Artou Bookshop	🍴	Restaurant & Bar	✚ 75	Dr. Norbu, physician
🍴 50	Kokonor	▲ 63	Spirituosengeschäft,	▲ 76	Tibetermarkt
Ⓢ 51	J+K Bank	Ⓢ	J+K Bank (Geldautomat)	🏨 77	Singge Palace Hotel
● 52	Tibetisches Handicraft-Emporium	✖ 64	Haupt-Taxistand	🏨 78	Hotel Dragon
🍴 53	New Choice Rest.	● 66	Dzomsa	🏨 79	Hotel Lasermo
🍴 54	Amdo Food	🍴 67	Tibetan Restaurant	🏨 80	Hotel Shaynam
✚ 55	Dr. Norbu, surgeon	▲ 68	Pumpernickel German Bakery	✚ 81	Sonam Norboo Memoria Krankenhaus
☕ 56	Amdo Café	🏨 69	Paul Guest House	● 82	Radiosender
☕ 57	Himalaya Café	🍴 70	Happy World Restaurant	Ⓑ 83	Haupt-Busbahnhof
✉ 58	Post	🍴 71	Dreamland Restaurant	✖	und Taxistand
🍴 59	Apotheke	🍴 72	Summer Harvest Restaurant	Ⓑ 84	Alter Busstand
🍴 60	Norlakh Tibetan Restaurant			✖	und Taxistand
				▲ 85	Ladakhi-Markt (Moti-Markt)

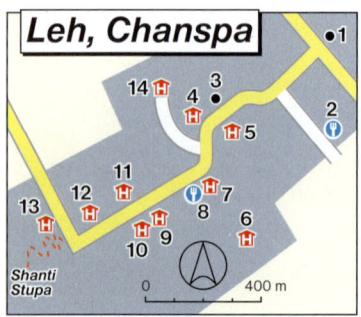

Leh, Chanspa

●	1	Polizei
❶	2	Mona Lisa Restaurant
●	3	Mahabodhi Meditation Centre
🏠	4	Rainbow Guest House
🏠	5	Eagle Guest House
🏠	6	Goba Guest House
🏠	7	Omasila Hotel
❶	8	Zen Restaurant
🏠	9	Asia Guest House
🏠	10	Larchang Guest House
🏠	11	Greenland Guest House
🏠	12	Rinchen Guest House
🏠	13	Oriental Guest House
🏠	14	Gomang Chörten & Guest House

am Anfang, sprich am Flughafen, nicht allzu wählerisch sein. Wenn einem das Zimmer nicht gefällt, kann man sich ja nach einem oder zwei Tagen der Akklimatisierung in Ruhe nach einer anderen Unterkunft umsehen. Wer möchte, kann sich natürlich selbstständig in der Stadt nach einer Unterkunft umsehen. Eines sollte man aber bedenken: Mit einem schwachen Kreislauf das ganze Gepäck herumzutragen, noch dazu in einer fremden Stadt, ist kein Pappenstiel.

In Leh angekommen, sollte in den ersten Tagen die **Organisation** der **Rückreise** geregelt werden. Das gilt vor allem für diejenigen, die per Flugzeug zurück wollen und noch kein Ticket haben. Näheres s. u. „Weiterreise" am Ende dieses Kapitels. **Zur Erinnerung:** Während der Saison sind die Flugzeuge meistens ausgebucht.

Viele Leute kommen in große Schwierigkeiten, wenn sie sich erst kurz vor ihrem Rückflug nach Europa um ein Ticket nach Delhi kümmern. Wenn auch noch die Busse ausgebucht sind, bleibt oft nur das Taxi als „Feuerwehr" nach Manali, und das kommt teuer (und dauert drei strapaziöse Fahrtage).

Außerdem sollte man zwischen geplanter Abfahrt von Leh und dem Rückflug nach Europa mindestens einen Puffertag in Delhi einkalkulieren! Bei schlechten Wetterverhältnissen starten die Maschinen in Leh nämlich nicht, und wer für denselben Tag seinen Heimflug gebucht hat, verpasst diesen dann möglicherweise.

Geschichte

In einer fruchtbaren, wasserreichen Oase im weitläufigen Seitental des Indus gelegen, ist Leh ein alter Handelsplatz. Von ihrer Lage rührt auch der Name der Stadt: Das tibetische Wort „*Slel*" oder „*Sles*" bedeutet Oase. An diesem **Schnittpunkt der Karawanenwege** zwischen dem inneren und vorderen Asien war Leh von jeher ein Halte- und Treffpunkt der Völker aus Yarkand, Tibet, Kulu, Kaschmir und Baltistan. Da es der einzige nennenswerte **Marktflecken** in der gebirgigen Hochwüste ist, kann man Leh auf nahezu jeder Asienkarte finden.

Viele Jahrhunderte hindurch blieb das Stadtbild unverändert: Zentraler Platz war der Markt, wo die Händler nach wochenlangen Anreisen ihre Waren tauschten. Die Nomaden tauschten ihre federleichte Paschmina gegen Teppiche und Schneeleoparden-Felle von den Yarkandis ein. Tibeter brachten Tee und Salz aus Lhasa, um dafür Brokatstoffe aus Indien zu erwerben. Leh war daher stets ein an weltlichen Gesichtspunkten orientierter Markt-flecken.

Nach der Reichseinigung und **Gründung** der Namgyal-Dynastie verlagerte König *Bhagan* das Schwergewicht seiner Politik immer mehr nach Leh, und unter dem „Löwenkönig" *Sengge Namgyal* wurde die Stadt um das Jahr 1600 dann zur **königlichen Dauerresidenz.** Heute ist Leh das Wirtschafts- und Verwaltungszentrum von Ladakh.

Orientierung

Leh liegt 10 km nordöstlich des Indus am Ausgang eines fruchtbaren Seitentals in 3500 m Höhe. Von der Stadt bis zum Fluss hinunter breitet sich eine unfruchtbare Ebene aus, die aus Sand und Geröll besteht. Hier sind der Militärflughafen und ein riesiges Barackenlager der indischen Armee angesiedelt.

Von schroffen Bergen wird das Tal oberhalb der Stadt umrahmt, auf deren Spitzen auch im Sommer Schnee liegen kann.

Leh selbst wird von dem riesigen, 400 Jahre alten **Königspalast** überragt. Auf dem Tsenmo-Hügel, nordwestlich der Stadt gelegen, dominiert er das gesamte Ortsbild. Unterhalb des Palastes erstreckt sich die **alte Stadtteil,** in dessen Häusern früher der Adel und Bedienstete des Königshofes gelebt haben. Daran schließt sich der Poloplatz und der alte Markt an. Der **Busbahnhof** liegt etwa 2 km unterhalb des Stadtkerns in Richtung Flughafen. Busse, die nach Leh kommen, fahren aber zum alten Busbahnhof, etwa 1 km unterhalb der Stadt hoch.

Die Touristenzentren mit Guest Houses und Restaurants befinden sich in der **„Neustadt",** dem Zentrum von Leh.

Das Stadtzentrum besteht im Wesentlichen aus zwei L-förmig angelegten Straßen. Hier stehen eng aneinandergereiht zwei- bis dreistöckigen Häuser mit Lebensmittel-Läden, Souvenirshops, Restaurants, Reisebüros und Internetcafés. Zurzeit finden hier rege Bautätigkeiten statt, wobei viele historische Gebäude durch neue Häuserzeilen ersetzt werden.

Viele Unterkünfte und Restaurants stehen in **Chanspa,** einem oberhalb des Zentrums gelegenem Stadtteil von Leh. Da ständig gebaut wird, schieben sich die Häuser immer weiter in das kostbare Ackerland hinein.

Information

●Das **Tourist Reception Center** (Tel. 25 22 97) liegt drei Kilometer unterhalb von Leh auf dem Weg zum Flughafen. Für allgemeine Informationen steht im Stadtzentrum der Touristen-Informations-Schalter im selben Gebäude wie der Schalter zum Geldwechseln, gegenüber dem Taxistand zur Verfügung. Die Angestellten dort sind hilfsbereit mit Informationen und Broschüren über Ladakh. Geöffnet ist das Büro während der Saison zwischen 10 und 16 Uhr außer sonntags.

●Eine gute Informationsstelle nicht nur zu ökologischen Fragen ist das **Zentrum für Umweltschutz.** Näheres siehe unter „Sehenswertes".

Sehenswertes

Königspalast

Fast von allen Seiten kann man den alten Königspalast, hoch erhoben auf einem steilen Felsen oberhalb der Stadt, sehen. Die alte gewaltige **Königsburg** bildete seit etwa dem Jahr 1600 bis zum Niedergang der ladakhischen Selbstständigkeit im 19. Jahrhundert das politische Zentrum. Der Löwenkönig, *Sengge Namgyal,* hatte sich damals entschlossen, seine Hauptstadt endgültig nach Leh zu verlegen, und so ließ er den neunstöckigen Palast mit seinen 100 Zimmern im Stil des Potalapalastes von Lhasa anlegen. Unter seiner Regie entstanden auch der neue Bazar und der Poloplatz.

Heute steht der Palast leer, die Throngewalt haben die im Obergeschoss nistenden Rabenschwärme übernommen. Seitdem die Königsfamilie 1843 nach ihrer Entmachtung in das benachbarte Stok umziehen musste, ist das Gebäude zusehends verfallen. Die Königin a. D. von Stok, die bis dato noch im Besitz dieses Palastes war, übergab ihn vor einigen Jahren dem Archaeological Survey of India, und Architekten sind derzeit mit der **Restaurierung** des Bauwerks beschäf-

Ladakh

tigt. Die beiden völlig baufälligen Seitentrakte werden wieder aufgebaut, auch die Malereien sollen aufgefrischt werden. Für die aufwändige Balkonkonstruktion wird lastwagenweise Holz aus Kaschmir herbeigeschafft. Irgendwann einmal soll der Palast ganz wie früher dastehen und dann zu einem Museum ausgebaut werden.

Das Hochklettern zum Königspalast lohnt sich wegen der tollen Aussicht auf die Stadt. Der Aufstieg beginnt bei der Moschee und führt durch das Gassengewirr der Altstadt (ausgeschildert). Die 100 Rupien Eintritt, die ausländische Besucher bezahlen müssen,

lohnen sich nicht, weil es derzeit abgesehen von dem alten Palasttempel nichts zu sehen gibt. In dem königlichen Gebetsraum steht auf dem Altar die 2 m hohe Statue des weiblichen Bodhisattva Sitatapatra. Die Figur mit ihren je 1000 Köpfen, Augen, Händen und Beinen ist umgeben von Buddha Shakyamuni, Padmasambhava, einer Tara und einem Silberchörten.

Guru-Lhakhang

Unterhalb des großen Chörten liegt (südlich des Palastes) der Guru-Lhakhang. Der Tempel ist dem Yogi Padmasambhava gewidmet und beinhaltet sein 2 m hohes Standbild. Die alte Malerei ist teilweise übertüncht, nur auf der hinteren Wand sind Reste ori-

Blick auf den Königspalast und Gonkhang

ginaler Mandalas und Buddha-Fresken erkennbar. Hinter dem Altar sind neue Fresken gemalt worden, die u.a. den Gründer der Gelugpa-Schule, Tsongkhapa, den blauen Beschützer mit dem Stierkopf, Dharmaraja, sowie eine tantrische Form des Padmasambhava mit seinen Attributen Vajra und Skorpion darstellen. Neben dem Tempel steht die ehemalige Residenz des königlichen Statthalters.

Avalokiteshvara-Lhakhang

Der Avalokiteshvara-Lhakhang ist der größte Tempel am Palastberg. Mit Ausnahme des Altars ist der hohe, durch Säulen unterbrochene Raum leer. Früher diente dieser nur etwa 100 m vom Palast entfernte Tempel als höfischer Versammlungsplatz für die im Staatsinteresse nötigen religiösen Rituale. Er musste deshalb vielen Gästen Platz bieten.

Die Hauptfigur des Altars stellt die Verkörperung des Mitleids, Avalokiteshvara, dar. Die 3,5 m hohe Figur steht auf einer Lotusblüte, ihr Haupt ist mit einer Krone und Juwelen geschmückt.

Die Bemalung an den Seitenwänden ist recht grob. Sie zeigt 1000 kleine Buddhas und sieben größere Buddha-Darstellungen mit verschiedenen Mudras (Handhaltungen). Um die Tür zum Raum der zornvollen Gottheiten, die nur einmal im Jahr geöffnet wird, sind die Malereien etwas feiner.

In der Mitte des Gebetsraumes öffnet sich die Decke zu einem weiteren Stockwerk; die alten Malereien im Tempel zeigen Padmasambhava in seinen acht Verkörperungen, die furchterregende Dakini mit dem

Gebäude am Tsenmo-Hügel

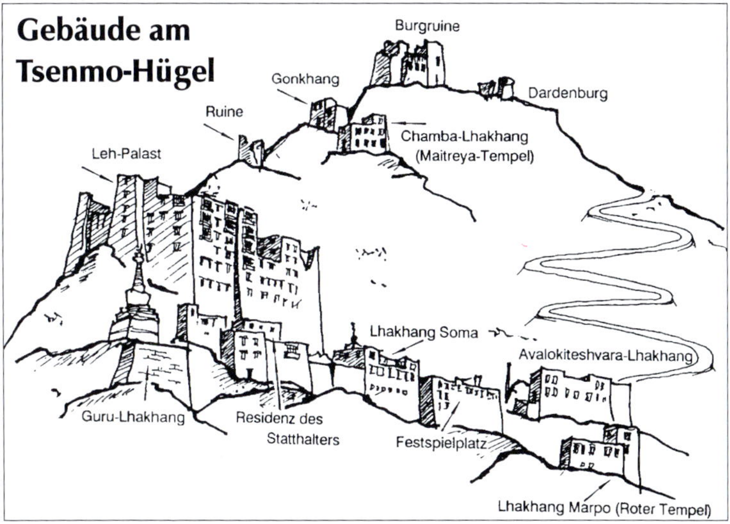

Burgruine

Gonkhang

Dardenburg

Ruine

Chamba-Lhakhang (Maitreya-Tempel)

Leh-Palast

Lhakhang Soma

Avalokiteshvara-Lhakhang

Guru-Lhakhang

Residenz des Statthalters

Festspielplatz

Lhakhang Marpo (Roter Tempel)

sitzenden Buddha der Zukunft, Maitreya, umgeben von den Bodhisattvas Manjushri und Avalokiteshvara.

Lhakhang Soma

Ein paar Meter unterhalb des Palasteingangs ist der neueste von all diesen Palasttempeln, der Lhakhang Soma, angesiedelt. Er wurde nur wenige Jahre vor der Dogra-Invasion im 19. Jh. errichtet. Ein kleiner Gebetsraum enthält ein Standbild von Padmasambhava, dem großen Tantriker aus Tibet. Die Malereien stammen von einem Künstler aus dem Dorf Shey, der auch die Szenen aus Buddhas Leben in der zeitgleich gebauten Rizong Gompa gemalt hat. Hier stellen die Bilder auf der rechten Wand die acht friedlichen und zornigen Manifestationen des Padmasambhava dar. Auf der linken Seitenwand sitzt Buddha Shakyamuni, umringt von den 16 Arhats.

Im Hof vor dem Neuen Tempel werden jedes Jahr im Februar unter lebhafter Anteilnahme der Bevölkerung die zweitägigen **Maskentänze von Leh** aufgeführt.

Gonkhang

Neuankömmlingen in Ladakh wird bei dem 15-minütigen Aufstieg zum Tempel der Schutzgottheiten (Gonkhang) oberhalb des Königspalastes schnell die Puste ausgehen. Man könnte die Kletterei als kleines Training für einen geplanten Trek ansehen, außerdem sind die Wandmalereien in der Gompa durchaus einen Besuch wert. Der Mönch mit dem Schlüssel ist in der Regel aber nur bis 9 Uhr mor-

Löwengesicht Sengge Dongtschen und den Buddha des ewigen Lebens Amithaba.

Lhakhang Marpo (Roter Tempel)

Unterhalb des Avalokiteshvara-Lhakhangs steht das älteste in Leh erhaltene Heiligtum, der sogenannte Rote Tempel. Das rot angemalte Gebäude ist schon von König *Drags Bum* um das Jahr 1430 errichtet worden. In den 1960er Jahren stürzte die Decke ein, deshalb sind an den Wänden nur noch Reste von Malereien übrig geblieben. Als Hauptfigur enthält der ansonsten leere Tempel einen überlebensgroßen

Mönche vor dem Gonkhang

gens da; wer zu spät kommt, wird vor verschlossenen Türen stehen.

Diesen Tempel, in dem die zornigen Beschützer ihren Platz haben, ließ König *Taschi Namgyal* um 1530 nach seinem Sieg über die turk-mongolischen Truppen des Khans von Kashgar anlegen. Dieser König hatte offenbar ein grausames Herz: Er ließ die Körper der getöteten Feinde vor den Göttern anhäufen, um dadurch die Hilfe eines Dämons zu gewinnen, der die gegnerischen Armeen zurückschlagen sollte. Einige Wandmalereien sind diesem Thema gewidmet. Diese Bilder mit Menschen in mongolischer Kleidung und mit großen Turbanen findet man nahe der Tür.

Als Hauptgottheiten werden in diesem rußgeschwärzten Figurenraum die die zornvollen Beschützer – die 8-köpfige Form von Yamantaka und der 6-armige Mahakala – verehrt.

Im Herbst versammeln sich Mönche aus dem Hauptkloster in dem Raum und entfernen die Schleier von den Statuen. Zu deren Füßen sitzend, verrichten sie lange Gebete an die Gottheiten, um ihren Schutz für ein weiteres Jahr zu erbitten.

Gleich unterhalb des Gonkhangs sitzt im Chamba-Lhakhang ein riesiger, grellbemalter Buddha der Zukunft in abendländischer Sitzhaltung. Von der originalen Malerei ist nur die schöne buntverzierte Holzdecke übrig.

Ruine der Königsburg

Oberhalb des Gonkhangs sind Mauerreste und ein kleiner Tempel der alten Königsburg zu sehen. Zu Neujahr kommen Gläubige herauf, um an langen Schnüren aufgefädelte Gebetsflaggen mit dem aufgedruckten Windpferd aufzuhängen. Hier, am höchstgelegenen Punkt der Stadt, sollen die Gebete besonders schnell zu den Göttern getragen werden.

Chamba-Lhakhang

Ein weiterer Maitreya-Tempel (Chamba-Lhakhang) in der Altstadt gehört nicht mehr zum Palastbereich. Vielmehr hat ihn König *Sengge Namgyal* im 17. Jh. für die Bevölkerung einrichten lassen. Zwischen halbverfallenen Häusern steht er in einer engen Gasse, die zum Königspalast hochführt. Eine Maitreya-Statue, nach der dieser Tempel benannt ist, nimmt die hintere Hälfte des Raumes ein. In der Nische um diesen Buddha des künftigen Weltzeitalters findet man Miniaturmalereien der 1000 Buddhas.

Die Wandmalereien sind im ganzen Tempel vor rund 15 Jahren aufgefrischt worden und strahlen noch immer in neuem Glanz. Bemerkenswert sind die Darstellungen der Schutzgottheiten um die Tür.

Die kleine Gompa ist stets abgesperrt, es lohnt sich aber, einen Blick hineinzuwerfen. Den Schlüssel bekommt man in einem Haus unweit des Tempels. Man frage die Leute nach der Person, die den Schlüssel verwahrt und aufsperrt.

Zentrum für Umweltschutz

Seit Beginn der 1980er Jahre bemüht sich das Ökologie-Zentrum um den Erhalt der ladakhischen Kultur und

Ladakh

zugleich um verbesserte Lebensbedingungen für die Ladakhis. Die Initiatorin dieses privat geführten Projekts, die Schwedin *Helena Norberg-Hodge*, fand bei ihrem Besuch in Ladakh 1975 eine noch relativ intakte Sozialgemeinschaft vor, die sie durch moderne Entwicklungen, wie z.B. die Verwendung von Kunstdünger sowie die Begeisterung der Ladakhis für alles Westliche, jedoch gefährdet sah. Sie setzte sich deshalb zum Ziel, den Ladakhis wieder ein Selbstwertgefühl für ihre eigene Kultur und eine kritische Haltung gegenüber Neuerungen zu vermitteln.

Heute arbeiten im Ökologie-Zentrum 40 Mitarbeiter, durchweg Ladakhis. Die Mitarbeiter gehen in die Dörfer, um die **Bauern in Seminaren** für

das empfindliche ökologische Gleichgewicht zu sensibilisieren.

Ein permanentes Problem in Ladakh ist die **Energieversorung.** Damit die äußerst knappen Rohstoffe wie Viehdung und Holz eingespart werden können, setzt das Ökologie-Zentrum auf die Nutzung von **Sonnenenergie.** In einzelnen Häusern werden Solaranlagen zur Wassererhitzung und Solaröfen gebaut, manche Häuser bekommen ein großes Sonnenfenster nach Süden, um den Raum auch im Winter bewohnbar zu machen.

Der Gomang-Chörten im Ortsteil Chanspa

Uraltes Steinrelief neben dem Gomang-Chörten in Chanspa

Solche Pilotprojekte sollen die Bevölkerung zur Nachahmung anspornen. Trotz der Begeisterung im Volk für diese umweltfreundlichen Technologien können sie nur von wenigen finanziert werden. Ein weiteres Projekt ist die Aufführung eines Theaterstückes in Dorfschulen, das den Kindern das Problem der Umweltverschmutzung nahe bringt.

Auch in ihrem Hauptsitz in Leh ist das Ökologie-Zentrum aktiv. Mit dem kleinen **Handwerks-Zentrum,** in dem Tischler, Kupferschmiede und Weber arbeiten, wird beabsichtigt, den Ladakhis mit dem Verkauf von traditionellen Handwerkserzeugnissen an Touristen ein Zusatzeinkommen neben der Landwirtschaft zu verschaffen.

Die **Bücherei** verfügt über eine gute Auswahl an englischen Büchern zu den Themen Umweltschutz, alternative Technologien, Ladakh, Buddhismus und verschiedene Magazine. Geöffnet ist sie Mo–Sa 10–13.30 und 14–16.30 Uhr. In dem hellen Raum kann man in aller Ruhe schmökern.

Im Sommer wird täglich um 16.30 Uhr ein interessanter Video-Film über die ladakhische Kultur gezeigt.

Herrnhuter-Mission

Auf dem Weg zum Ökologie-Zentrum steht die Kirche der Herrnhuter-Mission, die 1885 in Ladakh gegründet wurde. Einem Missionar dieser Kirche ist es übrigens zu verdanken, dass in Ladakh die heute so verbreiteten Kartoffeln eingeführt worden sind. Zu der kleinen christlichen Gemeinde zählen rund 18 Familien. Gottesdienst ist jeden Sonntag.

Go-Mang-Chörten

In dem malerischen Ort Chanspa, 15 Laufminuten westlich von Leh, befindet sich ein eigentümlich aussehender weißer Chörten, der **Taschi-Go-Mang-Chörten.** Den Grundriss dieses vermutlich aus dem 9. Jh. datierenden Chörten bildet ein Sechzehneck, und hat eine gewisse Ähnlichkeit mit einer Pyramide. Die vielen rechteckigen Kammern sind heute leer, aber früher enthielten sie vermutlich kleine Buddha- oder Götterfiguren. Neben dem Chörten sind auf einigen ca. 2 m hohen Reliefplatten der historische Buddha, Maitreya und Avalokiteshvara abgebildet. Am leichtesten findet man den Chörten, wenn man oberhalb des Hotels Omasila nach rechts dem Bachlauf folgt. Rechter Hand, hinter den Fel-

Foto: jm

dern, ist dann der weiße Chörten zu erkennen. Von der Shanti-Stupa ist der Go-Mang-Chörten gut zu sehen.

Shanti-Stupa

Im Westen von Leh oberhalb des Ortes Chanspa steht auf einem Hügel die erst 1991 fertig gestellte Shanti-Stupa. Der aufwendige Komplex mit dem riesigen, fein bemalten Chörten wurde von einer finanzkräftigen japanischen Zengemeinschaft gebaut und wird heute von einem ladakhischen Mönch geleitet. Abends findet eine Meditation statt, an der die Gäste bei der Rezitation von Mantras teilnehmen können.

Dieser japanische Tempel versteht sich als Zentrum für Kontakte zwischen den verschiedenen buddhistischen Schulen. Zur Einweihungsfeier waren deshalb geistliche Lehrer einiger Klöster von Ladakh und anderer asiatischer Länder geladen. Der Dalai Lama verweigerte seine Teilnahme mit dem Hinweis, dass die Ladakhis zuerst ihren religiösen Frieden zwischen Moslems und Buddhisten in Leh wiederherstellen sollten.

Um zur Stupa zu gelangen, läuft man die Hauptstraße von Chanspa entlang und danach den Zickzack-Pfad am Hügel hinauf. Ab Leh-Zentrum benötigt man ca. 30 Minuten. Ein Taxi kostet für diese Strecke ca. 110 Rupien.

Sankar

2 km oberhalb von Leh liegt mitten im Dorf Sankar ein kleines Kloster, zu dem ein Weg durch Gerstenfelder und von Mauern umsäumten Gemüse- und Blumengärten führt. Am besten nimmt man den breiten **Fußweg,** ca. 100 m unterhalb des New Antelope Guest House, links hoch und folgt ihm zwischen Feldern hindurch bis zur Ortschaft Sankar.

Am Dorfeingang steht ein großer **Chörten** mit einem Häuschen davor. Die vier bemalten Steine darin stellen die Figuren Manjushri, Tara, Avalokiteshvara und Maitreya dar. Von dort aus folgt man stets dem Fußweg geradeaus hoch, bis man die hinter einer Mauer versteckt liegende Gompa erreicht.

Die Klosteranlage strahlt eine **wohnliche Atmosphäre** aus. Der Innenhof ist hübsch mit Blumen und Bäumen angelegt, darum gruppieren sich die zweigeschossigen Mönchswohnungen. Die Sankar-Gompa hat gar nichts von dem Pomp so manch anderer Klöster. Es ist deshalb kein Wunder, dass der kürzlich verstorbene Bakula Rinpoche, das Oberhaupt des Klosters Spituk, sich lieber hier – es ist ein Nebenkloster davon – als in dem lebhaften Großkloster Spituk aufhielt.

Eigentlich wurde das Kloster Sankar Ende des 19. Jahrhunderts bewusst hierher gebaut, um einen Ort meditativer Ruhe zu schaffen.

Touristenströme aus Leh stören diesen Frieden jedoch – meinen jedenfalls einige Mönche. Der Mönch, der den Schlüssel für die Räume verwahrt, öffnet die Gompa für Besucher meist abends zwischen 17 und 18 Uhr, wenn er im Versammlungsraum eine Puja abhält. Allen, die daran teilnehmen wollen, lässt er eine Bitte ausrichten:

Man soll pünktlich da sein, sich während der Gebete ruhig verhalten und nicht fotografieren. Rechts in der Ecke liegen ein paar Teppiche zum Draufsetzen. Nach der Meditation bleibt dann Zeit, um sich die Räume in Ruhe anzusehen.

Das Hauptgebäude, die **Versammlungshalle,** ist über eine überdachte Eingangsterrasse zugänglich. Die Wandmalereien stellen auf der linken Seitenwand ein Lebensrad dar, die rechte Seite zeigt nach chinesischem Vorbild einen alten Mann mit Tieren als Glückssymbol für ein langes Leben. Der durch vier Säulen unterteilte Versammlungsraum umfasst neben den Sitzreihen für die Mönche einige Bücherregale an den hinteren Seitenwänden und den Thron für Bakula Rinpoche. In der linken Ecke steht die Figur des bei den Gelbmützen sehr beliebten Yamantaka, der zornvollen Verkörperung des Bodhisattvas der Weisheit Manjushri. Die Wandmalereien zeigen an der linken Seite die 35 Buddhas der SündenVergebung und rechts Budha Shakyamuni im Kreis der 16 Weisen.

Hinter dem Versammlungsraum geht es zum **Figurenraum** durch. Der interessante Teil dieses Raumes ist ein Holzschrank mit einer Sammlung kleiner Bronzefiguren, die Gläubige aus Tibet mitgebracht haben.

Rechts von der Eingangsterrasse aus gelangt man über die Treppe zu einem Vorraum, der zu verschiedenen Zimmern führt: Die **Klosterbibliothek** besitzt neben einer Sammlung der buddhistischen Schriften eine Vitrine mit den drei Buddhas der Vergangenheit, Gegenwart und der Zukunft.

Weiter gibt es den **Dölkar-Lhakhang,** in dem die überlebensgroße Figur der Retterin Tara in ihrer tantrischen Form mit je 1000 Köpfen, Armen, Händen und Beinen steht.

Die **Abtsresidenz** verfügt über einen Vorraum mit Sesseln und Tischen, in denen Bakula Rinpoche seine Gäste zu empfangen pflegte. Das hintere Zimmer ist etwas privater und diente dem Abt zur Entspannung. In einer Glasvitrine sind ein paar Figuren des Gelbmützen-Gründers **Tsongkhapa** mit seinen Schülern aufgestellt.

Essen

Es gibt eine große Auswahl an Restaurants in Leh. Im Sommer, wenn die Straße nach Srinagar geöffnet ist, ist das Angebot an Obst und Gemüse groß und die Auswahl auf den Speisekarten vielfältig. Knapp sind die Lebensmittel nur bis zum späten Frühjahr, solange diese Passstraßen noch geschlossen sind. Da viele Restaurants von Tibetern betrieben werden, findet man auf der Speisekarte hauptsächlich tibetische und chinesische Küche. Doch auch wer indische Küche bevorzugt, hat eine passable Auswahl an Restaurants. Ansonsten findet man, vor allem im Stadtteil Changspa, den typischen Traveller-Speisekarten-Mix: Pizza, Nudelgerichte, Sizzlers, Salate (nur bedingt empfehlenswert), Gemüse-Burger, Falafel, teilweise auch Thai-Gerichte.

● Typisch ladakhisches Essen gibt es in den Restaurants so gut wie gar nicht. Ausnahme: Das **New Choice Restaurant,** hinter Amdo Foods im Main Bazaar, hat neben tibetischem Essen auch einige ladakhische Gerichte wie Skiu und Chutagi im Angebot.

● Eines der besten Restaurants der Stadt und bei Ladakhis, Indern und westlichen Touristen gleichermaßen beliebt ist das **Summer Harvest.** Während der Saison ist zur Essens-

Ladakh

059Fz Foto: jm

zeit kaum ein Platz frei. Empfehlenswert, aber für westliche Gaumen oft zu scharf gewürzt, sind die indischen Gerichte. Besonders empfehlenswert sind die leckeren Momos.

● Indische Küche, aber in schlichterem Ambiente, bietet auch das **Happy World Restaurant** neben der Penguin Bar.

● Das Standardlokal für indische Speisen ist das **Ibex-Restaurant** (mit Alkohol-Lizenz). Bestes Zeichen dafür ist, dass indische Touristen hier ihre Mahlzeiten einnehmen.

● Eine wahre Flut von German Bakeries ist in den letzten Jahren über Leh hereingebrochen. Aber noch immer offeriert der Vorreiter all dieser Bakeries die konkurrenzlos feinsten Sachen und hat sich, um sich auch verbal abzuheben, nun **Pumpernickel German Bakery** genannt. Schokoladenkuchen mit Walnüssen, Käsekuchen oder frischer Apriko-

sen-Streuselkuchen sind erste Sahne! Dazu gibt's Filterkaffee. Und für den richtigen Hunger werden leckere Gemüseburger oder Nudelgerichte angeboten. Zum Frühstück gibt's Müsli mit Curd und Honig oder Rührerei. Für Treks kann man sich hier mit Vollkornbrot und Semmeln eindecken – und mit Yakkäse aus Nepal (allerdings teuer).

● Ein angenehmer Platz für laue Sommerabende ist das **Mona Lisa-Restaurant** in Chanspa**.** Neben den herkömmlichen Gerichten gibt es auch Außergewöhnliches wie Kartoffeln mit Knoblauch, Frischkäse mit Knoblauch und Falafel.

● Seit Jahren ungebrochene Popularität genießt das **Tibetan Kitchen.** Stets leckere Gerichte der gehobenen Preisklasse haben sich die drei Geschwister einfallen lassen, die das Restaurant betreiben. Wenngleich die – wie der Name schon sagt – tibetischen Speisen durchweg hervorragend sind, gibt es hier auch italienische Küche wie Gnocchi und Spaghetti, oder Avocado-Salat. Wer abends hier essen möchte, sollte unbedingt reservie-

Markt in Leh

ren, sonst ist meistens kein Platz zu bekommen.

● Preiswerte und gute tibetische sowie chinesische Küche wird im **Kokonor Restaurant** serviert. Hier trifft sich vor allem die ladakhische Jugend.

● Preiswerte und sehr gute tibetische und europäische Küche bietet das **Himalaya Café;** das gepflegte Restaurant ist bei Ladakhis und Touristen gleichermaßen beliebt. Es ist gemütlich zum Sitzen, und ein Platz am Fenster garantiert gute Aussicht auf das Leben der Hauptstraße unten.

● Das **Amdo Café** ist im Gebäude der J&K-Bank untergebracht. Von der Dachterrasse hat man einen wunderbaren „Rundumblick" auf Shanti Stupa, die Altstadt und den Königspalast.

● Gegenüber serviert **Amdo Food** gutes tibetisches Essen in weniger schickem Ambiente.

● Besonders gut schmecken die Cheese&Vegetable Momos und die Suppen im **Norlakh Tibetan Restaurant** direkt neben dem Neuen Tempel (Gompa Soma) gegenüber dem State Bank of India. Die Qualität der Speisen ist hervorragend, die Preise (für Leh) niedrig.

● Empfehlenswert ist das **Highlife,** zwischen „Penguin" und dem „Lung Say Jung Hotel" Richtung Indian Airlines Office. Sehr gute tibetische, chinesische und italienische Küche.

● Ein netter Platz in Chanspa ist der Garten des **Zen-Restaurant,** wo man unter anderem passable Nudelgerichte und Kuchen bekommt.

● Das alteingesessene **Tibetan Restaurant** an der Stirnseite der Hauptstraße ist ein optimaler Platz, um schmackhaftes günstiges Essen zu genießen und dabei dem Treiben auf der Straße zuzuschauen. Bei den Ladakhis heißt der Laden „Black Tea Restaurant", weil der Tee hier angeblich der beste der Stadt ist. Besonders lecker: Minztee und Zimttee.

● Frisches tibetisches und indisches Brot ist in **Bäckereien** in den kleinen Gassen hinter der Moschee zu bekommen.

● Empfehlenswerte tibetische Küche bietet das **Wok Tibetian Kitchen** an.

● Im **Main Bazaar** bieten mehrere kleine Dhabas Snacks wie Samosas und indische Süßigkeiten an, im Erdgeschoss der J&K-Bank gibt es eine **Konditorei.**

Unterhaltung und Nachtleben

Nur ganz wenige Bars bzw. Restaurants haben eine Lizenz für Alkohol-Ausschank.

● Bei Touristen beliebt ist die **Penguin Bar.** Es gibt einen schönen Garten.

● Dem **Ibex-Restaurant** ist eine kleine Bar angeschlossen.

● Alkohol-Lizenz hat auch das **Mona Lisa Restaurant.**

● Wer sich traditionelle **ladakhische Tänze** anschauen möchte, sollte bei der Touristen-Information nachfragen, wo aktuell Vorführungen stattfinden. Die Orte wechseln ständig. Am 15. August, dem indischen Unabhängigkeitstag, gibt es auf dem Poloplatz eine Auswahl ladakhischer und tibetischer Tänze zu sehen. Auf Anfrage treten die Tänzer auch direkt in den Hotels auf.

Freilich sind die Vorstellungen ausschließlich für Touristen konzipiert und nicht gerade billig. Aber sie bieten eine gute Gelegenheit, solche Lieder und Tänze einmal zu erleben. Wer in den vordersten Reihen sitzt, wird zum Schluss der Veranstaltung schon mal zum Mittanzen aufgefordert. Die Orte sind vermutlich nicht überdacht, deshalb etwas Warmes zum Anziehen mitnehmen.

Festivals

Viele **Maskentanz-Festivals** (Tschammysterien) der Klöster finden inzwischen im Sommer während der Touristensaison statt. Am größten und bekanntesten ist das Festival im Kloster Hemis (siehe Kapitel „Maskentänze in Hemis"). Nicht ganz so überlaufen sind die Maskentänze in Phyang und Trakthok. Hier die voraussichtlichen **Termine bis 2010** (bitte beachten: Termine können sich kurzfristig ändern, deshalb aktuell nachfragen): *Hemis:* 2./3. Juli 2009; 21./22. Juni 2010. *Phyang:* 24./25. Juli 2009; 13./14. Juli 2010; *Trakthok:* 31.Juli/1. August 2009; 20./21. Juli 2010.

Vom 1. bis 15. September findet alljährlich in Leh und Umgebung das **Ladakh Festival** mit Tänzen, Bogenschießwettbewerben und Polospielen statt. Die Eröffnungsparade durch die Stadt zum Poloplatz am 1. September ist besonders farbenprächtig. Das ge-

Ladakh

naue Programm wird kurz vor Beginn des Festivals im Büro der Tourist Information und in Reisebüros ausgehängt.

Unterkunft

In Leh gibt es Guest Houses und Hotels in Hülle und Fülle und für jeden Geldbeutel. Wer gerade angekommen ist, nimmt (sollte er nicht vorher gebucht haben) am geschicktesten das erstbeste Zimmer und macht sich dann ohne Gepäck in Ruhe auf die Suche nach etwas Passendem. Im Sommer sind die schönsten Guest Houses meistens ausgebucht. Man sollte deshalb mittags gegen 12 Uhr nach der Checkout-Zeit herumschauen, ob ein gutes Zimmer freigeworden ist. Oder man lässt sich im Guest House seiner Wahl das erste freiwerdende Zimmer reservieren.

Die Sterne in der folgenden Auflistung beziehen sich auf die **Kategorie der Unterkünfte** (Doppelzimmer, Hochsaison Anfang Juni bis Anfang September):

*	bis	250 Rp.
**	bis	600 Rp.
***	bis	1800 Rp.
****	bis	5000 Rp.

Pro Jahr ist mit einem Preisanstieg von 10 % zu rechnen.

Die Guest Houses und Hotels berechnen in der Regel den Preis pro Zimmer. Wer allein unterwegs ist, bekommt auch ein Doppelzimmer meist etwas günstiger. Aber zu zweit reist es sich freilich billiger.

In der Nebensaison vor Juli und nach Mitte September sind in fast jedem Guest House **Preisnachlässe** möglich. Manche gehen von sich aus mit dem Preis herunter, in anderen muss man ihn selbst herunterhandeln. Vor allem wer länger bleiben will, hat Aussicht auf eine erhebliche Reduzierung bis zu 30 %.

Die einfacheren Unterkünfte sind die *Guest Houses. Häufig sind sie in Familienhäusern integriert, mit einfacher Ausstattung und Gemeinschaftsbad. Aber es gibt auch gehobene Guest Houses; vor allem die neueren sogenannten A-Class Guest Houses können es in Sachen Komfort und Sauberkeit aber durchaus mit den einfachen

Hotels aufnehmen. Viele bieten Zimmer mit eigenem Bad, einige auch Verpflegung. Zudem sind die meisten schön gelegen.

In den **- und ***-Unterkünften ist meist ein Bad vorhanden, die besseren haben auch (jedenfalls theoretisch) heiße Duschen.

Die ****Hotels sind nicht mit Classhotels internationalen Standards zu vergleichen. Sie bieten aber guten Komfort, der auch gehobenen Ansprüchen gerecht wird. Im Preis ist Vollpension inbegriffen. Eine Übernachtung in einem Hotel kostet je nach Standard zwischen 2700 und 5000 Rupien. In den letzten Jahren sind einige Hotels entstanden, die über sehr guten Standard verfügen.

So manche Unterkünfte annoncieren zwar selbstbewusst ihr „**hot water**". Meist ist es aber nur am Morgen und Abend für 2–3 Stunden hot – und auch dann nicht immer. Man muss schon die „richtige Zeit" für's Duschen erwischen. Allein die Aussicht auf eine heiße Dusche nach einem wasserlosen Trek und an kalten Herbstabenden ist aber schon das Geld wert! In den Unterkünften ohne hot water bekommt man einen Eimer heißes Wasser zum Waschen.

Wer abseits der Hauptstraßen wohnt, braucht nachts eine **Taschenlampe**. Die Schlaglöcher auf den stockfinsteren Wegen sind echte Beinbrecher!

Untere und mittlere Kategorie

Die meisten der folgenden Guest Houses haben nur einige Zimmer, die sehr begehrt und deshalb oft gebucht sind.
● **Hotel Dehlex***
● **Ti-Sei***
● **Lungsnon*** nahe beim Hotel Mandala.
● Zentral gelegen, ist das **Dreamland Hotel**, seit vielen Jahren eine beliebte Adresse, Tel. 25 20 89 (550–950 Rp.).
● Ebenfalls zentral und dennoch ruhig liegt das **Paul Guest House**, unweit hinter der Pumpernickel German Bakery. Zimmer in verschiedenen Kategorien zwischen 300 und 550 Rp. Das Haus hat eine nette Ausstrahlung, die Zimmer sind sauber und haben große Badezimmer, Tel. 25 26 50.
● Empfehlenswert ist das abseits der Fort Road gelegene **Padma Guest House and**

Ladakh

Ökotz Foto: jm

Hotel. Der ziemlich große Komplex liegt umgeben von Feldern und ist sauber, mit herrlicher Aussicht von der Dachterrasse. Guest House um 500 Rp., Hotel 1600–2500 Rp. inkl. Frühstück. Tel. 25 26 30, padma22@sancharnet.in.

● In der Nähe des Padma liegen die beiden Guest Houses **Yasmin,** Tel. 25 24 05 und **Sia-La,** Tel. 25 28 21, siala@hotmail.com. Die Zimmer haben ähnlichen Standard und kosten 500–600 Rp. mit eigenem Bad und heißem Wasser. Das Yasmin bietet einen hübschen Garten zum Draußensitzen.

● Zentral und ruhig wohnt man im **Indus,** einem der ältesten Guest Houses in Leh. Tel. 25 25 02 (DZ mit eigenem Bad und heißem Wasser 400–600 Rp.).

In den Ortsteilen Chanspa und Karzoo entstehen gerade viele neue Unterkünfte

● Direkt hinter dem Indus liegt das neue, freundliche **Atisha Guest House,** Tel. 25 11 06. Zimmer ohne Bad kosten 300 Rp., mit Bad 600 Rp.

● Eine beliebte Adresse ist das ruhig gelegene **New Antelope Guest House,** Tel. 25 20 86, an der Straße nach Sankar. Es hat eine familiäre Atmosphäre. Vom Garten aus genießt man die Aussicht auf die alte Königsburg. DZ mit eigenem Bad 500 Rp., mit Gemeinschaftsbad 250 Rp.

● Das **Hotel Saser,** Tel. 25 26 54, saser_15@rediffmail.com im Stadtteil Karzoo hat schöne Zimmer, einen hübschen Garten und ist mit 700 Rupien für ein Doppelzimmer inkl. Bad nicht zu teuer für den gebotenen Standard. Die Zimmer sind oft von Stammgästen ausgebucht.

● **Julay Guest House,** Malpak Zangsti, Upper Tukcha Road, Tel. 25 11 63. Zimmer 300 bzw. 400 Rp.

● Unmittelbar vor dem Julay Guest House liegt das **Saiman Guest House,** Tel. 25 31 61, saiman-guesthouse@yahoo.com. Dieses neue Guest House ist gepflegt, hat große Zimmer und eine angenehme, familiäre Atmosphäre. Schöner Garten. Preise pro Zimmer 300–700 Rp. (mit Bad).

● Eine warmherzige Atmosphäre hat das **Yartsa Guest House** zu bieten, Main Thukcha Road (nahe des Indian Airlines Büros), Tel. 25 31 02. DZ 350 Rp. (Gemeinschaftsbad) und 500 Rp. (mit eigenem Bad). Frühstück und Abendessen auf Wunsch. Da das Yartsa oft vorgebucht ist, empfiehlt sich eine telefonische Anfrage.

● Dem neuen **Auspicious Guest House,** Tel. 25 36 87, mangelt es noch ein wenig an Atmosphäre, dafür wird es von netten Leuten geführt. Alle Zimmer mit Bad, 300–600 Rp.

● In der Upper Thukcha Road findet man einige neue Guest Houses in ruhiger Lage mit Blick auf die umliegenden Felder: **Dorje Guest House,** Tel. 25 34 60, 300 Rp. mit Gemeinschaftsbad, 400 Rp. mit eigenem Bad. **Singay Guest House,** um die Ecke von Dorje, jimmy2001@tibetlink.com.

● Eine saubere Anlage und manchmal *hot water* findet man im **Rafica** vor, Tel. 25 22 58.

● Neu und sehr beliebt ist das **Guest House Lachumir** nahe dem Ökologiezentrum: freundliches Personal, schöne große Zimmer mit wunderbarem Blick (500 Rp.).

● Das Deluxe **Guest House Snow Land** in der Main Tukcha Road, Tel. 25 30 27, offeriert 14 Zimmer zwischen 600 und 1100 Rp.; mit nettem Garten und ruhig gelegen.

In schöner Lage wohnt man auch in den **Stadtteilen Chubi, in Karzoo** und im Nachbarort **Sankar.**

● **Norbulinga Guest House,** Tel. 25 29 41, 300–400 Rp. mit Gemeinschaftsbad. Schöner Blick auf die Namgyal Tsemo Gompa.

● Zwischen Feldern liegt das **Y Guesthouse,** Tel. 25 21 68, ledeg@vsnl.net. Zimmer 300–500 Rp.

● **Lakrook Garden Guesthouse,** Tel. 25 29 87, Zimmer 250–300 Rp. Dieses Guest House muss man gesehen haben! Das im traditionellen Ladakhistil gebaute Haus liegt in einem traumhaften, üppig mit Blumen und allerlei Gemüsesorten bepflanzten Bio-Garten.

● **Milarepa Delux Guest House,** Tel. 25 37 02, in Chubi ist traditionell mit viel Holz ausge-

stattet, in wunderbar grüner Umgebung; 9 gepflegte Zimmer mit Bad (1700 Rp.) oder Gemeinschaftsbad (300–800 Rp.).

● Oberhalb des Ökologie-Zentrum Richtung Chanspa, im Ortsteil Karzoo, steht das neu erbaute und beliebte **Wisdom Holiday Home,** Tel. 25 24 27. 250–350 Rp. mit Gemeinschaftsbad. Gepflegte Zimmer.

● Die Zimmer im **Karzoo Guest House** sind sehr einfach mit einem schönen Garten.

● In Chubi nahe der Lamdon School steht das sehr gemütliche und traditionell eingerichtete Familien-Guest House **Katpapa,** Tel. 25 30 50. Es hat 5 Zimmer, vier davon sind mit Gemeinschaftsbad.

● Das **Ser-Thi Travellers Home** in Karzoo, Tel. 25 34 76, serthi_ghleh@yahoo.co.in, hat große saubere Zimmer mit Bad (ab 500 Rp.); es gibt einen großen Gemüsegarten.

● Im Ort Sankar steht das ausgesprochen geschmackvolle **Silver Cloud Guest House,** Tel. 25 25 72, silvercloudstd@rediffmail.com. Im traditionellen Stil erbaut mit viel Holz und sieben wunderbaren, großen Zimmern. DZ 800–1500 Rp. (eigenes Bad).

Obere Kategorie

● In Chanspa steht in dörflicher Umgebung das **Omasila-Hotel,** Tel. 25 21 19, hoteloma sila@yahoo.com. Es gibt Zimmer im neuen und im alten Trakt von unterschiedlicher Größe, Qualität und Ausstattung. Wenn möglich, lasse man sich verschiedene Zimmer zeigen. Das Essen ist sehr gut. Gepflegter Garten mit vielen Blumen und tollem Blick auf die Berge.

● Das **Hotel Dragon** trägt die Handschrift seines Besitzers, eines Künstlers. Gulam Mustafa hat sein Hotel mit sehr schönen Holzschnitzereien und Malereien mit ladakhischen Motiven ausgestattet. Auch das Restaurant ist sehr einladend. Im Sommer ist das Dragon oft von französischen Reisegruppen ausgebucht, daher empfiehlt sich eine Reservierung. Tel. 252139, advnorth@sanchar net.in, www.travelladakh.com.

● Oberhalb des Indian Airlines Office liegt das wohnliche **Mandala,** Tel. 25 29 43, tse ring_samphel@yahoo.com. Man läuft rund zehn Minuten zum Marktplatz hoch.

Ladakh

● Eines der alteingesessenen Hotels ist das **Shambala,** Tel. 25 11 00, ladakh@hotelshambala.com, www.hotelshambala.com. Unterhalb von Leh gelegen, ruhig und mit herrlichem Bergblick.

● Das **Hotel Lasermo** in der Old Road, Tel. 25 23 13, lasermo@sancharnet.in, liegt zentral beim Gemüsemarkt; es gibt einen hübschen Innenhof, den man von der Straßenfront erahnen würde.

● Dasselbe gilt für das **Hotel Shaynam,** ebenfalls in der Old Road, Tel. 25 23 45.

● Ein empfehlenswertes, gepflegtes Hotel der einfacheren Kategorie ist das **Naro** in Karzoo, Tel. 25 24 81. Ca. 2700 Rp.; ruhig gelegen mit schöner Aussicht. www.hotelnaro. com.

● Eines der ältesten Hotels von Leh ist das gemütliche, freundliche **Yaktail.** Es ist zentral gelegen und noch immer eine gute Adresse (900–2500 Rp.), Tel. 25 00 19.

● In Karzoo ist das gepflegte und mit nur 17 Zimmern persönlich gehaltene **Lotos Hotel,** Tel. 25 02 65; hotellotus@vsnl.net, eine gute Adresse. Sehr schöne Lage, mit herrlichem Blick und einem hübschen Garten.

● Besonders naturnah wohnt man in der Bungalow-Anlage im **Poplar Ecoresort.** Die traditionell erbauten Bungalows stehen locker verstreut in einem großzügigen Garten zwischen Pappeln, Blumen und Obstbäumen.

● Ebenfalls empfehlenswert ist der **Singge Palace,** Tel. 25 33 44, www.hotelsinggepalace. com, nahe dem Tibetermarkt. Schöner Blumengarten und gute Atmosphäre.

● Der Komplex des großen **K-Sar,** Tel. 25 27 35, liegt auf dem Weg zum Büro der Indian Airlines.

● Gleich daneben steht das **Lha Rimo,** Tel. 25 21 01. Die schöne Außenfassade ist mit viel Holz ganz in traditionellem ladakhischem Stil gearbeitet. Die Zimmer zeigen sich im Vergleich dazu schlicht, aber sauber. Der Besitzer des Hotels, Mutup Kalon, ist ein begeisterter Bergsteiger und hat viele Geschichten zu erzählen.

● Luxuriös und geschmackvoll im traditionellen Stil ausgestattet ist das relativ kleine neue Hotel **The Kaal** im Stadtteil Skara, Tel. 25 13 33, thekaal@vsnl.com, http://travel.vsnl.com/ kaal. Die Anlage ist sehr gepflegt und das Essen vorzüglich. Zimmer ca. 5000 Rp.

● Zentral, gegenüber der Polizeistation, liegt das **Kanglachen,** Tel: 25 25 23, Fax 25 21 44. In ladakhischem Stil – gepflegt und komfortabel die gesamte Anlage.

● Neu eröffnet ist **Lharisa Resort** in Skara, Tel. 25 20 00, info@ladakh-lharisa.com, www. ladakh-lharisa.com. Eine relativ große Anlage der oberen Kategorie, Zimmer zwischen 3500 und 5000 Rp.

● Einziges Sternehotel der Topkategorie in Ladakh ist das ganz neue **The Grand Dragon,** Tel. 25 07 86; www.thegranddragonladakh. com. Ausgesprochen geschmackvoll und natürlich vom Feinsten ausgestattet; Zimmerpreise: 6000–10.000 Rp. inkl. Vollpension.

Guest Houses in Chanspa

Der rund 15 Gehminuten vom Stadtzentrum entfernte Stadtteil Chanspa hat sich in den letzten Jahren zu einem wahren Traveller-Szene-Treffpunkt entwickelt. Chanspa hat den Vorteil, dass man vom Stadttrubel entfernt ist und viele Zimmer eine herrliche Aussicht auf die Berge und Felder rundum bieten. Auch sind fast überall schöne Gärten dabei. Meistens quartieren sich Touristen in Chanspa ein, die einen längeren Aufenthalt in Leh planen. Es lohnt sich deshalb, in aller Ruhe auf Zimmersuche zu gehen.

Chanspa ist die richtige Adresse für alle, die gerne regen Kontakt zu anderen Travellern haben und auch im Himalaya nicht auf Pizza, Falafel oder Thai-Food verzichten möchten. In den zahlreichen Gartenlokalen und „English Bakeries" (die das Gleiche anbieten wie die German Bakeries), die die Chanspa Road säumen, hat man sich ganz auf die kulinarischen und sonstigen Wünsche der Rucksackreisenden eingestellt. Seit einiger Zeit gibt es hier auch eine blühende **Wellness-Szene** mit zahlreichen Angeboten für Yoga, Tai Chi, Reiki und ayurvedische Massagekurse. Wer sich dafür interessiert, muss einfach nur die aktuellen Aushänge studieren, die an jeder Straßenlaterne in Chanspa kleben.

Folgende Guest Houses sind alteingesessen:
● **Eagle***
● **Rainbow****
● **Asia***

- **Larchang***
- **Rinchen***
- Beliebt ist das **Greenland***. Meistens sind die „Zimmer mit Aussicht" in der oberen Etage für Dauergäste ausgebucht.
- Oberhallb von Chanspa, ca. 25 Gehminuten vom Zentrum entfernt, steht das sehr beliebte und im traditionellen Stil erbaute **Oriental**, Tel. 25 31 53, www.oriental-ladakh.com. Zimmer 100–200 Rp. mit Gemeinschaftsbad, 350–600 Rp. mit eigenem Bad. Die Hausleute sind hier besonders nett. Im Oriental wohnen oft Touristen, die in Hilfsorganisationen mitarbeiten, und oft ergibt sich die Gelegenheit zu interessanten Gesprächen. Im Sommer ist das Oriental praktisch immer ausgebucht.
- Direkt neben dem malerischen Gomang Chörten steht das **Gomang Guest House,** Tel: 25 26 57. Idyllische und ruhige Lage mit herrlicher Aussicht.
- Das freundliche **Goba Guest House** liegt idyllisch in einem großen Garten abseits der Hauptstraße (200 Rp.).

Homestays – Wohnen bei einer Ladakhi-Familie im Dorf

Das „Homestay"-Programm der Naturschutzorganisation *Snow Leopard Conservancy* bietet die Möglichkeit, ein paar Tage lang das echte ladakhische Dorfleben mitzuerleben und zugleich etwas für den Schutz des bedrohten Schneeleoparden zu tun: Mit dem Zusatzeinkommen werden die teilnehmenden Familien für den Verlust entschädigt, der ihnen durch die Beutezüge des scheuen Raubtiers entstanden ist. Im Gegenzug verpflichten sie sich, keinen Schneeleoparden mehr zu töten. Das Homestay-Programm kann für maximal 4 Tage gebucht werden und kostet für Unterkunft, Frühstück und Abendessen pro Tag 400 Rupien pro Person bzw. 700 Rupien für Paare. Buchung über örtliche Reisebüros. Weitere Infos: www.himalayan-homestays.com.

Nützliche Adressen

- Die **Polizeistation** befindet sich unweit der Herrnhuter Mission.

- Das **Postamt** in der Stadt ist geöffnet Mo–Sa von 10–13 Uhr und 14–17 Uhr. Briefe nach Deutschland kosten 15 Rp., Postkarten 8 Rp. Postlagernde Sendungen müssen leider im Zentralpostamt unterhalb des Tourist Office, ca. 3 km außerhalb der Stadt abgeholt werden, was recht aufwendig ist. Die Adresse lautet: Post Office, Leh/Ladakh, Pin 194101, J&K, India.

Beim Nachsehen der Post sollte man die Anfangsbuchstaben des Vor- und Zunamens angeben, da die Briefe oft falsch einsortiert werden. In der Regel sind die Briefe zwei Wochen unterwegs, sie können aber auch einen Monat brauchen. Sehr zuverlässig arbeitet die Post nicht, und manche Briefe kommen nie an. Am besten, man sagt seinen Freunden zu Hause, dass sie ihre Briefe kopieren und in zweifacher Ausführung nach Leh schicken.

- **Telefonieren** kann man in privaten Telefonläden, die wie Pilze aus dem Boden schießen. Die Telefonnetze nach Übersee wurden zwar erheblich verbessert, doch schwankt die Qualität der Verbindung noch immer, und Warten ist inbegriffen. Eine Minute nach Deutschland kostet zwischen 16 und 20 Rupien. Man kann sich auch von zu Hause im Telefonladen anrufen lassen. Für diese return-calls muss man 2–3 Rupien pro Minute bezahlen. Einige Telefonläden haben Faxanschlüsse, und man kann dort Faxe empfangen und abschicken, was aber wesentlich teurer ist als Telefonieren. Internationale Faxe kosten 3 Rp. pro Sekunde.

- **E-Mail:** Internetläden gibt es in Leh en masse, die Verbindungen sind aber nach wie vor nicht die besten. Und E-Mailen ist teuer: 2 Rupien pro Minute! Preisvergleiche sind zwecklos, da die Internetcafe-Betreiber alle die gleiche Summe verlangen. Satellitenverbindung vorziehen.

- Geld wechseln kann man bei der **State Bank of India,** der **J&K-Bank** (Main Bazaar) und bei mehreren privaten Wechselstuben entlang des Main Bazaar, die allerdings schlechtere Umtauschraten haben und Kommission verlangen. Die privaten Geldwechsler bieten auch die Möglichkeit, Geld gegen Vorlage von Kreditkarten zu bekommen – allerdings für happige acht Prozent Provision. Die State Bank of India und die J&K Bank haben außerdem **Geldautomaten,** an denen man mit der EC-Karte gegen eine relativ geringe Gebühr Geld abheben kann.

● **Bücher und Zeitungen:** In der öffentlichen Bücherei liegen englische Tageszeitungen aus. Unter den teils englischsprachigen Büchern findet man eine bunte Sammlung von Schmökern über indische Geschichte und Romane. Es gibt auch Bücher über Kunst und Buddhismus. Ausleihen kann man die Bücher bei Hinterlegung des Reisepasses. Öffnungszeiten: Mo–Sa 10–16 Uhr.

Englische Tageszeitungen sind u.a. bei Parkash Booksellers, gegenüber der Pumpernickel Bakery, zu haben. Das zweisprachige ladakhisch-englische Magazin Ladags Melong, eine informative Zeitschrift über aktuelle Politik, Ökologie und Schulwesen Ladakhs, wird in vielen Läden in Leh verkauft, u.a. bei Dzomsa. Eine gute Auswahl an Büchern über Ladakh, Tibet und Buddhismus, sowie (auch gebrauchte) Romane bieten der Otdan Bookshop (Zangsti Road) und das tibetische Handicraft Emporium an.

Gebrauchte Romane in verschiedenen Sprachen hat der Bookworm, unterhalb der Pumpernickel Bakery. Nach dem Lesen kann man sie zum halben Preis zurückgeben.

● **Ausrüstung für Trekker:** Wer keine Ausrüstung für seinen Trek dabei hat, kann Zelt, Schlafsack und Isomatten in Leh mieten, aber es ist nicht sicher, ob das Gewünschte gerade erhältlich ist. Qualität und Zustand dieser Ausrüstung lassen oft zu wünschen übrig, und während der Hauptsaison ist es oft schwierig, überhaupt noch etwas zu leihen. Vor dem Ausleihen sollte die Ausstattung sorgfältig gecheckt werden. Wer schon zu Hause weiß, dass er auf eigene Faust einen Trek oder eine Gletschertour etwa auf den Stok Kangri unternehmen will, sollte deshalb vorsichtshalber seine Ausrüstung mitbringen.

Trekking-Ausstattung und Spezialausrüstung verleiht z.B. **Mero Expeditions** in der Fort Road. Ein Zwei-Personen-Zelt kostet 300 Rp. pro Tag, eine Isomatte 70 Rp. Den eigenen Schlafsack unbedingt mitbringen. Bei einem über das örtliche Reisebüro organisierten Trek werden Zelte und Isomatten gestellt.

● **Reisebüros:** Dutzende Reisebüros haben in Leh während der Saison geöffnet, und mit je-

der Saison werden neue aufgemacht. Alle Agenturen organisieren mehr oder weniger dasselbe: Treks, Genehmigungen für die Sperrgebiete, Taxis, Bustickets und Guides für Klostertouren. Das Preisniveau variiert, aber auch Zuverlässigkeit und Kompetenz. Tipp: bei anderen Travellern Erkundigungen einholen nach deren Erfahrungen. Vorher den Zustand der Zelte und Schlafmatten checken.

Einige Reisebüros organisieren Rafting Touren auf dem Indus und Zanskar; Einsteigern wird die dreistündige ruhige Strecke zwischen Karu (unterhalb von Hemis) und Choklamsar empfohlen, interessanter und ebenfalls ungefährlich ist der Ganztagestrip zwischen Phey und Nimmu. Diese Tour kostet inklusive Transport und Essen rund 1000 Rp.

● **Meditationskurse** finden im Mahabodhi Meditationszentrum in Choklamsar sowie in der Zweigstelle in Chanspa statt. Informationszettel sind in vielen Restaurants an die Wand gepinnt. Im Vipassana Valley im Dorf Tingmosgang werden 10-tägige Meditationskurse in der Vipassana-Tradition angeboten. Aber auch wer ohne Anleitung eine Zeitlang zurückgezogen Meditation praktizieren möchte, ist willkommen. Unterkünfte sind spartanisch in Zelten, einfaches Essen wird angeboten. Die Anreise kann über die Mahabodhi-Zweigstelle in Changspa bzw. direkt in Choglamsar organisiert werden (Näheres zu Mahabodhi unter „Projekte" siehe unten).

● **Wäschereien:** Bei der ladakhischen Frauen-Kooperative Dzomsa, Zangsti Road, wird die Wäsche einige Kilometer oberhalb von Leh gewaschen, das Abwasser wird seperat entsorgt, um den Fluss nicht weiter zu verschmutzen. Die Kleidung kommt in bestem Zustand zurück.

● **Trinkwasser:** Dzomsa hat auch eine gute Lösung gefunden, um den endlosen Plastikmüll von Mineralwasserflaschen zu reduzieren, der während der Touristensaison anfällt und immer mehr zum ökologischen Problem wird: Für 7 Rupien pro Liter verkaufen sie sorgfältig abgekochtes Quellwasser, das Touristen unbedenklich trinken können. Eigene Flaschen zum Abfüllen mitbringen! Abgekochtes Wasser gibt es zum selben Preis auch in der Amchi-Praxis in Chanspa. Dzomsa hat eine Filiale in der Fort Road. In beiden

Ladakh

Türkise und Korallen

Ladakhi-Frauen schmücken sich gerne auffällig und mit Prunk. Je größer ihre Halsketten, Armreifen und Ohrringe, um so höheres soziales Prestige genießt die Dame – schließlich ist der Schmuck ihre „Sparkasse".

Traditionelle Geschmeide bestehen aus einer Kreation von Türkisen, Korallen und Silberstückchen. Es ist üblich, dass die Mutter ihrer zweitältesten Tochter bei deren Heirat ihren Schmuck übergibt; die Älteste erhält zur Ehe den Perak, den Kopfschmuck, von der Mutter.

Ladakh ist ein armes Land. Es verwundert deshalb zunächst, welche kostbaren und üppigen Schmuckstücke die Frauen tragen. Des Rätsels Lösung: Die meisten Schätze werden im Land selbst gefunden. In den Bergen gibt es einige Silber- und Kupferminen.

Die Türkise entstanden in einer Zeit, als Ladakh noch unter einem riesigen Meer lag: Als die Spitzen des Himalaya schließlich emporgehoben wurden, gelangten die Türkise in den Ablagerungen auf dem Meeresgrund mit in die Höhe. Glaubt man den Berichten alter Forscher, so lagen die Türkise im letzten Jahrhundert noch „wie Steine auf der Erde herum". Lediglich die Korallen mussten von einer Meeresküste hierher gebracht werden, um die wertvollen Geschmeide zu komplettieren.

Die Zeiten haben sich geändert, und inzwischen kosten die Steine ihren Preis. Wer in Leh welche einkaufen will, sollte sich gründlich umsehen, denn die Qualitäten sind unterschiedlich. Ob ein Türkis „neu" ist oder bereits getragen wurde, lässt sich leicht an seiner Farbe erkennen. Die neuen sind von blauer bzw. hellgrüner Farbe, und je länger der Stein getragen wird, um so dunkler verfärbt er sich.

Die Ladakhis messen den Türkisen große Heilkräfte bei Hepatitis und chronischen Leberproblemen bei, da der Stein angeblich die Krankheit „aufsaugt". In diesem Fall verfärbt sich der Türkis besonders schnell dunkel.

Läden werden leckerer Aprikosensaft, getrocknete Aprikosen, Aprikosenöl, Sanddorn und Yos (geröstete Gerste) sowie verschiedene Kräuterteemischungen angeboten. In der Filiale kann man außerdem täglich zwischen 8 und 11 Uhr ein echtes ladakhisches Frühstück probieren.
● Neben Dzomsa bietet der Ladags Apricot Store (Tel. 25 12 22) **getrocknetes einheimisches Obst** bester Qualität. Spezialität sind Aprikosen und ihre leckeren Varianten wie Marmelade und hochwertiges Aprikosenöl. Ein gutes Mitbringsel!

Projekte

● **Women's Alliance:** Der ladakhische Frauenverband wurde 1990 gegründet und hat an die 4000 Mitglieder aus mehr als 80 Dörfern. Der Verband hat sich ebenfalls die **Bewahrung und Förderung der traditionellen Ladakhi-Kultur** zum Ziel gesetzt und will vor allem das Selbstbewusstsein und die öffentliche Wahrnehmung der ladakhischen Frauen stärken, die mit der zunehmenden Modernisierung der Region immer mehr marginalisiert werden. Einmal jährlich (meistens im August) veranstaltet die Women's Alliance in ihrer Zentrale in Sankar ein dreitägiges Festival traditioneller ladakhischer Kultur.
● **SECMOL:** Das **Students' Educational and Cultural Movement of Ladakh** (SECMOL) entstand Ende der 1980er Jahre als Reaktion auf das problematische **Bildungssystem** im Staat Jammu & Kaschmir, das die spezifische Situation der Ladakhi-Schüler so gut wie nicht berücksichtigt. So werden sie in Urdu und Englisch unterrichtet, aber nicht in ihrer Muttersprache, und viele können die Ladakhi-Schriftsprache Bodhi weder lesen noch schreiben. Auch die wenigsten Lehrbücher gehen auf den kulturellen Hintergrund der Ladakhis ein.

SECMOL hat sich zum Ziel gesetzt, dies zu ändern. Die Initiative betreibt eine Schule in Phey, wo im Sommer u.a. dreiwöchige **Trainingscamps** für junge Ladakhis aus abgelegenen Dörfern veranstaltet werden. Für die-

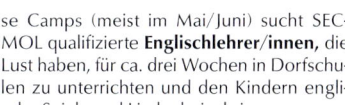

se Camps (meist im Mai/Juni) sucht SEC-MOL qualifizierte **Englischlehrer/innen**, die Lust haben, für ca. drei Wochen in Dorfschulen zu unterrichten und den Kindern englische Spiele und Lieder beizubringen.

Da die Initiative nicht über Gelder für Ehrenamtliche verfügt, ist ein Kostenbeitrag von täglich 150 Rp. oder 3 US$ für Unterkunft und Verpflegung nötig.

Kontaktadresse: SECMOL, P.O. Box 4, Leh, Ladakh-194101, India. Das örtliche Büro befindet sich in der Housing Colony nahe der Polizei, Tel. 5 24 21. Am besten ist es, direkt dort oder auf dem Campus in Phey (18 km außerhalb von Leh) vorbeizuschauen.

●**Ladakh Nuns Association** (LNA): Die ladakhische Nonne Dr. Tenzin Palmo (Ani Palmo) ist das, was man im Westen eine „Powerfrau" nennen würde. Gegen alle Widerstände (und die sind zahlreich!) kämpft die Nonne und Ärztin für traditionelle tibetische Medizin mit der von ihr 1996 ins Leben gerufenen LNA für eine Besserstellung der rund 1000 ladakhischen Nonnen. Die LNA organisiert Workshops und Belehrungen, vermittelt Nonnen zur Ausbildung in buddhistische Studienzentren in ganz Asien und sammelt Spendengelder für den Bau der dringend benötigten Nonnenklöster in Ladakh. Das neueste Projekt ist ein Klosterneubau in Thikse. Wer beim Bau mithelfen will (auch Männer sind willkommen), kann sich an folgende Adresse wenden: Ven. Dr. T. Palmo, LNA, P.O. Box 157, Leh/Ladakh-194101, India, Tel. 25 55 21, ladakh_nuns@vsnl.net.

●**Mahabodhi International Meditation Center:** Das von einem ladakhischen Mönch gegründete MIMC veranstaltet in den Sommermonaten längere **Meditationskurse** auf dem Hauptcampus in Devachan bei Choklamsar sowie tägliche Meditations- und Yogastunden in der Filiale in Chanspa/Leh. Da der Leiter des MIMC, Ven. Bhikkhu Sanghasena, der ältesten buddhistischen Richtung (Theravada) angehört, wird in den Kursen hauptsächlich Vipassana-Meditation unterrichtet. Auch außerhalb der Kurse können ernsthaft am Buddhismus Interessierte in den Gästezimmern des MIMC wohnen. Zum Tagesprogramm gehört Gruppenmeditation und gelegentliche Vorträge von Bhikkhu

Sanghasena. In der Bibliothek kann man buddhistische Bücher studieren.

Das MIMC bietet die Möglichkeit zu **ehrenamtlicher Tätigkeit** in verschiedenen Projekten. Die Interessenten sollten längerfristig mitarbeiten (mindestens 3–6 Monate), über Computerkenntnisse verfügen und ein ernsthaftes Interesse an der buddhistischen Lehre mitbringen.

Gesucht werden u.a. qualifizierte **Meditationslehrer/innen** für die Vipassanakurse und **Englischlehrer/innen** für das Nonnenkloster und die Mahabodhi-Schule.

Kontaktadresse: Mahabodhi International Meditation Centre, The Secretary, P.O. Box 22, Devachan, Choglamsar, Leh, Ladakh-194101, mahabodhiladakh@vsnl.com.

●**ISEC-Women's Alliance Farmprojekt:** In Zusammenarbeit mit der von der Schwedin Helena Norberg-Hodge gegründeten **International Society for Ecology and Culture** (ISEC) veranstaltet die Women's Alliance jährlich im Sommer ein **Farmprojekt für Ausländer,** die für mindestens einen Monat bei einer ladakhischen Familie im Dorf leben und auf dem Feld mitarbeiten wollen. Damit soll u.a. die als „rückständig" geltende traditionelle Arbeit in der Landwirtschaft aufgewertet und den Gastgebern ein realistischeres Bild vom Leben im Westen vermittelt werden. Schließlich hilft die Mitarbeit im Farmprojekt auch, den Verlust von Arbeitskräften auszugleichen, der dadurch entsteht, dass die Kinder weit weg von zu Hause zur Schule gehen und Männer und Söhne auf der Suche nach bezahlter Arbeit das Dorf verlassen.

Kontaktadresse: ISEC, Foxhole, Dartington, Devon TQ9 6EB, Großbritannien, isecuk@gn.apc.org, www.himalayan-homestays.com.

Ärzte

●Einige gute Ärzte, u.a. eine Frauenärztin und eine nach westlichen Standards ausgebildete tibetische Zahnärztin – praktizieren im privaten **Krankenhaus Mahabodhi Karuna Charitable Hospital** in Choklamsar.
●Mahabodhi veranstaltet im Sommer außerdem gelegentlich **Tooth Camps,** bei denen ein Zahnarzt aus Deutschland ehrenamtlich

die Zähne von einheimischen Patienten in Ordnung bringt. Die Tooth Camps richten sich nicht an Touristen, aber Notfälle (!) werden sicher nicht abgewiesen.

● Zwei der besten **Allgemeinärzte** Ladakhs, beide namens Doktor Norbu, arbeiten ebenfalls im Mahabodhi Hospital. Morgens bzw. abends praktizieren sie in ihren eigenen Praxen in Leh. Beide Ärzte sprechen gut Englisch.

● Für **Notfälle** steht das staatliche **Sonam Memorial-Krankenhaus,** unterhalb der Stadt zur Verfügung; die Ausstattung ist spartanisch, die hygienischen Gegebenheiten mäßig.

● In Leh gibt es zudem mehrere **Amchi-Praxen,** in denen traditionelle ladakhische bzw. tibetische Medizin praktiziert wird.

● Die gemeinnützige Ladakhi Society for Traditional Medicines, die derzeit 22 junge Ladakhi in einem vierjährigen Diplomkurs zu Amchis ausbildet, betreibt die **Nomad Amchi Clinic** im Stadtteil Chanspa, schräg gegenüber des Mahabodhi-Meditationszentrums. Die Ärztin spricht gut Englisch, und die von ihr verordneten Kräuterpillen und Tees sind gleich an Ort und Stelle erhältlich. Die Praxis ist montags bis freitags von 10 bis 13 und 14 bis 16 Uhr geöffnet, Tel. 25 15 37. Näheres unter www.nomadrsi.org.

● Englisch spricht auch **Dr. Tsultim Gyatso** (Nubra), Chirde Songkhang, Housing Colony, P.O. Box No. 108, Tel. 25 26 73, geyamchi@rediffmail.com. Er hat keine festen Sprechzeiten, man sollte vorher anrufen, um einen Termin auszumachen.

● Im **Militärkrankenhaus** gibt es ein Sauerstoffzelt für Patienten mit akuter Sauerstoffnot. Dieses gute Krankenhaus ist generell nur für Angehörige der Armee zugänglich. Im Ernstfall konsultiert man einen der Dr. Norbus, die Überweisungen ausstellen.

● Die Empfehlung eines Arztes ist ebenfalls Voraussetzung, falls jemand wegen einer ernsten Krankheit einen **Platz im Flugzeug** nach Delhi, Chandigarh oder Srinagar braucht. Die Maschinen haben stets Plätze für solche Notfälle reserviert.

Einkaufen

In Leh gibt es Dutzende **Souvenirshops,** in denen man das eine oder andere gute Mit-

bringsel erwerben kann. Vor allem an Schmuck, ladakhischen Alltagsgegenständen und religiösen Ritualobjekten ist die Auswahl gut. Der größte Teil dieser Waren ist in Massenfertigung hergestellt und zu erschwinglichen Preisen zu haben. Manchmal findet man aber auch schöne alte Kunstgegenstände und Einzelstücke, die der Händler direkt von einem Ladakhi oder Tibeter erworben hat. Jedoch ist zu bedenken, dass durch einen Erwerb ein Ausverkauf ladakhischer Kultur stattfindet.

Nicht alles, was alt aussieht, ist wirklich alt. Es gibt raffinierte Methoden, die Waren auf antik zu trimmen: mit Feuer behandeln, im Boden vergraben etc. Jedoch sagen zumindest die ladakhischen und tibetischen Händler in Leh – meistens – ehrlich, ob das Teil wirklich alt ist oder aus einer Fabrik in Delhi stammt. In Kaschmiri-Läden heißt es stets aufpassen!

Kunstobjekte, die älter als 100 Jahre sind, dürfen nach indischem Gesetz nicht ausgeführt werden. Buddhastatuen und Thankas, egal ob alt oder neu, aus Ladakh auszuführen, ist ebenfalls verboten. Buddhistische ladakhische oder tibetische Händler bieten sie deshalb auch nicht an, in kaschmirischen Läden werden solche Gegenstände bisweilen hinter verschlossener Türe gehandelt. Vorsicht: Wer anderswo in Indien bereits eine Buddhastatue oder einen Thanka gekauft hat, sollte sich dort eine Quittung geben lassen, bei den ausführlichen Kontrollen an den Flughäfen in Leh bzw. Delhi werden diese Gegenstände deshalb mit hoher Wahrscheinlichkeit konfisziert.

Der Großteil der Souvenirläden in Leh wird von Tibetern, die im Sommer saisonbedingt hier sind, und von Kaschmiris aus Srinagar geführt. Seitdem in Srinagar Bürgerkrieg herrscht und das Geschäft dort nicht mehr läuft, haben viele kaschmirische Händler ihre Läden nach Leh verlegt. Die Stimmung zwischen Ladakhis und Kaschmiris ist aus politischen Gründen sowieso gespannt, die Ladakhis sind über diesen Zuzug deshalb nicht gerade begeistert. Ob man etwas bei **kaschmirischen Händlern** kauft oder besser nicht, ist natürlich eine persönliche Ermessensfrage. Zumindest ist davon abzusehen, buddhistische Ritualobjekte in solchen Läden zu erstehen. Man findet dort auch Teppiche aus Kaschmir, Pappmaché-Figuren, Malereien aus Rajasthan etc.

Die Ladakhis sind – im Gegensatz zu den Kaschmiris und Tibetern – keine großen **Geschäftsleute.** Deshalb gibt es in Leh nur wenige Läden, die von Ladakhis geführt werden – meist werden dort recht schöne und zum Teil ausgefallene Sachen angeboten. In der Straße hinter dem Main Bazaar Richtung Poloplatz verkaufen alteingesessene Läden traditionelle Ladakhi-Kleidung wie Gonchas aus Wolle und Seide, Hüte (Tibis) und die typischen gebogenen Wollschuhe namens Pabu.

Ladakhisches Handwerk ist außerdem in dem kleinen Laden der Women's Alliance zu erwerben.

Zum Kauf gehört das **Handeln.** Die Händler setzen ihren Preis oft auf das Doppelte an. Man wird einen niedrigen Preis vorschlagen, um sich irgendwo in der Mitte zu treffen. Es gibt aber Voraussetzungen für gutes Handeln: Wichtig ist eine Portion guten Humors, Respekt vor der Arbeit bei Kunsthandwerk, Sensibilität, Geduld sowie das Wissen um den realen Wert der Arbeit. Man würde sich lächerlich machen, für ein wertvolles Stück einen lumpigen Preis anzusetzen.

Wer nach seinem Ladakh-Aufenthalt nach Dharamsala oder Nepal weiterfährt, wird feststellen, dass die Durchschnitts-Souvenirs dort etwas billiger sind. Man kann sich solche Einkäufe bis dahin aufheben. Wer in Ladakh aber ein besonders schönes Stück findet, sollte trotzdem zugreifen – genau das gleiche Teil findet man garantiert nicht mehr, und man wird sich später ärgern.

● Zu den beliebtesten Souvenirs gehören tibetische bzw. ladakhische **Schmuckstücke aus Korallen und Türkisen.** Die Halsketten und Armbänder werden in fast jedem Laden angeboten, wobei die Preise je nach Qualität zwischen wenigen Rupien und hohen Summen variieren. Es gibt von billig zusammengefädelten Teilen aus neuen Steinen bis zu schweren Türkis- und Halsketten aus altem Familienbesitz. Für den Kauf alter ladakhischer Geschmeide gilt in besonderem Maße, dass man damit den kulturellen Reichtum des Landes schmälert. Für die neuen Steine zahlt

man pro Gramm 10–20 Rupien, die alten kosten 50–70 Rupien. Je nach Größe, Form und Farbe variieren die Preise natürlich. Viele Leute kaufen sich die Steine einzeln und kreieren damit ihren eigenen Schmuck. Bei einer Koralle sagt die Farbe nicht aus, wie lange sie schon getragen wurde. Um den **Wert einer Koralle** zu bemessen, braucht man Erfahrung und Fingerspitzengefühl. Es gibt jedoch einige Anhaltspunkte: Kleine, orangefarbene Steine mit Einschlüssen kosten 100–300 Rupien je Gramm. Für ein Prachtexemplar von dunkelroter Farbe mit glatter Oberfläche legt man ein kleines Vermögen hin: 1000 Rupien je Gramm oder mehr. Auch beim Erwerb von Korallen sollte man sich vor Augen führen, dass eine erhöhte Nachfrage die Zerstörung von Korallenriffen im fernen Ozean beschleunigt.

● Das Angebot an religiösen **Ritualobjekten** ist umfangreich. Die Händler bieten Gebetsmühlen, Dorjees und Gebetsketten an. Manche alten Gegenstände sind vom häufigen Gebrauch schon ganz abgewetzt, und in den Holzfasern hängt noch der rauchige Geruch irgendeiner ladakhischen Küche.

● Seitdem die buddhistische Vereinigung in Leh den Verkauf von **Thankas,** den religiösen Stoffgemälden, verboten hat, findet man nicht mehr viele in den Läden. Manchmal hängen welche in den Geschäften der kaschmirischen Händler, die sich an diese Vorschrift nicht gebunden fühlen.

● Populär sind die alten und neuen **Holzmasken** mit ihren zornigen Grimassen. Sie sind den Masken aus den Klöstern nachgestaltet, mit denen die Tempeltänze aufgeführt werden. Im Wohnzimmer zu Hause geben sie eine originale Dekoration ab. Manche von diesen Masken sind allerdings recht lieblos geschnitzt. Deshalb sollte man beim Kauf gut auf den Gesichtsausdruck achten.

● Ein nettes Souvenir sind auch die **Buttertee-Tassen.** Wer sich nach zahllosen Tassen dieser ladakhischen Köstlichkeit noch immer nicht von der Erinnerung trennen mag, wird sicher den Kauf eines solchen Gefäßes in Erwägung ziehen. Die kleinen Holzschalen gibt es in der „Luxusausstattung" mit Türkisen besetzt, die Normalvariante ist billiger und kostet rund 80 Rupien.

● Wer einen dicken **Pullover** oder eine tibetische **Jacke** mit den schönen bunten Mustern oder einen **Teppich** kaufen will, sollte im Tibetischen Handicraft Emporium vorbeischauen. Die Artikel werden von Tibetern in der hauseigenen Weberei hergestellt und sind qualitativ gut. In dem Laden werden außerdem Chupas (tibetische Kleider) und Bücher über Tibet angeboten.

● **Gebrauchsgegenstände** findet man auf dem überdachten Ladakhi-Markt (Moti Market), der am Weg zur Busstation liegt. Hier kaufen die Ladakhis ihr Geschirr, Schuhe und die kitschigen chinesischen Teekannen ein. Im Herbst, bevor die Pässe zuschneien, schauen die Nomaden und die farbenprächtig gekleideten Leute aus Dras hier noch einmal vorbei, um ihre letzten Einkäufe vor dem Winter zu erledigen.

● Auf dem **Tibetermarkt** werden Kleidung, Decken und dünne Schlafsäcke angeboten.

● Bei Dzomsa und in den Buchläden kann man den nur auf Englisch erhältlichen, äußerst praktischen leinen **Ladakhi-Sprachführer** „Getting started in Ladakhi" (Melong Publications) kaufen.

Weiterreise

Mit dem Flugzeug

Man braucht viel Glück, um in Leh kurzfristig ein ok-Ticket von Leh nach Delhi zu bekommen. Während der Hauptsaison sind nämlich die Flugzeuge auf Wochen im Voraus ausgebucht, und die Angebote mancher Ladakhis, „mit Beziehungen" ein Ticket organisieren zu können, erweisen sich häufig als Flop. Das Belohnungsgeld nur bei Erfolg zahlen!

● **Kauf eines Tickets in Leh:** Häufig wird man kein ok-Ticket, sondern nur ein Ticket mit Warteliste bekommen. Das heißt, sobald Leute von ihren festen Plätzen abspringen, rückt man in der Warteliste weiter nach vorne, und die Wahrscheinlichkeit, einen Platz zu bekommen, erhöht sich. Es passiert, dass man mit einem Warteplatz auf Nr. 100 schließlich mitfliegt, andererseits kann man mit Platz 5 Pech haben. Möglichst auf die Wartelisten für verschiedene Termine setzen lassen, einer

davon könnte dann klappen. Man muss für dieses Prozedere nur ein Ticket kaufen.

Wer keinen ok-Flug bekommen hat, geht am besten trotzdem auf gut Glück zum Flughafen, und kann nur hoffen, dass er einen Platz erhält.

● Tickets können in Euro, Dollar oder Rupien bezahlt werden.

Besonders im Juli und September fallen oft die Flüge wegen ungünstiger Thermik bzw. Schlechtwetter aus. Da die Flugstrecke nach Leh zu einer der schwierigsten der Welt zählt und die Piloten nach Sicht fliegen, geht man kein Risiko ein. Ärgerlich ist nur, wenn man gerade für diesen Tag einen gebuchten Platz hat. In der Regel, und das ist meistens schon ein Tag später, werden nach Wiederaufnahme des Flugbetriebes Sondermaschinen eingesetzt. Keine Angst, auf den Strecken ist noch kein Flugzeug abgestürzt. Die Piloten sind eigens für diese Strecke ausgebildet.

Morgens unbedingt rechtzeitig am Flughafen sein. Wenn der Andrang sehr groß ist und man kommt zu spät, kann man im ungünstigsten Fall sein ok-Ticket verlieren, wenn sich jemand „Wichtiges" dazwischen drängt.

Wer endlich seinen Platz in der Maschine eingenommen hat, darf sich auf einen grandiosen Flug quer über die schneebedeckten Himalaya-Ketten freuen. Auf dem Flug nach Delhi organisiert man am besten einen Sitz auf der – vom Cockpit aus gesehen – linken Seite, von wo man herrlich das Zanskar-Massiv und die Berge Nun und Kun sehen kann.

Mit dem Bus

● Auch hier gilt es, rechtzeitig – also einige Tage vor der geplanten Abfahrt – einen Sitz zu buchen. **Staatliche Busse** fahren sowohl nach Srinagar als auch nach Manali bis Mitte September. Die Tickets verkauft Himachal Tourism neben dem Hotel Yak Tail, Fort Road. Ein Ticket für die Fahrt im **Super-Deluxe-Bus** kostet 950 Rp. (nur Fahrt) bzw. 1400 Rp. inklusive Übernachtung im Zelt und Verpflegung. Die Busse fahren frühmorgens in der Fort Road ab.

● Nach September kann man noch **Privatbusse** und LKW bekommen, die bis etwa Anfang November fahren – je nachdem, wann die Pässe zuschneien. Privatbusse organisiert praktisch jedes Reisebüro.

● Alle Busse verlassen Leh vom **Busbahnhof,** der rund zwei Kilometer unterhalb der Stadtmitte liegt. Abfahrtszeiten der Busse schwanken ständig, die zuverlässigste Quelle dafür ist in der Stadt am Tourist Reception Counter gegenüber dem Taxistand, oder man fragt direkt am Busbahnhof im Büro der Ladakh Private Bus Operator. Zum Busbahnhof läuft man, wie die Ladakhis, vom Ladakhi-Markt die Abkürzung hinunter einem schmalen, staubigen Pfad zwischen Chörten entlang. Busse, die in Leh ankommen, fahren bis zum ehemaligen Busbahnhof („old bus stand"), der etwas unterhalb der Stadtmitte liegt. Dort ist auch ein Taxistand, diese Taxen fahren nur innerhalb der Stadt.

● Für Kurzfahrten wird das **Ticket** direkt im Bus gekauft.

● Oft ist es am Busbahnhof schwierig, in dem Durcheinander den richtigen Bus zu finden, da auf manchen Bussen das **Fahrziel** nur in Ladakhi geschrieben steht. Oft wird man zum falschen Bus geschickt, deshalb vor dem Einsteigen unbedingt noch einmal das Fahrziel bestätigen lassen. Rechtzeitig vor Abfahrt dort sein, um einen Sitzplatz zu sichern!

Mit dem LKW

● Der **Parkplatz für die Trucks** liegt rund vier Kilometer unterhalb der Stadt auf dem Weg zum Flughafen in Skalsangling. Dort kann man die Fahrer nach einer Mitfahrgelegenheit fragen.

● Vor der Abfahrt unbedingt den **Preis** aushandeln und fragen, ob man mitverpflegt wird oder eigenen Proviant mitnehmen muss. Für die lange Fahrt muss ein Platz in der Kabine versprochen sein. Siehe auch Hinweise im Kapitel „Transportmittel".

Mit dem Taxi

● Der **Hauptstand für Taxis** befindet sich im Stadtzentrum. Die Taxi-Union koordiniert den gesamten Taxibetrieb und legt auch die Preisliste fest; Handeln ist demnach nicht möglich. Außer am Hauptstand sind kleinere Taxistände am Busbahnhof sowie am ehemaligen Busstand („old bus stand") eingerichtet.

Preisbeispiele

(Offizielle Preise der
Taxi Operators Union, Stand: 2008)

Leh – Chanspa	90 Rp.
Leh – Sabu (Orakel) – Leh	350 Rp.
Leh – Sankar	100 Rp.
Leh – Spituk – Leh	280 Rp.
Leh – Alchi (einfache Fahrt)	1270 Rp.
Leh – Alchi – Likir – Rizong – Leh	2200 Rp.
Leh – Hemis – Leh	1050 Rp.
Leh – Shey – Thikse – Hemis – Leh	1150 Rp.
Leh – Pangong See – Leh	5200 Rp.
Leh – Tsomoriri-See – Tsokar-See – Leh (3 Tage)	8300 Rp.
Leh – Nubratal (Hundar) – Leh (3 Tage)	8000 Rp.
Leh – Manali (einfache Strecke)	13.000 Rp.

● Es gibt **verschiedene Wagentypen:**
Toyota Qualis und Scorpio: sind augenblicklich die Favoriten unter den Taxis, die meisten sind brandneu und sehr bequem. Zur Hochsaison sind diese Wagentypen häufig vergeben, deshalb sollten sie, wenn möglich, einen Tag im Voraus gebucht werden.

Jipsy (Allradantrieb): hart gefedert und entsprechend unbequem, aber ideal für die unbefestigten Pisten. Nach einem Wagen mit festem Dach fragen, denn diese haben halbwegs große Fenster. Jipsys mit Plastikdach und -fenster bieten dagegen keine gute Aussicht.

Tata Sumo und Armada sind bequem und geräumig. Tata Sumo hat nur Zweirad-Antrieb und ist daher für Extremfahrten wie nach Changthang ungeeignet, Vierrad-Antrieb hat Armada.

● Die **Preise für alle Wagentypen** sind dieselben, unabhängig vom Zustand des Autos und der Qualifikation des Fahrers. Man kann zwar angeben, welchen Typ von Taxi man bevorzugt, aber leider vergibt die Taxi Union die Wagen innerhalb dieser Kategorien nach festen Listenplätzen. Man darf sich also nicht den Wagen und Fahrer seiner Wahl aussuchen. Bekommt man aber ein offensichtlich schlechtes Taxi zugeteilt, kann man auf dem Wagen des nächsten Listenplatzes bestehen.

Ladakh

06zlr Foto: jm

●Manche Hotels und größeren Guest Houses haben die Genehmigung für ein eigenes **Privattaxi,** diese werden unabhängig von den Vorgaben der Taxi Union, aber zu den gleichen Preisen, betrieben. Wer vorhat, ein Taxi für weite Strecken oder mehrere Tage zu buchen, sollte sich um ein solches Privattaxi bemühen; sie sind meist neu und in gutem Zustand. Auch manche Reisebüros können ein Privattaxi vermitteln.

●Taxen sind teuer, doch fährt man **mit mehreren Leuten,** werden die Ausflüge auch für Traveller mit kleinerem Geldbeutel erschwinglich. Wiederum von der Taxi Union festgelegt, dürfen in einem Auto aber nur maximal vier Personen sitzen.

●Gruppen können für weiter entfernte Ziele als Alternative zu einem Taxi ein sogenanntes **Maxi-Cab** buchen, mit anderen Worten: ei-nen privaten Minibus. Die Maxi-Cabs sind zwar etwas teurer als ein Taxi, bieten dafür aber bis zu 12 Personen Platz, was letztlich auch der Umwelt zu Gute kommt.

●Die **Wartezeit** für das Taxi ist während der ersten Stunde frei, danach werden pro Stunde Wartezeit 150 Rp. verrechnet, für eine Übernachtung extra 350 Rp. Wird das Taxi während eines mehrtägigen Trips nicht benutzt, kostet ein freier Tag 1300 Rp.

Selbst fahren

●Wer selbstständig motorisiert herumkommen möchte, kann sich eine **Vespa** oder ein **Motorrad** mieten. Motorroller kosten um die 600 Rp. pro Tag, kleinere Motorräder ca. 800 und Enfields 900 Rp. Wichtig: Keiner der Verleiher hat dafür eine offizielle Lizenz, d. h. die Räder sind nicht versichert. Wer sich eines ausleiht, tut dies also auf eigene Gefahr. Vorher gut checken!

●**Mountain Bikes** vermietet Adventures@ Gain in der Zangsti Road für 250 Rp. pro Tag.

Unterwegs zum Kloster Lamayuru

Alchi

Alchi, 64 km westlich von Leh, ist ein Juwel unter den Klöstern Ladakhs. Die 1000 Jahre alte Tempelanlage wurde von der UNESCO zum Weltkulturerbe erklärt. Einige der wertvollsten Kunstschätze im gesamten Westhimalaya sind hier zu finden. Besonders hervorragend sind die Wandmalereien aus der **Kultur des Königreiches von Kaschmir,** die in Ladakh vor einem Jahrtausend ihre Spuren setzte. Für kunsthistorisch Interessierte ist ein Besuch in Alchi deshalb ein Muss.

Zugleich entwickelt sich das Dorf Alchi mit seiner freundlichen Ausstrahlung derzeit zu einem Reiseziel für jene, die das Landleben hier genießen möchten. Auch so manche Reisegruppe übernachtet hier. Alchi ist ein guter Startpunkt für einige interessante Ausflüge. In den letzten Jahren entstanden in diesem relativ wohlhabenden Ort eine Reihe an Unterkünften (auch bessere), und Restaurants sowie – last not least – mehrere Souvenirläden.

Das Dorf liegt auf einer Schwemmlandterrasse in einer der fruchtbarsten Gegenden Ladakhs in malerischer Lage.

Wegen des milden Klimas wachsen hier die süßesten Aprikosen, und die Bauern ernten zweimal im Jahr.

Tagsüber kommen zahlreiche Touristen zum **Tempel,** deshalb ist morgens und am späten Nachmittag die bessere Zeit, um sich in Ruhe dort umzusehen. Man sollte eine Taschenlampe mitnehmen, denn es lohnt sich, die fein gemalten Wandfresken genau zu betrachten. Manche dieser Wandmalereien erscheinen wie lebendig gemalte Szenen aus einem Bilderbuch.

Die Alchitempel liegen nicht, wie die meisten Klöster in Ladakh, majestätisch auf einer Bergspitze, sondern unscheinbar zwischen Bäumen und Feldern. Heute leben drei Mönche vom Kloster Likir als Aufseher hier, und es finden keine größeren religiösen Zeremonien statt.

Leider sind Teile der Anlage schon vom Zahn der Zeit angenagt. Aufgrund undichter Dächer wurden Wandbilder vom Regenwasser beschädigt, und einige Balken stehen extrem windschief. Als Weltkulturerbe steht Alchi unter **Denkmalschutz.**

In den Innenräumen der Tempel ist das **Fotografieren mit Blitzlicht verboten.**

Die **Gründung Alchis** wird dem großen tibetischen Reformator *Rinchen Zangpo* (958–1055 n.Chr.) zugeschrieben. Er wurde vom König damals zur Ausbildung nach Kaschmir geschickt und ließ nach seiner Rückkehr im Westhimalaya insgesamt 108 Tempel bauen. Schließlich holte *Rinchen Zangpo* kaschmirische Künstler in das Hochland und beauftragte sie mit der Ausschmückung der Tempel. In dieser Zeit wurde Alchi zum religiösen Zentrum des Unteren Ladakh.

Bei genauem Hinsehen kann man an vielen **Fresken** deutlich den kaschmirischen Einfluss erkennen: Gezwirbelte Schnurrbärte, Pluderhosen und Palmen zeigen ein sehr orientalisches Flair. Zwar reicht die Qualität der

Ladakh

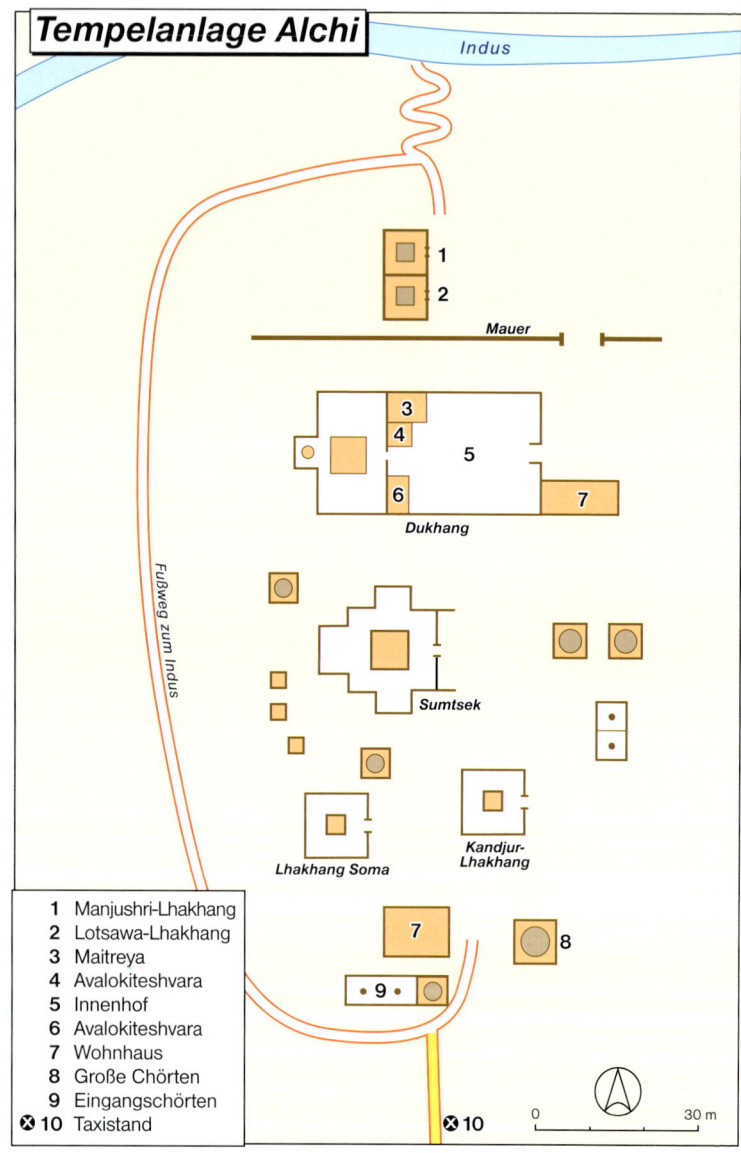

Tempelanlage Alchi

Indus

1

2

Mauer

3
4
5
6
7

Dukhang

Fußweg zum Indus

Sumtsek

Lhakhang Soma

Kandjur-Lhakhang

7

8

9

❌ 10

1 Manjushri-Lhakhang
2 Lotsawa-Lhakhang
3 Maitreya
4 Avalokiteshvara
5 Innenhof
6 Avalokiteshvara
7 Wohnhaus
8 Große Chörten
9 Eingangschörten
❌ 10 Taxistand

0   30 m

Skulpturen in Alchi nicht an die der herausragenden Fresken heran, doch es gibt auch davon bemerkenswerte Objekte, z.B. die riesigen Statuen im Sumtsek-Tempel. Als Technik haben die Kaschmiris bei den größeren Skulpturen ein Stück Holz als „Skelett" verwendet und darum mit einer Ton-Stroh-Stoff-Masse das Relief modelliert. Die fertige Skulptur wurde mit Stoff bespannt, grundiert und mit Leim-Wasserfarben bemalt.

Sehenswertes

Dukhang – Die Versammlungshalle

Gemessen an der einstigen zentralen Stellung Alchis, ist die Versammlungshalle ziemlich klein geraten.

Bereits der Vorhof zu der Haupthalle ist äußerst bemerkenswert. Auf der linken Seite vor der Eingangstür steht ein 11-köpfiger und 1000-armiger Bodhisattva des Mitgefühls, Avalokiteshvara. Links davon sieht man eine der wenigen zornvollen Gottheiten, die in Alchi zu finden sind; sein von einem Tuch verdecktes Gesicht wird nur einmal im Jahr während einer Zeremonie enthüllt. Auf der rechten Seite neben der Eingangstür steht wieder Avalokiteshvara mit zwei Begleitern. In dem separaten Raum steht eine riesige Figur des vierarmigen Maitreya.

Das buntbemalte Holzgiebelchen vor dem Eingangsportal erfüllt eine symbolische Schutzfunktion für die darunter sitzende Holzfigur, den Weisheits-Bodhisattva Manjushri. Der Stil dieser auf dem Ziergiebel dargestellten Fabeltiere ist typisch kaschmirisch.

Eine Meisterleistung stellt das Holzportal dar, das nach der Vorlage nordindischer Hindutempel geschnitzt wurde. Genau oberhalb der Tür befindet sich die größte aller Figuren an dem Holzportal, die sechsarmige Prajna Paramita, die Verkörperung der transzendenten Weisheit. Ganz oben zeigt eine Figurenfolge die Stationen auf dem Erkenntnisweg des Prinzen Gautama Shakyamuni. Sie beginnt links mit seiner ersten Lehrrede und endet rechts mit seinem Eingang ins Nirvana. Die senkrechten Seitenstreifen zeigen die unter hellenistischer Inspiration entstandenen Folgen von je vier Bodhisattvas und Taras unter geschmückten Baldachinen.

Den Innenraum der Versammlungshalle dominieren vier tragende Stützsäulen, die mit 500 Jahre alten, aus Tibet stammenden Thankas behängt sind. Die Raummitte wird von zwei Sitzreihen für die Mönche, einer Trommel und einem kleinen Chörten ausgefüllt. Wunderschöne Götter- und Tierskulpturen enthält die hintere Figurennische: Grundthema ist hier die Darstellung der allumfassenden Weisheit, die durch den Urbuddha Vairocana verkörpert wird. Vairocanas Bildnis überragen Fabelwesen, üppiges Rankenwerk und himmlische Musikanten. Die beiden Seitenwände sind mit den vier weiteren Aspekten der Buddhafamilie besetzt, nämlich links Ratnasambhava und Akshobhya und rechts Amitabha mit Amoghasiddhi.

Links und rechts neben der Altarnische zeigen die Wandmalereien die Ordnung der tausend Buddhas (man

Ladakh

06:3z Foto: jm

beachte die verschiedenen Handhaltungen) sowie Darstellungen aus dem Leben des historischen Buddha. In einer Szene steigt Buddha nach einem Besuch bei seiner Mutter im Götterhimmel gerade wieder zur Erde herab.

Die beiden Seitenwände und die Wand an der Eingangstür dominieren je zwei große Mandalas. Bei den Darstellungen der weltlichen Szenen beiderseits der Tür lassen sich an den Einzelheiten (Kopfbedeckung, Kleidung, Haartracht) gut die zentralasiatischen Einflüsse nachvollziehen. Leider sind Partien vom Regen ziemlich zerstört,

Erntezeit im Dorf Alchi

da das Dach erst vor einigen Jahren mit einer wasserfesten Plastikplane überspannt worden ist.

Sumtsek

Der älteste, kunsthistorisch wertvollste und bautechnisch interessanteste Tempel Alchis ist der dreigeschossige Sumtsek. Auch hier tragen – trotz ladakhischer Bautechniken – Dekoration und Kunststil eindeutig kaschmirische Handschrift. Im metaphysischen Sinn gleicht der **dreigeschossige Aufbau** einem Mandala mit dem mythischen Weltberg Meru als Zentrum. Zwar sieht der Tempel von außen aus wie eine ungleichmäßige Stufenpyramide, innen besteht er jedoch nur aus einem Raum. Die Zwischendecke zum

Obergeschoss war einstmals eine begehbare Galerie, die aber wegen der starken Schäden im Gebälk nicht mehr betreten werden darf. Das dritte Geschoss ist eine auf einer Flachdecke aufsitzende quadratische Lichtkuppel. Interessant konstruiert sind die drei **überhöhten Figurennischen,** in denen die Körper der drei riesigen Gottheiten im Erdgeschoss stehen, während ihre Köpfe über der Galerie ins zweite Geschoss hoch ragen.

Die 900 Jahre alte **Eingangsveranda** aus Holz ist trotz der extremen Witterungseinflüsse hervorragend erhalten und stellt eine kunsthistorische Kostbarkeit dar: Die Holzkonstruktion ist nämlich eine Mischung aus kaschmirischem Stil und hellenistischem Mittelmeerstil. Daher kommen dem abendländisch geschulten Auge solche Formen wie kannelierte Säulen, Würfelfriese und Löwenköpfe vertraut vor. Die dreieckigen Rahmen beinhalteten bis 1991 noch Figuren; nachdem damals eine Tara-Figur gestohlen wurde, hat man die beiden anderen Figuren vorsichtshalber in Sicherheit gebracht.

Der **Innenraum** des Sumtsek wird dominiert von einem weißen Chörten. Viel interessanter sind aber die Wandmalereien und Standbilder, die bei genauem Hinsehen eine Liebe der Künstler zum Detail erkennen lassen. Eine Inschrift zu Füßen des Maitreya (an der rückwärtigen Wand) erklärt, welche Bedeutung die Großfiguren haben: Sie sollen die Unwesentlichkeit und Vergänglichkeit irdischen Besitzes sowie die Relativität unserer Erscheinungswelt versinnbildlichen.

Die drei Bodhisattvas sind mit über vier Metern Höhe die größten der aus dem 11. Jahrhundert erhaltenen Stuckfiguren. An der rückwärtigen Wand steht Vajrapani, der „Wohlwollende", links Avalokiteshvara, „der Herr, der gnädig herabblickt", und rechts Manjushri, „das liebliche Glück". Jede Figur hat vier Arme, die linken Hände halten jeweils klassische Attribute wie Lotus und Weihwasser. Die rechten Hände sind in der Haltung der Argumentation geformt. Alle drei Figuren tragen den 13teiligen Bodhisattvaschmuck. Die rockartigen Gewänder sind über und über mit kleinen Bildern bedeckt, die Szenen aus dem Leben des Buddha sowie Tempel- und Palastszenen aus Kaschmir zeigen.

Die Nebenfiguren der Bodhisattvas an den Seitenwänden der Nischen stellen vier friedliche (mit Bodhisattvakronen) und vier zornvolle (mit Schädelkronen) Erscheinungsformen der Göttin Tara dar. Die unzähligen kleinen Buddhafiguren an den Wänden sind ihrem in der jeweiligen Nische stehenden geistigen Vorbild gewidmet.

Neben spirituellen Szenen wurden im Sumtsek, vor allem an den Seitenwänden der Nischen, auch weltliche Szenen gestaltet. Insgesamt werfen diese Ausschnitte von Jagdgesellschaften, Königen, Königinnen und Edelleuten ein aufschlussreiches Licht auf die „feine Gesellschaft" vor 1000 Jahren.

Einen genauen Blick sollte man auf die prächtig bemalten Decken werfen. Die Zeichnungen sind nämlich Muster von Stoffdecken, wie sie damals in je-

Ladakh

dem normalen Haus an die Decke ge-spannt wurden, um den herabbröckelnden Putz aufzufangen. Da Alchi Holzdecken hat, war das Aufspannen solcher Decken nicht notwendig, deshalb hat man diese Muster einfach aufgemalt. Eine wahre Fundgrube für Textilforscher!

Die obere Etage und die Lichtkuppel spiegeln in Form riesiger Mandalas mythische und transzendente Bereiche wieder. Allerdings lässt sich von unten nur wenig davon erkennen. Vorrangig findet man dort oben zwei Mandalatypen: die Anordnung von neun konzentrischen Kreisen und die Entfaltung eines Musters aus einem Lotuszentrum. An den Seitenflächen der Süd- und Nordwand stellen je zwei Mandalas die fünf Verkörperungen des Urbuddha dar.

Über der Eingangstür erscheint als Schutzgottheit dieses Raumes der grimmige blaue Mahakala über seinem dreieckigen Feueropfer-Altar.

Lhakhang Soma

Obwohl er als „neuer Tempel" bezeichnet wird, geht der Lhakhang Soma immerhin auf das 12. Jahrhundert zurück. Er wurde später als die anderen Gebäude errichtet, weshalb hier eine stilistische Veränderung in der Malerei mit verstärktem tibetischen Einfluss erkennbar ist. Einem künstlerischen Vergleich mit dem Dukhang und Sumtsek kann der Lhakhang Soma aber in keiner Weise standhalten.

Der quadratische Raum wird von vier Säulen gestützt, die sich um einen schmucklosen Chörten in der Mitte gruppieren. Die Wand gegenüber der Eingangstür zeigt den predigenden Buddha inmitten unzähliger Gottheiten, Buddhas und Bodhisattvas. Eine Darstellung in dieser Form ist selten, da Buddha üblicherweise nicht zusammen mit Bodhisattvas, sondern meistens in Begleitung seiner Lieblingsschüler dargestellt wird. Die linke Wand zeigt Mandalas mit Amitaya und Vairocana.

Lotsawa- und Manjushri-Lhakhang

Ein paar Meter abseits, hinter der eigentlichen Anlage, liegen in einem Aprikosenhain die kleinen Zwillingstempel. Der linke von beiden, der **Lotsawa-Lhakhang** (Tempel des Übersetzers) ist dem Gründer Alchis, dem Übersetzer *Rinchen Zangpo* gewidmet. Zentral im Raum steht ein Altar mit einer edlen, vergoldeten Statue von Buddha Shakyamuni in der Mitte. Er ist rechts flankiert von dem vierarmigen, mit Kronen und Juwelen geschmückten Avalokiteshvara und links von Rinchen Zangpo. Genau die gleiche Szene wiederholt sich in den Fresken auf der dahinterliegenden Wand.

Die anderen Malereien in Form von Mandalas und Miniaturen zeigen links den Dhyani Buddha des ewigen Lichtes, Amithaba, mit seinem geistigen Sohn Avalokiteshvara. Die rechte Wand befindet sich in einem so schlechten Zustand, dass nur noch Spuren der einstigen Malerei zu sehen sind.

Der rechte der beiden Tempel, der **Manjushri-Lhakhang,** ist nach dem Bodhisattva der Weisheit, Manjushri,

benannt. Das Herzstück bildet die Figurengruppe in der Mitte des Raumes. Sie zeigt vier verschiedenfarbige Figuren dieser Gottheit, die zur Verbreitung der Erkenntnis in alle vier Himmelsrichtungen blicken. Umgeben ist Manjushri von üppigem Dekor aus Ranken, Säulen, Schutzbestien, verschiedenen Tieren (man beachte die Elefanten mit rosa Ohren!) und schwebenden Elfen. Ganz oben wacht der Urvogel Khyun. Das ganze Arrangement ist ziemlich kitschig geraten und veranlasste einen Touristen zu einem ironischen Vergleich mit Disneyland. Neben der Eingangstür wurde ein dilettantischer Versuch unternommen, die alten Fresken mit neuen, grellen Farben zu übermalen.

Anreise

● 2 km westlich vom Ort Saspol bei der Saspol-Brücke an der Hauptstraße aussteigen und den Indus überqueren. Ab hier sind es noch 5 km bis Alchi. Man kann von Leh mit einem Bus oder LKW, der weiter nach Westen fährt, mitfahren, bei der Brücke aussteigen und die Stunde zum Dorf laufen.
● Direkt bis Alchi fahren täglich mehrere **Minibusse.** Fahrtzeit: rund 3 Stunden. Die Busse nach Leh zurück starten in der Regel am Morgen.

Unterkunft

Im Sommer ist Alchi ziemlich überlaufen, und Zimmer sind manchmal, trotz überhöhter Saisonpreise, schwer zu bekommen. Den meisten Guest Houses ist ein Restaurant angeschlossen.

● Das Hotel am Platz ist das einfache, saubere und gut geführte **Zimskhang Holiday Home,** Tel. 22 70 85, zimskhang@yahoo.com.

Es liegt auf dem Weg zum Tempel linker Hand; das Doppelzimmer kostet 2000–2500 Rp. inkl. aller Mahlzeiten. Alle Zimmer mit eigenem Bad und heißem Wasser.
● Ein beliebter Treffpunkt für Traveller ist das **Lotsawa Guest House,** Tel. 22 71 29, eines der alteingesessenen Guest Houses in Alchi. Es liegt kurz vor dem Parkplatz linker Hand in einem Garten. Die sehr einfachen Zimmer kosten 350–400 Rp. mit Bad und 200–250 Rp. mit Gemeinschaftsbad.
● Ein schönes Hotel in guter Lage ist das **Samdup Ling Guest House.** Jedoch ist die Anlage seit Jahren heruntergekommen und definitiv nicht den überhöhten Preis von 2000 Rp. für das Zimmer wert.
● Familiär ist das **Choskor Guest House,** Tel. 25 25 20, am Ortseingang links unterhalb der großen Gebetsmühle. Zimmer zwischen 250 Rp. (Gemeinschaftsbad) und 450 Rp. (inkl. Bad).
● Freundliche Atmosphäre herrscht im **Potala Guest House,** Tel. 22 70 88. Zimmer kosten 250–500 Rp., alle mit eigenem Bad.
● Eine gute Unterkunft ist das **Alchi Resort,** Tel. 25 25 20, mit seiner Bungalowanlage. Das Doppelzimmer kostet ca. 2500 Rp. inkl. aller Mahlzeiten.
● Wer nicht direkt in Alchi bleiben möchte und per Taxi unterwegs ist, kann in der Zeltanlage von Uletokpo, im **Ule Ethnic Resort,** Tel. 25 36 40, Fax: 255881; ulecamp@gmail.com, 5 Kilometer hinter Saspol in Richtung Kargil, übernachten. Die gepflegte Anlage liegt ruhig und abgeschieden zwischen Aprikosenbäumen direkt oberhalb des Indus. Die Lehmhütten und Doppelzelte sind geräumig und gut ausgestattet. Ein Zwei-Personen-Zelt kostet 2500–3000 Rp.

Ausflüge

● Alchi ist ein guter Ausgangspunkt für Tagestouren nach Rizong, Lamayuru und Manggyu (siehe entsprechende Kapitel).

Ladakh

Basgo

Das Dorf Basgo befindet sich 42 km westlich von Leh. Seine etwa 150 Häuser ziehen sich an erodierten roten Tonhügeln entlang. Die Felder sind fruchtbar, und im Herbst verfärben sich Wiesen und Bäume hier besonders farbenprächtig. Aufgrund seiner geschützten Lage kommen die Einwohner in den Genuss der mildesten Winter von ganz Ladakh.

Wörtlich bedeutet Basgo **„Bullenkopf"**. Der Name stammt von einem riesigen Geröllstein, in dem die fantasievollen Ladakhis einen Stierkopf sehen wollen. Wer dies nachprüfen will, findet ihn, umsäumt von einer Manimauer, gleich neben der Hauptstraße.

Basgo ist eng mit der Geschichte von Ladakh verbunden: Seit dem 11. Jh. residierten hier die **westladakhischen Könige** und führten von ihrer mächtigen Burg aus Feldzüge gegen die rivalisierenden Kleinfürstentümer. 400 Jahre lang regierten die Herrscher über das ganze Untere Ladakh, während das Obere Ladakh von Shey aus kontrolliert wurde. 1470 konnte der Basgo-König *Bhagan* endlich auch seine trotzigen Rivalen von Shey bezwingen. Nach der Reichseinigung verlegte er seinen Hauptsitz nach Leh, nannte die neue Dynastie Namgyal (Großer Sieger), und Basgo wurde fortan zur königlichen Zweitresidenz.

Diesen „Zweitwohnsitz" haben die Namgyalkönige stets mit großem

06-ltz Foto: jm

künstlerischen Eifer gepflegt. Auf der Spitze der Tonkegel stehen ein paar Tempel, die einen Besuch lohnen. Man kann mit dem Wagen direkt zur Burg und dem Tempel hochfahren. Die Ruinen wurden vor etlichen Jahren aufwendig restauriert.

Eine wunderschöne, 4 m hohe Maitreyastatue steht im **Serzang-Lhakhang,** dem „Gold- und Kupfertempel". Der Löwenkönig *Sengge Namgyal* hat dieses aus vergoldeten Kupferplatten zusammengefügte Standbild für seinen verstorbenen Vater errichten lassen. Als großer Freund des Buddhismus und Förderer der schönen Künste ließ er damals auch die kompletten 333 Bände des buddhistischen Kanon in Gold- und Silberschrift anfertigen.

Das andere Prunkstück von Basgo, der **Maitreya-Tempel** (Chamba-Lhakhang), steht ganz oben auf dem der Burg vorgelagerten Felsen. Darin sitzt ein 8 m hoher, aus Ton geformter Maitreya-Buddha auf einem Stuhl. Sein goldener Körper ist mit Juwelen und das Haupt mit einer reichverzierten Krone geschmückt, die Hände sind zur Geste der Belehrung geformt. Seine Hüften bedeckt ein Gewand in den Farben gold, rot, blau und orange.

Faszinierend ist die Wandbemalung des Tempels. Kunsthistoriker schwär-

men davon als dem künstlerisch wertvollsten **Freskenzyklus** aus dem 16. Jh. Die gut erhaltenen zauberhaften Malereien sind mit Blumen, Wolkenmotiven und einer Landschaft im chinesischen Stil verziert – mit viel Liebe für Details.

Thema eines dieser Freskenzyklen ist die Verbreitung des tantrischen Buddhismus durch die verschiedenen bereits erschienenen Buddhas. Er beginnt mit dem Urbuddha, geht weiter über Medizin- und Meditationsbuddhas bis zum historischen Buddha Shakyamuni. Die Gestalten sind umringt von Bodhisattvas, Yogis und Heiligen.

Eine Bilderfolge, die in Brusthöhe alle Wände umläuft, stellt Szenen aus dem Leben des Buddha Shakyamuni dar, der sich hier im Kreise seiner Schüler aufhält. Dem großen Poeten und Yogi *Milarepa* ist die Stirnwand rechts von der Altarnische gewidmet. Mit seinen Gedichten und Gesängen hat er nicht nur den Menschen den Pfad der Tugend gelehrt, sondern selbst wilde Tiere gezähmt und zu seinen Zuhörern gemacht.

Anreise

● **Minibusse** direkt nach Basgo 1–2 mal täglich.
● Wer mit dem **Taxi** in Richtung Westen unterwegs ist, kann in Basgo aussteigen und sein Glück versuchen, ob der Mönch mit dem Schlüssel da ist; diese Wahrscheinlichkeit ist aber nicht sehr groß. Wer seinen Bus oder Truck in Basgo verlassen hat, wird sich ärgern, vor einer verschlossenen Tempeltür zu stehen und auf eine nächste Mitfahrgelegenheit warten zu müssen.

Basgo: Blick zur Burg

Ladakh

Chemre

Chemre liegt in einem fruchtbaren Tal, 45 km südöstlich von Leh. Ab der Hauptstraße von Karu bis Chemre sind es 5 km. Von Karu führt eine gut ausgebaute Straße weiter über den Ort Sakti bis zur chinesischen Grenze.

Das **Kloster von Chemre** ist eine ein „Zweigkloster" von Hemis. Außer einer überlebensgroßen Statue des berühmten Tantrikers Padmasambhava gibt es nichts Besonderes zu sehen. Das hat wiederum den Vorteil, dass Touristengruppen der gleichen Meinung sind und der große Besucherstrom an Chemre vorbeizieht.

Die 75 Mönche freuen sich im Allgemeinen über Besuch und zeigen gerne ihre Kostbarkeiten.

Allerdings ist es mit der **Klosterdisziplin** nicht bestens bestellt. Die Räume sind nicht gerade sauber, die **Mönche** räumen ein, dass im Kloster unerlaubt schon mal Chang getrunken wird. Offenbar fühlt sich Chemre von seinem großen reichen „Bruder" Hemis etwas im Stich gelassen.

Die der Drukpa-Kargyüpa-Schule angehörigen Mönche argumentieren – trotz aller Missstände – selbstbewusst mit einem Zitat aus Tibet: „Halb Tibet gehört der Kargyüpa-Sekte an. Die Hälfte der Kargyüpas sind Bettler, die Hälfte der Bettler sind erleuchtet."

Der Gründer von Hemis, *Tagtshang Repa*, ließ zu Beginn des 17. Jh. die Demtschog Gompa von Chemre als Tochterkloster bauen. Er wollte damit die Macht der Drukpa-Kargyüpa-Sekte vergrößern und die Lehren von Pad-masambhava wirkungsvoller verbreiten. Entsprechend auffällig ist das Kloster auf einem vorgelagerten Felsblock schon von weitem sichtbar angelegt.

Das beeindruckendste Kunstwerk des Klosters ist die 300 Jahre alte **Figur des Padmasambhava** im **Guru-Rinpoche-Lhakhang.** Der „kostbare Lehrer" sitzt hier auf einem Lotusthron und hat seine charakteristische Kappe mit aufgeschlagenen Ohrenklappen auf dem Kopf. In der Hand hält er ein Gefäß mit Lebenswasser und den für ihn typischen tantrischen Stab mit Dreizack, Donnerkeil, einem Totenschädel, dem Kopf eines alten Mannes, einem Jünglingshaupt und Diamantzepterkreuz. Dieses magische Zepter gilt als Symbol der Erleuchtung. Oft wird Padmasambhava mit zornigem Gesichtsausdruck dargestellt, doch hier strahlt die Figur Harmonie und Güte aus. Umgeben ist der indische Yogi von seinen acht Erscheinungsformen, die er dank seiner magischen Kräfte annehmen kann.

Einer Legende zufolge wurde diese Statue im Industal hergestellt und war ursprünglich für die Einrichtung des Hemisklosters gedacht. Aber so sehr die Träger sich auch abmühten, war Padmasambhava nach seiner Fertigstellung keinen Millimeter vom Fleck zu bewegen. Bis jemand vorschlug, ob man die Statue nicht lieber nach Chemre bringen sollte. Plötzlich wurde sie schwerelos, und die Träger brachten sie in Windeseile nach Chemre. So bekam Chemre wenigstens einen Krumen des Ruhmes und Reichtums von Hemis ab.

Sparsam eingerichtet ist die **Dharmahalle** (Tschokhang). Sie birgt lediglich ein Regal mit Manuskripten, Skulpturen des Klostergründers *Tagtshang Repa* und des Schriftstellers *Padma Karpo* (16. Jh.) sowie einen verzierten Silberchörten. Der erhöhte Sitz ist dem Oberhaupt der Drukpa-Kargyüpa-Sekte, *Drukchen Rinpoche,* gewidmet.

Der **Lama-Lhakhang** in der oberen Etage ist einen Blick wert. In dem verrußten, dunklen Raum sind eine Figurensammlung ehemaliger Lamas und Äbte, einiger Schutzgottheiten sowie der buddhistische Kanon aufbewahrt.

Unterhalb des Klosterberges liegen im Tal verstreut die etwa 200 Häuser des Dorfes Chemre. Die Auseinandersetzungen zwischen Buddhisten und Moslems im Jahr 1989 waren in diesem Dorf besonders heftig. Die Häuser aller drei Moslemfamilien, die seit Generationen in Chemre gelebt hatten, wurden von buddhistischen Fanatikern niedergebrannt. Daraufhin mussten die Moslems nach Leh fliehen, wo sie seitdem leben.

Anreise

- Täglich fahren ab Leh mehrere **Busse nach Sakti;** unterwegs kann man in Chemre aussteigen.
- Schwieriger wird der **Rückweg nach Leh,** da die Busse nur mittags bzw. am Nachmittag zurückfahren. Man muss also bis Karu zurück und von dort hoffen, einen LKW oder Minibus zu bekommen.

Chiling

Das kleine, am Zanskarfluss gelegene Dorf ist das künstlerische Zentrum, wo die für Ladakh so typischen Tee- und Changkrüge hergestellt werden. Die **Gold- und Kupferschmiede** von Chiling gelten als die besten im Land. Praktisch jedes Haus verfügt über eine kleine Schmiedewerkstatt, und die Kunst wurde von einer Generation zur nächsten vererbt. Die Künstler genießen in ganz Ladakh hohes soziales Prestige und werden „ser-gar", die mit Gold arbeiten, genannt. In neuester Zeit hat das Interesse der Jugend am Erlernen dieses Handwerks nachgelassen, der Nachwuchs ist leider rar geworden.

Die ersten Kupferschmiede kamen vor 350 Jahren aus Nepal nach Chiling. Damals beauftragte König *Deldan Namgyal* acht Künstler mit der Anfertigung der Buddhastatue im Palast von Shey. Nachdem sie ihre Arbeit beendet hatten, bat der König die Künstler, in Ladakh zu bleiben. Zwei von ihnen heirateten Ladakhi-Frauen und siedelten sich in Chiling an. Vermutlich fiel ihre Wahl deshalb auf diesen Ort, weil hier der Boden fruchtbar war und in der Gegend Metallerze und sogar Gold zu finden waren. Dieses Gold haben Goldwäscher aus Lahaul bis ins 19. Jh. gesammelt, wofür sie alljährlich dem Dorfchef von Chiling eine Rupie abgeben mussten.

Die Chiling-Schmiede verdienten mit ihren Krügen nicht schlecht. Tee- und Changkannen sind der große Stolz jeder Hausfrau, und sie geben ein klei-

Die Felder von Chiling

nes Vermögen aus für eine fein gearbeitete goldverzierte Kanne. Manche Schmiede verkaufen heute ihre Kannen auch über Souvenirläden in Leh.

Im Sommer wird man die Männer kaum beim Hämmern antreffen, denn mit diese Arbeit ist eher für die Wintermonate reserviert. Wer eine Kanne kaufen will, frage im Dorf danach. Obwohl meistens auf Bestellung gearbei-

tet wird, hat man vielleicht doch Glück und ersteht bei einem Schmied eine Kanne „ready-made". Vielleicht ergibt sich dabei eine Gelegenheit, eine Küche zu besichtigen – die Frauen in Chiling besitzen nämlich echte Prachtexemplare dieser Kannen.

Anreise

●Es führt eine relativ neue, streckenweise abenteuerliche fast 30 km lange **Jeeppiste** entlang dem Zanskarfluss ab der Straßenabzweigung bei Nimmu bis nach Chiling. Ab Leh kann ein Jeep bis Chiling gemietet werden. Der Bus fährt wöchentlich 3-mal von Leh nach Chiling.

●Für den **Rückweg** gibt es mit großer Wahrscheinlichkeit auch keine Mitfahrgelegenheit, da auf der Straße sehr wenige Fahrzeuge verkehren. Wenn der Wasserspiegel des Indus nicht zu hoch ist, gibt er an mehreren Stellen idyllische weiße Sandbuchten frei, an denen unter freiem Himmel übernachtet werden kann. Am nächsten Morgen läuft man dann zur Hauptstraße zurück.

● Beim **Lamayuru-Stok-Trek** liegt Chiling auf dem Weg.

●Im Ort gibt es einige ladakhische Familienhäuser, die Übernachtung mit Vollverpflegung anbieten, sogenannte „Homestays" (ca. 600 Rp. für zwei Personen).

Choklamsar

Auf der Straße nach Shey liegt 9 km südlich von Leh das tibetische **Flüchtlingslager Sonamling** in Choklamsar. Das Lager wurde in den 1970er Jahren mit Hilfe der Regierung von Kaschmir gebaut, um tibetischen Flüchtlingen, die vom Changtang-Plateau vor der chinesischen Besetzung nach Indien flohen, eine Unterkunft zu geben.

Das Flüchtlingslager liegt inmitten einer Sandwüste. Es gibt kaum schattenspendende Bäume, und im Sommer heizt sich die Gegend schier unerträglich auf. In dieser trostlosen Umgebung leben heute rund 1500 Tibeter unter einfachsten Verhältnissen. Die indische Regierung teilt den Neuan-

kömmlingen in Choklamsar ein Stück Land zu, auf dem sie etwas Getreide und Gemüse anbauen können. Ein Problem ist die Wasserversorgung, denn es gibt im ganzen Dorf nur wenige Wasserhähne, das für alle Bewohner reichen muss. Eine Verwaltungs-Mitarbeiterin stellte seufzend fest, Choklamsar sei das „schlechteste tibetische Flüchtlingslager in Indien" sei, das sie gesehen habe.

Ein Teil der Bevölkerung verdient seinen Unterhalt in der **Teppichweberei,** die von Touristen besichtigt werden kann. Nebenan im Ausstellungsraum werden die Teppiche verkauft, qualitativ sind sie aber nicht so gut wie die Teppiche etwa in Dharamsala.

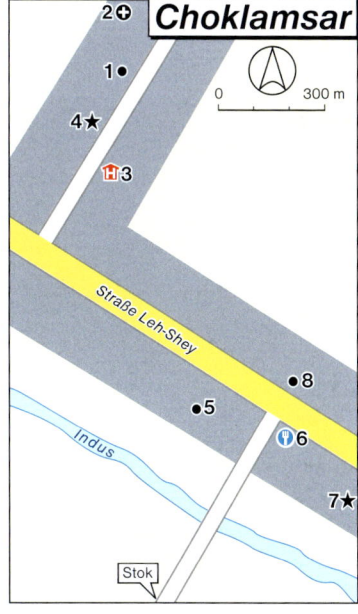

- ● 1 Büro der SOS-Schule
- ✚ 2 Zahnarzt
- 🏠 3 Guest House
- ★ 4 Handwerkszentrum
- ● 5 Schule für buddhistische Philosophie, und Bücherei
- 📍 6 Garden Restaurant
- ★ 7 Residenz des Dalai Lama
- ● 8 Mahabodhi Meditationszentrum

Ladakh

Die tibetischen Flüchtlinge

Insgesamt leben in Ladakh rund 6500 tibetische Flüchtlinge.

Die ca. 4000 sesshaften **Tibeter** sind auf 11 Lager aufgeteilt, von denen Choklamsar das größte ist. Die anderen Siedlungen liegen um Choklamsar und den Flughafen, eine davon befindet sich im Dorf Spituk.

Außer den sesshaften Tibetern gibt es rund 2500 **Nomaden** und Halbnomaden, die das Changtang-Hochland nahe der tibetischen Grenze durchstreifen.

Mit ihrem Status als Flüchtlinge erhalten die Tibeter keine indische Staatsbürgerschaft, sondern lediglich eine Aufenthaltsgenehmigung, die alle sechs Monate erneuert wird. Auch rund 50 Jahre nach ihrer Flucht stehen die Tibeter heute wirtschaftlich nicht auf eigenen Füßen, sondern sind auf Unterstützung von internationalen Hilfsfonds und der Regierung angewiesen. Tibeter bekommen in Ladakh keine Arbeit als Beamte, sie dürfen nicht der Armee beitreten und kein Land kaufen. Damit sind sie von einem Gros der möglichen Arbeit ausgeschlossen. Manche verdingen sich im Straßenbau, gebildete junge Leute bekommen mit viel Glück einen Job als Lehrer in einer Privatschule.

Die Tibeter leben in Ladakh relativ isoliert innerhalb ihrer Gemeinschaft und pflegen **kaum Kontakt mit den Ladakhis.** Einer der Gründe dürfte auch die Sprachbarriere sein.

Neben diesen Dauersiedlern ist Leh im Sommer voll von **tibetischen Händlern,** die Kleidung und Souvenirs verkaufen und im Oktober meist nach Goa (Südindien) zum Geschäftemachen weiterfahren. Als geborene Händler machen die Tibeter in Leh recht gute Umsätze mit Touristen und, während die Ladakhis, denen das Handeln wahrhaft nicht im Blut steckt, das Nachsehen haben. Dieser „Futterneid" ist sicher noch ein Grund für die nicht eben große Zuneigung zwischen den beiden Gruppen.

Foto: jm

Viele Tibeter haben Jobs bei der indischen Armee oder im Straßenbau.

Im Jahr 1975 wurde mit Hilfe internationaler Spenden das **SOS-Kinderdorf** gebaut, in dem heute rund 2000 Kinder, zum großen Teil Vollwaisen, leben. Es gibt einen Kindergarten sowie eine Grund- und Mittelschule. Das Kinderdorf wird gut geleitet, und es ist interessant, die Schulen und Häuser, in denen die Kinder mit ihren Betreuern untergebracht sind, zu besichtigen. Wer dies tun will, benötigt dafür eine Genehmigung vom Büro (hinter dem großen Tor am Ende des Weges).

Etwas außerhalb von Choklamsar ist das **Mahabodhi-Zentrum** angesiedelt. Von einem engagierten ladakhischen Mönch aufgebaut und geleitet und vorwiegend von Buddhisten aus Taiwan und Korea finanziert, entstanden auf dem weitflächig angelegtem Areal in nur wenigen Jahren eine Schule mit Heim für ladakhische Kinder, ein Nonnenkloster, ein Altenheim und ein Krankenhaus. Das Mahabodhi-Zentrum organisiert Meditations-Kurse der Vipassana-Tradition in Leh und Choklamsar (Details dazu unter Leh).

Etwa 1 km hinter der Abzweigung zur SOS-Schule steht an der Straße Richtung Shey rechter Hand das **Central Institute of Buddhist Studies** (Institut für buddhistische Philosophie). Wer sich für Literatur über Ladakh interessiert, findet in der Bücherei dort eine hervorragende Auswahl an Büchern zum Land und über Buddhismus. Geöffnet ist die Bücherei Mo–Fr 10.30–13 Uhr und 14.15–16 Uhr sowie jeden zweiten Samstag.

Das Institut wurde zunächst 1959 im Kloster Spituk gegründet, denn seit der Besetzung Tibets durch China konnten die ladakhischen Mönche nicht mehr zur Ausbildung nach Tibet reisen. 1973 siedelte die Schule nach Choklamsar um, wo heute Mönche die tibetische Sprache, Literatur, Geschichte und buddhistische Philosophie studieren.

Anreise

● Ab Leh fahren alle 20 Minuten **Mini**busse nach Choklamsar. Wer zum Institut will, gibt dem Busfahrer Bescheid. Sollte man den richtigen Moment zum Aussteigen verpassen, fährt man bis zur Indusbrücke und läuft die paar hundert Meter zum Institut zurück.

Übernachtung

● Wer eine Weile unter Tibetern leben möchte, hat in Choklamsar einige einfache Zimmer zur Auswahl. Nett ist das **Guest House Khangsar.** Eine Übernachtung kostet 150 Rupien.

● Gegenüber vom Dalai-Lama-Palast an der Hauptstraße liegt das **Buddha Garden Guest House** mit schönem Garten, Zimmer mit Bad 300–500 Rp.

Essen

● Die Hauptstraße beim buddhistischen Institut ist von kleinen Restaurants gesäumt. Das beste ist das **Garden-Restaurant** direkt an der großen Indusbrücke, wo man in dem hübsch hergerichteten und fantasievoll bestuhlten Garten sein Essen einnehmen kann.

Ladakh

Chushot

20 km südöstlich von Leh, gegenüber von Shey, liegt auf der linken Seite des Indus das überwiegend von Moslems bewohnte Dorf Chushot. Die rund 200 Häuser ziehen sich mehrere Kilometer am Fluss entlang. Besonderes zu sehen gibt es nicht, sodass sich ein spezieller Ausflug dorthin kaum lohnt.

Neben Thikse bildet Chushot die **moslemische Hochburg** von Ladakh. Die meisten dieser schiitischen Moslems kamen zurzeit des Königs *Jamyang Namgyal* während des 16. Jh. hierher, als seine Frau, eine Prinzessin aus Baltistan, nach der Hochzeit eine Gruppe von Freunden und Helfern in ihre neue Heimat mitbrachte. Diese Neuankömmlinge wurden damals vor allem in Thikse, Chushot und einige in Leh angesiedelt.

Sehr liebevoll fiel der Empfang in Ladakh aber nicht aus, denn der Platz, den man den baltischen Neuankömmlingen in Chushot zum Siedeln anbot, ist ein trockenes, staubiges Stück Erde mit magerem Boden und entsprechend schlechten Ernten. Da Wasser rar ist, wachsen nur wenige schattenspendende Bäume. Der Dorfrand ist gesäumt von Gräbern, da die Moslems, im Gegensatz zu den Buddhisten, ihre Toten nicht verbrennen, sondern beerdigen.

Mag das Leben auch hart sein, eines lassen sich die Baltis nicht nehmen: ihren geliebten **Polosport**. Die Pferdenarren liefern sich regelmäßig harte Gefechte auf dem lokalen Poloplatz. Wenn ein landesweites Match in Leh ausgetragen wird, ist das Team von Chushot ein gefürchteter Gegner – und meist auch der Sieger.

Anreise

● Busse fahren stündlich zwischen 7 und 17 Uhr nach Chushot.

Hemis

Hemis, 45 km südöstlich von Leh, ist mit 500 Mönchen sowohl das größte als auch das **reichste Kloster von Ladakh.** Schätzungsweise ein Viertel aller in Ladakh kultivierten Äcker sind im Besitz des Hemisklosters. Als im Jahr 1950 im Verlauf der Jammu-und-Kaschmir-Landreform der Großgrundbesitz aufgeteilt werden sollte, wäre von den Klöstern auch Hemis mit seinem Tochterkloster Chemre davon betroffen gewesen. Da der Kelch der Landaufteilung jedoch an den Klöstern vorüberging und auf weltlichen Besitz beschränkt wurde, genießt Hemis bis heute seine mächtige landesherrliche Stellung.

Bereits die **Gründung des Klosters** vor rund 370 Jahren stand unter einem guten Stern. Der damalige König *Sengge Namgyal* lud den Heiligen *Tagtsang Repa* nach Ladakh ein und bot ihm an, an einer beliebigen Stelle ein Kloster zu gründen. *Tagtsang Repa* wählte für Hemis ein verstecktes Seitental. Dank dieser Lage ist Hemis des Öfteren Plünderungen feindlicher Armeen entgangen und konnte deshalb einen großen Teil seines Reichtums bewahren.

Ladakh

Während der sechs Kilometer langen Jeepstrecke von der Hauptstraße zum Kloster hoch fragt man sich ständig, wo Hemis eigentlich ist. Zunächst passiert man endlos lange Manimauern und einige Chörten, bis irgendwann die Äcker der **Ortschaft Chomoling** und ein paar Zeltrestaurants am Dorfeingang auftauchen. Erst hier stößt man endlich am Ende der Manimauern auf den unauffälligen Klosterkomplex. Von außen ist dem Kloster seinen Reichtum beileibe nicht anzusehen. Wer sich aber in den Räumen genauer umsieht, erkennt die kostbaren Ritualobjekte und Statuen.

Sehenswertes

Zunächst gelangt der Besucher in den **Tempelhof,** wo die berühmten Maskenfeste stattfinden. An der großen Eingangstür weist ein Schild darauf hin, dass Fotografieren in den Räumen verboten ist – die Vorschrift sollte unbedingt beachtet werden, da die Mönche andernfalls verärgert reagieren. Gleich rechts neben dem Eingang steht im Tempelhof die größte Gebetsmühle Ladakhs. Diese etwa fünf Meter

Mönche formen Teig fürs Mittagessen

Maskentänze in Hemis

Fast jedes ladakhische Kloster hält einmal im Jahr Maskentänze ab, die bekanntesten finden aber im Kloster Hemis statt. Dort ist das längst ein ausgesprochenes Touristenspektakel. Tausende von Besuchern finden sich zwischen dem 9. und 11. Tag des fünften tibetischen Monats, nach unserer Zeitrechnung im Juni/Juli, im Klosterhof ein, um bei den Darbietungen dabei zu sein.

Kloster Hemis besitzt den **größten Thanka Ladakhs,** der nur alle 12 Jahre einmal beim Maskenfest ausgerollt wird, das letzte Mal im Jahr 2004. Zu diesem speziellen Ereignis, an dem das mehrere Meter lange Rollgemälde gezeigt wurde, kamen Touristengruppen aus der ganzen Welt.

Die farbenfrohen Tänze sind dem berühmten tibetischen Tantriker **Padmasambhava** gewidmet, der im 8. Jh. die buddhistische Lehre in Tibet und in Ladakh verbreitet hat und der deshalb in allen Ländern des Himalaya größte Verehrung genießt. Seine magischen Aktivitäten sind das Hauptthema der zweitägigen Maskentänze.

Die Tänze entwickelten sich ursprünglich aus der bodenständigen Ur- und Bön-Religion als ein Siegesfest des neuen Jahres, wenn der fruchtbare Frühling über die dunklen Mächte des harten Winters triumphiert. Mit dem Einzug des Buddhismus wurde den alten Fruchtbarkeitsritualen ein neues Gewand angelegt.

Heute dienen die **Mysterienspiele** zur Belehrung der Zuschauer über die Vergänglichkeit des Irdischen und als Aufforderung zu einem tugendhaften Leben. Sie sollen die Menschen daran erinnern, sich von seiner Ignoranz zu befreien, die Wurzeln des Ego zu zerstören und ihm die Weisheit der buddhistischen Lehre bewusst machen. Kernthemen der Maskentänze in allen Klöstern sind der Sieg des Buddhismus über die Bön-Religion und die Verehrung von Padmasambhava.

Während des Festes gleicht das Gelände vor dem Kloster einem **Jahrmarkt,** in den zahlreichen Buden werden Tee, Essen, Schmuck und Antiquitäten verkauft.

Spielablauf

(Die Reihenfolge der beschriebenen Tänze ändert sich manchmal.)

Nach wochenlangen Vorbereitungen verkünden lange Hörner den Spielbeginn. Als erstes treten die berühmten **Schwarzhutzauberer** auf, die mit ihren Tänzen alle bösen Mächte von den Spielen fernhalten wollen. Die Mönche sind in kostbare wallende Brokatgewänder aus China gehüllt, über denen sie eine aus Menschenknochen geschnitzte Schürze tragen. Auf ihrer Brust prangt ein Totenkopf.

Anschließend erscheint **Padmasambhava** lächelnd in langen Seidenkleidern und mit einer Schädelschale in den Händen. Als Ausdruck seiner Würde wird ein großer Schirm über ihn gehalten. Vier Gestalten führen den **Willkommenstanz** auf, danach feiern vier Dakinis seine Ankunft.

Nun betreten **zehn grimmige Schutzgottheiten** den Festplatz. Die meisten von ihnen sind ehemalige hinduistische Götter, die Padmasambhava bezwungen und zu Beschützern der neuen Lehre gemacht hat. In ihrer zornigen Ausstattung tragen sie gruselige Masken mit Fangzähnen, weit aufgerissenem Maul und einer Krone aus Totenschädeln. In ihren Händen halten sie Hackmesser, Speere und Schlingen.

Anschließend wird eine kleine **Menschenfigur aus Mehl** in die Mitte des Hofes gelegt, um die vier skelettähnliche, furchterregende Gestalten herumtanzen. Diese **Herren des Leichenackers** tragen – als Mahnung an die Vergänglichkeit allen Seins – weiße Totenkopfmasken mit aufgerissenen Mäulern.

Padmasambhava tritt jetzt zum zweitenmal auf, und zwar in seiner zornigen Erscheinungsform als wahrer Besieger aller Dämonen. Er trägt eine grimmige rote Maske mit dem allwissenden dritten Auge auf seiner Stirn. Der Guru nähert sich der kleinen Mehlfigur auf der Erde, zerschlägt sie mit seinem Säbel in tausend kleine Teile, womit er den Sieg über alle Geister und negativen Kräfte symbolisiert. Plötzlich springen neue Tänzer in den Kreis. Sie erscheinen als **Schutzgötter,** die ihren Tanz dem Retter Padmasambhava widmen.

Am **zweiten Tag** leiten wieder **Schwarzhuttänzer** die Vorstellung ein. Anschließend findet in der Versammlungshalle eine Zeremonie zu Ehren des **Schutzgottes Gyalpo Pehar** statt. Am Nachmittag werden häufig Schafe, Ziegen und Hunde durch den Klosterhof getrieben und mit etwas Bier übergossen. Dieses Ritual stellt, anstatt der früher üblichen Tierschlachtungen, eine symbolische **Opfergabe an die Götter** dar.

Nach weiteren Tänzen geht das Fest mit dem Auftritt des **Totengottes Yama** (tib.: Schindsche) seinem Höhepunkt entgegen. Yama ist eine alte indoiranische Gottheit, die hier eine schwarze Stirnmaske mit großen Hörnern trägt. Begleitet wird dieser König des Totenreiches von acht grimmigen Hütern der Himmelsrichtungen. Während die Musik schneller wird und die Spannung steigt, zerhackt Yama mit seinem Schwert die Mehlfigur noch einmal und wirft sie in alle Himmelsrichtungen. Die dunklen Mächte sind nun endgültig besiegt.

Die Tänze nehmen mit dem Auftreten des freundlichen **Chinesen Hashang** und herumtollenden Kindern ein fröhliches Ende. Als Gönner von Buddhas wichtigsten Schülern wird Hashang noch heute in Ladakhs Klöstern verehrt.

Ladakh

hohe Trommel enthält Millionen von ellenlangen Gebetsstreifen. Wer die Trommel drehen will, braucht schon ein bisschen Kraft! In Hemis können drei Räume besichtigt werden.

Dukhang Parpa

Der interessanteste ist der mittlere Versammlungsraum (Dukhang Parpa). Er ist auf den ersten Blick eingenommen von einer 5 m hohen sitzenden Statue des Buddha Shakyamuni aus vergoldetem Kupfer sowie einem 8 m hohen Silberchörten. Der Chörten ist mit acht Löwen verziert, deren Augen aus Lapissteinen und ihre Halsbänder aus Türkisen und Korallen bestehen. Dieser Chörten steht in der Mitte von einer Reihe sehr wertvoller, mit Türkisen und anderen Halbedelsteinen bestückter Silberchörten, die Reliquien ehemaliger Äbte enthalten. Vor dem erhöhten Abtssitz liegen Sitzkissen; hier hält ein Mönch mehrmals täglich eine kurze Puja ab. Schutzgottheiten mit ihren geistigen Partnerinnen umrahmen die Eingangstür.

Dukhang Chenmo

Die große Versammlungshalle, der Dukhang Chenmo, wird ebenso wie die mittlere Halle über einen kleinen Vorraum erreicht. Ihre Wände sind wie üblich mit den Hütern der Himmelsrichtungen und einem Lebensrad bemalt. Der Hauptraum ist bis auf den Abtsthron auf der linken Seite und einen Andachtsplatz für den Schutzgott Pehar rechts leer. Heute wird er nur selten genutzt – es sei denn, es finden wichtige Gebete statt oder das

Klosteroberhaupt, *Drukchen Rinpoche,* gibt buddhistische Belehrungen. Wer das Glück hat, eine dieser Versammlungen mitzuerleben, wird vielleicht erstaunt feststellen, dass in dieser Halle 500 Mönche Platz finden.

Lhakhang Nyingpa

Wunderschöne alte Wandmalereien im chinesischen Stil gibt es im Lhakhang Nyingpa, dem alten Tempel, zu sehen. Sie stammen wahrscheinlich noch aus der Gründungszeit der Gompa und sind erstaunlich gut erhalten. In kräftiges Rot und Gold getaucht, befassen sich die Malereien hauptsächlich mit wichtigen Ereignissen im Leben des Buddha Shakyamuni. Als Besonderheit sind diese Szenen eingebettet in chinesische Paläste und typisch südchinesische Landschaften.

Die linke Wand zeigt den Klostergründer *Tagtshang Repa* in einem eleganten weißgoldenen Gewand mit roter Schärpe und einem weißen Hut. Die sitzende Großfigur auf dem Stuhl in der Mitte des Raumes stellt ihn noch einmal dar. An der Stirnwand steht in einer Nische die Statue der Retterin Tara.

Zabkhang

Von der rechten Seite des Klosterhofes führt eine Treppe zum 1. Stock hoch, wo eine 12 m hohe neue Riesenstatue des tibetischen Tantrikers Padmasambhava steht. Über eine weitere Treppe ist die Dachterrasse erreicht. Von hier genießt man eine schöne Aussicht auf die Mönchshäuser und das gegenüberliegende Tal

von Sakti. Auf dem Dach residieren der Abt und einige hohe Lamas in ihren kleinen „Penthäusern". Der Zabkhang („eleganter Raum") darf leider fast nie besichtigt werden, dabei ist er mit seiner wertvollen Sammlung kaschmirischer Buddha- und Bodhisattvabronzen besonders sehenswert.

Das geistliche Oberhaupt von Hemis ist **Drukchen Rinpoche,** der nicht nur diesem Kloster, sondern der ganzen, vor allem in Bhutan verbreiteten Drukpa-Kargyüpa-Schule vorsteht. Die letzte Drukchen-Inkarnation weilte gerade zu Studien in Tibet, als 1959 die Chinesen dort einmarschierten und den Rinpoche vermutlich gefangen nahmen. Nachdem die Ladakhis 15 Jahre lang nichts von ihm hörten, vermuteten sie, dass er tot sei und entschlossen sich schweren Herzens, die neue Inkarnation zu suchen. Man fand sie schließlich in Dalhousie (Nordindien) in einem 12-jährigen Jungen. Dieser heute sehr weltgewandte und ausstrahlungsstarke junge Rinpoche leitet neben seinen Klöstern in Indien mehrere Meditationszentren in Europa und den USA.

Eremitage

In einer Schlucht, eine Aufstiegsstunde von Hemis entfernt, liegt die Eremitage Götsang auf 3870 m Höhe. Schon lange vor der Klostergründung meditierte hier in einer kleinen Höhle der Mönch Götsang. Als seine Behausung bei einem Erdbeben einzustürzen drohte, stützte der Yogi die Felsen mit seinem Rücken ab. Dabei soll der heute im Gestein zu erkennende Ab-

bruch entstanden sein. Um die Höhle wurde später ein Gebetsraum gebaut.

Hier wohnen einige Mönche, sie sind aber nicht immer anwesend. Vorsichtshalber sollte man vor dem Aufstieg im Hemiskloster nach dem Schlüssel fragen. In ihrer Eremitage betreiben die Mönche nebenbei eine kleine Druckerei.

Anreise

● Nach Hemis fahren täglich mehrere Busse. Eventuell ist die Rückfahrt nach Leh am Abend problematisch.

Unterkunft

● Offizielle Guest-Houses existieren in Hemis nicht, es ist möglich, eine Unterkunft für die Nacht zu finden. Das **Hemis Restaurant** unterhalb des Klosters vermietet einige einfache Zimmer.
● **Übernachtung bei Privatleuten** im Dorf. Mehrere Familien haben eigens Zimmer für Gäste eingerichtet und verdienen sich damit ein Nebeneinkommen. Nach einer Adresse fragt man am besten im Gompahotel oder in einem der Zelt-Restaurants.

Wanderung nach Stakna und Thikse

Ein rund dreistündiger Spaziergang führt zu dem am Indus gelegenen Dorf **Stakna** hinunter. Wer noch Lust hat, kann bis Thikse weiterlaufen.

In Hemis sollte man frühmorgens aufbrechen, weil dann die aufgehende Sonne ein weiches Licht auf das fruchtbare, grüne Industal wirft und die Berge sehr plastisch erscheinen. Ab 10 Uhr wird es auf der kahlen Ebe-

Ladakh

ne, auf der man die meiste Zeit läuft, schon heiß.

Wenn man die Chörten und Mani-mauern (auf der linken Seite daran vorbeilaufen!) passiert hat, biegt der Fußpfad links in die Steinebene Richtung Stakna ab. Kurz vor dem Dorf Stakna sieht man schon Kanäle des riesigen Igu-Stakna-Projekts, die diese Flächen einmal bewässern und zu Ackerland machen sollen. Halblinks am Berg ist gut die Gompa von Matho zu sehen. Obwohl sie zum Greifen nah erscheint, sind es noch einige Ki-

lometer bis dorthin; die klare Luft in Ladakh verleitet bisweilen zu solchen optischen Täuschungen.

Der Besuch von Stakna lässt sich ideal mit einer Besichtigung des Klosters verbinden. Wer vom Laufen genug hat, überquert die Brücke über den Indus und nimmt von der Hauptstraße einen Bus nach Thikse bzw. Leh.

Oder aber man läuft ein Stück Richtung **Thikse** weiter, da zumindest der erste Teil der 7 km langen Strecke sehr schön ist. Von der Stakna-Gompa aus biegt man gleich nach der Brücke den Fußpfad links ein und folgt immer dem kleinen Bach. Der Weg führt an schattenspendenden Bäumen und an Feldern entlang. Unterwegs kommt man an einem roten Lhadho auf einem Hügel vorbei, in dem die lokale Gottheit wohnt.

Nach ca. 20 Minuten am Bächlein entlang geht es schließlich nicht mehr weiter, und man muss die Straßenseite wechseln. Ein Stück ist der Weg hier noch passabel, aber dann bilden die ummauerten Grundstücke der Häuser von Thikse ein Hindernis. Es kommt darauf an, wie lange man Lust hat, sich durch dieses Labyrinth zu schlängeln – ich habe es nach einer Weile aufgegeben und bin zur Hauptstraße zurückgekehrt.

Thikse ist ein langgezogenes Dorf: von den ersten Häusern bis zum Kloster sind es weitere 4 km. Etwa 1 km vor der Gompa kann man wieder links einbiegen und an einem von Weiden gesäumten Bach weiterlaufen. Unterhalb des Klosters gibt es ein Restaurant.

Die Chörtenreihe führt zum Kloster

Hemis Schukpachen

Rund 65 km westlich von Leh bzw. drei Wegstunden von Tingmogang entfernt liegt in einem Hochtalkessel die Ortschaft Hemis Schukpachen. Schon der Name des hübschen Dorfes mit der freundlichen Ausstrahlung lässt darauf schließen, was es hier Besonderes gibt: *haya* (der alte Name für Hemis), die weißen Granitsteine in den Betten der Schmelzwasserbäche, und *schukpa,* die Wacholderbäume.

Das uralte **Wacholderwäldchen** mit etwa 100 Bäumen ist eine Rarität in Ladakh und meines Wissens nach das größte im ganzen Land. Die Wacholdersträucher werden in der buddhistischen Philosophie sehr verehrt, denn sie gelten als Sitz der Nagas, der Schlangengeister. Auch der so typische Duft, den man frühmorgens in den Klöstern riechen kann, stammt von glimmenden Wacholdernadeln.

Wacholder wurde auch in europäischen Ländern in der Antike zu Kultzwecken verwendet. Bei den alten Germanen spielte er als Zauber- und Heilmittel eine wichtige Rolle, die Zweige hängte man zum Schutz vor bösen Geistern über der Haustür auf.

In dem Wäldchen von Hemis Schukpachen hält jedes Jahr ein Mönch aus dem nahe gelegenen Kloster Rizong einen einwöchigen „Naga-Gottesdienst" ab, um die Schlangen friedlich zu stimmen. Sie sollen den Ort segnen und Glück bringen. Die Einheimischen sind tief überzeugt, dass es den Schlangen hier gefällt. Woher sonst sollte Hemis Schukpachen seinen Wohlstand haben und seine Wasserquellen, die auch im Winter nicht einfrieren?

Die Dorfbewohner hier hatten schon immer Respekt vor den Schlangengeistern – aus gutem Grund: Vor 450 Jahren wollte König *Jamyang Namgyal* der **Legende** zufolge in der Nähe des Ortes einen Bewässerungskanal anlegen lassen. Man hatte gerade mit der Arbeit begonnen, als der König schwer erkrankte, das heißt, von bösen Nagas befallen wurde. Ein Yogi wurde herbeigerufen, der in einer nahe dem Ort gelegenen Höhle für die Gesundheit des Herrschers betete und Geisterbeschwörungen vornahm. Schon kurz darauf – so die Legende – spuckte der königliche Patient eine Schlange aus und war sofort geheilt. Die Idee mit dem Bewässerungsgraben ließ man dennoch vorsichtshalber fallen.

Die Grundsteine für das kleine **Dorfkloster** wurden während der Regierungszeit des gleichen Königs gelegt – ohne Zwischenfälle. Der älteste Raum des Klosters ist der Avalokiteshvara-Tempel mit einer großen Statue dieses Bodhisattvas des Mitleids. Die Wandmalereien haben im Herbst 1992 vier Künstler aus dem Dorf fachgerecht nachgearbeitet. Hinter diesem Raum liegt ein kleines Zimmer mit angeblich wunderbaren Malereien, Fremden ist der Zutritt verboten. Erst drei Generationen alt ist der Maitreyatempel. Wer bis jetzt in der Natur keine Antilope aufgespürt hat, kann hier ein ausgestopftes, von der Decke herabhängendes Exemplar bewundern.

Ladakh

Ein wichtiger Rat für alle, die mit dem Zelt unterwegs sind: Bitte unbedingt den **Campingplatz** neben dem Tempel benutzen. Es gibt immer wieder Leute, die auf der – zugegeben – sehr verlockenden Wiese im Schatten der Wacholderbäume übernachten. Man verletzt damit zutiefst die Gefühle der Dorfbewohner, da ihnen dieser Platz heilig ist. Unter den Bäumen darf auch nicht geraucht und natürlich keine Abfälle hinterlassen werden.

In Hemis Schukpachen fand jahrelang ein in Ladakh typischer Generationskonflikt statt. Es ging um die neue **Jeeppiste,** die nun über Likir und das Nachbardorf Yangthang zum Ort hochführt. In ihrem Bedürfnis nach allem Modernen freuten sich die jungen Leute, dass ihnen die Straße nun den 3-Stunden-Marsch zur Hauptstraße hinunter erspart und den Transport erleichtert. Die ältere Generation jedoch war betrübt, dass durch Jeeps und Linienbusse der Rest der Welt näherrückte.

Übernachtung

Wacholderbäume stellen eine Rarität in Ladakh dar

● Im Ort gibt es mehrere Guest Houses, die Zimmer kosten überall, offensichtlich durch eine interne Abmachung, 200 Rupien.

Anreise

● Die Piste ist schlecht ausgebaut, und deshalb ist die Fahrt nach Hemis Schukpachen eine Schütteltour, die rund 6 Stunden ab Leh dauert. Derzeit fährt jeden Morgen ein Bus.

● Hemis Schukpachen ist zu Fuß nach drei Wegstunden von Tingmogang oder ab Yangthang auf dem Likir-Khalse-Trek (s. Kapitel „Trekking") erreichbar.

● Eine andere Möglichkeit ist, direkt ab der Hauptstraße, ca. 6 km westlich des Dörfchens Hemis Chhu, das Seitental 3,5 Stunden nach Hemis Schukpachen hochzulaufen. Sehr schöner Weg mit viel Schatten.

Kargil

Kargil ist Übernachtungsort auf der Zweitagesfahrt zwischen Srinagar und Leh sowie Ausgangspunkt für die Reise nach Zanskar hinunter. „Wanzenloch" ist eine gängige und wohl auch die treffende Bezeichnung für diese heruntergekommene Stadt. Seit die Beziehung zwischen Indien und Pakistan wieder angespannter ist, verkehrt in Kargil zudem viel Militär.

99 % der **Touristen,** die spätabends von Srinagar bzw. Leh hier ankommen, fahren gleich am nächsten Morgen weiter. Dieser „Stundentourismus" hat dazu geführt, dass sich die Hotelbesitzer keine große Mühe geben. Das Motto heißt: „Ob zufrieden oder nicht, die Touristen sind am nächsten Morgen sowieso weg". Wenn das Bettzeug schmuddelig ist, frisches verlangen!

Da wegen der Unruhen in Srinagar viel weniger Touristen als vorher durch Kargil fahren, hat das Hotelgeschäft schlimme Einbrüche erlebt. Das hat den Vorteil, dass man um die Zimmerpreise handeln kann. Zwar bemüht sich die Branche, Touristen für wenigstens einen Tag in der Stadt zu halten, indem sie Tagesausflüge in die Umgebung anpreist – aber ohne Erfolg. Kargil ist und bleibt ein Durchgangsort.

Kargil ist nach Leh die zweitgrößte Stadt in Ladakh. Es ist das **Verwaltungs- und Handelszentrum** des Distrikts Purik, der sich zwischen den Pässen Zoji La und und Fatu La erstreckt. Interessant ist ein Rundgang durch die lebhafte **Geschäftsstraße.** Man findet hier ein faszinierendes Völkergemisch von Menschen aus Baltistan, Ladakhis, Darden, Kashmiris, Sikhs und Tibeter. Kargils Bevölkerung ist überwiegend islamischen Glaubens, wobei sich der größte Teil zur schiitischen Richtung bekennt. Es gibt drei Moscheen und eine islamische Hochschule in der Stadt.

Als eine Zielscheibe pakistanischer Bombenangriffe ist Kargil im Frühjahr 1999 in den pakistanisch-indischen Konflikt hineingeraten. Ein Teil der Bevölkerung wurde in diesen Monaten evakuiert, viele Häuser und öffentliche Einrichtungen sind zerstört worden.

Unterkunft

Mittlere Kategorie

Es gibt eine große Anzahl billiger wanzenverseuchter Absteigen. Halbwegs empfehlenswert sind die folgenden Unterkünfte der mittleren Preiskategorie:

● **Tourist Majina:** Eine beliebte Unterkunft für Traveller, da sie gleich am Bus- stand liegt. Die Preise, zwischen 175 und 250 Rupien,

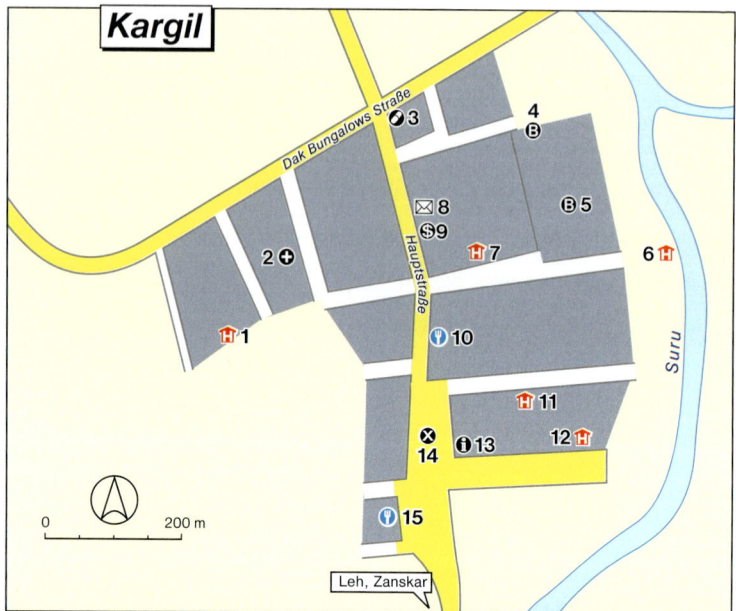

1 Dak Bungalow
2 Krankenhaus
3 Apotheke
4 Ticketbüro,
  Lokalbus-Platz
5 Busstand nach Leh,
  Padum, Srinagar
6 Tourist Bungalows
7 Tourist Majina
8 Post
9 State Bank of India
10 Shashila Restaurant
11 Hotel Siachen
12 Hotel Greenland
13 Touristenbüro
14 Taxistand
15 Punjabi Restaurant

sind für die leidliche Qualität der Zimmer zu hoch (es gibt Mäuse!). Das Hotel hat aber den Vorteil, dass der Manager bei der Organisation von Bustickets behilflich ist.

● Das **Hotel Greenland,** Tel. 1985/23 23 24, ist sauber und einfach. Es liegt ruhig in einem schönen, schattigen Garten. Die Übernachtung kostet 250–350 Rupien.

● Von der Möglichkeit, die **Tourist Bungalows** als Unterkunft zu nutzen, ist abzuraten! Bei Bombenangriffen aus Pakistan wurde mehrfach auf das dahinter liegende Militärcamp gezielt, was bedeutet, dass Granatensplitter im Umfeld der Bungalows liegen können.

Obere Kategorie

● **Hotel Siachen,** Tel. 1985/23 22 21. Die Zimmer sind sauber und kosten ca. 2000 Rupien mit heißer Dusche. In der gepflegten Anlage gibt es einen kleinen Blumengarten.

● Auf der anderen Flussseite liegt das **D-Zojila,** Tel. 1985/23 23 60. Das Hotel hat schlichte und saubere Zimmer (2500 Rp.) und einen guten Blick über die Stadt.

Essen

Den meisten Guest Houses ist ein Restaurant angeschlossen.
●Beliebtester Treff zum „Auswärts-Essen" ist das **Shashila-Restaurant** an der Hauptstraße, wo chinesische Küche angeboten wird. Die Qualität ist zwar nicht überragend, aber genießbar. Allerdings muss man oft lange auf sein Essen warten.
●Gegenüber vom Taxistand liegt das kleine, saubere Restaurant **Punjabi Janta.** Es gibt zwei einfache aber wohlschmeckende Gerichte: Linsen mit Reis (Dal Bhat) und Gemüsecurry.

Nützliche Adressen

●In der Nähe des Taxistandes befindet sich das Büro der **Touristeninformation.**
●Das **Postamt** ist Mo–Sa von 10–17 Uhr geöffnet. Es gibt einen Poste-Restante-Schalter, an dem die Briefe einen Monat aufgehoben werden: poste restante, Kargil 194103, J&K, India
●Die **State Bank of India** hat Mo–Fr 10–13.30 Uhr und Sa 10–12 Uhr Geschäftsverkehr. Man kann dort Reiseschecks (keine Euros) einlösen.
    Achtung: Kargil ist der letzte Ort vor Zanskar, wo man offiziell Geld wechseln kann!
●Das **staatliche Krankenhaus** ist passabel. Auf der ambulanten Station werden Stuhluntersuchungen durchgeführt.

Weiterreise

Nach Srinagar und Leh

●**Mit dem Bus:** Im Normalfall hat man sein Ticket von Leh nach Srinagar bzw. in umgekehrter Richtung vorher für die ganze Strecke gekauft. Je nachdem, wie der Bus auf der Fahrt vorankommt, wird man abends oder nachts für ein paar Stunden ein Zimmer nehmen. Morgens um 3 Uhr geht es weiter. Busse fahren von Kargil nach Padum (Zanskar) erst, wenn alle Plätze ausverkauft sind.

Wer sein Ticket erst in Kargil für die Weiterfahrt organisieren will oder von Zanskar hochkommt, kann Pech haben. Oft sind die Busse ab Srinagar bzw. Leh nämlich für die ganze Fahrt ausgebucht. Als Alternative könnte man auf einen LKW ausweichen oder mit anderen ein Sammeltaxi nehmen.
    Das Busticket wird am Abend vorher besorgt, das Office befindet sich am Busstand für die Kurzstreckenbusse. Oft helfen die Hotelmanager beim Ticketkauf.
    Nach Srinagar und Leh kosten die Tickets den gleichen Preis: 300 Rupien in der A-Klasse, 200 Rupien in der B-Klasse. Die Fahrt dauert nach Srinagar etwa 10–11, nach Leh rund 13 Stunden.
●**Mit dem LKW:** Die LKW nach Srinagar fahren abends bis zum Straßenkontroll-Posten nach Dras, 60 km westlich von Kargil, durch und übernachten erst dort. Man muss also am späten Nachmittag in Kargil auf die LKW warten und zum Übernachten nach Dras mitfahren. Morgens um 7 Uhr öffnet der Checkposten die Schranken für die Weiterfahrt auf der Einbahnstraße zwischen Dras und dem Zoji-Pass. Gleiches gilt in umgekehrter Richtung nach Leh hoch. Deshalb kommen die LKW im Lauf des Vormittags durch Kargil.

Nach Zanskar

●**Mit dem Bus:** Am schnellsten und einfachsten kommt man nach Zanskar mit dem Bus. Wer die Strecke in mehreren Etappen absolvieren will, muss sich auf einige Warterei im jeweiligen Absteigeort einstellen. Das Weiterkommen ist oft ein Problem, da die kommenden Busse von Kargil meist voll sind und keine Passagiere mehr mitnehmen. An manchen Tagen fährt kein LKW nach Zanskar und wenn, ist er oft überfüllt und hält nicht. Bis vor kurzem haben die Busse die von Schlaglöchern übersäte, 240 km lange Strecke in zwei Etappen mit einer Übernachtung in Rangdum zurückgelegt. Jetzt fährt der Bus morgens um 3 Uhr los und erreicht Padum gegen 18 Uhr. Auf dem Fahrplan stehen zwei Busse pro Woche. Die Abfahrtstage variieren und sollten an Ort und Stelle erfragt werden. Wenn genug Passagiere warten, wird ein Extrabus eingesetzt. Auf der

Ladakh

Strecke steigen oft so viele Leute zu, dass der Bus in den letzten Stunden maßlos überfüllt ist. Daher ist ein Platz am Fenster der bequemste!

Unterwegs müssen mehrere Checkpoints passiert werden.

●**Mit dem LKW:** Die LKW fahren zu unregelmäßigen Zeiten von Kargil nach Padum los, und da es täglich im Schnitt nur zwei bis drei Fahrzeuge gibt, ist es nicht ganz einfach, eines zu erwischen. Man muss im Ort herumschauen, wo sie stehen. Eine Alternative wäre, mit dem Kurzstreckenbus zum 70 km entfernten Ort Panikhar zu fahren (Abfahrt 7 bzw. 15 Uhr) und dort auf einen LKW zu warten. In Panikhar gibt es ein Tourist Bungalow.

●**Mit dem Jeep-Taxi:** Ein Jeep kann in Kargil gemietet werden (9000 Rp.). Sinnvoller ist es jedoch, die Reise nach Padum in mehrere Etappen zu unterteilen (ca. 14.000 Rp.) Beispiel: 1. Tag bis Panikhar, 2. Tag bis Rangdum und 3. Tag nach Padum (Näheres siehe Kapitel Zanskar).

Lamayuru

Als einsamer Wachposten inmitten schier endloser Bergwildnis erhebt sich – von weitem schon sichtbar – das Kloster Lamayuru. Wer von Srinagar hochkommt, erlebt in Lamayuru, 124 km westlich von Leh, seine erste Begegnung mit dem tibetischen Buddhismus. Das Kloster hinter dem Fatu-Pass bietet einen unvergesslichen Anblick. Diese in einer faszinierend bizarren Landschaft gelegene Yundrun-Tharpaling-Gompa ist eines der ältesten Klöster Ladakhs und bietet viele Kostbarkeiten. Unterhalb des Klosters liegt das einsame, scheinbar in Dornröschenschlaf versunkene **Dorf Lamayuru**. An seinem Fuß führt an langen Gebetsmauern und Chörten entlang der alte Karawanenweg.

Das Kloster liegt etwa 500 m unterhalb der Hauptstraße. Links vom Restaurant an der Straße führt ein Fußpfad direkt zu der Klosteranlage hinunter.

Geschichte

Wie bei allen Klöstern, ranken sich auch um die Entstehung Lamayurus fantasievolle **Legenden.** Interessant ist allerdings, dass hier die alten Sagen durch neue wissenschaftliche Erkenntnisse exakt bestätigt worden sind. Die Legende erzählt von einem heiligen See am Fuße des heutigen Klosterberges, in dem böse Schlangengeister (Nagas) ihr Unwesen getrieben haben. Der buddhistische Wanderasket Arahat Madhyantaka bezwang diese Nagas, indem er sich fliegend auf die Wasserfläche herabsenkte und einige Körner darauflegte. Die Körner sprossen, und als die Halme wuchsen, entstand aus grauem Roggen ein rechtsdrehendes Hakenkreuz (Swastika) – dies war das Zeichen des Buddha Shakyamuni. Daraufhin mussten sich die Schlangen geschlagen geben, und sie ergriffen, als schlammbedeckte Löwen verkleidet, eilends die Flucht. Nach diesem Sieg der Lehre Buddhas floss das Wasser vom See ab, und auf dem freigelegten Hügel wurde das Yundrunkloster errichtet.

Wie die Geologen heute wissen, war dieser **legendäre See** ein Süßwassersee, der sich vor 35.000 Jahren um das jetzige Dorf Lamayuru aufzufüllen begann. Zu dieser Zeit, während der geologischen Periode des späten Pleistozän, war die ganze Gegend von dichtem Wald bestanden, weshalb hier heute Kohle gefunden wird.

Der Höchststand des damaligen Wasserspiegels ist optisch sehr gut zu erkennen: Er reichte bis zu den hellgelben Sandablagerungen, die sich in einer waagerechten Linie im Tal entlangziehen. Vor 3000 Jahren öffnete sich durch eine Verschiebung der Erdkruste das Tal, und das Wasser floss zum Indus hin ab. Mit etwas Glück findet man um Lamayuru Versteinerungen.

Die **Auswaschungen im Sandstein,** die sogenannten „Schornsteine", die der ganzen

Ladakh

Landschaft ihre mondartig bizarre Atmosphäre verleihen, sind durch Gesteinsabtragungen (Erosion) im Lauf der Jahrtausende auf folgende Weise entstanden: Der Sand ist unterschiedlich fest miteinander verbacken. Durch Einfluss von Wind und Wasser werden die weicheren Stellen schneller abgetragen, während die harten Partien in Form der typischen „Schornsteine" stehen bleiben. In ferner Zukunft werden auch sie verschwunden sein.

Die **historisch belegte Geschichte** des Klosters Lamayuru beginnt im 11. Jh. Damals kam im Laufe einer neuen Verbreitungswelle der buddhistischen Lehre der große indische Yogi *Naropa* nach Lamayuru, um hier in einer Höhle zu meditieren. Zum Großkloster entwickelte sich Lamayuru schließlich durch *Rinchen Zangpo*.

Er errichtete im Zuge einer einzigartigen Bauwelle in ganz Westtibet 108 Tempel, Klöster und Übersetzerschulen, davon ließ er in Lamayuru gleich fünf Gebäude erstellen. Kurz darauf siedelten sich hier 400 Mönche der Kadampaschule an.

Im 15. Jahrhundert hat man das Kloster als Folge politischer Machtkämpfe in eine Niederlassung der halbreformierten Rotmützen, der Digunkpa-Schule, umgewandelt. Fortan genoss Lamayuru das besondere Wohlwollen der damaligen Könige, die die jeweiligen Äbte als ihre religiösen Berater an den Hof riefen. Dadurch erhielt das Kloster das seltene Recht, Verbrechern Asyl zu gewähren. Bis heute ist das Rotmützenkloster mit seinen 150 Mönchen eines der größten in Ladakh.

Die Häuser von Lamayuru stehen in einer bizarren Landschaft

Naropa

Sehenswertes

Hauptgebäude

Das massive Hauptgebäude des Klosters stammt vermutlich aus dem 16. Jh. Es beherbergt die Versammlungshalle und im 1. Stockwerk den Gonkhang (Raum der zornvollen Schutzgottheiten) sowie Räume für verschiedene Gottheiten und den Abtsraum.

Versammlungshalle

Über den kleinen Innenhof gelangt man zunächst zur renovierten Versammlungshalle (Tschokhang). An der rechten Wandseite zwischen den Bücherreihen befindet sich die winzige Höhle, in der *Naropa* einst in meditativer Versenkung weilte. Die drei Figuren darin zeigen den Heiligen selbst sowie seinen Lehrer Tilopa und seinen Schüler Marpa. Die Standbilder auf dem Altartisch stellen den Buddha Shakyamuni mit seinen beiden Lieblingsschülern dar sowie einige Äbte mit ihren typischen roten Lamamützen.

Apchi-Lhakhang

Vom Tschokhang aus führt eine kleine Tür zum dahinter liegenden Apchi-Lhakhang, dem Tempel der Schutzgöttin Apchi. Der niedrige Sitz in der linken Ecke mit der riesigen Trommel davor ist für den Lama reserviert, wenn er seine Rituale durchführt. Auf dem wandbreiten Altartisch ziehen zunächst die vielen bunten, kunstvoll aus Tsampa (Gerstenmehl) und Butter geformten Opferfiguren die Aufmerksamkeit auf sich. Wenn der Klosterführer freundlicherweise den Glasschrank aufmacht, steigt dem Besucher eine Duftwolke viele Jahre alter, beißend ranziger Butter in die Nase.

Zwei der rechts anschließenden sieben Skulpturen zeigen die Schutzgöttin Apchi: Als zweite von links neben dem zornigen Gott Mahakala steht sie da mit Schädelschale und Spiegel. Ganz rechts wird sie als reitende Apchi dargestellt. Apchi Tschökyi Gronma ist die spezielle Schutzgöttin des Klosters. Einer Legende zufolge soll sie der Liebesbeziehung zwischen einem wunderschönen Brahmanensohn und einer auf Adlern fliegenden Tochter von Berggeistern aus Tibet entstammen.

Gonkhang

Weniger interessant ist der Gonkhang, zu dem man vom Klosterhof aus über Treppen gelangt. Der Raum der Schutzgottheiten ist eigentlich nur durch seine Wandmalereien als solcher erkennbar: An der rechten Wandseite ist der Beschützer Mahakala in seiner 9köpfigen Verkörperung neben dem zornigen Heruka mit seiner Gefährtin zu sehen. Die linke Seitenwand zeigt wieder Apchi auf dem Pferd sowie Tseringma, eine alttibetische Berggöttin und Schutzgottheit der Darden. Auf dem Altartisch zwischen drei Silberchörten stehen Figuren von Heiligen der Kargyüpa-Schule.

Die große Chörtengrupe vor dem Hauptgebäude enthält die Reliquien vieler Mönchsgenerationen. Die Gläubigen schreiten sie in einem Rundweg (im Uhrzeigersinn!) ab, wobei sie die vielen kleinen, von Leder und Stoff umwickelten Gebetszylinder andrehen.

Löwentempel

Der faszinierendste Raum des ganzen Klosterkomplexes ist der versteckte Sengge-Lhakhang, der Löwentempel. Er liegt ein Stück unterhalb vom Haupttempel im alten Dorf, und man erreicht ihn auf einem schmalen Pfad durch enge, verwinkelte Gassen. Die Kletterei lohnt sich aber unbedingt, denn die zornvollen Figuren und tanzenden Skelette an der Wand verleihen dem Löwentempel eine mysteriöse Atmosphäre. Der Raum ist fast 1000 Jahre alt und stammt damit aus der Gründungszeit des Klosters.

Die drei zornigen Figuren in dem rechten kleinen Raum verteidigen mit Waffen und fürchterlichen Fratzen die buddhistische Lehre: Neben dem vierarmigen Mahakala in der Mitte reitet rechts auf einem Löwen der Schutzgott Damcan. Zur Linken erscheint als einzige weibliche Beschützerin die blaue Palden Lhamo.

An den Wänden sind Fresken von weißen Skelett-Tänzern (Tschitipati) zu sehen, die etwas wie Kinderzeichnungen aussehen, und als Erscheinungsform von Mahakala die Vergänglichkeit alles Irdischen symbolisieren.

Der Hauptraum enthält als Blickfang eine neuere Stuckfigur mit Darstellungen der fünf Dhyani Buddhas. Im Zentrum sitzt der Buddha der Weltmitte auf seinem mit Löwen und Elefanten verzierten Lotusthron. Umgeben ist er von üppigem Rankenwerk und paarweise angeordneten Fabelwesen wie Schneelöwen, Elefanten, aus einem Delfin entstandenen Seeungeheuern und schließlich auf der Spitze vom Urvogel Garuda.

Um den Urbuddha ordnen sich die Buddhas der vier Himmelsrichtungen an. Rechts die Buddhas des Nordens und Südens, Amoghasiddhi und Ratnasambhava. Links die Herrscher des Westens und Ostens, Amithaba und Akshobhya.

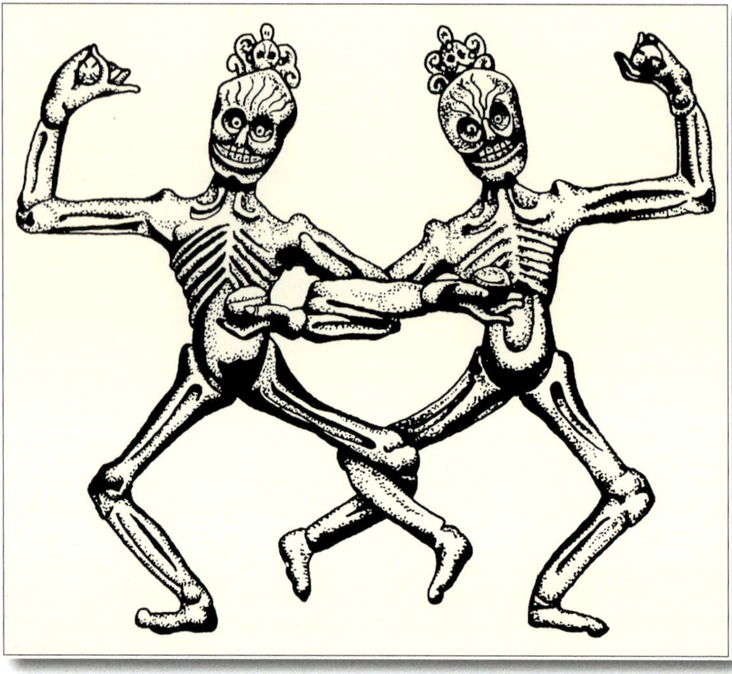

Skelett-Tänzer im Löwentempel

Die kunstvollen Malereien stammen ebenfalls aus dem 11. Jh. Mit der Taschenlampe kann man einige Szenen erkennen, aber leider hat ein Großteil der Malereien starke Regenschäden erlitten.

An- und Weiterreise

●Achtung: Wer von Leh einen Ausflug nach Lamayuru unternimmt, muss den **Reisepass** dabei haben! Drei Kilometer hinter Khalse werden, zumindest zeitweise, die Pässe am Checkposten überprüft.

●Ein öffentlicher Bus fährt derzeit nur einmal wöchentlich nach Lamayuru. Alternativ kann man einem Bus zwischen Leh und Kargil zusteigen. Privatbusse bedienen Lamayuru derzeit nicht.

●Vor einigen Jahren ist die Straße nach Lamayuru durch das fabelhafte, mondartig anmutende „Moonvalley" fertig geworden. Wenn man per Taxi unterwegs ist, empfiehlt es sich, eine Strecke von Leh nach Lamayuru auf der herkömmlichen Straße zu fahren und den Rückweg durch das „Moonvalley" zu nehmen. Acht Kilometer vor Khalse stößt man wieder auf die Hauptstraße.

Unterkunft

●Das **Gompa Hotel,** direkt an der Hauptstraße, wurde zu einem passablen Mittelklassehotel umgebaut.

●Die Zimmer im **Dragonhotel,** das im Dorf liegt, sind zwar groß, aber ziemlich schmuddelig. Das Bad liegt an der hygienischen Schmerzgrenze, und mancher Tourist musste hier sein Bett mit Tierchen teilen. Preise schwanken offenbar nach Gutdünken zwischen 100 und 300 Rupien – eindeutig zu viel.

●In Ordnung ist das **Shangri La Hotel** mit seiner Dachterrasse und Zimmern mit Aussicht. Manche Zimmer haben eigenes Bad (150–400 Rp.). Allerdings wird abends oft laute Hindi-Musik gespielt.

●Klösterliche Atmosphäre in bester Gesellschaft der Mönche bekommt man im **Monastery Hotel,** direkt im Kloster. Die Einrichtung ist spartanisch, aber sauber. Gemeinschaftsbad. Mit einem Preis von 1000 Rupien allerdings relativ teuer. Im Haus wird auch leckeres Essen angeboten.

●Das **Digong Labrang Guest House** (100 Rp. pro Person) direkt an der Hauptstraße ist nicht zu empfehlen wegen des Verkehrslärms.

●Nahe des Hotel Dragon gibt es einen Zeltplatz **Swastika Camping Site.**

Ausflüge

●Ab Lamayuru empfiehlt sich ein **Spaziergang ins „Moonvalley"** in Richtung Wanla. Man läuft durch die erodierte Landschaft zum Prinkiti La, dem „Eidechsenpass", auf 3750 m hoch.

●Wer daraus eine **Tageswanderung** machen will, kann ab Lamayuru rund drei Stunden bis **zum Ort Wanla** laufen. Dort steht der Tempel Tschu Tschik Schal, der aus der gleichen Zeit wie Alchi, also aus dem 11. Jh. stammt und ein beliebter Wallfahrtsort ist. Die genaue Streckenbeschreibung siehe Kapitel Trekking, Lamayuru-Padum-Trek.

Likir

Eines der sehenswerten Klöster ist das 50 Kilometer westlich von Leh gelegene Kloster von Likir. Im Dorf Likir leben einige Maler und Tischler, und hier ist der Ausgangs- bzw. Endpunkt des im Kapitel „Trekking" beschriebenen 3-Tages-Treks nach Tingmogang. Der Ort zieht sich mehrere Kilometer lang in dem breiten Tal hoch, in dessen oberem Teil die Klosteranlage steht. Die 6 km lange Stichstraße führt in weitausholenden Kurven, an Dutzenden Chörten vorbei, die kleine Anhöhe hinauf. Diese Chörten säumten ehemals den Pilgerweg von der nahe gelegenen West-Ost-Karawanenroute zur Gompa. Der Anblick vom Tal zum Kloster ist ausgesprochen malerisch: schneeweiße, ineinander geschachtelte Mönchshäuser mit dem Tempelkomplex auf der Hügelspitze. Eine riesige Statue von Maitreya empfängt den Besucher seit 1998 am Eingang des Klosterkomplexes. Der Dalai Lama selbst hat diesem Kunstwerk seinen

Segen gegeben. Es besteht aus Beton und sein Sockel ist gefüllt mit Schriftrollen, die ursprünglich aus dem Kloster selbst stammen.

Klostergeschichte

Die Lu-Khyil-Gompa gehört mit einem Alter von über 900 Jahren zu den älteren Klöstern Ladakhs. Entstanden ist Likir genau im Jahr 1065. Den ladakhischen Königschroniken zufolge hat der 5. König, *Lhachen Gyalpo*, damals einen bekannten Meditationsmeister mit der Klostergründung beauftragt. Dieser Yogi wählte jenen seit Urzeiten heiligen Ort aus, und mit magischen Riten umschloss er den Platz mit fiktiven Schlangenkörpern, um die Angriffe böser Dämonen abzuwehren. So erhielt die Gompa ihren Namen Lu-Khyil „die von Schlangen Umschlossene". Der König stellte Likir danach so viel Geld und Ländereien zur Verfügung, dass hier 500 Mönche gut leben konnten.

Im 15. Jh. wurde das Kloster von der Gelukpaschule übernommen und zum Hauptsitz einiger Nebenklöster in Ladakh und Zanskar. Heute leben hier etwa 100 Gelbmützen-Mönche. In der klostereigenen Schule bekommen die Novizen eine gute Ausbildung.

Sehenswertes

Versammlungshalle

Wie überall, ist der Klosterhof Aufführungsplatz für die etwa im Februar stattfindenden Maskentänze; er ist

Anfahrt zum Kloster Likir

070lz Fotos: jm

deshalb an zwei Seiten von überdachten Zuschauergalerien umschlossen.

Die Versammlungshalle liegt rechts vom Innenhof. Gleich über der Tür hängen zwei etwa 4 m lange, zusammengerollte Thankas, die während der Festspiele aufgerollt werden. Sie stellen den Gründer der Gelbmützen-Schule, *Tsongkhapa,* und Buddha Shakyamuni dar. Die beiden Seitenwände sind bis zur Decke vollgestellt mit Büchern der buddhistischen heiligen Texte, *Kandjur,* und deren Kommentare, dem *Tandjur.*

Den Raum dominiert ein Altar mit den davor erhöhten Sitzen für den Dalai Lama und den derzeitigen Klosterabt, *Ngari Rinpoche.* Die Mitte des Altartisches, gleich hinter dem Dalai-Lama-Sitz, nimmt Buddha Shakyamuni mit seinen beiden engsten Schülern ein. Ganz links stehen drei Chörten, in denen Gebeine und andere Reliquien verstorbener Äbte aufbewahrt sind. Auf der rechten Seite des Altars ist *Tsongkhapa* mit zwei Schülern dargestellt.

Chenresig-Lhakhang

Der Chenresig-Lhakhang (Avalokiteshvara-Tempel) ist vom Klosterhof über eine kurze Treppe zugänglich. Die Hauptfigur in dem Raum ist – wie der Name schon sagt – eine 11-köpfige Statue dieses Bodhisattva der Nächstenliebe. Die aufgefrischten Wandmalereien stellen als Hauptthema Buddha Shakyamuni dar: Rechts ist Buddha umgeben von 16 weisen Lehrern, und links thront er inmitten von 35 Buddhas der Sündenvergebung.

Abtswohnung

Direkt oberhalb davon liegt die Abtswohnung (Simchung). Da *Ngari Rinpoche,* der jüngere Bruder des Dalai Lama, in Dharamsala lebt und praktisch nie anwesend ist, wurde der Raum zum Museum umfunktioniert. Schön sind die Sandelholzfiguren aus Tibet hinter der Glasvitrine. Eine Sammlung wertvoller Thankas an den Wänden lässt auf den früheren Reichtum des Klosters schließen. Seit Generationen leben hervorragende Thankamaler im Dorf, die manche dieser Rollbilder hergestellt haben.

Gonkhang

Rechts neben dem Simchung ist der neue Raum für die Schutzgottheiten (Gonkhang) untergebracht.

Das riesige Vorzimmer ist leer bis auf einen Glaskasten, in dem in einer Holzkiste mehrere Sandmandalas aufbewahrt werden. Der dahinterliegende eigentliche Gonkhang ist den Schutzgottheiten Yamantaka und Kalachakra gewidmet. Frauen dürfen ihn nicht betreten.

Auf dem Dach ist ein interessantes kleines **Museum** eingerichtet, in dem noch ein paar weitere wertvolle Thankas, Ritualobjekte, Kriegsgerät und alte Schriften zu bewundern sind.

Anreise

● Täglich fährt mindestens ein Bus von Leh nach Likir – allerdings vermutlich nachmittags. Man sollte eine halbe Stunde vorher am Busbahnhof sein, um einen Platz zu reservieren. Rückfahrt ist am nächsten Morgen, man braucht also einen Schlafplatz im Dorf.

Ladakh

Unterkunft

Likir ist ein sehr schöner Ort, gern verbringen Reisende hier ein paar Tage.

● Das **Norboo Spon Lingstod Guest House** (altes Haus) liegt mitten im Dorf und ist ein bisschen schwierig zu finden. Man muss sich durchfragen. Der Vermieter, ein Maler, spricht gut Englisch und ist sehr freundlich. Die Wände vor seinen Gästezimmern hat er mit witzigen Skizzen und Sprüchen dekoriert. Zimmer mit Vollpension zwischen 150 und 300 Rp.

● Der Neubau des **Norboo Spon Guest House,** Tel. 22 71 37, liegt direkt unterhalb der Klosterstraße außerhalb des Dorfs, die Preise sind wie im alten Haus.

● **Gaph-Chow Hotel & Guest House,** Tel. 22 71 51, nahe der Middle School. Einzelzimmer kosten zwischen 200 und 300, Doppelzimmer 300 bis 400 Rp. Im Guest House werden auch Guides und Ponys für Treks vermittelt. Wer lieber im Zelt schläft, zahlt 100 Rp. pro Person und Nacht auf dem **Gaph-Chow Campingplatz.** Wer sein eigenes Zelt mitbringt, zahlt 60 Rp.

● **Norboo Lagamschow Guest House,** Tel. 22 71 45, direkt neben dem Gaph-Chow bietet ebenfalls die Möglichkeit, im Zelt zu übernachten. Ein Zimmer im Guest House kostet um die 100 Rp.

Manggyu

Ein lohnenswerter Ausflug führt in das in einem einsamen Seitental des Indus, ca. 78 km westlich von Leh gelegene Dörfchen Manggyu. Am besten unternimmt man den **Tagestrip** dorthin **von Alchi** aus. Auch wenn das Kloster in Manggyu, gerade nach dem Besuch der einmaligen Alchi-Tempel, nicht so beeindruckend wirkt, beurteilen Experten die Skulpturen dort als qualitativ ebenbürtig mit Alchi.

Kalachakra

Wanderung nach Manggyu

Auch für nicht so große Kunstfreunde ist die schöne Wanderung nach Manggyu ein lohnendes Erlebnis – selbst wenn der Ort seit einigen Jahren per Auto auf der neuen Jeepstrecke erreichbar ist.

Wanderstrecke: Man fährt am besten von der **Saspol-Brücke** 12 km bis zu der neuen Brücke in Gira. Wer gut zu Fuß ist, kann ab der Saspol-Brücke linker Hand den Indus entlang bis zum Ort Gira laufen. Allerdings dauert der monotone Marsch rund zwei Stunden, die man besser später im Tal verbringt.

Gira ist ein Weiler mit ein paar Häusern und einer großen Wiese, auf der man sein Zelt aufschlagen kann, wenn man nicht nach Alchi zurück, sondern evtl. weiter nach Rizong will. An einem der Häuser hängt über der Eingangstür eine besonders schöne „Geisterfalle", eine aus Fäden gesponnene Raute, die Geister am Betreten des Hauses hindern soll.

Ab Gira öffnet sich ein enges Tal, in dem der Weg rechter Hand des Wasserkanals entlangführt. Die Felsenwände sind schroff erodiert und erinnern an einen Cañon. Etwa nach einer halben Stunde ist eine Gabelung mit dem Wasserfall auf der linken Seite erreicht. Hier biegt der Weg nach rechts ab, und das Tal wird offener. Manchmal trifft man unterwegs Kinder mit ihren Ziegenherden. Übrigens gibt es an dem Flüsschen einige versteckte Plätze hinter Büschen und Pappeln, wo man sich mit einem Bad erfrischen kann. Die letzten 15 Minuten führt ein steiler gewundener Trampelpfad zum Ort hoch.

Das Dorf Manggyu liegt auf einer landwirtschaftlich genutzten Hochfläche, wo sich unterhalb die Felder auf mühsam von Hand angelegten Terrassen entlangziehen. Mehrere neugebaute Häuser lassen ahnen, dass deren Bewohner nicht gerade arm sind. Trotzdem heißt das Lieblingsspiel der Kinder in Manggyu: „Wir betteln Touristen um Bonbons an".

Für einen Ausflug nach Manggyu ist es auch möglich, in der am Indus gelegenen Ortschaft **Uletokpo** zu campieren. Von dort aus läuft man nur 15 Minuten zum Dorf Gira (über die Brücke). Die Campinggebühr in Uletokpo liegt bei 70 Rupien.

Sehenswertes

Die vier kleinen Einzeltempel liegen mitten im Ort zusammengedrückt zwischen Wohnhäusern. Betreut wird das Kloster von Mönchen aus Likir,

Buddha auf seinem Lotusthron

und meistens ist entweder ein Mönch oder ein Aufpasser mit dem Schlüssel in der Nähe. Um die **Fresken** genau inspizieren zu können, ist eine Taschenlampe nützlich. Leider haben stümperhafte „Künstler" einige Malereien grob übermalt, und um das hinein tropfende Regenwasser kümmert sich niemand. Besonders die Skulpturen sind aber sehr gut erhalten.

Ursprünglich ist dieses abseits der Karawanenrouten gelegene, ruhige Kloster wohl eine Gründung von Mönchen der Kadampa-Schule im 11. oder 12. Jh. gewesen. Als die reformierten Gelbmützen im 15. Jh. die Kadampa-Schulen übernahmen, ging auch Manggyu an die Gelukpas über.

Jedes der vier Gebäude ist einer Gottheit gewidmet, und zwar von links nach rechts: dem Manjushri (Buddha der Weisheit), dem Avalokiteshvara (Bodhisattva des Mitgefühls), daneben liegt die Versammlungshalle, und das Gebäude ganz rechts ist Maitreya (Buddha des kommenden Weltzeitalters) gewidmet.

Den zentralen Platz in der Reihe nimmt der dritte Raum, die ehemalige **Versammlungshalle**, ein. Alle Wände sind hier mit riesigen, teils übermalten Mandalas bedeckt. Nur die linke Seite neben der Eingangstür widmet sich anderen Themen: Dort stellt die untere Reihe verschiedene Schutzgottheiten dar, die mittlere den Bodhisattva der Weisheit, Manjushri, und die obere Reihe Buddha Shakyamuni. Die Aufmerksamkeit wird jedoch von den neun mit Goldfarbe bemalten Holzstatuen angezogen. Der Buddha sitzt hier

in der Mitte auf seinem Lotusthron, wobei er umgeben ist von einem kunstvoll geschnitzten Holzrahmen, in dem Fabeltiere und mystische Wesen auftreten. Auf beiden Seiten wird Buddha von acht Bodhisattvas begleitet, die sich durch ihre Handhaltungen unterscheiden.

Der links angrenzende **Avalokiteshvara-Tempel** (Chenresig-Lhakhang) ist dem Bodhisattva des Mitgefühls gewidmet. Avalokiteshvara tritt hier mit 11 Köpfen und 1000 Armen auf. Die Wand hinter dem Bodhisattva wurde sehr schön mit dem Buddha und seinen beiden Schülern bemalt. Auf dem Altar sind Figuren von Padmasambhava, dem pferdehalsigen Beschützer Tandim, Vajrasattva, dem Buddha der Stärke (Vajrapani) und Tsongkhapa zu sehen.

Im **Tempel links** außen steht die überlebensgroße Figur des Bodhisattva der Weisheit, Manjushri. Auf der hinteren Wand sitzt der Buddha Vairocana mit weißem Körper und jeweils 6 Köpfen und Armen auf einem Lotusthron.

Ganz rechts schließlich steht in dem kleinen Tempel eine zweistöckige Stuckfigur des Buddhas der Zukunft, Maitreya. Besonders wertvoll ist diese Figur wegen der prächtigen Bemalung ihres Beinkleides nach dem Vorbild von Alchi.

Matho

Matho liegt 5 km abseits der Hauptstraße bzw. 26 km südöstlich von Leh im Industal. Es gehört mit rund 250 Häusern, zwei Schulen und einer Versuchsfarm, in der Merino-Schafe mit einheimischen Arten gekreuzt werden, zu den größeren Ortschaften Ladakhs.

Sehenswertes

Orakelfest

Besonders interessant ist das Dorfkloster nicht, seine landesweite Berühmtheit verdankt es vielmehr dem im Februar stattfindenden Orakelfest. Tausende von Ladakhis nehmen oft lange Wege in Kauf, um dabei zu sein, wenn zwei Mönche des Klosters sich dann in die zornvolle Schutzgottheit Rongtsan verwandeln. An diesem Tag sagen sie die Orakel die Zukunft voraus und beschwören böse Geister.

Auf dem Höhepunkt des Festes laufen die beiden Mönche in Trance mit verbundenen Augen auf dem Sims des Klosterdaches. Schließlich schneiden sie sich mit Messern und Schwertern tiefe Wunden in ihre Zunge – die Wunden sind eine Stunde später verheilt! Die Schutzgottheit Rongtsan gilt als besonders energievoll und war schon früher das Staatsorakel der ladakhischen Könige.

Man mag an die Existenz solcher Götter glauben oder nicht. Aber zweifellos ist es beeindruckend zu erleben, welche unglaubliche Körperbeherrschung ein Mensch durch intensive Meditation entwickeln kann. Die beiden Männer leben nämlich zwei Monate lang vor ihrem großen Auftritt in völliger Zurückgezogenheit und geistiger Versenkung.

Die Mönche, die von den Gottheiten Rongtsan „besucht" werden, wechseln alle drei Jahre. Alle 60 Mönche des Matho-Klosters schreiben ihre Namen auf Zettel und legen ihn auf einen Teller. Der Oberlama des Klosters zieht nach einer kurzen Meditation zwei Namen aus dem Zettelhaufen, und diese beiden Mönche sind für die folgenden drei Jahre die „Lhapa", die Orakel.

Ich habe vor mehreren Jahren eines dieser Orakel kennen gelernt. Es war ein sympathischer junger Mönch, der gerade mit den Novizen im Klosterhof herumalberte, und dessen weltliche Erscheinung so gar nicht mit den skurrilen Selbstverstümmelungs-Bildern von dem Orakelfest, die im Lamdey-Lhakhang ausgestellt und zu bestaunen sind, zusammenpassen mochte.

Gonkhang

Der Gonkhang, der Tempel der zornvollen Schutzgottheiten auf dem Klosterdach, ist noch der beeindruckendste Raum in Matho. Hier herrschen Mahakala und Rongtsan. Der Boden des ganzen Raumes ist knöchelhoch mit Gerstenkörnern aufgefüllt, denn in Matho ist es Tradition, dass die Bauern vor jeder Ernte zur Besänftigung der Schutzgottheiten eine Handvoll Getreide ins Kloster bringen. Im Lauf der Jahre hat sich – zur Freude der vielen Mäuse hier – die Gerste einige Zentimeter hoch angesammelt.

Ladakh

Frauen ist der Zutritt zum Gonkhang verboten. Auch darf darin nicht fotografiert werden, da es heißt, ein Abbild würde den Raum seiner spirituellen Kräfte berauben.

Im Mittelteil des Klosters sind die Versammlungshalle, die Bibliothek und der Lamdey-Lhakhang untergebracht. Letzterer beinhaltet neben einigen alten Thankas die Figuren des Klostergründers *Tungpa Dorje* und bedeutender Klosteräbte. Rechts neben dem Neubau schließt sich der alte Versammlungsraum an. An der rechten Schmalseite des Klosterhofs steht ein dritter Versammlungsraum.

Kloster Matho

Anreise

● Von Leh fahren täglich mehrere Busse nach Matho. Rückfahrt nach Leh am späten Nachmittag.
● Von der Hauptstraße zweigt eine 5 km lange Stichstraße in Höhe des Klosters Stakna nach Matho ab. Zur Not kann man zum Kloster **hinauflaufen.**

Mulbekh

Mit seinen 120 Häusern ist Mulbekh, 190 km westlich von Leh bzw. 40 km östlich von Kargil, der größte Ort im fruchtbaren Wakhatal und mit dem langgestreckten Nachbarort Wakha praktisch verschmolzen. Zugleich bildet Mulbekh die **Religionsgrenze** zwischen der vorwiegend moslemischen

Bevölkerung im Westen und der buddhistischen im Osten. Ein gesonderter Ausflug nach Mulbekh lohnt nicht. Doch wer auf dem Weg nach Zanskar oder Srinagar ist, könnte hier einen Tag Pause einlegen.

Das Wahrzeichen des Dorfes ist die berühmte, als Chamba-Statue bekannte **Felsskulptur** des Buddha des kommenden Weltzeitalters, Maitreya. Dieses 7 m hohe Relief begrüßt quasi den von Westen kommenden Reisenden in der buddhistischen Hemisphäre. In alten Zeiten war das Maitreya-Relief ein Wegweiser auf der Pilgerroute durch Westtibet zum heiligen Berg Kailash.

Kunsthistoriker erachten diese größte Halbplastik in Ladakh als die künstlerisch wertvollste Felsskulptur ganz Westtibets. Vermutlich datiert sie aus der späten Guptazeit des 7. Jh., und entsprechend trägt der vierarmige Maitreya in seiner eleganten Haltung und der ausdrucksvollen Linienführung die Handschrift kaschmirischer Künstler. Der Maitreya steht hier mit nacktem Oberkörper auf einem Lotussockel und ist wie ein indischer Prinz mit Halsketten, Ohrringen, Armreifen und einer sehr langen Schmuckgirlande reich geschmückt. In beiden linken Händen hält er eine Vase mit dem göttlichen Lebenselixier Amrita und den Lotus. Die rechte obere Hand hält einen Gebetskranz, und die rechte untere Hand drückt die Haltung der Wunschgewährung aus. Zu Füßen des Buddha scharen sich kleine Figuren, die wahrscheinlich Heilige darstellen.

Oberhalb des Dorfes stehen auf einem mächtigen Kalkfelsen zwei **Klöster,** die eher trutzigen Burgen als Klöstern gleichen. Entsprechend mühsam ist auch der Aufstieg, aber schon wegen der schönen Aussicht lohnt sich die Anstrengung.

Neben den Klöstern findet man auf dem Felsen **Ruinen** der einst mächtigen **Dardenburg Wakha** und Reste alter Befestigungsmauern – demnach lässt alles darauf schließen, dass der Ort ursprünglich auf dieser Spitze lag.

Interessanter als die Klöster ist der unterhalb davon gelegene **Lotsawa-Lhakhang** (Tempel des Übersetzers) mit Mandalas und Fresken, die vom Stil der Alchi-Periode beeinflusst sind. Es gibt zwei Aufstiegswege vom Dorf zu den beiden Klöstern, wobei der rechte Weg (Klosterberg zur Linken) nicht ganz so steil ist.

Unterkunft

● An der Hauptstraße werden in einigen Restaurants **einfache Zimmer** vermietet.

An- und Weiterreise

● Keinerlei Probleme, da Mulbekh direkt an der Hauptstraße liegt und zudem ein beliebter Teestopp für Bus- und LKW-Fahrer ist.

Phiyang

Die Straße in Richtung Srinagar zweigt 17 km hinter Leh nördlich zum Kloster Phiyang ab. Von der Hauptstraße führt eine Jeepstraße 6 km in das Seitental hinein zum Ort Phiyang durch die endlos erscheinenden Wüsten des Hochgebirges, und es grenzt schier an ein – in Ladakh immer wieder erleb-

Ladakh

bares – Wunder, dass inmitten einer solchen Einöde Menschen eine fruchtbare Oase geschaffen haben.

Das langgezogene **Dorf** gleicht den üblichen ladakhischen Ortschaften – an Fakten gibt es über einen solchen Ort nichts zu berichten; vielmehr ist es das optische Gesamtbild, das diese grünen Dörfchen, umgeben von einer bizarren kahlen Bergwelt, immer wieder so faszinierend macht.

Einiges erzählen lässt sich über das Dorfkloster, mit dessen Gründung vor 470 Jahren eine **Legende** verbunden ist: Damals litt der König *Jamyang Namgyal* an einer schweren Erkrankung. Er ließ nach einer Anweisung des Staatsorakels von Matho einen Yogi aus Tibet kommen, der tagelang magische Zeremonien abhielt. Eines Nachts spuckte der königliche Patient im Traum eine blaue Schlange aus und war fortan von seiner Krankheit geheilt.

Aus Dankbarkeit versprach Jamyang Namgyal diesem Yogi *Dorje Kunga Raspa,* dass er ein Kloster auf dem Gebiet seiner Wahl bauen dürfe. In seiner meditativen Versenkung erschien ihm daraufhin eine Frau auf einem Esel, die einen mit weißen Glücksschleifen geschmückten Pfeil in den Händen hielt. Diese geleitete den Yogi nach Phiyang, wo er sein Kloster errichtete.

Sehenswertes

Gonkhang-Tempel der Schutzgötter

Auch in Phiyang finde ich, wie in den meisten Klöstern, den Raum der zornvollen Schutzgottheiten am interessantesten. Vom Parkplatz aus die Steintreppen hoch, liegt dieses rote Gebäude links vor dem Eingang zum Kloster. Der Gonkhang in Phiyang macht einen für ladakhische Verhältnisse sehr freundlichen Eindruck. Das rührt daher, dass der fensterlose Raum durch ein Oberlicht erhellt wird und die Schutzgottheiten mit der Hauptfigur Mahakala alle glänzend gestrichen und unverhüllt sind. Sollten die 80 Mönche des Klosters etwa dem durchdringenden Blick ihrer unverhüllten Schutzgötter jederzeit standhalten können?

Der große schwarze Mahakala hält hier, wie üblich, eine mit Erleuchtungsessenz gefüllte Schädelschale und ein Hackbeil zum Durchtrennen der Wurzeln der Unwissenheit.

Besondere Beachtung gebührt dem riesigen Vogelskelett an der Decke, das aus der Hochebene Changtang, nahe der tibetischen Grenze, stammen soll. Weiter birgt der Raum eine Sammlung verrosteter Waffen, die von einem Mongolenüberfall stammen, und einige ausgestopfte Ziegenköpfe – ein Erbe alten schamanischen Glaubens.

Kunsthistorisch Interessierte sollten sich die gut erhaltenen alten Wandmalereien genauer ansehen. Die himmlischen Gefährtinnen, Friedhofsgöttinnen und tierköpfigen Gottheiten stammen aus der Gründungszeit des Klosters im 16. Jh. und wurden im für diese Periode typisch tibetischen Stil mit chinesischen Einflüssen gemalt.

Versammlungsraum

Hinter dem Gonkhang schließt sich im gleichen Gebäudekomplex der alte

Ladakh

Versammlungsraum (Tschokhang) an. Dominierender Teil des Raumes ist eine Figurengruppe an der Altarseite, die leider hinter einer breiten Glaswand steht und den unpassenden Eindruck von einem Museum vermittelt. Auf der rechten Seite in einer separaten Vitrine sitzt in abendländischer Haltung der Buddha des kommenden Weltzeitalters Maitreya.

Wie im Gonkhang, sind auch hier die Wandmalereien schön. An der linken Seitenwand werden großflächig die fünf Dhyani Buddhas Amoghasiddhi, Amithaba, Ratnasambhava, Akshobhya und Vairocana dargestellt. An der rechten Seitenwand fällt besonders ein seltenes Mandala auf: In Form

zweier ineinanderlaufender Dreiecke symbolisiert das Gemälde, vergleichbar mit der chinesischen Darstellung von Yin und Yang, die männlich-weibliche Polaritätsvereinigung.

Neuer Versammlungsraum

Hinter dem Eingangstor wird über eine Treppe der im Jahr 1910 restaurierte neuen Versammlungsraum erreicht. Vor dem Betreten der Halle gelangt man zum Vorraum, dessen Wände mit einem kosmischen Mandala, einem Lebensrad, Wächtern der vier Himmelsrichtungen und den acht Glückssymbolen bemalt sind. Der Gebetsraum selbst ist, wie üblich, durch Säulen und Sitzkissen für die Mönche in einen Haupt- und zwei Nebenteile untergliedert. Eine Besonderheit auf dem Altar ist die Sammlung alter Bronzen vom 12. oder 13. Jh. aus dem ehemals buddhistischen Kaschmir. Rechts vom Altar stehen wertvolle Opferfiguren aus Gerstenmehl und Butter, sowie Chörten, in denen Reliquien ehemaliger Klostervorsteher aufbewahrt sind.

An- und Rückreise

● Phiyang liegt 23 km westlich von Leh. Von der Hauptstraße zur Ortschaft bzw. zum Kloster sind es 6 km. Täglich fahren mehrere **Busse** von Leh ins Dorf hoch.
● Als Alternative kann man einen der Busse Richtung Westen (z.B. nach Khalse oder Basgo) nehmen, jedoch ist das **Laufen** in der Gesteinswüste mühsam.
● Besser, man nimmt am Morgen einen Minibus und hat dann genug Zeit, nach der Klosterbesichtigung zur Hauptstraße zurückzulaufen, um von dort eine Mitfahrgelegenheit **zurück nach Leh** zu bekommen.

Mahakala

Rizong

70 km westlich von Leh bzw. 7 km von der Hauptstraße entfernt, versteckt sich in einem Seitental des Uletokpo-Flusses das Kloster Rizong. Eine **Jeep-piste** schlängelt sich durch das enge Tal, bis sich plötzlich die Schlucht öffnet und den Blick auf die imponierende Klosteranlage im Talkessel freigibt. Mit dem Jeepweg ist vor einigen Jahren in dem ehemals isoliert gelegenen Kloster das moderne Zeitalter eingekehrt – was verständlich ist, denn das Oberhaupt des Klosters, *Shas Rinpoche,* ist nicht mehr gut zu Fuß.

Die einsame Lage von Rizong dürfte der Philosophie dieses von 40 Mönchen bewohnten Klosters gelegen kommen: Die Dschangtschub- („Erleuchtungs")Gompa ist das **Kloster mit den strengsten Regeln** in ganz Ladakh. Die Mönche dürfen weder Fleisch, Eier noch Zwiebeln essen, und die beiden Mahlzeiten beschränken sich auf Nudelsuppe am Morgen und Tsampa zu Mittag. Essen nach 12 Uhr mittags ist untersagt. Außerdem dürfen die Mönche außer Büchern und Kleidung keinen persönlichen Besitz im Zimmer haben (in manchen Mönchszimmern findet man jedoch Vitaminpillen als Ergänzung zu der spartanischen Kost …).

Dass die Mönche kein Radio haben, und nicht Musik hören dürfen, scheint besonders die Jüngeren hart zu treffen. All die Vorschriften entsprechen aber ganz den Regeln, wie sie Buddha Shakyamuni als Voraussetzung für ein meditatives Leben gelehrt hat. In der klostereigenen Schule erhalten die Mönche eine sehr gute Ausbildung.

Das Leben der teils noch jungen Mönche in dieser Einsamkeit erscheint nach unserer westlichen Vorstellung ausgesprochen hart zu sein. Wer aber eine Weile in Rizong bleibt, stellt fest, dass die Atmosphäre dennoch leicht und heiter ist und die Mönche bei bester Laune sind.

Geschichte

Gegründet wurde das relativ junge Kloster vor 180 Jahren von dem reichen Kaufmann *Tsultrim Nima* aus Saspol. Als er von einer Handelsreise aus Tibet zurückkam, verbrachte er hier die Nacht und entdeckte am nächsten Morgen inmitten dieser kahlen Landschaft eine Quelle mit wohlschmeckendem Wasser. Daraufhin legte er den Schwur ab, genau an dieser Stelle ein Kloster erbauen zu lassen. Dem aufwendigen Klosterbau nach zu urteilen, spendete *Tsultrim Nima* äußerst großzügig, und noch heute genießen die Mönche freie Kost und Unterkunft. Um die Quelle unterhalb der Klosteranlage ist jetzt eine Mauer gezogen.

Tsultrim Nimas Sohn, der die Inkarnation eines hohen Lama war, wurde zum Shas Rinpoche und ersten Abt von Rizong ernannt. Sein Nachfolger, der zweite Shas Rinpoche, legte die strengen Ordensregeln fest, und ihm ist schließlich das heutige hohe Ansehen des Klosters zu verdanken. Außerdem verfasste diese fähige Rinpoche zahlreiche Abhandlungen über buddhistische Philosophie. Auch der heutige Shas Rinpoche – ein Mitglied der königlichen Familie – genießt wegen der festen Disziplin in seinem Kloster bei den Ladakhis großen Respekt.

Sehenswertes

Aus der Distanz wirkt das Kloster wie eine geschlossene Einheit. Doch ist beim Näherkommen ein Gewirr von

Ladakh

Besonders ruhig gelegen
ist das Kloster Rizong

Wegen und Pfaden zu entdecken, die sich zwischen den kleinen Mönchswohnungen bis zur Gompa hinaufschlängeln.

In Rizong sind zwei Bauphasen erkennbar: Auf der rechten Seite steht der alte Klosterkomplex, linker Hand wurden später Unterkünfte für die Mönche und weitere Tempel angebaut. Auffällig ist das Fehlen eines Festspielhofes. Das liegt daran, dass die Mönchsgemeinschaft großen Wert auf Ruhe legt und von jeher auf die Aufführung von Maskentänzen verzichtete.

Versammlungsraum

Der schönste Raum mit einer friedlichen Ausstrahlung ist der Versammlungsraum (Dukhang), in dem die Gebete und Zeremonien stattfinden. Vom terrassenartigen Vorraum genießt man einen herrlichen Blick auf das gegenüberliegende Industal.

Auf dem Altar stehen Figuren von Gottheiten: Sie zeigen den Gründer des Gelbmützen-Ordens *Tsongkhapa* mit seinen Schülern daneben den gekrönten Buddha des ewigen Lebens, Amitayus sowie Buddha Shakyamuni. Rechts schließen der 1000-armige Avalokiteshvara sowie der Bodhisattva der Energie und Stärke, Vajrapani, die Reihe ab.

Die Malereien an der Eingangswand stellen zornvolle Schutzgottheiten dar. An der rechten Wand ist Buddha inmitten von Heiligen und Gurus dargestellt, die linke Wandseite zeigt die 35 Buddhas der Sündenvergebung.

Thek-Chen-Lhakhang

Über eine schmale Treppe wird der gegenüber liegende Thek-Chen-Lhakhang erreicht. Das Treppenhaus ist mit den Wächtern der vier Himmelsrichtungen und den acht Muttergöttinnen bemalt. Der hintere zweistöckige Teil des Innengebäudes wurde ausgestattet mit Figuren und Chörten. Ganz links steht ein großer Silberchörten, daneben der gekrönte Buddha und ein zweiter Silberchörten. Rechts sitzt der Buddha der Zukunft, Maitreya, in abendländischer Sitzhaltung. Vor dem zweiten Chörten ist der Sitz für den Dalai Lama aufgestellt. Auf dem Tischchen daneben stellen die kleinen Figuren die sieben bereits auf der Erde erschienenen Buddhas dar.

Etwas Aufmerksamkeit sollte man den interessanten Wandmalereien widmen, die – im Uhrzeigersinn betrachtet – ausführlich vom Leben des Buddha Shakyamuni erzählen.

Das Nonnenkloster
Chulichan Chomoling

Auf dem Weg zum Rizong-Kloster hoch liegt auf halber Strecke das Nonnenkloster Chulichan Chomoling. Nach meiner Information ist dieses neben dem Kloster in Tingmogang das einzige ständig bewohnte Nonnenkloster in Ladakh.

Was von außen wie ein simples Bauernhaus aussieht, stellt sich hinter den Mauern als das Zuhause von etwa 20 Nonnen heraus. Nach einer harten Zeit kehrt in das Kloster derzeit neuer Schwung ein. Bis vor rund 10 Jahren haben nämlich nur wenige alte Nonnen in einer armseligen Unterkunft hier gelebt. Junger Nachwuchs ist ausgeblieben, aus einem einfachen Grund: Die Hauptaufgabe der Nonnen bestand darin, sich um das Wohl der Mönche im Kloster Rizong zu kümmern. Sie hüteten deren Kühe, mahlten Gerste zu Tsampa, spannen und webten Wolle für die Mönchsroben. Im Spätsommer war der Innenhof voll von Bergen duftender Aprikosen. Die Nonnen waren von morgens bis abends mit dem Entsteinen der Früchte beschäftigt, die sie im Herbst bei den Nomaden aus Changtang gegen Wolle (für die Roben) eintauschten.

Als Gegenleistung für ihre Arbeit erhielten die Nonnen von den Mönchen Verpflegung, Kleidung und – allerdings höchst selten – Unterricht in buddhistischer Philosophie. Glücklich waren sie über das System nicht, schließlich blieb kaum noch Zeit für Gebete und Meditation.

Vor einigen Jahren hat sich nun **vieles zum Besseren gewendet.** Auf Anregung von *Shas Rinpoche* wurde ein **Projekt gegründet,** um Nonnen hier ein Leben zu gewähren, das ihren buddhistischen Studien und Meditationspraxis ermöglicht. Mit Hilfe internationaler Unterstützung wurde Geld gesammelt, ein Tempelraum gebaut sowie neue Unterkünfte für die Frauen errichtet. Die Nonnen sind natürlich glücklich über diese Veränderungen, zumal sie nun Unterricht in buddhistischer Philosophie bekommen und ihre Rezitationen durchführen können. Dass innerhalb weniger Jahre rund zwanzig vorwiegend junger Frauen hier eingezogen sind, zeigt den Bedarf an einem gut geführten Nonnenkloster. Besucher des Klosters werden allerdings feststellen, dass die Nonnen sich nach wie vor um Aprikosen und Felder kümmern, schließlich ist dies eine alte Tradition, mit der auch Shas Rinpoche nicht brechen möchte.

Anreise

● Etwa 10 km westlich von Saspol, gleich hinter den Häusern des Ortes Uletokpo, ist rechts eine Abzweigung in das landschaftlich schöne Uletokpo-Tal. Von dieser Abzweigung führt eine 6 km lange Jeeppiste, stets den Fluss entlang, bis zum zwischen Weiden, Pappeln und Aprikosenbäumen gelegenen Campingplatz. 500 m vor diesem Campingplatz steht linker Hand das Nonnenkloster Chulichan Chomoling. Vom Campingplatz schlängeln sich ein 30-minütiger steiler Gehweg und die Jeeppiste in der engen Schlucht zum Rizongkloster hoch.

Wer den Trek zwischen Likir und Khalse (siehe dort) macht, kann von Yangthang einen Tagesausflug nach Rizong unternehmen.

Unterkunft

● Das Übernachten im **Kloster Rizong** ist, den strengen Regeln gemäß, nur Männern erlaubt. Frauen können entweder im Klassenzimmer der Klosterschule oder unten im **Nonnenkloster** schlafen.
● Der **Zeltplatz** des Klosters ist heiß und sandig. Es empfiehlt sich, auf dem unter „Anreise" beschriebenen Campingplatz nahe beim Nonnenkloster sein Zelt aufzuschlagen.

Sabu

Sabu ist eines der anmutigsten Dörfer in Ladakh. Es liegt 8 km von Leh entfernt in einem süd-östlichen Nachbartal. Wegen der vielen kleinen Bäche, die diese üppig mit Bäumen bewachsene Oase durchziehen, fallen die Ernten gut aus. Das Wasser aus einer dieser **Quellen** gilt als heilend, sodass Kranke aus der Umgebung kommen, um daraus zu trinken. Den Wohlstand Sabus kann man an seinen großen, gepflegten Häusern ablesen. Die angenehme Umgebung hat die Dorfbewohner geprägt, denn sie sind besonders herzlich und freundlich.

Sehenswertes

Die **Burgruine** auf dem Felsvorsprung oberhalb Sabus stammt aus der Frühzeit der tibetischen Könige der Yarklundynastie. Die Burg wurde Anfang des 17. Jh. von König *Deldan Namgyal* ausgebaut, um die Karawanenwege nach Nubra kontrollieren zu können. Während der Dogra-Invasion im 19. Jh. wurde sie aber zerstört.

Unterhalb der Burg liegt am Berghang die kleine **Tashi-Gephel-Gompa.** Dieses „Kloster der glückbringenden Tugend" wird von einigen Mönchen aus Spituk betreut. Es strahlt eine ähnliche Ruhe aus wie das ganze Dorf, und die Mönche freuen sich ehrlich über ihre Besucher. Eine wertvolle Reliquie ist der im Dukhang aufbewahrte Knochen des Heiligen Nyimagun, der im 11. Jh. das Kloster Spituk gegründet hat.

Ladakh

In Sabu lebt eines der berühmtesten **Orakel** des Landes, eine Bäuerin namens *Sonam Sangmo*. Die Ladakhis schreiben ihr außergewöhnliche Fähigkeiten zu. Das Orakel geht nur in Trance, wenn genügend Besucher da sind, die Sitzung beginnt gegen 9 Uhr morgens. Die besten Chancen bestehen sonntags. Nur zum „Schauen" zu kommen, macht sich nicht gut, man sollte ihr auch eine am Herzen liegende Frage stellen. Man muss einen ladakhischen Übersetzer mitnehmen, denn das Orakel spricht kein Englisch. Nach der Sitzung ist eine Spende angemessen. Die Taxifahrer in Leh kennen das Orakel unter dem Namen *Ayu Lhamo*.

Feste in Sabu

Frauenfest

Einmal im Jahr lassen die Frauen von Sabu für zwei Tage ihre Feld- und Hausarbeit links liegen. Sie ziehen ihre schönsten Kleider und Schmuck an und versammeln sich in einem großen Zelt, wo sie ausgiebig Tee und Chang trinken. Zu den Klängen der Musikanten tanzen sie ausgelassen bis in den späten Abend – unter Ausschluss der Ehegatten versteht sich.

Sommerfest

Ebenfalls im Juli findet traditionell ein religiöses Sommerfest in Sabu statt, an dem alle Dorfbewohner teilnehmen. In einer langen Prozession zieht die Bevölkerung, an der Spitze die Mönche mit Trommeln und Hörnern, vom Kloster Tashi Gephel durch den ganzen Ort. Der farbenprächtige Zug besucht Häuser und von Geistern bewohnte Plätze, um die Dämonen zu besänftigen und die Bewohner vor Unheil zu bewahren.

Anreise

● Nach Sabu führt ein 1,5 Stunden langer **Fußweg** durch die Berge. Für die Wanderung sollte man schon akklimatisiert sein, der Weg führt bis auf 3900 m Höhe. Genügend Trinkwasser mitnehmen! Der Weg beginnt am Poloplatz hinter dem Büro des District Commissioner und führt zunächst durch die Neubausiedlung. Wo die Asphaltstraße zum Khardong-Pass nach links abbiegt, folgt man dem Trampelpfad halbrechts zu dem kleinen Sattel hoch. Nach einer halben Stunde geht es nochmal ein Stück steil nach rechts hinauf, dann sieht man schon Sabu im Tal.
● Ein **Bus** von Leh nach Sabu startet morgens am Busbahnhof. Andernfalls nimmt man den Bus nach Choklamsar, steigt an der Stichstraße nach Sabu aus und läuft, am Verbrennungsplatz vorbei, die ca. 3 km zum Ort hoch. Dieser Spaziergang durch die Sandebene ist allerdings mühsam.

Unterkunft

● Ein schönes Guest House ist das **Zilzom Royal Guest House,** bei Einheimischen bekannt unter Ayou-Kalon.

Sakti

Sakti liegt in einem weiten fruchtbaren Tal, 53 km südöstlich von Leh bzw. 13 km von der Ortschaft Karu entfernt. Ab Karu führt die gut ausgebaute Militärstraße das Saktital bis zum Ort und dem Kloster Trakthok hoch. Von dort aus geht die Straße noch 100 km bis Lukung zur chinesischen Grenze weiter.

In dem Dorf Sakti liegt das kleine **Höhlenkloster Trakthok**. Hier hat der große Tantriker *Padmasambhava* im 8. Jh. einige Jahre meditiert und Dämonenbannungen vollzogen. Trakthok ist unbedingt einen Besuch wert, obwohl merkwürdigerweise nur wenige Touristengruppen das Kloster im Programm haben. Außer Shergol nahe Mulbekh ist Trakthok das einzige **bedeutende Höhlenkloster** in Ladakh. Die Gompa klebt förmlich an der steilen Felsenwand, einige Räume sind in die kleine Höhle hineingebaut. Daher hat auch der Name Trakthok, „Felsendecke", seine volle Berechtigung.

Das Kloster mit seinen 50 Mönchen ist das einzige in Ladakh, das der alten Nyingmapa-Schule zugehört und direkt auf den Magier *Padmasambhava* zurückgeht. Dieser „lotusgeborene" Meister aus dem nordwest-indischen Udyana hatte vor 1200 Jahren als erster den tantrischen Buddhismus über Kaschmir nach Westtibet gebracht. Bis heute haben die Nyingmapa-Mönche einen Großteil ihres schamanistischen Erbes erhalten, und ihre Schriften werden von den reformierten Gelbmützen teilweise abgelehnt.

Sehenswertes

Höhle des Padmasambhava

Die meisten Klosterräume sind *Padmasambhava* gewidmet. Wichtigster Raum ist natürlich seine Meditationshöhle, die – meinem persönlichen Empfinden nach – eine sehr starke Ausstrahlung besitzt. Die Höhle ist völlig rußgeschwärzt. Außer Sitzreihen

steht hier nur ein rotgoldener Altarschrank, der mit bunten Glühbirnen etwas verkitscht wirkt. Das Zentrum des Altars nimmt *Padmasambhava,* hier in seiner Form als Guru Rinpoche, als „kostbarer Lehrer", ein. Die kleinen Bronzefiguren in den beiden oberen Stellreihen zeigen ihn in seinen acht zornigen Manifestationen, in denen er die buddhistische Lehre verkündete.

Hinter dem Altarschrank geht die Höhle noch ein Stück weiter. Der Zugang ist aber verboten, da hier die Mönche zu besonderen Gelegenheiten geheime tantrische Praktiken vollziehen. Das von der Felsendecke tropfende Schwitzwasser haben die Gläubigen stets als himmlischen Nektar gesammelt und zum Zeichen ihrer Verehrung Münzen an die Decke angeklebt. Seit kurzem bleibt das Wasser jedoch oft aus, was die Mönche als schlechtes Omen werten.

Bis vor wenigen Jahrzehnten führte der Zugang zur Höhle nicht über den jetzigen neuen Treppeneingang, sondern die Mönche mussten von der Felsenküche rechts unterhalb davon über einen Tunnel in die Höhle kriechen. Den alten Zugang sieht man noch an der rechten Seite der Höhle.

In den Wintermonaten versammeln sich die Mönche hier zu den Gebeten, während des Sommers ziehen sie in den Dukhang, die eigentliche Versammlungshalle, um.

Versammlungshalle

Interessant ist im Dukhang die Bemalung an der linken Wandseite. Szenen wie im Bilderbuch zeigen, was

Tantriker aufgrund ihrer magischen Fähigkeiten an Mysterien vollbringen: Diese Yogis können fliegen, Wasser aus einem Stein fließen lassen, sich von Sand ernähren und Flammen aus den Fingerspitzen versprühen. Eine von *Padmasambhavas* Gefährtinnen, die Tibeterin *Yeshe Khado,* ist als zweite von rechts mit weißem Körper dargestellt.

Die Figurennische stellt den vierarmigen Avalokiteshvara, Padmasambhava und die zornige Schutzgottheit Cakrasamvara in Umarmung mit seiner Partnerin dar. Der Abtssitz ist für den Rinpoche des Klosters, ein Tibeter, reserviert, der meistens in dem nordindischen Ort Simla weilt.

Klosterbibliothek

Über weitere Außentreppen gelangt man zur Klosterbibliothek, den Kandjur-Lhakhang. Der Raum beinhaltet neben den kanonischen Schriften eine Statue der Schutzgottheit Heruka. Die alte Bücherei wurde ein paar Meter weiter rechts in einen Felsen hineingebaut. In ihrem Vorraum hängt eine Sammlung von alten, völlig zerfledderten Thankas, die (soweit erkennbar) Padmasambhava in seinen verschiedenen Erscheinungsformen darstellen.

Blick über das wildromantische Tal von Sakti

Anreise

- Die Busse von Leh nach Sakti fahren mehrmals am Tag (2 Std. Fahrt). Rückfahrt nach Leh mittags und am Nachmittag.
- Eine Möglichkeit ist, mit einem Morgenbus **nach Sakti** zu fahren und nach dem Klosterbesuch die drei Wegstunden bis Karu zurück zu laufen.
- Die **Wanderung nach Karu** hinunter ist im ersten Teil sehr schön. Er führt zunächst auf schmalen Pfaden durch die Ortschaft Sakti entlang terrassenförmiger Getreidefelder, über Wiesen und an Bächen vorbei; die zweite Hälfte des Weges ist allerdings steinig und kahl.
- Manchmal wird man von Militärfahrzeugen mitgenommen, die von der Grenze zurückkommen. Alleinreisende Frauen sollten aber nicht unbedingt bei Soldaten mitfahren, die Reise könnte nervig werden.
- Am späten Nachmittag erwischt man von Karu aus möglicherweise noch einen **Bus nach Leh.**
- Unterwegs lohnt ein Abstecher zu dem an der Strecke liegenden **Kloster Chemre.**

Padmasambhava

Unterkunft

- Das **Government Guest House** gegenüber dem Kloster ist häufig geschlossen (auch während der Saison). Die Zimmer sind ungepflegt und mit Gemeinschaftsbad. Oft gibt es kein fließendes Wasser. In Sakti gibt es auch kein Restaurant; am Markt wird in zwei kleinen Shops das Nötigste verkauft.

Saspol

Dank seiner einträglichen Aprikosen- und Apfelernten ist Saspol eine der reichsten und mit 2000 Einwohnern zugleich eine der größten Ortschaften in Ladakh. Das Dorf liegt 62 km westlich von Leh an der Hauptstraße, 2 km vor der Indus-Brücke, die zu einer Abzweigung nach Alchi führt.

Sehenswertes

Zwar sind die kunsthistorisch berühmten Höhlen oberhalb des Ortes nicht unbedingt den rutschigen Aufstieg wert, da die Malereien darin relativ verwittert sind. Allerdings ist die Aussicht von oben wunderbar. Für unermüdliche Kultur- und Kletterfreunde hier die Wegbeschreibung: Von Leh kommend, etwa in der Mitte des langgezogenen Dorfes, bei der Government High School, geht man an der Brücke nach rechts ins Tal hoch. Von hier sind bereits die Höhlen zu sehen, allerdings muss man zunächst einen Abhang, von dem sich immer wieder Gestein löst, hochkraxeln.

Die **unteren Höhlen** stellen in 5 Farben die 1000 Miniatur-Buddhas sowie

Padmasambhava und Avalokiteshvara dar. In der darüberliegenden linken Höhle findet man ein Mandala, den 1000-armigen Avalokiteshvara und Vairocana.

Die höher gelegene **mittlere Höhle** stellt als zentrale Figuren Buddha Shakyamuni und die Schutzgottheit Heruka dar, während die **rechte Höhle** mit 1000 kleinen Buddhas und dem Buddha des unendlichen Lichtes, Amithaba, bemalt ist.

In diesen Höhlen haben im 12. Jh. Yogis der Kadampa- und späteren Gelukpa-Schule meditiert, unter ihnen der Gründer der Rizong Gompa, Tsultrim Nima.

Gegenüber der State Bank of India in Saspol steht die zu Likir gehörende **Chamba-Gompa.** Der ältere Gompateil mit dem Buddha der Zukunft, Maitreya, wurde bereits zurzeit Rinchen Zangpos errichtet.

Anreise

●Alle **Busse,** die ab Leh in Richtung Westen fahren.

Unterkunft

●In Ordnung ist das **Alchi View Guest House.** Von Leh kommend, liegt es im ersten Teil der Ortschaft auf der rechten Seite. Besonders die Zimmer im ersten Stock sind schön und sauber. Mit Essen kostet die Nacht 250 Rp.
●Ein aufwendig in traditionellem Stil eingerichtetes Hotel ist das **Duke Saspol.** Von der Terrasse hat man eine tolle Aussicht. Touristen kommen momentan allerdings nicht in den Genuss dieses Luxus', da das gesamte Hotel vom Team des Wasserkraftwerks Alchi angemietet wurde.

Shergol

Das **Dorf Shergol** liegt 197 km westlich von Leh bzw. 34 km östlich von Kargil, schräg gegenüber der Ortschaft Mulbekh am linken Ufer des Wakha. Oberhalb des Dorfes steht auf einem einsamen Hochplateau eine der heiligsten Pilgerstätten der ladakhischen Buddhisten, das kleine **Höhlenkloster Urgyan Dzong.** In dieser Höhle soll im 8. Jh. der große Magier *Padmasambhava* böse Geister und Dämonen aus der Gegend vertrieben haben, bevor er nach Tibet weiterzog. Die Höhle, in deren Umgebung heute ein paar Mönche und Nonnen leben, ist mit zahlreichen Votivgaben von Gläubigen ausgeschmückt.

Die Wanderung ab Shergol dauert etwa 3 Stunden. Man startet vom Dorf in südliche Richtung und läuft über den Ort Serzing (Sarging) durch eine enge gewundene Schlucht auf das Hochplateau. Nach der Schneeschmelze im Frühsommer ist der Weg wegen des hohen Wasserstandes jedoch schwer passierbar.

Shergol selbst wird von einer schneeweißen **Eremitage,** die wie ein Vogelnest an der steilen Felsenwand klebt, dominiert. Ein schmaler Pfad führt zu der Klause hoch. Einst lebte hier der Mönch *Agu Trunkpa,* der als menschliche Verkörperung des Morgensterns verehrt wird. In der Gegend erzählt man sich bis heute zahllose Legenden und Mythen über diesen Heiligen.

Um seine Höhle wurde später ein kleines Gebäude mit einem Versammlungsraum errichtet, den jetzt ein

Mönch aus dem Mutterkloster Likir betreut. Leider sind die alten Fresken teilweise übermalt. Auf der linken Seitenwand sind einige Schutzgötter zu erkennen, wie der auf einem Maulesel reitenden Beschützer Mahakali und die Göttin Sertapa. Mit zornig verzerrtem Gesicht reitet sie auf ihrem weißen Pferd. Als Hauptfigur ist an der Wand der Reformator aus dem 14. Jh., Tsongkhapa, dargestellt.

Anreise

● Da Shergol ziemlich weit abseits von Zentralladakh kurz vor Kargil liegt, lohnt sich ein Besuch nur als Zwischenstopp auf dem Weg nach Srinagar oder Zanskar. Wer in Mulbekh sein Quartier aufgeschlagen hat, kann von dort einen Tagesausflug nach Shergol und zur Höhle machen. Die Straße Leh – Kargil ist stark befahren, und man bekommt jederzeit eine Mitfahrgelegenheit nach Shergol.

Königspalast von Shey

Direkt an der Hauptstraße Richtung Thikse, 16 km südöstlich von Leh, stehen die Ruinen des alten Palastes von Shey. Von oben genießt man eine grandiose Aussicht auf die sumpfige Grasfläche der Indusebene, die im Herbst in sattem Rot und Gelb leuchtet. Zu königlichen Zeiten war die Ebene als künstlich angelegter See mit Wasser gefüllt.

Geschichte

Shey war die **Hauptstadt** der ersten Herrscher von Ladakh, bis dann im 15. Jh. der Regierungssitz nach Leh verlegt wurde.

Trotzdem blieb Shey bis zum 19. Jahrhundert eine Nebenresidenz der Könige. So lange galt auch der Brauch, dass die Königinnen ihre Babys im kleinen Shey-Palast zur Welt brachten, denn im großen Palast von Leh zu gebären wäre eine Art Verunreinigung gewesen und hätte die Schutzgottheiten der königlichen Familie verärgert.

Sehenswertes

Seinen Namen verdankt der Palast Shey (SIel = „Glas, Kristall") der hellen Farbe des Gesteins, auf dem er vor etwa 1000 Jahren erbaut wurde. Von hier beherrschten mehrere Dynastien das übersichtliche, fruchtbare Flusstal und den nahe gelegenen Schnittpunkt der Karawanenwege. Aus dieser Zeit stammen auch die unendlich vielen weißen Chörten, die in der weiten Ebene unterhalb der Festung verstreut stehen.

Sehenswert ist der **Shakya-Thubpa-Tempel** hinter dem Palast. Man läuft rechts um den Tempel herum und dann die paar Treppen hoch. Dort im Innenhof hält sich meistens der Mönch mit den Schlüsseln auf.

Im Innenhof befindet sich auch der Eingang zum **Tempel,** wo eine wundervolle, 8 m hohe Großfigur des Buddha Shakyamuni steht. Der Buddha mit meditativ-verklärtem Gesichtsausdruck ist ganz aus vergoldetem Kupfer. Zu Ehren seines verstorbenen Vaters ließ König *Deldan Namgyal* diesen Buddha im Jahr 1633 hier errichten. Nach seinem Willen sollte diese Figur alles bisher Dagewesene übertreffen, so engagierte er dafür acht Kupferschmiede aus Nepal, das da-

Ladakh

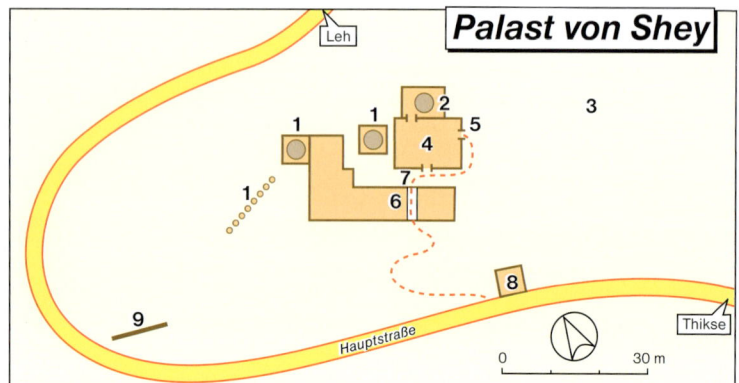

Palast von Shey

1 Chörten
2 Shakya-Thubpa-Tempel
3 Burgruinen
4 Innenhof
5 oberer Eingang
6 Palast
7 Gebetstrommel
8 Guest House
9 Steinreliefs der Dhyani Buddhas

mals als Hochburg der Metallbearbeitung galt.

Der Raum ist durch die ewig brennenden Butterlampen völlig verrußt, sodass die Malereien an zwei der Wände kaum noch erkennbar sind. An der linken Wand lässt sich die blaue, auf einem Maultier reitende Palden Lhamo ausmachen. Rechts ist ein alttibetischer Schutzgott dargestellt, der in mongolischer Tracht ebenfalls auf einem Pferd reitet.

Die **ehemalige Versammlungshalle** erreicht man geradeaus durch das Palastgebäude. Sie wird seit langem nicht mehr genutzt und macht einen entsprechend verlassenen Eindruck. Nur am Altar brennen ein paar Butterlampen.

Unten an der Straße, genau in der Kurve, findet man ein in die Felswand **gemeißeltes Flachrelief.** Es stammt aus dem 10. Jh. und gilt als eines der frühesten buddhistischen Zeugnisse in Ladakh.

Die Reliefs zeigen den Urbuddha und seine fünf Verkörperungen. Ein vergleichbares Felsenrelief, allerdings von künstlerisch weitaus höherem Wert, befindet sich in Mulbekh, wo eine Statue von Maitreya in den Stein graviert ist.

Bei dieser Buddhafamilie reitet links außen der Buddha des Südens, Ratnasambhava, auf einem Pferd, halblinks thront auf einem Elefanten der Buddha des Ostens, Akshobhya. Im Zentrum steht der Buddha der Weltmitte,

Vairocana, auf einem Löwen. Nach rechts schließen sich der Buddha des Westens, Amitabha, auf einem Pfau an und schließlich der Buddha des Nordens, Amoghasiddhi, mit einem Garuda.

In der Nähe dieses Felsenreliefs sind noch ein paar **weitere Reliefplatten,** ebenfalls aus dem 10. Jh., zu finden.

Das wichtigste Fest von Shey ist das **Erntedankfest** „Shey Srub-lo". Es wird etwa im August, am 10. Tag des 7. tibetischen Monats, gefeiert. Nach uralter Tradition bringen die Bauern aus allen Teilen des Landes hier ihr erstes geerntetes Getreide symbolisch dem Buddha und den Mönchen dar. Wie es sich für Ladakhis gehört, darf auch bei diesem religiösen Fest der obligatorische Chang nicht fehlen. So feiert man

07 3lz Foto: jm

das Erntedankfest in bierseliger Laune und mit ausgelassenen Tänzen. Irgendwann tritt ein Orakel in Erscheinung, das die Leute an diesem Tag um Rat fragen.

500 m von der Burg entfernt, liegt im Dorf rechter Hand zwischen Chörten die kleine, von Touristen kaum besuchte **Shakya Thubpa Gompa.** Bei den Ladakhis ist der Tempel sehr beliebt, da im ersten Stock die Statuen der Schutzgötter Dorje Chenmo und Palden Lhamo aufbewahrt sind. Frauen dürfen allerdings nur von der Türschwelle einen Blick in die beiden kleinen Räume werfen.

Anreise

● Zwischen Shey und Thikse führt an den Feldern entlang ein schöner teilweise **asphaltierter Weg.** Siehe auch Kapitel Thikse.
● **Busse** ab Leh fahren ab morgens um 8 Uhr ungefähr alle halbe Stunde. Man kann jeden Bus nehmen, der nach Thikse fährt.

Unterkunft

● Unterhalb des Palastes, direkt an der Hauptstraße, steht das Guest House **Shil Khar.**

Spituk

In Sichtweite, 13 km westlich von Leh, liegt imposant auf einem Bergkegel das **Zentralkloster des Gelbmützen-Ordens** Spituk. Von hier oben bekommt man die allgegenwärtige Präsenz des indischen Militärs drastisch vor Augen geführt: Auf drei Seiten ist der Klosterhügel von weitflächigen Armeeanlagen eingekreist, in Sichtweite

Ladakh

liegt auch der Flughafen. Chörten, die einst den Weg zum Kloster säumten, stehen heute auf Militärgebiet zwischen Wellblechbaracken.

Hingegen ist der Blick in die entgegengesetzte Richtung zum **Dorf Spituk** weitaus angenehmer. Die 150 Häuser zählende Ortschaft liegt in einer fruchtbaren Oase, in der sich die Getreidefelder bis zum Indusufer hin ausdehnen.

Geschichte

Nachdem der Magier *Nyimagun* den Klosterhügel durch seinen Segen vor Angriffen böser Geister und Dämonen geschützt hatte, ließ der König *Ö De* von Guge im 11. Jh. hier einen ersten Tempel errichten. Die kleine Mönchsgemeinschaft gehörte zunächst der Kadampa-Schule an. Zurzeit der religiösen Reformen unter *Tsongkhapa* trat Spituk im 15. Jh. zur Gelukpa-Schule über. In dieser Zeit wurde das Kloster zu seiner heutigen Größe und Macht ausgeweitet. Mit 100 Mönchen und den drei Nebenklöstern Sabu, Sankar und Stok gehört es zu den großen und bedeutenden religiösen Zentren des Landes.

Der letzte Abt des Klosters war der im Jahr 2004 verstorbene **Bakula Rinpoche.** Er war einer der weltlich orientierten Rinpoches, die sich mehr mit Politik als mit geistlichen Aufgaben beschäftigen. So hatte Bakula Rinpoche lange Jahre einen Sitz in der Abgeordnetenversammlung von Jammu und Kaschmir inne. Sein innenpolitisches Engagement brachte ihm sogar einen Sitz im Bundesparlament von Delhi ein, und viele Jahre lebte er als Vertreter des indischen Staates in der Mongolei.

Aussicht vom Kloster Spituk auf den Indus

Sehenswertes

Das nach **klassisch-tibetischem Prinzip** angelegte Kloster wirkt auf den ersten Blick verwirrend; es ist gar nicht einfach, über die verwinkelten Treppen und Gänge zu den verschiedenen Räumen zu finden. Der Mönch mit den Schlüsseln hilft bei der Orientierung. Touristen betreten normalerweise die Anlage nicht von der übersichtlicheren Indusseite, d.h., von den Mönchswohnungen aus, sondern vom Parkplatz der Zufahrtstraße. Am besten läuft man zunächst zum großen Klosterhof hinunter.

Versammlungshalle

Vom Klosterhof führt eine breite Treppe zum Hauptgebäude des Klosters, der Versammlungshalle (Dukhang). Der zweigeschossige Raum ist durch 4x4 Säulen unterteilt und wird von den Sitzreihen der Mönche fast ausgefüllt. An beiden Seitenwänden füllen die buddhistische Kanonsammlung, der Kandjur, und seine Kommentare, Tandjur, ganze Regale.

An der **Stirnseite** hinter den beiden erhöhten Sitzen für den Dalai Lama und Bakula Rinpoche steht der Altartisch. Er ist aufgefüllt mit einigen Figuren: Dies sind ganz links der 5. Dalai Lama Ngawang Lobsang Gyatso, der mit seinem Kriegszug von Lhasa nach Westtibet im 17. Jh. dem ladakhischen Königreich einen schweren Schlag versetzt hat. Rechts neben ihm steht der Buddha des ewigen Lebens, Amitayus. Es folgen Buddha Shakyamuni und ganz rechts Bakula Rinpoche.

Links in der **Glasvitrine** wurden um den Silberchörten ein paar schöne, aus Rosenholz geschnitzte Figuren aufgereiht. Neben Bakulas Thron verhüllt sich in einem Kasten hinter dem Vorhang eine der wichtigsten Schutzgottheiten des Gelbmützen-Ordens, Yamantaka; später kann Yamantaka im Gonkhang in seiner vollen Größe bewundert werden.

Die **Wandmalereien an der Türseite** zeigen beiderseits je vier besonders zornvoll dargestellte Schutzgottheiten. Sie nehmen jedes Jahr Menschengestalt an, wenn Mönche während des Klosterfestes ihre zornigen Masken aufsetzen und sich mit Kriegsgerät bewaffnen. Auf der linken Wandseite sind dies ein roter alttibetischer Tsan, die dunkelblaue reitende Palden Lha-

mo, der Kriegsgott Tschamring mit Herz und Lunge eines Menschen in der Hand und schließlich der gelbe Vaisravana (tib.: Namsras), die Verkörperung von Reichtum.

Die **rechte Wand** beginnt mit dem König der buddhistischen Lehre, Dharmaraja, der einen Stierkopf hat und ein magisches Zepter sowie eine Peitsche in den Händen hält, um die Dämonen zu fesseln. Dharmaraja wird in Umarmung mit seiner tantrischen Gefährtin gezeigt, die ihm eine mit Blut gefüllte Schale reicht. Daneben befindet sich der 6-armige Mahakala mit Peitsche und Hackmesser. Als dritte Figur erscheint der Bodhisattva der Weisheit, Manjushri, in seiner tantrischen Form als Vajrabhairava mit 34 Armen und seiner Gefährtin in den Armen. Ab-

Ladakh

074b Foto: jm

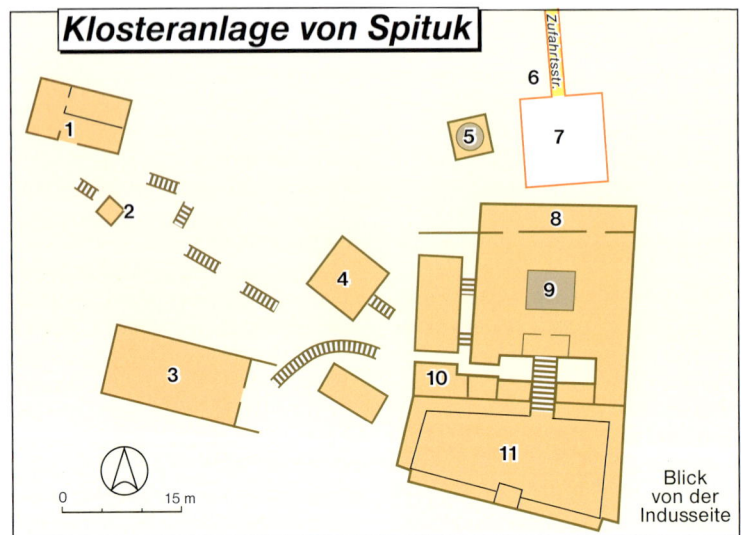

Klosteranlage von Spituk

Zufahrtsstr.

Blick von der Indusseite

0 — 15 m

1 Gonkhang
2 Lhadho
3 neuer Versammlungsraum
4 Cho Lhakhang
5 Chörten
6 Zugang
7 Parkplatz
8 Figurenraum
9 Versammlungshalle
10 Küche
11 Festspielhof

Figur von Amitayus, dem Buddha des ewigen Lebens. Der ladakhische König *Dragspa Bum De* hat sie seinerzeit vom Gründer der Gelbmützenschule, *Tsongkhapa,* höchstpersönlich bekommen.

In der Glasvitrine an der linken Wand ist die Retterin Tara zu sehen, und rechts neben dem großen Buddha findet man eine Darstellung Tsongkhapas im Kreis seiner Schüler.

schließend wieder der 6-armige Mahakala mit seiner Krone aus Totenköpfen.

Im **Figurenraum** (Tsankhang) hinter der Versammlungshalle steht in der Ecke Buddha Shakyamuni, auf dessen „Innenleben" das Kloster besonders stolz ist: Im Hohlraum dieser 600 Jahre alten Figur steckt eine fingergroße

Abtsresidenz

Die Abtsresidenz ist genau oberhalb des Dukhang eingerichtet. Hier weilte Bakula Rinpoche während seiner seltenen Besuche in Spituk. Obwohl der Raum gemütlich ist, hielt sich Rinpoche lieber im ruhigeren Zweigkloster in Sankar auf.

Ladakh

Neuer Versammlungsraum

Der Rundgang führt weiter über den Klosterhof und rechts die steilen Stufen hinab, wo der neue Versammlungsraum steht. Hinsichtlich Raumaufteilung und Themen der Fresken ähnelt er dem alten.

Der Raum wurde 1977 von *Bakula Rinpoche* eingeweiht, und ihm fehlt es noch, wie den meisten neuen Räumen, an Ausstrahlung. Die Mönche halten ihre Gebete je zur Hälfte in beiden Versammlungsräumen ab.

Die **Wandmalereien** zeigen an der rechten Seitenwand die bisherigen 14 Inkarnationen des Dalai Lama. An der linken Seitenwand findet man Hayagriva mit dem Pferdehals sowie den mystischen Vogel Garuda und Vajrapani, daneben die Gottheiten des langen Lebens und schließlich Buddha Shakyamuni umgeben von den 8 Medizinbuddhas.

Dahinter liegt wieder ein **Figurenraum** mit einer Vitrine voll kleiner Figuren. Darunter sind die drei Buddhas der Vergangenheit (Dipankara), Gegenwart (Shakyamuni) und der Zukunft (Maitreya).

Cho Lhakhang

Der Cho Lhakhang in der obersten Etage des Klosters ist ebenfalls neueren Datums. Es gibt hier einige Silberchörten sowie eine Glasvitrine mit Tara (rechts), dem gekrönten Buddha Cho Rinpoche (Mitte) und Padmasambhava (links). Auf dem Abtssitz findet sich ein vergilbtes Foto von einem schnittig dreinblickenden *Bakula Rinpoche* in jungen Jahren.

Gonkhang

Eine besondere Faszination übt der Raum der Schutzgottheiten aus. Der rote Tempel steht oberhalb des Klosterkomplexes auf einem Hügel und wird über Treppen erreicht. In dem Lhadho auf dem Weg hat Dorje Shugdan, eine Schutzgottheit der Gelbmützen, ihren Sitz.

Ein kleiner Innenhof mit Blumen und einer Meditationsecke für den hier lebenden Mönch bildet den Zugang zu dem Tempel. Der fensterlose, rußgeschwärzte Raum mit den vielen flackernden Butterlampen, den Dämonenmasken und bunten Tüchern an der Wand wirkt malerisch-gruselig. Gerade die rechte Atmosphäre für den mächtigen Schutzgott Yamantaka, der hier pech- schwarz und 4 m hoch in seiner Nische steht. Nur an einem Tag im Jahr werden die Tücher, die den Betrachter vor seiner Blickgewalt schützen sollen, von seinem Haupt genommen. Yamantaka ist die zornvollste Schutzgottheit der Buddhisten. Aufgrund seiner immensen Kräfte kann er Dämonen unter seinen Füßen zermalmen und sogar den Tod besiegen – daher auch sein Name „Besieger des Todes".

Neben Yamantaka wacht der ebenfalls verhüllte 6-armige Mahakala, der die tibetische Form des Hindugottes Shiva verkörpert. Aus diesem Grund kommen viele Hinduisten, indische Touristen und Soldaten des nahe gelegenen Militärlagers, in das Kloster, um hier Shiva zu ehren. Die Hindus glauben außerdem, dass die Gompa der Sitz von Kalika Mata, der großen Er-

Ein beliebtes Motiv an Klosterwänden: die vier heiligen Freunde

denmutter und zornigen Manifestation der Gefährtin von Shiva ist.

Der Weg zur Indusseite hin den Klosterberg hinab führt in das wohlhabende **Dorf Spituk.** Von hier unten ist der Blick auf die gesamte Klosteranlage mit ihren am Hügel gestaffelten Mönchswohnungen besonders eindrucksvoll. Ein Spaziergang entlang der Feldraine hat allerdings etwas von einem Hindernislauf, da Zäune und Sumpfwiesen oftmals den Weg versperren. Vom Kloster aus nach rechts, gelangt man nach etwa einem Kilometer zu einem kleinen tibetischen

Flüchtlingslager. Es liegt genau hinter dem Armeecamp, von wo der Weg zur Hauptstraße zurück führt.

An- und Rückreise

● Ins Dorf Spituk fahren täglich mehrere Busse. Oder man nimmt einen der vielen Busse, die von Leh in Richtung Westen fahren.

Stakna

Stakna liegt 25 km südöstlich von Leh an der Straße auf der anderen Seite des Indus. Genau unterhalb des Klosters führt ein Brücke über den Fluss.

Sonderlich sehenswert sind weder das Dorf Stakna noch das Kloster, aber die Atmosphäre ist beschaulich. Wer vorher Hemis besichtigt hat und von dort eine Wanderung unternimmt, kann Stakna unterwegs einen Besuch abstatten. Siehe dazu Kapitel Hemis.

Die Ortschaft hat rund 60 Häuser, die am Indus auf einer wasserarmen, steinigen Ebene stehen. Daneben erhebt sich eine **Felsenkuppe;** da ihre Silhouette einem zum Sprung ansetzenden Tiger ähnelt, wird sie von den Leuten Stag-na, Tigernase, genannt. Auf der Spitze dieses Felsens steht die gleichnamige, im 17. Jh. gebaute Gompa, in der 30 Mönche der **Lho-Drukpa-Kargyüpa-Schule** leben. Dieser Zweig wurde infolge einer Spaltung innerhalb des Drukpa-Ordens sowie der wachsenden Machtentfaltung der Gelbmützen Anfang des 17. Jh. in Bhutan gegründet. Bis heute pflegt Stakna enge Beziehungen zu den Klöstern in Bhutan.

Sehenswertes

Da Stakna als eines der wenigen Klöster in Ladakh keine Maskentänze aufführt, gibt es auch keinen großen Klosterhof. Vom Vorplatz führen Stufen zur **Versammlungshalle** (Dukhang), in der neben dem Eingang die drei Buddhas der Vergangenheit, Gegenwart und Zukunft zu finden sind.

Auffallend sind die hochwertigen Malereien an der Fensterwand. Sie stellen in der Mitte den Tantriker Padmasambhava als Guru Rinpoche (kostbaren Lehrer) dar. Der Yogi trägt hier seine typische Mütze mit den aufgeschlagenen Ohrenklappen, und in den Händen hält er einen Donnerkeil, eine mit Lebenswasser gefüllte Schale sowie seinen magischen Stab. Umgeben ist Padmasambhava von verschiedenen Schutzgöttern und vom Urbuddha Vajradhara in Yab-Yum-Haltung mit seiner tantrischen Gefährtin.

Die Gottheiten des langen Lebens sind zwischen dem Fenster und den Stufen zum anschließenden **Dorje-Phagmo-Tempel** dargestellt: Der rote Amitayus, geschmückt mit Krone und Juwelen, die weiße Göttin Tara und Namgyalma, ebenfalls weiß mit vier Gesichtern. Daran schließen sich der Buddha Amithaba sowie zwei Bodhisattvas an.

Der kleine Dorje-Phagmo-Tempel ist der gleichnamigen Schutzgöttin des Klosters gewidmet. Dorje Phagmo (Sanskrit: *Vajravarahi* = Diamantsau) ist eine tantrische Dakini und wird hier in ihrer typischen Tanzhaltung mit erhobenem rechtem Bein dargestellt. Bekleidet ist ihr roter Körper nur mit einem Gewand aus Knochen.

Im **Lama Lhakhang,** der ebenfalls mit dem Versammlungsraum verbunden ist, werden Äbte und Heilige des Drukpa-Ordens verehrt.

Schließlich gibt es im Obergeschoss die **Räume des Abtes** (Simchung) zu sehen mit einem herrlicher Ausblick über das weite Industal bis nach Spituk hinüber. Die Gemächer umfassen drei Räume mit einer Bibliothek.

Königspalast in Stok

Das kleine Dorf Stok liegt 14 km südlich von Leh, zu Füßen des schneebedeckten Stok Kangri in einem südlichen Seitental des Indus. Stok ist ein möglicher Ausgangspunkt für Treks in das benachbarte Markha-Tal.

Geschichte

Der Name Stok stammt von einer ehemals hier stehenden Stupa, deren vergoldete Krone *(tog)* Reliquien beinhaltete. Unter diesen Kostbarkeiten sollen sich ein ziegenkopfgroßer(!) Türkis und ein Getreidekorn von der Größe eines Taubeneies befunden haben.

In dem weißen Palast am Hügel leben noch heute die Nachfahren der **letzten ladakhischen Königsdynastie.** Obwohl er 77 Zimmer hat, wirkt der Palast weniger wie ein Königssitz, sondern eher wie das bescheidene Domizil eines Adeligen. Als Zweitwohnsitz war es zunächst auch gedacht, als im 19. Jahrhundert König *Tsepal Dondup Namgyal,* seinerzeit noch im Königspalast von Leh residierend, den Palast in Stok erbauen ließ. Freilich hatte er nicht mit den Dogra-Invasoren gerechnet, die kurz darauf Ladakh eroberten. Nach ihrem Sieg ließen sich die Generäle be-

Ladakh

quem im königlichen Palast von Leh nieder. Sie verjagten den entmachteten Herrscher, dem nichts anderes übrig blieb, als sich 1843 mit seiner Familie nach Stok zurückzuziehen.

Der König hatte seinerzeit ein Kabinett von fünf Ministern, und seine Macht reichte von Mulbekh bis zur heutigen Grenze zu Tibet. Heute erfüllt die Königsfamilie lediglich repräsentative Aufgaben, wenngleich die Mitglieder des königlichen Clans von den Ladakhis noch mit ihren Titeln angesprochen werden: *Gyalpo* (König), *Gyalmo* (Königin), *Gyallu* (Prinz) und *Gyalmo Chhunun* (Prinzessin).

Die Königin von Stok, Witwe des 1974 verstorbenen letzten Königs, wohnt heute vorwiegend in Manali. Diese Fürstentochter mit dem offiziellen Namen *Rani Parvati Davi Deskit Wangmo*, ist nach wie vor sehr beliebt, sie wurde 1977 als einzige Vertreterin Ladakhs ins indische Parlament nach Delhi gewählt.

Der Königspalast von Stock

Zur Königsfamilie gehören noch zwei Töchter und zwei Söhne, von denen der ältere im September 1992 zum König gekrönt wurde.

Sehenswertes

In einigen Räumen des Palastes ist ein sehenswertes **Museum** eingerichtet. Einige edle Teile aus dem königlichen Besitz sind hier ausgestellt, darunter wertvolle Schmuckstücke der Königin, etwa der mit 450 Türkisen besetzte Krönungsperak. Außerdem sind Krone, Zeremonienkleider und der Thron des Königs sowie Ritualobjekte und Statuen zu sehen.

Weitere Prunkstücke dieser Sammlung sind 500 Jahre alte Thankas, die mit einer Paste geriebener Edelsteine aus Lapislazuli, Korallen, Türkisen, Gold und Silber gemalt wurden. Auf den Thankas sind verschiedene Manifestationen des großen tibetischen Tantrikers Padmasambhava und Szenen aus seinem Leben dargestellt. Ein „magisches Schwert" mit einem Knoten in der Klinge hängt in dem Raum mit dem großen Silberchörten aus dem 17. Jh. Angeblich hat diesen mysteriösen Knoten einst das Staatsorakel von Stok in Trance in die Klinge gezaubert.

Im oberen Teil des Dorfes, rund 150 m vom Palast entfernt, liegt die kleine **Gurphug Gompa.** Aus seiner idyllischen Ruhe wird das Kloster nur im Winter gerissen, wenn zu den Maskentänzen die beiden zornigen Orakel vor der ehrfürchtigen Menge erscheinen. Im unteren Versammlungsraum sind Malereien zu besichtigen, die verschiedene Gottheiten darstellen.

Anreise

● Busse nach Stok und zurück mehrmals am Tag.

Unterkunft

● Wer noch Probleme hat, sein Urlaubsgeld anzulegen, kann ein paar Nächte im **Ladakh Serai** verbringen. Clevere Unternehmer haben das Zeltdorf gleich links am Ortseingang hingestellt und mit relativ wenig Aufwand ein florierendes Geschäft aufgezogen: Jedes der 15 wohnlich ausgestatteten 2-Personen-Zelte kostet 150 US$ pro Nacht! Zu dem heimeligen Nomadenflair bekommt man für sein Geld immerhin Klosterausflüge und eine Flussfahrt auf dem Indus inclusive. Kurzentschlossene haben aber keine Chance, denn im Sommer sind alle Zelte von Reisegruppen belegt.

● In dem sehr schön ausgestatteten **Hotel Highland** steigen ebenfalls hauptsächlich Reisegruppen ab, die von hier den Trek ins Markha-Tal starten. Die Übernachtung kostet mit Essen 1000 Rupien pro Zimmer.

Thikse

Thikse, 19 km südöstlich von Leh, ist ein größeres Dorf, das sich über 5 km an der Straße entlangzieht. Mit einem Bevölkerungsanteil von 35 % Moslems gehört Thikse neben Chushot zu den islamischen Zentren von Ladakh. Die Vorfahren dieser Moslems wanderten im 16. Jh. nach Ladakh ein, als der damalige König *Jamyang Namgyal* eine Prinzessin aus Baltistan heiratete. Hier leben die Buddhisten und Moslems friedlich und in harmonischer Gesinnung miteinander.

Zum Standardprogramm jeder Reisegruppe gehört ein Besuch im **Thikse-Kloster** – nicht zuletzt deshalb, weil Thikse als einziges Kloster in Ladakh regelmäßig Morgenpujas abhält, an denen ein großer Teil der 110 Mönche teilnimmt.

Die **Lage des Klosters** ist sicher die imposanteste im ganzen Industal: Auf einem Hügel in der weitläufigen Indusebene erbaut, gleicht Thikse einer Miniaturausgabe des Potala in Lhasa. Unzählige weiße Chörten säumen den Weg von Shey dorthin. Von der Vorderseite bietet der Anblick des Klosterberges Ästhetik pur: Die Chörten im Tal, darüber gestaffelt die Mönchswohnungen und schließlich auf der Hügelspitze der mächtige Klosterblock – die gesamte Anlage wirkt wie eine mit dem Felsen verschmolzene steinerne Großplastik. Darüber hinaus ist dem Kloster eine Schule mit ca. 40 Schülern im Alter von 9 bis 22 Jahren angeschlossen.

Am schönsten ist der **Weg zum Kloster** über den Zickzackpfad durch die Mönchsquartiere. Man kann aber auch auf der Straße hochfahren.

Geschichte

Bereits der Gründer des Gelbmützenordens, *Tsongkhapa,* orakelte vom fernen Tibet aus im 15. Jh.: „Auf der rechten Seite des Flusses Sindh (Indus) werden meine Lehren später gedeihen". Er sollte recht behalten. Nach *Tsongkhapas* Tod nahm sein Schüler *Sherap Zangpo* die Weissagung offenbar als Aufforderung. Er pilgerte nach Ladakh, um auf dem Thiksehügel den kleinen Stagmo Lhakhang zu bauen. Er liegt heute etwas nördlich vom Kloster in Ruinen. *Sherap Zangpo* war jedoch nicht in der Lage, eine Mönchsgemeinschaft zu versammeln. Dies gelang erst seinem Neffen *Palden Sherap,* der innerhalb kürzester Zeit eine große Zahl Gelbmützenmönche in Tikse ansiedelte. Zur gleichen Zeit, also um das Jahr 1450, wurden auch die meisten Gebäude errichtet.

Zunächst genoss das Thiksekloster die moralische und – noch wichtiger – finanzielle Unterstützung der benachbarten Königsfamilie von Shey. Nach der Entmachtung dieser Dynastie endete diese Begünstigung jedoch, und die Gelbmützen wurden in der Folgezeit als Anhängsel des unerwünschten expandierenden Staates Tibet gemieden.

Sehenswertes

Versammlungsraum

In den Versammlungsraum kommt man über einen offenen Vorraum, dessen Wandmalereien buddhistischen Standardthemen gewidmet sind: rechts die Symbole des langen Lebens und der höchsten Weisheit, links wachen die Hüter der vier Himmelsrichtungen (Lokapalas). Das Lebensrad veranschaulicht, was mit Menschen von schlechtem Lebenswandel geschieht: Sie fallen nach ihrem Tod in die dunklen Regionen der Hölle oder in das Reich der Hungergeister hinab.

Die aufwendige Holzkonstruktion im Innenraum verleiht dem Gebäude eine angenehme heimelige Atmosphäre. Die kunstvoll geschnitzten Balken sind mit heiligen Formeln in Sanskritschrift verziert. Zu dieser „Wärme" tragen auch die sanften Farben der Wandbemalung bei.

Auffallend sind die beiden vorderen Stützbalken, die im unteren Teil verstärkt sind und zwei Konsolen tragen. Auf ihnen sitzen auf halber Raumhöhe links der Buddha des ewigen Lebens, Amitayus, und rechts der Herr des Todes, Yama. Eine derartige Konstruktion ist einzigartig in ladakhischen Klöstern. Die übrige Einrichtung, also die flachen Sitzreihen und die langen Regale mit den heiligen buddhistischen Schriften an der linken Seitenwand, gleicht der anderer Klöster.

In der Glasvitrine im linken Eck neben der Altarfront steht die Figur der weißen Tara in ihrer tantrischen Form. Mit ihren je 1000 Köpfen, Armen, Händen und Beinen heißt sie Ushnisha Sitatapatra und verkörpert als weibliche Retterin unendliches Mitgefühl mit allen unerlösten Lebewesen. Mit ihren 1000 Füßen zertritt sie die Dämonen, während ihre Augen das Leiden erkennen und die Hände den

Kreaturen helfen. Linker Hand der beiden Thronsitze steht das Bildnis von Padmasambhava.

Die Fresken an den Wänden des Obergeschosses stellen die Ahnengalerie des Gelukpaordens dar: Ihr geistiges Erbe beginnt mit Buddha Shakyamuni und 16 weisen Lehrern, gefolgt von Heiligen und Gurus.

Figurenraum

Hinter dem Versammlungsraum befindet sich eine nur bei den Gelbmützen vorzufindende Einrichtung, der Figurenraum (Tsankhang). Die zentrale Position nimmt der historische Buddha

ein, der begleitet wird von dem Bodhisattva Manjushri (rechts) und Maitreya (links). Neben dem goldenen 11-köpfigen Avalokiteshvara ganz links in der Ecke versteckt sich hinter einem mit Tüchern verhängten Schrank die reitende Schutzgöttin Palden Lhamo.

Thankaräume

Ein Teil des Klosterhofs wurde kürzlich durch ein Gebäude erweitert, das einige alte Thankas, Silberchörten und Reliquien verstorbener Klosteräbte birgt.

Maitreya-Tempel

Eine der von Buddhisten besonders verehrten und von Besuchern häufig fotografierten Buddha-Statuen Ladakhs

Die Klosteranlage in Thikse

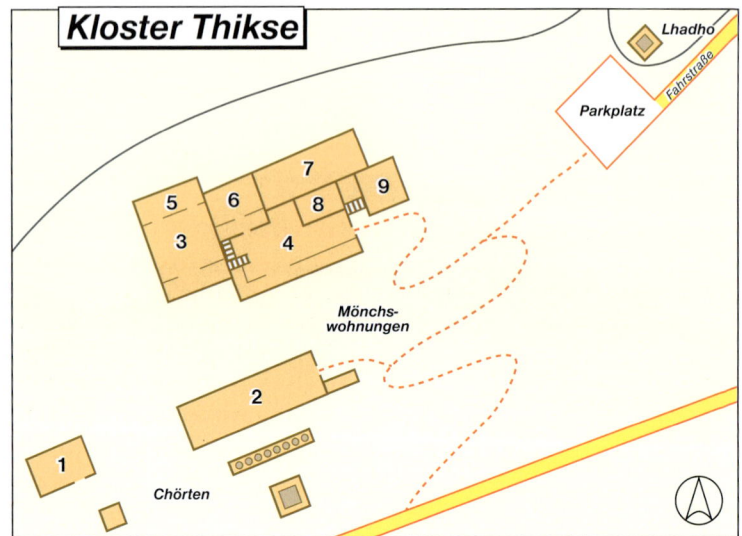

1 Nonnentempel
2 Dukhang Karpo
3 Versammlungsraum (Tschokhang)
4 Klosterhof
5 Figurenraum (Tsankhang)
6 Gonkhang
7 Wohnräume
8 Räume mit Thankas und Statuen
9 neuer Maitreya-Tempel

ist der Maitreya in diesem Seitentempel. Er steht auf der gegenüberliegenden Seite des Klosterhofes, gleich rechts neben dem Haupteingang. Im Gegensatz zu den meist kitschigen neueren Kunstwerken ist diese zweistöckige Figur hervorragend gearbeitet und mit ihrer farbenstarken Bemalung wirklich ein optischer Hochgenuss. Der Buddha des künftigen Zeitalters sitzt hier auf einer Lotusblüte und ist mit allen Ornamenten eines Königs geschmückt.

Raum der Schutzgötter

An der Längsseite des langgezogenen Klosterhofes steht, durch seine rote Fassadenfarbe erkennbar, der Gonkhang. Bis vor nicht allzu langer Zeit war Frauen der Zutritt zu diesem Raum noch untersagt, mittlerweile dürfen sie ihn betreten. Es war eine erzwungene Erlaubnis, da viele Touristinnen kein Verständnis für das Verbot zeigten und verärgert waren. Aus Sicht der Mönche wird die Energie des Raumes dadurch aber geschwächt.

Der Gonkhang ist wie üblich ein rußgeschwärzter, fensterloser Raum, der durch ein paar Butterlampen spärlich beleuchtet wird. Hinter einer Absperrung steht, mit Tüchern verhängt, der zornige Hauptgott der Gelbmützen, Yamantaka. Die Buddhisten haben größten Respekt vor diesem schwarzen, mehrköpfigen und vielarmigen Ungeheuer, das unter seinen unzähligen Beinen Dämonen und Feinde der Religion zermalmt.

Neben Yamantaka herrschen hier der stierköpfige Herr des Todes, Yama, die Göttin Palden Lhamo und der 6-armige Mahakala.

Auf der Dachterrasse steht eine sehenswerte Statue des Buddha der Zukunft, Maitreya. Im Zimmer davor residiert die zornvolle Palden Lhamo; doch herrscht die strenge Regel, dass nur Männer die Räume betreten dürfen.

Palden Ljamo

Dukhang Karpo

Die weiße Versammlungshalle (Dukhang Karpo) liegt außerhalb der Tempelgebäude auf halber Höhe des Klosterberges. Vor der Halle stehen acht Chörten. Seine hervorragenden Wandmalereien machen den Dukhang Karpo zum kunsthistorisch bedeutendsten Gebäude von Thikse überhaupt. Leider ist der Schlüssel für diesen langgestreckten eingeschossigen Raum oft nicht greifbar. Eingerichtet ist der von kleinen Fenstern erhellte Raum lediglich mit einer raumhohen Figur des Buddhas der Zukunft, Maitreya, und einem Buddha Shakyamuni. Ansonsten steht er leer.

Die in warmen Farben gehaltenen Malereien stammen wahrscheinlich aus der Gründungszeit des Klosters. Angesichts ihres Alters von über 400 Jahren sind sie überraschend gut erhalten. Man erkennt von links nach rechts den blauen Urbuddha Vajradhara, begleitet von den beiden Bodhisattvas Avalokiteshvara und Vajrapani.

Es folgt, wiederum flankiert von Bodhisattvas, der blaue Medizinbuddha. In der Linken hält er eine Medizinschale, seine rechte Hand ist zur Geste der Schutzgewährung geformt. Hinter dem Chörten ist Buddha Shakyamuni mit der Almosenschale in der Hand in Begleitung seiner beiden Hauptschüler zu sehen. Die vierte Gruppe stellt Tsongkhapa mit Schülern dar. Eine andere Bildersequenz ist den Gottheiten des langen Lebens gewidmet. Einen krassen Kontrast zu diesem alten Bilderbogen bildet die gegenüberliegende Wand mit neuen, grellen Fresken.

Ladakh

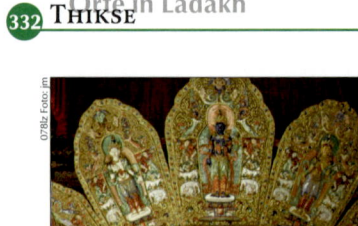

Thikse als einem der wenigen Klöster täglich eine **Puja** durchgeführt wird. Der Besuch dieser Thikse-Puja steht auf nahezu jedem Touristenprogramm, und tatsächlich ist es beeindruckend, Dutzende Mönche beim Rezitieren ihrer buddhistischen Verse zu sehen und einen Einblick in den Ablauf solcher Zeremonien zu bekommen: Das für ungeübte Ohren monoton wirkende Gemurmel der Texte, die Einlagen der Instrumente und jene besondere Atmosphäre eines alten Klosterraums.

Zwischen den Gebeten schleppen die Novizen riesige Kannen Buttertee und Schüsseln von Tsampa an. Für manchen Mönch scheint die Essenspause der wichtigere Teil der Meditation zu sein, zumindest ist sie eine willkommene Abwechslung. Man plaudert heiter, und die Novizen nutzen die Pause, um einander noch mehr Grimassen zu schneiden als während der Meditation.

Die Gebete beginnen um 6.30 Uhr und dauern in der Regel eine, manchmal zwei Stunden. An besonderen Tagen ziehen sich die Zeremonien bis zum Abend hin. Die Mönche haben nichts dagegen, wenn Besucher an ihren Pujas teilnehmen, doch sollte man pünktlich kommen und sich einen Sitz zuweisen lassen. Eine Touristin bekam von einem Mönch einen recht unsanften Rippenstoß verpasst, als sie sich versehentlich auf einem offenbar „falschen" Sitz niederließ. Es empfiehlt sich, einen eigenen Becher mitzubringen, denn manchmal wird den Gästen Buttertee angeboten.

Nonnenkloster

Auf halber Höhe des Klosterbergs befindet sich ein kleines Nonnenkloster. Viermal im Monat, an den buddhistisch wichtigen Tagen, treffen sich etwa 20 Nonnen aus der Umgebung hier zur Meditation. Das Nonnenkloster ist normalerweise abgesperrt.

Eine Puja in Thikse

Eine Morgenmeditation im Kloster Thikse gehört zu den klassischen Erlebnissen einer Ladakh-Reise, zumal in

Ein Juwel im Kloster Thikse:
Chamba, der Buddha der Zukunft

Die besten Beispiele, wie sich ein Tourist in Thikse nicht verhalten sollte, demonstrieren manche Reisegruppen, die während der Gebete hereinplatzen. Was sich vor ihren Augen abspielt, betrachten sie offenbar als eine exotische Folkloreveranstaltung. Da wird laut diskutiert und mit den Taschenlampen hantiert. Über die rezitierenden Mönche bricht ein Blitzlicht-Gewitter direkt vor ihren Nasen herein. Nach ein paar Minuten ist der Schwarm mit einigen „guten" Aufnahmen im Kasten wieder verschwunden.

Die Thiksemönche haben Besucher dieser Art lange toleriert und vielleicht gedacht, sich für die 30 Rupien Eintrittsgeld einiges gefallen lassen zu müssen. Nun ist aber ein Stimmungswechsel erreicht. Man reagiert im Kloster nicht mehr so freundlich auf Touristen, und die Toleranzgrenze scheint erreicht. Unverständlich, warum die Klosterleitung nicht, wie z.B. in Hemis, das Fotografieren in den Innenräumen generell verbietet.

Anreise

- Nach Thikse fahren ab Leh ca. alle halbe Stunde Busse.

Unterkunft

- An der Hauptstraße steht das zum Kloster gehörende **Chamba Hotel** (150 Rp.). Übernachtung ist besonders dann empfehlenswert, wenn man an der Morgenmeditation teilnehmen will. Das Restaurant mit hübschem Hof zum Draußensitzen bietet gutes Essen und sogar Skiu, ein typisch ladakhisches Gericht, allerdings für westliche Gaumen verfeinert.

- Das gemütiche **Kongmanono Guest House,** Tel. 26 70 72, kongmanono@indiya. com, unterhalb der Gompa hat vier Zimmer. 250 Rp. mit Essen und Familienanschluss.

Spaziergang nach Shey

Ein schöner, einstündiger Spaziergang führt von Thikse zur alten Königsburg Shey. An der Abzweigung, die zum Kloster hochführt, wechselt man die Straßenseite. Der teils asphaltierte Weg führt zwischen Feldern entlang, auf denen nach der Ernte Kühe und Eseln die Stoppeln abgrasen. Gastarbeiter aus Nepal plagen sich in den Lehmgruben mit der Herstellung von ungebrannten Lehmziegeln, die in Ladakh weitläufig für Häuser und Ackermauern verwendet werden. Unterwegs hat man einen guten Blick auf den alten Königspalast von Shey. Der Wanderweg endet unterhalb des Palastes an den Fischweihern, unweit der Straßenkurve mit dem alten gemeißelten Buddha-Flachrelief. Zum Palast siehe Kapitel „Shey".

Tingmogang

Tingmogang (die Einheimischen sagen „Temisgang") liegt 89 km westlich von Leh und 3 km abseits von der Hauptstraße in einem Seitental des Indus. Es gehört zu den reichsten und auch schönsten Dörfern in Ladakh. Die Leute leben in großen alten Bauernhäusern, in ausgedehnten Obstgärten wachsen Äpfel und Aprikosen. Dank der vielen Bäche, die von allen Seiten aus den Bergen herabfließen und das Tal mit Wasser versorgen, sind die Ernten ausgesprochen gut. Die terrassenförmigen Getreidefelder ziehen sich weit an den Hängen entlang. Spätestens in Tingmogang wird deutlich, warum die Ladakhis nicht einfach von ihren Göttern Wasser erbitten, sondern speziell um die Gnade des Sonnengottes beten. Erst dann nämlich, wenn die Sonne scheint, schmelzen die Gletscher und bringen das kostbare Schmelzwasser in die Täler hinab.

Im Dorf sind die traditionellen Häuser einen Besuch wert. Viele sind Hunderte Jahre alt und wirken aufgrund ihrer massiven Bauweise und der winzigen Fenster wie Festungen. Wer die Möglichkeit hat, eine Familie näher kennen zu lernen, könnte einmal höflich nachfragen, ob er den **Haustempel** ansehen darf. Manche dieser Tempelchen bergen einen ungeahnten Schatz an Buddhastatuen und Thankas. Seit Generationen in Familienbesitz würden sie jedem Dorftempel zur Ehre gereichen.

In den letzten beiden Generationen wurde Tingmogang zu einem Ort besserer Bildung. Hier wurden einige der **ersten höheren Schulen** des Landes gegründet, aus denen angesehene Ärzte und Ingenieure hervorgegangen sind.

Das hohe Schulniveau wirkte sich offenbar auch auf das Selbstwertgefühl der hier wohnenden Frauen aus: In Tingmogang leben rund 30 **Nonnen,** eine für Ladakh hohe Zahl. Sie haben auf eigenen Wunsch die Robe angelegt und sind im Gegensatz zu vielen Nonnen in anderen Dörfern ausgesprochen selbstbewusst: Oft leben sie getrennt von ihrer Familie in einem eigenen Haus und genossen eine gute Ausbildung; manche lebten zeitweise im exiltibetischen Ort Dharamsala.

Die Nonnen haben im Ort einen Versammlungsraum für ihre Meditationen, leben aber nicht dort. Betreut werden sie von Mönchen aus Rizong. Im Gegensatz zu den Nonnen von Chulichan, die unterhalb des Klosters Rizong leben, erledigen sie für die Mönche keine Arbeiten. Die tiefe Religiosität der Frauen in Tingmogang stellt die Männer übrigens vor ein Problem: Nun müssen sie sich nämlich in den Nachbardörfern nach einer passenden Frau zum Heiraten umgucken.

Geschichte

Tingmogang war über Jahrhunderte die Residenz der Könige des Unteren Ladakh. Im Jahr 1440 errichtete der König, *Dragspa Bum,* am Schnittpunkt der beiden bei Tingmogang zusammenlaufenden Täler eine mächtige Festung. Diese Festung wurde bald Hauptquartier für Feldzüge gegen die baltischen Kleinfürstentümer indusabwärts und gegen die oberladakhische Festung Shey indusaufwärts. Reste der weitläufigen Wallanlagen geben eine vage Vorstellung von der ehemaligen Stärke dieser Dynastie.

Der Sieg gegen diese Feinde und die Wiedervereinigung beider Teile Ladakhs brachte allerdings den Niedergang von Tingmogang – im Jahr 1470 wurde Leh die Hauptstadt.

Sehenswertes

Avalokiteshvara-Tempel

Ein heller und freundlicher Avalokiteshvara-Tempel wurde im Jahre 2000 eingeweiht. Die Holzschnitzereien an der Eingangstür sind eine Augenweide. Innen beeindruckt ein großer, reich bemalter Holzaltar mit einer kleinen Marmorfigur von Avalokiteshvara, des Bodhisattva des Mitgefühls. Die kleine Figur ist auch Grund, dass der Tempel zu den wichtigsten Pilgerorten kinderloser Frauen gehört.

Um diese Figur rankt sich eine besondere Geschichte: Eines Nachts erschien Avalokiteshvara im Traum dem König Dragspa Bum und riet ihm, für die Gläubigen eine Avalokiteshvara-Statue anfertigen zu lassen. Noch bevor der König mit der Ausführung beginnen konnte, erschien in seinem Palast ein Yogi, überreichte ihm die kleine, jetzt im Tempel stehende Marmorfigur und verschwand spurlos.

Die Ladakhis schreiben dieser Figur übernatürliche Kräfte zu, einige behaupten sogar, dass sie zu ihnen gesprochen habe. Deshalb kommen aus ganz Ladakh, Nubra und Zanskar die Gläubigen hierher, um vor dem Bodhisattva ihre Niederwerfungen, die besondere religiöse Verdienste einbringen sollen, zu verrichten. Berühmt wurde jene Geschichte einer Frau, die nach 12 kinderlosen Ehejahren vor dieser Figur um ein Baby gebetet hatte. Prompt wurde sie im folgenden Monat schwanger. Seitdem pilgern kinderlose Frauen nach Tingmogang, um Nachwuchs zu erbitten.

Maitreya-Tempel

Beeindruckend ist auch der daneben gelegene Maitreya-Tempel. In dem roten Gebäude steht eine 7 m hohe Figur des Buddha des kommenden Weltzeitalters, Maitreya. Das Oberteil des in abendländischer Haltung auf einem Stuhl sitzenden Maitreya reicht ins 2. Stockwerk hoch, und sein gekröntes Haupt wird nur sichtbar, indem der Besucher den Kopf verrenkt. Der rote Tempel ist ein altes Palastheiligtum; er wurde auf Anweisung des Königs aufgrund dessen Vorliebe für Maitreya-Darstellungen erbaut.

Anreise

● Täglich direkte Busverbindung zwischen Leh und Tingmogang. Der Ort liegt von Nurla aus 3 km in einem Seitental des Indus. Man kann dieses kurze Stück von der Hauptstraße ab Nurla **hochlaufen.**

Unterkunft

● Das **Namra Guest House** ist idyllisch gelegen, hat einen schönen Garten und ist komfortabel ausgestattet. Ein Zimmer mit Bad ist für 200 Rp. inklusive Mahlzeiten zu haben, eine Übernachtung im fest installierten Zelt im Garten kostet 100 Rp. Offensichtlich herrscht im Haus keine sonderlich freundliche Atmosphäre. Besucher beklagten sich, dass der Besitzer scheinbar kein Interesse an seinen Gästen habe. Im Ort vermieten auch einige Familien Privatzimmer; außerdem gibt es mehrere **Zeltplätze.**

Ladakh

Zanskar

138lz Foto: jm

139lz Foto: jm

Spektakuläre Landschaft nahe Karsha

Unterwegs ins nächste Dorf

Die „Großen" kümmern sich
um ihre Geschwister

Landeskunde Überblick

Sieben Monate im Jahr ist Zanskar **von der Außenwelt abgeschnitten.** Nur während des Sommers ist die kleine Gebirgsregion erreichbar – und auch dann nur mit größerem Aufwand: Entweder man trekkt von Manali bzw. Ladakh dorthin oder fährt auf der einzigen Straße von Kargil nach Padum.

Aber selbst **per Bus, Taxi oder LKW** stehen einige Strapazen bevor, denn ein großer Teil der Strecke besteht aus einer von Schlaglöchern übersäten, unbefestigten Sand- oder Schotterpiste. Trotzdem nehmen Besucher diese aufwendige Anreise in Kauf. Gerade aufgrund seiner isolierten Lage ist in Zanskar nämlich eine traditionelle Kultur lebendig, wie sie in Ladakh nur noch in abgelegenen Dörfern existiert.

Irrtümlich wird Zanskar oft zusammen mit Ladakh in einem Atemzug genannt oder als dessen kleines Anhängsel betrachtet. Dabei herrscht in Zanskar, bedingt durch seine geografische Isolation, eine ganz eigene Atmosphäre. Die Berge haben selbst im Sommer schneebedeckte Gipfel und sind geprägt von einer unendlichen Vielfalt an Farben und Formen. Insgesamt erscheint die **Landschaft** „bunter" als in Zentralladakh. Das Schmelzwasser von den Gletschern bewässert über zahllose idyllische Bäche ausreichend die Ebenen und Flusstäler, weshalb Zanskar grüner ist und nicht den Charakter einer extremen Hochgebirgswüste aufweist.

Mit einer **Gesamtbevölkerung** von 8000 Menschen ist das Land extrem

dünn besiedelt. Die Statistik weist 45 Dörfer auf, von denen einige aber lediglich aus zwei oder drei Häusern bestehen.

Die regionale **Sprache,** Zanskari, ist dem Ladakhi ähnlich, doch unterscheiden sich viele Wörter und die Aussprache.

Das Leben der Menschen Zanskars ist tief durchdrungen vom **Buddhismus** bzw. ihrem Volksglauben. In je-

dem Dorf steht ein Kloster, und im Laufe der Jahrhunderte hat sich eine reiche Klosterkunst entwickelt. Einige der wertvollsten und faszinierendsten Gompas des ganzen Westhimalaya wie Sani, Karsha und Phuktal sind hier zu finden. Eltern schicken noch immer nach alter Tradition den jüngsten Sohn als Mönch ins Kloster, und die Familie ist stolz, wenn eine der Töchter Nonne *(Chömo)* wird. Deshalb gibt es in Zanskar rund ein halbes Dutzend Nonnenklöster.

Zanskar zu entdecken ist ein Abenteuer, für das man Zeit und Geduld mitbringen sollte. Aber seine wundervolle Landschaft und die aufgeschlossenen und natürlichen Menschen lassen den Aufenthalt zu einem echten, unvergesslichen Erlebnis werden.

Ein Mönch als
ortskundiger Begleiter auf dem Trek

Nonnen in Zanskar

Anders als in Ladakh, führen in Zanskar relativ viele Frauen ein Leben als Nonne (*Chömo*). Insgesamt gibt es in Zanskar **sechs Nonnenklöster,** in denen jeweils zwischen 15 und 30 Frauen leben, und zwar in Zangla, Pishu, Karsha, Hongshed, Tungri und Dechilling. Das **Leben der Nonnen** ist wesentlich härter als das der Mönche. Im Gegensatz zu den Mönchen, die im Kloster Kost und Unterkunft meist umsonst bekommen, müssen die Nonnen ihren Lebensunterhalt selbst finanzieren. Sie sind deshalb abhängig von ihren Familien, wo sie tagsüber im Haushalt und auf den Feldern mithelfen müssen, um ihre Versorgung zu sichern. Der Nachteil ist natürlich, dass die Nonnen entsprechend wenig Zeit haben für ihre religiöse Praxis. Für die Besucher bedeutet das, dass sie tagsüber oft vor verschlossenen Klostertüren stehen, da die Nonnen meist erst abends in ihre Wohnung im Kloster zurückkehren.

Eine Tochter als Nonne zu haben, bedeutet für die Familie religiöse Verdienste, zumal die Tochter für ihren Wohlstand, Glück und Segen beten wird. So genießen die Nonnen in der zanskarischen Gesellschaft hohes Ansehen, und in einigen Dörfern ist das einzige Kloster im Dorf von Nonnen bewohnt.

Die Klöster stehen unter der spirituellen Leitung einer Obernonne, die Pujas leitet und den Jüngeren Unterricht erteilt. Oft erklärt sich auch der Lehrer eines Mönchsklosters bereit, den Nonnen Unterricht in Philosophie und tibetischer Sprache zu geben. Im Allgemeinen jedoch haben die Nonnen einen wesentlich niedrigeren **Bildungsstand** als die Mönche.

Außer den Nonnen, die freiwillig ins Zölibat gingen, gibt es, wie auch in Ladakh, eine Reihe trauriger Fälle von Mädchen, die **gegen ihren Willen Nonne** werden müssen. Das Mädchen mag ein uneheliches Kind sein, das wegen der Schande, die es nach traditionellem Verständnis der Familie zufügt, ins Klosterleben abgeschoben wird. In anderen Fällen haben die älteren Schwestern sämtlichen Familienschmuck bekommen, sodass für die Jüngste nichts mehr für deren Hochzeit übrig bliebe. Oder es ist das „hässlichen Entlein", das ohnehin keine gute Partie bekäme und deshalb für die Dienste ihrer Eltern in die Pflicht genommen wird.

Das Leben dieser „Aschenputtel" ist hart: Sie besuchen keine Schule und sind nur für die Versorgung der Familie da. Ihr einziger Trost mag sein, dass Buddha als höchste Tugend Selbstlosigkeit gelehrt hat – und in diesem Sinne führen diese Nonnen wahrhaft ein sehr religiöses Leben.

Für die Nonnenklöster muss man **kein Eintrittsgeld** bezahlen, obwohl gerade sie eine Unterstützung dringender benötigen als jedes große Kloster. Deshalb sollte jeder Besucher freiwillig einige Rupien auf den Altartisch legen.

02b6z Foto: jm

Da die Kultur in Zanskar im Wesentlichen der in Ladakh gleicht, können die Aussagen über Ladakh generell auf Zanskar übertragen werden. Die davon abweichenden Besonderheiten von Zanskar habe ich im Folgenden beschrieben.

Praktische Reisetipps

Klima und Reisezeit

In Zanskar gilt die gleiche Grundregel wie in Ladakh: Im Sommer (Juli/August) ist es in den Tälern warm mit Temperaturen bis 30 Grad Celsius, im Winter wird es eisig kalt. Natürlich kommt es darauf an, wo man sich gerade aufhält. Während man in Padum im Sommer womöglich schwitzt, glitzert im Hochgebirge der ewige Schnee. Insgesamt ist in Zanskar das Klima rauer als in Ladakh.

Während der langen **Wintermonate** zwischen November und Mai gibt es oft heftige Schneefälle. In dieser Zeit ist Zanskar völlig von der Außenwelt abgeschnitten – nur auf dem zugefrorenen Zanskar-Fluss können die Leute dann nach Ladakh zur Ortschaft Nimmu laufen. Übrigens unternehmen diese (nicht ungefährliche) Wanderung auf dem Fluss, Chaddar-Trekking genannt, auch hin und wieder abenteuerlustige Touristen in einer organisierten Tour.

Die **extreme Kälte** entsteht aufgrund zweier klimatischer Faktoren: Zum einen strahlen die vielen Gletscher Frost ab, zum anderen dringt von Indien feuchte Luft ein, die sich beim Überqueren der Himalaya-Ketten nochmals kräftig abkühlt. In Zanskar wird man sich über den ständigen Wind wundern, der durch die breiten Täler pfeift und bereits Ende September unangenehm kalt werden kann. Wer nicht allzu sehr frieren will, sollte seinen Aufenthalt in Zanskar Mitte September beenden; in Extremjahren fällt dann schon der erste Schnee.

Die **Straße von Padum nach Kargil** schließt offiziell am 15. September, Privatbusse und LKW fahren aber so lange, wie die „Schneehürde" auf dem Penzi-La passierbar ist. In der Regel ist das bis Mitte oder Ende Oktober. Allerdings muss man schon vorher damit rechnen, dass Monsun-Ausläufer Erdrutsche auslösen und die Straße blockieren.

Touristische Infrastruktur

Pro Jahr reisen rund 1500 **Touristen** nach Zanskar, und zwar vorwiegend im Juli und August. Die allermeisten Besucher verbinden ihren Aufenthalt mit einem Trek, was angesichts der anstrengenden Fahrt einerseits und der sehr schönen Trekking-Routen andererseits gut verständlich ist. Nur die wenigsten Reiseveranstalter haben organisierte Touren nach Zanskar auf dem Programm – und wenn, dann wird ein Abstecher dorthin mit der Haupttour in Ladakh verbunden.

Die Menschen Zanskars empfangen Fremde mit großer Gastfreundschaft und Herzlichkeit. Allerdings ist die touristische Infrastruktur minimal. Vor Juli hat in Zanskar kaum ein Guest House oder Restaurant geöffnet. Wer früher fährt, sollte unbedingt ein Zelt mitnehmen, da Unterkünfte vor der Hauptsaison nur schwer zu finden sind.

Was in manchem Dorf in großen Lettern als „Hotel" aufgepinselt ist, erweist sich häufig als Zimmer in einem Wohnhaus mit Familienanschluss, das Wasser fließt nur im nahen Bach. Lediglich im Hauptort Padum stehen einige Guest Houses einfachen Standards. Wegen des fehlenden Straßennetzes – Padum ist Endstation für Busse und LKW – sind viele Klöster nur zu Fuß erreichbar, zu einigen Gompas fahren Jeeps auf unbefestigten Pisten. Ab Padum sind die weiterführenden Straßen bis Zangla bzw. Mune in schlechtem Zustand und staubig. Mit dem Jeep kommt man nicht schneller als 15 bis 20 Kilometer pro Stunde voran. In Padum gibt es Taxen zu den umliegende Klöster zu mieten. Wie auch in Leh, sind die Preise von der Taxiunion festgelegt, Handeln ist also zwecklos.

Ausrüstung

Für eine Tour nach Zanskar ist eine gute Ausrüstung, also ein guter Schlafsack, warme Kleidung und Trekking-Stiefel ein absolutes Muss. In Padum bekommt man lediglich Grundnahrungmittel, Obst und Gemüse. Spezieller Trekkingproviant wie Müsli sollte aus Leh mitgebracht werden. Auch ist es ratsam – um nicht auf Mineralwasser angewiesen zu sein – einen **Wasserfilter** dabei zu haben.

Geld

Ganz wichtig: In ganz Zanskar sind weder Reiseschecks noch Bargeld auf der Bank eintauschbar. Deshalb unbedingt genug Rupien und einige Dollarnoten als Notgroschen dabeihaben. Die letzte Gelegenheit zum **Geldtauschen** besteht in Kargil.

Wer keine Rupien mehr besitzt, der muss bei anderen Touristen tauschen.

Gesundheit

In Zanskar gibt es in fast jedem Dorf einen **Amchi,** der traditionelle tibetische Medizin praktiziert. Bei Fieber und Durchfällen können die Kräuterpillen wirken. In punkto westliche Medizin ist die Versorgung aber unzureichend. Die ärztlichen **Hilfsstationen** in den größeren Ortschaften haben nur halbleere Arzneischränke, aus denen meist nicht-englischsprechende Krankenschwestern Pillen verteilen. Die von der Regierung bezahlten **Ärzte** sind in der Regel „gerade nicht da". Selbst das „Krankenhaus" in Padum wird nur von einer Krankenschwester verwaltet, denn auch hier glänzt der verpflichtete Arzt häufig durch Abwesenheit. Ein gut gepacktes Medizin-Set ist für Zanskar deshalb wichtig.

Ist die Erkrankung kritisch, hilft nur eines: Schnell zurück nach Kargil, wo es ein passables Krankenhaus gibt. Im Notfall werden Touristen mit dem Militär- oder Transporthubschrauber ausgeflogen, allerdings können einige Tage vergehen, bis die nötigen Formalitäten erledigt sind.

Land und Leute

Geografie

Mit einer Fläche von rund 5000 km² nimmt die Provinz Zanskar den südlichsten Teil des Distrikts Kargil ein. Die meisten Ortschaften liegen an den drei **Hauptflüssen,** die Zanskar durchziehen: Dem Stod, dem Lingti und dem Zanskar. Die Talebenen dieser Flüsse liegen rund 300 m höher als die in Ladakh, also auf einer durchschnittlichen Höhe von 3800 m.

Zanskar ist umgeben vom Industal (Distrikt Leh) im Norden, im Osten vom Hochplateau von Rupshu (Distrikt Leh), im Süden von Lahaul im Bundesstaat Himachal Pradesh, im Westen von Padar (Distrikt Doda) und im Nordwesten von Rangdum (Distrikt Kargil).

Geologisch begrenzt wird Zanskar im Nordosten von der Zanskarkette und im Südwesten von der Himalaya-Hauptkette. Das ganze Land besteht aus kolossalen **Bergketten** mit Gipfeln bis über 7000 m, und wild zerfurchten Tälern, in denen Gletscherbäche tosen. Wie die Ladakh- und die Himalaya-Hauptkette bestehen auch die Zanskarkette aus massivem Gestein wie Gneis, Tonschiefer und Granit. Die Zanskarkette fällt auf ihrer Südwest-Seite zu den Flusstälern des Suru und Zanskar ab.

Der Suru entspringt am Penzi-Pass und fließt gegen Norden nach Kargil. Das grüne und besiedelte Surutal bis zum Penzi-Pass bildet den ersten Teil der Fahrstraße von Kargil nach Padum.

Im Wesentlichen ist das Gesicht Zanskars von drei Flüssen geprägt: Der **Stod-Fluss** (= oberer Fluss) ist auf den Landkarten meistens als Doda-Fluss eingezeichnet und ist auch den Zanskaris unter diesem Namen geläufig. Die Quelle des Stod-Flusses entspringt etwas westlich des Penzi-Passes und nicht, wie der Name Doda suggeriert, im westlich von Zanskar gelegenen Distrikt Doda. Wenn man auf dem Weg von Kargil das Surutal verlassen hat, gelangt man hinter dem Penzi-Pass ins Stodtal. Der Fluss **Lingti** (Tsarap) entspringt zwischen Manali und Leh südlich des Baralacha-Passes bei den Chumik Gyasa, den „100 Quellen", im Lingti-Tal.

Diese beiden Flüsse treffen bei Padum zum mächtigen, reißenden **Zanskar** zusammen. Der Zanskar fließt im Sham-Tal, dem „unteren Tal", entlang und vereinigt sich in Ladakh bei der Ortschaft Nimmu mit dem Indus. Entlang dem breiten Zanskartal liegen wichtige Klöster wie Karsha und Tongde und der alte Königspalast von Zangla. Im Winter ist der Zanskar von einer dicken Eisschicht bedeckt, sodass Karawanen darauf ab Dezember nach Ladakh ziehen können.

Diese Flüsse werden von zahlreichen Gletscherbächen gespeist, an denen ein Großteil der Dörfer angesiedelt ist.

Geschichte

Über die Geschichte von Zanskar weiß man recht wenig. Im Gegensatz zu der ausführlichen Ladakh-Chronik sind die Dokumente über Zanskars Vergangenheit leidlich knapp gehalten. Da die Zanskaris aber leidenschaft-

Zanskar

Selbstbewusst sind die Frauen in Zanskar

liche Märchenerzähler sind, haben sie ihre nebulöse Antike mit einer Legende geschmückt. Diese **Sage** von Magie und Wundern – gemischt mit einer ganzen Portion Wahrheit – gehört in Zanskar zum Repertoire der Gute-Nacht-Geschichten, die jede Mutter ihrem Kind erzählt.

Demnach lag in grauer Vorzeit über Zanskar ein großer See. Als das Wasser immer weiter sinkt und Bergspitzen zum Vorschein kommen, wandern aus der Mongolei und aus Westtibet die ersten Menschen ein und lassen sich auf diesen Bergen nieder. Die Einwanderer sind Krieger, die von der Jagd leben und ihre Naturgötter Sonne, Mond, Erde und die Herrscher des Tierreichs verehren. Viel später erst entdecken die Menschen den Ackerbau und bauen die ersten Dörfer (de facto waren das die Ortschaften Pipcha, Rantaksha, Karsha und Rinam).

Dann taucht der legendäre **König Gesar** in Zanskar auf. In seiner menschlichen Form als friedlicher Kriegsgott bringt Gesar die schwarze Magie unter Kontrolle und besiegt die Dämonen im Lande. Nachdem Gesar das Land von allem Übel befreit hat, erlebt Zanskar im 8. Jh. die nächste Sternstunde in Gestalt von **Padmasambhava.** Dieser Magier aus Indien unterwirft auf seinem Zug durch den Westhimalaya die Anhänger des alten Bön-Glaubens und verbreitet den Buddhismus. In Tibet gründet er das erste Kloster in Samye. Während Padmasambhava noch in Zanskar weilt, geschieht etwas Seltsames: Im Kampf gegen ein weibliches menschenfressendes Ungeheuer bricht der Erdboden entzwei. Der Dämon fällt tot auf den Rücken und Padmasambhava erkennt, dass die Oberfläche von Zanskar exakt der Körperform dieses Dämons gleicht. Um seinen Sieg zu feiern, prophezeit der Magier, dass er auf ihm später noch meditieren werde. So entsteht auf dem Kopf des Ungeheuers die Kanishka-Gompa von Sani, auf seiner Brust wird der Guru-Lhakhang von Pipiting gebaut und auf seinen Füßen die Gompa von Tsasar (zwischen Padum und Zangla).

Die ersten spärlichen historischen Hinweise sind ab dem 7. Jh. zu finden: Die Steingravierungen von Buddhafiguren in Padum und Sani lassen darauf schließen, dass Zanskar bereits damals unter buddhistischem Einfluss steht. In dieser Zeit ist Zanskar eng mit dem buddhistischen Kaschmir verbunden. Als Kaschmir im 14. Jh. moslemisch wird, lockert sich diese Verbindung, und Zanskar baut seine kulturellen und religiösen Kontakte zu Ladakh und Zentraltibet aus. Wenngleich Zanskar auf geistigem Gebiet während der ganzen Geschichte im Einflussbereich seiner mächtigen Nachbarn steht, bleibt es politisch doch stets unabhängig. Erst im 17. Jh. soll es unter dem König *Sengge Namgyal* von Ladakh annektiert werden.

Obwohl Zanskar so klein ist, wird es schon früh in **zwei Königreiche** aufgeteilt, mit den beiden Hauptstädten in Padum und Zangla. Die Dörfer werden von Ministern, den Lonpos, verwaltet, die zugleich militärische Anführer sind.

Außer mit seinen innenpolitischen Streitigkeiten muss sich Zanskar, genau wie Ladakh, oft gegen **Angriffe feindlicher Armeen** erwehren. Im 16. Jh. fallen die Truppen von *Mirza Haidar* aus Kashgar ein. Sie haben leichtes Spiel, verjagen die Zanskaris in die Berge, sperren den König ein und lassen sich im königlichen Palast von Padum nieder. Zwar gewinnt Zanskar nach dem Tod des *Mirza Haidar* kurz danach seine Unabhängigkeit wie-

der – aber nur für kurze Zeit. Denn zu Zeiten der 2. ladakhischen Königsdynastie, der Namgyal-Familie, wird Zanskar nun zusehends von Ladakh dominiert. Mehrere militärische Feldzüge der Ladakhis schwächen Zanskar immer mehr. Trotz heftigen militärischen Widerstandes von Padum und Zangla aus wird Zanskar unter dem König *Sengge Namgyal* schließlich ein **Vasallenstaat des stärkeren Ladakh**.

Die Invasion der indischen Dogra-Armee im 19. Jh. beraubt dann nicht nur Ladakh, sondern auch Zanskar endgültig seiner Unabhängigkeit. Unter der Führung von *Zorawar Singh* erobern die Dogras das gesamte Suru-Tal, plündern Zanskar und zerstören die Burg von Padum. Das Land steht ab 1842 unter völliger **Herrschaft der Dogras** und wird von indischen Beamten verwaltet. Ihre Nachkommen lassen sich überwiegend in Padum nieder und machen heute den größten Teil der 70 % Moslems der Bevölkerung Padums aus.

Als man Ladakh in die Distrikte Leh und Kargil unterteilt, wird Zanskar nun ein **Bezirk des rein moslemischen Kargil**. Bei den buddhistischen Zanskaris verursacht diese Regelung bis heute Unzufriedenheit, da sie sich von den moslemischen Beamten, die die Verwaltung führen, in ihren Interessen übergangen fühlen. Viel lieber wäre Zanskar dem ebenfalls buddhistischen Verwaltungsbezirk Leh unterstellt.

Ein Moment größter historischer Bedeutung war für Zanskar, als im Sommer 1978 das erste Fahrzeug auf der neu erbauten Straße **von Kargil** nach Padum fuhr. Die 240 km lange Strecke, die vorher nur in einem 10-Tages-Marsch bewältigt werden konnte, wurde jetzt an nur einem Tag zurückgelegt. Damit ist das moderne Zeitalter auch in Zanskar eingekehrt. Die bislang autark lebende Bevölkerung, die mit ihrer Landwirtschaft das Notwendige selbst produzierte und über die Karawanenwege geringen Warentausch pflegte, wird heute zunehmend mit Produkten aus Kaschmir versorgt.

Inzwischen werden immer mehr Dörfer an das Straßennetz angebunden. Bis jetzt sind lediglich die Jeepwege von Padum nach

Zanskar

Bardan und in Richtung Norden bis Zangla fertig, und ab Tungri ist das Kloster Karsha mit dem Wagen erreichbar. Wer nach Zanskar reist, wird trotz der harten Lebensbedingungen dort ein relativ glückliches und zufriedenes Volk antreffen – wie sich der angestrebte „westliche Fortschritt" auswirken wird, bleibt abzuwarten.

Klosterfeste

Auch wenn sich kaum ein Tourist im Winter in Zanskar aufhält, hier die wichtigsten Klosterfeste:

- **Tongde:** 28.–29. Tag d. 11. tib. Monats (Anf. Januar)
- **Phuktal:** 18.–19. Tag d. 12. tib. Monats (Ende Januar)
- **Bardan:** 15. Tag d. 4. tib. Monats (Anf. Juni)
- **Dzongkhul:** 16.–17. Tag d. 4. tib. Monats (Anf. Juni, ohne Tänze)
- **Sani:** 15. Tag d. 6. tib. Monats (Ende Juli)
- **Padum:** 28.–29. Tag d. 10. tib. Monats (Anf. Dezember)
- **Zangla:** 28.–29. Tag d. 10. tib. Monats (Anf. Dezember)
- **Karsha:** 27.–29. Tag d. 11. tib. Monats (Ende Dezember, Anf. Januar)

Wirtschaft

Da Zanskar durchschnittlich noch höher liegt als Ladakh, ist die Reifezeit der Hauptfrucht Gerste entsprechend länger. Die Bauern säen im Juli und ernten Mitte September, also ca. zwei Wochen später als im klimatisch milderen Ladakh. Auf vielen Feldern werden Erbsen angebaut, die im Winter ein wichtiger Bestandteil auf dem Speisezettel sind. Die Felder vor dem Haus geben Rettich und etwas Chilli; was sonst in Zanskar an Obst und Ge-

müse erhältlich ist, wie Äpfel, Kohl und Rüben, wird von Kargil eingeführt.

Eine wichtige Rolle spielt die **Viehwirtschaft.** Eine durchschnittliche Familie in Zanskar besitzt ein bis zwei Yaks, Schafe und Ziegen. Den Sommer verbringt ein Familienmitglied – meistens eine Tochter – mit den Tieren auf der Alm. Wenn im Herbst der erste Schnee fällt, kehren sie ins Dorf zurück. Steht kein Familienmitglied zur Verfügung, wird ein Fremder angeheuert. Bis heute ist es in Zanskar üblich, dass der Hirte (*dokpa*) nicht in Geld, sondern in Naturalien ausbezahlt wird. Dabei muss der Hirte dem Besitzer für jedes Tier eine bestimmte Menge Butter liefern, den Rest darf er behalten.

Zanskarische Yakbutter ist begehrt wegen ihres besonders hohen Fettgehaltes. Deshalb verkaufen viele Bauern ihre Butter für rund 250 Rupien pro Kilo nach Padum oder Leh und kaufen dafür indische Butter, die nur die Hälfte kostet.

Berühmt sind die kleinen, kräftigen Pferde, die Polospieler aus Ladakh in Zanskar zu einem stolzen Preis erwerben.

Traditionell trieben die Zanskaris regen **Handel** mit den Nomaden aus Changtang, deshalb führen zwei Karawanenrouten von Padum entlang des Tsarap-Flusses in diese Hochebene. Die Nomaden kamen hier entlang, um ihre Wolle und Salz gegen getrockneten Käse (*chu-ra*) und Gerste von den Bauern einzutauschen. Damals brachte ein Sack Salz drei Säcke Gerste.

Dieser Tauschhandel ist nun weitgehend zu Ende. Seit die indische Regierung in den 1970er Jahren, wie in ganz Ladakh, auch in Changtang subventionierte Lebensmittelläden eingerichtet hat, bekommen die Nomaden ihre Vorräte jetzt bequemer. Reis und Zucker sind hier nur etwa ein Fünftel so teuer wie auf dem privaten Markt. Außerdem können die Nomaden ihre Wolle in diesen staatlichen Läden zu anständigen Preisen verkaufen.

Damit hat sich in Zanskar ein schneller Wandel vom Tauschhandel zur **Geldwirtschaft** vollzogen, der mit dem Bau der Straße vor 30 Jahren noch beschleunigt wurde. Mit den Lastwagen werden Waren nach Zanskar transportiert, die Bedürfnisse wecken und Bargeld voraussetzen. Aber Geld fließt in Zanskar noch spärlich, da nur wenige Familien einen Sohn bei der Armee haben und es lediglich eine Handvoll Verwaltungsposten gibt.

An- und Rückreise

Von Kargil nach Padum

Es ist eine grundsätzliche Überlegung, ob man die 240 km von Kargil nach Padum in einer mindestens 14 Stunden dauernden Fahrt auf holprigen Straßen an einem Tag bewältigen oder sich dafür länger Zeit lassen will. Für den 1-Tages-Trip spricht, dass man unterwegs nicht hängen bleibt und dadurch möglicherweise viel Zeit verliert. Ein **Bus** startet in Kargil um 3 Uhr morgens und erreicht Padum am Abend gegen 18 Uhr. Derzeit fährt ein Bus jeden zweiten Tag, das Ticket kostet 240 Rp.

Andererseits gibt es unterwegs einige Dörfer wie Sanku, Panikhar und Parkachik, die einen Zwischenstopp lohnen. Wer den Jeep nimmt, kann die Fahrt in zwei oder drei Tagesetappen aufteilen; ab Kargil für ca. 14.000 Rp.; die Eintagesfahrt kostet ca. 11.000 Rp.

Die **Errichtung der Straße** von Kargil nach Padum bedeutete für Zanskar eine Revolution. Musste die Bevölkerung bis dato sämtliche Waren mühsam auf Yaks und Pferden transportieren, beliefern heute Lastwagen das Tal. Nach mehrjähriger Bauzeit war die von Delhi und Srinagar finanziell unterstützte Straße im Sommer 1978 endlich fertig. Die Arbeiter mussten mit primitivsten Mitteln arbeiten und die Steine von Hand mit dem Hammer zerschlagen. Hunderte zanskarischer Männer und Frauen haben sich hier damals ein Zubrot verdient.

Von Kargil bis zum Dorf Yüldo, kurz vor der Rangdum-Gompa, besteht die **Bevölkerung** vorwiegend aus streng gläubigen schiitischen Baltis und einer kleinen Gruppe Darden. Mit ihren Bärten und Turbanen bieten diese Leute eine ganz andere Erscheinung als die buddhistische Bevölkerung in Zanskar. Man fühlt sich direkt in die pakistanische Provinz Baltistan versetzt. Die Moscheen in den Dörfern, zum Teil verschleierte Frauen und die allgemeine Zurückhaltung der Leute gegenüber Fremden verstärken diesen Eindruck noch.

Zanskar

Durch das Surutal

Der erste Teil der Route bis zum Ort Sanku führt am Surufluss entlang. Aufgrund seines reichlichen Wasserangebots ist das **Gebiet sehr fruchtbar** und im Vergleich zum Rest von Zanskar relativ wohlhabend. Typisch für die Himalaya-Bewohner ist dieser Reichtum aber nicht an Äußerlichkeiten sichtbar, denn die Häuser sind trotzdem ziemlich heruntergekommen.

Ausgedehnte Getreidefelder ziehen sich durch das Tal, nebenbei bauen die Leute Gemüse wie Linsen, Kartoffeln und Tomaten an. Auf dem saftigen Weideland, das im Sommer mit Schmelzwasser von den schneebedeckten Bergen bewässert wird, betreiben die Bauern viel Viehzucht. Man wird immer wieder auf große Herden von Schafen, Ziegen und Pferden treffen. Neben Fleisch und Milch liefern die Tiere hauptsächlich Wolle, die in Kunstgewerbezentren in Indien weiterverarbeitet wird.

Die etwa 20.000 im Surutal lebenden **Moslems** verehren als ihren höchsten Priester einen Mann, der im Dorf Sanku lebt und als **Aga von Sanku** bekannt ist. Dieser Priester wird als gelehrtester Mann der ganzen Region geschätzt und genießt auf geistigem wie auf politischem Gebiet eine einflussreiche Stellung. Er ermahnt seine Anhänger zu einem streng orthodoxen Leben im Sinne des Koran. Die Schiiten hier sind, im Gegensatz zu den Moslems in Leh und Padum, relativ intolerant gegenüber den Buddhisten und meiden jegliche Kontakte mit ihnen.

In der Gegend ist die Sitte der **zeitlich begrenzten Heirat,** Mutha, verbreitet. Der bei der Hochzeit abgeschlossene Ehevertrag gilt nur einige Tage, Wochen oder Monate. Für ein gemeinsames Kind muss der Vater seiner Ex-Frau nach der Trennung finanzielle Unterstützung leisten. Die Mutha mit einem Aga-Priester bedeutet für die Frau, dass sie von all ihren Sünden reingewaschen wird.

Sanku ist mit seinen ca. 200 Häusern, einer Schule und mehreren Geschäften die größte Ortschaft im Surutal. Ein wichtiges religiöses Fest der Schiiten, das „Muharram", findet hier Mitte Dezember statt. An diesem Tag ziehen die Gläubigen in einer Prozession durch die Straßen und ritzen sich als Sündenbekenntnis und Ausdruck für ihre Reue mit einem Messer die Haut blutig.

Das Dorf **Panikhar** ist ein guter Ort zum Übernachten. Es gibt ein paar Guest Houses und ein Tourist Bungalow. In den Läden kann man Proviant kaufen. Wer eine Mitfahrgelegenheit braucht, sollte an der Hauptstraße im Tea-Stall warten; falls ein Bus vorbeikommt – das ist normalerweise gegen 10 Uhr vormittags – hält er dort an.

Ab Panikhar wird die Straße schlecht, und tiefe Schlaglöcher machen die Fahrt zur Strapaze für Wirbelsäule und Gesäß. Nach 22 km ist **Parkachik,** die letzte baltische Ortschaft, erreicht. Das ca. 50 Häuser zählende Dorf liegt genau unterhalb der imponierenden **Zwillingsberge Nun und Kun.** Von hier starten die Gipfel-Expeditionen; für die ca. 10 Tage dauernde Bestei-

083z Foto: jm

Zanskar

gung ist eine Genehmigung vom Indian Mountaineering Institute in Delhi erforderlich (siehe Kapitel „Trekking").

Wer es harmloser mag, kann einen lockeren **Spaziergang zum Kun-Berg** unternehmen und sich die herabreichende Gletscherzunge ansehen. Man überquert unterhalb der Ortschaft die Brücke und steigt auf der anderen Seite des Flusses den Pfad durch die Geröllmassen hoch. Linker Hand ergießt sich in dem mächtigen Tal die Gletscherzunge.

Hinter Parkachik steigt die Straße langsam an, und das von hohen Felswänden gesäumte Tal wird enger, bis

Kloster Rangdum: das Tor zum Zanskar-Tal

es sich nach einigen Stunden in die weite **Hochebene von Rangdum** öffnet. Die 10 Häuser zählende Ortschaft **Yüldo** bildet die Religionsgrenze: Gebetsfahnen, Manimauern und Chörten zeigen den Übergang auf buddhistisches Gebiet an. Statt der ärmlichen Hütten der Moslem-Bevölkerung stehen hier stattliche, weißgetünchte Bauernhäuser, auf deren flachen Dächern Tierdung und Zweige als Brennmaterial gestapelt sind.

In Yüldo hält der Bus zu einer Essenspause. Wer mit dem Jeep unterwegs ist oder genug Zeit hat, um auf die nächste Mitfahrchance zu warten, sollte sich das 5 km weiter gelegene **Rangdum-Kloster** (siehe Ortskapitel Rangdum) ansehen.

Nach Rangdum wird die Landschaft noch grandioser. Die Straße steigt ständig an, führt an kristallsauberen Gletscherbächen, an saftigen Wiesen und schmalen Seitentälern vorbei. Man trifft auf Karawanen, die mit vollgepackten Eseln und Yaks unterwegs sind.

Etwa 25 km hinter Rangdum ist mit dem 4401 m hohen **Penzi-Pass** das offizielle Tor nach Zanskar erreicht. Auf dem obersten Punkt des Passes steht ein kleiner Lhadho, eine Steinpyramide, an dem die Götter dieser Berge verehrt werden.

Durch das Tal des Stod

Während der steilen gewundenen Abfahrt vom Pass fällt der Blick auf den mehrere Kilometer langen Gletscher **Durung Drung.** Mit seinen gewaltigen Eismassen ist er einer der größten Gletscher im Himalaya. Wie sehr auch im Himalaya die Gletscher schmelzen, wird am Durung-Drung-Gletscher deutlich. Reichte die Eiszunge vor 20 Jahren bis fast zur Straße hinab, hat sie sich heute weit ins Tal hinaufgezogen.

Hinter dem Pass führt die Straße im breiten Tal linker Hand des tosenden

Durung-Drung-Gletscher

Stodflusses entlang. Der Stod versorgt das gesamte Tal bis Padum hinunter mit Wasser. Das windige Hochplateau hier ist völlig unbewohnt, nur im Sommer durchstreifen Nomaden mit ihren Viehherden auf der Suche nach Weideland die Gegend. Nach Verlassen der Anhöhe taucht das erste Dorf, Chibra, auf, dem nun eine Reihe kleinerer Ortschaften entlang der holprigen Straße folgen.

Wer das Zelt dabei hat, findet unterhalb des Dorfes **Tungri,** gleich bei der Stod(Doda)-Brücke auf der Wiese einen idealen **Campingplatz.** Dies ist ein guter Ausgangspunkt für den Besuch von Tungri und der Klöster Dzongkhul und Sani (siehe entsprechende Kapitel). Lebensmittel kann man hier nicht kaufen, deshalb sollte man ausreichend Proviant dabei haben.

An der Brücke teilt sich die Straße. Über die Brücke erreicht man nach Sani in einer Stunde den Hauptort Padum, die andere Jeepstraße führt, ebenfalls in einer Stunde, über Tungri zum wichtigsten Kloster von Zanskar, Karsha.

In Tungri bietet sich der Besuch eines kleinen Nonnenklosters an, das linker Hand der Ortschaft auf einem Hügel liegt. Etwa 8 Nonnen leben in dem alten Gemäuer, das aus der Zeit des tibetischen Übersetzers *Rinchen Zangpo* stammt. Den Gebetsraum dominiert eine 5 m hohe Statue des Bodhisattva des Mitgefühls, Avalokiteshvara. Sehr schön sind die teils im Stil der Alchi-Periode gemalten Wandfresken. Wer keine Lust zum Campen hat und ein Zimmer in Padum bevorzugt, kann auch von dort diese Klöster besuchen.

Rückfahrt nach Kargil

Für die Rückreise nach Kargil kann man einen **Bus** nehmen, der zweimal pro Woche zwischen Kargil und Padum pendelt. Er kommt spät am Abend in Padum an und fährt nach einem Aufenthaltstag, also am übernächsten Tag, nach Kargil zurück.

Wenn der Andrang groß ist, sind die Busse schnell ausgebucht. Deshalb möglichst bald direkt beim Busfahrer ein Ticket besorgen. Ein Ticketbüro gibt es in Padum nicht.

Während der Saison kommen meist täglich ein paar **Trucks** in Padum an. Am besten ist es, am Abend vorher die Fahrer zu kontaktieren, um sich einen Platz zu sichern. Wenn man einen Teil des ausgehandelten Preises im Voraus bezahlt, ist die Chance größer, am nächsten Morgen wirklich mitgenommen zu werden.

Der **Taxipreis** für die einfache Fahrt zwischen Kargil und Padum (bzw. umgekehrt) liegt bei 11.000 Rp., wenn die Strecke an einem Tag zurückgelegt wird. Bei Mehrtages-Etappen entsprechend teurer. Kommen mehrere Passagiere zusammen, lässt sich der Fahrpreis aufteilen.

Eine günstige Mitfahrgelegenheit ergibt sich manchmal, wenn man einen **Jeepfahrer** findet, der Passagiere von Kargil nach Padum brachte und wieder nach Kargil zurück muss. Er nimmt Passagiere nach Rangdum bzw. nach Kargil für einen geringen Preis mit.

Zanskar

Orte in Zanskar

Besuchsempfehlungen

Zanskar ist im Gegensatz zu Ladakh ziemlich unerschlossen, und einige der interessantesten Klöster sind nur zu Fuß erreichbar. Die meisten Touristen trekken bis bzw. ab Zanskar und besichtigen in diesem Zusammenhang unterwegs einige Klöster. Wer sich nur innerhalb Zanskars bewegt, wählt als idealen Ausgangspunkt **Karsha** oder **Padum.** Beide Orte bieten Übernachtungsmöglichkeiten.

Unbedingt einen Besuch wert ist **Karsha.** Sowohl der Ort selbst als auch das dazugehörige Kloster sind interessant.

Wer mit dem Jeep unterwegs ist, sollte einen Tagesausflug entlang des Zanskarflusses zum Kloster **Tongde** und weiter zur alten Königsburg nach **Zangla** einplanen.

Nur rund 10 km von Padum entfernt und einen Besuch wert ist **Sani,** eines der ältesten Dörfer bzw. Klöster Zanskars.

Für Ausflüge, die länger als einen Tag dauern, sollte man entweder ein Zelt dabei haben oder sich auf Übernachtungen bei einer Familie einstellen. Als Mehrtagsausflug lohnt sich der Weg über Sani nach **Dzongkhul.** Der beste Übernachtungsplatz auf dem Weg nach Dzongkhul befindet sich nahe Sani bei der Brücke (unterhalb des Ortes Tungri).

Hat man mindestens sechs Tage Zeit und Lust auf einen **Rundtrip,** fällt die Entscheidung zwischen den beiden im Kapitel „Trekking" beschriebenen Touren „Padum – Phuktal" und „Kloster-

Rundtrek" schwer. Beide sind empfehlenswert, und jede Tour hat eines der
faszinierenden Höhlenklöster, Phuktal
bzw. Dzongkhul, zum Ziel. Die erste
Tour ist landschaftlich etwas reizvoller,
während bei der zweiten durchweg interessante Klöster auf der Route liegen. Wer die Wahl hat, hat die Qual ...

Kloster Bardan

Wie ein Adlerhorst hockt die Bardan-
Gompa auf einem Felsen hoch über
dem Tsarap-Fluss.

Ursprünglich hat das Kloster auf der
gegenüber liegenden Seite auf dem
Tharlahügel gelegen, heute sind noch
Überreste von der **alten Anlage** erkennbar. Dieser Hügel galt als Sitz
machtvoller Berggötter, die Padmasambhava mit seinen übernatürlichen
Kräften im 8. Jh. von hier vertrieben
hat.

Um die Gründung von Bardan rankt
sich eine nette **Legende:** Im 16. Jh. war
der tibetische Mönch Barapa Gyaltsen
Pasang in Zanskar auf Pilgerreise.
Während der Heilige eines Tages in
Meditation saß, flog ein Rabe daher
und trug eine seiner Butterlampen im

Zanskar

Legende:
▲ Höhenzug mit Gipfel
≡ Jeeppiste
≡ Trekking-Route
--- Weg
)(Pass
)⊏ Brücke

Schnabel davon. Der Vogel platzierte die Butterlampe auf einer Felskuppe, die die Form einer rechtsdrehenden Muschel hatte. So markierte er den Platz für das neue Kloster. Barapa segnete daraufhin diesen Ort und Bardan erhielt seinen Namen: „wo das Zeichen der Religion zu sehen ist".

Heute ist Bardan mit seinen 45 Mönchen die zanskarische „Hauptniederlassung" der aus Bhutan stammenden **Lho-Drukpa-Schule.**

Das Kloster untersteht direkt seinem Mutterkloster Stakna.

Sehenswertes

Über einen dunklen, überdachten Gang, neben dem die Mönchsklausen an schwindelerregenden Felsen kleben, gelangt man in den Klosterhof. Hier steht eine große, aus Messing geschlagene und üppig mit Sanskritsilben und Glückssymbolen verzierte Gebetsmühle. Im Klosterhof finden im Frühsommer die Maskentänze zum berühmten Bardan-Gertsa-Fest statt.

Kloster Bardan

Versammlungsraum

Über ein paar Treppen geht es hoch zum Versammlungsraum. Er wird betreten über einen Vorraum, dessen Wände mit den Wächtern der vier Himmelsrichtungen und mit juwelengeschmückten Gottheiten verziert sind.

Sitzkissen der Mönche, der Thron des Abtes und lange Regale mit dem buddhistischen Kanon nehmen den größten Teil dieses dreistöckigen Versammlungsraumes ein.

Auf dem Altar werden beliebte Gottheiten des buddhistischen Pantheons verehrt: Von links nach rechts sind dies der Urbuddha Vajradhara; der Gründer des bhutanesischen Drukpa-Ordens *Shabdrung Ngawang Namgyal,* umgeben von kleinen Statuen der indischen Yogis *Tilopa* und *Naropa;* es folgen die drei Buddhas der Vergangenheit (Dipankara), Gegenwart (Shakyamuni) und Zukunft (Maitreya). Davor stehen drei Silberchörten mit kleinen Figuren der tibetischen Yogis Marpa und Milarepa sowie Padmasambhava und Avalokiteshvara.

Vor den Sitzkissen steht der Thron des Stakna Rinpoche, nobel mit dem Fell eines Schneeleoparden überzogen. Die bemerkenswerten tibetisch beeinflussten Fresken malte der berühmte Yogi *Zhadpar Dorjee* im 17. Jh. Um die Eingangstür ist ein Lebensrad dargestellt. Links davon ein Bild der weißen Retterin Tara, und rechts wachen die zornigen Beschützer Vajrapani, Namsras, der vierarmige Mahakala und ein großer Gelehrter der Drukpaschule. Auf der rechten Wandseite sind fünf große Mandalas gemalt.

Gonkhang

Im angrenzenden Gonkhang hängen etwa 30 Masken, die von Mönchen während des alljährlichen Tanzfestes getragen werden. Die machtvollste Figur im Raum ist der mit Tüchern und weißen Glücksschleifen verschleierte Cakrasamvara. Außer ihm halten Palden Lhamo und Mahakala die Stellung. Frauen dürfen diesen Raum der zornvollen Schutzgötter nicht betreten.

Choskhang

In dem relativ neuen Choskhang im 1. Stock werden Padmasambhava und der 1000-armige Bodhisattva Avaloki-

Cakrasamvara

Zanskar

teshvara verehrt. Dieser Gebetsraum wird nur selten genutzt – kein Wunder, es fehlt hier einfach an Atmosphäre.

Abtszimmer

Eine kleine, sagenumwobene Statue des zukünftigen Buddhas der Liebe, Maitreya, steht in diesem Zimmer des Klosterabtes. Man sagt, die Figur sei 1200 Jahre alt, und angeblich spricht sie zu den Gläubigen. Sein mit kunstvoller Goldarbeit verzierter Körper ist mit weißen Schals umwickelt, sodass nur das Gesicht der Gottheit zu sehen ist.

Kloster Dzongkhul

Eine besonders geheimnisvolle und mystische Atmosphäre strahlt das Höhlenkloster von Dzongkhul aus. In einem wilden Hochtal, rund 30 km nordwestlich von Padum und mehrere Gehstunden oberhalb der Ortschaft Ating, klebt die Gompa wie ein Schwalbennest am Felsen. Das Klima ist so rau, dass bereits im Herbst eisige Winde und Schnee durch das karge, einsame Tal fegen. Hier lebt zurückgezogen eine kleine Gemeinschaft von Mönchen in purer meditativer Einkehr.

Außer vereinzelten Trekkern, die auf dem Weg über den 5342 m hohen Omasi La nach Kishtwar hier Halt machen, besuchen oft einheimische Gläubige Dzongkhul. Sie pilgern zu der kleinen Felsenhöhle wo der Yogi *Naropa* im 11. Jh. viele Jahre lang, nur mit einem Lendenschutz bekleidet, in Meditation saß.

Geschichte

Die Geschichte Dzongkhuls ist eng mit dem **Asketen Naropa** verbunden: Einst begegnete Naropa eine Dakini (Himmelswanderin) in Gestalt einer alten Frau, die ihm von dem berühmten Lehrer Tilopa erzählte. Nach jahrelanger mühsamer Suche fand Naropa zwar diesen Guru; der wollte ihn aber so lange nicht als Schüler annehmen, bis er geistig vollkommen sei. Auf der Suche nach einem geeigneten Meditationsort warf Naropa schließlich in Zanskar seinen magischen Dolch durch die Lüfte – dieser landete im Felsen seiner zukünftigen Höhle Dzongkhul, wo der Yogi schließlich sieben Jahre verbrachte.

Der legendäre Zauberdolch steckt noch heute in der gespaltenen Felsenwand und wurde von Pilgern mit zahllosen weißen Glücksschleifen überhäuft. In den folgenden Jahrhunderten kamen viele Yogis, um in dieser Höhle spirituelle Vollkommenheit zu suchen. Im 17. Jh. wurde um die Höhle ein Meditationskloster gebaut.

Sehenswertes

Versammlungsräume

Um zur Höhle von Naropa zu gelangen, muss man sich zunächst durch die anderen Räume „durcharbeiten". Nach einem respektvollen Umweg um den wütend kläffenden – zum Glück angeketteten – Klosterhund gelangt man zunächst in den unteren Gebetsraum. Rechts von der Eingangstür, hinter dem großen Gebetsrad, ist die furchterregende, tantrische Form des Padmasambhava dargestellt. Die anderen Wände sind von neuen Thankas bedeckt.

Interessanter wird es im Nebentrakt dieses Raumes. Eine schöne Statue des 1000-armigen Bodhisattva des Mitgefühls, Avalokiteshvara, schmückt hier

0862 Foto: jm

Zanskar

Kloster Dzongkhul

den Altar. Sie ist umgeben von den drei Gottheiten des langen Lebens. In den Regalen daneben liegen alte Druckstöcke aus Holz, mit denen noch heute nach traditionellem Verfahren die heiligen Texte gedruckt werden.

Außerdem ist hier eine Sammlung von Schriften aufbewahrt, die einst Mönche in Dzongkhul verfasst haben.

Über eine steile Treppe gelangt man zum nächsten Gebetsraum. Auch er ist, wie der erste, direkt an die graue Felsenwand gebaut. Hier stehen in den Glaskästen Figuren von Naropa, Buddha Shakyamuni, Padmasambhava und verschiedene Schutzgottheiten. Die Thankas an den Wänden zeigen Szenen aus dem Leben des berühmten

Übersetzers Yogi *Marpa* und seines Schülers *Milarepa*.

Abtszimmer

Im daneben liegenden Simchung, dem Abtszimmer, wird eine Elfenbeinfigur des mächtigen Schutzgottes Cakrasamvara aufbewahrt. Der Chörten aus weißem Glas soll einen Knochensplitter von Buddha enthalten. Mahakala, die Schutzgottheit des Klosters, ist in einem mit Glücksschleifen verhängten Schrank aufbewahrt.

Höhle des Naropa

Vom zweiten Gebetsraum führt eine weitere Treppe zum ebenfalls direkt in den Felsen gebauten Gonkhang, in dem die zornvollen Beschützer der Lehre stehen. In der Dunkelheit des Raumes sind auf dem Altar einige Statuen von Buddhas und Yogis zu erkennen.

Den Abschluss des Gebäudes bildet schließlich die Meditationshöhle von Naropa. Außer dem Zauberdolch findet man Fußabdrücke des berühmten Yogis – sie sollen entstanden sein, als sich *Naropa* hier vom Erdboden abstemmte und davon flog.

Eremitage des Yogi Ngawang Tsering

Ein schmaler Pfad führt an den Mönchshäusern und Chörten vorbei zu der Einsiedelei Dzong Kongma, die wie am Felsen zu kleben scheint. Unter den zahlreichen Yogis, die hier weilten, war *Thupten Ngawang Tsering* der berühmteste. Dieser Philosoph aus dem 17. Jh. stammte aus dem nahe gelegenen Dorf Ating, er ist noch heute einer der höchstgeschätzten Gelehrten von Zanskar. Nach tantrischen Einweisungen durch tibetische Lehrer zog sich *Thupten Ngawang Tsering* schließlich in die Einsamkeit nach Dzongkhul zurück. Über eine steile Leiter gelangt man ins Innere des Meditationsraums; er ist mit schönen, in harmonischen Farben gehaltenen Fresken bemalt.

Anreise

● Dzongkhul liegt rund 30 km nordwestlich von Padum in einem wilden abgelegenen und schwer zugänglichen Hochtal. Man wird den Ausflug ab Padum kaum an einem Tag schaffen, falls man nicht einen Jeep mietet. Selbst wer in aller Früh eine Mitfahrgelegenheit zur Tungribrücke bekommt, wird abends kaum von dort ein Transportmittel zurück nach Padum finden. Am besten schlägt man das Zelt bei der Tungribrücke auf und startet von dort.

● Ab der Tungribrücke läuft man rund vier Stunden bis Dzongkhul. Der als Jeeppiste ausgebaute Weg führt zunächst am Dodafluss entlang durch einige kleine Dörfer wie Shilatse, Shagar und Ating. Im Dorf Tankar biegt man in das südliche Seitental hinein und erreicht nach knapp 2 Std. Dzongkhul. Seit Kurzem kann man auf der neuen Piste mit dem Jeep direkt bis zum Kloster hochfahren.

Karsha

Mit rund 70 Häusern ist Karsha die zweitgrößte Ortschaft von Zanskar. Karsha ist ein nettes, sauberes Dorf mit vielen Chörten und einem breiten Gletscherbach.

Von hier bis zum ca. 10 km entfernt gelegenen Ort Tungri ist das Karsha-

Karsha: das größte Kloster in Zanskar

Tal mit einigen Dörfern relativ dicht besiedelt; Karsha ist deshalb ein optimaler Ausgangspunkt für die Erkundung dieser landschaftlich und kulturell interessanten Gegend. Man kann in Karsha gut ein paar Tage verbringen, zumal die Einheimischen sehr freundlich sind.

Das Tal um Karsha war von jeher das Zentrum für geistige Impulse für die ganze Provinz, deshalb bezeichnen die Zanskaris Karsha oft als die „heimliche Hauptstadt".

Karsha ist eines der ältesten Dörfer Zanskars. Wie die meisten alten Ortschaften, z.B. Tungri und Padum, lag auch Karsha ursprünglich in strategisch günstiger Lage hoch auf einer Hügelspitze. Die Ruinen sind noch oberhalb des heutigen Nonnenklosters zu sehen. Von hier oben hatten die Fürsten von ihrer imponierenden **Festung Karsha Khar** einen optimalen Überblick über das weitläufige Tal, in dem sich die Flüsse Lingti und Doda zum mächtigen Zanskarstrom vereinen. Erst als im 17. Jh. die Angreifer weniger wurden und sich die politische Lage stabilisierte, wagten sich die Zanskaris ins Tal hinunter und errichteten beiderseits des Baches, in der Nähe ihrer Felder das heutige Dorf.

Inmitten der Ruinen auf der Felsenspitze entdeckt man eine alte **Wolfsfalle.** Ehemals warfen die Einheimischen in das große ummauerte Loch eine Ziege, die Wölfe aus der Umgebung anlocken sollte. War ein hungriger Wolf in die Falle gesprungen, lockte sein Geheul die Bauern an, die das Tier mit Steinen erschlugen.

Kloster

In Karsha steht das größte Kloster von Zanskar. An einen steilen Felshang gebaut und schon von einiger Entfernung sichtbar, bietet die Gompa einen ausgesprochen malerischen Anblick. 120 Mönche leben hier, und man kann sich gut eine Zeit lang im Kloster aufhalten um den lebhaften Alltag mitzuerleben. Das Karsha-Kloster ist nicht nur das **größte,** sondern auch das **reichste Kloster des Landes.**

Die Hälfte der umliegenden Felder im Tal sowie viele Felder in anderen Dörfern ist in Gompabesitz. Ein Großteil verpachtet das Kloster an Bauern gegen einen Pachtzins von 10–15 % des Ernteertrages.

Karsha wurde, wie Phuktal, Mune und Tongde, im 11. Jh. errichtet. Ihr Gründer ist der berühmte Baumeister *Phakspa Sherap,* der seinerzeit der bedeutendste Übersetzer Zanskars und ein Zeitgenosse des großen Übersetzers und Gelehrten *Rinchen Zangpo* war. In dieser Anfangsphase entstanden der Chamba-Ling-Tempel und der höher gelegene alte Schutzgottheiten-Tempel. Erst Jahrhunderte später ließ

Sherap Zangpo Karsha ausbauen und wandelte es in ein **Gelukpa-Kloster** um. Heute untersteht Karsha, wie alle Gelbmützen-Klöster Zanskars, dem ladakhischen Mutterkloster Likir mit seinem Abt Ngari Rinpoche, der ein Bruder des Dalai Lama ist und im nordindischen Ort Dharamsala lebt.

Alter Klosterteil

Auf dem Weg zum Hauptkloster nahe der drei weißen Chörten, liegt der dem künftigen Buddha gewidmete **Maitreya-Tempel.** Dieser Tempel ist direkt an einen Felsen gebaut; besonders in der Nachmittagssonne sind die drei stehenden Maitreya-Figuren gut zu sehen. Der zweistöckige Tempel selbst wurde vor ca. 50 Jahren restauriert, wobei die Malereien ziemlich schrill ausgefallen sind.

Die Wand um die Eingangstür ist mit den üblichen furchterregenden Schutzgottheiten versehen. Auf der linken Seitenwand erscheint u.a. eine Gruppe der 8 Medizin-Buddhas und die besonders in Zanskar verehrte tantrische Gottheit Sangdu. Rechts ist Padmasambhava mit Frauen dargestellt. Eine neue Statue des elfköpfigen Bodhisattva der Nächstenliebe, Avalokiteshvara, ziert den Altar. Avalokiteshvara ist umgeben von den Manifestationen der Weisheit Manjushri und der Stärke Vajrapani. Linker Hand des Altars stehen bemalte Schiefertafeln, die einst die Wände bedeckten.

Auf dem Tempeldach ist, durch Wacholderbüsche gut erkennbar, ein Lhadho, der Wohnplatz der Schutzgottheit von Karsha eingerichtet.

Der oberhalb gelegene **Labrang** enthält als Hauptfigur eine 300 Jahre alte, zweistöckige Statue des Buddha Maitreya. Er sitzt im Lotussitz und ist mit Juwelen geschmückt, seine Hände formen die Geste der Belehrung. Begleitet ist Maitreya von zwei 11-köpfigen und 1000-armigen Avalokiteshvara-Figuren. Im Chörten daneben sind Reliquien des Sohnes eines Zangla-Fürsten aufbewahrt.

Wunderschön sind die alten, gut erhaltenen Wandfresken, deren warme Farben vor allem am späten Vormittag intensiv leuchten. Erwähnenswert aus dieser Bilderserie ist die Darstellung des fast 1000 Jahre alten Urbuddha Vairocana rechts vom Holztor. Der kosmische Buddha hat einen weißen, mit Juwelen geschmückten Körper und vier Gesichter. Seine eleganten Körperlinien, die zierlichen Hüften und das feingezeichnete anmutige Gesicht lassen die Figur in perfekter Harmonie auftreten. Der indische Einfluss des 11./12. Jh. auf die zanskarische Kunst ist hier gut erkennbar. Vairocanas Begleiter, der goldene Maitreya rechts und der orangefarbene Manjushri zur Linken, kamen erst später hinzu.

Neuer Klosterteil

Läuft man den steilen Zick-Zack-Weg zwischen den Mönchsklausen weiter hoch, gelangt man zum überdachten Klosterhof, in dem alljährlich etwa im Januar die Maskentänze stattfinden.

Vom Hof geht es weiter zum **unteren Versammlungsraum.** Die Fresken darin stammen, wie die in Sani, Bardan

Manjushi mit Avalokiteshvara und Vajrapani

Zanskar

und Dzongkhul, aus dem 18. Jh. von dem hervorragenden Maler *Zhadpar Dorje*. Leider zeigen die Mönche hier nur wenig Kunstverständnis, indem sie vor einigen Jahren damit begonnen haben, die schönen Originale mit grellen Farben grob zu überpinseln. Wie schade, dass vom Werk des *Zhadpar Dorje* wohl bald nichts mehr übrig sein wird. Die Fresken stellen hauptsächlich typische Szenen aus der Gelukpa-Schule dar, wie den historischen Buddha mit seinen 16 Arhats, die 35 Buddhas der Sündenvergebung sowie einige Bodhisattvas.

Den größten Teil des Raumes beanspruchen die Sitzkissen der Mönche, die Throne für Dalai Lama, Panchen Lama und Ngari Rinpoche sowie Bücherregale mit Kommentaren zu Buddhas Lehre, der Tandjur. In den Regalen steht eine Sammlung wertvoller Statuen. Auf dem Altar ist der 11-köpfige Avalokiteshvara platziert, um den einige mit Türkisen besetzte Bronzestatuen aus Tibet stehen. Hinter den Bücherregalen wird im Tsankhang die 2 m hohe Statue des Buddhas der Zukunft, Maitreya, aufbewahrt.

Der **obere Versammlungsraum** (Dukhang Kongma) ist, wie die Bibliothek, in den 1960er Jahren abgebrannt, deshalb stammt die Bemalung aus neuerer Zeit. Auf dem Altar steht als Hauptfigur Buddha Shakyamuni, umgeben von seinen beiden Hauptschülern.

Wesentlich interessanter als dieser Versammlungsraum ist der angrenzende **Gonkhang,** der Raum der zornvollen Schutzgottheiten. In dem halbdunk-len Tempel hängen an vier holzgeschnitzten Säulen Masken, verrostete Waffen und Opfergaben der Gläubigen. Schön ist besonders die rechte Altarseite mit den 8 Holzchörten, deren unterschiedliche Formen jeweils eine wichtige Etappe im Leben des Buddha Shakyamuni symbolisieren.

Im angrenzenden Schrank steht eine größere Sammlung von Bronzefiguren, und hinter dem Holzgitter waltet, unter Schleiern und Glücksschals verborgen, der sechsarmige Schutzgott Mahakala als Beschützer des Klosters. Die Wände sind bemalt mit Gottheiten in verschiedenen zornvollen Manifestationen.

Nonnenkloster

In dem oberhalb des Ortes gelegenen Nonnenkloster **Tschu Tschik Schal** leben rund 20 Frauen. Die meisten Nonnen stammen aus der Umgebung; tagsüber helfen sie ihren Familien bei der Feld- und Hausarbeit.

Der **neue Versammlungsraum** ist ein gutes Beispiel für die starke Motivation, mit der die Frauen hier trotz harter Umstände ihr Leben als Nonnen ermöglichen: Da sie nicht, wie die meisten Mönchsklöster, über ein dickes Geldpolster verfügen, haben die Nonnen 15 Jahre lang Geld gesammelt, das nötige Inventar zusammengetragen und das Gebäude schließlich größtenteils mit eigenen Händen gemauert.

Vorher hatte den Nonnen der **alte Tempel,** Dukhang Nyingpo, direkt neben den Wohnungen, als Versammlungsraum gedient. Der Dukhang Nyingpo mit seiner Hauptfigur, dem 11-köpfigen Avalokiteshvara, stammt noch aus der Gründungszeit des Mönchsklosters aus dem 11. Jh.

Der gleichen Periode wird der **Chörten** oberhalb der Anlage zugerechnet; seine im Kaschmir-Stil bemalten Wand- und Deckenfresken im Durchgang und in den beiden Nischen sind bemerkenswert gut erhalten. Aufgefüllt wurden die Nischen mit Haufen von Tsa-Tsa-Figuren und kleinen Tonbuddhas, die Gläubige nach dem Tod eines Angehörigen dort abgelegt haben.

Vom Nonnenkloster aus sind gut sichtbar die **Ruinen des alten Wachturms** oberhalb der Karsha-Gompa. Der Wachturm ist Teil eines raffinierten Feind-Meldesystems, wie es ehemals auch in China entlang der Großen Mauer praktiziert wurde: Über ganz Zanskar waren die Wachtürme so in einer Linie angeordnet, dass die Posten jeweils von einem zum anderen blicken konnten. Drang der Feind entweder über den Penzi-Pass, von Kishtwar oder Mandi nach Zanskar ein, entfachte der erste Wacht-posten ein großes Feuer – gut sichtbar für den Wachtposten auf dem nächsten Turm. So breitete sich die Kunde vom Feind innerhalb kürzester Zeit über das ganze Land sprichwörtlich wie ein Lauffeuer aus. Erreichte der Feind die ersten Dörfer, war die Enttäuschung in der Regel groß. Nach dem Motto: „Flucht ist die beste Verteidigung", hatten die Dorfbewohner nämlich längst ihren Schmuck und Geld hinter

einen lockeren Stein in der Hauswand geschoben, die Türen verriegelt und in den Bergen das Weite gesucht. Da stand nun die Armee vor menschenleeren, einer Festung gleichenden Steinhäusern, in denen es wahrlich nichts zu erobern gab!

Anreise

● Man kann von Padum aus **mit dem Jeep** zur Hängebrücke unterhalb von Karsha fahren und dann die 30 Minuten zum Ort hochlaufen.

Zanskar

● **Zu Fuß** sind es von Padum nach Karsha etwa 2,5 Stunden. Der Weg verläuft vom Marktplatz Padums über die Feldraine nach Pipiting und dann durch eine Steineebene Richtung Norden.

Unterkunft

● Das **Lobsang Guest House** ist relativ neu. Es hat saubere Zimmer und kostet 200 Rp. Organisation von Treks ist möglich.
● Zimmer vermietet auch das **Takkul Guest House.**

Umgebung von Karsha

Karsha ist ein guter Startpunkt für Wanderungen zu ein paar idyllischen Dörfern auf dem Weg nach Tungri. Die Gegend ist relativ grün, es wird viel Ackerbau betrieben, und man kann hautnah „village life" erleben. Deshalb werden auch Besucher, die sich für die kleinen Dorftempel nicht erwärmen können, hier ihre Freude haben.

Eine weitere Möglichkeit ist eine **Rundtour** von Karsha über Tungri zur Stodbrücke, wo man sein Zelt aufschlägt und am nächsten Tag das Kloster Dzongkhul besucht. Auf dem Rückweg wird über Sani wieder Padum erreicht.

Langmi

Ab Karsha in Richtung Westen erreicht man nach 30 Minuten den aus 8 Häusern bestehenden Ort Langmi. Das kleine Dorfheiligtum ist dem Buddha der Zukunft, Maitreya, und dem 11-köpfigen, 3 m hohen Bodhisattva des Mitgefühls, Avalokiteshvara, gewidmet.

Hongshed

Oberhalb der Straße liegt das Dorf Hongshed (9 Häuser). Ein Abstecher von hier lohnt zu dem abseits gelegenen **Nonnenkloster Dorje Dzong,** das über einen steilen Pfad mit Hongshed verbunden ist. Von Karsha zum Nonnenkloster Hongshed läuft man rund 1,5 Stunden, retour entsprechend doppelt so lang.

Das Nonnenkloster zählt zu den ältesten von Zanskar und wird von etwa 20 Frauen bewohnt. Kaum ein Tourist verirrt sich hierher, deshalb freuen

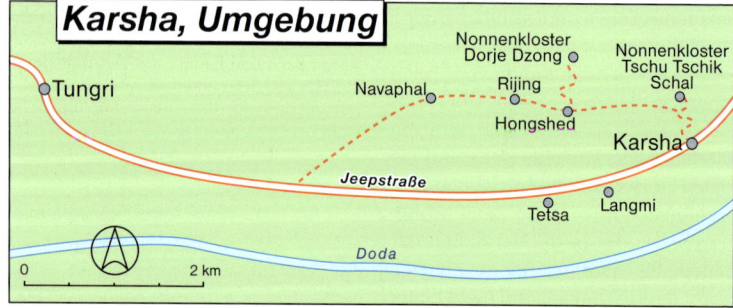

Karsha, Umgebung

Tungri
Navaphal
Nonnenkloster Dorje Dzong
Rijing
Hongshed
Nonnenkloster Tschu Tschik Schal
Karsha
Jeepstraße
Tetsa
Langmi
Doda
0   2 km

sich die Nonnen aufrichtig über jeden Besucher. Wenn man fragt, darf man einen Blick in die alte Lehmküche werfen, die sicher zu den schönsten in der ganzen Gegend gehört. Gegründet wurde das Kloster von einer Yogini (weibliche Yogi), die im 15. Jh. in einer nahe gelegenen Höhle meditierte und dann mit übernatürlichen Kräften zu der Stelle des heutigen Tempels geflogen sein soll.

Der kleine Versammlungsraum der Nonnen hat eine warme Ausstrahlung mit seinen uralten Wandfresken, den wertvollen Thankas und Statuen.

Tetsa

Unterhalb der Ortschaft Hongshed liegt das 8 Häuser zählende Dorf Tetsa. Im Tempel steht eine schöne Statue des Buddha der Zukunft, Maitreya; die Gottheit ist mit Juwelen geschmückt und von kleinen Buddhafiguren umgeben.

Navaphal

Ein besonderes Heiligtum verehren die Zanskaris im Kloster Navaphal, das als **Phakspa-Lhakhang** bekannt ist und ein Stück westlich von Hongshed liegt. Das Kloster birgt eine sagenumwobene Statue der Gottheit Phakspa, die als eine Manifestation des Bodhisattva der Nächstenliebe, Avalokiteshvara, gilt. Es gibt insgesamt sieben solcher Statuen im nordbuddhistischen Raum, darunter eine im ladakhischen Dorf Tingmogang. Viele Gläubige schwören, dass die Statuen zu ihnen gesprochen und Ratschläge gegeben haben.

Nach der **Legende** waren die Statuen einst sieben Brüder, die in einem See in der Region Lahaul lebten. Jeden Tag kamen sie aus dem Wasser und tranken die Milch der am Ufer lebenden Ziegen. Die Bauern wunderten sich, warum ihre Tiere plötzlich keine Milch mehr gaben, bis sie eines Tages einen der Brüder auf frischer Tat ertappten. Sie sperrten ihn ein, mussten aber versprechen, dass sie das Geheimnis am See nie erforschen würden. Natürlich siegte die Neugierde. Die Bauern entdeckten die restlichen sechs Brüder, die daraufhin sofort verschwanden. Der gefangene Bruder verwandelte sich jedoch in eine Marmorstatue.

Die 30 cm große Phakspa-Statue steht im Navaphal-Tempel in einem Glaskasten. Sie ist mit weißen Glücksschals (Kataks) eingewickelt, nur ihr Kopf und die Arme sind zu sehen.

Kloster Lingshed

Das Kloster liegt vier Tagesetappen von Padum entfernt einsam im Gebirge. Im Trekking-Teil des Buches ist diese Route (Lamayuru – Padum) beschrieben, deshalb wird hier lediglich das Kloster vorgestellt.

Das Kloster Tashi Chos Ling, allgemein unter dem Namen Lingshed Gompa bekannt, ist – von Lamayuru kommend – das erste große Kloster in Zanskar. Von bizarren Felsformationen umgeben, steht der strahlend weiße Gebäudekomplex hoch über einem

Zanskar

Talkessel, in dem die ca. 80 Häuser des Dorfes Lingshed angesiedelt sind. In dem der Gelukpa-Schule zugehörigen Kloster leben 70 Mönche.

Sehenswertes

Im **Klosterhof,** wo die Maskentänze und wichtige Zeremonien stattfinden, ist die hintere Wand mit interessanten Fresken bemalt. Sie stellen jeweils links und rechts außen die beiden hinduistischen Gottheiten Indra (links) und Brahma (rechts) dar und geben damit ein gutes Beispiel für die Integration von Hindugöttern in den Buddhismus. Der mit Juwelen geschmückte Brahma hat einen orangefarbenen Körper; in seinen Händen hält er das Rad der Lehre, das er dem Buddha angeboten haben soll. Der edel dargestellte Indra, der Gott des Regens, ist weiß und trägt eine Muschel in seiner Hand.

Vor dem Versammlungsraum steht, wie in den meisten Klöstern, eine kleine **Vorhalle,** die hier ein paar hübsche Sinnbilder der buddhistischen Philosophie zeigt. Der alte Mann, umgeben von Tieren, einem Felsen, Baum und Wasser, ist ein Inbegriff langen Lebens. Vier aufeinander stehende Tiere, Elefant, Affe, Hase und Vogel, symbolisieren ein harmonisches Zusammenleben. Tiefe Bedeutung hat die Verwandlung des schwarzen Elefanten in einen weißen. Mit diesem Bild ist der menschliche Geist gemeint: Zunächst wie ein ungezähmter Elefant im Porzellanladen, kann der Geist durch Meditation und Askese diszipliniert werden.

Im **Versammlungsraum** treffen sich die Mönche zur Rezitation der heiligen Texte. Deshalb wird ein großer Teil der Halle von Sitzkissen und den in Regalen stehenden buddhistischen Schriften eingenommen. Auf dem Altar steht eine Sammlung von Statuen verschiedener Buddhas, Heiliger und Schutzgötter. Zum Beispiel residiert links darauf der Beschützer Dorje Shugdan auf seinem Reittier, dem Löwen. Auffällig ist das goldverzierte, chinesisch beeinflusste Tempelchen mit Tsongkhapa neben dem Buddha der Zukunft, Maitreya. Auf der rechten Seite wird der Altar wiederum von einem Beschützer, hier Sitatapatra mit dem Schirm, abgeschlossen.

Oberhalb des Versammlungsraumes hat der Abt von Lingshed, Ngari Rinpoche, sein privates Zimmer. Solche **Abtszimmer** heißen Simchung, wörtlich übersetzt „das kleine Zimmer". Jenes hier lässt auf Wohlstand schließen: Zwischen goldbemalten Schränken, einem wertvollen chinesischen Seidenbehang und einer Sammlung von Statuen bewohnt Ngari Rinpoche ein gemütliches Heim während seiner seltenen Stippvisiten in Lingshed.

Gebetsmauer vor dem Kloster Mune

Kloster Mune

Oberhalb der Ortschaft Mune, sechs Wegstunden von Padum entfernt, liegt die kleine Diskit-Ling-Gompa. Man kommt auf dem Weg nach Phuktal hier vorbei. Das Gelukpa-Kloster wurde vor 300 Jahren gegründet und ist heute von 20 Mönchen bewohnt. Da die Gompa direkt am Karawanenweg nach Lahaul und Kulu lag, wurde sie von feindlichen Armeen immer wieder überfallen und geplündert. Ursprüng-

lich stand das Klostergebäude auf dem steilen Felsen links vom heutigen Komplex. Da die Mönche aber Angst hatten, beim Drehen ihrer Runden um das Hauptkloster abzustürzen, versetzte man das Gebäude vor rund 200 Jahren an seinen heutigen Platz.

Der kleine Gebetsraum strahlt eine warme Atmosphäre aus. Seine Ausstattung ist dem Engagement einiger Mönche zu verdanken, die im Jahr 1950 aus Tibet den kompletten 108-bändigen buddhistischen Kanon, eini-

0899z Foto: jm

Zanskar

ge Thankas und zwei 500 Jahre alte Figuren auf Eselsrücken bis nach Mune transportiert haben. Diese beiden kleinen Figuren, die den Gründer der Gelbmützen-Schule, *Tsongkhapa,* darstellen, stehen jetzt in einem Holzkästchen auf dem Altar. Hauptfigur des Altars ist jedoch der gekrönte Buddha der Zukunft, Maitreya, der von Tsongkhapa und Avalokiteshvara begleitet wird. Die aus Lehm und Asche hergestellten kunstvollen Tsa-Tsa-Tafeln links vom Altar stammen ebenfalls aus Tibet.

Im anschließenden Gonkhang steht der verschleierte Beschützer Mahakala.

Unterkunft

● Gegenüber dem Kloster befinden sich ein **Zeltplatz** und ein kleines **Guest House.** Das „Hotel" besteht lediglich aus einem Raum, in dem Betten vermietet werden. Es gibt einfaches Essen und Tee. Der Steinhaufen am Hauptweg vor dem Campingplatz ist übrigens Sitz der zornvollen Schutzgottheit Mahakala – demnach wird wohl der Zeltplatz von allen bösen Geistern verschont bleiben.

Padum

Formal ist Padum (auch Spadum gesprochen) die Hauptstadt von Zanskar, tatsächlich aber ist es ein Dorf mit etwa 80 Häusern und 700 Einwohnern. Der Ort wirkt verschlafen und ohne besonderen Charme. Angenehmer zeigt sich schon die Landschaft: Padum liegt in einer weitläufigen grünen Hochebene am Schnittpunkt von drei Tälern und ist von schneebedeckten 6000ern umgeben. Nahe des Ortes fließen die beiden Flüsse Lingti und Doda zum mächtigen Zanskar zusammen.

Zum längeren Aufenthalt lädt Padum nicht ein, es ist jedoch Ausgangspunkt für den Besuch einiger Klöster in der Umgebung wie Karsha, Sani, Mune und Bardan. Trekker, die nach Ladakh, Manali oder anderswo hinwollen, können hier ihre Vorräte auffüllen. Die Auswahl auf dem Markt ist nicht sonderlich groß, aber es gibt solche wichtigen Dinge wie Kerosin, Reis, Butter und Zucker, Obst und Gemüse.

In Padum gibt es einige Restaurants und einfache Guest Houses. Von der Atmosphäre eines Touristenortes ist Padum weit entfernt, und ein Boom ist auch nicht abzusehen. Die wenigen Touristen sind in der Regel gerade am Aufbruch zu Besichtigungen oder einem Trek. Die Zanskaris sind Touristen gegenüber meist freundlich, und das Dorfleben ist vom Alltag der Einheimischen geprägt.

In Padum sind rund 75 % der Einwohner **moslemische Sunniten.** Der Grund dafür ist, dass sich in den letzten Jahrhunderten nach und nach Bauern aus der benachbarten, dicht bevölkerten Provinz Kishtwar hier angesiedelt haben. Während des Dogra-Einfalls aus Jammu im 19. Jahrhundert ließ sich eine weitere große Gruppe Moslems hier nieder. Da die Sunniten zur toleranten islamischen Richtung gehören, verläuft das Zusammenleben mit den Buddhisten weitgehend friedlich.

Fotos: jm 0990z

Sehenswertes

Im Vergleich zu den interessanten Klöstern und netten Dörfern, die man anderswo in Zanskar findet, sind weder Padum selbst noch seine nächste Umgebung sonderlich sehenswert. Wer allerdings einen Ruhetag einlegt oder auf den Bus nach Kargil wartet, kann sich mit ein paar Unternehmungen in der Umgebung die Zeit vertreiben.

Die weite Ebene von Padum

Pipiting

Im 20 Gehminuten von Padum entfernten Dorf Pipiting steht auf einem Felsplateau der **Guru-Lhakhang.** Einer Legende zufolge hat der Magier *Padmasambhava* im 8. Jh. in Zanskar ein weibliches menschenfressendes Ungeheuer bekämpft. In Pipiting, wo sich die Brust dieses Dämons befand, errichtete er daraufhin den Guru-Lhakhang.

Der Tempel wird heute von zwei freundlichen alten Mönchen bewacht, und er besteht aus einer kuriosen Mixtur von altem und neuem Inventar. So hat man Padmasambhava auf der 80 Jahre neuen Großfigur leider einen ziemlich einfältigen Gesichtsausdruck

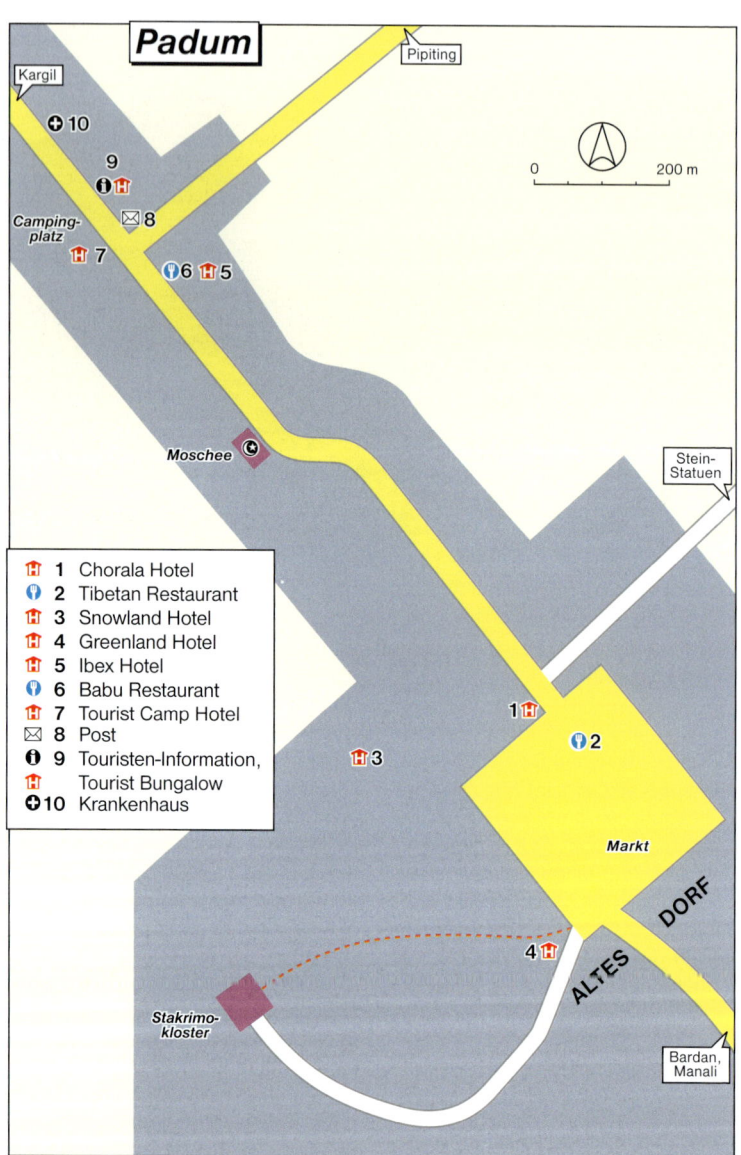

Padum

Pipiting

Kargil

10

9

Camping-
platz

8

7

6 5

Moschee

Stein-
Statuen

0   200 m

1 Chorala Hotel
2 Tibetan Restaurant
3 Snowland Hotel
4 Greenland Hotel
5 Ibex Hotel
6 Babu Restaurant
7 Tourist Camp Hotel
8 Post
9 Touristen-Information,
   Tourist Bungalow
10 Krankenhaus

1

2

3

4

Markt

DORF

ALTES

Stakrimo-
kloster

Bardan,
Manali

verpasst. Einen besseren Eindruck machen die Avalokiteshvara-Statue und einige hübsche Wandmalereien.

An der Türseite findet man den Medizinbuddha mit einem Bund Kräutern in der linken Hand. Auf der Wand gegenüber hält der zornvolle Gott Yamantaka seine Gefährtin umarmt, daneben ist noch einmal Padmasambhava abgebildet. Auch an diesen Fresken hat sich wieder ein Dilettant betätigt, indem er die halbe Wand und die Fensterseite mit mäßigem Gepinsel bearbeitete.

Felsenreliefs

Hinter dem alten Dorfkern von Padum, oberhalb der Hängebrücke über den Lingti, steht ein sehenswerter, etwa 15 m hoher Felsblock, den die Zanskaris Galwa Riknga nennen. An einer Seite sind die Reliefs der fünf Dhyani Buddhas auf Lotusthronen mit ihren Reittieren eingraviert. Wahrscheinlich wurden diese kunstvollen Steinmetzarbeiten vor 1000 Jahren von einheimischen Künstlern in Anlehnung an die Skulpturen von Mulbekh ausgeführt.

Kloster Stakrimo

Etwa 20 Gehminuten oberhalb von Padum liegt das von 25 Mönchen bewohnte Kloster Stakrimo. Wie der Name „Linie von Stakna" übersetzt schon sagt, pflegte dieses Kloster von jeher eine enge Verbindung zu seinem Mutterkloster Stakna. Stakrimo wurde um 1650 zur Regierungszeit König *Deldan Namgyals* von einem Bhutanesen gegründet.

Der wichtigste Raum im Kloster ist die **alte Versammlungshalle** (Dukhang Nyingpa). Die vielen Altarfiguren stellen unter anderem links den sitzenden Buddha der Zukunft dar sowie den Urbuddha Vajradhara, den 11-köpfigen Avalokiteshvara und den zornvollen Gott Mahakala. Auf der rechten Seite des Altars findet man noch bhutanesische Bronzen von Äbten und Yogis.

Medizinbuddha

Zanskar

Felsenrelief

Im ersten Stock liegt das **Abtszimmer.** Es beherbergt Thankas über Lebensstationen des berühmten tibetischen Yogis **Milarepa.** Unterhalb der Gompa steht ein kleines **Nonnenkloster.**

Information

• Die Leute im Touristenbüro helfen bei der Organisation und Vermittlung von Pferden und Trekkingführern. Da einer der Angestellten im Office wohnt, bekommt man dort Auskunft zu (fast) allen Tages- und Abendzeiten.
• **Busse** fahren ab Padum jeden zweiten Tag nach Kargil.

Unterkunft

Die meisten Guest Houses in Padum sind einfachen Standards, Ansprüche an große

Behaglichkeit sollte man nicht stellen. Da nur wenige Touristen Zanskar besuchen, lohnt es sich für die Besitzer sogar während der Saison oft nicht, ihr Guest House oder Restaurant zu öffnen. Daher können sich die folgenden Empfehlungen von Jahr zu Jahr ändern.

● Zentral am Marktplatz gelegen und Treffpunkt für Traveller ist das **Chorala Hotel.** Die Zimmer sind schlicht und sauber und haben Dusche (70–100 Rupien). Es wird oft laut, da unterhalb der Zimmer das Restaurant liegt. Bei der Wahl des Zimmers darauf achten, dass es nach hinten zum Feld hin liegt, denn auf dem Marktplatz machen die LKW-Fahrer zu nächtlicher Stunde gerne Motorentests.

● Gute Unterkunft findet man im **Tourist Camp Hotel** nahe dem Postamt. Schöne Zimmer mit Bad für 300 Rp.

● Das ehemals beste Hotel im Ort, das **Ibex** (300 Rp.), ist im Augenblick weniger empfehlenswert. Es heißt, der Manager habe gewechselt.

● Eine mäßige Unterkunft ist das **Tourist Bungalow** etwas außerhalb des Ortes neben dem Touristoffice (100 Rp.). Die Wasserleitungen sind bisweilen defekt.

Wer **Wohnen mit Familienanschluss** schätzt, hat einige Guest Houses zur Auswahl. Man kann hier gemeinsam mit der Familie in der Küche essen und bekommt so ein bisschen vom Leben der Zanskaris mit. Die Preise für ein Zimmer liegen überall bei 100 Rp.:

● Passabel ist das **Greenland Hotel,** allerdings gibt es einen kleinen Haken: Der Muezzin der Moschee holt einen über die Lautsprecheranlage vor dem Haus pünktlich um 5.30 Uhr aus dem Schlaf. Wecker überflüssig!

● Das **Snowland** ist ruhig zwischen Feldern gelegen. Die 6 Zimmer sind sauber und kosten zwischen 100 und 200 Rp. Manchmal geschlossen!

● Ein großer, grüner **Campingplatz** liegt gegenüber dem Touristenbüro.

Essen

● Auch das **Ibex-Restaurant** – der ehemalige Traveller-Treffpunkt – ist (wie das Hotel) derzeit wohl weniger empfehlenswert. Am besten, man klärt den aktuellen Zustand vor Ort ab. Der kleine Laden daneben bietet Nützliches für die letzten Einkäufe vor der Trekkingtour.

● Gut ist das **kleine Restaurant an der Hauptstraße** zwischen Ibex und Moschee. Die Einheimischen schätzen die leckere Küche und die günstigen Preise.

● Im **Chorala Restaurant** wird vorwiegend chinesisches Essen serviert. Gäste beklagen jedoch immer wieder die schlechte Qualität.

● Im **Tibetan Restaurant** gibt es tibetische und chinesische Gerichte. Die Padumer Jugend, die hier den halben Tag lang bei einer Tasse Tee herumsitzt, kann manchmal Träger oder Pferde vermitteln.

● Nettes Personal und gutes Essen hat das etwas außerhalb gelegene **Babu Restaurant.**

● Passable, preiswerte Gerichte serviert man im **Himalayan Restaurant** am Marktplatz.

Nützliche Adressen

● Das **Postamt** ist Mo–Sa 11–15 Uhr geöffnet – jedoch nur offiziell. Aus unerfindlichen Gründen ist oft den ganzen Tag kein Beamter da. Und wenn, sollte man sich nicht zu früh freuen: Es gibt oft keine Briefmarken. Auch die Beförderung der Post ist langsam und unzuverlässig. Also besser die Briefe nach Leh mitnehmen und dort abschicken.

● Gegenüber der Gebetsmühle können **Telefonate nach Europa** geführt werden. Die Verbindung ist gut und kommt erstaunlich schnell zustande.

● In Padum sind **Träger und Pferde** auch während der Hochsaison zu bekommen. Dazu frage man in Guest Houses, Restaurants oder beim Tourist Office nach. Je nach Schwierigkeitsgrad des Treks kostet ein Pferd zwischen 200 und 300 Rupien, Träger gehen für die Hälfte mit. Achtung: In Padum sind keine Zelte, Schlafsäcke oder anderes Trekking-Zubehör ausleihbar. Alles muss von zu Hause oder Leh mitgebracht werden.

Verkehrsmittel

● In Padum gibt es **Jeeps** zu mieten. Wegen ihrer Monopol-Stellung verlangen die Fahrer

Zanskar

jedoch meist überhöhte Preise und lassen kaum mit sich handeln. Trotzdem versuchen!

Zum Beispiel kostet eine Tagestour nach Ating (dem Ausgangsort zum Besuch des Klosters Dzongkhul) 1500 Rp., nach Rangdum verlangt man 6000 Rp. und nach Kargil 8000 Rp. Manche Jeeps sind in schlechtem Zustand, und wer einen von diesen erwischt, riskiert, unterwegs hängen zu bleiben.

Photoksar

Das rund 200 Einwohner zählende Dorf Photoksar liegt, zwei Tagesetappen vom Kloster Lingshed entfernt, auf der Trekkingroute zwischen Lamayuru und Padum. Auf einem Berghang über dem Dorf stehen drei Tempel, die man sich, nachdem man sein Zelt aufgeschlagen hat, einmal ansehen kann.

Der vierarmige Avalokiteshvara

Der erste, der **Tashi-Tsongkhang Tempel,** gleich oberhalb der Bauernhäuser, ist rund 350 Jahre alt. Ein Mönch aus Hemis beaufsichtigt den niedrigen dunklen Gebetsraum, in dem einige wertvolle Statuen stehen.

Einen Ehrenplatz hat auf dem Altar der Gründer von Hemis, Tagtshang Repa. Seine linke Seite nimmt der Bodhisattva Avalokiteshvara ein, zu seiner Rechten steht Buddha Shakyamuni. Die alten Wandfresken auf der Türseite stellen verschiedene zornvolle Schutzgötter dar. Die rechte Seitenwand zeigt den Buddha mit 16 Arhats sowie den Buddha Vajradhara im Kreise von Yogis. Links ist Padmasambhava in seinen acht friedlichen und zornigen Erscheinungsformen abgebildet.

Der zweite, der **Tashi-Tung-Khar-Tempel,** steht am selben Berghang. Er wurde im Jahr 1977 gebaut und ist eher uninteressant. Dafür lohnt der Aufstieg weiter zum **Tashi-Tung-Khar-Nyingpa,** dem „alten Tempel". Von hier oben genießt man eine herrliche Aussicht auf die schneebedeckten Bergketten und auf die Häuser von Photoksar, die in dem schmalen Tal eng aneinander gebaut stehen.

Sehenswert sind in diesem fast leeren Gebetsraum die etwa 400 Jahre alten und in harmonischen Farben gemalten Fresken. Leider hat an den filigranen Wandgemälden schon stark der Zahn der Zeit genagt; die Gottheiten, wie der orangefarbene vierarmige Manjushri, der rote gekrönte Buddha Amitayus und eine schöne Darstellung des vierarmigen Avalokiteshvara sind trotzdem noch halbwegs erkennbar.

Zanskar

Kloster Phuktal

Eines der faszinierendsten Höhlenklöster Zanskars ist die sagenumwobene Phuktal Gompa. Die Zwei-Tage-Wanderung von Padum zu diesem hoch über dem Tsarap-Fluss gelegenen Kloster ist wirklich die Mühe wert.

Schon der erste Blick auf Phuktal ist grandios: Die ineinander geschachtelten Mönchsklausen kleben abenteuerlich an den steilen Felshängen, einige Häuschen scheinen geradezu aus der Höhlenöffnung herauszuquellen. Der Pfad zum Kloster hinauf ist von einer Reihe weißer Chörten und einer Gebetsmauer gesäumt. Außer einem einsamen Wacholderbaum oberhalb der Höhle ist das Kloster von bizarrem, völlig kargem Granitgestein umgeben. Obwohl relativ viele Touristen Phuktal besuchen, ist das Kloster noch immer ein Ort von Beschaulichkeit und Ruhe. Allerdings monieren Touristen immer wieder die ausgesprochen **unhygienischen Zustände,** die seit einigen Jahren in Phuktal herrschen. Der Schmutz gehe weit über das Maß hinaus, was man ansonsten in Zanskar gewohnt sei, heißt es. Also: Ein imposanter Anblick von Ferne, aber beim Betreten des Klosters gewappnet sein!

Kloster Phuktal

Geschichte

Ursprünglich war Phuktal eine **Meditations-höhle.** Nach der Legende sollen **drei Brüder** aus Zanskar die ersten Yogis hier gewesen sein. Die Wahl dieses Ortes haben die Brüder offenbar mit Bedacht getroffen: von Morgen bis zum Nachmittag wird die Höhle von der warmen Sonne beschienen, was vor allem im Winter sehr angenehm ist. Außerdem entspringt direkt in der Höhle eine Quelle mit gutem Trinkwasser, die bis heute von den Mönchen genutzt wird.

Nachdem die drei Brüder Erleuchtung gefunden hatten, flogen sie durch die Lüfte davon – jeder in eine andere Richtung.

Später wiesen sie dem Gründer des Klosters, *Sherap Zangpo,* den Weg nach Phuktal. Als *Sherap Zangpo* nämlich im 15. Jh. seine Heimat Tibet verließ, um die Gelbmützen-Schule auch in Ladakh zu verbreiten, prophezeite ihm sein Lehrer *Tsongkhapa,* dass er unterwegs drei mystischen Wesen begegnen würde. So geschah es auch: Die drei erleuchteten Brüder führten ihn bis zur Stelle des großen weißen Chörten und verschwanden dann spurlos vom Erdboden. *Sherap Zangpo* verbrachte einige Zeit in Phuktal und bald darauf wurde das eigentliche Kloster errichtet. Es entstanden Meditationsräume, die Bibliothek, der Tempel der Schutzgötter, und es wurde eine Gemeinschaft von Mönchen ins Leben gerufen. Heute leben in Phuktal 70 Mönche der Gelukpa-Schule.

Eine andere Geschichte erzählt davon, wie das Phuktal-Kloster beim **Einfall der Mongolen** im 16. Jh. wie durch ein Wunder verschont blieb: Damals wollte ein mongoli-

Ein Mönch röstet Tsampa

scher Krieger das Kloster plündern, indem er sein Seil an dem Wacholderbaum befestigte und in die Höhle hinabstieg. Dort begegnete er jedoch der zornigen Palden Lhamo, die sich augenblicklich in einen Mönch verwandelt hatte und dem Feind mit einem Schwert die Hand abschnitt. Diese mumifizierte Hand wird alljährlich im Winter während des Gugtor-Festes dem Publikum vorgeführt.

Sehenswertes

Höhle

Vom großen Eingangstor steigt man über verwinkelte Gänge und Treppen zum oberen Klosterteil, wo der Versammlungsraum und die Höhle liegen.

Die Höhle dient heute zwar als Lagerraum, dennoch hat sie einen besonderen Zauber. Die Wasserquelle (die Frauen nicht betreten dürfen), Schwärme nistender Vögel, der weiße Chörten mit den Gebeinen von *Sherap Zangpo* und die aufgefädelten bunten Gebetsflaggen wirken auf den Besucher auf eigene Weise beeindruckend. Einige Klostergebäude, darunter der Versammlungsraum, sind zum Teil in diese Höhle hineingebaut.

Versammlungsraum

Der Versammlungsraum (Dukhang) wirkt durch die um die Säulen gewickelten bunten Brokattücher farbenfroh, an den Wänden hängen zerschlissene Thankas aus Tibet.

Die interessantesten Statuen in diesem Raum stehen in einer Glasvitrine: Neben dem Gründer der Gelbmützen, Tsongkhapa, und Avalokiteshvara stellen die unteren Statuen die drei erleuchteten Brüder dar, die Sherap Zangpo einst nach Phuktal geführt haben. Mit ihren gelben Mützen treten sie hier als Gelukpa-Mönche auf.

Auf der gleichen Seite stehen der lebensgroße 11-köpfige Bodhisattva Avalokiteshvara und – mit einem holzgeschnitzten Blumenrelief geschmückt – der Buddha Maitreya. Die Altarfiguren stellen *Sherap Zangpo* und seinen Lehrer *Tsongkhapa* dar, daneben steht ein Silberchörten.

Gonkhang

Wie der Versammlungsraum, so schmiegt sich auch der Raum der zornvollen Schutzgottheiten in die Höhle hinein. Die zornvollen Gottheiten stehen in der dunklen, von Butterlampen schwach beleuchteten Altarnische. Vor den rauen Felsenwänden erscheinen diese verschleierten Beschützer der buddhistischen Lehre besonders geheimnisvoll.

Vorne links steht der spezielle Schutzgott der Gelukpa-Schule, Sertapa, daneben reitet auf dem Maulesel die blaue Palden Lhamo, daran schließt der weiße Mahakala an. Dahinter stehen weitere Mahakala-Manifestationen. Eindruck macht der energische Vajrabhairava, dessen unzählige Arme ebenso viele Waffen und Ritualobjekte halten. Das rechte hintere Eck beschützen wieder Mahakala und Palden Lhamo.

Meditationshöhle

Rechts vom Dukhang führt eine Leiter zu der kleinen Meditationshöhle von *Sherap Zangpo*. Sie ist heute zugemauert, sodass nur eine schmale Tür

Zanskar

Einblick ins Höhleninnere gewährt. Neben der Lehmstatue des Gründers bedeckt ein Tuch mit der Aufschrift OM die Opfergeschenke der Gläubigen.

Lhakhang Nyingpa

Mit seinen herrlichen Fresken und den teils mit Gold verzierten Wand- und Deckenmalereien gehört der alte Tempel zum schönsten Teil des Klosters. Erbaut wurde er im 11. Jh. von dem Übersetzer *Phakspa Sherap.* Damals stand Ladakh in einer spirituellen und künstlerischen Blütezeit, die auch auf Zanskar ausstrahlte und das Entstehen dieser Fresken beeinflusste. Dass der Altar an das Kloster Alchi erinnert, ist daher kein Zufall, da beide zeitgleich entstanden sind.

Umgeben von einem üppigen Rankenwerk aus Blumen, Gottheiten, mystischen Fabeltieren und himmlischen Wesen sitzt Buddha hier auf dem Thron. Zu seinen Füßen haben sich zwei weiße Löwen niedergelassen. Ähnliche feenhafte Gottheiten wie im Rankenwerk finden sich im selben Raumteil an der Deckenbemalung wieder.

Die Malereien der hinteren Seitenwand beginnen mit dem von Juwelen geschmückten Urbuddha Vajradhara. Er sitzt auf einem Lotusthron und ist Seiten umgeben von Begleitern und Lamas.

Die folgende Altarwand stellt zunächst Tsongkhapa mit den 84 Mahasiddhas, Yogis mit übernatürlichen Kräften, dar. Daneben sind Sherap Zangpo und der blaue Medizin-Bud-

dha mit einer Almosenschale in der Hand zu sehen. Die großen Fresken dieses alten Teils schließen ab mit Szenen aus dem Leben Buddhas: Sein luxuriöses Leben im königlichen Palast, dann der große Moment seiner Entsagung und schließlich Buddhas Erleuchtung.

An der rechten Seitenwand zeigen die neueren Malereien den zornvollen Beschützer Mahakala, umgeben von Dakinis und Schutzgöttern. Abgeschlossen wird die Freskenserie vom vierarmigen Bodhisattva der Nächstenliebe, Avalokiteshvara, und der tantrischen Gottheit Sangdus. Der Körper Sangdus' ist blau bemalt, er hat drei Gesichter in den Farben rot, blau und weiß. Kraftvoll hält er seine tantrische Gefährtin in den Armen.

Der abenteuerlustige Ungar *Csoma de Koros* hat sich bereits Anfang des 19. Jahrhunderts nicht gescheut, in Phuktal einen langen kalten Winter zu verbringen, um hier seinen wissenschaftlichen Studien nachzugehen. Eine Gedenktafel vor dem Tempel erinnert an ihn: „Ein heldenhafter Pionier lebte in diesem Kloster vom 12. August 1825 bis November 1826."

Unterkunft

● Für Touristen ist **im Kloster** ein Gästezimmer mit einer großen Küche reserviert. Übernachtung 40 Rp./Bett. Man kann selbst kochen, auf Wunsch bereiten Mönche Essen und Tee zu. Einige Touristen haben sich beklagt, dass ihnen Mönche ihre Privatzimmer zu teuer vermietet hätten und in Phuktal Unfreundlichkeit die Atmosphäre bestimme. Es ist wohl Glückssache, welche Mönche gerade als Gastgeber anwesend sind.

Rangdum

Yüldo

Von Kargil kommend, wird etwa 5 km vor der Rangdum Gompa die Ortschaft Yüldo erreicht. Nach der überwiegend islamischen Bevölkerung ist Yüldo das erste buddhistische Dorf, was an den Gebetsflaggen auf den Hausdächern und den Chörten entlang des Weges leicht erkennbar ist. Yüldo besteht aus wenigen Häusern und ist nicht weiter interessant.

Berüchtigt ist das breite Tal hier als „Schneeloch von Zanskar", ein Meter Schnee im Winter ist nicht außergewöhnlich. Die Leute in Yüldo behaupten, dass dies der kälteste Ort im gesamten Himalayagebiet sei. Das entspricht sicher nicht ganz der Wahrheit, denn an das Dorf Dras (auf der Srinagar-Strecke kurz vor Kargil), wo das Thermometer auf –40 Grad Celsius fällt, kommt Yüldo nicht heran.

Die Menschen leben vorwiegend von Viehwirtschaft, weshalb manchmal heftige Streitereien entflammen zwischen Yüldo-Bauern und moslemischen Halbnomaden aus der Region Jammu, die mit ihren Ziegen und Pferden im Sommer hierher kommen. Die Einheimischen beanspruchen nämlich das knappe Weideland allein für sich und wollen die ungebetenen Futtergäste vertreiben. Es kam bei den Auseinandersetzungen schon zu abenteuerlichen Schießereien.

Als Ergänzung zur Viehhaltung bewirtschaften die Bauern in Yüldo einige Getreidefelder, sie sind von hohen Steinmauern zum Schutz gegen Yaks und Schafe umsäumt.

Kloster Rangdum

Genau am Schnittpunkt von fünf sternförmig zusammenlaufenden Tälern 130 km südlich von Kargil steht, weithin sichtbar, auf einem Hügel die Rangdum Gompa. Durch ihren kompakten Baustil gleicht sie eher einer Burg als einem Kloster. So imponierend sie von außen wirkt, sind die Innenräume im Vergleich zu anderen Klosteranlagen weniger interessant. Wegen der Schwierigkeit, eine Anschluss-Fahrgelegenheit zu bekommen, lohnt es sich deswegen nicht, den LKW oder Bus nur für eine kurze Besichtigung zu verlassen. Die **beeindruckende Lage** des Rangdum-Klosters lässt sich auch vom Fahrzeug aus bewundern. Schieferplatten haben sich hier vielschichtig ineinander geschoben und mit sandigen Sedimenten zu einer erstaunlich bizarren Farbenvielfalt verbacken. So thront die Gompa, umgeben von bun-

Zanskar

ten, schneebedeckten Bergketten, erhaben inmitten dieser Einsamkeit.

Das Kloster mit seinen 50 Mönchen ist das spirituelle Zentrum der Gegend. Besonders stolz sind die Yüldo-Bauern, dass es unter der Führung von *Ngari Rinpoche*, dem jüngeren Bruder des Dalai Lama, steht. Allerdings ist *Ngari Rinpoche* selten anwesend.

Über die **Gründung von Rangdum** gibt es eine nette Legende: Danach kam der Klostergründer *Yeshe Dragspa* aus Westtibet auf einem Adler angeflogen, der ihn an dieser Stelle absetzte. Nachdem er dort meditiert und einige Wunder vollbracht hatte, bestieg er seinen Adler wieder und flog auf ihm davon.

Im 16. Jh. wurde das Kloster schließlich mit einer großzügigen Schenkung des Königs *Tsewang Namgyal* gebaut.

Wundersam ist auch, wie Rangdum im 19. Jahrhundert von den Dogra-Einfällen verschont wurde:

Der Hauptschutzgott der Gompa, Dorje Shugdan, verwandelte sich demnach in ein Feuer speiendes Yak und schlug so die verängstigten Feinde in die Flucht.

Die Gebete und religiösen Zeremonien finden im **Versammlungsraum** statt, der über einen überdachten Vorraum betreten wird. Auf dem Altar stehen Butterlampen, Wasserschalen, Bilder und Statuen von Gottheiten. Die Figuren stellen von links eine Sitatapatra-Statue, den weiß-roten Buddha Amitayus und den Klostergründer *Yeshe Dragspa* dar. Daneben steht der Thron für Ngari Rinpoche. Rechts davon schließen sich der 11-köpfige Bod-

hisattva des Mitgefühls, Avalokiteshvara, zwei Beschützer, nochmal ein stehender Avalokiteshvara und schließlich der Buddha Maitreya an.

Hinter dem Altar führt ein Durchgang zum für Gelbmützen-Klöster typischen **Tsankhang,** dem Figurenraum. Darin steht eine große Statue von Buddha Shakyamuni, der seine Hand in der Haltung der Erdberührung hält.

Die beiden zornigen Schutzgottheiten, Dorje Shugdan und Zal-Zhi, stehen im **Gonkhang.** Ihre verschleierten Figuren werden nur einmal im Jahr den (männlichen) Gläubigen gezeigt.

Wer zur rechten Zeit kommt, kann in Rangdum an einer Puja teilnehmen. Diese halbstündigen Zeremonien finden fünfmal am Tag statt.

Unterkunft

● Das Angebot an Übernachtungsmöglichkeiten in Yüldo ist mager. Der J&K TDC Tourist Complex hat Zimmer einfachsten Standards für 100 Rp.

● Einziges Guest House ist das **Glacier View,** wo die Busse zum Essen anhalten. Die Leute sind ziemlich unfreundlich und verlangen überhöhte Preise. Am besten, man übernachtet privat oder zeltet.

● Männer können im **Kloster** schlafen.

● In einigen Foodstalls und im **Zeltrestaurant** ein Stück abseits der Hauptstraße gibt es langweiliges Essen.

Trekking

● Wer von hier nach Zanskar oder Ladakh einen Trek beginnen will, dürfte im Sommer Probleme haben, ein Pferd bzw. einen Führer zu bekommen. Im Kloster findet sich manchmal ein Mönch, der als Träger oder Führer gegen Entgelt mit auf den Trek kommt.

Zanskar

● Alternativ kann man ab Parkachik lostrek-
ken, dort stehen die Chancen besser, Trans-
portponies zu bekommen.

Kloster Sani

Einer der ältesten Orte Zanskars ist
das 8 km nordwestlich von Padum gelegene Dorf Sani. Zwischen den riesigen, windschiefen Häusern, fühlt man

sich in der Ortschaft ins 19. Jahrhundert versetzt. Ein Brauch in Sani vertieft diesen Eindruck noch: Bis vor
zwei Generationen haben die Bauern
ihrem Dorfgott Shönnu Tunlak noch
lebende Schafe als **Blutopfer** dargebracht. Erst als ranghohe Dorfmönche
diese Unsitte kritisierten, ersetzte man
die armen Tiere durch Butterfiguren (in
Schaf-Form!) für die Rituale. Manche
Bauern sind mit dieser Lösung aber unzufrieden – sie behaupten, seitdem
würden die Ernten schlechter ausfallen.

Während der Zeit der Bön-Religion
hat Shönnu Tunlak angeblich Men-
schenblut bekommen. Seit dem Erscheinen des Yogi *Padmasambhava* im
8. Jh. musste er mit Tieropfern vorlieb
nehmen.

Sani ist eines der ältesten Dörfer
von Zanskar

Gleich am Ortseingang von Sani steht eine der legendenumwobensten und **heiligsten Gompas im Westhimalaya.** Die Sage berichtet von dem buddhistischen König Kanishka, er habe im 2. Jh. aufgrund seiner magischen Kräfte in nur einer Nacht 100 Millionen religiöser Bauwerke erschaffen lassen. Zu ihnen gehört der alte Chörten von Sani. Außerdem ist Sani – einer Inschrift in der Versammlungshalle zufolge – einer der 54 Orte, die Reliquien des Buddha aufbewahren, und zwar im Kanishka-Chörten.

Im 8. Jh. besuchte *Padmasambhava* den gesamten Westhimalaya, um hier die Dämonen und Geister zu unterwerfen und den Buddhismus zu verbreiten. Damals soll *Padmasambhava* fünf Jahre lang in einer Felsenhöhle nördlich von Sani in Meditation gesessen haben. Anschließend tötete er ein gigantisches Ungeheuer, auf dessen Kopf er schließlich das Kloster errichtete. Mit Hilfe seiner übernatürlichen Kräfte verwandelte sich Padmasambhava dabei in acht gütige wie zornige Formen.

Sehenswertes

Alter Klosterteil

Diese verschiedenen Manifestationen sind im **Guru Lhakhang** auf den Stuck-Darstellungen festgehalten. Außerdem zeigen die Bilder Szenen aus dem Leben dieses großen Tantrikers, seine Geburt aus einem Lotus sowie die acht wichtigsten Orte, an denen er meditiert hat. In den Nischen ist der Yogi in meist sitzender Haltung dargestellt.

Neben dem Kanishka-Chörten und dem Guru Lhakhang gehört der **Naropa-Tempel** zum alten Teil des Sani-Klosters. Dieser ebenfalls im Innenhof gegenüber dem Chörten liegende Tempel kann allerdings nicht besichtigt werden. Er wird nur einmal im Jahr, nämlich im 6. tibetischen Monat (etwa Ende Juli) zum berühmten **Sani-Nasgyal-Fest** geöffnet. Mönche zünden an diesem Tag Butterlampen an, legen Opfergaben und Tsampa auf dem Altar nieder, rezitieren Mantras und legen Kataks vor der Figur des großen Yogi Naropa nieder.

Die originale juwelenverzierte Figur dieses Heiligen enthielt eine kleine **Statue des Urbuddha Vajradhara.**

Naropa

Vor einigen Jahrzehnten ist das schöne Stück verschwunden, später tauchte Vajradhara unverhofft wieder auf. Kurzerhand hat man ihn in eine neue Naropa-Statue gehüllt. Einst hatte *Naropa* von seinem Lehrer die fingergroße Statue des Vajradhara geschenkt bekommen. Nach *Naropas* Tod ließen seine Schüler dann eine kostbare Statue ihres Meisters anfertigen und packten die kleine Figur hinein.

Neuer Teil

Unter dem König von Zanskar *Ngawang Namgyal* ist im 17. Jh. das eigentliche Kloster entstanden, zu dem der Versammlungsraum, die Bibliothek und der Raum der zornigen Schutzgötter (Gonkhang) gehören.

Die gesamte Klosteranlage umsäumt ein überdachter Gang, an dessen Wand Nischen für kleine Lehmfiguren, die Tsa-Tsa, und Gebetsmühlen angebracht sind. Dass ein paar dieser „Gebetsmühlen" ganz profan leere Haferflocken-Dosen sind, drückt eine erfrischende Lockerheit der Zanskaris aus.

Der **Versammlungsraum** wird über eine Vorhalle mit Darstellungen der vier Wächter der Himmelsrichtungen, den Lokapalas, betreten. Blickfang ist der Altar gegenüber dem Eingang. Die Figurenreihe beginnt von links mit Avalokiteshvara und zwei Darstellungen von Buddha Shakyamuni. Die in abendländischer Haltung sitzende Figur stellt Maitreya, den Buddha des kommenden Weltzeitalters, dar. Mit Juwelen geschmückt, hält Maitreya hier die Hände zum Zeichen der Ver-

kündigung. Auf der rechten Seite des Altars steht neben dem 11-köpfigen und 1000-armigen Avalokiteshvara eine Figur von Padmasambhava, der von seinen beiden Gefährtinnen, einer indischen Prinzessin und einer Tibeterin, begleitet wird.

Statue des Maitreya

Zanskar

Hinter dem **Versammlungsraum** liegt die Bibliothek, in der Buddhas Werke, der Kandjur, aufbewahrt sind. Nach einem alten Brauch tragen die Mönche einmal im Jahr in einer großen Prozession die Schriften durchs Dorf. Auf der linken Seite der Bibliothek ist hinter dem Holzgitter die Auslegung dieses buddhistischen Kanons, der Tandjur, gestapelt. Als Hauptfigur residiert auf dem Regal Buddha Shakyamuni.

Die abgesperrte Tür rechts vom Altar führt zum Raum der zornvollen Schutzgottheiten, dem **Gonkhang**. Sie wird einmal im Jahr zu einem besonderen Fest geöffnet.

Im 1. Stock hängt im **Abtszimmer** eine kleine Thanka-Sammlung mit Szenen aus dem Leben des Buddha und der Yogis *Marpa* und *Milarepa*.

Einer der 8 heiligsten **Verbrennungsplätze** im Himalaya befindet sich außerhalb des Klosters, und zwar zwischen der Straße und dem Tempelkomplex. Auf diesem gesegneten Platz steht eine lebensgroße Reliefplatte mit dem Abbild des Buddha Maitreya, die umgeben ist von weiteren Steinplatten und flatternden Gebetsfahnen.

Der Legende nach brachte der Magier *Padmasambhava* ein menschenfressendes Ungeheuer zur Strecke, das die Bevölkerung in Angst und Schrecken gehalten hatte. Er zerteilte das Biest in 8 Stücke und warf es in die Luft. Ein Teil fiel auf den Platz, an dem daraufhin der Verbrennungsplatz eingerichtet wurde.

Anreise

● Obwohl Sani an der Hauptstraße liegt, ist es nicht einfach, ab Padum eine Mitfahrgelegenheit dorthin zu bekommen (falls man keinen Jeep mietet); außer von selten verkehrenden LKW oder Bussen wird die Straße kaum befahren. Andernfalls muss man auf die in Zanskar übliche Fortbewegung zurückgreifen: laufen oder reiten.

Tongde

Schräg gegenüber dem Karsha-Kloster liegt auf der anderen Seite des Zanskarflusses das Dorf Tongde (*Stongde* gesprochen) mit seinem Kloster. Von Padum führt die Jeeppiste dorthin (und weiter bis Zangla) oder man läuft zu dem 15 km entfernten Ort in rund vier Gehstunden.

Um die ca. 75 Häuser zählende Ortschaft rankt sich eine **Geschichte:** Während der berühmte Yogi *Naropa* in seiner Höhle in Dzongkhul meditierte, erhielt er Besuch von seinem Schüler *Marpa*. Dieser *Marpa* kam in einem Lederboot von Tibet, da – der Geschichte nach – damals die Gegend von einem riesigen See überflutet war. Als er Zanskar erreichte, stieß das Boot gegen die Spitze eines Berges, und Marpa beschloss, an dieser Stelle einen Tempel zu errichten. Zum Zeichen seines Segens warf er eine Handvoll Senfkörner auf die Erde. Die gelben Senfblumen wachsen heute auf den Getreidefeldern von Tongde, und dieser „Segen Marpas" wird von den Einheimischen zu Senföl verarbeitet.

Der **Name sTong-rde** verrät, dass hier Platz für 1000 Menschen ist. Nun leben in dem kleinen Ort zwar nicht so viele Leute, aber die Gerste- und Weizenernten fallen sehr gut aus.

Die fast 1000 Jahre alte **Klosterfestung** liegt hoch über dem Zanskar auf einer Felsenspitze. Wer mit dem Jeep unterwegs ist, kann direkt zum Kloster hochfahren. Besucher per Pedes seien getröstet: Um die Mittagszeit ist der ca. 20 Minuten lange steile Zick-Zack-Weg hinauf zwar nicht gerade angenehm, dafür wird man mit herrlichen Ausblicken belohnt. Die Klosteranlage gleicht einer Oase: Die rund 50 Mönche haben hier oben einen kleinen, von hohen Pappeln umsäumten Teich angelegt, und in den Vorgärten ihrer Häuser pflegen sie liebevoll üppig wachsende Blumen. Da Tongde der Sitz mächtiger Fürsten war, hat man auf die Bergspitze neben dem Kloster auch eine Burg gebaut; hier waren die Landesherren und Mönche vor den häufigen Angriffen der feindlichen Armeen geschützt. Die Burg ist zerstört worden, aber das Kloster hat die Jahrhunderte gut überstanden.

Der Yogi *Marpa* machte das in der Legende genannte Versprechen, dass er hier eine Gompa errichten würde, später wahr und baute auf der Hügelspitze den ersten Tempel namens Marpa Ling, der Ort Marpas. Im 15. Jh. errichtete der zanskarische Übersetzer *Sakya Zangpo* dann das heutige Kloster. Es unterstand zunächst der Kargyüpa-Schule, wurde später aber im Rahmen der Reformbewegung in ein Gelukpa-Kloster umgewandelt.

Sehenswertes

Versammlungsraum

Links vom Klosterhof kommt man durch eine kleine Tür in den alten Versammlungsraum. Die Sitzkissen für die Mönche und die Tischchen davor nehmen den größten Teil dieses durch hohe Säulen unterteilten Raumes ein.

Den Altarplatz dominiert Buddha Shakyamuni. Neben ihm stehen zwei Chörten aus Holz und Silber sowie die Statue eines Abtes. Auf der linken Seite waltet die verschleierte zornvolle Schutzgöttin Sitatapatra.

Die Wandbemalung ist zwar künstlerisch sehr schön, leider hat aber durchsickerndes Regenwasser den Fresken stark zugesetzt. Um die Eingangstür sind die Wächter der vier Himmelsrichtungen dargestellt, außerdem findet man Palden Lhamo auf ihrem Maulesel und den Gott Vajrabhairava in Umarmung mit einer Dakini.

Auf der linken Seitenwand befinden sich der rote, juwelengeschmückte Buddha des ewigen Lebens Amitayus, daneben der 11-köpfige Avalokiteshvara und Buddha Shakyamuni und schließlich die Gruppe der 16 Arhats mit dem Gründer der Gelbmützen-Schule, *Tsongkhapa,* und Buddha in ihrer Mitte.

Die rechte Seite dominieren die weiblichen Gottheiten: Die Malereien stellen die Grüne Tara und die weiße juwelengeschmückte Yum Chenmo, die Mutter aller Buddhas und Bodhisattvas, dar. Yum Chenmo hält in ihren Händen einen Donnerkeil und das Buch der Weisheit. Abschließend sind

Zanskar

die beiden Beschützer Mahakala und der stierköpfige Dharmaraja dargestellt.

Raum der Schutzgötter

Der anschließende Raum der Schutzgötter ist auch in Tongde faszinierend. Nur schwaches Licht fällt durch ein kleines Fenster auf all die geheimnisvollen Dinge hier: Die verrosteten Waffen, die Masken für die jährlichen Tanzfeste und teils kuriose Opfergaben von Gläubigen hängen an den Holzpfosten.

Zwischen Wasserschalen thront in einem mit Glücksschals und Brokat behängten Kasten auf dem Altar die Schutzgöttin von Tongde, Palden Lhamo. Im Eck wird in großen Säcken Tsampa und getrocknetes Fleisch als Wintervorrat gelagert. Aufmerksam-

keit verdienen die interessanten Statuen von Buddhas, Bodhisattvas und Heiligen neben dem Fenster. Ungewöhnlich ist die Wandbemalung, denn anstatt der üblichen farbigen Darstellung sind die Schutzgottheiten hier auf schwarzem Untergrund mit feinen Pinselstrichen aufgemalt.

Oberer Gebetsraum

Der obere Gebetsraum (Dukhang Kongma) sticht mit seiner knallroten Außenfassade schon von weitem ins Auge. Die vor etwa 90 Jahren erbaute Halle liegt ein paar Stufen oberhalb des Klosterhofes. Bis auf die Throne für den Dalai Lama und den Klosterabt, *Ngari Rinpoche,* sowie ein paar Statuen, Büchern und einem Gipschörten ist der Raum leer.

Alter Gebetsraum

Interessanter ist der älteste Raum des Klosters auf der rechten Hofseite, der Lhakhang Nyungnas. Wie der Name sagt, ziehen sich die Mönche hierher zum Beten und Fasten zurück, und entsprechend spartanisch ist der Raum eingerichtet.

Auf dem Altar steht der von Buddhas umringte Bodhisattva Avalokiteshvara, die Regale daneben füllen ein paar Holzdrucke und Schriften ehemaliger Klosteräbte. Ansonsten ist auch dieser Raum leer.

Ein Blick lohnt auf die alten Fresken an der linken Türwand. Gyalpo Pehar reitet hier, mit einem goldenen Hut auf dem Kopf, auf seinem Vehikel, dem Löwen. Daneben wachen die Hüter der vier Himmelsrichtungen.

Zangla

Das Dorf Zangla, ca. 30 km bzw. 8 Gehstunden von Padum entfernt, hat etwa 60 Häuser, eine Grund- und Mittelschule sowie ein Zentrum für Tierzucht. Bis hier ist die Straße für Jeeps ausgebaut; die Trekkingroute führt weiter ins Markha-Tal nach Ladakh hinauf.

Vom alten **Königspalast** in Zangla sind heute nur noch **Ruinen** übrig, auch ansonsten ist der Ort nicht sonderlich interessant. Lediglich die Aussicht von der auf einem Bergrücken stehenden Anlage über die weitläufige Flussebene lohnt den kurzen Aufstieg.

In der Geschichte Zanskars hat Zangla einst eine wichtige Rolle gespielt: Im 15. Jh. teilte der König *Sengge-Ide* sein kleines Königreich unter seinen beiden Söhnen auf, wobei ein Sohn Padum und der andere Zangla erhielt. Fast 400 Jahre lang, bis zum Einfall der Dogras im 19. Jahrhundert, regierten von diesem Palast die **Zangla-Könige** über die kleine Provinz. Das ehemalige Königreich erstreckte sich über die Region zwischen den Dörfern Tsasar bis nach Pigmo und zählte nur ca. 600 Einwohner.

Heute leben die Nachfahren der Königsfamilie in dem stattlichen Haus unten im Dorf. Die beiden Männer genießen immer noch großes Ansehen und werden von den Leuten respektvoll mit *Gyalpo* (König) angesprochen. Mit etwas Glück kann man sie besuchen oder im Dorf antreffen. Die Lebensgeschichte des einen Mannes ist ungewöhnlich: Über 20 Jahre lang war er Mönch, bis er seine Robe ablegte und gleich zwei Frauen heiratete. Mit seinen Gattinnen und einem ganzen Rudel kleiner tibetischer ApsoHunde führt der inzwischen ins gesetzte Alter gekommene König a. D. ein geruhsames Leben.

Sehenswertes

Nonnenkloster

Einen Besuch wert ist das Nonnenkloster auf dem Hügel gleich außerhalb der Ortschaft. Nicht viele Fremde machen sich die Mühe, dort vorbeizuschauen, dabei sind die Nonnen sehr gastfreundlich und laden den Besucher gerne auf einen Tee ein. Das Kloster scheint gut geführt, zumal oft ein Mönch aus Karsha kommt und den Nonnen Unterricht in Philosophie erteilt. Der Versammlungsraum ist vorwiegend mit zornvollen Gottheiten ausgestattet, wobei die Wandfresken auf schwarzem Untergrund mit feinen roten und goldenen Linien aufgemalt sind.

Zanskar

Gebiete mit Sonder- genehmigung

097lz Foto: jm

098lz Foto: jm

Hart ist der Weg aufs Dach der Welt

Die Zubereitung von Aprikosen will gelernt sein

Nomadenkind hütet Pashmina-Ziegen

Überblick

Seit 1993 sind einige in Richtung Tibet bzw. China und Pakistan gelegene **vorherige Sperrgebiete** für Ausländer geöffnet. China wie Pakistan hatten ihrerseits diese entsprechenden Gebiete zu Indien hin bereits Jahre vorher für ausländische Besucher freigegeben. Die indische Regierung reagierte darauf mit folgender Pressemitteilung *„Wenn sowohl China als auch Pakistan keine Angst haben, diese Gebiete Touristen zu zeigen – warum sollten wir den Fremden diese Freude vorenthalten?"*

Auch im Alltag flechten sich die Bewohner von Dha Blumen und Silberstücke ins Haar

Die Gebiete Nubra, Changtang und die indoarischen Ortschaften dürfen also mit einer Sondergenehmigung bereist werden.

Die indoarischen Ortschaften Dha-Hanu

Viele westliche Touristen sind fasziniert von Indern mit grünen oder blauen Augen und hellbraunen Haaren – obendrein dekorativ geschmückt mit Blumen, Perlen und Münzen im Haar. Die indoarischen Ortschaften Dha-Hanu waren deshalb von Beginn der Öffnung an **beliebtes touristisches Ausflugsziel.** Dass die Gegend idyllisch und malerisch ist – keine Frage, zumal durch ihre klimatische Bevorzugung hier sogar Weintrauben wach-

Foto: im 26400

sen. Da aber relativ viele Besucher zu Gast bei entsprechend wenigen Einheimischen sind, ist es kein Wunder, dass der Tourismus in diesen Dörfern seine Spuren hinterlässt.

Nubra

Die nördlich von Leh gelegene Region Nubra steht auf dem Programm vieler Individual- wie Pauschalreisen. Der Grund dafür ist einfach: Nur eine halbe Tagesreise per Jeep von Leh entfernt, liegt Nubra hinter dem welthöchsten befahrbaren Pass, dem Khardong, der bereits ein Erlebnis ist. Der „Blumengarten", wie Nubra übersetzt heißt, hat eine wesentlich üppigere Vegetation als Zentralladakh, auch stehen hier einige interessante Klöster. Schließlich gelten die Menschen als besonders herzlich und aufgeschlossen.

Changtang – das nördliche Hochland

Das Hochland liegt im Bereich der drei Seen Pangong Tso, Kartso und Tsomoriri. Changtang ist ein karges Hochplateau, das sich in Tibet über tausende Kilometer erstreckt und Wandergebiet von Nomaden ist. Ein Teil von Changtang liegt in Ladakh, wo ladakhische wie exiltibetische Nomaden leben.

Durchschnittlich liegt Changtang weit oberhalb der Vegetationsgrenze auf einer Höhe von 4500 bis 5000 m. Somit ist die Region geprägt durch Kargheit und extrem tiefe Temperaturen; selbst im Sommer kommen Schneefälle vor. Changtang liegt im Osten Ladakhs in Richtung Tibet.

Ein **Trip nach Changtang** ist anstrengend, zum einen wegen der Höhe, außerdem gibt es außer festen Zeltunterkünften praktisch keine Guest Houses. Der Besucher muss deshalb gut ausgestattet sein mit einem ordentlichen Zelt und Schlafsack, wobei das Übernachten selbst im Sommer zur einer Zitterpartie werden kann. Außerdem muss man nach Changtang seinen Proviant mitbringen. Außer am See Tsomoriri sind kaum Lebensmittel erhältlich. Trotzdem (oder gerade deshalb?) ist Changtang ein wirkliches Abenteuer in einer faszinierenden Landschaft. Achtung: Beim Buchen des Jeeps in Leh darauf achten, dass der Fahrer bzw. Guide die Gegend gut kennt und weiß, wo es unterwegs Trinkwasser gibt. Wasserfilter und Wasserkanister bzw. genügend Mineralwasser müssen mitgenommen werden.

Genehmigungen

Ausländische Touristen benötigen für die Gebiete Changtang, Nubra und Dha-Hanu eine **Sondergenehmigung vom District Magistrate's Office in Leh,** die problemlos innerhalb von ein oder zwei Tagen zu bekommen ist. Reisebüros organisieren die Permits für wenig Geld. Offiziell müssen vier Personen auf dem Genehmigungs-Formular aufgeführt werden. An den Checkposts, die unterwegs an verschiedenen Stellen die Permits kontrol-

Sondergebiete

lieren, wird aber nicht kontrolliert, wie viele Personen tatsächlich präsent sind. Viele Reisebüros füllen die Anträge mit Fotokopien fiktiver Reisepässe aus, sodass die vorgeschriebenen vier Personen auf dem Papier erscheinen. Das Permit muss aber unbedingt mitgeführt werden, ebenso der Reisepass. Ohne diese Dokumente wird man zurückgeschickt.

Derzeit werden Permits für sieben Tage ausgestellt, und in diesem Punkt sind die Checkposts penibel. Wer über diese Zeit hinaus in einer Region bleibt oder sich gar ohne Genehmigung dort aufhält, kann ziemlichen Ärger bekommen. Außerdem ist zu bedenken, dass man damit nicht nur den betroffenen Reisebüros schadet, sondern auch späteren Reisenden, wenn die Zügel für die Genehmigungen danach wieder straffer angezogen werden.

Indoarische Dörfer: Dha-Hanu

Zu den ersten vorchristlichen Einwanderern Ladakhs zählen die aus dem Westen stammenden indoarischen **Darden.** Ursprünglich indische Buddhisten, fiel es ihnen leicht, nach ihrer Sesshaftwerdung die tibetische Form des Buddhismus zu übernehmen, die sie bis heute bewahren. Zwei dieser indoarischen Dörfer können Touristen besuchen, und zwar die beiden im Distrikt Leh gelegenen Ortschaften Beema und Dha.

Traditionell vermischten sich die **Indoarier** nicht stark mit den Ladakhis, wenngleich in neuerer Zeit eine Aufweichung dieser Grenzen stattgefunden hat und die meisten Leute „typisch ladakhisch" aussehen. Natürlich ist es interessant, die eine oder andere Ladakhifrau mit hellbraunen Haaren und blauen Augen zu entdecken. Eine Besonderheit stellt der **Kopfschmuck** der indoarischen Bevölkerung dar: Die Frauen flechten sich viele Zöpfe ins Haar, das mit Wollfäden bis Taillenhöhe verlängert wird. Auf dem Kopf tragen sie aufwendig mit Münzen, Perlen und einem frischen Blumenstrauß geschmückte Käppchen. Auch die Männer pflegen diesen Brauch und stecken sich frische Blüten ins Haar. Dabei tragen sie ihre Haartracht nach alter ladakhischer Sitte: Der Vorderkopf wird kahlgeschoren, während sie den hinteren langen Schopf mit bunten Bändern flechten, wodurch das Haar bis zum Hinterteil hinabreicht.

Einige Jahrhunderte alte **Bräuche** wurden jedoch aufgegeben, so z.B. die tiefe Abneigung davor, sich zu waschen, da man früher befürchtete, durch die Körperwäsche seine Schutzgötter zu verjagen. Heute stellt man fest, dass die Leute sich ebenso waschen wie andere Ladakhis. Auch ihre Abscheu vor Kühen haben die Indoarier verloren. Traditionell galt nämlich bereits die Berührung einer Kuh als Verschmutzung, und so lehnten sie auch Milchprodukte strikt ab. Mittlerweile findet man Milchprodukte von Kühen, wenngleich Milch von Ziegen und Schafen weiter verbreitet ist.

Landläufig werden die Menschen hier **Drokpa,** „Bewohner der Weiden" genannt, vermutlich lässt diese Bezeichnung auf ihr ehemaliges Leben als Nomaden schließen. Die Drokpas sprechen eine ganz eigene, sehr alte Sprache, die weder mit Ladakhi noch anderen Sprachen irgendeine Gemeinsamkeit hat und als *Drokskad,* „die Sprache der Drokpa" oder auch *Shina* bezeichnet wird. Freilich sprechen sie auch Ladakhi.

Touristen besuchen diese Dörfer hauptsächlich wegen der Originalität ihrer Bewohner. Als Folge werden viele Privathäuser zu Gasthäusern umgestaltet, und die Einheimischen lassen sich nur noch gegen Rupien fotografieren. Ein Konflikt, den der Tourismus mitbringt, und den jeder Besucher mit sich selbst klären sollte.

Von Khalse nach Beema

Die Straße verläuft zunächst Richtung Srinagar und zweigt am Kontrollposten (Reisepass nicht vergessen!), 5 km hinter **Khalse,** nach rechts ab. Man fährt jetzt weiter, parallel zum Indus, das Tal entlang, das allmählich immer enger wird; die Ortschaften kleben hier an schier unzugänglichen Felsen. Auf den steilen Hängen wird jedes vom Wasser erreichbare Stück Land angebaut – diese Oasen wirken wie

Viel Wasser und mildes Klima machen die Region um Dha-Hanu besonders fruchtbar

Sondergebiete

ein Flickenteppich in unterschiedlichen Grüntönen.

Einen Rundgang lohnt der Ort **Domkardo;** die schönen alten, aus Stein gebauten Häuser erscheinen vorzeitlich. Das nächste größere Dorf **Skurbuchan** ist mit seinen rund 2500 Einwohnern der größte Ort im Tal. In Skurbuchan gibt es eine Hochschule und ein Krankenhaus. Hier sollte man einen Stopp einlegen, denn Skurbuchan ist idyllisch in einem fruchtbaren Hochtal gelegen, rund einen Kilometer auf der rechten Seite oberhalb der Hauptstraße. Wer dort die beiden **Zweigklöster von Lamayuru** besuchen will, benötigt etwas Puste, denn sie stehen an steilen Hängen: Das alte Kloster ist im Blickfeld am Weg angesiedelt, das neue rechts davon. Zwischen den zwei Gompas verläuft am Hang entlang ein Trampelpfad. Ein Mönch mit dem Schlüssel ist normalerweise da.

Beema ist, 35 km nach Skurbuchan gelegen, das erste der beiden indoarischen Dörfer. Hier will ein Kontrollposten die Reisepässe sehen. Obwohl in Beema einige Unterkunftsmöglichkeiten bestehen, fahren die meisten Touristen 4 km weiter bis Dha – schließlich ist es das schönere Dorf.

Dha

Der Ort Dha liegt einen Kilometer rechts oberhalb der Straße. Hier ist für Touristen Endstation; zwei Kilometer weiter weist ein Kontrollposten Ausländer ab, denn hier beginnt der Distrik Kargil. Dürfte man diese Straße

weiterfahren, würde man schließlich in der Stadt Kargil herauskommen.

Dha ist ein malerisches Dorf. Die Häuser hängen an steilen Hängen, dazwischen liegen riesengroße Granitblöcke, die von der letzten Eiszeit angeschoben worden sind. Durch die enge Schlucht direkt neben dem Ort schlängelt sich der Indus. Überall verstreut stehen Walnuss- und Aprikosenbäume, die schon Ende Juli reife Früchte tragen. Auf einer geringen Höhe von nur 2900 m und zudem in einem engen Tal gelegen, ist Dha klimatisch sehr bevorzugt. Die Bauern haben deshalb zwei Ernten im Jahr. Entsprechend wohlhabend sind die Menschen in der Region. Einzigartig im gesamten Hochhimalaya dürfte in Dha der Anbau von Weintrauben sein, die im Spätherbst gepflückt und zu Wein verarbeitet werden. Wer im Sommer kommt, hat Pech – wie richtige Ladakhis, trinken die Leute während der kalten Monate ihren Vorrat vollständig auf, denn der nächste Herbst kommt ja bestimmt ...

Zwischen Aprikosen und Steinfeldern versteckt sich hinter dem riesigen Walnussbaum das 200 Jahre alte **Dorfkloster.** Der Bau ist dreistöckig und an den Innenwänden mit schönen Fresken bemalt. Ein Mönch führt die Besucher gerne herum. Da kein Eintritt für das Kloster verlangt wird, ist eine Spende angemessen.

Erntefest

Berühmt ist das alljährliche mehrtägige Erntefest, das normalerweise im Juli stattfindet. Zu dieser Gelegenheit putzen sich die Frauen besonders prächtig heraus, indem sie ganze Blumensträuße ins Haar stecken und noch mehr Silberschmuck anlegen. Jeden Abend trifft sich während dieser Zeit das ganze Dorf nach Sonnenuntergang unter dem großen Walnussbaum, es wird die halbe Nacht getanzt und gesungen – und natürlich fließt genügend Chang.

Anreise

● Ab Leh verkehren täglich **Busse** nach Dha; die Straße ist in Ordnung, doch die Fahrt dauert rund 10 Stunden. Einen **Jeep** muss man also nicht unbedingt haben, er ist aber dennoch von Vorteil: Nach der Abzweigung bei Khalse ins Tal bis Dha liegen einige Ortschaften, die einen Besuch wert sind. Wer

aber Geld sparen möchte und genug Zeit hat, kann dort bei Einheimischen übernachten und am nächsten Tag in den Bus nach Dha einsteigen. Auch wer individuell unterwegs ist, darf natürlich nicht vergessen, vorher im Reisebüro seine **Genehmigung** für den Besuch der indoarischen Dörfer zu besorgen!

● Von Westen aus Kargil oder Alchi kommend, lässt sich ein zweitägiger Abstecher nach **Dha-Hanu** einbauen.

Unterkunft

● In Dha Hanu haben mehrere kleine **Guest Houses** eröffnet, wie das Skybapa Guest House und das Chunnu Guest House, doch nehmen auch **Privatleute** Besucher gegen Bezahlung auf.

● Teuer ist das **Tourist Dept. Camping** in Beema (1800 Rp. inkl. Essen). Daneben gibt es einige private Zeltplätze, die wesentlich weniger kosten.

Nubra

Nubra, nördlich von Leh hinter dem Khardong-Pass gelegen, ist einen Besuch wert, denn der ursprüngliche Name dieser Region, *Ldum-ra*, bedeutet übersetzt Blumengarten, und diese Bezeichnung ist durchaus wörtlich zu nehmen. Nubra ist viel grüner als Zentralladakh, und die **üppigen Oasen entlang des Nubraflusses** sind fast waldartig dicht von Pappeln, Weiden, Rosenbäumen, Sanddorn und Tamarisken bewachsen. Reizvoller Kontrast zwischen weißen, weichen Sanddünen im weitflächigen Zusammenfluss von Nubra und Shyok gegen die schroffen farbigen Berge im Hintergrund, deren Gipfel noch im Frühsommer schneebedeckt sind.

Sondergebiete

Für einen **Besuch in Nubra** sind vier Tage einzuplanen. Mehrere Dörfer mit interessanten Klöstern können besichtigt werden, für die man sich Zeit lassen sollte. Die Menschen sind aufgeschlossen, fröhlich und etwas leichtlebiger als in anderen Teilen Ladakhs. Die Einheimischen finden, dass die Männer und Frauen von Nubra die besten Tänzer und Sänger Ladakhs sind – wer einmal ein Fest hier miterlebt, kann sich selbst davon überzeugen.

An der Karawanenstraße zwischen Leh und Zentralasien gelegen, hat Nubra seit alters die Aufmerksamkeit von Eroberern auf sich gelenkt; bis in jüngste Zeit zogen Karawanen von Yarkand durch Nubra, um Edelstoffe

Traditionsbewusst: Bäuerin in Dha

103lz: Fotos: jm

wie Wolle, Borax, Salz, Gold und Brokat gegen Safran und Gemüse aus dem Punjab zu tauschen.

Zwei Karawanenrouten führten von Leh nach Nubra: Eine verlief direkt über den Khardong-Pass, die andere führte ab dem Dorf Sabu über den Digar Pass. Beide Wege enden in Nubra in dem Dorf Khalsar linker Hand des Shyokflusses. Ein Überbleibsel aus vergangenen Zeiten sind die zweihöckrigen Kamele (Bactrian camels), von denen heute noch ca. 90 im Nubratal leben. Zwar sind diese ehemaligen Karawanentiere arbeitslos, seit die Grenze zu China geschlossen wurde, einige Ladakhis haben sich von ihren Wüstenschiffen aber nicht getrennt. Als Zusatzeinkommen bieten sie für Touristen kurze Kamel-Ausritte über die Sanddüne bei Hundar an (siehe dort).

Nubra ist gesäumt von Karakorum, Saltoro Range (zwischen Nubra und Shyok und Ladakh Range) und der westlichen Himalayakette. **Geografie und Vegetation** werden bestimmt von zwei Flüssen: dem Shyok und dem Nubra.

Von Leh kommend, erreicht man hinter dem Khardongpass bei der Ortschaft Khalsar das Shyoktal. Der **Shyok** entspringt im Karakorum in den Khomdan-Gletschern; damit ist er ein wichtiger Zufluss des Indusflusses. Er wird von den Menschen gefürchtet wegen seiner immensen Gewalt: Regelmäßig überflutet er die Ufer, zerstört Häuser und Felder, deshalb ist der Shyok ebenso wenig für die Bewässerung der Felder geeignet wie der Indus. Die Äcker werden stattdessen von den Gletscherbächen, die besonders im Frühsommer ausreichend Wasser führen, bewässert.

Der Hauptsiedlungsraum von Nubra liegt am **Nubra-Fluss,** wo auch die meisten Ortschaften angesiedelt sind. Der Nubrafluss ist ein riesiger Zubringer des Shyok. An ihrem Zusammenfluss bedeckt ein Meer weißer Sanddünen das 10 Kilometer breite Tal.

Khardong-Pass

Die einzige Teerstraße nach Nubra führt über den berühmten Khardong-Pass, der mit 5606 m der höchste befahrbare Pass der Welt ist – auf fast doppelter Höhe der Zugspitze! Selbst im Juli sind die umgebenden Berge noch schneebedeckt. Da Nubra auf dem Weg zum strategisch wichtigen Siachen-Gletscher an der pakistanischen Grenze liegt, wird die Straße den Großteil des Jahres geräumt.

Die Passhöhe liegt 39 km von Leh entfernt. Schon die Fahrt über Serpentinen zum Pass hoch ist ein Erlebnis; Leh erscheint von oben in der Größe eines Spielzeugdorfes. Unterwegs passiert man das Dorf Ganglas. Am Mililtärposten South Pullu, 14 km vor der Passhöhe, werden Genehmigungen und Reisepässe kontrolliert. Sobald die Passhöhe überquert ist, liegt auf der anderen Seite bereits Nubra. Auf der Nordseite ist die Straße nicht

Reizvolle Kontraste
von Wüste und Schneegipfeln

104z Foto: jm

Sondergebiete

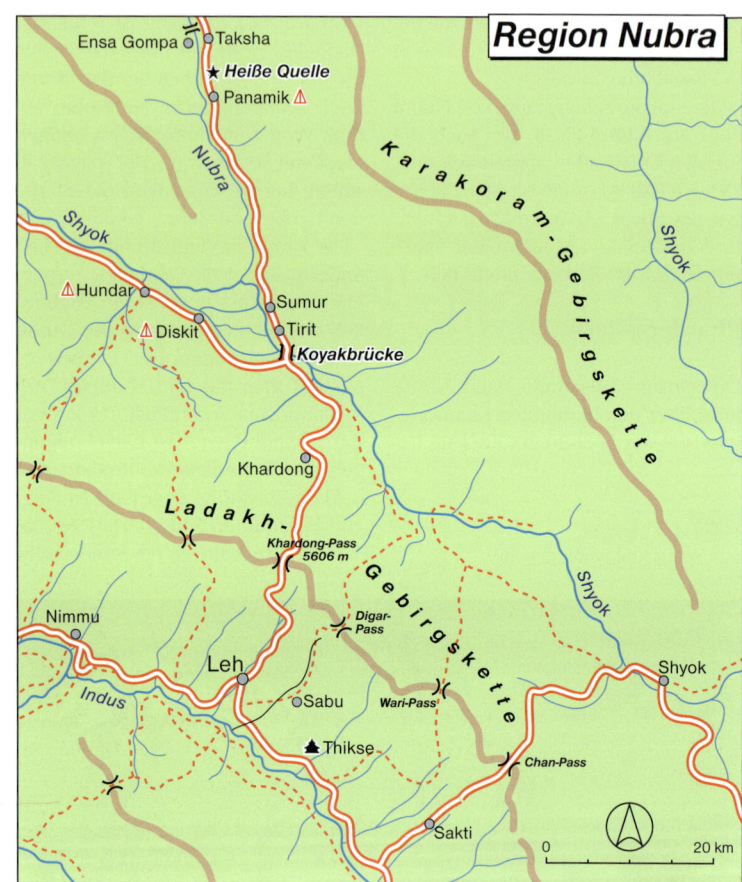

Region Nubra

Ensa Gompa · Taksha
★ *Heiße Quelle*
· Panamik ⚠

Nubra

Shyok

⚠ Hundar · Sumur
⚠ Diskit · Tirit
| Koyakbrücke

Karakoram-Gebirgskette

Shyok

Khardong

Ladakh-

Khardong-Pass
5606 m

Digar-Pass

Nimmu

Leh · Sabu · *Wari-Pass*

Gebirgskette

Shyok

▲ Thikse

Chan-Pass

Indus

Sakti

0   20 km

asphaltiert bis **North Pullu,** wo nochmals eine Kontrolle stattfindet.

23 km nach dem Pass steht das Dorf
Khalsar. Ab hier verläuft die Straße
parallel zum Sheyokfluss. Kurz nach
Khalsar bei der Koyakbrücke muss
man sich an der Straßenabzweigung
entscheiden, wohin man zuerst fährt –
nach Hundar oder Richtung Panamik.

Hundar

30 km nach der Koyakbrücke liegt die
Oase Hundar. Mit rund 200 Häusern
und 1000 Einwohnern ist Hundar das
größte Dorf Nubras – und zweifelsoh-
ne auch das schönste. Von den Bergen bricht der Hundarfluss tosend ins
Tal herab, um sich im Ort in kleine

Kanäle zu verzweigen, die der Bewässerung dienen. Im Sommer gedeiht das Blattwerk der Apfel- und Aprikosenbäume so üppig, dass die Häuser Hundars kaum noch zu sehen sind.

Drei Gompas gibt es in Hundar: Das **Kloster an der Straße** ist ungefähr 550 Jahre alt; spirituell untersteht es dem Hauptkloster von Thikse und wird heute von zwei Mönchen des nahe gelegenen Diskitklosters betreut. Die beiden Mönche sind tagsüber oft nicht da, am Besten versucht man frühmorgens oder am späten Nachmittag sein Glück.

Im Tempelraum stehen eine große Statue des Buddhas der Zukunft, Maitreya (auf Ladakhi: *Chamba*) und eine Statue des 1000-armigen Avalokiteshvara. Dutzende in leuchtendem Weiß angemalte Chörten stehen um das Kloster verstreut. Sehenswert ist vor allem die wunderschöne **Manimauer** an der Brücke auf der anderen Straßenseite. Derart fein gravierte und blank polierte Manitafeln sind in Zentralladakh nirgendwo zu finden – es versteht sich von selbst, dass die Täfelchen natürlich kein „Souvenir" zum Mitnehmen sind.

Zwei **kleine verlassene Tempel** stehen auf dem Berghang oberhalb dieser Gompa. Zwar sind die Gompas selbst nichts Besonders, doch allein der Ausblick auf Hundar und die farbige Bergwelt sind den kurzen Aufstieg wert. Im vorderen weißen Tempelchen steht eine Statue von Buddha Shakyamuni; der hintere rote Tempel birgt – wie die große Gompa an der Straße – einen Buddha Maitreya.

Einige Schätze beherbergt das **Haus der ehemaligen Königsfamilie von Nubra,** der Zimkhang. Es liegt unterhalb des großen Klosters. Das heruntergekommene Gebäude lässt bereits durch seine aufwendigen Holzschnitzereien an den Fassaden vergangenen Reichtum erahnen; innnen jedoch beherbergt es erstaunliche Kleinode. Neben interessanten Wandmalereien sollte man unbedingt die beiden mit kostbaren Statuen ausgestatteten Tempelräume ansehen. Von dem großen Buddha im Hauptraum sagt man, dass er weint – und bei genauem Hinblicken sieht der Buddha wirklich betrübt drein. Nach einer Legende rührt seine Trauer daher, dass einmal der tosende Hundarfluss so viel Hochwasser mitbrachte, dass er über die Ufer trat und viele Häuser, Äcker und Obstgärten zerstörte.

Mönche, die das Haus verwalten und auch hier wohnen, haben die Schlüssel für alle Räume. Also bitte nicht durch die offenen Gemäuer einsteigen und das Haus auf eigene Faust erkunden.

Wer schon immer mal auf einem **Kamel reiten** wollte, kann dies in der Sanddüne zwischen Diskit und Hundar tun. 15 Minuten kosten 250 Rp., 30 Minuten 350 Rp. Diese „Camel Rides" sind wärmstens zu empfehlen, weil sie die Dorfbewohner finanziell unterstützen und es einfach einen Riesenspaß macht, eine Weile auf dem Rücken dieser geduldigen Geschöpfe gemächlich durch die Gegend zu schaukeln. Normalerweise warten die Kamele samt Besitzer in einem kleinen

Sondergebiete

Hain mit Dornbüschen nahe Hundar auf Kundschaft.

Unterkunft

- **Snow Leopard Guest House,** Tel. 22 10 97. Acht Zimmer zwischen 200 und 300 Rp.
- **Nubra Organic Retreat,** Tel. 22 10 70, mit Super Deluxe Camping und Guest House; schön gelegen, gepflegt und sauber.
- **Chamba Deluxe Camp,** Tel. 22 11 40. Ein Deluxe-Zelt für zwei Personen kostet 2700 Rp., inklusive Vollpension.
- Schwierig zu finden inmitten einem Gewirr von Gassen ist das **Moonland Guest House,** bei Einheimischen bekannt unter dem Namen **Nerchung Pa Guest House.** Das Guest House hat eine freundliche Atmosphäre, einen schönen Garten und kostet 200 Rp. pro Zimmer.

Hundar – einer der schönsten Orte im Nubra-Tal

- **Milky Way Guest House,** Tel. 22 10 41. Neu, relativ klein und gemütlich und mit nettem Garten. Zimmer kosten zwischen 100 und 300 Rp.
- Auf einigen **Campingplätzen** kann man sein Zelt aufstellen. Ein gut ausgestattetes, teures Zeltcamp befindet sich im oben beschriebenen Garten der königlichen Familie (1600 Rp.).
- Ganz neu gebaut ist das einzige richtige Hotel am Platz, das **Karma Inn,** Tel. 22 10 42, Zimmerpreise um 2500 Rp.

Diskit

Obwohl Hundar das größte Dorf Nubras ist, liegt das Verwaltungszentrum der Region in Diskit. Das **Kloster von Diskit** ist mit seinen 80 Mönchen das wichtigste und mit einem Alter von 570 Jahren zugleich das älteste Kloster

Nubras. Es untersteht dem Hauptkloster Thikse – mit einem Blick auf die Klosteranlage am Hügel lassen sich etliche Parallelen zum Mutterkloster erkennen. Ästhetische Kunstwerke entdeckt man, wie in Hundar, auf den Manimauern zum Kloster hoch. Viele Täfelchen zeigen aufwendig eingravierte Skizzen, Ornamente und Segenssprüche.

Berühmt ist jedoch der **Tempel der Schutzgottheiten** (Gonkhang) von Diskit. Die Statue des Schutzgottes Mahakala ist nämlich weiß, anstatt üblicherweise schwarz oder dunkelblau angemalt. Entsprechend heißt sie *Gonpo Karpo* (Gonkar) – weißer König. Mahakala steht im rechten hinteren Eck des beeindruckenden Raumes. Bekannt ist er nicht nur wegen seiner weißen Farbe. Vielmehr lassen ein Menschenschädel und Armknochen, die auf Mahakalas Schoß liegen, der Fantasie Flügel wachsen.

Um die Herkunft dieser Skeletteile ranken sich viele **Legenden.** Eine der beliebtesten ist folgende: Als die Mongolen einst auf einem Feldzug durch Ladakh streiften, erreichte das Heer schließlich das Kloster von Diskit. Gerade war der Heerführer im Begriff, die Statuen in diesem Raumes zu zerstören, als er plötzlich tot umfiel. Nach der Devise „Wenn der Führer tot ist, ist das Heer geschlagen", zogen sich die Soldaten umgehend zurück. Nach der gewonnenen Schlacht warfen die Mönche den Leichnam des Heerführers aus dem Tempel. Am nächsten Morgen jedoch fanden sie seinen Kopf und die Arme auf dem Schoße des Mahakala. Sooft sie die Skeletteile auch wieder hinauswarfen – sie begannen zu bluten, sobald die Mönche sie nur berührten und kehrten wie durch Magie sofort wieder zu Mahakala zurück. Und dort liegen sie noch heute ...

Eine andere Geschichte ist profaner: Danach soll sich ein Mann aus Zentralasien fälschlicherweise als Besitzer des Grundstückes ausgegeben haben, auf dem das Kloster heute steht. Als Strafe für seine Lüge wurde er getötet, und die Skeletteile hat man in diesem Tempel der Schutzgottheiten aufbewahrt.

Immer schon war **Wasser** eine besondere Kostbarkeit für die Mönche hier. Der Grund: Das Kloster liegt auf der Spitze einer schwindelerregenden Steilwand hoch über einem wilden Bach, der bis vor kurzem die einzig erreichbare Wasserquelle für die Bewohner war. Den abenteuerlich-halsbrecherischen Trampelpfad in der Felswand zum Bach sollte man gesehen haben. Im Winter, wenn der Bach gefroren ist, mussten die Mönche dort hinablaufen, um in Kübeln das kostbare Nass hochzutragen. Während des Sommers zogen sie über eine Seilwinde die Wassereimer zum Kloster hinauf. Erst seit wenigen Jahren gibt es eine Wasserleitung und im Kloster fließendes Wasser. In Deskit wird eine überdimensionale **Maitreya-Statue** errichtet und daneben ein Tempel für den Dalai Lama.

Im Jahr 2004 öffnete die neue Klosterschule, in der 60 Kinder unterrichtet werden.

Sondergebiete

160 Jahren ein relativ junges Kloster. Sieben Räume können in diesem großen Komplex besichtigt werden, darunter eine beeindruckende Sammlung von Thankas und hervorragende Wandmalereien. Wie Rizong ist auch dieses Kloster offensichtlich gut geführt – die Mönche sind freundlich, und die Tempelräume sauber und ordentlich aufgeräumt. Spirituelles Oberhaupt ist der allseits respektierte Abt des Rizong-Klosters, *Shas Rinpoche*. Das Kloster liegt unauffällig zwischen Wiesen und Bäumen etwas außerhalb des Ortes und ist somit ein guter meditativer Rückzugsort für die etwa 50 hier lebenden Mönche.

Im Erdgeschoss auf der rechten Seite ist der alte, links der neue Versammlungsraum untergebracht. Etwas ungewöhnlich ist, dass im Gonkhang die Figuren der zornvollen Schutzgötter hinter Glas stehen; nur einmal pro Jahr werden sie während einer einwöchigen Zeremonie enthüllt.

Der Ort Sumur ist eines der größeren Dörfer im Nubratal. Ein Besuch lohnt sich! Schön ist ein Spaziergang durch die verwinkelten Gassen und an kleinen Bächen entlang zum oberhalb der Ortschaft gelegenen Kloster. Man muss sich durchfragen.

Unterkunft

● **Olthang Guest House,** Tel. 22 00 25. Sechs von 14 Zimmern mit eigenem Bad. Sie kosten 200 bis 250 Rp. mit Gemeinschaftsbad, 300 bis 400 Rp. mit eigenem Bad.
● In der gleichen Kategorie mit ebenfalls großen Zimmern und einem einladenden Garten liegt das **Sanddune Guest House,** Tel. 22 00 22. Es wird von netten Leuten geführt. Zentrale Lage.
● Passabel ist das **Sunrise Guest House** für 200 Rp. mit Gemeinschaftsbad. Es liegt rechts unterhalb der Manimauer.
● **Thachungtse Guest House,** Tel. 22 00 02, nahe dem SD Hospital, verfügt über fünf Doppelzimmer mit Gemeinschaftsbad: 150–200 Rp.
● In Klosternähe liegt das **Khangsar Guest House,** Tel. 22 20 14. Zimmer mit Gemeinschaftsbad kosten 150 Rp.

Sumur

Die **Samtanling Gompa** ist ein Tochterkloster von Rizong und mit seinen

Unterkunft

● Ein paar Zimmer bieten nette Hausleute im **Stakrey Guest House** an. Einzelzimmer kosten 200 Rp., Doppelzimmer 400 Rp., jeweils mit Frühstück und Abendessen.
● Ein bisschen außerhalb, im Dorf Tiger, gibt es ein Luxus-Zeltcamp, das **Lharimo North Camp.** Ein Doppelbett im Zelt inklusive Vollpension ist für 2000 Rp. zu haben, Singles zahlen 1650 Rp.

An einen steilen Berghang geklebt: das Kloster Diskit

● Mit 1000–1750 Rp. ist das an der Straße zur Gompa gelegene **Hotel Yarab Tso** zwar reichlich überteuert, dafür sind die Zimmer groß, sauber und haben Bad mit heißer Dusche inklusive Vollpension.

● Das **Tashi Kangsar Guest House** bietet Zimmer für 150 Rp. an, auch Camping ist möglich.

● Das **Saser Guesthouse** mit Blick auf den Schneeberg Saser ist sehr sauber und kostet 250 Rp. pro Nacht. Es ist im Besitz eines freundlichen jungen Ehepaares.

Panamik

Folgt man der Straße entlang des Nubraflusses, liegen die Ortschaften aufgereiht überall dort, wo von den Bergen Gletscherbäche herunter fließen.

Schließlich gelangt man auf der asphaltierten Straße nach Panamik. Hier kommen am südlichen Ortseingang **heiße Quellen** aus der Erde, die berühmt sind für ihre Heilkraft bei Krankheiten wie Verdauungsproblemen, Kopfschmerzen, Hautausschlägen und Rheuma. Selbst Kranke aus Zentralladakh kommen nach Panamik, um heiße Bäder zu nehmen. Leider ist die Badeanlage ziemlich heruntergekommen, und das Heilwasser ist eine Schmutzbrühe, weil die Army die Anlage als Waschplatz benutzt. Die heißen Quellen lohnen somit den Abstecher nach Panamik nicht. Allerdings führt von hier ein netter **Tagesausflug zur Ensa-Gompa,** schräg gegenüber auf der anderen Seite des Nubraflusses am Hang gelegen. Um zur Ensa-Gompa zu gelangen, fährt man die rund 5 km bis zum Dorf Taksha. In Taksha wird die Brücke überquert, und man läuft auf der Straße den Fluss entlang. Von der Straße aus führen schließlich mehrere schmale, steil abfallende Pfade zur Gompa hoch, man sollte für die Tour also gut zu Fuß und schwindelfrei sein. Insgesamt dauert die Wanderung von der Brücke bis zur Gompa rund drei Stunden.

Die Ensa-Gompa ist ein einsamer Ort, der von einem Mönch betreut wird. Zu besichtigen ist ein schätzungsweise 800 Jahre alter **Lhakhang** mit sehr guten Wandmalereien, der allerdings seit vielen Jahren eine Dauerbaustelle ist. Am Besten man fragt bereits in Taksha, ob sich dieser Mönch gerade im Ort befindet, denn er trägt den Schlüssel bei sich. Sollte man an der Gompa vor verschlossener Tür stehen, war der Ausflug trotzdem nicht umsonst. Der Platz, umgeben von einem kleinen Wald und mit herrlichem Blick aufs Tal, hat eine besondere Atmosphäre!

Derzeit ist keine Sondergenehmigung erforderlich für den Besuch der Ensa Gompa; das Sperrgebiet beginnt erst bei Hargam, wo 2006 eine neue Brücke errichtet wurde.

Anreise　　　　

● Von Leh fahren **öffentliche** Busse mehrmals die Woche nach Nubra, und zwar in die Dörfer Diskit, Tirit und Panamik. Der Bus fährt jeweils frühmorgens in Leh ab, das Ticket muss man allerdings vorher am New Bus Stand kaufen. Frühzeitig da sein, weil die Fahrkarten schnell ausverkauft sind! Die Reise dauert einen ganzen Tag, und der Bus ist meistens brechend voll. Nicht immer bekommt man einen Sitzplatz. Innerhalb Nubras fahren zwischen den einzelnen Ortschaften zwar Busse, allerdings unregelmäßig

und ziemlich selten. Entsprechend sind die Busse sehr voll. Der Verkehr beschränkt sich weitgehend auf **Militärfahrzeuge** und **LKW** der Straßenarbeiter. Wer genug Zeit und Lust hat, kann Nubra zu **Fuß** erkunden. Die Entfernung zwischen den Dörfern liegt im Bereich einiger Gehstunden. Es gibt eine Busverbindung zwischen Panamik und Diskit. Panamik – Diskit: Abfahrt 8.30 Uhr. Diskit – Panamik: Abfahrt 16 Uhr, täglich außer sonntags.

• Ansonsten empfiehlt sich für die Nubra-Tour, wie auch für Changtang, einen **Jeep** zu mieten. Der Jeep nach Nubra kostet für drei Tage rund 8500 Rp. Häufig werden die Fahrzeuge, Jeeps wie Busse, lange am Kontrollposten auf dem Kardung-La aufgehalten, wenn militärische Konvoys erwartet werden. In der extrem dünnen Luft kann diese Zwangspause sehr unangenehm werden.

• Zeitweise wird für einen Besuch der Ensa-Gompa eine **Sondergenehmigung** benötigt. Aktuelle Situation in Leh erfragen.

Unterkunft

• Das **Silk Route Guest House** kostet 200 Rp. pro Zimmer.

Eine weite Flussebene prägt
die Landschaft des Nubratals

• Empfehlenswert ist das **Hot Spring Guest House**. Zimmer zwischen 200 und 400 Rp.
• Für 50 Rp. kann man sein Zelt am **Rimo North Camp Site** aufstellen.

Treks nach Nubra

• Zwei **Trekkingtouren** führen von Zentralladakh ins Nubratal; eine Tour startet in Sakti, die andere in Ganglas, nördlich von Leh. Beide Touren entsprechen mittlerem Schwierigkeitsgrad. Die beliebtere und frequentiertere ist der 9-Tages-Trek ab Sakti, auch weil man unterwegs Ortschaften in Nubra passiert:

Von Sakti bis Diskit

1. Tag: Sakti bis Camp Pulu (4–5 Stunden)
2. Tag: Pulu nach Babley über den Wari-Pass (6–7 Stunden)
3. Tag: Babley nach Tangyar (4–5 Stunden)
4. Tag: Tangyar nach Aggiam (5 Stunden)
5. Tag: Aggiam nach Rongjok (7–8 Stunden)
6. Tag: Rongjok nach Khalsar (3 Stunden)
7. Tag: Khalsar nach Tirit (5 Stunden)
8. Tag: Aufenthalt in Tirit, um die Orte Sumur und Panamik zu besuchen
9. Tag: Tirit nach Diskit/Hundar

Im Anschluss daran kann man in fünf Tagen bis Phiyang nach Zentralladakh zurücklaufen.

Changtang

Wer bisher nur Zentralladakh besucht hat, könnte in Changtang das Gefühl bekommen, in einem völlig anderem Land zu sein. Auf einer Durchschnittshöhe von rund 4500 m, und damit oberhalb der Vegetationsgrenze gelegen, ist Changtang die Heimat der **Nomaden.** Bis heute leben die Nomaden mit ihren Schafen, Yaks, Ziegen und Pferden weitgehend autark mit ganz eigener Sozialstruktur. Ziegen und Schafe liefern die begehrte und teure Paschminawolle. Das Hauptgebiet Changtangs liegt in Tibet, wo knapp eine halbe Millionen Nomaden lebt; nur die westlichen Ausläufer des Hochplateaus gehören zu Ladakh.

Von den Jeeppisten aus wird man wenig vom Nomadenleben mitbekommen, denn die Zelte stehen meist in den Seitentälern; außerdem ziehen die Nomaden während der Sommermonate zwischen den Weideplätzen umher und wechseln immer wieder ihre Standorte.

Mit etwas Glück stößt man dennoch auf einen Lagerplatz. Der Besuch eines der Zelte ist ein Erlebnis. Die Nomaden freuen sich ehrlich über Gäste, die ihnen etwas Abwechslung bringen. Vielleicht bekommt man ein Glas frische Buttermilch von Yak oder Ziege zu trinken. Allerdings ist die Visite eines Nomadenzeltes eine Herausforderung an unsere herkömmliche Vorstellung von Sauberkeit.

Drei **Seen** (tso) in Changtang dürfen Touristen besuchen: Die landschaftlich wunderschön gelegenen Seen Tsomoriri und Tsokar, die von Zentral-Ladakh aus über Upshi erreichbar sind. In dieser Region verkehrt – im Gegensatz zum Pangong Tso – kaum Militär, die Gegend hier ist weltverlassen.

Wer einen Blick nach Tibet werfen möchte, kann von Sakti aus über den Chan-Pass zum **Pangong-Tso** fahren. Weil der See direkt an der Grenze liegt, ist die Bewegungsfreiheit wegen des vielen Militärs stark eingeschränkt.

Der Besuch aller drei Seen dauert nimmt ca. eine Woche in Anspruch. Für den Rundtrip ist ein **Jeep** nötig, da

keine öffentlichen Verbindungen existieren. Nachteil der Jeeptour: Mit rund 500–600 € geht der Ausflug ziemlich ins Geld.

Für den Besuch der Seen empfiehlt sich folgendes Programm:

1. Tag: Leh – Upshi – Tsomoriri
2. Tag: Tsomoriri
3. Tag: Tsomoriri – Tsokar
4. Tag: Tsokar – Sakti
5. Tag: Sakti – Pangong-Tso
6. Tag: Pangong-Tso – Leh

Wer nicht ausreichend Zeit hat, sollte sich auf den Besuch der beiden Seen Tsomoriri und Tsokar beschränken. Die Tour führt zum Tsomoriri und Tsokar und von dort unterhalb des Taklang-Passes auf die Hauptstraße Manali – Leh zurück.

Sondergebiete

Der Tsomoriri-See
im Hochland der Nomaden

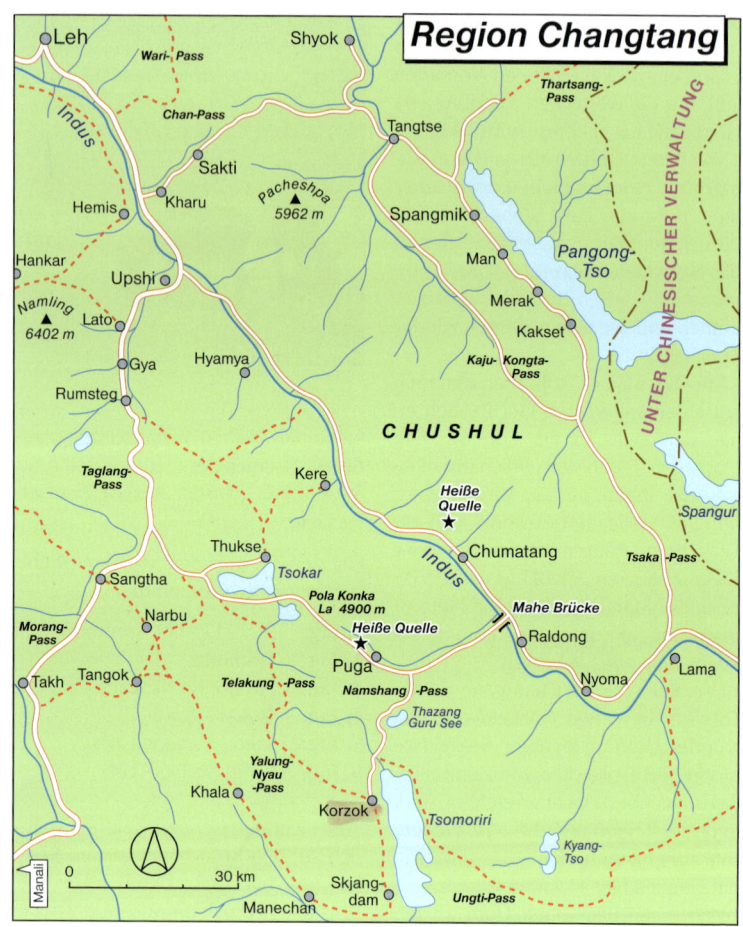

Tsomoriri

Der **Weg** zum See Tsomoriri führt zunächst auf der Hauptstraße Richtung Manali bis **Upshi,** wo ein Kontrollposten Genehmigung und Pässe sehen will. In Upshi biegt man von dieser Straße ab und fährt entlang des Indusflusses nach Chumatang. Wegen der starken Militärpräsenz in dieser Region ist die Straße gut ausgebaut.

Chumatang ist bekannt für seine heißen Quellen. Jedoch sind die Badeanlagen ebenso wenig einladend wie der Ort selbst. Wer zu spät von Leh aufgebrochen ist, findet hier – vier Fahrstunden von Leh entfernt – am Ufer des Indus gute Plätze zum Campieren.

Ein Stück weiter, an der Mahebrücke (bis hierher fährt der öffentliche Bus) steht wieder ein Kontrollposten. Hier verlässt man den Indus, die Straße führt nun ein Tal hoch. Allmählich wird die Vegetation spärlicher, am Bach leben viele Murmeltiere. Bis jetzt ist die Strecke bis kurz hinter den Namshang-Pass geteert, danach beginnt die **Schotterpiste.** Nahe der Baumgrenze, 14 km nach der Mahebrücke, liegt rechter Hand der Ort **Puga.** Von Puga sind es noch 43 km bis zum See Tsomoriri. Zwischen schneebedeckten Gipfeln liegt rund 15 Kilometer nach Puga der See **Thazang Guru.** Um den See leben Nomaden mit ihren Herden. Rund 20 km nach Thazang Guru endlich taucht der stahlblaue **Tsomoriri** auf. Die Fahrt per Jeep von Leh hierher dauert rund acht Stunden.

Am besten, man fährt das kurze Stück weiter bis **Korzok.** Nahe beim See haben Reiseveranstalter Zwei-Personen-Zelte aufgestellt, für die sie allerdings astronomische Preise von mindestens 1000 Rp. verlangen. Besser ist es, das eigene Zelt dabei zu haben.

Auf 4520 m Höhe liegt der **See** inmitten einer vegetationslosen Mondlandschaft am vermeintlichen Ende der Welt. Gesteine unterschiedlichster Farben verleihen der Bergwelt hier eine bizarre Wirkung.

Die Form des 35 km langen und maximal 8 Kilometer breiten Tsomoriri-Sees gleicht einer gebogenen Sichel. Die völlige Ruhe wird nur unterbrochem vom Gekreisch der Kraniche, Enten und Möwen. Das Seeufer ist bevölkert von Myriaden kleiner Mücken, die aber nicht stechen.

Zum Namen von Tsomoriri erzählen Einheimische folgende Legende: An einem bitterkalten Wintertag lief eine Mädchen namens *Tsomo* mit ihrem Yak über die vereiste Seefläche. Als sie mitten auf dem See angelangt waren, fiel das Yak in eine Spalte im Eis. In Angst und Sorge lockte Tsomo ihr Yak, wie es in Ladakh üblich ist, mit den Worten *„riri riri"* zu sich – natürlich vergebens.

Das einzige Dorf am See, **Korzok,** gibt ein tristes Bild ab. Am äußersten Rand der Vegetationsgrenze gelegen, leben die Menschen hier sehr bescheiden, indem sie ihren wenigen Feldern ein bisschen Gemüse abringen; die Ziege und Schafe zupfen sommers die kärglichen Grasbüschel in der Umgebung ab. Ärmlich erscheinen Menschen und Häuser, Alkoholismus ist ein Problem, und es findet ein heftiger, unkoordinierter Bauboom statt. LKW aus Leh versorgen die Bewohner mit staatlich subventionierten Grundnahrungsmitteln.

Verwahrlost präsentiert sich auch der **Dorftempel,** allerdings birgt er einige Schönheiten: Eine Figur des Buddha Shakyamuni ziert das Tempelinnere, beachtlich ist auch die Sammlung wertvoller Thankas, Statuen und Stupas. Die Anlage stammt aus dem 16. Jahrhundert und gehört dem Drukpa-Kargyüpa-Orden an. Eine wirkliche

Sondergebiete

Attraktion jedoch ist die wunderbare **Chörtenanlage** neben dem Tempel. Auf der Manimauer finden sich viele exquisite Manisteine. Spektakulär ist der Blick auf den See hinab.

Anreise

● Es gibt wöchentlich einen Bus von Leh nach Korzok. Außerdem fährt zweimal pro Woche ein **Regierungsbus** von Leh **zur Mahebrücke.** Ab hier sind es noch 67 km bis Tsomoriri, und die Wahrscheinlichkeit, eine Mitfahrgelegenheit zu bekommen, ist minimal. Deshalb sollte eine Changtang-Tour unbedingt per **Jeep** unternommen werden. Andernfalls muss man die Stiefel schnüren und **zu Fuß** gehen – was angesichts der landschaftlichen Schönheit sicher erwägenswert ist.

Unterkunft

● Das **Zelt** ein Stück vom Ufer entfernt aufstellen, damit die Vögel nicht gestört werden.
● Wegen seiner extremen Höhenlage werden am See selbst im Juli die Nächte empfindlich kalt, sodass man nach Sonnenuntergang gerne ins Zelt kriecht. Ein entsprechend guter **Schlafsack** und **warme Kleidung** sind deshalb ein unbedingtes Muss.
● Agenturen vermieten **fest installierte Zelte** am Tsomoriri. Informationen in Reisebüros in Leh.
● Am Tsomoriri stehen einige **Zeltrestaurants,** wo einfaches Essen wie Magginudeln und Reis zu bekommen ist.

Trekking

● In den Gegenden um den Tsomoriri und Tsokar gibt es einige interessante und für Touristen erlaubte Treks. Doch sollte man diese Touren **über ein lokales Reisebüro mit einem erfahrenen Guide** unternehmen!

Angesichts der extremen Höhe im Changtang ist zu erwägen, anstatt die gesamte Strecke zu laufen, **Reitpferde** dabei zu haben. Im Reisebüro extra darauf hinweisen, dass man Reitpferde will, da die üblichen Pferde nur Lasten transportieren. Auch ungeübte Reiter können sich auf ein Pferd wagen, sie laufen nur im Schritttempo. Man sollte auf einen gut gepolsterten Sattel bestehen. Wenn man nicht alles zu Fuß gehen braucht, bleibt noch Puste, um die Landschaft in vollen Zügen zu genießen. Auskunft über aktuell genehmigte Trekkingrouten geben die Agenturen in Leh.

Tsokar

Ab Puga verläuft eine Straße über den 4900 m hohen **Pola-Konka-Pass** zum 43 km entfernten Tsokar (4540 m), dem „weißen See". Die Fahrt Korzok – Tsokar dauert per Jeep etwa 4 Stunden. Tsokar ist ein verbrackter **Salzsee,** an dessen Ufern bis vor kurzem Speisesalz abgebaut wurde. Zwar liegen heute noch Salzhügel am See, aber der Abbau scheint eingestellt zu sein. Im Nordwesten liegt ein großer Zeltplatz. In dem Nomadendorf Thukse, das etwa 4 km vom Tsokar entfernt liegt, steht eine kleine Gompa.

Pangong-See

Geschichte

Zweimal war der Pangong-See wichtiger Schauplatz neuerer asiatischer Politik: Als **1959,** nach der chinesischen Invasion in Lhasa, tausende Tibeter nach Indien flohen, haben viele Flüchtlinge ihre Route entlang dieses Sees gewählt. Drei Jahre später griffen chinesische Soldaten hier indische Truppen an; ein Teil des Pangong-Sees, der damals noch ganz zu China gehört hatte, fiel nun Indien zu. Dagegen hält China den während dieses **Krieges** eingenommenen Teil der Aksai-Chin Region bis heute besetzt.

Nach diesem Ereignis stationierte die **indische Armee** Kompanien am dem grenznahen Kontrollposten Chushul an der Ostseite des Pangong-Sees. Doch inzwischen haben durch das chinesisch-indische Tauwetter der letzten Jahre nach einem Abkommen von 1993 beide Länder einen Großteil ihrer Sol-

daten von den Grenzen abgezogen. Die meisten Militärbaracken stehen heute leer. Die wenigen noch stationierten Soldaten sitzen hauptsächlich ihre Zeit ab und langweilen sich entsprechend.

Ein offenes Geheimnis ist, dass über die grüne Grenze bei Chushul Waren von China nach Indien transportiert werden, z.B. Tee, Thermoskannen und Zigaretten.

Sehenswertes

Die **Straße** zum Pangong-See beginnt in **Sakti,** wo man vor der Fahrt übernachten sollte. Der **Chan-Pass** ist nämlich wegen seiner schlechten Straßen anstrengend zu fahren, und man bewältigt ihn möglichst frühmorgens, bevor Schmelzwasser den Weg überschwemmt. Mit 5320 m ist der Chan-La nach dem Khardong-La und dem Taklang-La der zweithöchste befahrbare Pass der Welt. Er ist normalerweise ab Juni geöffnet, doch selbst im Juli kann es vorkommen, dass wegen Schlechtwetter-Einbrüchen die Straße tagelang gesperrt wird. Lediglich im Juli und August ist der Pass ganz eisfrei; bei den ersten Schneefällen, meist im September, wird er wieder geschlossen. Besonders Motorradfahrer, die zum Pangong-See wollen, müssen sich vor der Reise in Leh über den aktuellen Straßenzustand genau erkundigen.

Vier Fahrstunden nach Sakti ist das Dorf **Tangtse** erreicht. In diesem Tal gibt es verschiedene Militärlager, die seit dem indisch-chinesischen Abkommen überwiegend leer stehen. Offenbar profitierten die Einwohner Tangtses in der Vergangenheit von den Vorzügen der Militärpräsenz: Der Ort erscheint gepflegt und die Läden sind überraschend gut sortiert. Von Tangtse rund 30 Kilometer entfernt liegt der Pangongsee. Es empfiehlt sich jedoch, 10 km hinter Tangtse nahe des **Einödhofes** rechts der Straße zu übernachten. Das **Übernachten direkt am Pangong-See ist verboten.**

Diese Vorschrift sollte unbedingt eingehalten werden, zumal die Kontrollposten Touristen sofort zurückrufen würden. Wer sich dennoch hinter die Kontrolle schleicht und erwischt wird, riskiert empfindliche Strafen.

Am nächsten Tag kann man vom Zeltlager in Tangtse einen Ausflug zum See machen und am Nachmittag wieder zurückkehren.

Der auf 4080 m Höhe gelegene **Pangong-See** ist der am nächsten an der tibetischen Grenze gelegene See, den Touristen besuchen dürfen. Mit 136 Kilometer Länge ist er der größte See Ladakhs, wobei rund drei Viertel des Sees zu Tibet gehören. Wer also Lust hat, mal einen Blick nach Tibet hinüber zu werfen, sollte die Reise dorthin unternehmen. Ansonsten ist der See nicht sonderlich interessant, weil Touristen kaum Bewegungsfreiheit haben: Wegen seiner **Grenznähe** will das Militär Besucher im Blick behalten, und man darf nur wenige Kilometer am See entlangfahren. Direkt am Südzipfel des Sees steht ein Kontrollposten der indo-tibetischen Grenzpolizei. Von hier dürfen Touristen lediglich den 10 km entfernt liegenden Ort **Spangmik** besuchen und direkt gegenüber von Spangmik, nur drei Kilometer entfernt, liegt am anderen Seeufer Tibet!

Sondergebiete

142z Foto: jm

Trekking

108lz Foto: jm

143lz Foto: jm

Natur pur erleben in Ladakh

Trekking in grandioser Bergwelt

Mit Gepäckponys geht es leichter

Praktische Hinweise

Statistisch gehört für jeden dritten Ladakh-Reisenden eine Trekkingtour zum Programm, in Zanskar sind sogar über 90 % der registrierten Touristen Trekker. Für sportliche Menschen, die Stille suchen und von der Reizüberflutung zu Hause Abstand gewinnen wollen, sind Bergtouren die optimale Betätigung. Wer tagelang durch die Einsamkeit der Berge wandert und nur dem eigenen Atem lauscht, versteht ein bisschen, warum sich gerade hier ein hoher Grad an Spiritualität entwickeln konnte. Für Trekker und Bergsteiger ist der Himalaya ein Traum: Im gewaltigsten Gebirge der Erde unterwegs zu sein, bringt eine einzigartige Dimension des Erlebens.

Es gibt Routen unterschiedlicher Schwierigkeitsgrade, aber man sollte keinesfalls die eigene Leistungsfähigkeit überschätzen. Wenn der Trek zu anstrengend ist, bleibt auch der Genuss auf der Strecke.

Zu beachten: Die Ausgangslange im Himalaya liegt wesentlich höher als etwa in den Alpen. Auch wer in der Schweiz anspruchsvolle Touren läuft, sollte bedenken, dass in Ladakh die Anforderungen allein aufgrund der geografischen Höhe anspruchsvoller sein können.

Besonders wichtig vor jedem Trek ist die **bestmögliche Akklimatisierung.** Das heißt, der Körper muss halbwegs an die Höhenlage angepasst sein, bevor man startet. Im Idealfall baut man sein Urlaubsprogramm wie folgt auf: Einige Tage in Leh oder Umgebung langsam eingewöhnen, im Folgenden einige Tage leichte Wanderungen zum Einlaufen. Ab dem achten Tag in Ladakh kann der Trek beginnen. Dabei achte man darauf, dass die Tour möglichst nicht mit großen Pässen losgeht.

Über einen wichtigen Punkt muss sich jeder Trekker bereits in der Phase seiner Vorbereitung klar sein: Unterwegs gibt es nur in den wenigsten Fällen **Versorgungsmöglichkeiten.** Man erwarte also keine Infrastruktur wie etwa in Nepal, wo unterwegs Lodges und Restaurants stehen und die Wege so ausgetreten sind, dass der Trekker bedenkenlos ohne Führer loslaufen kann. Auf jeder Tour (falls nicht ausdrücklich anders beschrieben) müssen Zelt, Schlafsack, Isomatte und genug Proviant mitgenommen werden.

Ratsam sind **Transportponys** und ein **Bergführer** als Trekkingbegleiter. Häufig sind Wege durch Regenfälle abgerutscht, und nur ein Ortskundiger kennt dann den weiteren Streckenverlauf. Trekking in Ladakh erfordert deshalb ein hohes Maß an Vorbereitung und Achtsamkeit; obwohl die nachfolgenden Routen mit größtmöglicher Sorgfalt beschrieben wurden, ersetzen sie doch nicht den Bergführer.

Die folgenden **Routen** wurden von routinierten Trekkern beschrieben; manche Leser beanstanden, dass die Tagesetappen zu strapaziös waren und sie länger brauchten als angegeben. Die folgenden Zeitangaben sind daher Richtlinien für trainierte Läufer; wer mehr Zeit braucht, möge bitte einige Tage extra zu den beschriebenen Etappen kalkulieren.

Verhaltenshinweise

In der Regel verhalten sich die Trekker in Ladakh umweltbewusst, wenngleich sich auf frequentierten Routen wie zwischen Lamayuru – Padum und dem Markha-Valley-Trek leider bereits Müllhaufen an manchen Campingstellen ansammeln. Zum Schutz der Umgebung und der Tierwelt, und um die Landschaft nicht zu verschandeln, sind einige Regeln zu beachten:

●Keine Lebensmittel auf den Trek mitnehmen, die in unverrottbaren Verpackungen eingepackt sind, wie Plastikflaschen, Coladosen, Käse in Blechbüchsen. Wer darauf nicht verzichten will, nimmt die leeren Verpackungen wieder mit. Der restliche **Abfall** muss verbrannt werden – bitte das Zeug nicht einfach vergraben oder unter Steine schieben! Da Ladakh ein extrem trockenes Land ist, verrottet selbst Papier lange Zeit nicht und hinterlässt unschöne Zivilisationsspuren.

●In der Umgebung von Ortschaften keine abgestorbenen Zweige als **Brennmaterial** mitnehmen, da diese von der Dorfbevölkerung gesammelt werden. Am besten, man nimmt genügend Brennstoff zum Kochen mit und verzichtet auf offene Feuer. Falls doch ein **Feuer** entfacht wird, muss es später sorgfältigst gelöscht werden.

●Das **Zelt** auf unbewachsenen Stellen aufschlagen, um den spärlichen Bodenbewuchs zu schonen.

●Beim Verrichten der **Notdurft** mindestens 30 m von Wasserläufen entfernt bleiben; der Unrat wird vergraben oder bedeckt.

●**Flüsse und Quellen** sind sauber zu halten und dürfen keinesfalls mit Schadstoffen wie z.B. Waschmitteln belastet werden.

●Keine **Pflanzen** pflücken.

●Keine **Markierungen** anbringen.

●Auch wenn Pferdeführer und die Betreiber der Campingplätze oft nachlässig mit der Entsorgung des **Abfalls** sind, darauf achten, dass beim Aufbruch kein Schmutz am Rastplatz zurückbleibt.

Ausrüstung zum Trekken

Trekkingzubehör ist in Leh erhältlich, aber nur mit **Einschränkungen.** Es gibt einige Läden (Fort Road checken), die Zelte, Isomatten, Kerosinkocher und Grundausstattung für Gletschertouren vermieten. Allerdings sind die Sachen besonders zur Hauptsaison oft verliehen, die erhältliche Qualität entspricht oft nicht den eigenen Ansprüchen. Manchmal verleihen auch örtliche Reisebüros Trekkingausrüstung. Wer sicher gehen will, bringt seine Ausstattung von zu Hause mit. Wer seinen Trek über ein **örtliches Reisebüro** organisiert, sollte dort ein qualitativ gutes Zelt und eine dicke Isomatte gestellt bekommen. Vor dem Start die Qualität prüfen.

Kleidung

Zum Trekken eignet sich ein **Fleece-Pullover;** das Material ist leicht, warm und trocknet schnell. Thermo- und Funktionsunterwäsche eignet sich bei extremen Temperaturunterschieden für tagsüber zum Drunterziehen sowie für nachts im Schlafsack. Während der Nacht kann sie zum Schlafanzug umfunktioniert werden.

Wer vorhat, höhere Pässe zu überqueren, braucht einen warmen **Anorak,** z.B. aus *Goretex*. Für Treks, die im Sommer unternommen werden und nicht in große Höhen führen, genügen der Fleece und eine gute Windjacke. Als Kopfschutz gegen die intensive Sonne empfiehlt sich ein **Hut mit Krempe,** bei Herbst-Treks wird er durch eine warme **Mütze** ersetzt.

Schuhe

Unverzichtbar sind gute **Wanderstiefel.** Sie sollten über die Knöchel reichen, um Verstauchungen vorzubeugen. Allerdings müssen die Schuhe bereits daheim gut eingelaufen sein, sonst gibt es Blasen. Für Flussüberquerungen eignen sich leichte **Segeltuch-Turnschuhe,** die den Füßen rutschfesten Halt geben und die Wanderstiefel schonen. Wenn die Füße angeschwol-

len sind, kann man sie auch auf leichten Routen tragen.

Zelt und Schlafsack

Ein gutes **Zelt** muss unbedingt beim Trek dabei sein.

In der Nacht wird der Boden kalt, eine dicke **Isoliermatte** ist deshalb unerlässlich. Als Zusatz zum Schlafsack empfiehlt sich ein dünner **Baumwollsack** (leicht selbst zu nähen), den man als „innere Schicht" beim Schlafen verwendet. Dadurch wird der Schlafsack nicht so schnell schmutzig, und es hält insgesamt ein paar Grad wärmer.

Kerosinkocher

Wer organisiert unterwegs ist, braucht sich nicht um sein Essen zu kümmern, denn die Agentur schickt Koch und Proviant mit. Wer auf eigene Faust trekkt, muss seine Outdoor-Küche allerdings gut organisieren, denn unterwegs ist (außer manchmal auf den frequentierten Treks) seltenst etwas erhältlich. Kerosinkocher sind in Leh (in begrenzter Auswahl) ausleihbar oder zu kaufen (können nach dem Trek weiterverkauft werden).

Essen

Grundnahrungsmittel für den Trek wie Reis, Gemüse, getrocknete Aprikosen, Milchpulver und Kaffee sind in Leh erhältlich. Einige kulinarische Feinheiten tun dem Gaumen nach tagelanger eintöniger Kost aber gut. Die German Bakerys in Leh verkaufen auch Müsli, Vollkornbrot, Studentenfutter etc. Ein paar Besonderheiten wird man von zu Hause mitbringen: konzentrier-

Immer zu einem Spaß bereit:
Ponyführer beim Trekking

te Trockennahrung (gibt's bei Trekking-Ausstattern), Müsli-Riegel für zwischendurch und Kaugummi.

Unverzichtbar sind auf dem Trek genügend energiereiche, kohlenhydrathaltige **Lebensmittel,** z.B. Vollkornbrot, konzentrierte Trockennahrung, Traubenzucker, Schokolade, 2-Minuten-Nudeln u.Ä. Gute Auswahl an Proviant ist nur in Leh erhältlich, in geringem Maße auch in Padum und Kargil.

Unterwegs bekommt man hier und da Maggi-Nudeln. Einheimische sind nicht darauf eingestellt, Nahrungsmittel zu verkaufen. Auf viel begangenen Routen stehen an Campingplätzen **Tea-Stalls,** wo einfache Mahlzeiten verkauft werden.

Karten

Trekkingkarten nimmt man am sinnvollsten von zu Hause mit. Aber auch die besten Karten haben Lücken; manche sind topografisch falsch, in anderen wiederum sind die Trekkingrouten nicht anständig eingezeichnet. Deshalb nehme man mehrere Karten für das betreffende Gebiet mit, um so auf der einen Karte das zu finden, was die andere verschweigt.

Bisweilen sorgen die **Höhenangaben** für Verwirrung, da in den verschiedenen Karten die Angaben für einen Punkt um bis zu 300 m variieren. Um die Relation für Höhenunterschiede zu wahren, orientiere man sich deshalb stets an ein und derselben Karte. Die Angaben in diesem Buch entsprechen denen in der Artou-Karte.

● Die beste Trekkingkarte heißt **„Trekking Map of Ladakh"** und wurde von *Sonam Tsetan* und *Henk Thoma* herausgegeben. Die Karte ist in Leh in Buchläden und Restaurants erhältlich.

● Ebenfalls gut: die **Artou-Wanderkarte** „Ladakh und Zanskar" (1:350.000) vom Verlag Olizane, Genf, und die topografisch relativ korrekten **Fliegerkarten** Carte routière Cachemir Oriental im Maßstab 1:500.000.

● Die ausführlichen **Leomann Maps** „Jammu & Kashmir" (1:200.000) in 5 Blättern halten an Genauigkeit nicht immer, was sie versprechen.

Medizin-Set

Empfehlenswert ist ein Medizin-Set mit Bandagen, Stützverbänden, einer Sportsalbe, Heftpflaster in verschiedenen Größen (um Blasen abzupolstern), Desinfektionsmittel, Breitbandantibiotika, Mittel gegen Durchfall, Erkältungsmittel, Aspirin (helfen auch gegen die manchmal in dünner Luft auftretenden Kopfschmerzen), Mineralsalzlösungen, Vitaminpillen, Wasserentkeimungsmittel, Sonnencreme mit hohem Lichtschutzfaktor bzw. einem Sun-Blocker (siehe auch Kapitel „Ausrüstung" im Abschnitt „Reisevorbereitung").

Diverses

Wichtig: Taschenmesser, Sonnenbrille, Kopfbedeckung (breitkrempiger Hut), Taschenlampe (in den Bergen gibt es meist keinen Strom), Feuerzeug, Wasserflasche, Nähzeug. Hilfreich sind verschließbare Aufbewahrungsflaschen (z.B. für Öl) und Plastiktüten von zu Hause, denn indische

Behälter brechen häufig, und der Inhalt verteilt sich im Rucksack.

Gewicht der Ausrüstung

So viel wie nötig und so wenig wie möglich lautet die Grundregel. Jedes Kilo im Rucksack macht sich beim Aufstieg in den Oberschenkeln und beim Abstieg in den Kniescheiben bemerkbar. Bei Selbstversorgern werden Lebensmittel und Zelt, Schlafsack etc. das meiste Gewicht ausmachen. Wer Ponys engagiert, wird sowieso nur einen Tagesrucksack mit dem Nötigsten, wie Wasserflasche, Fotoapparat, Sonnencreme, Wertsachen etc. tragen.

Ponys/Pferde

Wer die Bergwelt genießen möchte, ohne unter seinem schweren Gepäck zu keuchen, und das bisschen Puste in der dünnen Luft zur Beförderung des eigenen Körpergewichts braucht, sollte Pferde oder Ponys mieten. Wer Gepäcktiere mitnimmt, demonstriert keinesfalls Unsportlichkeit – im Gegenteil: Man schont seine Kräfte für anstrengende Etappen.

Wer von einem Ladakhi ein Gepäcktier mietet, sichert ihm ein Zusatzeinkommen und unterstützt damit die regionale Wirtschaft. Außerdem ist es natürlich sicherer, mit einem Einheimischen zu gehen, der die Route gut kennt.

Träger sind nicht üblich; Ladakhis transportieren ihre Lasten stets auf Tieren.

Die Tiere werden in Reisebüros in Leh vermittelt. Es ist schwierig, sie in

stehen die Ponyführer darauf, dass man nach Trekkingende noch einige Tagessätze für ihren Rückweg nach Hause bezahlt. Das ist verständlich, doch ist die Summe Verhandlungssache.

Vor Trekkingbeginn ist es ratsam zu klären, ob der **Pferdebegleiter** gegen einen Aufpreis kocht und – besonders wichtig – ob er sich in dem Gebiet auskennt. Falls ja, kann man sich einen weiteren Führer sparen.

Tiere unterwegs **auf dem Trek anmieten** zu wollen kann problematisch werden. Im Sommer werden viele Tiere nämlich bei der Ernte gebraucht, und die Bauern haben keine Zeit, um als Pferdeführer mitzugehen.

Das **Trekken mit Pferden** ist mit einigen Nachteilen verbunden, über die man sich vorher im klaren sein muss: Oft beklagen Trekker, dass die Pferdeführer entweder zu schnell oder zu langsam laufen und das Gepäck ständig außer Reichweite ist.

Die **Tagesetappen** hängen nicht nur von Lust und Kondition des Trekkers ab, sondern von verfügbaren Weideplätzen für die Pferde. Oft gibt es Ärger, wenn die Ponyführer an einem guten Weideplatz zum Campieren drängeln, obwohl die Trekker gerne weiter laufen würden bzw. das Gefühl haben, die Ponyguides wollen den Trek absichtlich verlängern. Um solche Reibereien zu vermeiden, legt man vor Marschantritt die Tagesetappen genau fest, am besten mit einem Reisebüro als unparteiischen Vermittler. Trotzdem sollte man unterwegs auf Unvorhergesehenes mit Verständnis reagie-

den umliegenden Dörfern eigenständig zu mieten, denn die Pferdehalter stehen in der Regel mit den Agenturen unter Vertrag.

Ein Pferd trägt 40 Kilo und kostet rund 300 Rupien/Tag während der Hauptsaison, etwas weniger in der Nebensaison. Esel können 20 Kilo tragen und sind etwas billiger. Je nach Schwierigkeitsgrad der Strecke variieren die **Preise.** Im Preis ist ein Pferdeführer inbegriffen.

Man muss damit rechnen, dass weder eine Reiseagentur noch der Pferdehalter nur ein einzelnes Pferd vermieten, sondern mindestens zwei an ihre Kunden bringen wollen, da sonst der Aufwand eines begleitenden Pferdeführers für sie nicht lohnt. Generell ist mit einem Pony pro Gruppenteilnehmer zu kalkulieren. Meist beren, wenn etwa ein Pferd, das über Nacht frei grasen darf, auf der Suche nach Futter weit vom Zeltplatz wegläuft. Der Führer ist dann unter Umständen den halben Tag unterwegs, um den Ausreißer wiederzufinden.

Immer wieder gibt es **Unfälle,** bei denen Lastenponys auf schmalen, steilen oder rutschigen Pfaden abstürzen und dabei schwer verletzt werden oder gar zu Tode kommen. Der Grund liegt darin, dass die Ponyführer die Trittfestigkeit ihrer Tiere manchmal überschätzen oder sie zu schwer bepacken. Wir können keine Lösung für diese Misere anbieten – es soll nur darauf hingewiesen werden, dass solche Unglücke gelegentlich passieren und die Planung durcheinander bringen können.

Komplette Treks können über Reisebüros gebucht werden. In dem „Leistungspaket" sind Koch, Führer, Pferde, Zelt und Essen inbegriffen. Kostenpunkt: 40–50 US$ pro Person und Tag. Der Service, besonders punkto Verpflegung und Kompetenz des Trekkingführers, fällt erfahrungsgemäß unterschiedlich aus, je nachdem wie gut das Reisebüro ist. Je größer die Gruppe, um so billiger wird es.

Auf den **Campingplätzen** der gängigen Trekkingrouten verlangen die Besitzer für die Benutzung ihres Grundstücks pro Zelt zwischen 50 und 70 Rp.

Abkürzungen

Während des Treks bekommt man nicht selten von Einheimischen gutgemeinte Abkürzungen empfohlen, die verlockend erscheinen. Diese Abkürzungen gehen aber oft an steilen und rutschigen Abhängen entlang, was für einen Einheimischen kein Problem darstellt, da er sich auch auf halsbrecherischem Gelände noch sicher bewegt, für Trekker und Pferde aber gefährlich sein kann. Meistens kosten solche „Abkürzungen" mehr Nerven und Zeit als der herkömmliche Weg.

Laufzeiten

Natürlich kann die Laufzeit für ein und denselben Trek erheblich variieren, je nachdem, ob ein Trekker die Etappen sehr zügig oder eher gemächlich läuft. Die folgenden Zeitangaben sind deshalb nur Richtwerte und beinhalten nicht die eingelegten Pausen.

Es ist zu beachten, dass vom medizinischen Standpunkt aus täglich nicht mehr als 500 Höhenmeter bewältigt werden sollten. Dies ist aber manchmal unvermeidlich, deshalb sollte nach Extremetappen ein Ruhetag eingelegt werden.

Ratsam ist es, frühmorgens aufzubrechen und während der Mittagshitze eine lange Pause einzulegen.

Wenn tagsüber Flüsse oder Schneefelder zu überqueren sind, muss man besonders frühzeitig starten, bevor der Wasserstand zu hoch bzw. der Schnee zu matschig wird. Für Flussüberquerungen sind stabile Stöcke zweckmäßig. Übrigens kann ein unten beschriebenes „Rinnsal" sich vor Ort als hüfthoher Fluss erweisen und umgekehrt – je nach aktueller Temperatur und Wasserverfügbarkeit.

Wegbeschreibungen

Ein Hinweis zu den weiter unten folgenden Wegbeschreibungen: Die Richtungsangaben wie „links" und „rechts" (etwa „auf der linken Seite des Baches entlang") beziehen sich immer auf die Laufrichtung des Trekkers und nicht, wie in manchen anderen Routenbeschreibungen, auf die Fließrichtung des Flusses!

Bergsteigen

Bergtouren auf Höhen von über 6000 m müssen von der Indian Mountaineering Foundation (IMF) genehmigt werden und sind ziemlich teuer. So kostet eine Genehmigung für Gipfel zwischen 6000 und 6500 m 600 US$, zwischen 6500 und 7000 m 1350 US$ und über 7000 m 1800 US$. Sie muss rund 10 Wochen vor der geplanten Expedition beantragt werden.

Adresse: Indian Mountaineering Foundation, Benito Zuorez Marg, New Delhi-11002.

Für den Nebengipfel des Kang Yaze (6300 m) und den Stok Kangri ist derzeit keine Genehmigung erforderlich.

Trekking in Zanskar

In Zanskar gibt es herrliche Routen in einsamer Bergwildnis durch enge Schluchten und über Gletscher, die jedem Trekker das Herz öffnen. Diese Touren stellen allerdings hohe Anforderungen an Kondition und Bergerfahrung. Der **Schwierigkeitsgrad** sollte keinesfalls unterschätzt werden. Einem

durchschnittlichen Trekker sei dringend geraten, sich gut einzulaufen und einen Führer mitzunehmen.

Ein spezielles Problem in Zanskar ist die Schneeschmelze, da sich während des Sommers kleine Rinnsale in reißende, oft brusthohe Flüsse verwandeln, die nur schwer überquerbar sind. Unvorhersehbare Hindernisse tauchen auf, wenn Brücken von Regengüssen oder Erdrutschen weggeschwemmt wurden.

Wer sich nicht in solche extremen Bergabenteuer begeben will, findet in Zanskar auch einige **einfachere Trek-**

Trekking

Das Durchqueren von Flüssen erfordert große Konzentration

kingrouten, etwa die unten beschriebene Gompa-Tour; sie ist relativ leicht zu laufen, liegt in schöner landschaftlicher Umgebung und lohnt deshalb durchaus – besonders zu Pferd.

Pferde und Trekkingführer in Zanskar zu organisieren ist kein Problem, wenngleich etwas teurer als in Ladakh. Ein Pferd kostet pro Tag rund 450 Rp., ein Pony rund 350 Rp. Allerdings sind Pferde kaum vor Juli zu bekommen, da die Pferdeführer erst zu Saisonbeginn von Himachal Pradesh herauf kommen. Eine Leserin wies darauf hin: Viele Stuten bekommen ihre Fohlen Ende Juni. Was für die Einheimischen ein großes Glück bedeutet, ist für den Trek eher von Nachteil. Die Gehzeiten werden Stute und Fohlen angepasst und damit verlangsamt.

Einen einheimischen Guide zu engagieren bietet mehrere Vorteile: Er kennt die Region bestens, manchmal lädt er die Touristen in sein Zuhause ein, die so einen Eindruck vom zanskarischem Familienleben bekommen. Last but not least verbleibt etwas Geld in der Gegend. Problematisch allerdings ist, dass die wenigsten Guides Englisch sprechen, beim Festlegen der Routen und Verhandeln ist dann vor Trekkingstart ein Dolmetscher nötig.

Zanskar zu Pferd

Zanskar auf dem Pferderücken zu entdecken, ist ein ganz besonderes Erlebnis, zumal die Gegend berühmt ist für ihre kleinen, stämmigen Reitpferde. Wegen mangelnder anderweitiger Transportmöglichkeiten besitzt praktisch jede Familie ein Pferd, und

ein Zanskari wird freiwillig nicht einen Schritt laufen, wenn er die Strecke auch reiten kann.

Ich bin die Klostertour Padum – Dzongkhul – Karsha – Zangla – Padum geritten und fand es herrlich. Der Pferdeführer und ich hatten je ein Pferd, wobei wir das (minimale) Gepäck je zur Hälfte auf beide Tiere verteilten. Natürlich muss man nicht ständig reiten, sondern kann streckenweise laufen.

Ein zanskarisches Pferd versteht nur Landessprache, das heißt, es reagiert auf andere Befehle als unsere heimischen Pferde. Es dürfte anfangs eine Weile dauern, bis die „Kommunikation" klappt.

Zum Laufen bringt man das Tier mit einem Zischlaut, der ähnlich klingt wie „tscho". Zusätzlich hat man ein Seil in der Hand, mit dem das Pferd abwechselnd auf beide Hinterflanken leichte Schläge bekommt. Das bei uns übliche Drücken mit den Fersen in den Bauch finden die Zanskaris übrigens barbarisch.

Wer ein Reitpferd mietet, sollte auf einige Punkte Wert legen:

● Bei der Auswahl des Pferdes darauf achten, dass das Tier gut eingeritten und nicht eines dieser „crazy horses" ist, die nur als Lasttiere gebraucht werden. Am besten eine Proberunde reiten.
● Der Pferdehalter muss unbedingt (!) einen anständigen Sattel organisieren. Es gibt gut gepolsterte Reitsättel, auf denen das Gesäß auch längere Strecken ohne Hornhaut und Blasen übersteht.
● Mit dem Pferdehalter vorher die Tagesetappen festlegen, um Meinungsverschiedenheiten bezüglich der Streckenlänge unterwegs zu vermeiden.

Lamayuru – Padum – Darsha

(Informationen von Regine Uhland)

Der rund 21 Tage dauernde Trek zwischen Lamayuru über Padum nach Darsha quer über die Himalaya-Hauptkette gehört zu den beliebtesten Touren. Sie kann in beiden Richtungen gelaufen werden, wobei es jeweils Vor- und Nachteile gibt, die individuell abzuwägen sind.

In Darsha (3400 m) zu beginnen hat den Vorteil, dass man sich langsam an Ladakh „heranarbeitet". Allerdings muss bereits am dritten Tag der 5096 m hohe Shingo-Pass überquert werden, was vielen Leuten Konditionsprobleme bereitet. Wer ab Darsha trekken will, mietet in Manali schon die Pferde, fährt mit dem Jeep hoch und läuft nach 2–3 Tagen Akklimatisierung los. Pferde können zwar theoretisch auch in Darsha organisiert werden, aber sie sind zur Hauptsaison oft ausgebucht. In Darsha stehen einfache Guest Houses. Wer ohne Agentur trekkt, bringt seinen Proviant von Manali mit.

Ein Pluspunkt für den **Trekkingstart in Lamayuru** ist, dass man sich in Ladakh bereits länger an die Höhe gewöhnt hat und deshalb weniger Probleme auf den Pässen bekommen wird. Außerdem werden in dieser Richtung die schwierigsten Pässe im ersten Streckenteil bewältigt, und sie stehen nicht – wie im umgekehrten Fall – bis zum Schluss des Treks bevor. Mit dem Blick auf die Hauptkette des Himalaya ist die Aussicht noch atemberaubender. Die Landschaft verändert sich zusehends vom Kargen zum Grünen hin.

Es ist möglich, **nur die Hälfte des Treks ab bzw. bis Padum** zu machen, und ab Padum mit dem Bus nach Kargil zu fahren. Im Folgenden ist die Route deshalb in zwei Etappen unterteilt, und zwar im ersten Teil von Lamayuru bis Padum und im zweiten Teil von Padum bis Darsha.

Pferde sind während der Saison ab Lamayuru erhältlich, doch zu hohen Preisen. Sinnvoll ist deshalb, auch einen Trek ab Lamayuru bereits in Leh zu buchen, zu den üblichen Preisen von ca. 300 Rupien pro Pferd und Tag. Mit viel Glück kann man ab Lamayuru für wenig Geld Darsha-Pferde anheuern, deren Führer schnell dorthin zurück will. Unterwegs können eventuell nach der ersten Tagesetappe in Wanla noch Gepäcktiere gemietet werden, danach wird es sehr schwierig. Die Tour ist auch gut ohne Pferde, also individuell und ohne Rücksicht auf Weideplätze, begehbar. Das setzt eine starke Kondition voraus, außerdem verlangt es eine gute Organisation der eigenen Outdoor-Küche.

Lamayuru – Padum (9–11 Tage)

1. Tag: Lamayuru – Wanla (3 Stunden)

Ab Lamayuru (3525 m) ist der Einstieg ins Tal etwas schwer zu finden. Man läuft zunächst ins Dorf hinunter bis zum Fluss, dem man etwa 15 Minuten in Fließrichtung folgt. Bei drei markanten Chörten biegt man nach rechts hoch in ein schmales schluchtartiges Tal. Nach ca. 10 Minuten treffen zwei Täler zusammen. Man nimmt das schmalere, nach Osten weisende Tal, das nun sogleich eine Kurve beschreibt und zum ersten Pass, dem **Prinkiti-La,** auf 3726 m hochführt. Der Aufstieg dauert ca. 1 Stunde. Auf der anderen Seite geht es 2 Stunden lang relativ steil in einer engen, trockenen Schlucht zum **Fluss Shillakong** hinab. An ihm läuft man linker Hand bis zur Ortschaft **Shilla** weiter, die umgeben ist von fruchtbaren Feldern und Aprikosenbäumen.

Nach einer Stunde ab Shilla erreicht man die ersten Häuser und Felder der Ortschaft **Wanla** (3260 m). Am anderen Ufer des **Yapola-Flusses** ist das Kloster von Wanla zu sehen. Nun werden noch die beiden Flüsse überquert, an deren Zusammenfluss der Campingplatz liegt.

2. Tag: Wanla – Hanupatta (7 Stunden)

Obwohl keine größeren Steigungen zu überwinden sind, sollte die Strecke auf keinen Fall unterschätzt werden: In der kargen Landschaft zieht sich der Weg lange hin, und man findet kaum Schatten. Die Schotterstraße, auf der man unweigerlich links des Flusses Yapola von Wanla aus entlangläuft, endet direkt am Eingang zur Hanupatta-Schlucht, rund 2 Stunden nach dem letzten Ort Phenjilla. Am Ende der Straße steigt man steil nach unten in die Schlucht und folgt dann rechtshaltend dem Pfad weiter.

Dann muss bei der nächsten Siedlung **Phenjilla** der Fluss bei der Brücke überquert werden. Wo nach ca. 2,5 Stunden von rechts ein Fluss herabfließt, überquert man die Brücke und biegt nach rechts in diese Klamm ein. In den nächsten drei Stunden führt der Weg in der eindrucksvollen, erst

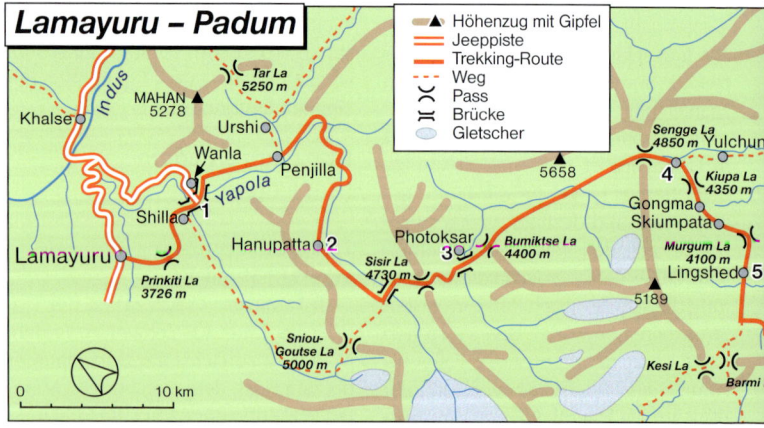

schmalen und dann sich verbreiternden Schlucht ständig am Fluss entlang, bis der Ort **Hanupatta** (3920 m) erreicht ist. Campen kann man 30 Gehminuten hinter dem Ort am Fluss.

3. Tag: Hanupatta – Photoksar (6 Stunden)

Weiter dem Fluss folgend, überquert man ein kleines Seitental. Nach ca. drei Stunden wird der Fluss linker Hand überquert (Wasser fassen). Nun geht ein mäßig steiler, etwa 1½-stündiger Weg zum 4730 m hoch gelegenen Pass **Sisir-La.** Von oben kann man Richtung Südosten schon den höchsten Pass der Route, den Sengge-La (4850 m) sehen, der am nächsten Tag zu bewältigen ist.

Hinter dem Sisir-La führt der anfangs ziemlich steile Pfad hinab, bis nach ca. zwei Stunden von rechts ein Tal einmündet. Dort muss man sich links halten! Man kann sich in Wegrichtung

links des nun vor einem liegenden Baches halten und nach Photoksar gehen (siehe „Orte in Zanskar") oder gleich am Bach campen. Viele Trekker folgend allerdings dem Bachlauf, bis sie, allmählich ansteigend, auf das Plateau gelangen. Das Plateau ist zum Zelten ideal und erlaubt einen herrlichen Ausblick auf das Dorf, zudem bringt man somit schon einen Teil der kommenden steilen Strecke hinter sich.

4. Tag: Photoksar – Sengge-La (7 Stunden)

Diese Etappe ist nicht zu unterschätzen, da der Pass Sengge-La überquert wird, und damit 700 Höhenmeter bewältigt werden müssen, die einem wie eine Ewigkeit vorkommen können. Deshalb sollte man besonders früh starten. Nach einem kurzen, harmlosen Anstieg auf den **Bumiktse-Pass** (4400 m) geht es gleich zum **Sengge-**

Trekking

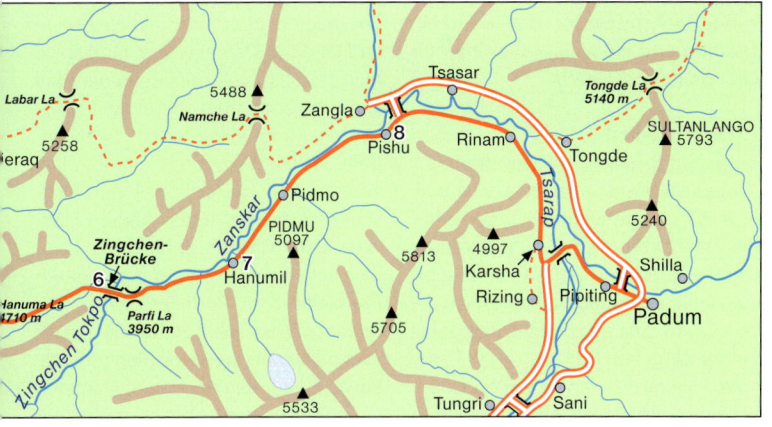

La-Pass (4850 m), dem „Löwenpass", weiter. Der 6–7-stündige Aufstieg ist im ersten Teil bis zum Fluss (Wasser holen!) recht leicht, dann geht es aber steil nach oben. Herrlich bunte Hochgebirgsblumen und Teppiche voll Edelweiß unterwegs dürften die Mühen aber leicht entschädigen.

Hinter dem Sengge-La-Pass geht es ebenso steil auf Geröll hinab, bis man nach 30 Minuten zum Campingplatz kommt (ca. 4300 m).

5. Tag: Sengge-La – Lingshed (6 Stunden)

Die Tagesetappe ist ein ständiges Auf und Ab über gewellte Bergrücken. Man sollte sich morgens am Campingplatz mit genügend Wasser versorgen, da die Seitentäler z.T. ausgetrocknet sind. Kurz vor Erreichen des Campingplatzes hat man einen schönen Blick auf die terrassenförmig angelegten Felder der Ortschaft **Lingshed** (3900 m) (siehe „Orte in Zanskar"). Der Campingplatz liegt in Klosternähe, er wird von Mönchen geführt. Anbei sind ein Teeshop und ein kleines Geschäft für Grundnahrungsmittel.

6. Tag: Lingshed – Zingchen Brücke (7–8 Stunden)

Wer kein besessener Trekker ist, sollte diese Etappe auf zwei Tage verteilen. Man verbringt den Morgen in Lingshed und läuft am Nachmittag bis zum Fuße des Hanuma-Passes, wo gezeltet wird. Erst am zweiten Tag gehts bis zur Zingchen Brücke.

Wer die Strecke an einem Stück bewältigen will, dem steht ein anstrengender Tag bevor. Man verlässt Lingshed in Richtung Talkessel und umrundet diesen Talkessel etwa zur Hälfte auf dem auf und ab führenden Weg. Achtung: Man darf nicht den nach rechts oben führenden Wegen folgen! Schräg gegenüber von Lingshed verläuft der Pfad leicht westlich vom Fuß des Kessels aus (Wasser holen!) zum Hanuma-Pass hinauf.

Der zweistündige Aufstieg ist steil und schlängelt sich in Serpentinen zum 4710 m hohen **Hanuma-La** hinauf. Auf der Passhöhe flattern bunte Gebetsfahnen.

Gleich hinter dem Pass öffnet sich ein Tal mit Schneebrücken, Geröllfeldern und Wasserfällen. Man darf aber nicht zu viel gucken, da der Weg sehr steil hinabgeht und entsprechende Vorsicht geboten ist. Der Pfad führt stets entlang dem Talverlauf. Nach 1,5 Stunden verengt sich dieses Tal zu einer schmalen faszinierenden Klamm, die man aber nicht betritt, sondern man hält sich rechts, um den Fluss zu überqueren. Hier führt der Weg rechter Hand der Klamm weiter. Dort sollte man schwindelfrei sein, denn der Pfad verläuft genau über dieser steil abfallenden, überwältigenden Schlucht. Bald ist der Weg zum Campingplatz zu erkennen, der sich steil zum Gletscherfluss rechts unten hinabschlängelt. Vom **Campingplatz** aus kann man schon den Weg auf der anderen Flussseite zum Parfi-Pass erkennen, der am nächsten Tag zu bewältigen ist. Wer nicht ganz so weit laufen möchte: Etwa 1,5 Stunden nach dem Hanuma-La, noch vor dem Abstieg rechts der

Klamm, liegt der Zeltplatz auf der Snertse-Alm. Der Platz eignet sich auch für größere Gruppen, und man beginnt den nächsten Tag nicht gleich mit dem steilen Anstieg zum Parfi-La.

7. Tag: Zingchen Brücke – Hanumil (6–7 Stunden)

Vom Campingplatz führen steile Serpentinen zum letzten und harmlosen Pass dieses Treks, dem 3950 m hohen **Parfi-La** hinauf. Für die 500 Höhenmeter wird – je nach Kondition – eine Stunde benötigt.

Oben angekommen, fällt der Blick endlich auf den mächtigen **Zanskarfluss.** Dieser Strom hat das breite, offene Tal geschaffen, in dem die Reststrecke bis Padum zurückgelegt wird. Der Weg führt nun ständig auf der rechten Seite des Zanskar entlang bis **Hanumil,** wo man auf den weiten Wiesen gut kampieren kann.

8. Tag: Hanumil – Pishu (5 Stunden)

Weiter rechter Hand des Zanskar führt der Weg durch die Geröllebenen bis zur Ortschaft Pishu. Hier werden in einigen Privathäusern Zimmer für Touristen vermietet.

9. und 10. Tag: Pishu – Padum

Ab Pishu gibt es zwei Möglichkeiten, um nach Padum zu kommen. Die eine Route verläuft weiterhin auf der rechten Flussseite, bis man nach einer Tagesetappe das größte Kloster von Zanskar, **Karsha** (siehe „Orte in Zanskar"), erreicht.

Der andere Weg führt auf der linken Flussseite entlang, wo unterwegs das **Tongde-Kloster** (siehe „Orte in Zanskar") besucht werden kann. Jedoch ist auf dieser Seite der Weg als Jeeppiste ausgebaut und nicht so schön zu laufen wie auf der rechten Flussseite. Wer sich für die linke Route entscheidet, erreicht eine Stunde hinter Pishu eine Brücke, die zu überqueren ist. Um auch einen Abstecher zum alten **Königspalast Zangla** (siehe „Orte in Zanskar") zu machen, läuft man von der Brücke nach links und gelangt so nach einer Stunde nach Zangla.

Von Zangla ist es ein eintöniger 8-Stunden-Marsch entlang der breiten Flussebene bis Padum. Nach ca. zwei Stunden kommt man zu dem Dorf **Tsasar,** wo eine kleine sagenumwobene Gompa steht. Einer Legende zufolge

Lungnak-Tal

110z·Foto: im

hat der Magier Padmasambhava einst einen Dämon getötet und auf seinen Füßen diesen Gebetsraum erbaut. Heute wird die Gompa von nur einem Mönch betreut und wirkt verlassen. Faszinierend darin ist aber ein zusammengewürfelter Haufen alter Pappmaché- und Tonfiguren mit teils abgebrochenen Köpfen und Armen – das ganze Durcheinander wirkt wie der verstaubte Requisitenraum eines Theaters.

Von Tsasar bis zum **Kloster Tongde** sind es 2,5 Stunden und von hier weitere drei Stunden nach **Padum.**

Padum – Darsha (9–11 Tage)

Dieser Streckenteil ist insgesamt viel bewachsener als der erste Abschnitt des Treks. Konkret für den Trekker bedeutet dies einerseits, dass häufiger Bäche zu überqueren bzw. zu durchwaten sind und man deshalb morgens rechtzeitig starten muss, bevor der Wasserstand steigt. Andererseits bereitet die Versorgung mit Trinkwasser kein Problem mehr. Die Länge der Tagesetappen richtet sich dennoch an den verfügbaren Weideplätzen für Pferde. Aber auch wenn man alleine trekkt, ist entlang der meist steilen Ufer die Zeltmöglichkeit einge-

Das Zelt aufschlagen,
wo es am schönsten ist

Überqueren der Hängebrücke

schränkt, zumal man nicht einfach auf den Feldern lagern sollte.

Der erste Streckenteil bis Purne führt auf ziemlich ebener Strecke am **Tsarap-Fluss** entlang. Seinen Namen verdankt der Fluss den Nomaden; *tsa* bedeutet „Salz" und *rap-sa* ist eine „flache Stelle zum Überqueren des Flusses". Auf den Karawanenwegen zwischen Changtang und Zanskar mussten die Nomaden am Tsarap oftmals günstige Stellen suchen, wo sie mit ihren vollgepackten Yaks das tiefe Wasser überqueren konnten.

Auch das **Lungnak-Tal,** in dem der Tsarap bis zum Kloster Phuktal fließt, trägt einen bedeutungsvollen Namen: *Lung-nak* heißt „schwarzes Tal", da das Tal schmal ist und deshalb oft im Schatten liegt.

1. Tag: Padum – Raru (6 Stunden)

Rechter Hand des Tsarap-Flusses entlang ist nach drei Wegstunden das Kloster **Bardan** (siehe „Orte in Zanskar") erreicht. Mittlerweile führt die Straße bis Raru. Manche Trekker sparen sich per Jeep den staubigen Weg, verpassen dann allerdings die schönen Gompas von Bardan und Mune. Das kann aber auch Verhandlungssache für einen Zwischenstopp mit dem Taxifahrer sein. Auch am anderen Ufer des Tsarap wird eine Straße gebaut, wo eine Brücke wieder nach Raru führt. Wer ab Bardan trekkt: nach etwa 2,5 Stunden kommt man zur **Mune-Gompa** (siehe „Orte in Zanskar"), wo die meisten Leute ihre Zelte aufbauen.

Ein schönerer Platz mit gutem Weideland für die Pferde befindet sich eine knappe Stunde weiter beim Ort **Raru.** Hinter Mune geht es eine steinige Ebene hoch, bis man kurz vor Raru zu einem kleinen See mit dem Campingplatz kommt.

2. Tag: Raru – Tsetang (6 Stunden)

Ab Raru sind es vier Wegstunden zum Campingplatz **Pepula;** hier gibt es Tee und Essen. Die meisten Gruppen übernachten hier, aber die Kondition reicht vielleicht aus, um noch zwei Stunden bis zu dem Gehöft Tsetang weiterzulaufen. Hinter Pepula wird die Strecke etwas abwechslungsreicher.

Tsetang besteht aus zwei Häusern, die gut sichtbar links unterhalb des Weges liegen. Beide Häuser gehören zu einer Familie; nach ladakhischem Brauch ist hier der älteste Sohn nach seiner Heirat ins große Haus eingezo-

Trekking

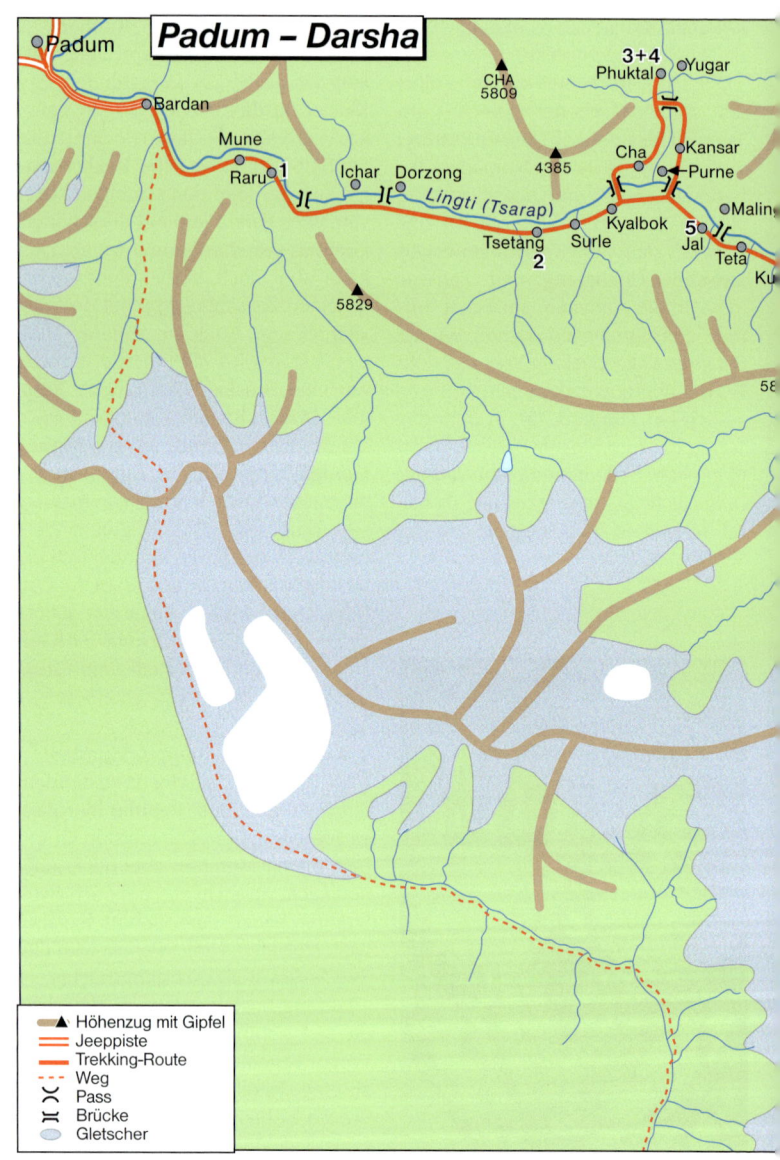

Padum – Darsha

Padum
Bardan
Mune
Raru — 1
Ichar
Dorzong
Lingti (Tsarap)
CHA 5809
4385
Phuktal — 3+4
Yugar
Cha
Kansar
Purne
Tsetang — 2
Surle
Kyalbok
Mali
Jal — 5
Teta
Ku
5829
58

Höhenzug mit Gipfel
Jeeppiste
Trekking-Route
Weg
Pass
Brücke
Gletscher

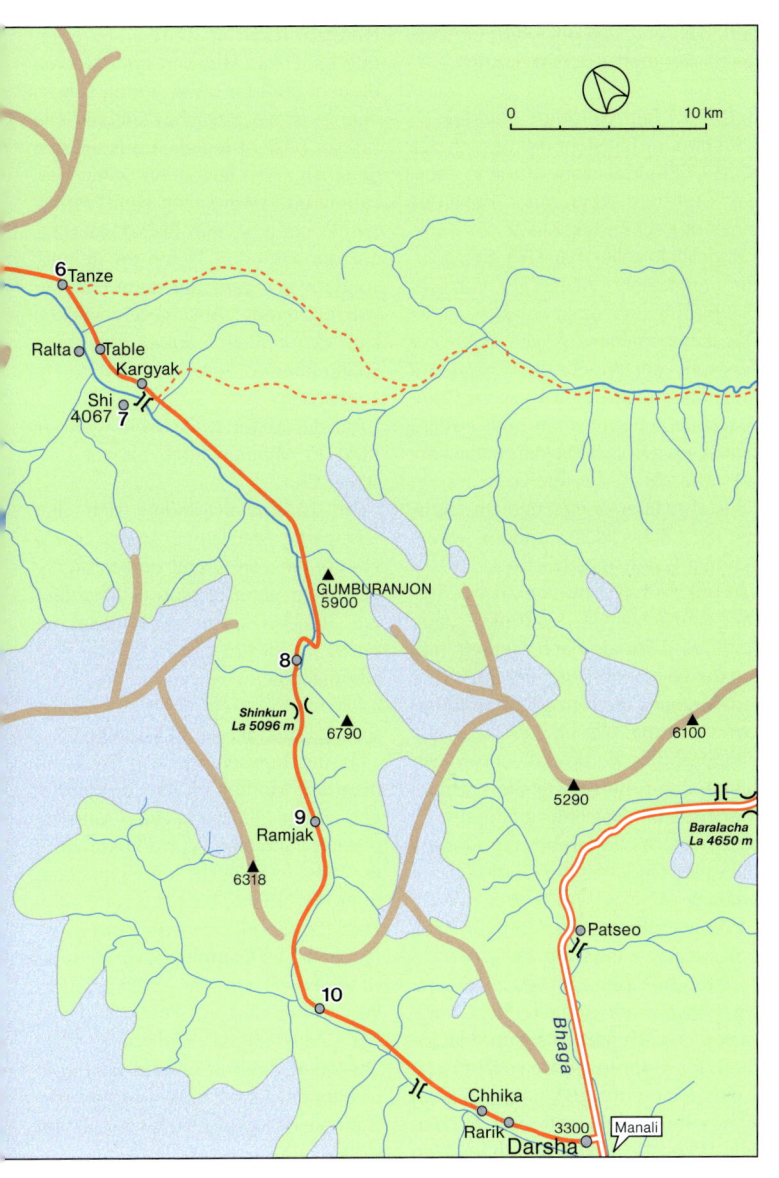

6 Tanze

Ralta Table
      Kargyak

Shi
4067 **7**

GUMBURANJON
5900

8

Shinkun
La 5096 m   6790

6100

5290

9
Ramjak

Baralacha
La 4650 m

6318

Patseo

10

Bhaga

Chhika

Rarik   3300 Manali
Darsha

0   10 km

gen, während sich die Eltern ein kleineres „Rentnerhäuschen" bauten.

3. (bis 4.) Tag: Tsetang – Phuktal

An diesem Tag steht der Besuch des Klosters **Phuktal** (siehe „Orte in Zanskar") auf dem Programm. Phuktal ist eines der schönsten Klöster in Zanskar, deshalb sollte man sich die Mühe für den kleinen Abstecher von der Hauptroute unbedingt machen.

Es stehen mehrere Möglichkeiten zur Auswahl, um Phuktal ins Programm einzubauen. Die eine ist, vom Campingplatz in Purne einen Tagesausflug ohne Gepäck nach Phuktal zu machen. Die (bessere) Alternative wäre, in Phuktal zu übernachten und am nächsten Tag z.B. bis Jal zu wandern, wo ein schöner Campingplatz ist.

In beiden Fällen muss man von Tsetang zunächst bis **Kyalbok** laufen. Rund eine Stunde nach Tsetang liegt auf der gegenüberliegenden Flussseite am Berghang die kleine **Dolma Rangchön Gompa**. Um eine einstige Meditationshöhle wurde erst vor wenigen Jahrzehnten diese Kapelle gebaut. Manche Einheimische behaupten, in den Felsformationen um die Gompa die vielen Gesichter der Göttin Tara zu erkennen.

Wer nach **Purne** will, läuft von Kyalbok auf dem Hauptweg weiter.

Ab Kyalbok führt ein Weg auf der linken Flussseite direkt nach Phuktal, der wesentlich schöner ist als der Hauptpfad. Pferde müssen den Hauptweg rechter Hand nehmen, und man kann sich in Phuktal wieder treffen. Auf diesem Weg ist eine der letzten intakten **Hängebrücken** in Zanskar zu überqueren. Etwas Mut und gute Nerven braucht man für diese Aktion schon, aber es ist ein wirkliches Erlebnis. Die Brücke besteht lediglich aus einigen nebeneinander liegenden Seilen zum Laufen und zwei Seilen zum Festhalten. Wichtig ist, den Blick keinesfalls auf die tosenden Fluten zu richten, sondern sich ganz auf seine Füße zu konzentrieren. Am geschicktesten läuft man mit nach außen gedrehten Füßen über die Seile, um nicht durchzurutschen.

Auf der anderen Flussseite geht es rund 15 Minuten hoch bis zur Ortschaft **Cha.**

Die Landschaft ändert sich nun schlagartig. Man läuft über eine Hochebene, die von Granit und farbigem Sandstein geformt wurde. Ungefähr 2,5 Stunden später ist **Phuktal** erreicht. Im Kloster gibt es Räume zum Übernachten.

5. Tag: Phuktal – Jal (4 Stunden)

Da die Tagesetappe kurz ist, kann man den Morgen im Kloster verbringen und gegen Mittag zum Campingplatz in Jal laufen. Von Phuktal geht der Weg die Schlucht wieder hinunter, über die Brücke, bis nach rund zwei Stunden die Häuser von **Purne** auftauchen. Der **Campingplatz** in Purne ist terrassiert und sehr schön gelegen. Wer weiter läuft: Ab Purne wird nun der Zanskarfluss verlassen. Man überquert die Brücke, und jetzt geht es auf der rechten Seite des Zanskar-Zuflusses Kargyak-Chu bis zm Ort **Jal** weiter.

Wer schon am Morgen von Phuktal aufgebrochen ist, könnte die nächste Etappe bis Tanze weiterlaufen. Generell lässt sich die Strecke bis Kargyak individuell einteilen, da es unterwegs einige Zeltmöglichkeiten gibt.

6. Tag: Jal – Tanze (4 Stunden)

Die Etappen des 6. und des 7. Tages lassen sich auch an einem Tag bewältigen.

Der Weg führt weiter einen ebenen Weg entlang. Unterwegs werden mehrere von ausgedehnten Feldern umgebene Gehöfte passiert. Einige von rechts herabfließende Flüsse sind zu überqueren, was normalerweise keine Schwierigkeiten bereitet.

Der Ort **Kuru** ist ein Viehzucht-Zentrum dieser Gegend. Ein Stück hinter Kuru überquert man dann die Brücke über den Kargyak-Chu. Nun verläuft der Pfad auf der linken Flussseite weiter bis **Tanze,** einem kleinen Dorf mit einer verlassenen Gompa.

7. Tag: Tanze – Kargyak (3–4 Stunden)

Links des Flusses führt der leichte Weg nach Table weiter, wo ein von links herabfließender Seitenfluss zu überqueren ist. Wer seine Stiefel nicht ausziehen will, läuft ein kurzes Stück ins Seitental hoch und benutzt die Brücke. Die Gegend um Kargyak ist recht matschig, man findet jedoch Plätze zum Zelten, außerdem gibt es in Kargyak ein Guest House. **Kargyak** (4060 m) ist die letzte Siedlung auf dieser Strecke bis kurz vor Darsha, wenn man das Dorf Chika erreicht.

8. Tag: Kargyak – Basecamp des Shinkun-Passes (5–6 Stunden)

Nun wird die Strecke noch abwechslungsreicher. Bald taucht im Blick der wie ein Zuckerhut aussehende Berg **Gumburanjon** (5900 m) auf. Am Bergfuß verliert sich dann der eindeutige Weg zwischen Geröll und Gestrüpp; es sind kleine Seitenflüsse zu durchwaten (rechtzeitig starten!). Am besten hält man sich stets rechts oberhalb des Flussbettes. Nachdem die Fußfläche des Gumburanjon passiert ist, wird der Wegverlauf wieder deutlicher.

Bald ist ein von links herabkommender Fluss zu durchwaten. Gleich daneben wird eine Brücke über den Hauptfluss **Kargyak Chu** überquert, sodass man bis zum Lungnak-Teashop gehen und das Zelt aufschlagen kann. Hier ist zugleich das **Basecamp** des Shingo La, der am nächsten Morgen ansteht.

9. Tag: Basecamp des Shinkun-Passes – Ramjak (6 Stunden)

Zum Pass sollte man früh morgens aufsteigen. Vom Campingplatz verläuft der Weg auf der linken Seites des Tales und stößt nach ca. 45 Minuten auf ein Geröll- bzw. kleines Schneefeld. Hier verliert sich der Pfad, doch muss man nach Passieren des Schneefeldes leicht links den Geröllhang hochlaufen. Falls noch viel Schnee liegt, orientiert man sich an den aufgehäuften Steintürmchen, manchmal geben auch Fußspuren Anhaltspunkte.

Oben angekommen, liegt ein weiteres Schneefeld, wo man sich rechts hält und so genau zum Kamm des

Trekking

Shinkun-Passes (5096 m) kommt. Der Pass ist ganzjährig von Schnee bedeckt. Falls Regen oder Schnee nicht die Sicht blockieren, ist der Ausblick wunderbar.

Der Abstieg vom Pass folgt dem Fluss rechter Hand. Die Strecke bis zum Campingplatz, neben einer Steinhütte namens **Ramjak,** ist steil, geröllig und dauert rund drei lange Stunden.

10. Tag: Ramjak – Camp (7 Stunden)

Ab Ramjak hält man sich weiterhin auf der rechten Flussseite, dem Chuminakpo folgend, bis man nach ca. 4 Stunden von Ramjak aus auf einer Anhöhe stehend das breite Tal des **Barai Nala** vor sich liegen sieht. Steile Serpentinen führen hinunter, man überquert eine Brücke und gelangt zum Teashop Zanskar Sumdo.

11. Tag: Zanskar Sumdo – Darsha (5 Stunden)

Da am Vortag die Brücke zum Teashop überquert wurde, bleibe man am Barai Nala auf der rechten Seite. Zunächst führt der Weg über Geröll und durch einen Bach, der (je nach aktuellem Wasserstand) hoch sein kann sowie mehreren kleineren Bächen. Dann kommen Felder in den Blick, der Weg wird flacher. Zeltmöglichkeit auf den Pilamo-Almen, ansonsten weiter bis zur Brücke über den Barai. Hier wechselt man auf die linke Seite und bleibt parallel zum Fluss, bis sich kurz vor der Ortschaft **Chika** der Pfad in einen Fahrweg, später Straße verwandelt, bis Darsha erreicht ist.

In **Darsha** gibt es Übernachtungsmöglichkeiten. Rückfahrt per Bus, Taxi oder LKW nach Manali.

Alternativrouten

Hemis – Padum

Wem die beschriebene Lamayuru-Padum-Strecke zu ausgetreten ist, kann den Trek ab Hemis starten. Die Route führt tief in die einsame Gebirgswelt hinein, und große Teile verlaufen durch wilde Schluchten; sieben bis acht Tage lang trifft man auf kein Dorf. Körperlich ist die Route nicht wesentlich anstrengender als die Lamayuru-Padum-Strecke. Da jedoch viele Flüsse zu durchqueren sind – nach einem Ladakhi-Sprichwort sind es vom Markhatal bis Zangla 108 Flussüberquerungen – kann die Strecke nur zwischen Anfang September und Ende Oktober benutzt werden. Brücken gibt es nicht. Wegen der unübersichtlich vielen Täler kann man sich leicht verirren. Es empfiehlt sich deshalb dringend, einen ortskundigen Führer, Pferde und ausreichend Proviant mitzunehmen.

Hemis – Darsha

Eine Alternativroute, die nur wenige Trekker gehen, ist die Strecke von Hemis direkt bis Darsha hinunter. Sie verläuft auf den landschaftlich abwechslungsreichen Hochplateaus von Rupshu und Changtang. Für die Changtang-Region ist ein Visum erfoderlich. Man erkundige sich in Leh nach dem aktuellen Stand.

Der Trek dauert bis Darsha etwa 11 Tage; nach Tag acht erreicht man in

Takh bereits die Hauptstraße Leh – Manali, ab hier kann man bereits eine Fahrgelegenheit organisieren.

Bergtour auf den Stok Kangri

Praktisch vor der Haustüre von Leh liegt der wie eine Pyramide aussehende, 6120 m hohe Stok Kangri. Es wird kein Permit verlangt, aber die Gebühren für die Besteigung liegen umgerechnet bei 40 €. Den aktuellen Stand kann man im örtlichen Reisebüro erfragen.

Die Besteigung des Stok Kangri übersteigt den **Schwierigkeitsgrad** einer normalen Trekkingtour. Wer aber ein bisschen Bergerfahrung mitbringt, wird kaum Probleme haben. Für die gesamte Tour sollte man 4–5 Tage kalkulieren: zwei Tage zum Basecamp, je einen Tag zum Stok Kangri und eventuell zum Nachbargipfel Golep Kangri und einen Tag zurück. Da zwischen der Ortschaft Stok und dem Gipfel 2500 m Höhenunterschied liegen, sollte man sich beim Aufstieg genug Zeit zum Akklimatisieren lassen.

An **Ausrüstung** benötigt man Pickel, Steigeisen, eventuell Seil, ein Zelt und Lebensmittel. Pferde für das Gepäck erleichtern die Tour erheblich. Während der Saison ist es ungewiss, ob im Dorf Stok Pferde erhältlich sind. Besser

Der Stok Kangri

Trekking

organisiert man sie schon in Leh in einem Reisebüro. Zwar trifft man bisweilen Hartgesottene, die ihr Gepäck selbst hochtragen, aber sogar erfahrene Bergsteiger nehmen sich oft ein Pferd.

Wegbeschreibung

Man nimmt entweder den Bus oder ein Taxi zu der 14 km von Leh entfernten alten Königsresidenz Stok. Der Einstieg ins Tal beginnt gleich oberhalb der Ortschaft und ist nicht zu verfehlen. Nach 1,5 Stunden findet man linker Hand eine Reihe großer Bäume.

5 Minuten danach biegt der Pfad nach rechts ab und folgt dem Markha-Valley-Trek. Nach 300 m biegt der Weg nach links ab und geht über einen kleinen Sattel. Man trifft beim Abstieg wieder auf den Fluss, dem man weiter folgt. Der Aufstieg ist anfangs ziemlich steil.

Nach insgesamt 3–4 Stunden findet man ein paar **Steinhäuser** von Hirten („Yakcamp"). Hier sollte man campieren (Akklimatisation). Wer keine Pferde dabei hat und nur den Stok Kangri besteigen will, kann am nächsten Tag von hier auf dem schmalen Pfad eine Abkürzung zum Gipfel nehmen. Als Alternative kann man auf dem ein paar Minuten weiter oben liegenden **Campingplatz** (4320 m) das Zelt aufschlagen. Der Weg führt eine halbe Stunde den Fluss entlang und biegt bei der Flussgabelung nach links ab.

Nach zwei Stunden ab dem Campingplatz ist das **Basecamp** (Campingplatz) erreicht (4810 m). Von hier wird

am nächsten Tag der Gipfel des Stok Kangri bezwungen; die Pferde bleiben im Basecamp.

Der **Aufstieg zum Kangri-Gletscher** dauert ca. 6 Stunden. Aufbruch vom Basecamp ist zwischen 2 und 4 Uhr morgens (Stirnlampe ist sinnvoll), sodass die Schneedecke noch fest genug ist. Man verlässt das Basecamp in nordwestlicher Richtung zum Chörten, von wo die Ostwand des Stok Kangri zu sehen ist. Es geht dann eben zum Fuße des Berges, wo man nach links abbiegt und den Gletscher entlang läuft. Nach 800 m wird er gequert, und es geht mit Steigeisen über die schneebedeckte Südwand zum Gipfel hoch.

Nur wenige besteigen den vom Basecamp aus 4 Stunden entfernten **Golep Kangri.**

Markha-Valley-Trek

Dies ist der populärste Trek in Ladakh, was auch an den herrlichen Tälern, kleinen Ortschaften und faszinierenden Gipfelblicken unterwegs liegt. Die Startpunkte Spituk bzw. Stok sind leicht ab Leh erreichbar. Der Trek dauert acht Tage.

Die **Route** verläuft südöstlich von Leh durch das Markhatal. Die Tour hat einen mittleren Schwierigkeitsgrad, dabei sind drei rund 5000 m hohe Pässe zu überqueren. Ein durchschnittlich trainierter Trekker dürfte somit keine größeren Konditionsprobleme bekommen.

113lc Foto: jm

Unterwegs liegen einige **Ortschaften,** eine gewisse touristische Infrastruktur wie einfache Guest Houses, Tea-Stalls und kleine Shops fürs Nötigste ist entlang der Route entstanden. Dennoch empfiehlt es sich – wer ohne Agentur trekkt –, Zelt und Proviant dabei zu haben.

Die **beste Trekkingzeit** ist zwischen Juni und Oktober. Es ist auch möglich, den Trek in umgekehrter Richtung, also von Hemis nach Stok bzw. Spituk, zu laufen.

Der gemütliche Teil des Tages beginnt

1. Tag: Stok –
Fuß des Stok-La (3 Stunden)

Da die Tagesetappe kurz ist, fährt man morgens von Leh mit dem Bus bzw. Taxi nach **Stok** (siehe „Orte in Ladakh") und läuft, eventuell nach einem Besuch des alten Königspalastes, erst los, wenn die Mittagshitze etwas nachgelassen hat.

Vom Dorf Stok aus folgt man auf der rechten Seite dem Lauf des Flusses, der vom Massiv des Stok-Kangri herabkommt. Nach rund zwei Stunden entfernt sich der Pfad vom Fluss und führt nun leicht aufwärts. Ein kleiner Pass bleibt linker Hand liegen, und der Weg verläuft hoch in ein kleines Tal, wo die Möglichkeit besteht, sein Zelt aufzuschlagen.

Trekking

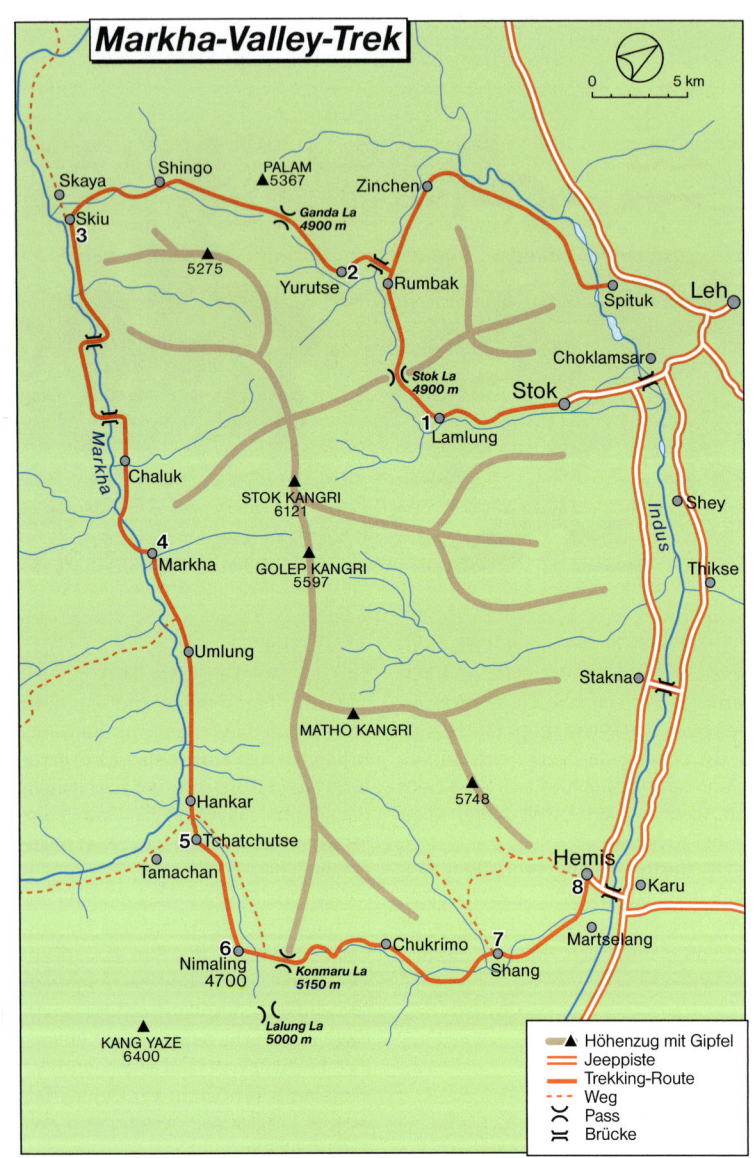

Markha-Valley-Trek

0   5 km

Skaya

Shingo

PALAM
▲5367

Zinchen

Skiu
3

*Ganda La
4900 m*

▲
5275

Yurutse

2

Rumbak

Leh

Spituk

Choklamsar

*Stok La
4900 m*

Stok

Markha

Chaluk

1

Lamlung

Shey

▲
STOK KANGRI
6121

4

Markha

GOLEP KANGRI
5597

Thikse

Umlung

MATHO KANGRI

Staknao

▲
5748

Hankar

Hemis

8

Karu

5 Tchatchutse

Tamachan

Martselang

6

Nimaling
4700

*Konmaru La
5150 m*

Chukrimo

7

Shang

*Lalung La
5000 m*

▲
KANG YAZE
6400

	Höhenzug mit Gipfel
▲	
═══	Jeeppiste
━━━	Trekking-Route
- - -	Weg
⟩⟨	Pass
⟨⟩	Brücke

Alternative: Spituk – Yurutse

Dieser Weg ist zwar länger, aber man spart sich den Aufstieg zum Stok-Pass. Bei der Brücke kurz vor Yurutse führen die beiden Wege wieder zusammen. Wer in Spituk losläuft, kann die Strecke an einem (anstrengenden!) Tag bewältigen oder in zwei Etappen unterteilen und in **Zinchen** übernachten.

2. Tag: Fuß des Stok-La – Yurutse (7 Stunden)

Für Trekkinganfänger ist dieser zweite Wandertag anstrengend. Drei Stunden dauert der steile und mühsame Aufstieg auf den 4900 m hohen **Stok-La.** Der Abstieg ist ebenso steil, dann verläuft der Weg relativ eben bis zur Ortschaft **Rumbak** weiter. Nach Verlassen des Dorfes wird auf einer Brücke der Fluss überquert. Ein kurzes Stück führt der Weg nach Süden, bis er nach rechts in das erste Seitental hinaufgeht zu dem Weiler **Yurutse.**

3. Tag: Yurutse – Skiu (7 Stunden)

Den vom letzten Tag strapazierten Oberschenkeln ist auch heute keine Erholung vergönnt, da schon wieder ein Pass, nämlich der 4900 m hohe Ganda-La, zu bewältigen ist. Der Aufstieg dauert mindestens drei Stunden; es empfiehlt sich deshalb, frühmorgens zu starten.

Von Yurutse folgt man einem Pfad, der nach einiger Zeit ein schmales Tal durchquert und schließlich in steilem Zickzack zum **Ganda-La** hochführt.

Die Hoffnung auf eine Muskellockerung geht endlich bei dem langen, einfachen Abstieg in Erfüllung. Der Pfad ist nicht zu verfehlen; er führt in südwestliche Richtung im Tal entlang bis **Shingo.** Auf diesem Abschnitt müssen mehrere seichte Bäche durchwatet werden. Nach zwei Stunden ist endlich das Haupttal des Treks, das Markha-Tal, erreicht. Man biegt hier nach links (Osten) ab und erreicht nach einigen hundert Metern die Ortschaft **Skiu,** wo es einen Campingplatz gibt.

4. Tag: Skiu – Markha (7 Stunden)

Wieder eine lange Etappe. Der Weg führt stromaufwärts, linker Hand des **Markha-Flusses** im Tal entlang. Die Gegend ist fruchtbar, und es wachsen hier viele Bäume. Nun führt der Pfad bei einer Brücke auf die rechte Flussseite, und später bei der nächsten Brücke wieder auf der linken Seite weiter.

Nach Passieren der winzigen Ortschaft **Chaluk** wird der Fluss noch zweimal überquert, und nach einem kurzen Aufstieg ist das hübsche Dorf **Markha** erreicht. Mit 11 Häusern, einer Schule und einer kleinen Gompa ist Markha das größte Dorf im Tal. Unterhalb der Häuser gibt es nahe beim Fluss gute Plätze zum Zelten.

5. Tag: Markha – Tchatchutse (6 Stunden)

Zu Beginn ist der Weg im Flussbett des Markha mühsam, man muss sich immer auf der linken Flussseite halten. Später passiert man das Dorf **Umlung** mit seiner kleinen Gompa. Weiter auf der linken Flussseite wird schließlich das Dorf **Hankar** erreicht. Nun wird der Pfad breiter und gut sichtbar.

Trekking

Kurz nach Hankar heißt es aufpassen: Hier muss man das Markha-Tal verlassen und dem gut sichtbaren Weg links hinauf (nord-östlich) in das schmalere Tal folgen, das sich verengt, über eine Brücke auf die rechte Flussseite wechseln und zu dem Sommerdorf **Tchatchutse** laufen, das nur aus einigen Hütten und Feldern besteht.

6. Tag: Tchatchutse – Nimaling (3 Stunden)

Eine zwar kurze Etappe, die es allerdings in sich hat, da es konstant steil über mehrere Pässe hinaufgeht. Man folgt dem guten Weg an einem kleinen See vorbei und über Weideland bis **Nimaling.** Hier erstreckt sich in 4700 m Höhe ein Hochtal, das von dem 6400 m hohen Berg **Kang Yaze** beherrscht wird und zu den schönsten in Ladakh gehört!

7. Tag: Nimaling – Shang (8 Stunden)

Heute ist der **Konmaru-Pass** zu bewältigen. Der Weg zum Pass (5150 m) zieht sich zunächst am Bergrücken entlang, dann geht es rund eine Stunden lang in Serpentinen nach oben. Insgesamt ist er jedoch einfacher zu erklimmen als der Ganda-La am dritten Tag. Von oben hat man einen guten Rundblick auf die Ladakh-Kette bis nach Tibet hinüber.

Ein Prüfstein für die Kniegelenke ist der lange, steile Abstieg. Wem die Puste ausgegangen ist, kann an dem Campingplatz unterwegs pausieren. Andernfalls folgt man dem Weg in die Schluchten hinein. Der Fluss muss mehrmals überquert werden (kein Problem), jedoch ist der Pfad nicht immer leicht zu finden. Schließlich verlässt man die Schlucht und folgt dem Weg auf der linken Flussseite bis **Chukirmo.** Teilweise ist das Laufen mühsam, denn der Weg führt abwechselnd auf der linken und rechten Flussseite und streckenweise im Wasser weiter, was besonders im Frühsommer bei hohem Wasserstand hart ist. Am Ende dieses anstrengenden Tages erreicht man auf der linken Flussseite schließlich **Shang.**

8. Tag: Shang – Hemis (4 Stunden)

Eine Weile führt der Weg im Flussbett entlang, bis er endlich besser wird. Man erreicht eine Anzahl von Chörten, wo man die Ortschaft **Martselang** rechter Hand liegen lässt und dem leicht aufsteigenden Weg nach **Hemis** (siehe „Orte in Ladakh") folgt.

Likir – Khalse

Perfekt zum „Warmlaufen" geeignet ist der 3–4 Tage dauernde Trek zwischen Likir und Khalse. Die Strecke ist gerade richtig für Leute, die keine großen Wanderfans sind, aber dennoch einige schöne Dörfer und eine wunderbare Landschaft sehen wollen.

Die Strecke führt nie viel höher als 4000 m; deshalb sollte man stets frühmorgens starten, um nicht in der Mittagshitze laufen zu müssen. Leider hat der Trek etwas von seinem Reiz verloren, seitdem nahezu die gesamte Strecke zur Jeeppiste ausgebaut wurden – wenngleich man wahrscheinlich

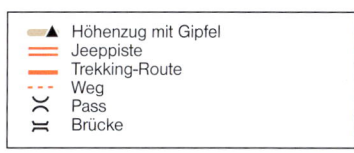

nur wenigen Fahrzeugen begegnen wird. Allerdings fahren regelmäßig Busse.

Ein Leser schrieb: Dieser Trek wird inzwischen auch **Teastall-Trek** genannt: In jeder Ortschaft gibt es mindestens ein Guest House mit Campingplatz. Man braucht also kein Zelt und kein Essen mitzunehmen. Die auf dem Weg liegenden Orte haben offensichtlich eine Abmachung getroffen, generell 150 Rp. für die Zimmer zu verlangen.

1. Tag: Likir – Yangthang (5 Stunden)

Nachdem man die letzten Häuser des Dorfes Likir verlassen hat, führt der Weg durch trockenes Terrain. Es folgt ein langsamer Aufstieg zu dem kleinen **Pobe-Pass.** Vom Pass läuft man zum Dorf **Sumdo** hinab (2,5 Stunden), das auf der rechten Seite verlassen wird. Bei der Brücke geht es nun über den Fluss und eine knappe Stunde lang weiter durch ein schmales, trockenes Tal, bis die Anhöhe eines anderen harmlosen Passes, des **Charatse-La,** erreicht ist. Von diesem Pass kommt man nach 20 Minuten in

das Dorf **Yangthang.** Hier gibt es drei Guest Houses. Das **Solpon Guest House** ist einfach und freundlich, allerdings gibt es kein Bad. Essen im Kreis der Familie ist im Preis inbegriffen.

2. Tag: Ausflug zum Kloster Rizong

Wer Zeit hat, kann von Yangthang einen Tagesausflug zu dem 2,5–3 Stunden entfernten **Kloster Rizong** (siehe „Orte in Ladakh") unternehmen.

3. Tag: Yangthang – Ang (4 Stunden)

Ein 10-minütiger Abstieg führt ins Tal von Wulle hinunter. Man überquert die gut befestigte Brücke und steigt dann etwa eine Stunde zum **Sermanchan-Pass** hoch. Ein leicht begehbarer Weg geht zum Dorf **Hemis Schukpachen** (siehe „Orte in Ladakh"), dessen Wacholderwäldchen eine Rarität in Ladakh darstellt.

Trekking

Oberhalb der Ortschaft führt der Weg zunächst weiter über eine Ebene und dann steil den Abhang in einen Talkessel hinab. Man umläuft den Kessel zur Hälfte, wobei man sich immer rechts halten muss. Auf der gegenüberliegenden Seite führt der Pfad steil hoch zu einer kleinen Passhöhe, die rund zwei Stunden nach Hemis Schukpachen erreicht ist. Nach einem leichten, 40-minütigen Abstieg gelangt man zur Ortschaft **Ang.** Beim Fluss ist ein guter Platz zum Campieren.

4. Tag: Ang – Khalse (5 Stunden)

Ab Ang hält man sich Richtung Westen, bis nach einer halben Stunde das Dorf **Tingmogang** (siehe „Orte in Ladakh") auftaucht, das mit seinen Aprikosen-, Apfel- und Walnussbäumen einer der reichsten Orte in Ladakh ist. Wer genug vom Wandern hat, kann von Tingmogang das kurze Stück zur Hauptstraße hinunterlaufen und von dort einen Bus oder LKW nehmen.

Im anderen Fall läuft man zwischen ausgedehnten Feldern und Obstgärten das Y-förmige Tal auf der linken Seite bis **Tea** hinauf. Oberhalb von Tea überquert man die Felder bis zum Fluss. Nun steht noch einmal ein kurzer, steiler Aufstieg zum **Bongbong-Pass** bevor. Die Anhöhe ist ab Tingmogang nach ca. einer Stunde erreicht. Der Abstieg ist zwar lang, aber recht leicht; gerade richtig, um die Muskeln ein letztes Mal zu lockern, bis man wieder auf die Hauptstraße stößt. Zu Fuß ist es von hier eine Stunde bis **Khalse.**

Lamayuru – Alchi

Auf der interessanten kleinen „Klostertour" können unterwegs drei Gompas aus dem 11. Jh. besichtigt werden: Wanla, Manggyu und Alchi. Der Trek dauert nur vier Tage, der Aufstieg auf den Tar-Pass am zweiten Tag ist aber etwas hart. Die beste Zeit für den Trek ist zwischen Juni und Oktober.

1. Tag: Lamayuru – Urshi (7 Stunden)

In Lamayuru (siehe „Orte in Ladakh") läuft man vom Kloster ins Dorf hinunter und von dort weiter auf der linken Seite des Flusses entlang, bis nach 30 Minuten die Brücke überquert wird. Nun führt der Pfad in das schmale, schluchtartige Tal hinein. Nach 10 Minuten muss man in das schmalere, nach Osten führende Tal einbiegen. Gleich nach der Kurve schlängelt sich der Weg ca. 1,25 Stunden lang zum **Prinkiti-La,** dem „Eidechsenpass") auf 3726 m hoch. Auf der anderen Seite geht es eine schmale Schlucht steil hinab, und man erreicht schließlich das Dorf **Shilla.** Auf der Brücke wird der Fluss überquert.

Nach einer Stunde erreicht man **Wanla.** Links oberhalb der Ortschaft liegt das Kloster. Es ist umgeben von den zerfallenen Befestigungsmauern, Wachtürmen und Ruinen einer Burg, von der aus früher die Zugänge der Täler bewacht wurden. Heute wird die Gompa von nur einem Mönch betreut, aber sie ist einen Besuch wert. Im Gebetsraum stehen einige große Gipsfiguren.

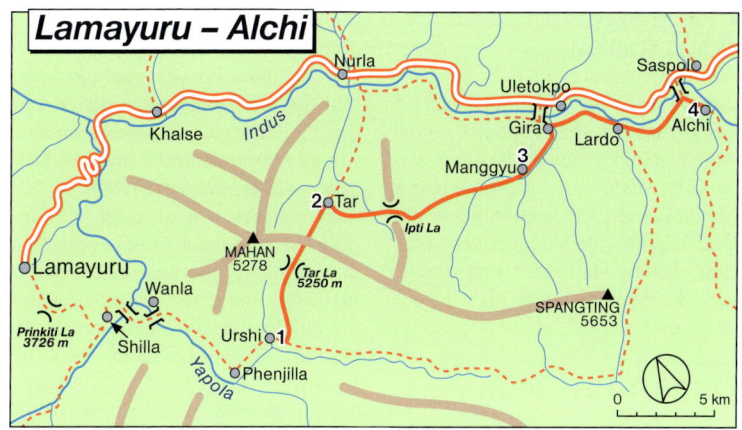

Lamayuru – Alchi

Nach Verlassen von Wanla folgt man auf der rechten Seite dem Yapola-Fluss und erreicht nach etwa zwei Stunden eine Brücke, die zum Ort **Phenjilla** hinüberführt. Hinter Phenjilla biegt man nach Nordosten in ein Tal ein, aber nach einer Stunde wird dieses Haupttal verlassen, und man läuft nach links hoch genau in Richtung Norden einen Fluss entlang, der nach **Urshi** führt. (Der andere Pfad geht in Richtung Chiling weiter.) Man lässt das Dorf hinter sich und schlägt das Zelt dann nahe dem Pass auf.

2. Tag: Urshi – Tar (8 Stunden)

Vom Camp aus ist der Weg zum Pass gut markiert und leicht zu finden. Der Aufstieg ist aber ein gutes Stück Arbeit. Man sollte früh am Morgen starten und sich seine Energien gut einteilen; bis zur Passhöhe des **Tar-La** auf 5250 m läuft man nämlich fünf Stunden. Der Abstieg ist geröllig und kann

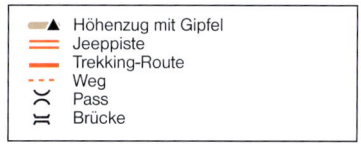

	Höhenzug mit Gipfel
	Jeeppiste
	Trekking-Route
	Weg
	Pass
	Brücke

für Pferde wie für Menschen Probleme bereiten. Nach einem dreistündigen Abstieg wird das Dorf **Tar** erreicht.

3. Tag: Tar – Manggyu (5 Stunden)

Ab Tar führt der Weg zum relativ einfachen **Pass Ipti La.** Vom Ipti La sieht man in einiger Entfernung einen weiteren Pass, **Manggyu La,** etwa in gleicher Höhe. Der Pfad führt anfangs etwas hinunter, dann aber auf halber Höhe des Berghanges zum kurzen Aufstieg auf den Manggyu La. Dann geht's hinunter Richtung Indus nach **Manggyu** (siehe „Orte in Ladakh"). Unterhalb des Dorfes beim Fluss ist ein guter Platz zum Campen.

Trekking

4. Tag: Manggyu – Alchi (5 Stunden)

Von Manggyu zieht sich ein guter Weg am Fluss entlang durch ein schönes Tal, das sich später cañonartig verengt. Nach 2,5 Stunden ist beim Weiler **Gira** wieder das Industal erreicht. Ab Gira überquert man entweder die Indusbrücke zur Hauptstraße oder läuft rechter Hand des Indusflusses rund drei Stunden bis **Alchi.**

Lamayuru – Stok

Landschaftlich sehr reizvoll ist die Sechs-Tage-Wanderung von Lamayuru zum alten Königspalast von Stok. Ein Knackpunkt für Trekker mit Gepäcktieren ist allerdings die Seilbrücke über den Zanskar beim Dorf Chiling, da sie von Pferden nicht benutzt werden kann und die Tiere den reißenden Strom hier auch nicht durchqueren können.

Es gibt demnach mehrere Möglichkeiten, diesen Trek zu machen:

1. Wer gut zu Fuß ist, trägt sein Gepäck auf der ganzen Strecke selbst.

2. Man mietet Pferde von Lamayuru bis Chiling und muss das Gepäck dann nur auf der zweiten Hälfte tragen. Allerdings ist zu bedenken, dass die Überquerung des Stok-Passes ziemlich anstrengend ist. Nachdem man aber an diesem sechsten (und letzten) Trekkingtag bereits gut eingelaufen sein müsste, könnte diese Möglichkeit doch in Betracht gezogen werden.

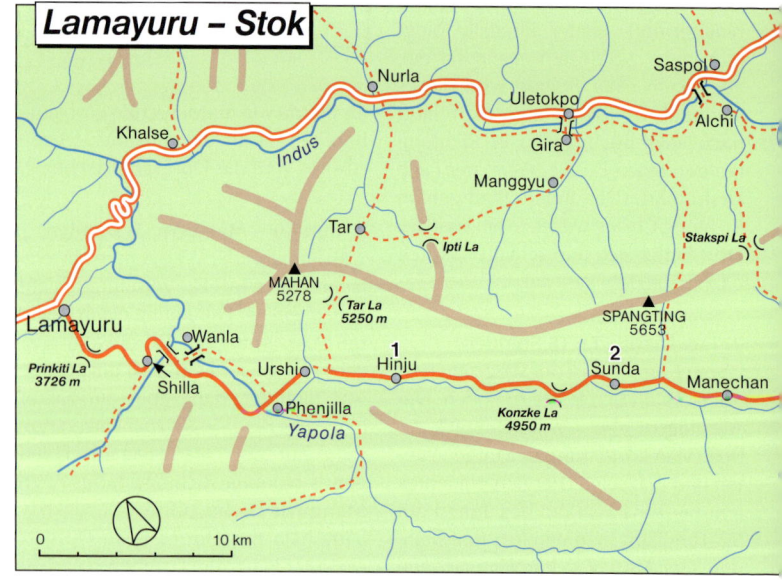

3. Ab Chiling läuft man nach Nimmu; das heißt, dass die Brücke nicht überquert zu werden braucht und die Pferde den ganzen Trek über behalten werden können. Der Weg ist ab Chiling bis Nimmu für Jeeps befahrbar ausgebaut und verläuft fast waagerecht. In einer langen Etappe lässt sich das Stück an einem Tag zurücklegen. Wer es romantisch liebt, übernachtet in einer der weißen Sandbuchten des Zanskar.

1. Tag: Lamayuru –
Hinju (8 Stunden)

Die genaue Beschreibung für den Einstieg ins Tal zum Prinkiti-Pass und weiter nach Wanla siehe Trek Lamayuru-Padum.

Ab **Wanla** führt der Weg auf der rechten Flussseite des Yapola nach 2 Stunden über eine Brücke zum Dorf **Phenjilla** hinüber. Von hier geht es in Richtung Nordosten in das Flusstal hinein, dem man rund eine Stunde lang folgt. Nun lässt man das von Norden herabkommende Tal links liegen (dies ist der Pfad nach Alchi) und erreicht nach einer Stunde **Hinju.** Das Dorf hat rund 30 Häuser und eine Schule.

▲	Höhenzug mit Gipfel
═══	Jeeppiste
───	Trekking-Route
- - -	Weg
)(	Pass
⋈	Brücke

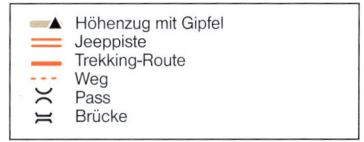

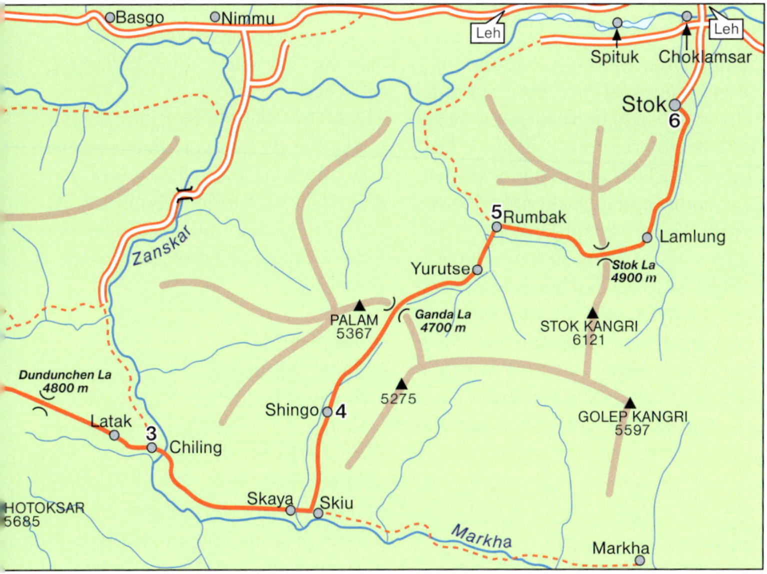

2. Tag: Hinju – Sumda (6 Stunden)

Von Hinju folgt man dem Haupttal aufwärts. Nach den obersten Bergweiden, wo noch ein Haus steht, lässt man ein Tal links liegen und folgt dem Pfad zum Gipfel des **Konzke-Passes** (4950 m). Das letzte Drittel des Anstiegs verläuft ziemlich steil. Der Abstieg ist lang und führt zu Sommerweiden. Dann hält man sich auf der linken Seite des Flusses **Sumda Chu.** Nach dem Überqueren weiterer Weiden geht der Pfad nahe am Fluss entlang und man erreicht schließlich **Sumda.**

Hier am Fluss gibt es gute Campmöglichkeiten.

Das Dorf Sumda liegt am Schnittpunkt von drei Wegen, die es mit Lamayuru im Westen, Chiling im Osten und Alchi im Norden verbinden. Ab hier könnte man demnach über den 5300 m hohen Stakspi-Pass nach Alchi zurücklaufen.

3. Tag: Sumda – Chiling (7 Stunden)

Von Sumda führt der Weg weiter im Haupttal, das nach 1,5 Stunden seinen Verlauf in Richtung Osten ändert. Nun wird der Pfad etwas diffus. Man hält sich auf der linken Flussseite, bis man zu der Brücke kommt. Diese wird überquert, und dann beginnt der Auf-

Fertig zum Überqueren des reißenden Zanskar

stieg zum **Dundunchen-Pass** (4800 m). Oberhalb der Sommerweiden auf halber Strecke wird der Weg ziemlich steil. Von oben hat man eine tolle Aussicht.

Richtung Südosten wird die Passhöhe wieder verlassen; der Abhang wird später steil. Man passiert ein Haus, das hoch oben im Tal liegt. Das Tal, in das man nun gelangt, verengt sich immer mehr, bis man das Künstlerdorf **Chiling** (siehe „Orte in Ladakh") erreicht. Unterhalb der 10 Häuser zählenden Ortschaft ist ein guter Platz zum Campen.

4. Tag: Chiling – Shingo (6 Stunden)

Am besten, man fragt gleich in Chiling, wer für die Bedienung der **Seilbrücke** zuständig ist, die ein paar hundert Meter stromaufwärts des Dorfes über den Zanskar führt. Zum Überqueren setzt man sich in einen kleinen Kasten, der über eine Seilwinde auf die andere Flussseite gezogen wird. Das „Hinübergleiten" ist ein echtes Erlebnis! Keine Angst, wenn der Kasten etwa in der Mitte, hoch über den rauschenden Fluten, kurz stecken bleibt; bis jetzt wurde noch jeder sicher ans andere Ufer gezogen.

Nach der Überquerung des Zanskar führt ein guter Pfad zum Dorf **Skaya** (2,5 Stunden). Hier bietet sich übrigens die Möglichkeit, in den Markha-Tal-Trek einzubiegen. Ein Stück hinter Skaya verläuft der Weg in ein enges Tal hinein, und nach drei Stunden ist das

Gehöft **Shingo** erreicht. Guter Zeltplatz.

5. Tag: Shingo – Rumbak (6 Stunden)

Ein einfacher, aber langgezogener Aufstieg führt zum 4700 m hohen Pass **Ganda-La** hinauf. Der Abstieg geht in ein herrliches Tal hinein und weiter bis **Yurutse,** wo kurz danach über den Fluss auf die linke Seite gewechselt werden muss. Man hält sich auf der linken Bergseite und erreicht dann das Dorf **Rumbak.** Diese Gegend ist sehr trocken; es wachsen kaum Bäume hier.

6. Tag: Rumbak – Stok (6 Stunden)

Von Rumbak dem Tal folgend, führt schließlich ein steiler und anstrengen-

Zanskarische Bäuerin

Trekking

der Pfad in Zick-Zack-Kurven zum **Stok-Pass** (4900 m) hinauf. Nach drei Stunden ist die Passhöhe erreicht. Der ebenfalls steile Abstieg verläuft teils über Sommerweiden. Man erreicht einen Fluss, an dem man linker Hand entlangläuft, bis man im Dorf **Stok** (siehe „Orte in Ladakh") ankommt. Ab Stok ist es eine Wegstunde zur Hauptstraße nach **Choklamsar,** von wo ständig Busse bis Leh fahren.

Padum-Phuktal-Rundtrek

Wer nicht von Zanskar nach Darsha trekkt, aber dennoch das Kloster Phuktal besuchen möchte, könnte sich zu dieser fünf Tage dauernden Rundtour ab Padum entschließen. Neben Phuktal lassen sich zwei weitere Klöster, Bardan und Mune, besichtigen. Der Weg verläuft ständig relativ flach entlang dem Tsarap-Fluss und erfordert deshalb keine besondere Kondition. Zwar ist die Gegend landschaftlich reizvoll, aber leider muss man sowohl den Hin- als auch den Rückweg im gleichen Tal laufen. Um drohender Langeweile vorzubeugen, empfiehlt es sich deshalb, das zweite Teilstück des Rückweges auf der anderen Flussseite durch einige nette, verschlafene Dörfer zu trekken.

Das erste Streckenstück bis Phuktal ist ausführlich im Padum-Darsha-Trek beschrieben. Der Rückweg von Phuktal bis Padum ließe sich folgendermaßen gestalten:

1. Tag: Phuktal – Dorzong (8 Stunden)

Ein langer Marschtag führt auf dem Hauptweg bis Dorzong, wo ein kleiner Campingplatz auf der anderen Seite der Brücke zur Rast einlädt. Schräg oberhalb davon liegt eine Höhle, in der man ebenfalls übernachten kann.

2. Tag: Dorzong – Padum (9 Stunden)

Die Etappe kann bis Padum auf der rechten Flussseite gelaufen werden. Für Pferde ist sie ungeeignet; sie müssen auf dem Hauptweg zurückgehen.

Vom Campingplatz Dorzong aus läuft man eine knappe Stunde zu der hübschen Ortschaft **Ichar.** In dem Dorf gibt es eine interessante Besonderheit: Soweit die Dorfbewohner zurückdenken können, gebären die Frauen hier zu 75 % Mädchen. Wer durch den Ort läuft, begegnet tatsächlich kaum einem Jungen! Die Zanskaris führen dieses Phänomen auf das besonders mineralhaltige Trinkwasser der Gegend zurück – was für die moderne Biologie kaum eine ausreichende Begründung sein dürfte. Dieser permanente Mädchenüberschuss hat dazu geführt, dass in Ichar bis heute in vielen Familien ein „makpa"-Ehemann ins Haus geholt wird, das heißt, mehrere Schwestern heiraten gemeinsam einen Mann. Übrigens gehören die Ichar-Frauen nach dem Geschmack der Männer hier zu den attraktivsten und selbstbewusstesten Frauen von Zanskar.

Beim Verlassen des Ortes fallen am Bach einige Getreidemühlen auf. Nach zwei Stunden ist die Brücke auf

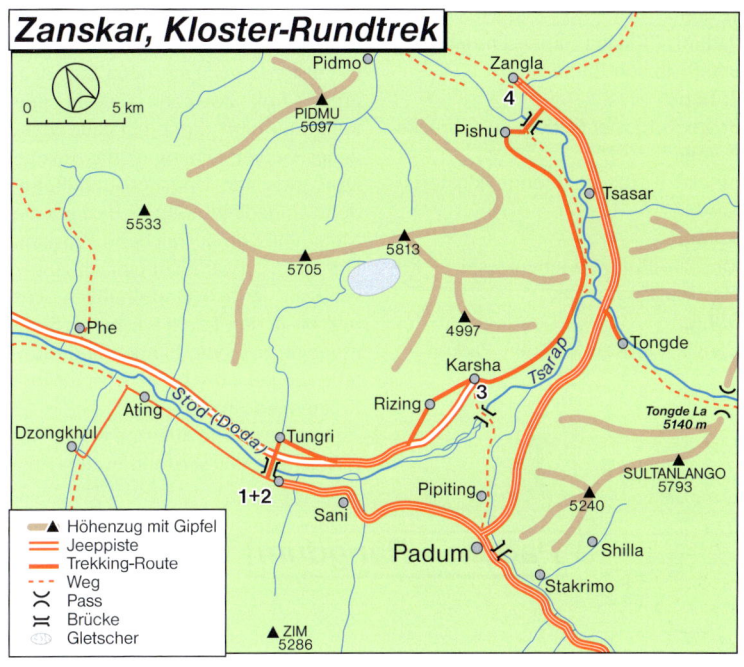

Zanskar, Kloster-Rundtrek

0   5 km

Pidmo
Zangla
4
PIDMU
5097
Pishu
Tsasar
5533
5813
5705
4997
Phe
Tongde
Karsha
Stod (Doda)
Rizing
3
Ating
Tongde La
5140 m
Dzongkhul
Tungri
SULTANLANGO
5793
1+2
Pipiting
Sani
5240
Padum
Shilla
Stakrimo
ZIM
5286

Höhenzug mit Gipfel
Jeeppiste
Trekking-Route
Weg
Pass
Brücke
Gletscher

die andere Flussseite nach **Raru** hinüber erreicht, wo man sich wieder mit dem Pferdeführer treffen könnte. Oder man läuft weiter auf der rechten Seite durch die Dörfer **Pipcha** und **Shilla** nach Padum zurück.

Kloster-Rundtrek in Zanskar

Einige interessante Ortschaften und Klöster können in Tagesausflügen von Padum aus besucht werden. Wer jedoch keine Lust hat, jeden Abend dorthin zurückzukehren, macht besser einen Rundtrek.

Die Tour ist zwar zu Fuß nicht schlecht; viel mehr Spaß macht sie aber auf dem Pferd, da der Weg durch einige weite Ebenen führt (etwa Padum – Sani oder Tongde – Padum) und das Laufen hier irgendwann langweilig wird. Am Wege liegen viele Dörfer, in denen aber keine Lebensmittel erhältlich sind. Man sollte deshalb von Padum genügend Proviant bzw. Getreide und Gemüse zum Kochen mitnehmen.

Die unten aufgeführten Orte sind im Kapitel „Orte in Zanskar" beschrieben.

Trekking

1. Tag:
Padum – Kloster Sani – Dodabrücke
unterhalb von Tungri
2. Tag:
Brücke – Kloster Dzongkhul – Brücke
3. Tag:
Brücke – Tungri (Nonnenkloster) –
Karsha
4. Tag:
Karsha – Pishu (Nonnenkloster) – Königspalast in Zangla
5. Tag:
Zangla – Kloster Tongde – Padum

Padum – Rangdum

Der selten begangene, neun Tage dauernde Trek zwischen Padum und
Rangdum führt durch ein sehr entle-
genes Gebiet; Dibling ist das einzige
Dorf zwischen Lingshed und Rangdum. Unbedingt nötig ist deshalb die
Mitnahme von ausreichend Proviant.
Der Trek ist zwar nicht einfach zu bewältigen, jedoch landschaftlich sehr
reizvoll. In den Tälern wächst im Sommer eine Fülle von Blumen und Kräutern, die ladakhische Amchis für ihre
Kräutermedizin sammeln.

Zwischen Mitte Juli und Mitte August ist der Wasserstand in den Flüs-

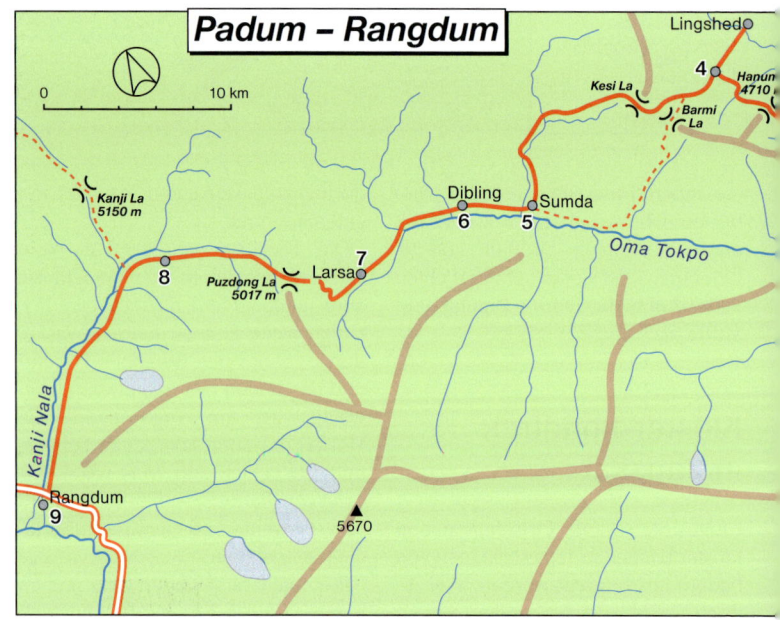

sen hoch, weshalb man auf jeden Fall ein Seil für die Überquerungen dabeihaben muss. Wer den Trek in Rangdum startet, wird im Sommer nur mit Mühe ein Pferd organisieren können.

Die unten beschriebenen Wegzeiten werden nur von schnellen Trekkern erreicht; man sollte deshalb etwas mehr Zeit für die einzelnen Etappen kalkulieren.

1. Tag: Padum – Pishu

Da der Weg bis Hanumil ziemlich flach verläuft, sind die ersten beiden Tage zwar etwas eintönig, jedoch optimal zum Einlaufen. Ab Padum führt die Route über **Pipiting** in Richtung

Karsha und von dort stets auf der linken Flussseite des Zanskar bis **Pishu.** Unterhalb des Ortes ist nahe der Wassermühle ein grüner Platz, wo man das Zelt aufschlagen kann.

2. Tag: Pishu – Hanumil

Weiterhin linker Hand des Flusses geht es weiter bis **Hanumil.** Die Ortschaft liegt genau am Fuße des Parfi-

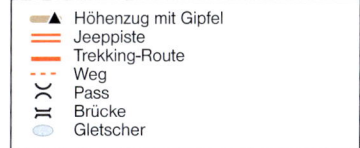

▲	Höhenzug mit Gipfel
═══	Jeeppiste
═══	Trekking-Route
- - -	Weg
)(	Pass
⊃⊂	Brücke
⬭	Gletscher

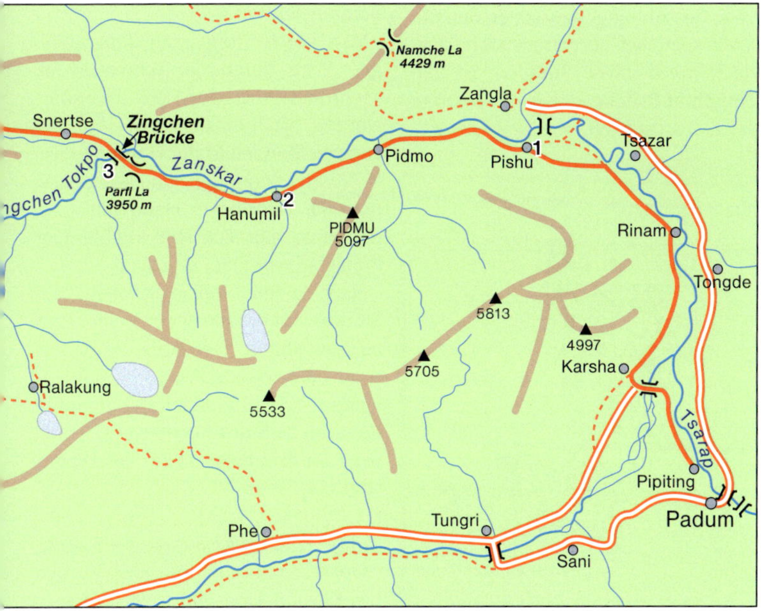

Passes, der am nächsten Tag zu bewältigen ist.

3. Tag: Hanumil – Zingchen-Brücke

Noch bevor man richtig eingelaufen ist, beginnt bereits nach 5 Minuten der rund 4-stündige Aufstieg zum **Parfi-La** (3950 m). Er ist aber nicht schwierig, da der Weg entlang dem Berghang langsam nach oben führt. Lediglich die letzten 30 Minuten geht es steil hinauf.

Stark abschüssig über schwer zu begehendes Geröll führt der Weg nach unten. Um die Kniegelenke zu schonen, sollte man deshalb langsam laufen. Tatsächlich ist der Abstieg manchmal anstrengender als der Aufstieg! Unterwegs kann man etwa auf der Mitte des Abhanges zwischen den Büschen seine Wasservorräte nachfüllen. Nach rund zwei Stunden ist die **Zingchen-Brücke** erreicht, wo man das Zelt aufschlägt.

4. Tag: Zingchen-Brücke – Fuß des Kesi-Passes

Heute ist der härteste und schwierigste Trekkingtag, an dem drei Pässe zu bewältigen sind. Es ist deshalb wichtig, frühmorgens und gut gestärkt aufzubrechen.

Die Holzbrücke ist oft von Lawinen weggespült; in diesem Fall läuft man etwa 30 Minuten am linken Ufer des Zingchen-Flusses zwischen großen Geröllsteinen hoch bis zu einem Haus. Hier ist der Fluss seicht genug zum Überqueren. Nach einem leichten Aufstieg auf einen kleinen Pass wird eine Brücke überquert, und man erreicht nach einer Stunde **Snertse**. Hier findet man Getreidefelder und ein paar Hütten, in denen die Hirten im Sommer leben.

Von Snertse folgt man dem steinigen Weg durch ein schmales Tal. Mehrmals muss der Fluss überquert werden. Nach einem langen Aufstieg von vier Stunden ist der **Hanuma-Pass** (4710 m) erklommen. Unterwegs lässt man die Täler linker Hand „links liegen" und hält sich stets rechts. Der Ponypfad weist hier den Weg.

Nach einem steilen Abstieg (1,5 Stunden) ist nochmals ein kleiner Pass zu bewältigen. Der Aufstieg dauert rund eine Stunde. Von hier geht es weitere 1,5 Stunden leicht bergauf in Richtung **Fuß des Kesi-Passes**, wobei der Kesi-Pass linker Hand des Weges liegt.

5. Tag: Fuß des Kesi-Passes – Sumda

Der Vormittag ist für einen Besuch des Klosters Lingshed (siehe „Orte in

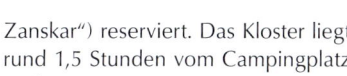

Zanskar") reserviert. Das Kloster liegt rund 1,5 Stunden vom Campingplatz entfernt.

Vom Campingplatz aus dauert der Aufstieg zum **Kesi-Pass** (4950 m) 2,5 Stunden. Von den vielen Pfaden sollte man sich nicht verwirren lassen; man nimmt stets den breitesten.

Beim Abstieg nach **Sumda** durch das Tal ist mehrmals der Bach zu überqueren. Wer am Morgen das Kloster Lingshed nicht besucht hat, dem bleibt jetzt genug Zeit, bis **Dibling** weiterzulaufen.

6. Tag: Sumda – Dibling

Nach den beiden letzten anstrengenden Etappen folgen nun zwei wohlverdiente Ausruhtage. Der Weg führt von Sumda rechter Hand den Seitenfluss des Oma Tokpo gemütlich bis nach Dibling.

7. Tag: Dibling – Larsa

Durch das offene Tal läuft man 4–5 Stunden auf der rechten Seite des **Oma Tokpo** bis Larsa. Nach drei Stunden muss ein Fluss überquert werden. Da es keine Brücke gibt, muss man eine seichte Stelle zum Durchwaten finden. In **Larsa** kann man auf einer Blumenwiese campen.

8. Tag: Larsa – Campplatz

Die steile Klettertour zum **Puzdong-Pass** (5017 m) hoch beginnt schon 10 Minuten nach Verlassen des Campingplatzes und dauert mindestens vier Stunden. Vom Weg aus ist der Gipfel nicht zu sehen, deshalb sollte man sich nach Erreichen der ersten beiden Pass-

höhen nicht zu früh freuen – erst der dritte Gipfel ist nämlich der richtige! Von oben hat man eine tolle Aussicht auf das Nun-Kun-Massiv im Westen. Der Abstieg führt ein Stück durch Schnee und zweimal ist ein kleiner Fluss zu überqueren, was aber problemlos ist. Nach 2,5 Stunden erreicht man einen Platz, wo man das Zelt aufschlagen kann.

9. Tag: Campplatz – Rangdum

30 Minuten nach dem Campplatz biegt der Weg nach links in Richtung Rangdum ab und führt nun kontinuierlich im Flussbett des Kanji Nala entlang. Da der Kanji Nala keinen festen Verlauf hat, muss immer wieder einmal die Flussseite gewechselt und der Weg durch Sand und Geröll selbst gefunden werden.

Nach sechs Stunden ist Rangdum (siehe „Orte in Zanskar") erreicht.

Rangdum – Khalse

Eine weitere Möglichkeit, um von Zanskar nach Ladakh zu trekken, besteht ab Rangdum über den Kanji-Pass nach Khalse. Die Gegend ist sehr einsam, und man trifft während der ersten Tage auf keine Ortschaften. Aus diesem Grund ist ausreichend Proviant mitzunehmen. Insgesamt dauert der Trek 6 Tage. Um einen Tag kann die Route verkürzt werden, und zwar indem man am vierten Tag von Shillakong direkt nach Lamayuru läuft. Die beste Zeit für den Trek ist zwischen Juni und September.

Trekking

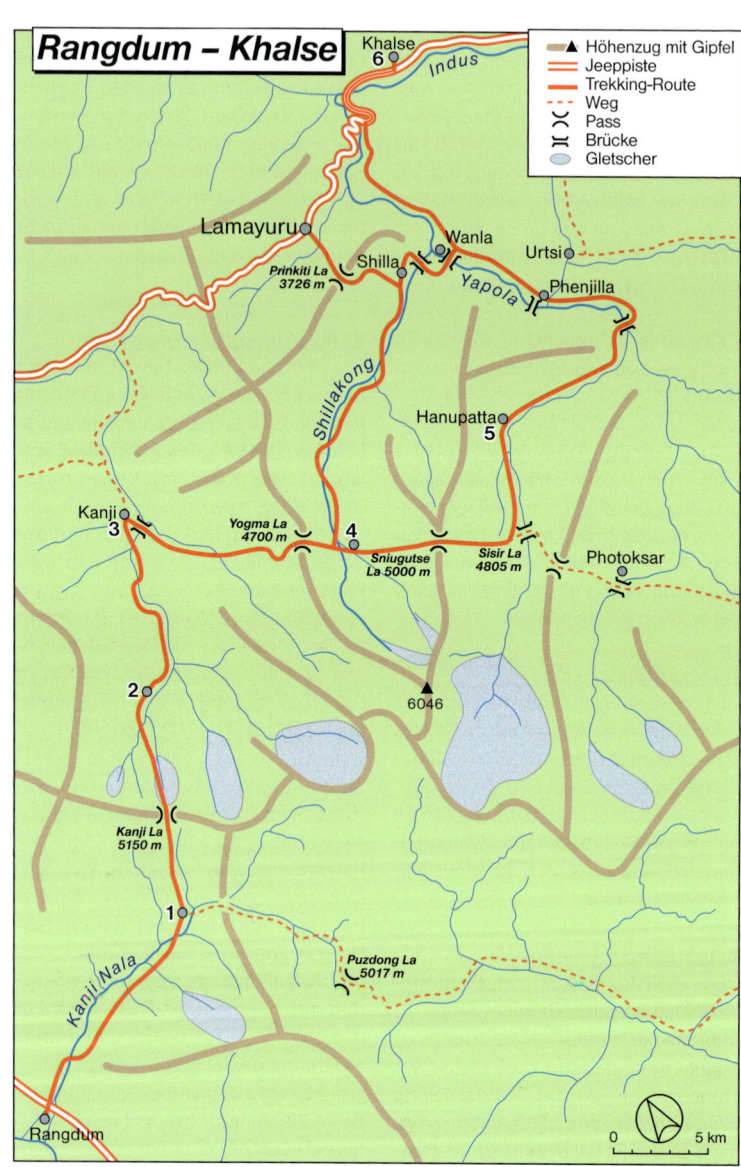

Rangdum – Khalse

Höhenzug mit Gipfel
Jeeppiste
Trekking-Route
Weg
Pass
Brücke
Gletscher

Khalse **6**

Indus

Lamayuru

Prinkiti La 3726 m

Shilla

Wanla

Urtsi

Yapola

Phenjilla

Shillakong

Hanupatta **5**

Kanji **3**

Yogma La 4700 m

4

Sniugutse La 5000 m

Sisir La 4805 m

Photoksar

2

6046

Kanji La 5150 m

1

Puzdong La 5017 m

Kanji Nala

Rangdum

0   5 km

1. Tag: Rangdum – Campplatz (7 Stunden)

Am ersten Tag läuft man vom Kloster Rangdum entlang dem Fluss **Kanji Nala,** wobei der Weg aus häufigem Auf und Ab besteht. Wo der Pfad auf eine enge Schlucht stößt, sind mehrere Bäche zu durchwaten. Ein guter Zeltplatz ist am Schnittpunkt der Berge Kanji-La und Puzdong-La.

2. Tag: Campplatz – Kong Nala (8 Stunden)

Oberhalb des Camps wird der Pfad linker Hand der Schlucht eingeschlagen. Die Pferde müssen der Schlucht folgen. Nach einer knappen Stunde geht man in die Schlucht und läuft von hier den Weg zum **Kanji-Pass** (5150 m) hoch. Der Aufstieg wird durch Massen von Geröll und Felsbrocken erschwert. Vom Pass aus folgt man dem Weg nach Nordwesten, der beim dritten Steinhaufen steil hinabführt. Übernachtet wird am Fluss **Kong Nala.**

3. Tag: Kong Nala – Kanji (5 Stunden)

Der Fluss ist mehrmals zu überqueren, bis man den Ort **Kanji** erreicht. Ab hier könnte man an einem Tag zur Hauptstraße Kargil-Leh laufen.

4. Tag: Kanji – Fluss Shillakong (7 Stunden)

In Kanji wird die Brücke überquert und man folgt dem Fluss, der vom Yogma-Pass herunterkommt. Nach 1,5 Stunden überquert man diesen Fluss bei einem Weiler und läuft zum **Yogma-Pass** (4700 m) hinauf.

Von der Passspitze geht ein steiler Weg bis zum **Fluss Shillakong** hinunter. Man überquert ihn und kommt zu einem guten Campingplatz. Ab hier ist es möglich, entlang dem Fluss Shillakong an einem Tag über Shilla nach Lamayuru zu laufen; allerdings sind auf dieser Abkürzung mehrere Flüsse zu überqueren.

5. Tag: Fluss Shillakong – Hanupatta (9 Stunden)

Ein harter Tag steht bevor: Kurz nach Aufbruch vom Zeltplatz beginnt der rund vier Stunden lange Aufstieg zum **Sniugutse-Pass** (5000 m). Richtig steil wird es aber lediglich auf den letzten 250 Metern.

Der Abstieg führt in eine grandiose Schlucht. Nach ca. 30 Minuten wird ein Fluss erreicht, den man knappe zwei Stunden entlangläuft, bis er mit einem anderen Fluss zusammentrifft. Diesem folgt man und kommt zwei Stunden später in der Ortschaft **Hanupatta** an.

6. Tag: Hanupatta – Khalse (8 Stunden)

Von Hanupatta läuft man links des Flusses bis zum **Yapola-Fluss,** überquert dort die Brücke und folgt dem Weg auf der rechten Seite bis **Phenjilla** und dann weiter nach **Wanla.**

Ab Wanla könnte man in drei Stunden auf einem guten Weg nach Lamayuru laufen. Der andere Weg führt am Yapola-Fluss entlang durch grandiose Schluchten und endet, ebenfalls nach drei Stunden, an der Hauptstraße Kargil – Leh.

Trekking

116iz Foto: jm

Anhang

117lz Foto: jm

118lz Foto: jm

Nomadenfrauen in Changtang

Blick vom Kloster Thikse auf das Industal

Mönch mit Klosterschlüsseln

Glossar

Abt – Der Vorsteher eines Klosters.

Adi Buddha – Der seit Beginn existierende „Urbuddha". Er hat sich selbst erschaffen und alle existierenden Buddhas (→), Bodhisattvas (→) und Dhyani Buddhas (→) hervorgebracht.

Akshobhya – Der Dhyani Buddha (→), der die Himmelsrichtung Osten repräsentiert. Sein Reittier ist ein Elefant.

Amchi – Arzt für traditionelle tibetische Heilkunde, in der pflanzliche und mineralische Substanzen zum Einsatz kommen. In Ladakh, Zanskar und Tibet ist die Heilmethode der Amchis weit verbreitet.

Amithaba – Der Dhyani Buddha (→), der die Himmelsrichtung Westen repräsentiert. Meist zusammen mit seinem Reittier, einem Pfau, dargestellt.

Amoghasiddhi – Der Dhyani Buddha (→) des Nordens; sein Reittier ist ein Garuda.

Arhat – Buddhistischer Heiliger, der die Erleuchtung erreicht hat.

Ashoka – Indischer Herrscher (269–233 v. Chr.) der Maurya-Dynastie. Als engagierter Anhänger des Buddhismus sandte er Gelehrte aus, um die buddhistische Lehre über ganz Indien bis nach Westtibet verbreiten zu lassen.

Avalokiteshvara – Der „gnädig herabblickende Herr", der Güte und Barmherzigkeit symbolisiert. Einer der meistverehrten Bodhisattvas (→) im Mahayana-Buddhismus (→). Der jeweilige Dalai Lama (→) wird als seine Verkörperung in menschlicher Gestalt angesehen.

Ayurveda – Sanskrit für „Wissenschaft vom langen Leben"; traditionelle indische Heilkunde.

Bardo – Zwischenzustand der Seele von 49 Tagen zwischen Tod und Wiedergeburt.

Bodhi-Baum – Bezeichnung des Pipal-Baumes (Ficus religiosus), unter dem der historische Buddha (→) die Erleuchtung erlangt hat.

Bodhisattva – Begriff aus dem Mahayana-Buddhismus (→) Ein Wesen auf dem Weg zur Erleuchtung, das statt ins Nirvana (→) einzugehen, auf der Erde bleibt, um anderen zur Erlösung zu verhelfen.

Bön – Vorbuddhistische Religion in Tibet und Ladakh mit starken animistischen und magischen Elementen.

Bönpo – Anhänger des Bön-Glaubens (→).

Brahma – Der Schöpfergott der Hindus, der oft mit seinem Reittier, einem Schwan, dargestellt ist.

Brahmanen – Die oberste Kaste (→) des Hinduismus. Sie umfasst die Priester und Gelehrten, quasi die intellektuelle Elite der Gesellschaft und genießt bis heute besondere Privilegien.

Buddha – Sanskrit für „Der Erwachte". Bezeichnung für jemanden, der vollkommene Erleuchtung erreicht hat. Unzählige Buddhas waren bereits auf der Erde. Der gegenwärtige Buddha ist Shakyamuni (→). Buddha der Vergangenheit ist Dipankara, der zukünftige heißt Maitreya (→).

Buttertee – Nationalgetränk in Ladakh und Tibet. Dem Schwarztee wird Butter, Milch und Salz zugegeben und in einem Holzzylinder, dem Gurgur (→), gestampft.

Chakra – Ein Rad; Symbol der buddhistischen Lehre. Im Tantrismus sind es die Zentren der feinstofflichen Nervenstränge im Körper, die sich jedoch von den medizinisch bekannten Nervenbahnen unterscheiden.

Chang – Hausgemachtes Gerstenbier, das auf keiner Festlichkeit fehlt.

Chapati – Rundes, dünnes Fladenbrot.

Chörten – Bezeichnung für eine glockenförmige Kuppel, die oft Reliqien von buddhistischen Heiligen enthält. In Indien Stupa genannt.

Dakini – Mystische Himmelswesen, ähnlich Feen, die Meditierenden erscheinen, um ihnen den Weg zur spirituellen Entwicklung zu weisen.

Dalai Lama – Das spirituelle Oberhaupt im tibetischen Buddhismus und menschliche Verkörperung des Bodhisattva Avalokiteshvara (→). Aufgrund politischer und religiöser Repressalien durch China ist der Nobelpreisträger 1959 ins indische Exil nach Dharamsala geflohen.

Dharma – Ist in etwa mit „Gesetzmäßigkeit, religiöses Gesetz" zu übersetzen. Oft wird es im Buddhismus für „Religion" verwendet.

Dhyani Buddhas – Die vom Adi Buddha (→) geschaffenen fünf Dhyani Buddhas repräsentieren die menschlichen Sinne, mit denen alle Phänomene dieser Welt produziert werden.

Dorjee – Siehe Vajra (→).

Dukhang – Der Versammlungsraum eines Klosters, in dem sich die Mönche zur Meditation treffen.

Dzo – Kreuzung zwischen einem Yak und einer Kuh; weit verbreitetes Nutztier in Ladakh und Zanskar.

Garuda – Mystisches Fabelwesen, halb Mensch, halb Adler; es ist das Reittier von Wishnu und Amoghasiddhi (→).

Gelbmützen – Gängige Bezeichnung für Schüler der Gelukpa-Schule (→).

Gelukpa-Schule – Die Schule wurde im Jahr 1409 von dem Reformator *Tsongkhapa* (→) gegründet und ist heute die am weitesten verbreitete Richtung im tibetischen Buddhismus.

Gompa – Bezeichnung für Kloster.

Goncha – Ladakhisches Nationalgewand; es ist knielang und wird mit einem breiten Wollband um die Hüften festgehalten.

Gonkhang – Tempel der Schutzgottheiten in einem Kloster. Darin sind die zornvollen Schutzgötter aufbewahrt, die das Kloster vor Unheil bewahren und die Feinde der buddhistischen Lehre vernichten sollen.

Gurgur – Holzzylinder, in dem das ladakhische Nationalgetränk, der Buttertee (→), hergestellt wird.

Guru – Sanskrit für einen „Lehrmeister", womit meist ein spiritueller Lehrer gemeint ist, aber auch ein Lehrer im künstlerischen Bereich wie Musik, Malerei, Tanz u.Ä.

Hinayana – Das „kleine Fahrzeug" – eine frühe Form des Buddhismus, in der der Meditierende nur für sein eigenes Wohl Erleuchtung und Erlösung vom Leiden sucht und die sich in diesem Punkt grundlegend vom Mahayana (→) unterscheidet.

Indus – Wichtigster Fluss in Ladakh, in dessen Tal sich das kulturelle Zentrum Ladakhs entwickelt hat. Er entspringt in Tibet am Berg Kailash (→).

Inkarnation – „Verkörperung" oder „Fleischwerdung". Nach buddhistischer und hinduistischer Auffassung werden alle Wesen, die noch nicht Erleuchtung erlangt haben, nach ihrem Tod in einem neuen Körper wiedergeboren. Welches Schicksal das nächste Leben bringt, ist jeweils vom individuellen Karma (→) abhängig.

Julee – Ladakhische Allzweck-Redewendung, die „Guten Tag" oder „Hallo" heißt. Wird auch für „Danke" benutzt.

Kadampa – Bezeichnung einer im 11. Jh. gegründeten Richtung des tibetischen Buddhismus.

Kandjur – Tibetisch für „Übersetzung des Buddhawortes". Die Sammlung der aus dem Sanskrit übersetzten kanonischen Texte umfasst 108 Bände und ist in 3 Abschnitte untergliedert: Regeln und Vorschriften, die gesamte Mahayana-Literatur mit den Originaltexten Buddhas und Abhandlungen über die transzendente Weisheit. Diese Bücher stehen in den Klöstern in Wandregalen des Versammlungsraumes. Sie bestehen aus einzelnen losen Blättern, die zwischen zwei feste Deckel gepackt und in ein farbiges Tuch eingewickelt sind. Kommentare zum Kandjur im Tandjur (→) niedergeschrieben.

Kailash – Heiliger Berg der Hindus und Buddhisten in Tibet.

Kargyüpa – Im 12. Jh. von Marpa gegründete Richtung des tibetischen Buddhismus.

Karma – Sanskrit für „das Getane". Das Wort bezeichnet die Summe der guten und schlechten Taten, die ein Lebewesen in seinen vergangenen Inkarnationen (→) angesammelt hat. Das Karma bestimmt die zukünftigen Existenzen des Lebewesens. In der Philosophie des Karma führen gute Taten zu einem guten Schicksal, schlechte Taten zu einem schlechten.

Kaste – Das Wort stammt vom portugiesischen casta und bedeutet Familie, Gruppe oder Clan. Die hinduistische Gesellschaft ist in Hunderte solcher sozialen Schichten unterteilt, wofür die Philosophie des Karma (→) als Rechtfertigung dient. Jemand, der in früheren Leben gutes Karma geschaffen hat, wird in eine hohe Kaste hineingeboren, schlechtes Karma wurde mit einer niedrigen Kaste oder gar mit der Geburt als Kastenloser (→) bestraft.

Kastenloser – eine Person in der hinduistischen Gesellschaft, die soviel schlechtes Karma (→) angesammelt hat, dass sie von allen sozialen Schichten ausgeschlossen wurde.

Katak – Weißer Glücksschal aus Baumwolle oder Seide. Sie werden als Zeichen des Respekts und der Verehrung bei besonderen Anlässen einem Mönch oder Laien überreicht. Bei Tempelbesuchen werden Kataks oft vor dem Standbild einer Gottheit niedergelegt.

Lama – Bezeichnung für buddhistische Lehrer; ist aber besonders in Zanskar ein Name für Mönche allgemein.

Lamaismus – Ältere Bezeichnung für den tibetischen Buddhismus, die von modernen Buddhisten nicht gerne gehört wird.

Lhadho – Eine Steinsetzung in offener Natur, in der Geister und Schutzgötter leben.

Lhakhang – Versammlungsraum in einem Kloster.

Lhosar – Tibetisches Neujahrsfest.

Mahakala – Zornvoller Schutzgott (→) der buddhistischen Lehre; er hat viele Arme und ist meist schwarz oder blau dargestellt.

Mahasiddhas – Gruppe von 84 indischen Yogis, die Wunder vollbringen können.

Mahayana – Das „große Fahrzeug". Etwa im 1. Jh. v.Chr. in Indien entstandener Zweig im Buddhismus; der Praktizierende sieht sein Ziel darin, das Leid der Welt zu lindern und den Lebewesen auf ihrem Weg zur Erleuchtung zu helfen. Er steht damit im Gegensatz zum Hinayana (→). Der tibetische Buddhismus gehört der Mahayana-Richtung an.

Maitreya – Der künftige Buddha (→) des kommenden Weltzeitalters. Er wird meist in abendländischer Sitzhaltung mit herabhängenden Beinen dargestellt.

Mandala – Mystisches Diagramm, in dem mikrokosmische und makrokosmische Zusammenhänge eingezeichnet sind und das der Meditation dient.

Manjushri – Gottheit der Weisheit. Wird mit einem Buch und dem Schwert zum Durchrennen der Unwissenheit abgebildet.

Mantra – Mit spiritueller Energie besetzte Keimsilben, Worte oder Formeln, die bei der Meditation rezitiert werden.

Momos – Eine Art tibetisches Ravioli, mit Gemüse oder Fleisch gefüllt.

Meru – Mystischer Weltberg.

Mudra – Symbolische Handhaltung, durch die bestimmte Geisteshaltungen ausgedrückt werden. Sind oft an Darstellung von Gottheiten zu sehen.

Naga – Schlangengeist.

Nirvana – Zustand „positiver Leere" und die Auflösung des Ichs. Nirvana ist das höchste spirituelle Ziel der Buddhisten, das durch einen rechten Lebensweg und Meditation erreicht wird. Mit dem Eingang ins Nirvana hört Samsara (→), der Kreislauf der Wiedergeburten, auf.

Nyingmapa – Bezeichnung für die älteste Richtung im tibetischen Buddhismus, die stark mit mystischen und magischen Riten besetzt ist.

Onpo – Astrologe. Er bestimmt den richtigen Zeitpunkt für alle wichtigen Aktivitäten im Leben eines Ladakhi.

Padma – Lotusblume.

Padmasambhava – Indischer Yogi, der im 8. Jh. im Westhimalaya und Tibet den Buddhismus verbreitet hat.

Perak – Typische, sehr auffällige Kopfbedeckung der Ladakhifrauen. Er besteht aus einem mit vielen Türkisen besetzten Lederband, das über den Rücken hinabreicht.

Polyandrie – Traditionelle Eheform der Vielmännerei. Sie wurde 1941 offiziell verboten, ist aber vor allem in Zanskar heute noch verbreitet.

Puja – Sanskrit: „Verehrung". Bezeichnung für rituelle Verehrungshandlungen. In der Regel werden dabei heilige Texte rezitiert.

Ratnasambhava – der Dhyani Buddha (→) repräsentiert die Himmelsrichtung Süden; er hat als Reittier ein Pferd.

Rinpoche – wörtl. übersetzt „kostbarer Lehrer". Ehrentitel für eine Inkarnation (→) von hohem Rang.

Sakya – Name der Volksgruppe, aus der der historische Buddha stammte.

Samsara – Der „Daseinskreislauf"; der anfangslose Kreislauf von Geborenwerden, Altern, Leiden und Sterben, aus dem man sich nur durch Erleuchtung befreien kann.

Sangha – Gemeinschaft der Buddhisten. Umfasst im weiteren Sinne alle Buddhisten, wird aber meist nur für Mönche und Nonnen verwendet.

Schutzgottheiten – Zornig und dämonisch aussehende buddhistische Gottheiten, die die Feinde des Buddhismus bekämpfen und Unglück fernhalten sollen. Die Statuen sind im Gonkhang (→) der Klöster aufbewahrt.

Sengge Namgyal – Der bekannteste König Ladakhs (1616–1642). Er stabilisierte das zerrüttete Land, und während seiner Herrschaft erlebte Ladakh eine kulturelle wie künstlerische Blüte.

Simchung – Abtsresidenz in einem Kloster.

Shakyamuni – Sanskrit: „der Sakya-Weise"; Bezeichnung für den historischen Buddha.

Siddha – Bezeichnung für Tantriker, die übernatürliche Fähigkeiten erlangt haben.

Stupa – siehe Chörten (→).

Sutra – Bezeichnung für eine heilige Schrift mit besonders lehrreichem Inhalt.

Tandjur – Die aus dem Sanskrit übersetzten buddhistischen Kommentare und Erklärungsschriften zum Kandjur (→). Das 225-bändige Werk umfasst darüber hinaus Übersetzungen indischer Lehrer sowie Texte weltlicher Wissenschaften wie Mathematik, Heilkunde, Astrologie, Astronomie und Poesie.

Tantra, tantrisch – „Webwerkzeug" – spezielle kraftvolle spirituelle Praxis im Buddhismus und Hinduismus. Mit Hilfe von Ritualen, die nur eingeweihten Schülern bekannt sind, soll der Geist auf eine höhere Erkenntnisebene gebracht werden. Diese Spätform des Buddhismus heißt auch Vajrayana (→).

Thanka – Tibetisches Rollbild mit religiöser Thematik, auf dem hauptsächlich Motive von Mandalas (→) und tantrischen Gottheiten abgebildet sind.

Tarcho – Fahnenmast im Klosterhof.

Tara – Ausgesprochen beliebte weibliche Gottheit; sie tritt in 21 Erscheinungsformen auf.

Thukpa – Nudelsuppe mit Gemüse und/oder Fleisch.

Torma – Opferkuchen, wird für religiöse Zeremonien verwendet.

Tsampa – Geröstetes Gerstenmehl; Grundlage für die meisten ladakhischen Speisen. Wird auch mit Tee, Butter und Zucker vermischt und als Paste gegessen.

Tsa-Tsa – Votivtäfelchen aus Ton. Der Ton ist häufig mit der Asche Verstorbener vermischt.

Tsongkhapa – Reformator (1357–1419), der in Tibet die Gelukpa-Schule (→) gründete, um die buddhistische Lehre wieder auf den Stand der ursprünglichen Belehrung von Buddha zu bringen.

Vajra – „Donnerkeil" oder „Diamant"; das Symbol für Macht und Verwirklichung der höchsten Erkenntnis.

Vajrayana – „Diamantenes Fahrzeug"; Bezeichnung für den tantrischen Zweig im tibetischen Mahayana-Buddhismus. Siehe Tantra, tantrisch (→).

Vajra Yogini – Tantrische Göttin.

Yab-Yum – Männlich-weibliche Polaritätsvereinigung.

Yak – Last- und Nutztier aus der Büffel-Familie, dessen optimaler Lebensraum in Höhen von 4000–6000 m liegt. Da Yaks sehr störrisch sind, wurden sie in der Landwirtschaft weitgehend durch das Dzo (→) ersetzt. Der wilde Vorfahre des Yaks, der Drong, ist nahezu ausgestorben.

Yama – Buddhistischer und hinduistischer Totengott.

Yamantaka – Beliebte Schutzgottheit (→) und zornvolle Manifestation von Manjushri (→), der Gottheit der Weisheit.

Yoga – System von Körper- und Meditationsübungen, die das Göttliche im Praktizierenden wecken sollen. Das Wort „Yoga" ist ethymologisch mit dem deutschen „Joch" verwandt und deutet darauf hin, dass Körper und Geist „unterjocht", also diszipliniert werden sollen.

Yogi – Jemand, der Yoga (→) praktiziert.

Kleine ladakhische Sprachhilfe

Aussprache

Das Ladakhi wird nicht in lateinischer Schrift, sondern in tibetischer Schrift geschrieben. Die übliche lateinische Umschrift ist ziemlich kompliziert, so würde z.B. Kopf *mGo* geschrieben werden, wobei das m beim Sprechen nur kurz angehaucht wird; Baum müsste *lTschangma* geschrieben werden, allerdings wird hier das *l* nicht ausgesprochen. Ich habe deshalb im Folgenden die Umschrift so gewählt, dass die Buchstaben im Wesentlichen wie im Deutschen ausgesprochen werden. Folgende Besonderheiten sind dennoch zu beachten:

ch	wie tsch in Matsch; z.B. *chang* = tibetisches Bier
j	wie dsch; z.B. *juli* = Aprikose
o	langgezogen wie in Opa, Logik
ng	wie in Lunge; z.B. *nga* = ich
e	fast wie ä gesprochen; z.B. *med* = nein
ts	als scharfes z gesprochen; z.B. *tsampa* = Gerstenmehl

Wichtige Begriffe und Redewendungen

Guten Morgen/Tag/Abend/
Julee

Seien Sie gegrüßt!/Auf Wiedersehen
Julee

Danke
Thutschesche/Julee

ja
yot

nein
med

Wie heißen Sie?
Nyerang-ni ming la tschi-in-lee?

Wie geht es Ihnen?
Kham-sang ina-lee?

Ich möchte ... kaufen.
Nga ..., nyoyin rak.

Wieviel kostet das?
Iwa zam in-lee?

Bekommt man hier Pferde?
Sta thop bi na lee?

Wie kommt man zum Kloster?
Gompa tschase lam kanne yot?

Ist hier ein Hotel?
Iroa hotel yot da-lee?

Wo ist ein Arzt?
Amchi kanne yotlee?

Ich bin krank.
Nga sumu rak lee.

Ich habe Durchfall.
Nga thodpa shala rak.

Ich bin hungrig/durstig.
Nga ltoksa rak/nga skomsa rak

Bitte trinken Sie Tee!
Solcha don lee!

Baum	*changma*
Berg	*ri*
Brücke	*sampa*
Fluss/Bach	*tsangspo/tokpo*
Haus	*kangpa*
Pass	*la*
Pferd/Esel	*sta/bungbu*
Restaurant	*sakang*
Straße	*lam*
Tal	*lungpa*
Tempel	*gompa*
Zelt	*kur*
Milch	*oma*

Buttermilch	*dahra*
Yoghurt	*scho*
Ladakhi-Brot	*Kambir*
Obst	*Shingtok*
Apfel	*kuschu*
Essen	*kartschi*
Fleisch	*schha*
Gemüse	*zotma*
Tee	*cha*
Wasser	*chu*
Mönch	*lama*
Vater	*abba-lee*
Mutter	*ama-lee*
älterer Bruder	*acho-lee*
jüngerer Bruder	*nono-lee*
ältere Schwester	*achey-lee*
jüngere Schwester	*nomo-lee*
schön	*demo*
gut	*gyäla*
nahe	*nyemo*
fern	*takring mo*
viele	*mangpo*
ein bisschen	*tsabig*
heute	*tering*
morgen	*thore*

Zahlen

1	*chik*
2	*nyis*
3	*sum*
4	*schi*
5	*nga*
6	*tug*
7	*dün*
8	*gyat*
9	*gu*
10	*chu*
100	*gya*
1000	*stong*
100.000	*laakh*

Literaturverzeichnis

Es gibt eine Reihe von Büchern über Ladakh, aber nur wenige sind in deutscher Sprache erhältlich. Die meisten der unten aufgeführten Bände findet man in den Bibliotheken im Central Institute of Buddhist Studies in Choklamsar sowie in Dharamsala. Einige der genannten Bücher kann man im Picadilly Bookshop (Adresse siehe Delhi) kaufen. Bücher über Buddhismus gibt es in großer Auswahl in deutschsprachigen Buchhandlungen.

Allgemein

●**Recent Research on Ladakh;** Weltforumverlag Köln, Schriftenreihe Internationales Asienforum Band 1, 1983. Beiträge verschiedener Autoren zur Geschichte, Wirtschaft und Kultur von Ladakh.
●**Gazetteer of Kashmir and Ladakh.** Neuauflage 1974 von Vivek Publishing House, Delhi. In diesem Lexikon aus dem Jahr 1890 sind selbst die kleinsten Dörfer von Ladakh beschrieben. Man erfährt oft interessante Details über die Situation dieser Ortschaften vor 100 Jahren.

Bildbände

●**Ladakh – Between Earth and Sky;** EDITA SA, Lausanne 1981. Einfühlsame Portraits der Menschen und gute Aufnahmen von Maskenfesten.
●**Ladakh;** *Rajesh Bedi.* Brijbasi Printers Private Ltd., Delhi. Wunderbare Fotos der Menschen im Alltag, darunter sind Bilder von Ladakh unter einer Schneedecke im Winter.

Gesellschaft und Reisebeschreibungen

●**Faszination Ladakh;** *Helena Norberg-Hodge.* Herder-Spektrum. Die Autorin ist eine hervorragende Kennerin von Ladakh und führt Vergleiche an zwischen dem traditionel-

Anhang

len Leben und seiner Veränderung durch westliche Einflüsse. Lesenswert!

●**Ladakh;** *S.H. Ribbach.* S. Narayan & Sons, Delhi. Der Deutsche *Samuel Ribbach* lebte als einer der ersten Missionare Anfang der 20er Jahre in Ladakh. Mit seiner Geschichte von einem Bauern bringt er dem Leser den Alltag und die Gebräuche im alten Ladakh nahe. *Ribbach* gilt bis heute als großer Ladakh-Experte.

●**Himalayan Tibet and Ladakh;** *Reeve and Kathleen Heber.* Ess Ess Publications, Ashok Vihar, Delhi. Erzählungen eines englischen Ehepaares, das zur Jahrhundertwende mit offenen Augen Ladakh bereist hat. Das Standardwerk über Ladakh ist kurzweilig und interessant zu lesen.

●**Ladakh, Innenansicht eines Landes;** *Eva Dargyay* und *Ulrich Gruber.* Eugen Diedrichs Verlag, Düsseldorf, 1980. Beschreibungen von Begegnungen mit Menschen und Natur. Unterhaltsam zu lesen mit einem guten Abriss über ladakhische Geschichte und Beschreibungen der Tierwelt.

●**Ladak;** *Alexander Cunningham.* Sagar Publications, Delhi. Der Hauptmann der British East India Company *Cunningham* machte im vorletzten Jahrhundert eine akribische Bestandsaufnahme von exakten Temperaturmessungen bis hin zu Schädelabmessungen von Menschen.

●**Ladakh: Götter und Menschen hinter dem Himalaya;** *Heinrich Harrer,* Ullstein 1978. Eindrücke mehrerer Reisen nach Ladakh. Lebendig geschrieben und spannend zu lesen.

●**Feste in Ladakh;** *Marin Brauen,* Graz 1980. Detaillierte Beschreibungen der Sitten und Gebräuche in Ladakh.

●**Reise ins innerste Mandala;** *Andrew Harvey,* Diederichs Verlag 1985. Erzählungen eines jungen Engländers über seine Freundschaft mit einem Rinpoche und seine spirituellen Erlebnisse in Ladakh.

●**Ladakh – Crossroads of High Asia;** *Janet Rizvi,* Oxford University Press, 1983. Die Autorin bespricht die Traditionen des alten Ladakh und Veränderungen der neueren Zeit.

●**The Ladakhi, A Study in Ethnography and Change;** *R.S. Mann.* Anthropological Survey of India, Calcutta 1986. Detaillierte Beobachtungen von Bräuchen, Alltag und Landwirtschaft in der traditionellen Kultur und der Neuzeit. Ein gutes Werk, das auch zum Nachschlagen geeignet ist.

Buddhismus

●**Das Auge einer neuen Achtsamkeit;** *Dalai Lama,* Goldmann Esoterik 1987. Eine Einführung in den Buddhismus aus östlicher Sicht.

●**Mein Volk und mein Leben;** *Dalai Lama,* Knaur Sachbuch 1962. Der Dalai Lama beschreibt hier sehr persönliche Geschichten aus seinem Leben und die Tragödie in Tibet aufgrund der chinesischen Invasion.

●**Christentum und Weltreligionen: Buddhismus;** *Hans Küng* und *Heinz Bechert,* GTB Sachbuch. Ein ökumenischer Dialog zwischen einem christlichen Theologen und einem Professor für Buddhismus.

●**Juwelenschmuck der geistigen Befreiung;** *Gampopa,* Eugen Diederichs Verlag. Das Buch vermittelt sehr gut die philosophischen Grundpfeiler der buddhistischen Lehre, ist aber mühsam zu lesen. Ein klassisches Arbeitsbuch.

●**Buddhistische Reflexionen;** *Lama Anagarika Govinda,* Fischer Sachbuch 1990. Gedanken über die Bedeutung des Buddhismus für den Westen.

●**Der Buddhismus. Geschichte und Gegenwart;** *Heinz Bechert.* C.H. Beck 2000. Informationsreiche Lektüre über Grundlagen und Formen des Buddhismus.

●**Buddhismus. Stifter, Schulen und Systeme;** *Hans Wolfgang Schumann* 1999; Diedrichs Gelbe Reihe Band 99. Anschaulicher, sachlicher Führer duch den Buddhismus.

Kultur

●**The Cultural Heritage of Ladakh;** *David Snellgrove,* Vikas Publishing House, Delhi 1980. Das Werk ist in die beiden Bände „Zentralladakh" und „Alchi mit Zanskar" unterteilt und beinhaltet Reise- und Klosterbeschreibungen mit vielen Fotos. Snellgrove gilt als eine der größten Autoritäten in Sachen buddhistische Kunst.

●**Alchi: Buddhas-Götter-Mandalas;** DuMont Köln 1984. Hervorragender Bildband über die Kunstschätze im Kloster Alchi mit ausführlichen Beschreibungen.

●**Buddhist Wallpaintings of Ladakh;** *Charles Genoud* und *Takao Inoue,* Edition Olizane, Genf, 1981. Fotos von Skulpturen und Malereien der wichtigsten Klöster Ladakhs mit Textbeiträgen. Im Vorspann steht eine Einführung in die buddhistische Kunst und Malerei.

●**The Gods of Northern Buddhism;** *Alice Getty,* Oxford University Press. Detaillierte Darstellung und Beschreibung der vielfältigen Gottheiten im nordindischen Mahayana-Buddhismus.

●**The Iconography of Tibetan Lamaism;** *Antoinette Gordon,* Charles Tuttle Com., Japan. Eine tabellenmäßige Aufzählung der Gottheiten nach Aussehen, Eigenschaften usw. Ein gutes Nachschlagewerk mit vielen anschaulichen Fotos.

●**Ikonographie des tibetischen Buddhismus;** *Detlef L. Lauf,* Akademische Druck- und Verlagsanstalt Graz 1979. Ein gutes Buch mit einer Einführung in die buddhistische Philosophie. Abbildungen von Gottheiten in Farbe und schwarzweiß mit erklärendem Text.

Tiere und Pflanzen

● **The Wildlife of Ladakh;** *J. N. Ganhar,* Haramukh Publications, Srinager 1979. Ein kleines, interessantes Buch über Wildtiere mit einem ausführlichen Kapitel über den Wildtier-Schutz in Jammu und Kaschmir.

●**Flowers of the Himalaya;** *Oleg Polunin und Adam Stainton,* Oxford University Press 1988. Ähnlich wie die deutsche Buchreihe von „Was blüht denn da", ist das Buch mit vielen Fotos und Beschreibungen von Pflanzen bestückt.

Geschichte

●**Ladakh and Western Himalayan Politics 1819–1849;** *C. L. Datta,* Munshiram Manoharlal Publishers Ltd., Delhi. Eine detaillierte Darstellung der Dogra-Einfälle und ihrer ver-

heerenden Auswirkungen auf Land, Kultur und Menschen.

●**A History of Ladakh;** *A.H.Franke. Franke,* ein kompetenter Kenner der ladakhischen und westhimalayischen Geschichte schrieb im Jahr 1905 ein Geschichtsbuch, das bis heute als Standardwerk gilt.

●**Chasing Shadows In Ladakh;** *B. L. Kak,* Light and Life Publishers, Delhi. Der Großteil des Buches befasst sich mit der aktuellen Rolle Ladakhs als Pufferzone zwischen Indien und China bzw. Pakistan.

Sprache

●**Getting started in Ladakh,** von Melong Publications of Ladakh, ist in Leh erhältlich und bietet eine gute Einführung ins Ladakhi; mit geläufigen Redewendungen.

●**Dictionairy English-Ladakhi, Ladakhi-English,** von *H. Norberg-Hodge.* In Leh erhältlich.

●**Conversational Ladakhi;** *Sanyukta Koshal,* Motilal Banarsidass, Delhi. Für Leute, die tiefer in die Sprache einsteigen wollen; mit einem ausführlichen Kapitel über Grammatik und vielen Satzbeispielen.

●**Hindi – Wort für Wort,** Band 17, **Tibetisch – Wort für Wort,** Band 33. Die Sprechführer aus der Reihe Kauderwelsch vom REISE KNOW-HOW Verlag ermöglichen dem Benutzer eine schnelle einfache Kommunikation in der jeweiligen Sprache. Zu diesen Büchern sind Aussprache-Trainer auf Audio-CD erhältlich. Außerdem gibt es die kompletten Bücher inkl. Aussprache-Trainer auf CD-ROM.

Zanskar

●**Zanskar, Ein Königreich auf dem Dach der Welt;** *Michel Peissel,* Econ Verlag 1979. *Peissel* verbrachte als einer der ersten Europäer einen Winter in Zanskar. Seine Geschichten über Land und Leute sind kurzweilig und spannend zu lesen.

●**Gesellschaft, Wirtschaft und materielle Kultur in Zanskar;** *Wolfgang Friedl,* VGH Wissenschaftsverlag, St. Augustin 1983. Der Ethnologe *Friedl* vermittelt ein detailliertes Bild der Kultur und Gesellschaft Zanskars. Leicht lesbar geschrieben.

Anhang

Aktuelle Reise-Gesundheits-Informationen Indien

Stand: 11.8.2008
© Centrum für Reisemedizin 2008

Die nachstehenden Angaben dienen der Orientierung, was für eine geplante Reise in das Land an Gesundheitsvorsorgemaßnahmen zu berücksichtigen ist. Die Informationen wurden uns freundlicherweise vom *Centrum für Reisemedizin* zur Verfügung gestellt. Auf der Homepage: **www.travelmed.de** werden diese Informationen stetig aktualisiert. Es lohnt sich, dort noch einmal nachzuschauen.

Einreise-Impfvorschriften

Bei **Direktflug aus Europa:** keine Impfungen vorgeschrieben.

Bei einem **vorherigem Zwischenaufenthalt** (innerhalb der letzten 6 Tage vor Einreise) in einem der unten aufgeführten Länder (Gelbfieber-Endemiegebiete) wird eine gültige Gelbfieber-Impfbescheinigung verlangt (ausgenommen Kinder unter 6 Monaten).

Angola · Äquat.Guinea · Äthiopien · Benin · Bolivien · Brasilien · Burkina Faso · Burundi · Ecuador · Elfenbeinküste · Franz. Guyana · Gabun · Gambia · Ghana · Guinea · Guinea-Bissau · Guyana · Kamerun · Kenia · Kolumbien · Rep. Kongo · Kongo, Demokat. Rep. · Liberia · Mali · Niger · Nigeria · Panama · Peru · Ruanda · Sao Tomé & Principe · Senegal · Sierra Leone · Simbabwe · Somalia · Sudan · Suriname · Tanzania · Togo · Trinidad & Tobago · Tschad · Uganda · Venezuela · Zentr.afrik. Republik

Empfohlener Impfschutz

Generell: Tetanus, Diphtherie, Polio, Hepatitis A, Typhus

Je nach Reisestil und Aufenthaltsbedingungen im Lande sind außerdem zu erwägen:

Impfschutz	Reisebedingung 1*	Reisebedingung 2**	Reisebedingung 3***
Hepatitis B [1]	x		
Tollwut [2]	x		
Jap. Enzephalitis [3]	x		

[1] vor allem bei Langzeitaufenthalten und engerem Kontakt zur einheimischen Bevölkerung
[2] bei vorhersehbarem Umgang mit Tieren
[3] bei besonderen Aufenthaltsbedingungen in bestimmten ländlichen Regionen. Impfstoff in Deutschland nicht zugelassen. Beschaffung über Apotheken mit entsprechenden Erfahrungen.

*Reisebedingung 1: Reise durch das Landesinnere unter einfachen Bedingungen (Rucksack-/Trecking-/Individualreise) mit einfachen Quartieren/Hotels; Camping-Reisen, Langzeitaufenthalte, praktische Tätigkeit im Gesundheits- o. Sozialwesen, enger Kontakt zur einheimischen Bevölkerung wahrscheinlich.
**Reisebedingung 2: Aufenthalt in Städten oder touristischen Zentren mit (organisierten) Ausflügen ins Landesinnere (Pauschalreise, Unterkunft und Verpflegung in Hotels bzw. Restaurants mittleren bis gehobenen Standards)
***Reisebedingung 3: Aufenthalt ausschließlich in Großstädten oder Touristikzentren (Unterkunft und Verpflegung in Hotels/Restaurants gehobenen bzw. europäischen Standards)

Wichtiger Hinweis

Welche Impfungen vorzunehmen sind, ist abhängig vom aktuellen Infektionsrisiko vor Ort, von der Art und Dauer der geplanten Reise, vom Gesundheitszustand sowie dem eventuell noch vorhandenen Impfschutz des Reisenden. Da im Einzelfall unterschiedliche Aspekte zu berücksichtigen sind, empfiehlt es sich immer, rechtzeitig (etwa 4–6 Wochen) vor der Reise eine Reise-Gesundheits-Beratung bei einem erfahrenen Arzt oder Apotheker in Anspruch zu nehmen.

Malaria-Risiko

Malariafrei sind die Höhenlagen oberhalb 2000 m von Jammu und Kashmir, Himachal Pradesh, Sikkim, Arunchal Pradesh sowie die Lakkadiven.

Weitere Risiken

Risiko für **Durchfallerkrankungen** landesweit, vor allem in den nach starken Monsunregen überschwemmten Gebieten von Bihar und West Bengal. Mit **Cholera** ist regional oder örtlich zu rechnen; größere Ausbrüche sind derzeit nicht gemeldet, aktuell kleinere Ausbrüche in Delhi und Haryana. **Hepatitis A, E, Typhus, Paratyphus, Milzbrand,** die auf gleichem Wege übertragen werden können, sind in Indien weit verbreitet. Trotz wiederholter Impfkampagnen sind die Fallzahlen für **Polio** seit vorigem Jahr wieder angestiegen, die meisten stammen aus Uttar Pradesh und Bihar (N). Insgesamt 864 Erkrankungen wurden 2007 gemeldet, bis Juni 2008 sind es bereits wieder 287 Fälle. Hygiene und Impfschutz beachten.

Aktuelle Meldungen

Vogelgrippe: Aus West Bengal werden seit Anfang August erneut hohe Fallzahlen gemeldet. Bei dem bisher größten und längsten Ausbruch hochpathogener Vogelgrippe durch Influenza A(H5N1), sind seit Ende Dezember mehr als 4 Millionen Tiere zum Opfer gefallen. Menschliche Erkrankungen wurden in Indien bisher nicht bestätigt.

Anhang

Chikungunya(CHIC), Dengue(DF), Japanische Enzephalitis(JE): Die beiden grippeähnlichen, mückenübertragenen Viruskrankheiten sind in Indien verbreitet. Vor allem während der Monsunregen muss mit einem erhöhten Infektionsrisiko gerechnet werden, auch in den Städten. In diesem Jahr war bisher die Südwestküste mit Teilen von Kerala und Karnataka betroffen. Derzeit wird eine Krankheitswelle von CHIC aus Bangalore gemeldet. Schutz vor tag- und nachtaktiven Stechmücken beachten. Im Mai begann die Übertragungssaison für die JE. Sie endet im Oktober und hat ihren Gipfel erfahrungsgemäß im August/September. Betroffen sind insbesondere die Bundesstaaten Uttar Pradesh und Bihar. Risiko-Reisende sollten geimpft sein.

Malaria: Aus mehreren Regionen werden auf Grund der anhaltenden Monsunsaison erhöhte Malariafallzahlen gemeldet. Unter anderem aus den Bundesstaaten Tripura (NO), Andra Pradesh (S), Manipur (NE) und Haryana (N) sowie aus Mumbai (Bombay) (W). Schutz vor nachtaktiven Stechmücken beachten.

Tollwut: Indien gehört weltweit zu den Ländern mit den höchsten Fallzahlen bei Tieren und Menschen. Hauptüberträger ist der (streunende) Hund. Betroffen sind auch die Großstädte. Bei verdächtigen Tierkontakten sofort Arzt aufsuchen und auf Verwendung moderner Gewebekultur-Impfstoffe achten. Eine vorbeugende Impfung ist für alle Reisenden empfehlenswert. Moderne Gewebekultur-Impfstoffe und homologes Immunglobulin sind zumindest in den Großstädten erhältlich. In ländlichen Gebieten ist die Versorgung nicht gesichert. Indien hat nach Schätzungen der WHO mit 30.000 Todesfällen jährlich die höchsten Inzidenzen, das entspricht einem Anteil von 80 % an der Tollwut-Mortalität auf der gesamten Welt. Eine prophylaktische Impfung von Reisenden ist daher generell zu empfehlen, vor allem bei vorhersehbarem Risiko empfohlen.

HIV-Test: Für Langzeitaufenthalte wird ein HIV-Test in englischer Sprache verlangt.

Unter www.travelmed.de finden Sie Adressen von
- Apotheken mit qualifizierter Reise-Gesundheits-Beratung (nach Postleitzahlgebieten).
- Impfstellen und Ärzte mit Spezialsprechstunde Reisemedizin (nach Postleitzahlgebieten).
- Abruf eines persönlichen Gesundheitsvorsorge-Briefes für die geplante Reise.

Anhang

Die Reiseführer von REISE

Reisehandbücher
Urlaubshandbücher
Reisesachbücher
PANORAMA
Edition RKH, Praxis

Know-How auf einen Blick

PANORAMA

Australien
Cuba
Kambodscha
Mundo Maya
Rajasthans Palasthotels
Südafrika
Thailand
Thailands Bergvölker
und Seenomaden
Tibet
Vietnam

Edition RKH

Abenteuer Anden
Auf Heiligen Spuren
Durchgedreht –
Sieben Jahre im Sattel
Inder, Leben und Riten
Mona und Lisa
Myanmar – Land
der Pagoden
Please wait to be seated
Rad ab!
Salzkarawane
Südwärts durch
Lateinamerika
Suerte – 8 Monate
durch Südamerika
Taiga Tour
USA – Unlimited
Mileage

Praxis

Aktiv Marokko
All inclusive?
Australien: Outback/Bush
Australien: Reisen/Jobben

Auto durch Südamerika
Ayurveda erleben
Buddhismus erleben
Canyoning
Clever buchen/fliegen
Daoismus erleben
Drogen in Reiseländern
Essbare Früchte Asiens
Expeditionsmobil
Fernreisen, Fahrzeug
Fliegen ohne Angst
Frau allein unterwegs
Früchte Asiens
Fun u. Sport im Schnee
Geolog. Erscheinungen
GPS f. Auto, Motorrad
Handy global
Hinduismus erleben
Höhlen erkunden
Hund, Verreisen mit
Indien und Nepal,
Wohnmobil
Japan: Reisen
und Jobben
Kartenlesen
Konfuzianismus erleben
Kreuzfahrt-Handbuch
Küstensegeln
Langzeitreisen
Maya-Kultur erleben
Mountainbiking
Mushing/Hundeschlitten
Neuseeland: Reisen
und Jobben
Nordkap Routenbuch
Orientierung mit
Kompass und GPS
Panamericana
Paragliding-Handbuch
Pferdetrekking
Radreisen

Reisefotografie
Reisefotografie digital
Reisekochbuch
Reiserecht
Respektvoll reisen
Safari-Handbuch Afrika
Selbstdiagnose
unterwegs
Shopping Guide USA
Sicherheit am Meer
Sonne, Wind,
Reisewetter
Sprachen lernen
Südamerika, Auto
Survival-Handbuch
Naturkatastrophen
Tango in Buenos Aires
Tauchen Kaltwasser
Tauchen Warmwasser
Transsib – Moskau-Peking
Trekking-Handbuch
Trekking/Amerika
Trekking/Asien
Afrika, Neuseeland
Tropenreisen
Unterkunft/Mietwagen
USA Shopping Guide
Verreisen mit Hund
Volunteering
Vulkane besteigen
Wann wohin reisen?
Was kriecht u. krabbelt
in den Tropen?
Wildnis-Ausrüstung
Wildnis-Backpacking
Wildnis-Küche
Winterwandern
Wohnmobil-Ausrüstung
Wohnmobil-Reisen
Wracktauchen
Wüstenfahren

KulturSchock

Afghanistan
Ägypten
Argentinien
Australien
Brasilien
China, Taiwan
Cuba
Ecuador
Familienmanagement
im Ausland
Kl. Golfstaaten, Oman
Indien
Iran
Japan
Jemen
Kambodscha
Laos
Leben in fremden Kulturen
Marokko
Mexiko
Mumbai (Bombay)
Pakistan
Peru
Russland
Thailand
Thailands Bergvölker
und Seenomaden
Türkei
USA
Vietnam
Vorderer Orient

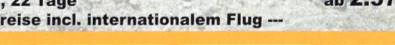

Anhang

HILFE!

Dieses Reisehandbuch ist gespickt mit unzähligen Adressen, Preisen, Tipps und Infos. Nur vor Ort kann überprüft werden, was noch stimmt, was sich verändert hat, ob Preise gestiegen oder gefallen sind, ob ein Hotel, ein Restaurant immer noch empfehlenswert ist oder nicht mehr, ob ein Ziel noch oder jetzt erreichbar ist, ob es eine lohnende Alternative gibt usw.

Unsere Autoren sind zwar stetig unterwegs und versuchen, alle zwei Jahre eine komplette Aktualisierung zu erstellen, aber auf die Mithilfe von Reisenden können sie nicht verzichten.

Darum: Schreiben Sie uns, was sich geändert hat, was besser sein könnte, was gestrichen bzw. ergänzt werden soll. Nur so bleibt dieses Buch immer aktuell und zuverlässig. Wenn sich die Infos direkt auf das Buch beziehen, würde die Seitenangabe uns die Arbeit sehr erleichtern. Gut verwertbare Informationen belohnt der Verlag mit einem Sprechführer Ihrer Wahl aus der über 200 Bände umfassenden Reihe „Kauderwelsch".

Bitte schreiben Sie an:
REISE KNOW-HOW Verlag Peter Rump GmbH, Postfach 140666, D-33626 Bielefeld, oder per E-Mail an: info@reise-know-how.de

Danke!

Register

Kartenverzeichnis

Die Autorin

Jutta Mattausch, Jahrgang 1961, ist Journalistin, Heilpraktikerin und Reiseleiterin. Nach ausgedehnten Reisen durch ganz Asien kam sie 1987 erstmals nach Ladakh. Auf Anhieb von Landschaft und Menschen fasziniert, kehrte sie fortan jedes Jahr in den Himalaya zurück. Um die Lebensweise der Ladakhis und Tibeter besser zu verstehen und deren Sprache und Kultur zu studieren, lebte sie ein Jahr in Dharamsala. Schließlich reifte gemeinsam mit einem Mönch die Idee, im ladakhischen Ort Sakti eine Dorfschule für einheimische Kinder zu bauen. So entstand 1996 die „Manjushri-School", wo heute über 200 Mädchen und Jungen aus der ganzen Umgebung eine Schulbildung erhalten.

Ihre Erfahrungen über den Himalaya, Buddhismus und die Ayurveda-Medizin verarbeitet Jutta Mattausch in Zeitungen, Hörfunkbeiträgen und in bislang vier Büchern. Heute lebt sie mit ihrem ladakhischen Mann und ihren beiden Kindern bei Nürnberg und organisiert für Individualisten und Gruppen Reisen nach Ladakh. Mehr Informationen unter www.dolma-reisen.de

Anhang

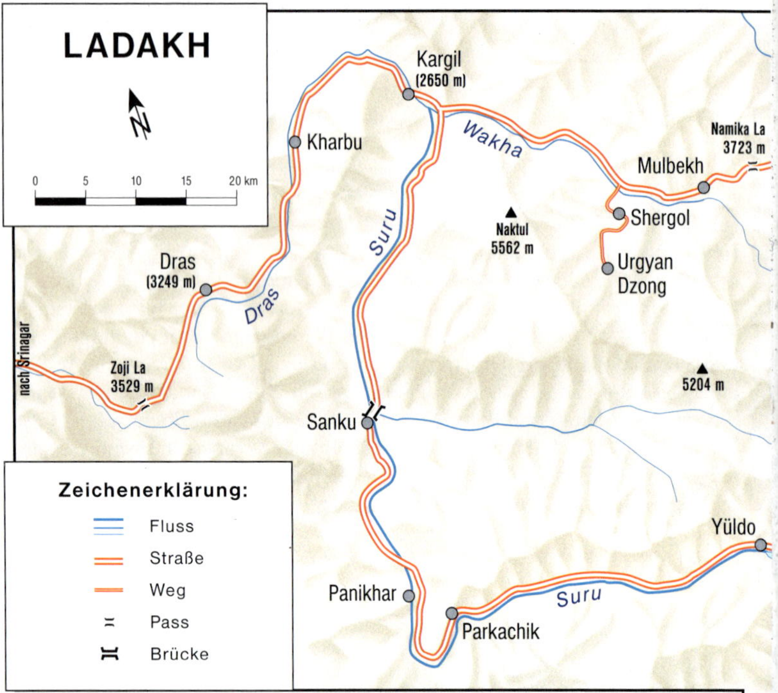

LADAKH

N

0 5 10 15 20 km

Kargil (2650 m)

Wakha

Kharbu

Namika La 3723 m

Mulbekh

Suru

Shergol

Naktul 5562 m

Urgyan Dzong

Dras (3249 m)

Dras

5204 m

nach Srinagar

Zoji La 3529 m

Sanku

Zeichenerklärung:

Fluss
Straße
Weg
Pass
Brücke

Yüldo

Panikhar

Suru

Parkachik

TADSCHI- KISTAN

AFGHA- NISTAN

Kashmir

K2 8611 m

CHINA

(Tibet)

chinesisch besetzt

Srinagar

Islamabad

Leh

Rawalpindi

Jammu

Indus

PAKISTAN

Indus

Lahore

Manali

INDIEN

Delhi

NEPAL